进入一个未知的世界,精彩由此展开……

探索与发现

刘光达 ◎ 主编

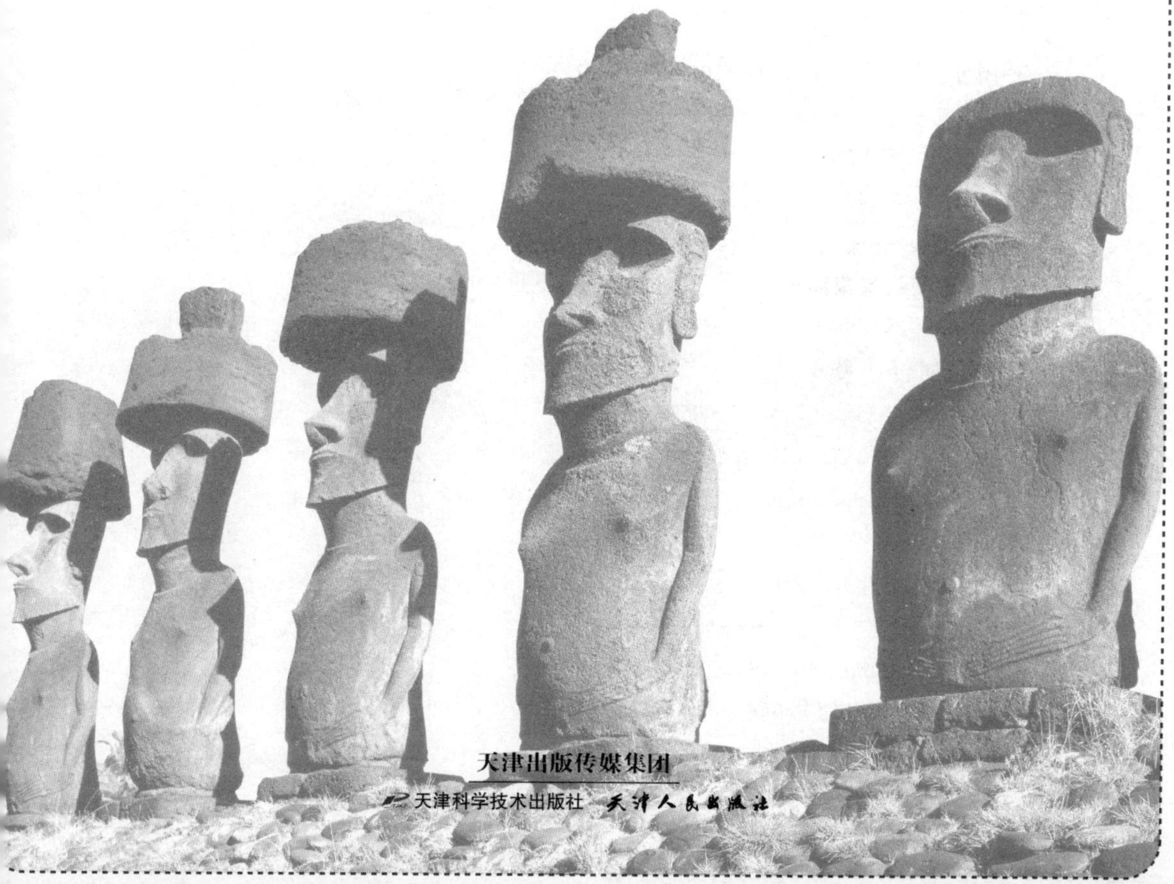

天津出版传媒集团
天津科学技术出版社　天津人民出版社

图书在版编目（CIP）数据

探索与发现：耀世典藏版 / 刘光达主编. -- 天津：天津科学技术出版社：天津人民出版社, 2015.2
（2022.1重印）
（悦读坊 / 刘光远主编）
ISBN 978-7-5308-9592-4

Ⅰ.①探… Ⅱ.①刘… Ⅲ.①科学知识—青少年读物 Ⅳ.①Z228.2

中国版本图书馆CIP数据核字(2015)第037922号

责任编辑：房　芳
责任印制：兰　毅

天津出版传媒集团　出版
天津科学技术出版社
天津人民出版社

天津市西康路35号　邮编：300051
电话：（022）23332435（编辑室）
网址：www.tjkjcbs.com.cn
新华书店经销
三河市同力彩印有限公司

开本 787×1092　1/16　印张 27.5　字数 600 000
2022年1月第1版第2次印刷
定价：89.00元

前言 Preface

能引发人们好奇心的问题都是我们愿意探讨的问题，而探索会给我们带来快乐，正如美国科学家费米所言，知识的进步总是带来更深、更美妙的神秘体验，吸引我们去更加深入地探索。对于涉世不深甚或处于懵懂时期的青少年来说，对世界有太多的疑惑和不解——妙趣天成的地球奇观、情趣各异的动物植物、奇妙的物理现象、复杂的化学变化、睿智的发明创造、威力强大的军事武器、日新月异的航天技术等，都是他们最想知道的。

本书是一本献给渴望探索新世界的青少年读者的百科全书，将为其奉上一场知识的盛宴。全书从自然、科学和历史三个视角出发，精选出具有神秘色彩与探索价值的课题，展示给读者不同领域的全新的知识体系。全书用通俗浅显的文字、精美逼真的插图、新颖独特的版面设计，诠释出丰富而精彩的万千现象，使读者在愉快的氛围中轻松饱览异彩纷呈的自然奇观、奥秘无穷的科学世界、漫长曲折的人类历史，进入一个充满未知的探索世界……

自然界呈现出的奇妙万象、生物与环境之间复杂而又紧密的联系，都使得我们这个星球色彩斑斓又生机益然。探寻大自然的奇趣与奥秘，不仅可以加深青少年对大自然的认识，还可以陶冶情操，激发想象力，并使他们更加热爱自然，自觉地保护自然。地球是怎样形成的？生命是如何起源的？生物为什么会进化出各种令人叹为观止的特点和习性呢？……在自然探索部分中，我们将一起去探索各种自然现象背后的奥秘，无限多样的生命形式的进化过程等，让青少年从更广阔的视野认识自然和我们自身；将分别去探索自然界的五大生命领域——动物、植物、真菌、原生生物和细菌，进入奥妙无穷的生命世界，了解许多从别处看不到的知识和"内幕"；将开始一段非同寻常的地球生命之旅：从酷寒的高山之巅到漆黑一片、水压极大的海洋底部，以及有生物存在的世界上任何角落，让青少年朋友们从中感受到生命的强大和自然的神奇。

科学包含了世界的全部奥秘，其不断进步给世界带来了翻天覆地的变化。掌握了科学的人，就像搭上了一列高速列车，能向着美好的未来飞奔而去。科学是青少年的主要功课，对于广大青少年来说，虽然未必人人成为科学家，但作为一个21世纪的现代人，不了解基本的科学知识，是难以想象的。科学包括哪些主要学科门类？各基础学科是怎样发展起来的？浩渺的宇宙中藏着多少秘密？人体小宇宙是怎样精确而高效地运转的？科学怎样推动了生产生活的进步？……在这次科学探索之旅中，我们将去了解当今主要学科领域的基础知识、核心概念、主要成就、最新应用和未解之谜等，一步步进入神秘而有趣的科学王国。相信青少年朋友们一定可以在科学知识的海洋里自由遨游，开开心心地爱上科学，开阔视野，启迪思维，成为具有科学头脑的人。

世界历史就是人类不断发现、不断创造、不断前进的过程，探寻人类历史发展的奥秘，不仅可开拓阅读视野，更可以丰富读者的人文精神。人类起源于何处？文明是怎样发展起来的？科学技术对人类文明产生了怎样的推动力？战争改变了世界面貌吗？末日武器是否会摧毁现代人类文明？……在这一部分中，将带领广大青少年朋友去探索人类的起源和最初文明的萌芽，了解世界各地多元化的代表性文明；去体验从古至今人类永无止境的旅行探险，将有关地球的完整拼图逐渐拼齐；去了解世界历史上的重大科学事件，探究科学给人类文明带来的巨大变化；去探究医生的职业演变和人类对疾病的认知和攻克，以及人类历史上最为残酷的战争所造成的武器和战争策略的变化等。

从自然到人文，从宏观到微观，全书穿越时空，涉猎广博，却又自成体系。它采用科学系统的分类法，将庞杂的知识结构化；以近乎词条式的阐述方式，将复杂的原理简单化；采用场面宏大的主图和缤纷的配图相结合的方式，增强视觉冲击力，将抽象的道理形象化；以形式多样的辅助栏目和匠心独具的版式设计，将深奥的概念趣味化。翻阅本书，将可以深入奥妙无穷的大千世界，获取最权威系统的科学知识，饱览最浩瀚精彩的历史画卷，收获无限精彩的智慧人生。

目 录
Contents

自然探索

·地球家园·

地球概况 ………………………………… 2
地球是怎样形成的 ……………………… 3
地球的转动 ……………………………… 4
地球气候带 ……………………………… 5
大陆漂移 ………………………………… 7
高 山 …………………………………… 8
火 山 …………………………………… 9
地 震 …………………………………… 10
陆地水资源 ……………………………… 12
海洋概况 ………………………………… 13
大气层与云层 …………………………… 15
暴风雨天气 ……………………………… 16
天气预报 ………………………………… 17
气候变化 ………………………………… 18
季节和天气 ……………………………… 19
生命时间线（上） ……………………… 20
生命时间线（下） ……………………… 21
生物圈（上） …………………………… 22
生物圈（下） …………………………… 24
生命能量 ………………………………… 25

·生物世界·

生物的分"界" ………………………… 27
微生物 …………………………………… 28
细 菌 …………………………………… 30

病 毒 …………………………………… 30
原生动物 ………………………………… 31
藻 类 …………………………………… 32
真 菌 …………………………………… 33
真菌和动物 ……………………………… 35
叶 子 …………………………………… 36
花 朵 …………………………………… 37
授 粉 …………………………………… 38
移动中的种子 …………………………… 40
无花植物 ………………………………… 41
植物的生命周期 ………………………… 42
树木如何生长 …………………………… 44
植物的自我保护 ………………………… 45
食肉植物 ………………………………… 46
附生植物和寄生植物 …………………… 48

动物的呼吸 …………………………………… 49
动物如何运动 ………………………………… 50
滑翔和飞行 …………………………………… 51
动物的感觉器官（上）………………………… 52
动物的感觉器官（下）………………………… 54
食草动物 ……………………………………… 55
食肉动物 ……………………………………… 56
食腐动物 ……………………………………… 57
动物的防御能力 ……………………………… 58
动物的繁殖 …………………………………… 60
生命的开端 …………………………………… 61
生命的成长 …………………………………… 62
本能和学习 …………………………………… 64
为生存而适应（上）…………………………… 65
为生存而适应（下）…………………………… 66
群居生活 ……………………………………… 67
动物建筑师 …………………………………… 68
食物链和食物网 ……………………………… 70
趋同进化 ……………………………………… 71
物种灭绝 ……………………………………… 73

·动物探秘·

狮子为什么要吼叫 …………………………… 74
猎豹的领地保护策略 ………………………… 76
猴类与人类相似性的局限 …………………… 78
蝙蝠与昆虫的"斗法" ………………………… 79
吸血蝙蝠间的"利他行为"研究 ……………… 81
大群有蹄类动物定期迁徙之谜 ……………… 82
取食与植物性防御 …………………………… 84
吼猴的能量保存策略 ………………………… 85
非洲森林中的跨种联系 ……………………… 87
梳理毛发与家族生活 ………………………… 89
当首领要付出的代价 ………………………… 90
小鼠基于气味的沟通方式 …………………… 92
蝾螈的反捕食武器 …………………………… 94
蝌蚪的顽强生存之道 ………………………… 96
黇鹿群集展示的交配体系 …………………… 97

马鹿对性别比例的控制 ……………………… 99
猴类和猿类中的"杀婴行为" ………………… 100
雌雄橄榄狒狒之间的"友谊" ………………… 102
在生育后代上的"投资策略" ………………… 103
加州海狮的繁殖策略 ………………………… 105
弱势雄性的选择性交配策略 ………………… 107
无微不至的亲代照料 ………………………… 108
虎鲸的狩猎策略 ……………………………… 111
红大马哈鱼惊人的远程洄游 ………………… 112
毛虫的防御措施 ……………………………… 113
对孔雀炫耀行为的研究 ……………………… 114
艰难的繁殖赛跑 ……………………………… 116
大型企鹅的极地生存策略 …………………… 117

·生物栖息地·

北极和冻原 …………………………………… 119
沙漠 …………………………………………… 123
草原和稀树草原 ……………………………… 127
灌木地 ………………………………………… 132
温带丛林 ……………………………………… 135
热带丛林 ……………………………………… 142
河流、湖泊和湿地 …………………………… 148
海岸 …………………………………………… 153
城镇和城市 …………………………………… 157
山脉和山洞 …………………………………… 162
海洋 …………………………………………… 165
珊瑚礁 ………………………………………… 169

科学探索

·物理学与化学·

固体、液体和气体 …………… 174
微观世界 …………………… 175
化学元素与周期表 …………… 176
化学原料及制品 ……………… 177
碳制化学品 …………………… 178
电和磁 ………………………… 179
电磁辐射 ……………………… 180
力与运动 ……………………… 181
功和能 ………………………… 182
热能 …………………………… 183
光 ……………………………… 184
声音 …………………………… 185
空气与水 ……………………… 186
时间 …………………………… 187
绝对零度的神奇世界 ………… 187
亚原子粒子 …………………… 188
原子核裂变 …………………… 190
量子力学 ……………………… 191
新化学元素 …………………… 193

·天文学·

太空 …………………………… 195
皎洁的月球 …………………… 196
巨大的火球 …………………… 197
行星的运行 …………………… 197
岩石构成的行星 ……………… 198
庞大的气体星球 ……………… 199
炽热的恒星 …………………… 200
星系 …………………………… 201
宇宙大爆炸 …………………… 202
改变世界的望远镜 …………… 203
行星探测器 …………………… 204

航天飞机 ……………………… 206
哈勃太空望远镜 ……………… 207
行星际旅行 …………………… 208
未来的恒星际飞船 …………… 209

·科技发明与交通通信·

机械的力量 …………………… 210
工程建筑 ……………………… 211
桥梁 …………………………… 212
铁路运输 ……………………… 213
公路运输 ……………………… 214
水上运输 ……………………… 215
空中运输 ……………………… 216
计算机 ………………………… 217
通讯工具 ……………………… 218
"超级视觉" …………………… 219
声音和影像 …………………… 220
大众传媒 ……………………… 221
早期发明 ……………………… 221
农业和食物的发展 …………… 222
能源的利用 …………………… 224

电子媒体·····················225
信息交流技术·················226

·人体奥秘·

人体基本知识·················228
人体微观结构·················229
皮下组织····················230
人体的骨骼··················230
肌肉的力量··················231
呼　吸·····················232
心脏的搏动··················233
消化与吸收··················234
人体的排泄··················235
视觉与听力··················236
嗅觉、味觉和触觉··············237
神经系统····················238
生殖系统····················239
生长与发育··················239
大脑怎样工作················240
你睡得好吗··················241
你是怎样看到图像的············241
视错觉是怎样产生的············242
你怎样听到声音···············242
嗅觉、味觉和触觉面面观·········243
头发中的学问················244
一专多能的舌头···············245
如何塑造优美体形·············246
威胁健康的因素···············247
人体的防御战················247
人体的创伤与自我修复··········248

·伟大的科学家·

伟大的古希腊人···············250
人体解剖师··················251
天文学家···················252
三位伟人···················253
进化论的提出················254
医学家·····················255
数学家·····················256
电学的推动者················257
原子专家···················258
量子论与相对论的提出··········259
基因与遗传密码的解密··········260

·科学未解之谜·

宇宙中真的存在反物质吗········262
地球生命来自何处·············265
暗物质之谜··················267
外星人之谜··················269
寻找消失的大西洲·············270
太阳系地外生命探疑···········272
金星上的城墟之谜·············274
恐龙灭绝之谜················275
尼斯湖怪兽到底是什么··········278
是否存在"野人"·············279
神秘冰人奥兹之谜·············281
人类起源之谜················283
法老陵墓的造访者离奇死亡之谜···285
人类为何会得癌症·············287
艾滋病从何而来··············289

历史探索

·史前人类·

工具制造者··················292
火的出现···················293
原始人的迁徙················294
尼安德特人··················295
智　人·····················296
最早的欧洲人················297

最早的澳洲人 …………………… 299	古罗马 …………………………… 329
早期的美洲人 …………………… 300	早期中国的王朝 ………………… 331
最早的农耕者 …………………… 301	早期日本 ………………………… 332
贸易的出现 ……………………… 302	北美的文明 ……………………… 334
欧洲人的定居地 ………………… 304	安第斯文明 ……………………… 335
亚洲的社会 ……………………… 305	奥尔梅克人 ……………………… 336
美洲的社会 ……………………… 306	玛雅文明 ………………………… 336
打猎与采集 ……………………… 308	
铁器时代 ………………………… 309	**·人类开拓史·**
文明的诞生 ……………………… 310	埃及人、腓尼基人和希腊人 …… 338

·古代文明史·

苏美尔人 ………………………… 312	从欧洲到亚洲 …………………… 339
古巴比伦 ………………………… 313	维京人的掳掠 …………………… 340
赫梯人 …………………………… 314	波利尼西亚人 …………………… 342
亚述人 …………………………… 315	葡萄牙人的探索 ………………… 343
波斯帝国 ………………………… 316	哥伦布的航行 …………………… 344
帕提亚王朝与萨珊王朝 ………… 317	征服新大陆 ……………………… 345
印度河流域文明 ………………… 318	环游世界 ………………………… 347
印度孔雀王朝 …………………… 319	进入加拿大 ……………………… 348
古埃及 …………………………… 320	向美洲进军 ……………………… 349
非洲文明 ………………………… 322	穿越太平洋 ……………………… 350
克里特岛的米诺斯文明 ………… 324	库克船长的旅行 ………………… 351
迈锡尼文明 ……………………… 325	穿越澳大利亚 …………………… 352
古典希腊 ………………………… 326	深入非洲腹地 …………………… 353
希腊化时期 ……………………… 328	利文斯顿和斯坦利 ……………… 355
	探索北极 ………………………… 356
	到达南极的竞赛 ………………… 357
	从海洋、山峰到天空 …………… 358
	飞入太空 ………………………… 359

·科学发展史·

数学的发明 ……………………… 361
观察星空 ………………………… 362
罗马的工程学家 ………………… 363
关于太阳和地球 ………………… 364
对力和运动的认识 ……………… 366
对原子与物质的认识 …………… 367
工厂和熔炉 ……………………… 369

蒸汽动力·································· 370
陆上交通工具的发明·························· 371
飞离地面·································· 372
认识射线和放射物·························· 373
大宇宙概念································ 375
核能的利用································ 376
生命计划·································· 378
处理器的力量······························ 379

·医学发展史·

最早的医学································ 381
印度传统医学······························ 382
中 医···································· 383
古希腊医学································ 385
古罗马的医学······························ 386
瘟疫和传染病的威胁························ 387
外科的兴起································ 388
远离细菌，远离痛苦························ 389
疫苗的出现································ 391
抗生素的发明······························ 392
重塑身体·································· 393
对精神疾病的治疗·························· 394
现代医疗新技术的出现······················ 395

·武器与战争史·

进攻与防御································ 397
棍棒、钉头锤和铁锤························ 398
弹弓、弓、弩······························ 399
剑、马刀、弯刀···························· 400
古代火器的使用···························· 401
战 马···································· 402
城堡与防御工事···························· 404
火药来临·································· 405
海上战争·································· 406
战争游戏·································· 407
手枪和步枪的使用·························· 408
加农炮和迫击炮···························· 410
地雷和防御································ 411
坦克的出现································ 412
反坦克武器的发明·························· 413
战时侦察·································· 414
战时通讯·································· 415
20世纪的战列舰···························· 417
小型战舰·································· 418
潜艇的出现································ 419
航空母舰的研制···························· 420
喷气式战斗机······························ 422
早期轰炸机································ 423
直升机的使用······························ 424

自然探索

□ 探索与发现

地球家园

■ 地球概况

尽管已经经过了很多年的探索，但天文学家们仍然没有在宇宙的其他任何地方发现与地球相似的星球。我们居住的星球是太阳系8大行星之一，但是据目前所知，地球是唯一有生命存在的星球。

与太阳系的其他行星相比，地球很小。木星的直径超过140 000千米，其体积是地球的1 300倍。水星、金星和火星在体积上与地球较为接近，但是它们不是受到太阳的炙烤就是被包围在严寒中。而只有地球处于合适的温度范围内，因此拥有了水和生命。

» 水的世界

正是水让地球变得独一无二。水也存在于太阳系的其他星球上，但几乎都是以冰的形式存在的。而在地球上，大部分的水都是以液态形式存在的。它慢慢地循环，传播太阳的热量，蒸发形成云，然后形成降雨。如果没有水，地球的表面就会像月球表面一样积满灰尘且没有生命。

地球上97%的水存在于海洋中，2%的水存在于冰川和极地冰雪中。剩下的1%几乎都为淡水了。其中只有0.001%的水蒸发在空气中。

» 大 气

在月球上，天空看起来是黑色的。而在地球上，天空是蓝色的。这是因为地球被大气包围着，大气可以分散来自太阳的光线。事实上，

地表大气的厚度大约为400千米，但是大部分的水分蒸发过程发生在12千米的低空中，该领域被称为对流层。当锋面经过地球表面时，那里的大气状况就处于经常性的变动中。

↗ 在太阳热能的作用下，地球上的水不断地循环。雨水汇入陆地上的河流，同时也渗入泥土和多孔岩石中。地下水需要经过几千年之后，才能最后汇入大海。

↗ 在太阳系的8大行星中，距离太阳第三近的便是地球。地球最近的两个邻居是金星和火星。包围金星的大气呈酸性，温度很高，而包围火星的大气层很稀薄，温度很低。

大气的作用远远不止这一点。它保护地球上的生物不受有害辐射的危害，同时帮助保持地球的温度。此外，大气中含有生物必需的气体。

氮气几乎占据了大气的4/5，所有的生物都需要这种气体，但是只有微生物可以直接从大气中获取该种气体——它们将氮气转化成植物和动物可以使用的化学物质。氧气是更为重要的气体，因为生物需要靠其来释放能量。氧气

↗ 地球磁场保护我们不受太阳粒子的危害。在地球的南北两极，这些粒子形成闪耀的光帘，被称为"极光"。

占据了大气的 1/5，由于其可溶于水，所以在地球上的江河湖泊中都含有氧气。在这里需要介绍的第三种气体是二氧化碳，这种气体的含量很少，只占大气的 0.033%，但是世界上的所有植物和很多微生物的生长都离不开它。

» 多变的地球表面

地球表面的平均温度约为 14℃，比较舒适。但是在地球内部，却至少有 4 500℃。地心的热量涌到地表，熔化了岩石，引起了火山爆发，并使得大陆板块处于不断的移动中。其中的一些变动危及到了地球上的生命，但是也创造了很多机会。

如果没有这些变动，地球上的生命或许不会像现在这样多种多样。

■ 地球是怎样形成的

与整个宇宙相比，地球仍然很年轻。大约在 47 亿年前，气体和尘土在重力的作用下聚集形成了地球，太阳系也就诞生了。

最初形成的地球与我们现在所知道的地球是完全不一样的，它没有空气也没有水，像月球上那样完全没有生命的存在。但是随着时间的推移，地球的内部开始出现热能，整个星球也开始出现变化。重元素比如铁等开始沉淀到地心部位，而轻的元素漂流到地球表层。随着地表温度的降低，矿物质开始结晶，形成了地球的第一层固体岩石层。热能的流动也引发了火山爆发，同时为生命的出现铺平了道路。

↗ 地球形成后，其表面渐渐冷却，这使固体岩层得以形成。地球的核心部位由于压力和自然的放射性而一直保持着高温。需要大约几亿年的时间才能完全消耗掉这些热量。

» 空气和水

地球的岩石层形成于大约 45 亿年前，当时的火山比现在要活跃多了，地球表面到处都散布着火山爆发冷却后沉积下来的岩石层。与此同时，火山爆发释放出大量的气体和水蒸气。较轻的气体比如氢气便上浮到宇宙空间，而较重的空气则由于地球引力作用而留在了近地球的适当位置。这样便形成了早期的大气，其中含有大量的氮气、二氧化碳和水蒸气，但是几乎没有氧气。

在大约 40 亿年前，地球温度降低，使得部分水蒸气开始聚集起来。最初，水蒸气形成小水滴，整个地球上空覆盖起了云层。但是随着水蒸气聚集到一定程度，便形成了第一次降雨。有些倾盆大雨甚至持续了几千年，大量的降水渐渐形成了大海，随后大洋也开始出现了，而这里正是生命诞生的地方。

» 频受撞击

年轻的地球常常遭到来自宇宙的碎片的撞击。大部分碎片是由尘土构成的，但是极具破坏力的陨石也会一次次地撞击地表。

在地壳形成后不久，可能曾有另一个星球撞击进入地球之中，使地球的重量增加了一倍，这也几乎把地球撞成两半。

一些科学家认为，月球很有可能是在这次撞击中形成的。根据这种理论，撞击过程中有大量的岩石散到宇宙中，之后又因为地心引力作用而聚集到一起。另一种可能性是，月球是作为一个完整的球体，在靠近地球时被其俘获的。

» 岩石的循环

在月球上，陨星撞击留下了永恒的环形山，因为没有什么可以将之消磨夷平。然而，地球的表面却长期接受着风、雨和冰雪的洗礼改造。火山爆发则带来更加巨大的变化，其不仅促成了山脉的形成，而且使得大陆板块一直处于移动状态。这些变化从海洋和大气最初出现时就已经开始了，岩石也因此被分解成细小的颗粒，并被冲刷到河流中，最后被带入大海。在这个过程中，岩石颗粒沉积下来，构建起海床。几千年以后，这些沉积物转变成坚固的岩石。如果这些岩石被向上抬升，就可以形成干旱的陆地，则岩石的循环就将再一次进行。

在世界的很多地方，地壳就像一个很大的三明治，由很多几百万年前沉积下来的岩石构成。这些岩石层记录着地球的历史，并显示岩

□探索与发现

↗ 与月球不同的是，地球表面分布着火山。大约60万年前北美洲的一场火山爆发产生了1 000立方千米的熔岩和火山灰。而在更早的时间里，甚至出现过更大规模的火山爆发。

层形成时的状况。

岩层中的化石也可以告诉人们，在那一时期地球上存在着哪些生命。

» 氧气的形成

地球最初形成的岩石层已经看不到任何痕迹了，因为它们早已经被破坏掉了。迄今为止发现的最早的岩石层大约形成于39亿年前，这些岩石中不存在化石。尽管如此，科学家们还是相信，当这些岩石形成时，生命已经开始起步了。这些原始生命存在于地球上氧气非常稀少的时候。但是在接下来的20亿年中，大气中的氧气含量开始渐渐上升，直到其达到21%的比例——这也正是如今氧气在大气中的含量。神奇的是，这种变化完全是由生命体带来的，负责该项转化工程的生物是微小的细菌。通过阳光、水和二氧化碳，细菌渐渐形成一种生存的方式，即光合作用——细菌从空气中获取二氧化碳，而将氧气作为副产品释放出来。每一个细菌释放的氧气量都很小，但是经过万亿代的努力，大气中开始出现大量的氧气。没有这些早期的细菌，空气根本不适宜呼吸，动物类生命更不可能存在于地球上了。

■ 地球的转动

地球不是静止地悬挂在空中，而是一刻不停地转动着，地球自转的平均时速为1 600千米，同时地球还绕着太阳公转，其时速为10万千米。由于万有引力的作用，人们被牢牢吸在地球上，因此无法感知到地球的这种运动，但是人们可以在地球上观测到太阳的位置是不断变化的。正是地球的这种运动产生了昼夜更替和四季变化的现象。

» 白天和黑夜

地球绕太阳一周需要365天，而地球自转一周仅需1天。这样就使得地球上总有一面向着太阳而另一面背着太阳：向着太阳的一面是白天，背着太阳的一面是黑夜。由于地球绕着相对静止的太阳转动，因此世界各地都在进行着昼夜的更替，每个地方都有白天和黑夜。地球自西向东转动，由于相对运动的结果，人们看到的太阳是东升西落的。地球自转一周所需要的时间是24小时，因而我们平时所说的1天也是指24小时。

» 年

地球绕太阳公转一周的时间叫作1年，1年为365.242天。由于地球公转的轨道不是正圆形

↘ 在美国的"大峡谷"，河水将岩石向下冲刷出1 600米的深度，这是地球上可以看到的最大的深度。峡谷底部最古老的岩石大约形成于20亿年前。

而是椭圆形,因而地球与太阳的距离会有所改变。地球距太阳最近的点叫作近日点,出现在每年的1月3日;地球离太阳最远的点叫作远日点,出现在每年的7月4日。

» 四季的产生

由于地球自转轴不是垂直的,而是与地球绕太阳公转的黄道面有一个夹角,叫作地球自转倾角。太阳在地球绕其公转的一年中会直射地球的不同地方,相应地造成南北半球接受的太阳辐射不同,所以在这两个区域就会出现四季。当地球的北半球(赤道以北的区域)面向太阳时,北半球接受的太阳辐射增加,就逐渐进入夏季;此时南半球是背向太阳的,所受太阳辐射减少,就逐渐进入冬季。相反,当地球位于太阳的另一侧、北半球背向太阳时,北半球就会逐渐进入冬季,南半球则逐渐进入夏季。地球在绕太阳转动过程中,当两个半球都不能获得更多的太阳辐射时,就产生了春季和秋季。

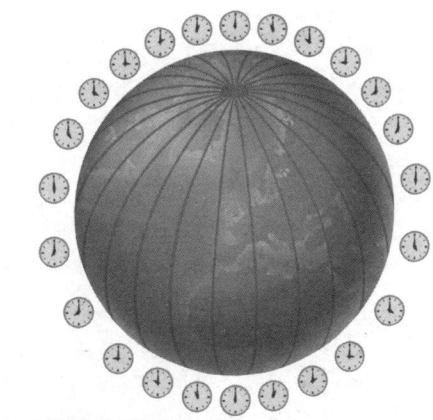

↗ 24时区划分示意图

↗ 这张卫星图片显示:在任何时候总有一半的地球表面是暴露在太阳下的。太阳的辐射能是地球主要的能量来源,为地球提供了充足的光和热,没有太阳就不会有地球上的生命存在。

» 24时区

地球总是自西向东自转,因而东边总比西边先看到日出,东边的时间也总比西边的早。为了克服时间上的混乱,人们将全球划分为24个时区。每个时区正好是一小时。出国旅行的人,必须随时调整自己的手表,才能和当地时间相一致。凡向西走,每过一个时区,就要把表拨慢1小时;凡向东走,每过一个时区,就要把表拨快1小时。伦敦正午12点时,正是纽约上午7点或东京晚上9点。

■ 地球气候带

离赤道越近的地方,气候越炎热;离赤道越远的地方,气候越寒冷。赤道地区获得太阳的光热最多,因此赤道地区温度非常高;远离赤道的地区,获得太阳的光热较少,因此比赤道地区温度要低;南北两极接收的太阳光照特别少,因此这些地区非常寒冷。根据这个影响因素,以赤道为界把地球分为3个类型的气候带:热带、温带和寒带。

» 气候类型

不同地区的气候取决于这个地区离赤道距离的远近,同时还受到当地海洋、山脉等因素的影响,因此气候类型的划分是一项很复杂的工程。例如,海洋地区比较温暖湿润,而远离海洋的内陆地区则夏天炎热,冬天寒冷。世界上最冷的地方在南极洲,那里只有很少的生物生长,没有人类长期居住。

★ 地球绕太阳一周的路程大约是939 886 400千米。

★ 地球与太阳的距离大约为1.5亿千米。

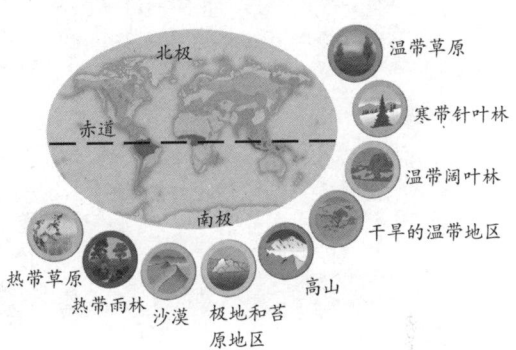

□ 探索与发现

* 位于埃塞俄比亚的达罗尔谷地是世界上平均气温最高的地区之一，年均气温为34.4℃。
* 世界上降水量最多的地方是印度的乞拉朋齐，年均降水量达12 700毫米，年最大降水量多达22 990毫米。

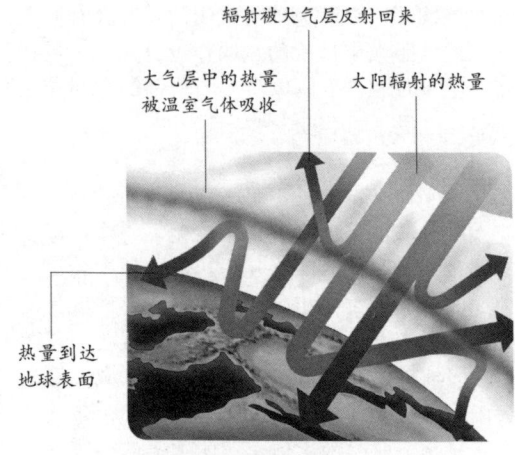

» 热 带

热带地区全年皆夏，年平均气温在27℃左右。热带气候多种多样：热带沙漠地带，常年干旱少雨，日照强烈，气温极高，撒哈拉沙漠就属于热带沙漠气候；有的热带地区，高温多雨，有些热带地区既有闷热多雨的雨季，又有干旱少雨的旱季。在热带雨林地带，年降雨量特别大，热空气中夹杂着大量的水汽在早上聚积并上升形成雷雨云，午后时分，雷雨云越积越多，最终形成降雨。热带地区的植被茂盛，树的蒸腾作用强，空气非常潮湿。

» 气候变暖

太阳是地球热量的主要来源。太阳的热量通过辐射的方式传到地球上，热量在穿过厚厚的大气层时，会损失大量的热。来自太阳辐射的短波可以轻易地穿过大气层，而地球反射出来的长波辐射则大部分被大气中的二氧化碳等气体吸收，这就是人们常说的"温室效应"。过去，这种"温室效应"在一定程度上使地球上的温度升高，可以起到一些正面作用。然而，由于工厂和汽车在利用煤和石油燃烧时释放出的温室气体越来越多，气体吸收了越来越多的热量，使得"温室效应"大大增强，科学家们认为温室气体就是引起全球气候变暖的最主要原因，与正面作用相比，全球变暖对人类活动的负面影响将更大、更深。

» 地球面临的威胁

最近一段时间以来，人们生产活动的规模越来越大，对脆弱的地球造成的危害也越来越多，既破坏了大气层又威胁着动植物的生存。汽车和工业装置排放的尾气使空气的质量急剧

↗ 人类的生产活动引起了一系列的环境问题。

↗1.大约2.2亿年前,地球上只有一块超级大陆称为泛古陆,被无边无际的泛海洋所包围。这时泛海洋中一个巨大古海——特提斯海开始向泛古陆扩展。

↗2.大约2亿年前,泛古陆以特提斯海为界,分裂为两部分。北面是劳亚古陆,包括亚、欧、北美的古大陆;南面是由南美、非洲、大洋洲、南极洲以及印度拼合而成的冈瓦纳古陆。

↗3.大约1.35亿年前,那时在非洲和南美洲之间开始出现南大西洋,印度脱离非洲大陆,向亚洲大陆方向漂移,欧洲大陆和北美洲大陆这时仍然是连在一起的。

↗4.大约6 000万年以前,北美洲大陆和欧洲大陆分离,印度也投入了亚洲大陆的怀抱,大洋洲与南极洲最后分离。经过逐渐漂移,南极洲大陆最后移到了南极地带。

下降,并且形成酸雨等降水;超音速飞行器和冰箱里释放的气体进入大气层,会使具有调节气候作用的臭氧层受到破坏;农业上使用的农药进入河流;许多种类的稀有动植物已经灭绝;森林锐减;大面积风景如画的乡村随着海平面的上升也逐渐被淹没。

大陆漂移

地球时刻不停地在我们的脚下移动着。仔细观察地图,你会发现,南美洲与非洲本来是连在一起的,南美洲东海岸与非洲西海岸之间的大西洋像是它们之间的一道裂痕。据此,德国气象学家魏格纳于1924年提出"大陆漂移说"。这一理论认为,在2.2亿年——恐龙时代——以前地球上只有一块无边无际的泛海洋所包围的超级大陆,称为泛古陆,由较轻的固态硅铝层组成。到古生代以后,泛古陆由于地震的影响开始破碎,碎块在地球自转和日月潮汐力的作用下,逐渐漂移开来,形成了今天的陆海分布格局,并且还一直处于漂移状态。

» 世界上最大的板块

新全球构造理论认为:不论是大陆地壳或是海洋地壳都曾发生并还在继续发生大规模的平移运动。理论认为地球表面的岩石圈的构造单元是板块,全球被划分为20个板块地带,其中包括9个大板块,还有11个较小的板块。各个板块之间相互滑动着,其中大陆板块就像漂浮在水中的木筏一样。

» 板块聚合

板块包括地壳和地幔上部,各板块在其交接部分做相对运动,其中一种是一个板块向另一个板块做俯冲运动,即板块聚合。板块聚合多发生在环太平洋带及地中海—喜马拉雅带。当一个板块俯冲到另一个板块下面时,会在海底形成一道很深的沟。

» 板块分离

各板块在其交接部分做相对运动时,有时会做相互分离的运动,即板块分离。炽热的熔岩沿着地壳巨大裂缝溢出地表,冷凝后形成覆盖面广阔的熔岩地带。太平洋正以每年20厘米的速度扩张着。

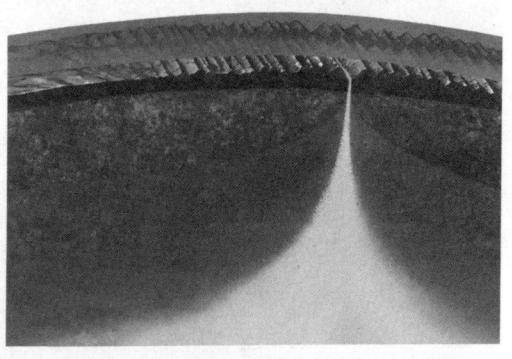

↗海底的两个板块互相作用,做分离运动。

□ 探索与发现

■ 高山

高山看起来是固定不变的,实际上高山作为一种动态资源,是随气候变化而不断变化的。世界上的山是随地球的形成而形成的,其中最高大的喜马拉雅山形成于4 000万年以前,直到现在还在不断长高;而大部分山脉则随着气候的变化慢慢变平,或者退化为丘陵,美国的阿迪朗达克山就经历了这样的变化。

» 山的种类

山的种类一般分为3种。熔岩山是由岩浆或熔岩堆积而成的锥形小山,华盛顿的圣海伦山就是一座熔岩山;还有一部分山是由地壳断裂上升形成的块状山体,称为断层山;而世界各个大洲的最高山脉,都是因地壳运动,造成地表岩石大面积褶皱而形成的,称为褶皱山。位于南、北美

★ 安第斯山脉绵延9 000千米,相当于从伦敦到巴黎10个来回的总里程。
★ 历史上记录的最猛烈的火山喷发于公元前1550年发生在古希腊的圣托里尼岛。

洲西部的安第斯山脉和落基山脉都属于褶皱山。

» 断层山

由于地壳的剧烈运动(如发生地震),岩石层中的巨大岩石会产生层间滑动或者断层错动,它们的移动速度非常慢,大约只有几毫米,慢慢累积起来,会有几米的距离。经过数百万年后,连续不断的地壳运动会使岩层上升或下降很大的距离。加利福尼亚州的内华达山脉就是由于地壳的抬升以及伴随的断层运动形成的断层山,内华达山脉巍峨险峻,陡峭处海拔约3 350米,山脉绵延数百千米。

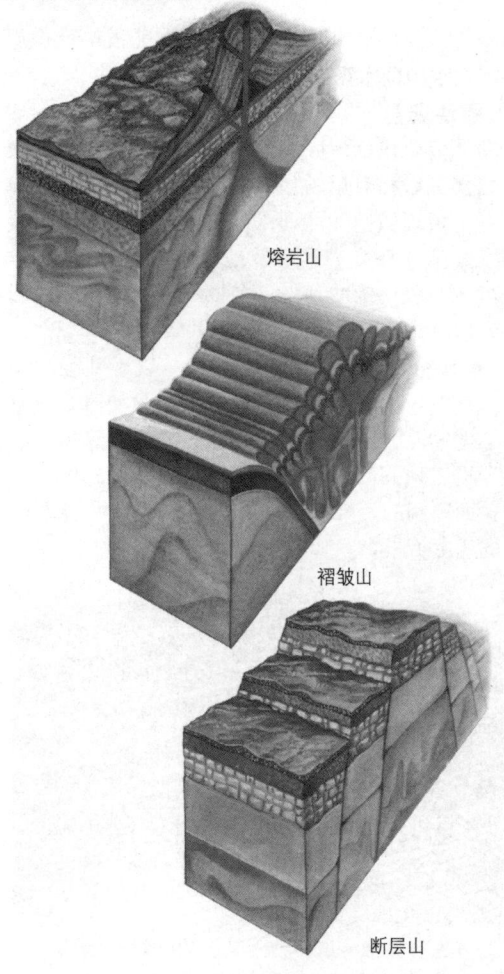

↙ 3种不同类型的山脉

熔岩山

褶皱山

断层山

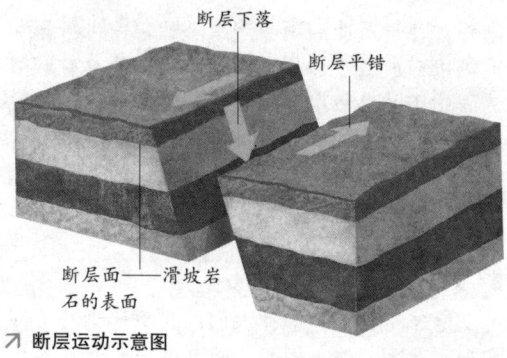

↗ 断层运动示意图

» 褶皱山

地层是地壳表层呈带状分布的层状岩石。有些岩石是由沙、黏土等沉积物积聚而成的,还有一些是由火山喷发时喷出的岩浆经冷却而成的矿物岩石,称为火成岩,大多由玄武岩组成。褶皱山是由于地壳受到倾斜、褶皱和挤压等外力作用而形成的山地。

世界上最高的山峰	
名称	海拔
珠穆朗玛峰	8 844.43 米
乔戈里峰	8 610 米
干城章嘉峰	8 598 米
洛子峰	8 511 米
马卡鲁峰	8 481 米

»喜马拉雅山

地球上的大陆板块不断发生着碰撞、挤压。印度板块从当时的赤道附近出发,向北漂移,在4 000万年前,印度板块与北方的欧亚大陆板块发生碰撞,就像一艘船劈开水时形成的波浪一样,喜马拉雅山开始隆起。由于印度板块移动的惯性非常巨大,以至于直到今天,它仍然以一定的速度向北推移。

■ 火 山

软流层的岩石处于高温状态,部分熔融成为岩浆,岩浆比周围的岩石温度高,密度小,所以会经常往上涌。由于平时被死死地压在地壳下面,承受着巨大的压力,所以一旦岩浆遇到地壳较薄的地方或裂缝,就猛烈地冲出地面,冷却后成为火成岩。经过不断喷发,不断冷却堆砌,最终形成锥形的火山。

»火山喷发

火山喷发是岩浆等喷发物在短时间内从火山口向地表的释放。由于岩浆中含有大量的挥发分(如蒸汽和二氧化碳等气体),加之上覆岩层的围压,使这些挥发分溶解在岩浆中无法逸出,当岩浆上升靠近地表时,压力减小,挥发分被急剧释放出来,冲破岩层并打开火山喷发的通道,将房屋大小的碎块喷向高空,形成火山喷发。

»火山类型

大部分火山都位于地壳表面各大板块的交

↗ 锥形火山

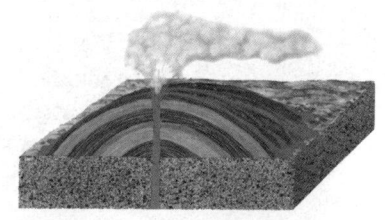

↗ 盾形火山

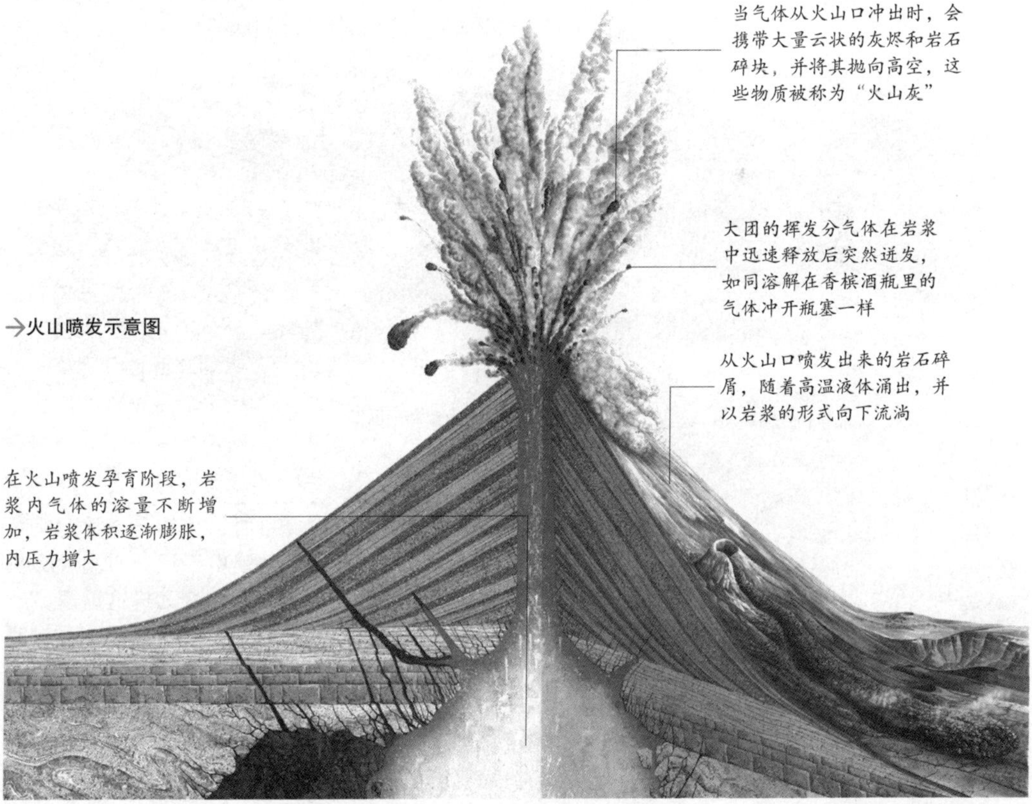

→火山喷发示意图

在火山喷发孕育阶段,岩浆内气体的溶量不断增加,岩浆体积逐渐膨胀,内压力增大

当气体从火山口冲出时,会携带大量云状的灰烬和岩石碎块,并将其抛向高空,这些物质被称为"火山灰"

大团的挥发分气体在岩浆中迅速释放后突然迸发,如同溶解在香槟酒瓶里的气体冲开瓶塞一样

从火山口喷发出来的岩石碎屑,随着高温液体涌出,并以岩浆的形式向下流淌

□探索与发现

接裂缝处,但其类型和规模有所不同。一种是一个板块俯冲到另一个板块下面,即两个板块聚合时,火山灰烬被冲到天空后落下堆积成有陡峭山脊的锥形山,这种火山被称为"锥形火山",该型火山在爆发时,产生剧烈的爆炸,同时喷出大量的气体和火山碎屑物,其岩浆具有很强的酸性。另一种是两个板块发生分离时,岩浆由火山口流出,硬化形成很宽的盾形的火山,这种火山被称为"盾形火山",形成盾形火山的岩浆酸性较弱,喷发速度比较慢。

》沸腾的岩浆

火山喷发时,有时只表现为气体的爆炸,而没有岩浆喷发出来,但是由于火山潜在的热量巨大,因而也会产生其他影响。有时,火山喷发不经过火山口,而是从一些裂缝中喷出,这时它的表层温度会高达数百摄氏度,当岩浆"烧热"泉水时,热泉就会流出地表,或者以蒸汽和水的形式直接喷出,形成"间歇泉"。不过,有时火山也可以在一天内从裂缝中喷出数百吨有毒的气体,就像浓烟从烟囱的"喷气孔"散出一样。

》熔岩流

炽热的岩浆从太平洋的夏威夷火山口中涌出,并在火山口的下方堆积。炽热的熔岩缓缓流入大海,激起海面上一团团水汽,形成水火交融的壮丽景观。

》火山口

发生火山喷发时,熔岩和火山碎屑物(火山灰、火山弹、火山渣)的沉积逐渐形成锥形火山,强大的气体压力使靠近地表的岩浆库急剧裂开。爆炸过后,火山顶峰坍塌,形成宽而圆的火山口。下次喷发时,喷出的气体和熔岩再次摧毁圆形山顶,形成更为宽阔的火山口。这样,熔岩和爆炸沉积物一层层累积起来,经风化和侵蚀后扩大,积水成为湖,美国俄勒冈州的火山口湖就是这样形成的。

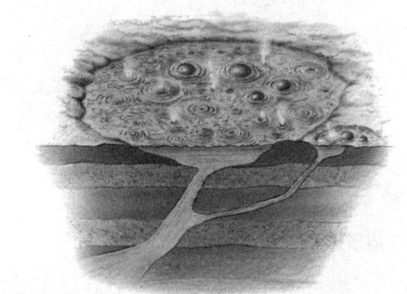
↗ 热泥锅

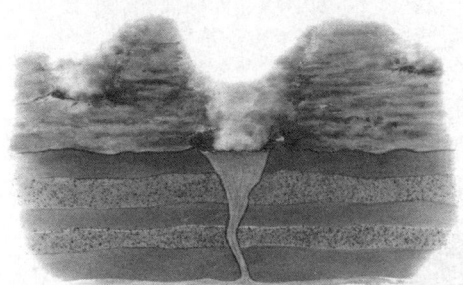
↗ 喷气孔

★ 1815年,印度尼西亚爪哇的坦博拉火山爆发,喷入空中的火山灰和碎石在地球大气圈中形成一个层面,它遮挡了太阳给予整个地球的光和热,结果在随后的2年里出现了潮湿、阴冷的天气。

★ 220万年以前,在美国的黄石地区发生了一次巨大的火山喷发。从火山口喷发出来的物质足够堆积6座地球上现存的最大的火山。

↗ 火山口湖剖面图

■ 地 震

当一辆大卡车经过时,人们会感觉到地面在震动。大部分地震都是由于运动引起岩层断裂错位而产生的地壳震动,称为构造地震。地震是地壳岩石的突然变化,地质运动会引起地壳岩层变形而产生应力,岩层变形的不断累积会使应力增大。当岩层应力大于岩层强度时,岩层就会突然断裂错位,并以振动的方式急剧释放长期积累的能量,从而产生地震波。地震

↗ 地震波向四面八方传播，达到一定程度时，就引起地面震动，称为地震。

波向四面八方传播出去，当达到一定强度时，引起地面震动，即地震。地震可以摧毁一座山，也可以使一个城市顷刻间成为废墟。

» 地震波

地震波是指从震源产生的向四处辐射的弹性波。由于地震介质的连续性，这种波就向地球内部及表层各处传播开去，沿地球表面传播的弹性波，是造成建筑物强烈破坏的主要因素。而震中（从震源垂直向上到地表的地方叫作震中）处的弹性波是最强烈的，可以造成更严重的破坏，但是由于这些波向外传播会消耗一定的能量，因此其破坏程度随着距离的增大而得以减弱。

» 地震带

地震发生较多又比较强烈的地带，称为地震带。欧洲东南部地震带和环太平洋地震带都是著名的地震多发区。通常这些区域小震频繁，每经过一段时间都会爆发一场大的地震。居住在美国加利福尼亚州的人们经常处于地震的威胁中，加州处于太平洋板块和北美洲板块的结合处，太平洋板块一直缓缓地向东北方向移动，

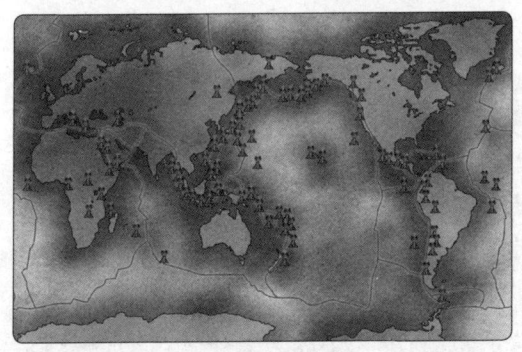

↗ 构造板块的交接地带，极易发生地震和火山爆发。

不断挤压北美洲板块，造成加州地区地质活动频繁。著名的圣安德利亚斯断层是加州地震的最大"肇事者"。1906年，由于此断层而爆发的旧金山大地震，引起的大火烧毁了整个旧金山市区。

» 震 级

震级作为一个观测项目，是美国地震学家C.F.里克特于1935年首先提出的。地震有强有弱，用以衡量地震本身强度的"尺子"叫作震级（由于震级标准是里克特提出来的，所以又称"里氏震级"），最低为1级（轻微的小震），最高为大于9级（巨大地震）。"里氏震级"只是一个量级，不能描述地面遭到地震影响的程

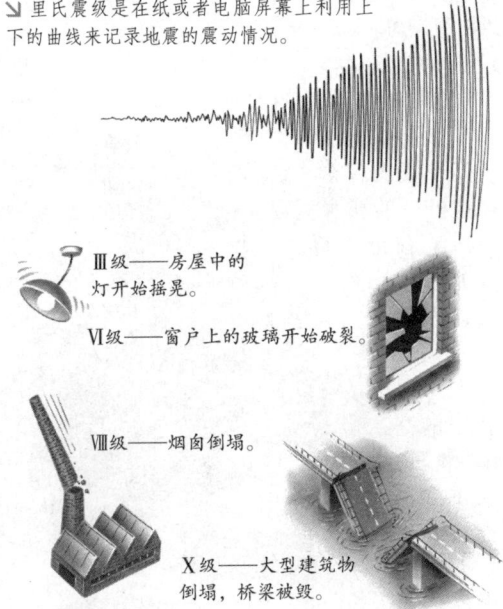

↘ 里氏震级是在纸或者电脑屏幕上利用上下的曲线来记录地震的震动情况。

↗ 麦氏震级标准

度，因而地震学家又定义了"麦氏震级"，即烈度。用地震烈度来描述地面遭到地震影响和破坏的程度，用罗马数字Ⅰ~Ⅻ表示，最低为Ⅰ级（Ⅰ级时人几乎感觉不到），最高为Ⅻ级（Ⅻ级时可造成毁灭性的破坏）。

» 海 啸

海啸是一种具有强大破坏力的海浪，当地震发生于海底时，海底底层发生断裂，部分地层猛然上升或者下沉，使得从海底到海面的整个水层发生剧烈"抖动"，形成巨大的海浪，向前推进，从而造成将沿海地带——淹没的重大灾害。

□ 探索与发现

■ 陆地水资源

地球上水的总量是不变的，水在太阳辐射和重力作用下，以蒸发、降水和径流等方式进行的周而复始的运动过程，称为水循环。雨水降落到河流、湖泊和海洋中，太阳辐射使水分从海洋和陆地表面蒸发（变成水蒸气），从植物表面散发变成水汽，成为大气组成的一部分；水汽随着气流从一个地区到另一地区，或从低空到高空；大气中的水汽在适当条件下凝结，并在重力作用下以雨、雪和冰雹等形式降落；降水在下落过程中，除一部分蒸发返回大气外，另一部分经植物截流、填洼等形式滞留地面，并通过不同途径形成地表径流和地下径流，汇入江河湖海。

» 地球的水环境

地球的水储量相当丰富，共有 5.25 亿立方千米之多，不过淡水资源仅占 3%。而在这极少的淡水资源中，又有绝大部分被冻结在南北两极的冰盖中，加上难以利用的高山冰川、永冻积雪和深层地下水，真正能被人类利用的淡水资源是江河湖泊和地下水中的一部分，这些淡水资源被广泛应用于工业、农业、植被以及生活等方面。

» 河 流

地球上的降水和高山融雪可以有效地补给河流，随河水流入海洋或湖泊中。事实上，河流的补给不仅仅来自降水，在一些比较潮湿的地方，即使年降水量非常少，当地的河流依靠地下水的补给，仍然不会干涸。降雨时雨水不仅仅在地表上向四处流淌，同时也会渗入地下

1. 太阳辐射使水分从海洋和陆地表面蒸发，变成水蒸气，成为大气组成的一部分；

2. 水分从植物表面散发变成水汽，成为大气组成的一部分；

3. 水汽随着气流从一个地区到另一地区，或从低空到高空，变成云；

4. 云承载的重量太大时，大气中的水汽在适当条件下凝结，并在重力作用下以雨、雪和冰雹等形式降落；

5. 降水在下落过程中，除一部分蒸发返回大气外，另一部分经植物截流、填洼等形式滞留地面，并通过不同途径形成地表径流和地下径流，汇入江河湖海。

补给地下水，地下水遇到岩石阻挡，压力增大，水位逐渐升高，最终涌出地面，形成泉水。

↘ 分布在每个大洲的最长的河流。（关于河流的长度，不同的资料有不同的说法，主要差异在于如何确定河流的发源地。）

大洋洲最长的河——墨累河
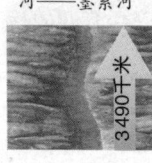
3490千米

欧洲最长的河——伏尔加河

3690千米

北美洲最长的河——密西西比河
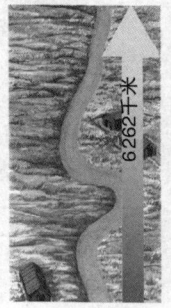
6262千米

亚洲最长的河——长江
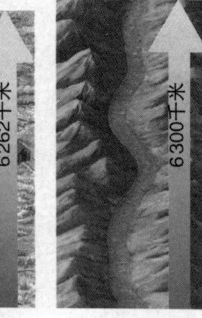
6300千米

南美洲最长的河——亚马孙河

6480千米

非洲最长的河——尼罗河
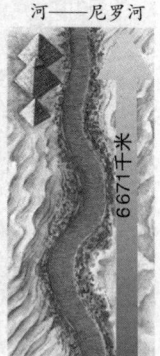
6671千米

» 冰川湖

北美洲和欧洲的许多大湖都是约1万年前的冰川活动的产物。它们位于当年被冰川活动反复扩大的河谷中，湖盆主要由冰川刨蚀而成。当大陆冰川消退后，冰水聚积于冰蚀洼地中，形成了冰川湖。包括苏必利尔湖在内的许多大湖都是通过这种方式形成的。

» 三角洲

河流流入海洋或者湖泊时，水流开始向外扩散，因流速降低，动能显著减弱，所携带泥沙开始大量沉积，逐渐冲刷成一片向海或向湖深处的

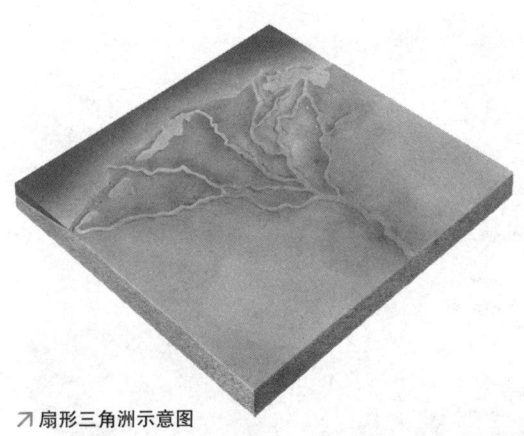

↗ 扇形三角洲示意图

平地，从平面上看，外形呈三角形或者扇形，所以称为三角洲，水流在此处发生分叉，形成很多支流。在海水浅波浪作用较强，能将深处河口的沙嘴冲刷夷平的地区，常形成扇形三角洲。非洲尼罗河的入海口就有面积很大的扇形三角洲。在波浪作用较弱的河口区，河流分为几股同时入海，各支流的泥沙量均超过波浪的侵蚀量，泥沙沿各叉道堆积延伸，形成长条形大沙嘴深入海中，使三角洲外形呈鸟足状。美国密西西比河三角洲就是一个典型的鸟足形三角洲。

■ 海洋概况

世界四大洋是指：太平洋、大西洋、印度洋和北冰洋。另外地球上还有很多的大海，如地中海、红海等。目前为止，人们对于深海底部的了解还不如对火星表面了解得多。现在，科学家利用声呐和计算机模拟等技术发现，海底世界的面貌和我们居住的陆地十分相似：有雄伟的高山，有深邃的海沟与峡谷，还有辽阔的平原。

» 海　沟

越过大陆坡，就是深邃的海沟或岛弧——沿着海沟的火山。在此处，大洋板块俯冲到大陆板块以下，其交错地带形成了海沟，海沟是海洋中最深的地方，它与附近的岛屿构成了地球上最大的高度差。马里亚纳海沟为目前所知的世界上最深的地方，也是地壳最薄之所在，位于太平洋西部，深度达10 920米。1960年，"得里亚斯特"号深潜器下潜到了海底。

» 大洋底部

世界大洋的底部像个大水盆，边缘是浅水的大陆架，中间是深海盆地，洋底有高山深谷及深海大平原。海底平原的面积广大，但并不是真正意义上的"平"。太平洋的海底地貌起伏较大，有规模宏大的海底山脉。大西洋底部存在世界上最长的山系，叫作大洋中脊，这条山系纵穿整个大西洋，东折后与印度洋山系的西南支相连。

» 太平洋

太平洋是世界上最大的大洋，其面积约为1.81亿平方千米，是世界第二大洋大西洋面积的2倍，约占地球面积的1/3。太平洋上有数千

□ 探索与发现

个岛屿，其中包括大量的火山堆，通常山顶只高出海平面1米左右。太平洋的海面十分平静，这就是其英文之所以称为"Pacific"的原因。

» 潮汐运动

通常，地球上绝大部分地方的海水每天都出现2次涨潮和2次落潮。海水上升时高出海面，称为"涨"；海水退去时，称为"落"，海水这种周期性的涨落运动就是"潮汐"。科学地讲，潮汐是海水在月球和太阳对地球的引力作用下所发

↘ 一次涨潮发生在地球向着月球的地方，此时月球的引力大于离心力，引力起主导作用。

↗ 一次涨潮发生在地球背对着月球的地方，此时离心力大于月球的引力，离心力起主导作用。

生的周期性运动。地球在向着月球的地方，月球的引力大于离心力，引力起主导作用，此时出现涨潮现象；在背对月球的地方，离心力大于地球的引力，离心力起主导作用，也会形成涨潮。海水的潮来潮往很有规律性，每个月会涨2次大潮。

» 海底"黑烟囱"

在海洋的深处，发现有多处喷涌缕缕黑烟

★ 西风漂流是西风吹送海水所形成的洋流。环南极洲地带的西风漂流每年的海水流量是亚马孙河的2 000倍。
★ 地球上海洋的平均深度为2 000米。
★ 韩国沿海地区的潮水最高时达到9米。

的天然烟囱，我们称之为"黑烟囱"。海底出现地裂和扩张，地球内部源源不绝喷涌而出的熔岩冷却凝结成新的海底岩石，将古老的海床置于其下并取而代之。海水在地心引力的作用下倾泻深入地裂中，同时形成海底环流将熔岩中大量的热能和矿物质携带出来。当炽热的海水再度喷射到裂缝上方并与冰冷的海水相遇时，其中含量丰富的矿物质被溶解并形成缕缕漆黑的烟雾。矿物质遇冷收缩最终沉积成烟囱堆积物，

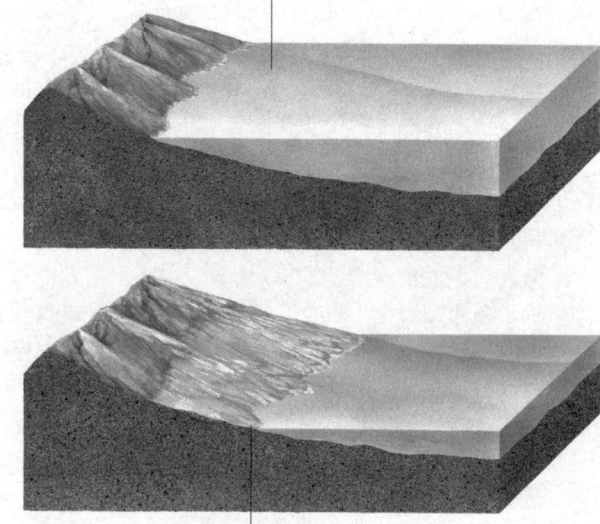

涨潮时，海水上涨，波浪滚滚，景色十分壮丽

退潮时，海水悄然退去，露出一片海滩

地裂中热液顺烟道喷涌而出形成景致奇异、妙趣横生的海底热泉。

↗ 景致奇妙的"海底烟囱"

■ 大气层与云层

地球被一层很厚的大气层包围着，如果没有大气层，地球就会像月球一样，根本没有生命存在。当阳光进入地球大气时，大气中的化学物质可以把太阳辐射中的有害成分吸收掉。大气层为人们提供新鲜的饮用水，并提供人类以及其他动物生存所需要的氧气。由太阳辐射引起的各种地球上的天气变化现象也都发生在大气层中。

》大气层

地球大气层或大气圈是包裹在地球外围的一层空气，是地球最外部的气体圈层。大气层的最底部是对流层，紧靠地球表面，其厚度大约为10千米，是大气中最稠密的一层，约占整个大气总量的70%以上。对流层以上，空气变得越来越稀薄，当延伸至距地球表面800千米的地方时，大气已极其稀薄，很难界定哪里是大气层的终点，哪里是太空的起点。

》冷空气与暖空气

地球任何地方都在吸收太阳的热量，但是由于地面每个部位受热的不均匀性，空气的冷暖程度就不一样。于是，暖空气膨胀变轻后上升，冷空气冷却变重后下降，这样冷暖空气便产生对流，形成了风。风从中心高压区吹向四周的称为反气旋，相反，风从四周进入中心低压区的称为气旋。气压差越大，风速越大。

》云

云是大气中水汽凝结成的水滴、冰晶或由它们混合组成的可见悬浮体。云的外形特征千变万化，形成原因各不相同。按形状主要分为2类：一种是积云，主要由水滴组成，但是有时可伴有结晶，它主要是由空气对流上升冷却使水汽发生凝结而形成的。另外一种是层云，层云是在大气稳定的条件下，因夜间强辐射冷却或乱流混合作用，由水汽凝结或雾抬升而成。2

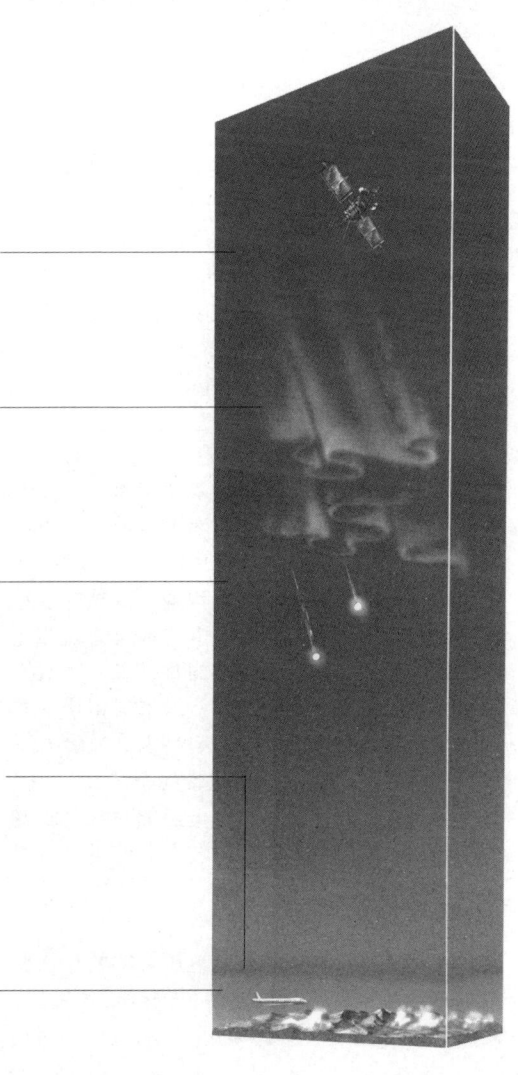

外逸层
大约距地面500~800千米处。这里的大气已极其稀薄，温度很高。低轨道的卫星位于此处

热层
大约距地球表面80~500千米处。热层的大气因受太阳辐射，温度较高，超过1 800℃，气体分子或原子大量电离，复合几率又少，形成电离层，能导电，反射无线电波

中间层
大约距地球表面50~85千米处。中间层的空气已经很稀薄，突出的特征是气温随高度增加而迅速降低，空气的垂直对流强烈。陨石经过大气这一区域时就会燃烧成流星

平流层
大约距地球表面10~50千米处。平流层的空气比较稳定，大气是平稳流动的，故称为平流层。在平流层中水蒸气和尘埃很少，基本上没有水气，晴朗无云，天气很少发生变化，氧分子在紫外线作用下，形成臭氧层，像一道屏障一样保护着地球上的生物免受太阳高能粒子的袭击

对流层
大约距地球表面0~10千米处。对流层的气体总量占整个大气层的3/4，对流层的大气受地球影响较大，云、雾、雨等现象都发生在这一层内，水蒸气也几乎都在这一层内。这一层的气温随高度的增加而降低，大约每升高1 000米，温度下降6.5℃

□探索与发现

种类型的云在空中不同的高度呈现不同的形式。

》地球上的风

地球上的风主要受热带气团、极地气团和中纬度气团所控制。在极地地区，由于气温低，

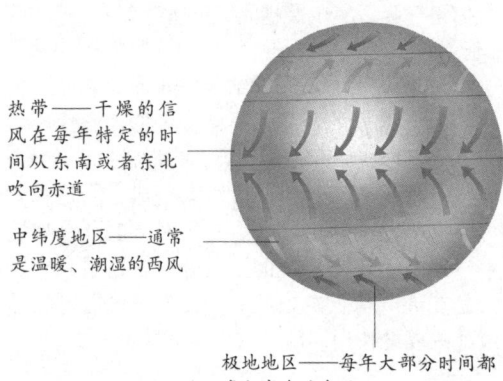

热带——干燥的信风在每年特定的时间从东南或者东北吹向赤道

中纬度地区——通常是温暖、潮湿的西风

极地地区——每年大部分时间都盛行寒冷的东风

气流收缩下降，气压高，气流向赤道方向流动；在热带地区，由于赤道地区气温高，气流膨胀上升，高空气压较高，受水平梯度力的影响，气流向极地方向流动；在中纬度地区，赤道来的气流在此地聚积下沉，使该地区地表气压升高。风并不总是由北向南吹的，由于地球自转所形成的地转偏向力在北半球总使空气运动向右偏，在南半球向左偏。

■ 暴风雨天气

暴风雨到来时，会伴随着大而急骤的风雨。暴风雨天气多发生在夏天，常表现为雷暴，雷暴的持续时间非常短，而产生于热带地区的飓风通常会持续一天以上。暴风雨天气的成因是相同的：热量和湿气的高度积聚。雷暴是由发展迅猛的积雨云引起闪电、雷鸣现象的局部地区对流性天气。在夏天晴朗的日子里，太阳的照射可能会激发积雨云的产生，形成雷暴。飓风产生于热带海洋的一个原因是因为温暖的海水是它的动力"燃料"，在热带的海洋上空，因为上层海水比较热，加热了上层的大气，使得大气既温暖又湿润，暖气旋转上升使得水汽凝结就变成了雨滴。

》龙卷风

龙卷风是一种伴随着高速旋转的漏斗状云柱的强风旋涡，空气绕龙卷风的轴快速旋转，受龙卷风中心气压极度减小的影响，近地面几

↗ 美国中西部的广阔区域以"龙卷风道"（图中深色区域）最为著名。

十米厚的空气从四面八方被吸入旋涡的底部。龙卷风中心附近风速非常高，风力特别大，在中心附近风速高达 400 千米/小时，破坏力极强。龙卷风所到之处，会掀翻车辆、摧毁建筑物等，有时还会把人畜卷走，危害十分严重。美国中西部的广阔区域以"龙卷风道"最为著名，形成于每年的 3～7 月。

》天空的放电现象

雷雨云是对流云发展的成熟阶段，多发生在温暖、潮湿或云层顶端温度较低的环境中，常伴有电闪雷鸣、狂风暴雨的天气。云中水滴在高速气流中做激烈运动，分裂成一些带负电的较大颗粒和带正电的较小颗粒，后者被上升气流携带到高空，前者则聚集在低空云层中，这样正负两种电

↗ 伴随着电闪雷鸣的雷雨云

荷便在云层中被分离,这就是云层带电的原因。当电荷之差达到足够大的程度时,就开始通过闪电的形式释放电荷,闪电从云层底部伸至顶部,或从云层底部伸向地面。

» 飓风的威力

飓风有时也叫热带气旋、台风,它威力巨大,有时会拔起树木,摧毁房屋。飓风带来的暴雨还会造成水灾。沿海地区甚至可能被时速320千米的飓风掀起的巨浪淹没。飓风形成于水温高于27℃的高温洋面,由于太阳的热量,洋面上的潮湿空气不断蒸腾上升。起初在风暴中心有个低压环,叫作风眼,直径可达数百千米,风力也仅为大风级,而当风眼直径缩至50千米时,风眼周围的风力便达到飓风级,成为飓风。每次形成的飓风都有一个自己的名字,现在气象卫星能够在飓风远离海洋的时候,就跟踪监测到它们,并向人们发出警告预报。

» 锋面

在热带和极地之间的地区,以北美洲为例,这些区域的强暴风雨天气都是与低压槽相关联的。低压槽附近是冷暖气流交会的场所,冷暖气流在此相遇后,并不是相互混合,而是相互推入,二者之间的交界处形成锋,锋面的天气状况很不稳定。低压可以跨越几百千米,但过境时间通常不到24小时。低压经过后,首先到达的是暖锋,暖锋过后,紧接着就是冷锋。

■ 天气预报

天气是地球大气层的状况以及这些状况如何频繁地变化和表现的总称。天气复杂多变,难以预测,现代气象学家在成千上万个不同的地点观察天气,计算可能发生的变化。他们通过国际气象网站、高空气球和气象卫星等途径获取数据资料,并将其输入计算机进行分析,利用气象图绘出冷暖空气交界的锋面图,以此来预测天气形势。不过,一个地方的天气变化可能会影响到其他地区的天气走势,所以要准确预报天气是很不容易的。

» 气象卫星

天气系统的形成发展和移动变化能被气象卫星探测到,气象卫星的照片可以显示出飓风的生成过程和它在海洋上空的运动过程。气象

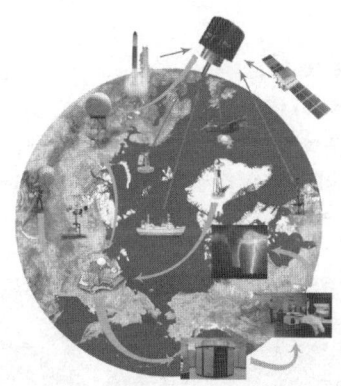

↗ 天气系统的形成发展和变化能够通过气象卫星探测到,卫星再将各项同步数据传送给计算机,计算机把卫星测量结果转换成温度、压力、湿度和风力等数据,并综合来自雷达、测量船、飞机、浮标等的信息数据,及时准确地作出预报。

↗ 首先到达的是暖锋面,在锋面附近,暖空气爬到冷空气的上面,会带来一段时间持续稳定的降雨。

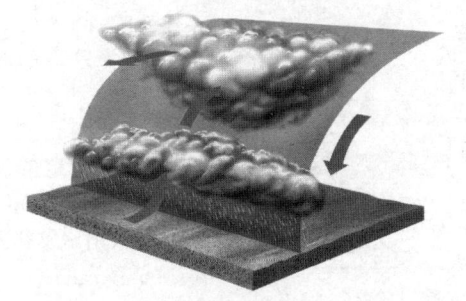

↗ 暖锋面过后,冷锋面来临。冷锋面往往带来狂风和降水强度极大的暴雨,并伴有电闪雷鸣,具有很大的破坏力。

卫星还可携带采集数据的仪器设备,而采集到的数据被转换成天气预报需要的温度、压力和湿度等资料。这些资料与其他信息结合起来,以增强天气预报的精准度。

» 厄尔尼诺现象

当厄尔尼诺现象发生时,南美海洋中的冷水被暖水取代,这一变化会影响全球的气候状况。卫星照片上显示的红色和白色部分就是暖

□探索与发现

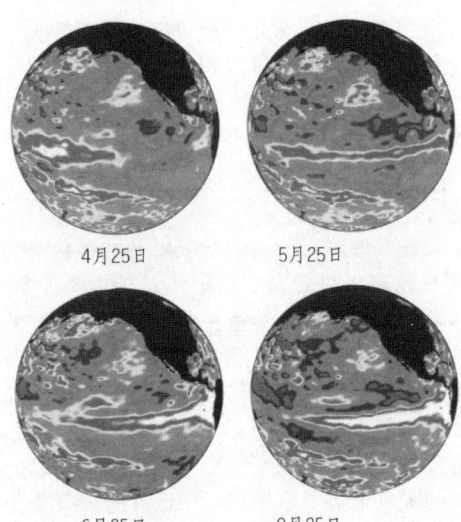

↗ 1997年厄尔尼诺现象的形成发展示意图

水形成的暖流，暖流沿着赤道向东运动，黑色部分为陆地，其他颜色是低湿水流，它们环绕在暖流四周。科学家们希望通过分析这些图片，能够找出厄尔尼诺现象与全球气候变化之间的联系。

■ 气候变化

过去50年来，我们的地球处在不断升温之中。但是气候变化并不是什么新鲜的事物，整个地球的历史，就是生物适应气候变化的历史。

地球的气候就如同一台极其复杂的机器，分为上亿个不同的部分，预测气候未来的变化是相当困难的事情。不过回顾气候史就相对比较简单，这得感谢气候变化留下的大量证据，包括树木年轮的厚度和在极地冰层中获得的古代空气的成分。这些证据显示了地球气候的多变，而且许多重大变化的发生速度比科学家们原来预测的要快得多。

» 冰河期

2万年前的地球是与现在完全不同的一幅景象。北半球的大部分被无边的冰川覆盖，南至现在的伦敦和纽约，甚至像新几内亚这样的地方，高山上都覆盖着冰川。所以大量的水都封存在冰川之中，因此当时的海平面要比现在低100米。对于植物和动物而言，这种寒冷的环境对它们产生了深远的影响。积极的一面是，那时的陆地面积要比现在大得多，许多现在的海底在那时候都是又高又干的陆地，这样，动植物的传播就更为容易——它们可以在现在被海洋分割开的地方之间迁徙传播。但消极的一面是，对于生命而言，这种极端冷酷的环境是个巨大的挑战。为了保暖，冰河期的哺乳动物都有着厚厚的脂肪层和长而粗的毛发。

↗ 地球上的气候形成来自于很多方面，其中之一就是云层。云层将阳光反射回宇宙空间，同时它们也像毯子一般维持着地球的热度。

» 气候变化的原因

这次冰河期不是地球经历的第一次，也不可能是最后一次。科学家们发现：地球的气候在被称为间冰期的暖期和更为寒冷的时代之间摇摆。许多专家认为气候的变化主要是由于地球轨道的变化，但是也涉及其他因素，比如火山爆发和大陆板块漂移等。

大陆板块从形成开始就一直处于移动

↗ 这张图表显示的是过去100万年中世界平均温度的变化情况。其中有几个比较主要的温暖期，称为间冰期，有些持续时间比较短，还有一些则持续很长一段时间。我们现在就生活在间冰期。

↗ 极地冰就像世界气候的日记本一样，它能捕获当时的尘埃、花粉和空气。科学家们可以通过深钻冰层获得几千甚至几百万年前的冰芯样本。

之中。火山活动的热能为这种移动提供了能量，每年的移动速度为几厘米。这种运动非常缓慢，人类无法察觉。不过，经过几百万年的时间，这种移动可以完全改变地球的外貌。由于板块的移动，海洋的形状也处于变化之中。

在气候的变化中，海洋因为存储了来自太阳的热能而扮演着至关重要的角色。大部分的热量被存储在热带海域，再通过温暖的洋流传送到南北半球。但是如果板块的移动阻隔了洋流，南北两端就会开始变冷，这种情况足以触发一次可以持续几十万年的冰河期。

» 岁月的变迁

上一次冰河期大约在1万年前结束，地球开始变暖，冰川开始消融。从那时起，全球气候就一直相当稳定，不过也并非一成不变。地球平均温度起起落落，降雨量也一直在变化之中。在一些地方，比如撒哈拉沙漠，这些变化带来了一些戏剧性效果：现在的撒哈拉地区是世界上最干燥最贫瘠的地方，但是在5 000年前，撒哈拉地区的气候相当湿润，在那时，大象和羚羊生活在开阔的林地中，河马繁衍在河湖地区。接下来的3 000年间，撒哈拉的气候变得越来越干燥，沙漠开始扩张，动植物的生活范围不断缩小以至于消失。不过并不是全然消亡——在撒哈拉地区的山脉中，气候稍潮湿一些，油橄榄树和淡水鱼就生存了下来。

■ 季节和天气

地轴不是垂直的，而是向着太阳以一定角度倾斜的。这个倾斜度很小，却给地球上的生物带来了很大的影响，因为这是四季产生的原因。

在赤道上，中午的太阳几乎是直射的，每天的日照时间基本都是12个小时。但是从赤道向南或者向北，太阳变得越来越低，地球的倾斜带来的影响也就越来越大。在冬季，地轴远离太阳倾斜，因此白天短，气温低；在夏季，地轴靠近太阳倾斜，因此白天长，气温高。在极地附近，天气一直是寒冷的，但夏季白天的时间很长，因为太阳从不降落。

» 一年一次的大降水

在热带，根本没有冬季，所以动物和植物不用面对真正的寒冷。但是它们需要应付多变的天气，因为季节常在干旱和多雨之间变换。在多雨季节，降雨量可以大得令人难以置信，比如，在印度东北部的乞拉朋齐，有过一月内降雨量达到9米的纪录，这是伦敦一年降水量的15倍还多。但是在极度干旱的时节，像乞拉朋齐这样的地方甚至滴雨不下。

↗ 这些在雨中的角马可能看上去很可怜，但是它们正是依靠雨季的大量降水来生存的。如果降水太少，那么就不会有足够的食物供它们食用一年。

□探索与发现

↗ 春季,随着白天的变长,这棵英格兰橡树突然开始生长。它的嫩芽猛然张开,长出数千片嫩绿的叶子。

↗ 到了仲夏,橡树叶子开始变成深绿色,并且停止了生长。在叶子中间,橡子开始成形。

↗ 在秋季,叶子的颜色不再是绿色,而且开始掉落。橡子基本成熟——很快它们也将开始掉落在地上。

↗ 在冬季,树叶已经全部凋零,这样它就不会受到寒冷的伤害。橡树将保持这种状态直至第二年春季的来临。

热带植物和动物需要适应这种极端变化的天气。食草动物可以在潮湿季节里吃得饱饱的,因为这时候的植物长得最茂盛。但在干旱季节,生活就变得很难,因为很多植物停止生长,叶子都凋零了。食肉动物和食腐动物刚好相反,在干旱季节比在多雨季节生活得更好,因为它们的猎物由于饥饿或口渴而难以逃脱它们的猎捕。

» 四季变化的世界

在地球的温带地区,可以将季节分为春季、夏季、秋季和冬季。在春季,白天迅速变长,植物生长旺盛。对于动物来说,这也是个繁忙的季节,几百万候鸟迁徙并开始繁殖后代。到了仲夏,大多数植物停止生长而开始产出种子。秋季是准备的季节,因为白天变得越来越短,气温开始下降。当冬季到来的时候,候鸟已经飞走,大部分树的叶子已经凋零。

温带地区不会太冷或者太热,但是天气总是变幻多端,很难预测——干旱的夏季可能突然出现大量降雨,而温暖的春季常常有霜和雪不期而至。动物和植物需要为这些变化做好准备,这样它们才能够在任何一种天气环境下生存下去。很多动植物根据日照时长的变化来决定自己应该生长还是冬眠。与天气不同,日照时长通常是与所处的季节相符的,因此这是确保自己跟上季节的节拍的绝好办法。

» 极昼和极夜

沿着南北极圈,仲夏日太阳不降落,仲冬日,太阳不升起。南北极圈之间的地区,春季和秋季变得越来越短,夏季和冬季的区别越来越分明。而在南北极,太阳连续不断地照耀6个月,剩下的6个月便是冬季了。在仲冬,月亮通常也是在地平线以下的,因此唯一的光来自于星星。除了应付黑暗和严寒,极地生物还需要忍受极度的强风——在世界上风力最大的地方,也就是南极洲的海岸上,风力可以超过300千米/小时,有时一刮就是好几天。幸运的是,大部分极地动物都生活在海洋中,从而避开了冰冷的狂风。

■ 生命时间线(上)

如果说整个地球的历史可以浓缩成一天的话,那么,第一个生命符号在第一缕曙光出现之前很早就产生了。不过直到大约晚上9:30才开始出现类似于今天存活着的动物。

为了了解地球漫长的历史,科学家将过去分为不同的阶段。最长的阶段被称为"代",代又分为不同的"纪",纪有时被分为更短的阶段,称为"世"。生物在这些不同的阶段之间进化,在它们死亡后留下了化石。在这篇文章中,你可以了解从2.45亿年前的古生代末期开始的漫长地球史中生物的进化演变过程。

» 太古代

地球的这部分历史始于38亿年前——目前发现的最早岩石的年龄。这一时期持续了13亿年,刚超过地球全部历史的1/4。生命出现在太古代早期,最初的生命迹象是目前在37亿年前的岩石中发现的化学物质遗迹。这些化学物质是一些类似于今天的细菌的单细胞微型有机生物体留下的。

» 元古代

元古代一词的英文"Proterozoic"指的是"早期的生命"。在这个时代中,微生物通过收集光

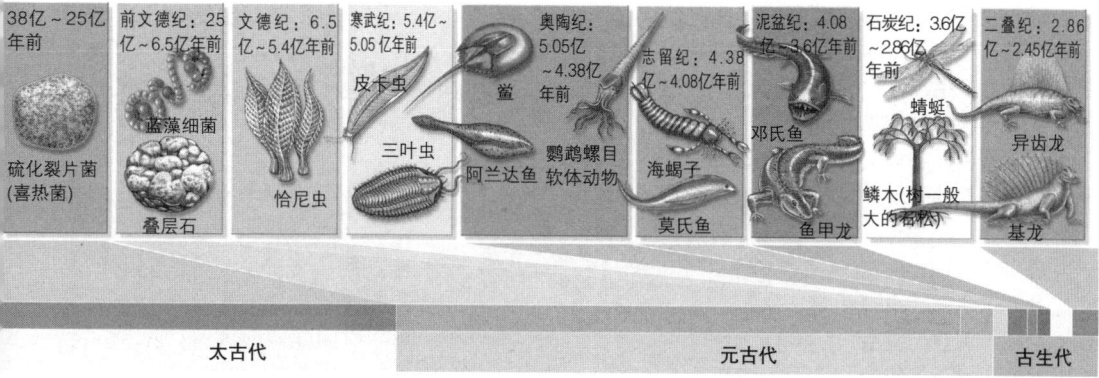

能进化。其中比较著名的是蓝绿藻,它们的后裔一直延续至今。蓝藻细菌主要生活在浅滩海域中,有些形成了称为叠层石的大面积堆积物,在元古代的岩石中留有化石。

大约在10亿年前,生命向前迈进了一大步,出现了第一种动物。起初,它们非常微小,但是相较于早期的生命形式却更为复杂,因为它们体内存在许多细胞。到了元古代末期的文德纪,动物开始多样化,这些早期的动物包括一种生活在海底的一簇羽毛状的恰尼虫。

» 古生代

古生代的英文"Paleozoic"指的是"古代的生命"。古生代共分为六个纪。第一个称为寒武纪,是地球历史中非同寻常的一个阶段。在这一阶段中,动物开始进化出壳和其他坚硬的身体部分,这场生物学革命创造出了许多新生命形式。这些动物包括三叶虫及其他节肢动物、软体动物和皮卡虫之类的早期脊索动物。脊索动物体内有一根坚固的主干,它们是包括人类在内的所有脊椎动物的祖先。

海洋生物在奥陶纪继续扩张。其中最大的一些动物包括鹦鹉螺——这种软体动物与现在的章鱼和乌贼有关联。奥陶纪末期,鲨及其他节肢动物非常常见,一些动物开始踏出了它们迈向陆地的第一步。

志留纪的海蝎子是3米长的庞然大物。莫氏鱼等鱼类在志留纪也比较常见。早期鱼类没有颌,在志留纪中,鱼类进化出了带关节的颌,这就使它们异于早期鱼类,能将食物咬碎。

到了泥盆纪,鱼类成了最大的海洋动物。4米长的邓氏鱼有着板状的牙齿,可以将食物一撕为二。然而,这一阶段的陆地上,生命有着更为多彩的发展——从鱼类进化而来的有四肢的两栖动物——鱼甲龙是最早习惯脱离了海洋环境的生物之一。

石炭纪中,无边无际的森林中出现了最原始的飞行昆虫,包括蟑螂和巨大的蜻蜓。最早的爬行动物也始于此时。到了二叠纪,它们就成了陆地主宰。异齿龙和基龙是体型最为庞大的爬行动物,两者背上都有"帆",可以用于调节体温。二叠纪晚期还出现了大量的兽孔目动物,这些类似爬行类的动物是哺乳动物的祖先。但最终这些动物以大量死亡并灭绝而告终。

■ 生命时间线(下)

在过去的2.45亿年中,动植物留下了一个巨大的化石宝库。包括爬行动物时代那些令人惊叹的遗迹和早期原始人类——最终演变为人类的人猿——留下的化石。

与前页上的时间线相比,本页中显示的时间线较短。如果说整个地球的历史被压缩为一天的话,这里显示的仅仅约一小时。不过在这一阶段,进化出了大量的生物,包括开花植物和到目前为止地球历史上最大的动物。这段时间线涵盖了两个地质时代:结束于6 600万年前的中生代和延续至今的新生代。

» 中生代

中生代又被称为"爬行动物时代"。这个时代也存在许多其他生物,但是爬行动物成为了海洋、空中和陆地上的最大主宰。科学家们将中生代分为三个纪。第一个叫作三叠纪。三叠纪之前就是发生了一场灾难,并导致地球上3/4的物种灭绝的二叠纪。

在三叠纪开始时,大部分陆地都是相连在一个称为"泛大陆"的超级大陆之上,气候温暖,树蕨、针叶树和苏铁科植物是比较常见的植物。

□探索与发现

三叠纪的爬行动物包括一些早期滑翔脊椎动物。进化也产生出了一些奇怪的动物，比如长颈龙，它们可以在岸上利用它们超长的脖子捕鱼。

恐龙的进化在三叠纪进入了末期，不过侏罗纪标志着它们统治的最高峰。由于气候变得更为潮湿，有些以植物为食的物种的体积达到了令人难以置信的地步，这些食草动物同样成了体积巨大的食肉动物的捕猎对象。跃龙就属于这些食肉动物，体重可以达到3吨。鸟类由带羽恐龙进化而来，最早可以追溯到侏罗纪时代。

白垩纪出现的开花植物引发了大量昆虫的进化。飞行的爬行动物——翼龙，通过皮质的翅膀在空中翱翔。其中一种称为羽蛇神翼龙，翼展可达12米，是最大的飞行动物。在恐龙中，小型的猎手有速龙，当时最庞大的陆地食肉动物则是霸王龙。但在6600万年前，地球被一颗巨大的流星撞击，使爬行动物时代遭到了灾难性的终结。

》新生代

在这一时代中，生命从白垩纪的大量灭亡中恢复了过来。哺乳动物开始填补爬行动物退出留下的空白，使新生代成功演进为哺乳动物的时代。

最原始的哺乳动物以昆虫和其他小动物为食，到了第三纪进化出了大型的食草动物。第三纪早期，各种草本植物得到了很好的发展，使得一些哺乳动物可以适应在草原和热带稀树草原上的群集生活方式，这些动物包括今天的马类和其他一些大型动物如雷兽以及原始象的祖先。鸟类也得益于恐龙的消失。体形较大且不会飞的不飞鸟成了当然的食肉动物，巨大的钩状喙可以将猎物撕成碎块。在第三纪末期，非洲出现了被称为南方古猿的原始灵长动物，其中一种类人猿动物成了我们人类的直接祖先。

第四纪早期，气候变冷，开始了较长一段

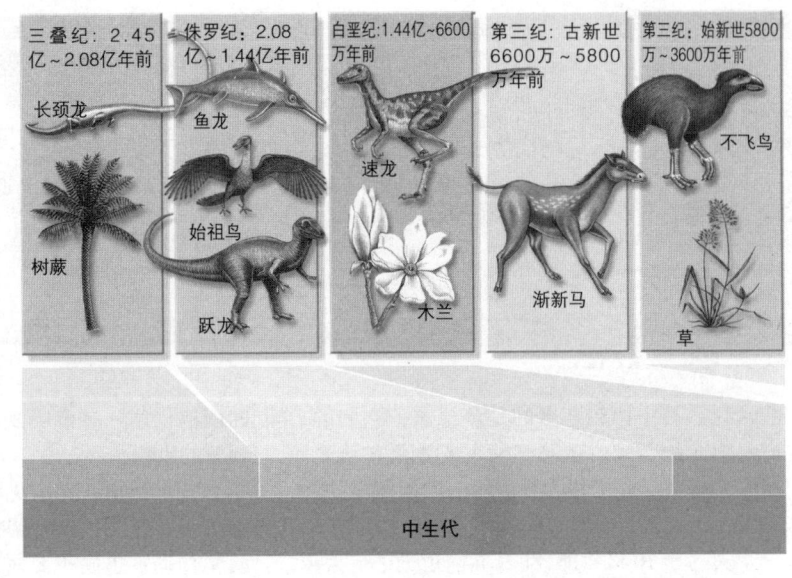

时间的冰河期。哺乳动物适应了这些变化，有些高度特化的物种开始形成，其中包括剑齿虎，它们可以用长达18厘米的锯齿状牙齿杀死猎物。人类最早出现在大约50万年前。最初，人类依靠采集野生食物和打猎为生，到了冰河期末期，也就是1万年前，人类开始驯养猎物和种植植物。从那时起，我们这个物种就改变了这个世界。

■ 生物圈（上）

在过去的37亿年中，生物遍布了整个地球。它们的家——生物圈，环绕着整个地球。

地球的直径大约是12 000多千米，但是生物圈从顶部到底部不过25千米。如果地球是足球一样大小，那么生物圈的厚度不会超过一张纸。但正是在这个圈中，包括了地球上的所有生物——从最高的树、最庞大的动物，直到最小的微生物。这个圈里有些生物因为生存条件的理想而数量繁多，也有部分生物因为过热或者过冷的环境使其难以生存，分布也就非常少了。

》高空生命

如果从宇宙开始向地球探测，那么最先发现生命的地方是在离地面2万米的高空。没有一种生命会在这个高度度过其整个一生，但是微生物、孢子和花粉却常被风带到这里。一旦它们被带到这里，就需要好几天甚至好几个星期的时间才能落回地面。

在海拔1 000米的地方，开始出现飞行生物。

地球家园

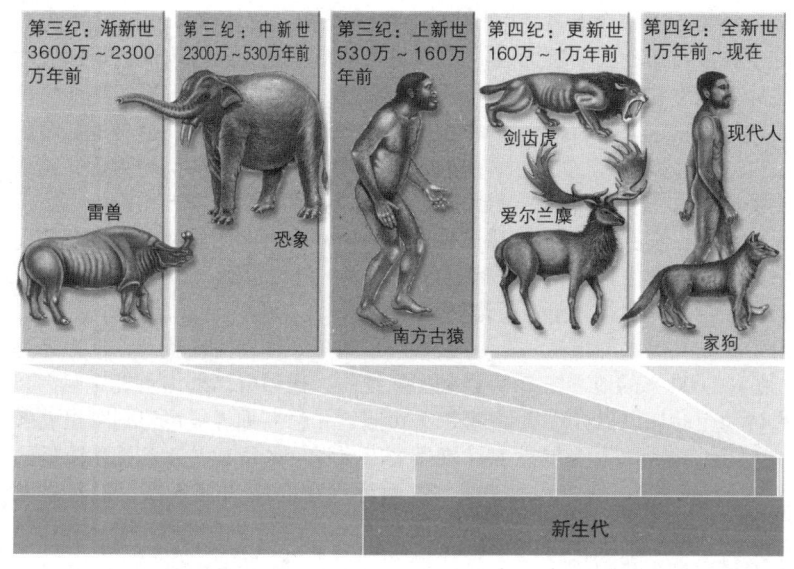

生物圈的这一部分是昆虫和鸟类的家，天空是它们的交通要道。鸟类是飞行生物中的强者，但是昆虫在数量上超过鸟类很多倍——一群蝗虫可能就含有7万吨的虫体，扇动着几十亿张薄膜般的翅膀。

» 陆上生命

探测向陆面方向继续推进，几乎立即就能发现生命的存在。事实上，在生物圈的有些部分活跃着大量生命，根本无需等到探测到地面。在赤道附近，树木在明亮的阳光、大量的雨水和整年的高温条件下长势旺盛，结果便形成了茂密的热带丛林，是地球上最为肥沃的动植物生活地之一。

逐渐远离赤道，生物圈内变得越来越不拥挤，居住环境也渐渐发生变化。根据地球的气候类型，从热带雨林过渡到灌木地，之后过渡为沙漠。在沙漠地区，特别是年降水量少于5厘米的地区，分布的生命数量很少。进一步向南和向北推进，在地球的温带地区，气候比较湿润，在生物圈的这一部分，生长了大量的动物和植物——虽然在物种数量上比在温度更高地区要少。

在极地和高山，强风和严寒使得生命很难

1.蚯蚓生活在土壤中，它们可以帮助植物遗体的再循环。土壤是陆地上生物圈的重要组成部分，因为大量的植物需要在土壤中生长。
2.在沙漠中，有些植物只有在下过雨后才会活过来。而有些植物则是通过在它们的根或者茎中储存水分存活下来。
3.在山里，黄嘴乌鸦生活在海拔6 000多米的地方。鸟类擅长在海拔较高的地方生存，因为它们有羽毛可以帮助保持温暖。
4.花粉来自于花朵。它们又小又轻，有些外形特殊，并能借助空气飘到较远的地方。
5.温带丛林分布在地球上气温不会变得太高或者太低的地区。这些树的大部分都会在秋季落叶，然后在第二年春天长出新的叶子。
6.草原是陆地上大型群居哺乳动物的生活地。最大的草原分布在地球的温暖地带。
7.生活在土壤中的变形虫吃其他微生物以及一些体型较大的生物的残骸。

↘ 这张地表图显示了生物圈的一个片断以及生活在陆地上不同环境下的生物。

23

□探索与发现

存活。干旱也使得生存更为艰难，比如在南极洲的"干谷"中，已经有100多万年没有下过雨或者雪了。这些荒凉的地方是生物圈中生命最为稀少的地方，也是地球上最接近火星表面环境的地方。

》地下生命

生物圈并不止于地面，相反，它在地下仍得以继续。肥沃的泥土中有大量帮助生物遗体残骸循环的动物、真菌和微生物。生物也大量存在于洞穴中，一些细菌生存在充满水的很深的地下岩缝中，实验钻在地下2 000米的地方发现这些细菌，而有些专家认为生命还可以存在于更深的地下。

生物圈（下）

如果你在世界地图上随意一点，点到海洋的几率几乎是点到陆地的两倍。海洋占据了生物圈的很大部分，而几乎在海洋的各个角落，从海面到10千米深的水域，都能发现生命的存在。

地球有五大洋和很多面积相对较小的海。不像陆上栖息地，各个海和洋之间都是连通的，而且水处于不断地流动中。在靠近水域表面，水可以流得像河水那样快速，而在深海，水体几乎静止。因为各个海洋之间是连通的，水生物可以分布到世界的各个角落。即便如此，海洋中也像陆地上一样，划分出不同的生活环境。

》大陆架和暗礁

地球上所有的海岸线加起来至少有50万千米长。在有些海岸，岩石会突然变得很陡峭，因此即使在离海岸很近的水域也会有几千米的深度。而在有些地方，比如在澳大利亚和新几内亚之间中段的海床只有70米深。这些浅水水域是由大陆架——向海洋伸出的巨大的在水面以下的大陆边缘——构成的。大陆架仅仅占据了海洋面积的很小部分，却是很重要的生物栖息地。海底居住的鱼类以生活在海床上的生物为食，这使得大陆架成为了世界上最为丰产的渔场。热带珊瑚礁中甚至生活着更多的生物。这些都是生物圈中生物最为活跃的部分。

》海洋中的层级

虽然海水处于不停地流动状态，但也还是可以划出界线的，比如可以划出水表光照区和底层永久黑暗区。另一种界线可以划分出温跃层，即随着潜水深度的增加，水温陡然降低的区域。这两种界线距海面都不深，而且还常

1.离海岸较远的岛屿常常会有独特的陆生植物和动物，而在其周边海域中也常会有一些特别的野生动植物。
2.海洋表面繁衍着大量的微生藻类，以及以这些藻类为食的动物。两者构成了浮游生物——随着水流漂流的很大一个生物群落。
3.岩石海岸线，尤其是可以阻挡捕食者的有陡峭悬崖的区域，是海鸟和海洋哺乳动物的重要繁殖地。
4.珊瑚礁常在浅海区，深度在200米以内的、干净温暖的水域中。地球上很多种类的鱼都生活在珊瑚礁中。
5.有些海床上生活着大量的海蛇尾，这类动物用它们纤细的手臂获取食物。
6.细菌生活在热液喷口周围以及海底以下很深的含水裂缝中。

↘ 这张生物圈图显示了海洋生活环境以及居住在其中的一些生物。地球的火山热量不断地创造和毁坏海洋板块，因此海洋处于不断的变化当中。大约2.5亿年前，地球上只有一个海洋，但是其面积等于现今所有海洋的面积之和。

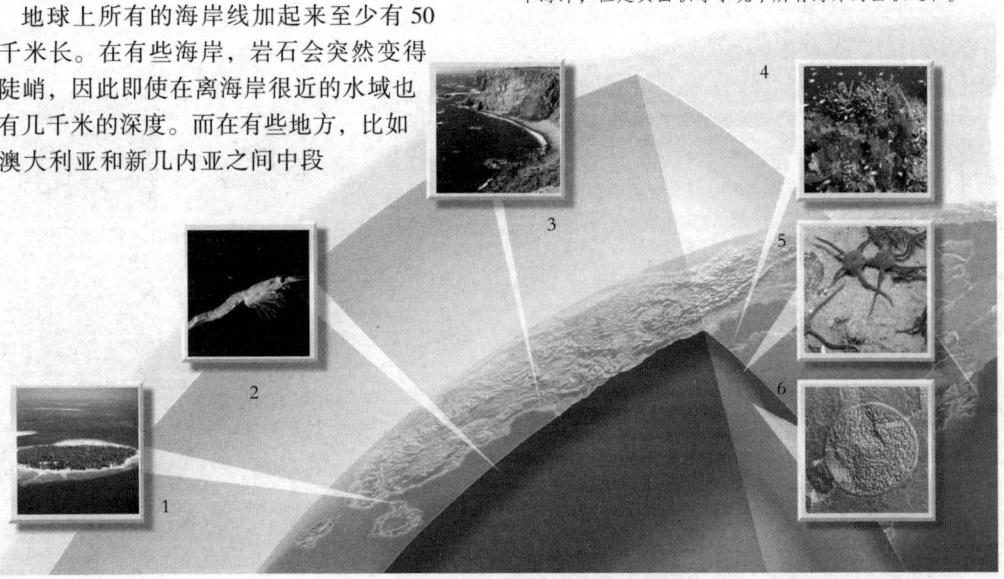

常是重合的。这样，它们可以一起把海洋分成两层。

上一层只占据地球上咸水量的2%，但所有需要日光才能生存的水生生物都生活在这里。在生物圈的这个重要部分，微生藻类利用阳光进行光合作用，从而得以生长。而在漆黑的深海中，生活着所有不需要光便能生存的生物，在这里，动物生活在一个高压且常年寒冷的环境中。唯一温暖的地方就是热液喷口，从那里源源不断地涌出高温液体。

» **深入到海底**

处于海洋中部深度的一些区域是生物圈中最"空荡"的部分。然而，在非常深的水域中，有很多生物生活在海床上。这是因为来自上层水域的很多残骸最后都沉淀下来。这些残骸形成了有黏性的海洋沉积物，水生动物在其中进进出出寻找食物。

海底沉积形成得很慢，但其可以达到500米的厚度。甚至在这些沉积物下，细菌仍然可以在海底岩石几千米深度的裂缝中存活——也正是在这里，生命的分布和生物圈都到了尽头。

生命能量

每天，太阳都照射着我们的地球，带来的能量足以使一辆汽车不停地行驶1万亿年。这些能量引起了天气的变化，使地球变得温暖，然而更为显著的作用是使地球上的生命充满活力。

就像机器一样，生物也需要能量来运转，它们用能量来催动细胞，一旦细胞活跃运作起来，就可以产生生长、移动等所有行为。但是，

↗ 几乎所有的动物都有自己专门的食物对象，每种动物都只不过是另一种的食物罢了。这张图中，一只蜘蛛已经捕获了另一只蜘蛛，后者成了它的口中美食。

这种能量只能从外部获得，在用尽后必须要得到补充替换。从生命开始起，不同的生物发展出两种不同的获取能量的方式：有些是直接收集能量，通常是通过阳光；其他生物，包括人类，是通过消化食物这种"二手"的方式获得能量的。

» **补充能量**

许多人喜欢沐浴在温暖的阳光中，但是我们的身体对于光能的利用是没有更多作为的，我们利用光看这个世界、获取维生素D，仅此而已。然而对于许多细菌和几乎所有的植物而言，光能是至关重要的。细菌和植物就像有生命的太阳电池板一样，利用光能获取能量，这一过程叫作光合作用。

到达地球的光能中，植物收集了大约其中的1/100。虽然听起来这个数字不是很庞大，但这是全世界所有发电站发电量的300倍以上。这些能量产生了上亿吨的植物物质，包括根、叶、花和种子。一些能量耗费在植物的生长中，更多的则是转化为植物本身。这种嵌入式的能量再通过动物采食植物而传送给了动物。完成这一步骤之后，能量又在一种动物捕食另一种动物时产生传递。

← 在以植物残渣为食物的生物中，可以长到28厘米的千足虫无疑是其中的庞然大物了。它们爬行缓慢而且是冷血动物，这两种特点使得千足虫对于能量的需求非常有限。

» 进食阶段

为了将食物中的能量释放出来,动物必须将食物"粉碎"。这需要氧气的介入,这和促使物体燃烧,也就是产生火的化学变化是一致的。火能迅速释放大量能量,并足以产生危险的后果——如果动物使用这种方式获取能量,它们的身体就会从内部开始被煮熟。因而,它们通过一系列小心控制的步骤来释放能量,不至于产生大量热量。这种释放能量的方式使用氧气,发生在细胞内部,所以称为细胞呼吸。动物并不是唯一会呼吸的生物——动物消化食物时,所有活着的细胞就发生呼吸作用。植物细胞也会呼吸,它们通过光合作用制造食物,再在能量供应水平较低时分解它们,以获得能量。

动物世界中,对于能量的利用率是不同的。的生命节奏就很快,它们不停地运动,不停地进食,几乎从不休息。蛇和鳄鱼则不同,它们大多数时间都相当懒散,在饱餐一顿之后可以休息几个星期之久。

这种差别的原因在于动物的新陈代谢水平不同。新陈代谢是它们身体中化学反应的总和。的新陈代谢率非常高,它们需要消耗大量能量以保证它们微小的身体处于温暖状态。蛇和鳄鱼是冷血动物,它们的新陈代谢就比较缓慢,只需要较少的能量来维持生命。人类和大多数哺乳动物一样,处于中间水平。动物的代谢率还取决于它的状态:当动物在运动中时,代谢速度就上升;当它们睡眠时,代谢速度就减缓。

当动物冬眠时,它们的代谢速度更是大幅减缓——冬眠中的蝙蝠需要的能量是运动中蝙蝠的1/40,所以它们身体中的营养物质储备足以维持很多个星期。

» 能量累积的底层

能量不仅在生物间流转,在死去的残骸,比如动物的尸体、腐败中的植物、形形色色的自然废物如动物粪便和落叶中也都存在。许多生命依赖这些能量源,其中就包括将这些作为食物的"清扫"动物、真菌及细菌。这类生物被称为分解者,它们分解并处理掉这些废物。

分解是十分可靠的获取能量的方式,因为一切有生命的东西终究都会死亡。分解也是相当彻底的,因为一旦分解完成,所有可用能量都会得到彻底地释放。当没有能量可以继续流转时,分解也就完成了。

» 化学戏法

如果没有阳光使植物得以生长,人类不可能存活很久,其他动物和大多数的真菌及细菌也难逃这一劫。

然而,在一些边缘地点比如暗礁和深海中,细菌依靠收集溶解矿物质,再使其发生化学反应获取能量。与世界上其他生物不同,这些微小的生命根本不需要太阳能。这些细菌被称为无机营养菌,其英文"lithotrophs"字面意思为"食岩者",其中有些依靠吸收锰或铁,另外一些则以硫为生。无机营养菌对于科学家而言具有重大意义,因为其他星球上也有可能像地球一样存在着无机营养菌。

↗ 当阳光穿过森林,树叶就采集了光能。树木枝干向上生长就是为了获得更多的光照。

生物世界

■ 生物的分"界"

为了了解自然界，科学家们将生物世界划分成不同的群体。最小的群体是"种"，最大的则被称为"界"——生命王国中最大的划分单位。

在科学发展的早期，大多数自然学家认为所有生物不是动物就是植物。但是，当微生物被发现后，我们知道，生命世界其实要丰富得多，单是划分成两个"界"是不够的，从此，"界"的数量增加到5个。但是，这可能还不能穷尽整个生物世界。

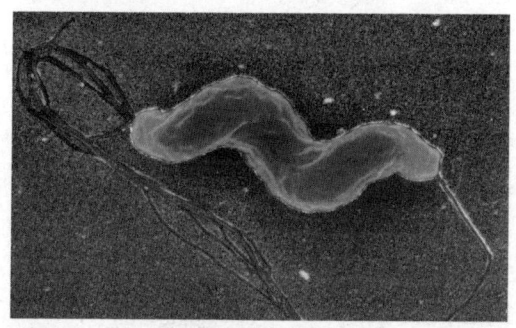

↗ 很多细菌都是将自己固定在同一个地方度过一生的，但是有些可以滑行和游泳。这个螺旋形的泳者是一种弯曲杆菌——一种可以导致人类食物中毒的细菌。

» 小型生命

世界上最小的生物是细菌，它们的结构比任何其他的生命都要简单，正是这个原因，科学家们把它们单独列为一个"界"。每种细菌都只有一个细胞，其中仅含有生存所需的最基本物质，在细胞外是一层坚硬的物质，可以保护细胞不受外部世界的伤害。与其他生物相比，细菌并不是那么多种多样的，但是它们的数量很大，远远超过地球上所有其他生物数量之和。另一个"界"涵盖了原生生物，也包括微小的生命，此外还包括一些可以用肉眼看得到的体型较大的种类。与细菌一样，大多数原生生物也只有一个细胞，但是它们的构造上相对要复杂得多，其中含有各种不同的"工作部门"，就像人类的身体一样。原生生物通常生活在水中，有些种类的举止与微型动物相仿，而有些则与小型植物相仿。

已经发现的原生生物大约有10万多种，它们的种类如此之多，以至一些科学家认为，可以将之区分成不同的界而不是仅仅归入同一个界中。

» 真菌和植物

接下来的两个"界"包括真菌界和植物界，这两个界之间有很多相像之处。它们大多从地上开始发芽，然后通过孢子或者种子传播。但事实上，真菌和植物是完全不同的两种生物，真菌是通过分解其周围的物质来获取生存所需的养分的，而植物则完全不需要食物——直接通过叶子吸收阳光来获取能量。科学家们已经发现了10万多种真菌，而植物则至少有40万个不同的种类。

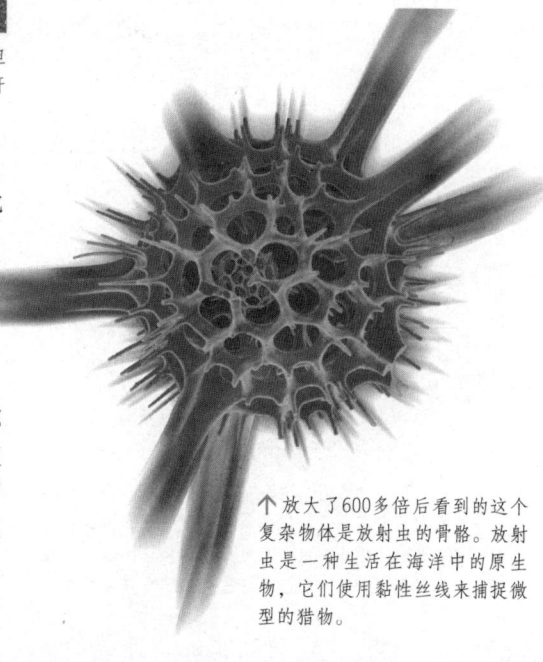

↑ 放大了600多倍后看到的这个复杂物体是放射虫的骨骼。放射虫是一种生活在海洋中的原生物，它们使用黏性丝线来捕捉微型的猎物。

□ 探索与发现

↗ 两只假眼使得这只飞蛾幼虫看上去很危险。这种伎俩在动物世界很常见，很多都是借此来避免成为其他动物的美食。

》动物世界

5个界中的最后一个是动物界，这是一个种类繁多、生活方式各异的生物群体。像植物一样，动物也是多细胞生物，但是需要食物来存活。动物的食谱几乎像它们自身的种类那样丰富，很多动物以植物或其他动物为食，但是动物界中也包括一些食腐动物，它们以自然界中的残骸和遗体为食。很多生物不能动，但是动物可以比其他生物动得更快更远。一些动物几乎在同一个地方度过一生，但是有些则需要不停地迁徙来寻找食物，它们利用各种令人眼花缭乱的身体部位，包括强壮的吸管、有关节的腿以及长满羽毛的翅膀，在地球上的各个栖息地上爬行、奔跑、游泳或者飞行。迄今为止发现的动物大约有200万种。很多科学家认为，动物的实际总数可能是已知数量的5倍甚至10倍之多。

■ 微生物

地球上99%以上的生物都是肉眼看不见的，这些生物组成了拥挤而纷乱的微生物世界。

人类肉眼可以看到的最小事物的直径至少为0.2毫米（大约是人类头发的1/5粗细），这可能对于我们来说已经够小了，但这实际上比很多生物都要大得多。这些小型的生命形式被称为微生物。有些微生物只有粉尘那么大小，而有些微生物则只有经过放大几千倍以上后才能被看见。但是，"小"并不意味着简单，微生物中包括了一些拥有惊人复杂结构的种类，也是地球上最基础的生物。

》谁是谁

在生物世界中，到处都生活着微生物，而体型微小通常是它们唯一的共同点，细菌是其中最小而数量最大的群体，随后的便是体型较大一些的、单细胞的原生生物。微生物世界还包括微小的真菌，以及几千种微小的动物和植物。

虽然通常说细菌是体型最微小的生物，但事实上还有比其更加微小的事物也表现出生命的特性，这就是病毒——通过攻击活细胞来存活的化学物质团。但与其他微生物不同的是，病毒不能生长也不能繁殖，除非进入一个合适的寄主细胞中。正因如此（当然也有其他的一些原因），大部分科学家都不将它们作为完全的有生命的生物来对待。

》大小的问题

提到大小问题，不同的微生物常常出现一些重合的现象，比如轮虫这种世界上最小的动物虽然有着复杂的身体构造以及很

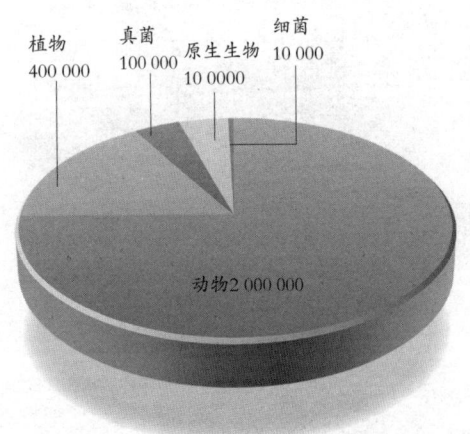

↗ 没有人知道世界上到底有多少种生物，但是这张圆饼图显示了迄今为止已经被发现的各界生物的种数。动物占据了其中的最大部分，因为它们已经进化出了非常多的生活方式。

0.1~1毫米　藻类（团藻）

原生动物（栉毛虫）

0.01毫米
0.001毫米　人类血红细胞

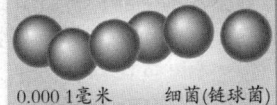
0.0001毫米　细菌（链球菌）

0.00001毫米　病毒（感冒病毒）

↑ 本图表显示的是一些微生物和其他一些活的细胞的平均大小。从上往下，每一种的大小都是其下一种的10倍。团藻是可以用肉眼看见的。

生物世界

↗ 就像是太空火箭上的蚂蚁，几百个细菌粘附在这个擀面杖上。像这样的细菌总是以人类留下的甜食碎片为生。

多可以移动的身体部位，但仍然要比最大的细菌小得多。轮虫生活在淡水和海洋中，如果要铺满这一页的纸面，至少需要5 000多只这样的小虫。

另一方面，有些原生动物（像动物一样的原生生物）体型如此之大，使得它们根本不适合被称为微生物。如今还生存着的大型原生动物中有一种水生变形虫，可以用肉眼很容易地看出来。但是，这种变形虫也不是最大记录，因为在几百万年前，一些单细胞原生生物可以长到像柚子那么大。

» **微型生活环境**

体型微小的一大优势是：可以生活的栖息地几乎无处不在。不管是多么遥远或者多么难以企及的地方，都难不倒微生物。在人类的屋子里，它们也无处不在。不过，大多数微生物生活在水中或者潮湿的地方。它们最喜欢的生活环境之一是泥土，尤其是含有大量动植物尸体的泥土。其他栖息地还包括较大体型生物潮湿的体表和体内。就动物而言，微生物喜欢的环境包括皮肤、嘴和牙齿，以及整个消化道——吸收水分和消化食物的管道。

对于动物来说，很多微生物都是无害的，有些甚至是有益的。当动物的健康状况处于良好状态时，居住在动物体表或者体内的细菌被合称为"微生物菌丛"。但是微生物中也包括那些对生物有害，以生物为食的种类，这些侵略者通常是病原体，它们通常会导致疾病的产生。几百万年来，动物进化出了抵抗这些微小侵略者的特殊防护能力，如果没有这些能力，动物很快就会被全线击溃。

» **生活在微生物世界里**

对于微生物来说，它们所居住的世界与我们人类所居住的世界是大不相同的，比如，重力对于它们来说基本没有任何影响，因为它们的体重那么小，基本不受地球引力的作用。

如果一个微生物动起来，它几乎可以直接达到最大速度，而当需要时，它完全可以做到立即停止。在陆地上，微生物有时会被吹到空气中去，由于它们是如此之轻，所以通常要经过几天甚至几个星期才能回到地面上。上述情况也意味着很难确保一个地方完全不存在微生物。在的确需要清除微生物的地方，比如手术室，空气通常保持低压状态，防止微生物随气流漂进去。

» **几百万年的冬眠者**

微生物从来不安家，因为它们那么小，没有什么可以将之与外部世界明确地隔离开来。然而，很多微生物有自己的一套有效的生命体征来帮助自己在世界上生存下去。它们常常通过自我"关闭"来度过艰难的时期，而且这个"关闭期"可以长达好几个月。有些微生动物可以保持睡眠状态10年甚至更久，而细菌在这方面则更为擅长：在适当的条件下，它们的冬眠孢子可以存活几百万年之久——比整个人类的历史都要长。

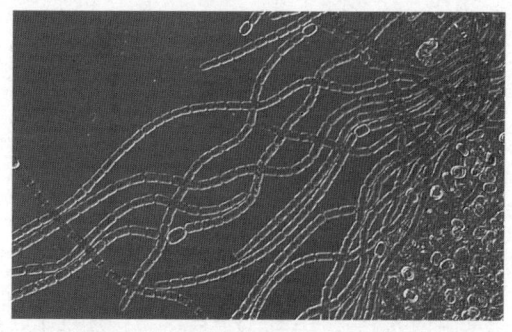

↗ 这些纤细的线条是由项圈藻组成的，它们是蓝藻的一种，依靠光能存活。项圈藻和类似的生物从空气中收集氮气，从而使得土壤更为肥沃。

■ 细 菌

单以坚韧和耐力而言，细菌可以打败其他一切生物。在可以想到的任何地方，包括温泉、深海泥和人类牙齿表面等，都有细菌的存在。在适合的环境下，它们的繁殖速度超过其他所有生物。

由于有些细菌可以导致疾病的发生，它们背负着恶名。但是如果细菌突然全部消失，大多数生物，包括人类自身，都很难存活。这是因为细菌是自然再循环的主要作用者。许多细菌以动植物尸体为生，越是温暖，它们工作的效率就越高。当它们分解食物后，释放出来的营养物质就是其他生物所必需的。

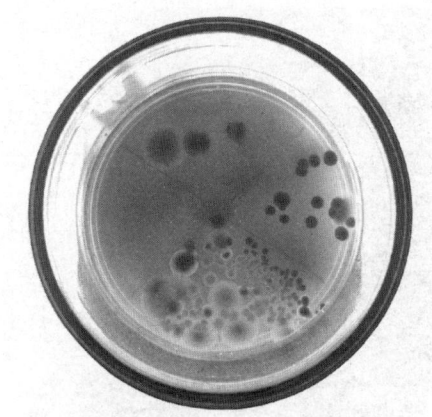

↗ 单个细菌是极其微小的，不过肉眼可以发现菌落。这个皮氏培养皿中的薄薄的营养物质——冻胶——上包含着许多菌落。

» 谋 生

和其他生命形式相比，细菌的生活方式有些不同：一些细菌通过阳光获得能量；另外一些则依靠岩石中的化学物质存活——地球上原始时期生命的一种存活方式。但是，绝大部分的细菌都是从无机质中吸取养分而存活，这些无机质包括从动物尸体到残留食物的任何物质。致病细菌有些不同，他们侵入活体生物，这种入侵被称为"感染"，通常会致病。

■ 病 毒

病毒是有生命特征的最小生物。比起细菌来，它们要简单得多，而且只能依靠其他生物存活。病毒传播能力极强，很难被控制。

绝大多数病毒在体型上要远远小于细菌，

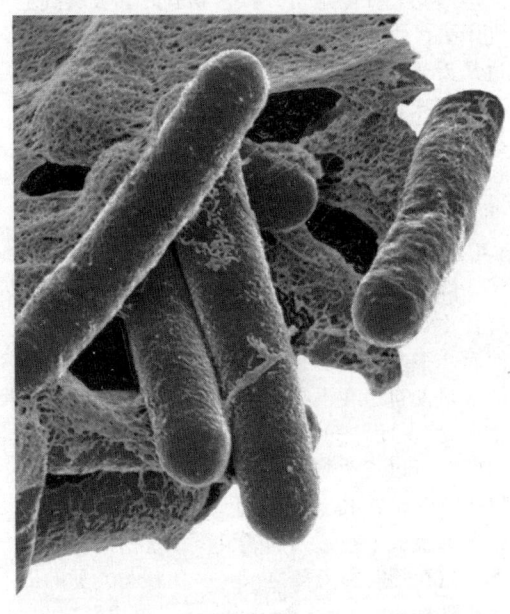

↗ 这些梭状芽孢杆菌通常情况下存在于土壤中，是无害的，然而，一旦它们进入人体，会置人于死地。因为这种细菌会释放出一种目前已知的最强劲的神经毒剂。

» 细菌是什么

细菌是极其微小的生物，也是地球上最为古老的生命形式。每个细菌都由一个单细胞组成，通常呈圆形、杆形或者螺旋形。细胞外围有一层坚固的壁，表面是一种胶或者黏性的毛，可以帮助细胞固定在某处。大部分细菌通过简单的分裂成两半进行繁殖，最快速度下，通常在几分钟内，单个细菌就可以分裂成百万个之多。

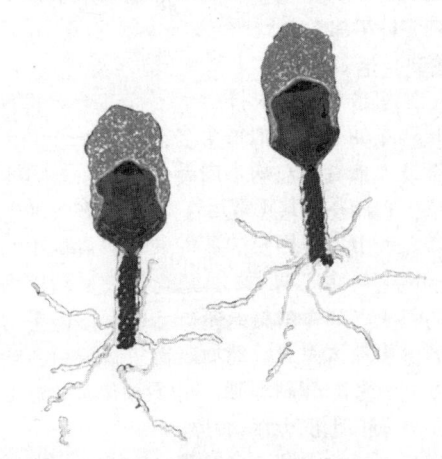

↗ 这些奇形怪状的病毒是噬菌体，是攻击细菌的病毒。它们可以帮助抑制细菌。

生物世界

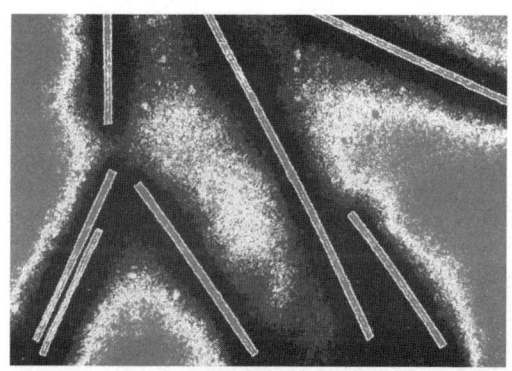

↗ 烟草花叶病毒(TMV)看起来像一根根纤细的棒条，每条都含有一圈蛋白质分子，可以使基因避免从内部耗尽。

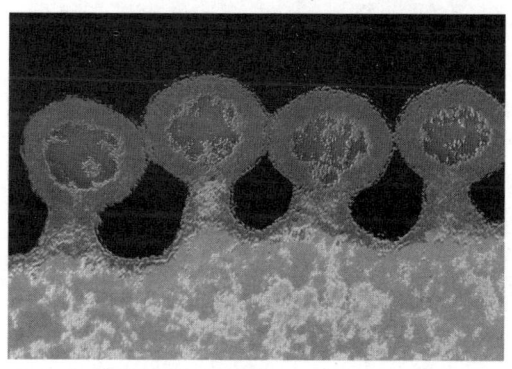

↗ 艾滋病病毒看起来像一排蘑菇，它们即将从寄主细胞中逃脱出来。艾滋病病毒会导致艾滋病的发生，这种疾病从20世纪80年代开始已经横扫了人类世界。

与其说它们是生物更不如说是一种机器。与细胞不同，病毒由一整套精密的化学成分组成，通过特定的方式组合成一体。病毒并不需要进食，而且也不能自我繁殖，它们"劫持"活细胞并强迫细胞复制病毒。病毒攻击所有的"主人"，包括细菌、植物和动物，而且许多病毒都会致病。

» 病毒内部

病毒的构造类似一个容器，只不过它们并不存放普通物质。病毒内部是基因的组合——构成生物体并使其正常运作的一系列化学指令。通常，病毒的基因是关着的，但是当病毒接触到正选细胞时，它们就会迅速转变。

首先，病毒会将其基因植入细胞，留下空病毒"容器"本身。然后，病毒基因就被接通了，并且开始控制细胞。在几分钟之内，寄主细胞停止其正常工作，开始聚集病毒。一旦这一过程完成，细胞就会破裂，使新产生的病毒得以逃出。病毒不能移动，所以它们需要依靠外援来"旅行"。有些通过接触传播，还有一部分，比如流感病毒就通过人类的咳嗽或者打喷嚏传播。

» 半活状态

病毒是不可能避免的，大部分生物每天都会受到病毒的攻击。幸运的是，大多数病毒只造成很小的危害，但也有一些病毒可以造成重大疾病的发生——就人类而言，包括黄热病和艾滋病。究竟病毒是从何而来的，人们并不清楚。一种理论认为病毒是从活体生物中逃脱的"背叛"基因，并开发出了它们自己的"生活方式"。

■ 原生动物

尽管体型很小，原生动物却包括了世界上最贪婪的肉食者。大多数原生动物生活在水中，但也有一些存在于其他生物体内。

在显微镜下观察，原生动物常常看起来像一种处于危险的高速运行中的只有几分钟生命的动物，许多都会绕开障碍物并远离危险，之后再迅速集合在可能发现食物的地点。原生动物并不是动物，它们没有眼睛、嘴巴甚至没有大脑，是一种真核单细胞微生物，只有一个细胞。和藻类不同，原生动物需要进食，它们通过不同方式获得食物。许多原生动物都是积极的掠

↘ 在这场致命的战斗中，一种称为栉毛虫的掠食原生动物（褐色物体）向其最喜爱的食物——草履虫（青绿色物体）发起进攻。栉毛虫可以将自身拉伸成一个气球的形状，从而将大于其体型的猎物吞咽下去。

↑ 放射虫是一种生活在海洋中的原生动物，它们的骨骼类似于一个多刺的雕塑。活的放射虫会从骨骼中伸出胶冻状的细丝，捕捉附近的漂流微生物。

食者，另外一些则待在一处不动，依靠漂流到其附近的任何可食用物质为生。有些原生动物寄生于比它们大得多的生物体内，不过仅有少数会致病。

» 运动中的生命

原生动物体型过小，没有四肢，但即便如此，它们仍然十分擅长四处活动。阿米巴虫通过变化体型移动，这种能力对于穿过狭窄的缝隙（比如土壤颗粒之间的缺口）而言，尤其有用。

当阿米巴虫追踪到猎物时，会将其包围并吞噬，整个过程就像猎物被一个有生命的果冻给吞咽掉了。即便阿米巴虫用尽全力，其时速也不会超过2厘米。但是，在池塘和湖泊中的有些原生动物的移动速度是阿米巴虫的三四十倍，其中最快的是草履虫——一种拖鞋状的生物，表面覆盖有丝状"皮毛"。与真皮毛不同的是，草履虫的这些皮毛被称为纤毛，可以活动，划水前行。事实上，草履虫的移动速度相当快，以至于在显微镜下很难看到——除非将水增稠，从而减缓其移动速度。

» 原生动物的伙伴

大多数原生动物生活在海洋里或者陆地上有水的环境中，它们通常是食物链中极其重要一环的浮游生物的组成部分。还有一些原生动物的居住环境比较特殊——食草动物的肠内，在这里，它们帮助它们的主人分解食物。在后一种情况下，原生动物的数量是惊人的，比如一头大象体内就有几十亿个原生动物生活在其巨大的肠道内。

生活在生物体内有许多有利因素——原生动物可以获得连续不断的食物供应以及安全而温暖的环境。不过它们也面临一个大难题：就像河中之水一样，它们的食物处于不断移动之中，最终原生动物就在"下游"被冲走。许多都以被主人消化而告终，还有一些则安然无恙地离开了生物体。

» 原生动物寄生虫

原生动物伙伴对于动物而言是有益的，但是寄生类原生动物就不那么受欢迎了。寄生类原生动物经常游到动物的饮用水中，或者通过昆虫叮咬，被"注射"入动物体内。几乎所有的野生动物都受到原生动物寄生虫的影响，但许多只是带来一般的危害。不过也有一些危险品种，比如引起疟疾这种严重疾病的原生动物

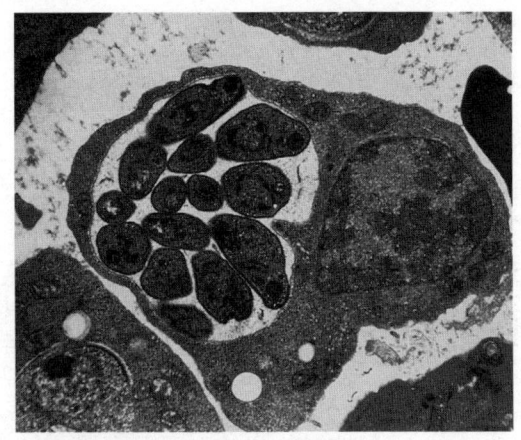

↗ 这张照片显示的是人体血红细胞内的一窝疟疾寄生虫，这些寄生虫通过蚊子传播——蚊虫在吸血时，将这些寄生虫带入动物体内。

寄生虫能影响人类和许多其他的哺乳动物，还会危及爬行动物和鸟类。

■ 藻 类

只要有水和阳光的地方，藻类就可以安家。这些微小的植物也许不起眼，但其数量多到有时甚至可以从很高的上空看到它们的身影。

大部分藻类都是陆地上水系中的绿色小植物，它们比真正的植物要简单，但是运作的方式却是相同的——都通过吸收光才能存活。尽管个头很小，藻类对于水中的生命而言确是至

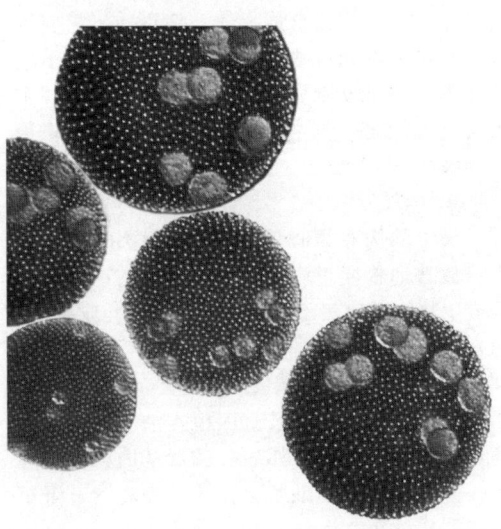

↗ 团藻是一种生活在池塘中的淡水藻，形状类似一个凹陷的球，含有许多细胞，内部还有许多小团藻后代。团藻最终会破裂，里面的小团藻就会被释放出来。

生物世界

关重要的,因为它们能制造出许多动物依赖的食物。

»变 绿

远在在真正的植物出现在地球之前,藻类已经占据了河流、湖泊和海洋。今天,它们在许多人造栖息地比如池塘、沟渠和充满雨水的瓶子里依然繁荣,在理想条件下,它们可以快速繁殖,将水变成亮绿色。藻类属于原生生物,许多种类都只有一个细胞。但是,不同于原生动物,藻类细胞通常集结在一起组成一个"群"。藻群就像一个微型的太空站,看上去像大量缩小的硬币或者是缠在一起的黏性卷毛。

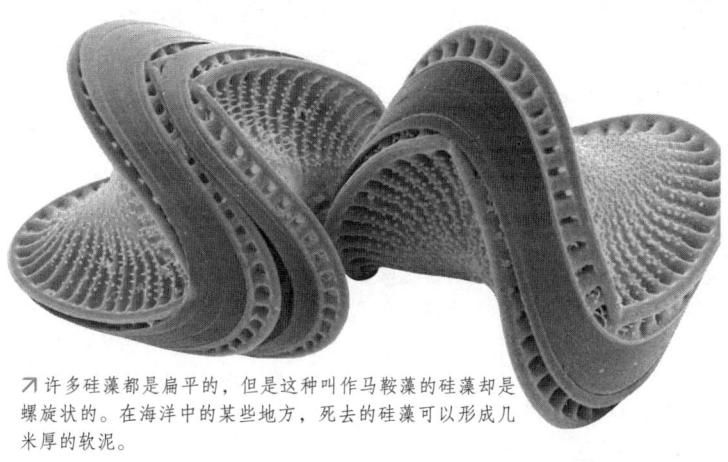

↗许多硅藻都是扁平的,但是这种叫作马鞍藻的硅藻却是螺旋状的。在海洋中的某些地方,死去的硅藻可以形成几米厚的软泥。

»繁衍后代

藻类不会开花,也没有任何一种藻类有种子,小藻通常分裂成两半来繁殖。这种繁育技术既快又高效,可以在一定时间内迅速增多。藻类在春天分裂繁殖最为迅猛,那时光照比较充足,光照时间也比较长。结果就是鱼类和其他动物获得了额外的几百万吨食物。

藻类的体型越大,其包含的细胞就越多,分裂繁殖的困难也就加大了。为了解决这个问题,体型较大的藻类通过孢子来繁殖。孢子类似种子,但个头小得多,它们可以随水漂流或通过空气到达遥远的地方。一种叫作团藻的浮球型藻像一个飘浮的育儿室,含有很多小团藻,它们可以在大团藻内部游动,直到它们准备出来独自生活。

»移动中的藻类

藻类也许结构简单,但是它们有一种卓越的天赋——许多都会游泳。

这些微型移动者和原生动物一样,都是通过滑动纤毛,拨水前行的。由于体型较小,它们很难游得很远,但它们可以将自己带到阳光最为明亮的地方——强光意味着更多的能量,这种简单的生理反射帮助藻类大量繁殖。

许多藻类也有内置式的浮动装置,通常是微小的油气泡,这些浮动装置能使藻类漂向水面——最佳的沐浴阳光的地方。这些水体表面的漂流者组成的浮游植物群落成为了原生动物的"营养汤"和动物的大餐。

»在"盒子"中生活

多数藻类都有坚硬的细胞壁,不过有的还有"盒子"保护着,这些"盒子"极小,但是包含了一些微观世界中最为复杂和美丽的物体。一种称为硅藻的藻类能将"盒子"平分,一半紧贴着另外一半,就像一个有搭扣盖子的"盒子"一样。硅藻从硅石中提取材料合成盒子,硅石这种材料也被用于制造玻璃。不过,和融化并浇铸成硅石模不同,硅藻是自己生长成型的。硅藻从它们周边的水中吸收硅石,它们的收集能力是相当惊人的,有时候,水中硅的含量不到百万分之一,但是硅藻还是能成功地收集到。

»海洋中的巨藻

海藻的世界也包括一些不是微型生物的种类,这些海藻看起来像植物。和真实的植物不同的是,海藻没有根或者叶子,它们依靠一个橡胶状的夹子将自己固定在一个地方。海藻通过皮质叶状体吸收阳光。有些海藻相当脆弱,另外一些却十分强大,比如漂积海草和巨藻,它们生活在暴风雨频繁的海区,因此必须经受得住海浪的冲击。有些海藻只有几厘米长,另外一些则可以达到几米。最长的海藻是巨藻,生长在北美洲的西海岸,这些巨大的海藻是世界上生长速度最快的生物之一。

■ 真 菌

当人们提到真菌时,第一个浮现在脑海的通常是蘑菇或毒蕈,但是这些丰富多彩的蘑菇和毒蕈只不过是真菌世界中极小的一部分。

□ 探索与发现

↗ 这些蘑菇萌芽于地下真菌，它们使得真菌能够到处传播，而地下部分的真菌则专心于收集食物。

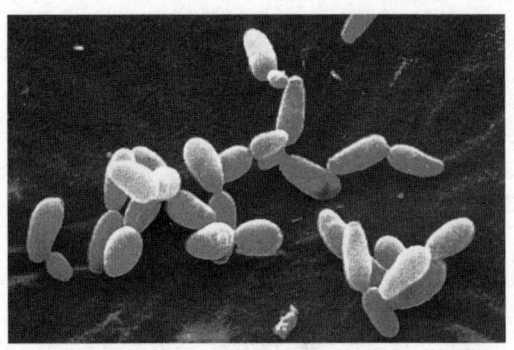

↗ 酵母是由单细胞组成的微观真菌。图中显示的是烘焙酵母，主要用于酿造红酒和啤酒以及发面。

除了细菌和原生生物，真菌是地球上最为常见的生物了。大多数真菌都很小，但是科学家们也发现过极其巨大的单个真菌。从森林到沙漠，甚至海底和人类皮肤上，都有它们的身影。真菌可以在黑暗环境中生存，但是它们必须依靠食物存活。大多数以死去生物的残留物为能量来源，但也有一些喜好活的东西。虽然这样，真菌很少为人们所注意，只有很少的种类才有常用名，这主要是因为大多数真菌都生活在它们的食物体内，只有在繁殖时才可见。

» **自然的失调**

真菌的繁殖和其他生物相比，显得格外不同。蘑菇和毒蕈已经是十分奇特了，但是其他真菌似乎更胜一筹——有些像鸟巢、一簇绒毛或者是人类耳朵的完美复制品。真菌通常从地表或者树上长出，它们的工作就是传播孢子。

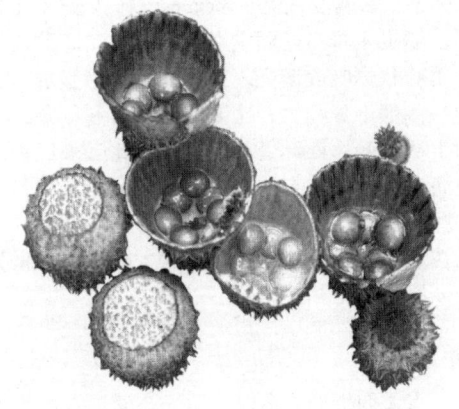

↗ 鸟巢菌通常只有5毫米宽，它的孢子类似微型的一窝窝蛋。当下雨时，雨滴进入"巢"内，可以将这些"蛋"溅入空气中达1米之高。

几个世纪之前，自然科学家认为真菌是植物，尽管它们并没有叶子。不过，科学家们之后有了进一步的发现：与植物相比，真菌与动物的关系更近。

» **进食线**

有代表性的真菌并不存在，它们的形状和大小总是那么多变。但是真菌都有一个特点——它们通过吸收食物存活。

真菌和动物不同，它们并不吞咽食物并消化，而是反其道而行之。真菌会当场消化并吸收食物释放出来的营养。担任这一任务的是像极细的线的"菌丝"，会蔓延于真菌的整个食物之上。

菌丝虽然极细，却可以长到惊人的长度，通常能从地面一直延伸到树顶，并且在土壤中形成无边的菌丝网络，有些食木菌甚至可以沿着一条街道挨家挨户传播。

» **药材和毒药**

有些真菌味道鲜美，另外一些则有难闻的化学气味，甚至含有致命毒物。人们需要技术和经验才能分辨哪些是有毒的，因为安全的和危险的真菌有时非常相似。而且，有毒的真菌也并非"世代相传"，有些真菌既有安全的种类又包括有毒的种类。世界上大部分的毒蕈是一种叫作"死亡之帽"的毒蘑菇，它们分布于北半球林地中，这种蘑菇外形类似于食用真菌，但是每一个中的毒素都足以杀死一个成年人。更糟的是，"死亡之帽"中含的毒素，一般需要12个小时后才会发作，到人感觉到不舒服的时候，通常已经回天乏术了。

奇怪的是，有些对于人类而言是剧毒的真菌对一些动物却是无害的，比如鼻涕虫就十分钟爱毒蕈，它们大量食用这种有毒真菌却一点都不受到影响。

»真菌的战争

科学家们并不清楚为什么有些蘑菇和伞菌是有毒的，但是他们知道为什么毒素会通过一些霉菌产生——这些真菌通常需要和细菌竞赛，用以阻止它们的微观对手接管其食物。这些真菌产生的毒素就是抗生素，是最有效的天然化学武器。

第一个抗生素发现于 1928 年，当时，苏格兰生物学家亚历山大·弗莱明发现，在实验室的一个培养皿中的霉菌有些异常：这个培养皿通常用于培育细菌，但是霉菌使得周围的细菌全部死亡了。从这个霉菌中，科学家们成功地分离出了一种化学物质，称为青霉素，可以用来杀死细菌。目前，青霉素仍然是世界上最为重要的药物之一。

■ 真菌和动物

对于动物，真菌既可能是有帮助的盟友也有可能是致命的敌人。某些真菌能提供动物食物，还有一些则扮演秘密侵入者的角色——攻击动物并从内部开始消化它们。由于它们通过孢子传播，所以这些致命的真菌几乎可以攻击位于任何地方的动物。

如果没有真菌，我们还是会想念它们。但是和植物相比，真菌在人类生活中的戏分并不是很多。而对于有些动物而言，真菌对于它们的生存是至关重要的——蘑菇和伞菌是鼻涕虫和昆虫幼虫的食物来源。不过，真正的真菌专家是培养真菌作为食物的动物们——它们收获真菌，同时也通过保护和帮助它们传播而成为合作伙伴。不幸的是，对于动物而言，并非所有的真菌都是有益的，有些真菌会侵入动物体内，它们可以很快就像霉菌穿过一片面包那样穿过动物的身体，而这对动物往往是致命的。

»真菌园丁

在某些温暖的地区，白蚁会啃食在它们前进路上的一切植物，每年都会往地下搬运几百万吨食物。就像大多数动物一样，白蚁并不能自己消化所有种类的食物，它们会依靠住在它们肠道内的微生物来帮助它们消化，这种微生物叫作披发虫。

有些白蚁种类的效率更高，因为它们已经进化出一种额外的方式可以从它们的食物中获得营养。在地下巢穴中，白蚁吞咽它们的食物，又收集它们自己的粪便，这些粪便包含一些只部分消化的残渣。白蚁将这些残渣变成一个直径超过 60 厘米的类海绵体——这就是白蚁的"地下"花园，也是白蚁食用的某些真菌的完美

↘ 鼻涕虫常常以蘑菇和伞菌为食，它们利用齿舌吞噬真菌。齿舌是一种包含数百颗微型牙齿的口器。

↙ 图中的昆虫已经受到了真菌的侵袭。昆虫上出现的小蘑菇不久就会散射出它们的孢子。

□ 探索与发现

↗ 这些雌性树蜂正在树上钻孔产卵。它们还带来了真菌。不过，它们通常会挑选已经受到真菌感染的树木。

栖息地。只要白蚁好好照料这些真菌，它们就会一直待在这个地下家庭中。不过，当白蚁废弃它们的巢穴时，这些真菌就会长出地表，生出蘑菇，从而传播开来。

» 发霉的隧道

许多昆虫在木头中产下卵，幼虫出生后可以将木头作为食物。随着内部蛀空的隧道变长，他们就开始食用进入木头中的真菌。对于幼虫而言，真菌就像配菜一样，和木头一起成了一顿丰盛的大餐。一些木材蛀虫更进一步地将真菌作为它们的主要食物，木头反而退居次席——树蜂的幼虫就是这样长大的，它们通常在针叶树中钻洞。林业工人非常讨厌这种昆虫，它们损害树木并导致树木十分虚弱。它们活动的隧道里排列着真菌形成的"皮毛"，幼虫就在真菌上游荡，仿佛在树林中穿行一般。当成年树蜂从它们的洞中爬出时，他们会带上一些真菌，雌树蜂在产卵时，新的树木就会受到真菌感染，这样，它们的幼虫出生后又衣食无忧了。

» 昆虫杀手

人类有时也会遭受真菌的侵袭，比如人们很容易染上脚癣。脚癣是一种以人类表皮为食物的真菌引起的，在汗脚和紧鞋导致的温暖潮湿环境下会大量滋生。尽管需要花时间清理，这种感染通常没什么危害。对于野生动物，真菌的威胁相对严重，它们可以杀死哺乳动物、鸟和鱼，对于昆虫尤其致命——可以驱赶窗玻璃或者草丛上的昆虫，如果昆虫不跑或者不飞走，那么它们也许已经是真菌侵袭的牺牲品了。当单个孢子进入昆虫体内时，这种攻击活动就开始了。一旦孢子融入昆虫身体，它就开始在内部散播，将昆虫的内脏消化掉。昆虫受到感染之后，真菌常常会改变昆虫运动的方式，它会使昆虫停留在野外开阔处——这些致命孢子的最佳传播场所。

■ 叶子

叶子的存在很好地回答了在自然界生存所需解决的一个技巧性问题——如何最有效地收集阳光？叶子需要经得住各种环境的考验——从炙热的高温到倾泻的雨水。

叶子的功能就像太阳能板，它们的工作就是收集植物所需的阳光。有些植物的叶子只有几毫米长，而最大的棕榈叶却可以盖住一辆公共汽车。叶子有的像一张纸巾一样柔软细致，有的像塑料一样坚硬，有的还有锯齿状的叶边、锋利的叶尖、大量危险的刺，这些都是经过几百万年才进化而来的，它们使得植物可以适应各种生活环境，并构建起各种不同的生活方式。

» 叶子是如何工作的

不管叶子的外形看起来如何，它们的工作原理都是相似的：它们从阳光中收集能量，用来合成自身生长所需的物质。叶子是通过光合作用来工作的，光合作用需要有二氧化碳和水以及阳光，因此叶子中必须含有这些物质才能使光合作用得以启动。这些物质是通过两种不同的途径来到叶子中的。

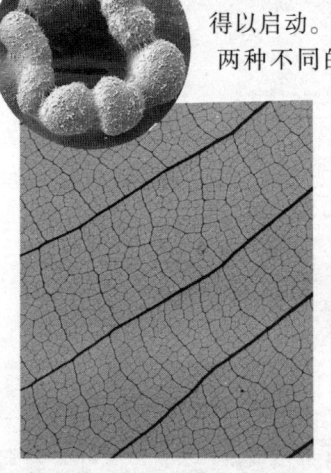

叶子从空气中获取二氧化碳，通过被称为气孔的微型小孔进入叶子中，而这些气孔被一些可以控制其开合的细胞所包围着。二氧化碳通过这些气孔后进入到进行光合作用的细胞中。与此同时，氧气逸出。这听起来似乎有点像呼吸作用，但是植物进

↑ 当叶子对着阳光展开的时候，它们的叶脉就清晰可见了。叶脉有两个功能，它们支撑着叶子，同时也将水分输送到细胞中。从高度放大的图片中可以看到紫杉树叶子上的一个气孔。晚上，这些棕色的守卫细胞就会将气孔关闭，从而避免叶子过度失水。

行这种气体交换不需要付出任何努力,因为叶子很薄,气体的进出非常容易。

» 随时可用的水

与二氧化碳不同的是,水的运输路径就比较长了——它进入植物的根部,通过一套极其细微的管道系统从茎输送到叶柄,最后进入叶脉。水分到达叶子后,大部分都通过气孔被蒸发掉了,这也促使更多的水被运输到叶子以弥补失去的水分。这个过程被称为"蒸腾作用",气温越高、越干旱、风力越大,蒸腾作用就越强烈。

仙人掌一天之中只需要使用很少量的水分,因为它们适应了干旱的生活环境。但是大部分植物吸收的水分远远超过仙人掌——一株玉米植物在生长过程中能吸收200升的水,这些水足以灌满一个普通大小的浴缸了。树所需的水分就更多了:一棵大橡树可以在一天之内吸收500升的水;白杨树吸收的水分可以使泥土干涸到收缩,以致地上的建筑物裂开或者倒坍。

» 特殊的外形

要收集阳光,最理想的造型是大而扁平,就像太阳能板那样。但是叶子不是金属制成的,也不像太阳能板那样被拴定在地面上,它们需要结合力量与轻巧于一体,还需要能够在各种环境下运作——无论是狂风大作的山腰还是光线微弱的雨林地区。这也是为什么叶子造型多样的原因之一。世界上没有两种植物的叶子是完全相同的。

大部分植物的叶子都是单叶,也就是一个叶柄上只有一片叶子。复叶则不同,它们分成与自身相像的多个小叶子。更为复杂的是小叶子复合生长在一起,在一根叶柄上组成群叶。草的叶子很容易辨别,因为它们一般都是长长的、窄窄的,叶脉是平行的,但是在其他植物中,叶脉分布得像一张网。

» 叶子的寿命

不同种类的叶子不仅外形和大小有区别,而且叶面上也有所不同——有些叶子平滑有光泽,有些却是黏黏的或者摸起来像覆盖着一层软毛。有些叶子人在触摸时甚至会有危险,比如荨麻叶子上覆盖着刺手的绒毛,而毒葛叶子上则带有可以沾到皮肤和衣服上的毒脂。这些特性可以帮助叶子抵挡日晒、雨淋以及干燥的强风,也可以阻挡以叶子为食的动物的进攻。

▲ 热带植物通常长有大大的、松软的叶子,因为它们生活在高温、潮湿且平静的环境里。而在世界其他一些地区,植物如果长有这样的叶子就会被风撕扯成碎片。

在非洲西南部,千岁兰植物只有两片叶子,可以持续存活几百年之久。但是大部分植物叶子的寿命是很短的,一旦它们的使命完成了,植物便切断了对这些叶子的水供应,叶子慢慢凋零,化作泥土。

» 叶子的生命循环

每年,常青树的叶子是逐步地掉落的,而落叶树的叶子则是同时凋零的。到了秋天,到处都可以看到落叶,但是到了来年春天,大部分落叶都消失了。这种消失的秘密在于细菌和真菌的作用——它们以死去的叶子为食,将之变成极小的碎片,最后归入泥土。这些叶片残骸使土地变得更为肥沃,帮助更多的植物和叶子的生长。

■ 花 朵

人类都为花而着迷,我们给花作画,给花照相,还常常把它们放在家里。但花的生长不仅仅是供人类欣赏的,它们承担着重要的使命——实现植物的繁衍。

很难想象这个世界如果没有了花会怎么样。花生长在陆上各种自然环境中,少数甚至在海底"盛开"。花儿装饰了我们的花园,也点缀了马路的两边,有些小花甚至坚强地开放在繁忙的人行道的裂缝中。花有着多种多样的形状和颜色,但是它们承担一个相同的重要使命:当雌性细胞接受到雄性花粉后,花中便结出植物的种子。

□ 探索与发现

» 剖析花朵

了解花的最好方法是采用极端手段,从外部开始将花"拆开"。在大部分花中,最先除去的是绿色的小片,被称为花萼,它可以在花还处于花蕾阶段时起保护作用。接下来便是花瓣,这也是一朵花中最为吸引人的部分,它们的作用是吸引动物前来,从而使得花粉在不同的植株间传播。

在除去花萼和花瓣后,剩下中心部分。首先是一圈雄蕊,这是花朵的雄性器官,它们的功能是产生花粉。最中心的是花朵的雌性部分,或者称为雌蕊,它们的功能是从其他花朵上收集花粉,然后形成种子。

» 传播花粉的使者

简而言之,上述内容也就是讲述了大多数花的构成方式。因为有那么多种类的开花植物,所以也就有几千种不同的花朵。大多数花都像活橱窗一样,用食物吸引动物的靠近。这种食物通常就是甜美的花蜜,但也有些花是以其他部分来回报的,比如花粉。这些花需要被注意,所以它们总是有着亮丽的颜色和诱人的芳香。但

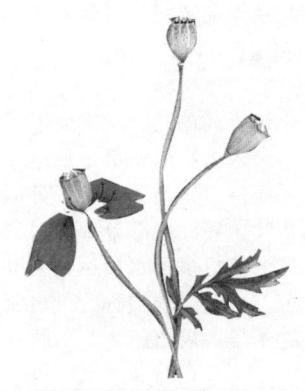

3.花瓣掉落,留下一个子房,内有数百个发育中的种子。

并不是所有花都是这样的,很多植物不需要吸引动物,因为它们是靠风来传播花粉的,它们的花朵通常是小小的呈绿色的,很容易被忽略。

» 开花结果

动物通常不是雌的就是雄的,但是在植物世界中,事情就不是那么简单了。由于大多数花都具有雄性和雌性器官,所以它们的主人同时既是雄性的又是雌性的。这类植物通常是与其邻居相互传播花粉的,但是某些情况下它们可以自花授粉——如果它们独自生长,附近没有伙伴的话。

但是很多其他植物,比如南瓜,有着不同的雄花和雌花,它们的花生长在同一个植株上,但是只有雌花才能结果生子。此外,还有一些植物像动物一样,有雄性植株和雌性植株之分,奇异果就是其中一种——要产出奇异果,农民需要在地里同时种植它的雄性和雌性植株,这样才能实现授粉。

■ 授 粉

与动物不同的是,植物不会配对来繁殖后代,它们是通过另一个方式——交换微小的花粉粒来实现结合的。

对于植物来说,繁殖后代是一项颇有诀窍的工作——需要雄性和雌性细胞,如果可能的话,这两种细胞需要来自于不同的植株。但是因为植物不能动,所以两个植株永远都不可能碰面。正是这个原因,花粉出现了,这种粉末状的物质含有植物的雄性细胞,又小又轻,便于在不同植株间传播。当花粉到达花的雌性部分时,便使得雌性细胞受精,一旦这一关键步骤完成后,雌性细胞便开始产生出种子。

1.清晨,随着花萼的脱落和花瓣的张开,罂粟花开放了。

2.鲜红色的花朵吸引昆虫前来,同时也带来了其他罂粟花的花粉。

生物世界

↗ 在夏天，快速地摇动树干，可以使松树释放出大量黄色的花粉。这些花粉两侧带有微小的气囊，可以帮助它们飘散开来。

» 传播中的花粉

花粉是由雄蕊或者说花的雄性部分产生的。一旦花粉成熟，花就会将其释放出去，这样，花粉就可以在不同的植株之间旅行。这个旅程可能只是到邻花便结束了，但也可能一直走到千米之外。每种植物都有自己的花粉"品牌"，也只能在同种的植株中授粉。

花粉是通过两种不同的方式传播的，有些植物仅仅是将花粉抖散在空中，于是，花粉便随风飘散，幸运的话，其中一些就会落到同种其他植株的雌性器官上。这种方式被世界上所有的草类以及很多阔叶树所使用，此外，也为针叶树所使用，区别在于：针叶树的花粉藏在球果中，而不是在花中。

↗ 花粉像指纹一样独特，每种植物可以产生自身特有的花粉种类。科学家有时仅仅观察花粉就能分辨出植物种类。

风传播的命中率很不确定，因此需要耗费大量的花粉，在暖暖夏日的早晨，风媒类花朵向空气释放出几百万粒花粉。花粉很小，肉眼看不见，但是会让很多花粉过敏的人不停地流鼻涕和流眼泪。

» 花粉携带者

世界上最早的种子植物都是由风传播花粉的。但是当开花植物出现后，它们找到了更为聪明的传播方式——植物进化出可以吸引动物的花朵。作为对花朵提供食物的回报，这些动物充当了私人快递员的角色，将花粉带到了目的地。

最早帮助花粉传播的动物很有可能是甲壳虫，因为它们常在花中进出以寻找食物。如今，传播动物包括各个不同种类的昆虫、鸟、蝙蝠以及有袋动物。在长时间的合作伙伴关系中，花和传粉动物已经融洽得像锁和钥匙一样般配了。当一种动物来到一朵花时，花的雄性部分或者雄蕊就会将花粉沾到动物身上，于是花粉就被带到了下一朵花中，在那里，花的雌性部分正等待着花粉的到来。一旦花粉被送达目的地，便会经一条细长的管道一直通到花的子房，里面装的正是花的雌性细胞。一粒花粉就可以使一个雌性细胞受精，此后，这个细胞就生长成一粒种子。

» 动物传粉

单是观察一朵花，通常就能很容易地说出其是由哪类动物传播花粉的：靠昆虫传播花粉的花通常有着明亮的颜色和香甜的气味，因为昆虫会被这种艳丽的颜色和甜甜的气味所吸引；形状较平的花朵通常是由苍蝇和黄蜂传播花粉的；管状花朵则一般是由蝴蝶或者蜜蜂传播花粉的，因为它们有着长长的舌头，所以可以触到花的底部，那里等待着它们的正是甜美的花蜜；靠蛾类传播花粉的花，比如金银花，有着类似的管状外形，它们在夜间散发出一种芬芳，而此时正是蛾类活跃的时候。

因为大部分昆虫的体形都很小，因此靠昆虫传播花粉的花朵一般也是外形较小的，鸟类或者蝙蝠常把花朵作为落脚的地方，因此这些花必须强壮一些。一只鸟或者蝙蝠吸食的花蜜远远多于一只蜜蜂的吸食量，因此这些靠鸟类或者蝙蝠传播花粉的花朵会一次连续好几天产生花粉，以确保有足够的吸引力。

□探索与发现

↗ 蜂鸟是唯一可以在进食时帮助传播花粉的鸟类——花粉沾到它们的脸上,之后便被传播到下一朵花中去了。

» 合作者

很多传粉昆虫会在多种植物的花中逗留,但是也有一些只喜欢在一种花中活动,这些昆虫从植物中获取自身所需的所有食物以及繁殖后代所需的场所。作为回报,它们向植物提供私人运输服务,在世界上的温暖地区,无花果树就是以这种方式传播花粉的——世界上有1 000多种不同的无花果树,但神奇的是,每种花朵都有其专门的传粉蜂类。

■ 移动中的种子

幼年植物需要离开它们的母体,以获得充足的阳光和水分。几百万年来,植物已经进化出很多令人吃惊的方法来将其种子传播得更远、更广。有些植物是完全由自己来完成这样任务的,而很多植物则是依靠外部世界的力量。

虽然植物不能动,但是它们的传播能力却强得令人难以置信,它们能够很快占据新开出来的土地,不管这是谁家的后院或者是遥远海上的一个小岛。植物还会在其他植物上安家,有些甚至在城市的高墙和屋顶上扎根。植物之所以能够到达这些地方,是因为它们的种子是天生的旅行家,没有什么地方可以阻挡它们的脚步。

» 弹射和炸裂

世界上最重的种子叫海椰子,来自于一种生活在塞舌尔群岛上的罕见的棕榈树,它的种子可重达20千克。成熟的时候,海椰子就会掉到地上,滚出几米远,然后停下来。但是很多种子走得远远不止于此,它们依靠果实来传播,这些天然的种子容器本来就是用来帮助种子的传播的。

植物的果实变干后常常可以帮助种子飞得很远,比如罂粟果可以像一个小型胡椒盒一样,当风吹过时,把种子散播出去。而豆荚则更像一个弹射器,当豆荚被太阳晒干后,就会突然裂开,将种子撒在地上。

有一种比较特别的果实被称为喷瓜,它可以像一个小型炸弹一样,当其成熟时,果实就会炸开,种子和果汁可以被喷射出几米远。

» 漂流者和漂浮者

弹射和炸裂已经可以很好地帮助种子的传播了,但是如果依靠漂流或者漂浮,那么种子

↓ 当风滚草停止开花后,它们的根开始枯萎然后断开。死去的植株被风吹走,把种子撒到了所到之处。

生物世界

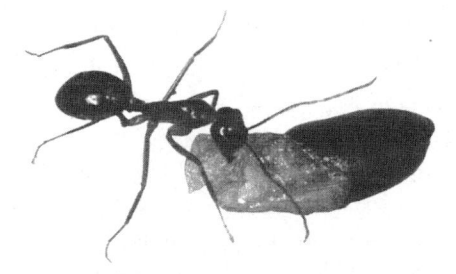

↗ 这只蚂蚁发现了一样好东西——一粒种子及粘连的食物。拖回自己的洞中后，蚂蚁将把食物吃掉，而留下种子，无意当中将种子"种"在了地下。

则可以走得更远。世界上最为成功的草类，包括蒲公英和蓟，果实多毛，可以被风吹得很远。每个果实中都含有一粒种子，降落伞造型的毛可以帮助它"飞行"。在森林中，植物通常都能产出带有"翅膀"的果实，可以像直升机一样"飞翔"，而后降落到地面上。

有些"翅膀"只有指甲那么大，但是有些——比如翅葫芦果实的"翅膀"——则大得像鸟类的翅膀。

海岸植物，比如椰子树，通常能产出可以在水中漂流的防水果实。如果一个椰子被水流带走，它可以穿越整个海洋，在另一个遥远的海岸上发芽生长。生活在加勒比海岸上的一种被称为"海豆"的植物就具有上述功能，它的种子呈心形，常常穿越整个大西洋，有时甚至被水流带到遥远的北极圈附近。

» 动物助手

前述这些传播途径实在已经很令人吃惊了，但更多的还在后面。就像植物利用动物来传播它们的花粉一样，植物也利用动物来传播它们的种子。很多果实都有钩子，可以勾挂到动物的皮毛上，有些果实还善于粘到人类的袜子和鞋子上，这样，它们可以被带到其他地方。幸运的是，大部分这种搭顺

↗ 在中美洲雨林里，凤尾绿咬鹃以种子大或者果核大的果实为食。这种鸟类可以消化掉果实的大部分，但是将果核丢弃在雨林的上地里。

风车的果实都是小小的，但也有较大的——生长在非洲的魔鬼爪长有8厘米长的钩子，刚好可以钩到羚羊的角上去。

多汁的果实也利用动物来传播，但是它们通常采用比较迂回的方式——当果实成熟后，通常是颜色鲜亮，这就吸引了动物前来寻找食物。动物吃东西比人类简单多了，它直接将果实连同种子整个吞下。这样，果肉很快被消化掉了，但是消化种子就要难得多。除非动物在食用果实的时候进行了咀嚼，否则这些种子会完好无损地被排出体外。消化液常常能帮助种子发芽。因此，没有动物，有些植物的种子很难发育生长。

食用果实的动物包括各种鸟类和哺乳动物，甚至一些鱼类。其中的大部分是很好的种子传播者，因为它们的活动范围很广。对于植物来说，这种方式传播种子是事半功倍的，因为种子不仅被带走，而且被播撒到了事先预备的肥料——动物的粪便中。

■ 无花植物

不管你如何努力，你都不可能找到一种开花的苔藓或者蕨类，这种植物就像是地球上最早出现的植物一样，不需要通过开花来繁殖。

直到恐龙时代结束，都没有出现开花植物，没有草类（也属于开花植物），也没有阔叶树类，所有的植物都通过播撒孢子或者产生原始的种子来繁殖后代。在此之后，世界发生了翻天覆地的变化，恐龙灭绝了，无花植物被开花植物逼上了绝境。但是无花植物还是存活了下来，有些还非常成功。

» 苔藓和地钱

如今要观察无花植物，最佳地点之一是在激流边上——奔流的水形成了凉爽、潮湿的生活环境，这正是苔藓植物最为繁盛的地方。苔藓是很初级的植物，没有真正的叶子和根，它们看上去就像鲜绿色的垫子，有些生长在水下的则像是摇曳的头发。与开花植物不同的是，它们一般都很小，而且生长得很紧密。世界上最高的苔藓品种生长在澳大利亚，但也只有60厘米高。

为了生长，苔藓必须保持湿润，很多苔藓自身都能像海绵一样保持水分。虽然它们喜欢河滨和沼泽这样的地方，但是它们也并不是必须永远地保持潮湿状态——一些苔藓生长在

□ 探索与发现

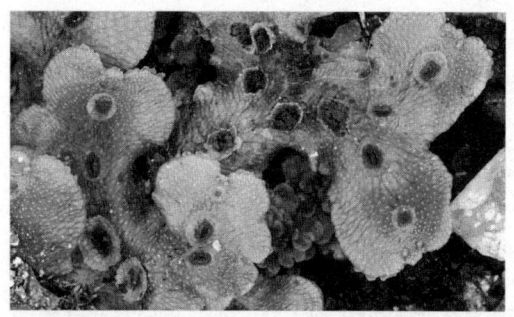

↗ 地钱通过孢子传播，可以长出杯子状的器官用来存放这些小型的"蛋"。这些"蛋"被雨水击中后会从"杯子"中跳出来——与鸟巢菌的传播方法不谋而合。

岩石和墙上，在那里它们可以保持干燥状态几个星期甚至几个月。这些脱水的苔藓看上去呈灰暗色，好像已经死了，但是当雨水来临时，它们又很快地复苏过来。

河滨地带也是世界上结构最为简单的植物——地钱的首选生长环境。有些地钱看起来像是小型的舌头，而有些则像是长着小叶子的丝带。地钱是分成两枝、横向爬行生长的，而不是像苔藓那样向上生长。很多地钱都是生长在潮湿的岩石上，但是在热带雨林中，它们也可以在其他植物的叶子上生长，地钱并不会将这些植物置于死地，但是的确会窃取一些阳光。

» **蕨类植物**

世界上有11 000多种蕨类植物，是最大的无花植物群。最小的蕨类植物可以放入到一个蛋杯中，而最高的种类——树蕨可以高达25米。大多数蕨类植物都在地上扎根，但是有些也会攀缘到树干上，少数的则漂浮在池塘水面上。有些蕨类植物属于珍稀种类，但是有一种叫作欧洲蕨的种类，是一种让人烦恼的野草。

与苔藓和地钱相比，蕨类植物更像开花植物——它们有真正的根、茎和叶子，也有内部的输送管道，可以将根部从泥土中吸收的水分运输到叶子。但是蕨

↗ 膜蕨因为其叶子只有细胞膜那么厚而得名。这些外形精致的植物只能在非常潮湿的地方生长，因为它们很容易变干。

类植物没有花，而且是通过孢子而不是种子传播并繁殖后代的。它们的生命循环介于两种不同的植物之间。

» **针叶植物和它们的近亲**

有种子的植物一般就能开花，但是在植物发展的历史上，却是先出现了种子，这也就解释了为什么针叶植物有种子却没有花。世界上有大约550种针叶植物，与250 000种开花植物相比，它们的数量是很小的。但是在干旱和严寒的地方，这些针叶植物仍是很成功的，在地球极北地区，它们形成了北温带森林——世界上面积最大的森林。

针叶植物也有近亲，但是很少见到，其中包括铁树目裸子植物——一种外形很像棕榈树的树种，以及银杏树(或者称为铁线蕨)——来自于远东地区的"活化石"，它们叶子的外形像是鲜绿色的扇子。针叶植物的另一种近亲被称为千岁兰，可以说是世界上最为奇特的植物之冠，它生长在非洲西南部的沙漠地区，看上去像是一堆垃圾而不是什么有生命的东西。

↗ 针叶植物有两种球果：雄性球果可以产生花粉，而雌性球果则用来产生种子。图中是来自落叶松的雌性球果，它们还很柔软，但是随着其慢慢成熟，就会慢慢变硬，形成木质。

■ 植物的生命周期

生长在中国中部的竹子，每个世纪会大规模的开花、结籽2~3次，然后死去。然而，这种生命的最后绽放也并非出于偶然——这只不过是植物生命存在的一种方式。

与动物相比，植物的生命长短差别大得令人吃惊。有些植物只能存活几个星期，而比如狐尾松却可以存活5 000年以上。石炭酸灌木可能已经度过了其10 000岁的生日，因为每一丛都会在老灌木丛死后继续繁衍。有一些植物，包括很多竹子类的植物，一生只开一次花，此

生物世界

↗ 毛蕊花属于两年生植物。在第一年（上图），这种植物长得很矮，有着莲座形的叶丛。第二年（下图），它使用所有能量长出了一个很引人注目的头状花，高度可以超过2米。

时也正是其生命的终点。但是不管它们的生命周期有多长，植物都是按照一定方式来划分自己的生命阶段的。

» 生命的速战速决

对于很多杂草来说，速度是一生中的重要方面。这些植物通常生长在时常被滋扰的土地上，它们需要在其他体型更大的植物将它们挤出去之前完成开花和结种。它们把所有的能量用在开花上，然后死亡，它们并不将能量储存起来以备环境恶劣时使用。这些植物被称为一年生植物，因为它们在不到一年的时间中完成了整个生命过程。一年生植物包括罂粟和其他路边生草类，以及那些在沙漠中遇到雨水方能复苏的植物。

» 生命的两个阶段

在冬季比较寒冷的地区，很多植物依照一个特别的时间表来度过一生，它们可以生存两年：第一年，集中生长和储存养分；第二年，它们利用储存的所有养分来为开花提供能量。随后，它们的生命通常也就走到了尽头。这些植物被称为两年生植物。

两年生植物通常将养分储存在根部或者块茎处，因为这些器官藏在地下，不容易被动物吃掉。胡萝卜是两年生植物，它们总是在第一年就被挖起，否则第二年它们就会开花和结子了。

» 多年生植物

一年生和两年生植物都属于"暂时性"植物。它们出现得很快，但是从来不在同一个地方生长很久，因为它们要与其他"永久性"植物竞争。这些"永久性"植物被称为多年生植物。其中包括那些每年枝叶都会死去，但是来年又从根部发出新芽的植物，比如世界上所有的灌木和乔木。与一年生和两年生植物相比，多年生植物打的是持久战，它们生长很缓慢，需要很多年才能长成成年植株。但是，一旦长成后，它们把那些生长快速的植物遮在其阴影下。与它们的小型竞争对手不同的是，大部分多年生植物每年都会开花。

» 终场演奏

99%以上的植物都是遵循前述三种生命周期中的一种，例外的是植物世界中的真正怪胎，它们把所有的能量都用在一生一次的开花上。这些植物包括很多不同种类的竹子和龙舌兰属植物和凤梨科植物，以及有名的贝叶棕榈树。贝叶棕榈树会一直生长75年左右，然后它会摆出世界上最大的鲜花造型。虽然这些树在开花

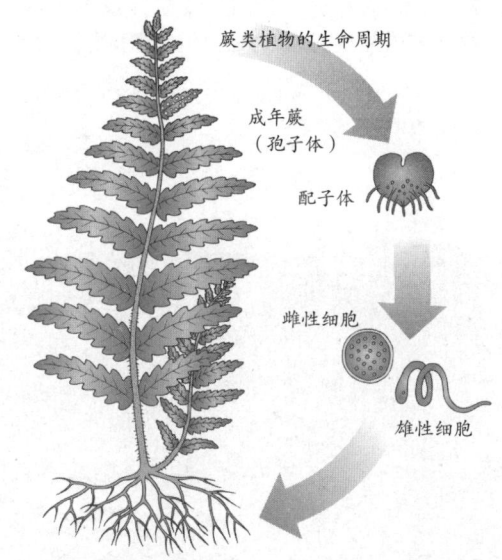

↗ 蕨类植物有着复杂的生命周期，涉及两种不同的植株。成年蕨类植物会释放出孢子，可以发芽长成被称为"配子体"的植株。这些植株中的雄性和雌性细胞结合到一起产生成年蕨类植物的下一代。蕨类植物的"配子体"只有纸张那么薄，通常比一张邮票还要小。

后死去了，但是这个终场演奏也并不是不值得的，因为可以收获大量的种子。

■ 树木如何生长

树木能生长几百年之久，所以它们必须长得十分结实。大多数树木在它们的生长过程中变得强大起来，树龄越高、树木越大，它们也就越强壮。

在热带，一些树木可以每年长5米之高，这一速度是人类十几岁时生长速度的100倍。在世界其他地区，树木的生长速度要慢得多，但在每年春天仍然能长高1米以上，对于树木而言，生长是一项繁杂的事务，而且需要细心管理。因为每长高1米，它们被风吹倒或者折断的风险也就增加了一分。

» 边材和心材

树木并不是只向上生长，大多数树木还会向边上生长，这些向外生长的部分是由树木的形成层构成的。所谓形成层是只有细胞厚薄的一层活组织。形成层就位于树皮之下，就像一层覆盖整棵树木的无形薄膜。

当形成层的细胞开始分裂时，树木就开始生长。在形成层的内表面，细胞产生出新木材供树干生长和树枝扩张。形成层的外层生成新的树皮，向外推张，使旧树皮裂开或者脱落。这两种方式能使树木长大，给予树木生长所必须的力量。由于形成层靠近树皮表面，这里的木材是一棵树中最新的，它们被称为"边材"。有时候，充满了树液，切开的话会感觉十分光滑湿润。当每年的边材变老后，它逐渐开始停止传输树液，其中的细胞和树脂与油脂粘在一起并结块，从而变成又重又硬的心材。心材就像骨骼一般，使树干和树枝变得更为强壮。不过和骨骼不同的是，心材并不会生长，其中所有的细胞几乎都是死的。

» 年 轮

在终年温暖潮湿的地区，树木一年到头都可以生长。但是，在冬季十分寒冷的地区，树木生长的高峰期就集中在春天和初夏。这些生长峰期会在树木中留下年轮，当树木被砍伐时就可以看到。通过计算年轮，很容易就可以推算出树木的年龄。实际上，年轮能反映的信息远不止这些：当生长条件优越时，年轮较厚；在恶劣的年份，年轮就会比较窄，这就能显示出过去的天气变化。通过考查世界上最老树木的年轮，树木年轮专家已经能够拼凑起过去5 000年来全世界的气候记录了。

» 棕榈树

大多数树木的形成层是环绕式的，但是棕榈树和其亲族的形成层却大相径庭：它们只有一个单一的位于树干顶端的生长点。生长点形成树干，当树干向上生长时，生长点以下的生长就停止了。如果棕榈树的顶部被砍掉，那么它就会停止生长并死亡。

↘ 在山里，树越是高，生长速度越是慢。树线标记着树木能够适应的生活环境的最高限。

生物世界

↗ 东南亚的贝叶棕榈一生只开一次花，之后便会死亡。每棵树可以开出25万朵奶黄色的花。

这种罕见的生长方式使得棕榈树在长高时树干不会变粗，这就是为什么它们总是如此地优雅。棕榈树并没有真正的树皮，也就是说它们的切口不会愈合。人类在采摘椰子时就是利用了这一点。他们在椰子树上切割出的用于攀爬采摘椰子的阶梯终其一生都会存在。

» 改变形状

棕榈树没有树枝，但其他树木都有，而且新的树枝会遮住底下的旧树枝。为了处理这一问题，树木通常会自行手术——离地面最近的树枝会自己脱落。这种外科手术发生在幼树时期，会持续多年，最后，剩下的树枝就越长越高，整棵树就变成一个皇冠形状。世界上最大树枝自卸群生活在热带森林中，这里，最高的树木最后长成30米高的平滑且无分支的树干，直插云霄，就像林地上的柱子一般。

树木用其他方式对环境作出反应：当比较拥挤时，他们就长得比较高，而且会顺着盛行风的方向生长；在阴暗的地方，它们的叶子一般比较大。这些不同的生长模式就解释了为什么没有两棵树木是完全一致的。

■ 植物的自我保护

遇到饥饿的动物时，植物完全没有反击的余地，但是它们也有大量的武器可以防御动物的进攻，甚至将之杀死。

在动物王国中，素食者和肉食者的比例至少是10：1，从小虫子到大象，加起来有几十亿张嘴，饥饿地等待着自己的食物。如果没有任何保护，世界上的植物将是非常无助的，它们的最后一丝痕迹也终将从地球上消失。但是，植物却实现了自身的繁衍，那是因为进化赋予了它们创造性的，有时甚至是痛苦的自我保护能力。

» 秘密的防御工具

植物世界中最为常见的武器通常要通过显微镜才能看得见，那就是细小的绒毛，这些只有几毫米长的细小绒毛像小型森林一样覆盖了很多植物的表面。有些绒毛是带有分叉的，可以在被折断后钩挂住虫子的嘴巴；有的能够产生黏性物质，可以困住蚜虫和其他吸汁鸟类，从而抵御入侵。绒毛对于保护新长的茎干和叶子至关重要，因此它们通常摸上去会有柔滑的或者黏性的感觉。

为了抵御体型较大的动物，较大的武器是不可缺少的。在荨麻的茎干和叶子上，长有中空的由二氧化硅组成的绒毛，可以像人类的皮下注射器一样使用。如果动物或者人类触碰到其中的一根绒毛，绒毛顶端就会折断，同时注射出一种有毒的化学混合物，其中也包括甲酸

↗ 许多植物都能生成乳液——一种含有防御性化学物质的乳状树液。图中，人们在橡胶树上割开一道口以接收天然橡胶乳液。

45

(蚁酸)——这种物质在被蚂蚁叮咬后也有出现。

普通荨麻的刺带来的伤害只持续几小时后就会逐渐消失,但是有些种类的则不然,比如新西兰荨麻的刺就要厉害得多,能够使家畜死亡。然而这些刺却因为个头过大而威胁不了昆虫,这就是为什么许多毛虫以荨麻叶为食,并饱食终日。

»刺和棘

在一些干燥的地区,动物靠植物补充水分、充当食物。在这些地方,植物通常通过恶刺来自卫。刺槐的刺是木质的,能够长达15厘米,不过最麻烦的还是仙人掌刺——有些仙人掌的刺层层叠叠,如果一根仙人掌刺扎入动物的皮肤,往往会使其很痛苦,要剔出那些刺往往很

↗多刺仙人掌脆弱的茎干上覆盖有大量的刺。如果有动物触碰到这类植物,茎干会自动断落,同时附着在触及的皮肤上面。

困难。如果这些还不足以自卫,仙人掌还有另外一种防卫手段,它们的刺是生在一簇细毛中的,这些毛看似无害,实际上很容易脱落。一旦进入皮肤,会造成持续数天的刺激。

刺给予动物一种即时的警告,使它们立即远离。但是棘常常有反效果,因为棘是弯曲的,它们常常会钩住动物的皮毛,使动物很难逃逸。当动物挣扎着逃脱时,就领受了一次痛苦的教训。运气好的话,这种记忆让这个动物一生都不会再来碰它第二次。

»化学武器

如果一种动物确实突破了植物的外部防线,那么植物就可能动用那些会让侵犯者感到不快的存货——许多植物都会使用化学武器使自己避免沦为动物的口中之食。比如,有一种普通的园林灌木叫作"桂樱",可以在其叶子中产生氰化物,通常情况下,这种叶子是无害的,因为它们只是含有制造氰化物的成分,而不是这种毒药本身。但是如果动物开始食用它的叶子,氰化物就会开始合成了——它那特殊的气味警告着动物:食用它的叶子就是在自找死路。

大部分植物毒素要在吞咽或者吸入后才会生效,但是也有一些植物即使是皮毛接触也有危险。毒葛就是最著名的,它会产生一种有毒树脂,能粘在衣服和鞋子上。即使是数月之后,它的毒害效果仍然会残留。

■食肉植物

对于一只不留神的苍蝇而言,捕蝇草似乎像是一个合适的停靠位置,但这是一个致命的错误,因为捕蝇草是食肉的,苍蝇就是它的食物。

植物利用阳光生长,但是它们也需要一些简单营养物质,就像人类需要盐和其他矿物质一样。大多数植物都是从土壤中获取这些物质的,但是食肉植物是通过捕捉并消化动物获得的。进化使它们有着复杂的陷阱和独特的诱饵,大多数都以昆虫为目标。

»开和闭

捕蝇草只有足踝高低,却是世界上最奇怪的植物之一,它的每一片叶子都分为两片平坦的裂片,边上布满了卷须。裂片在合叶处连接,在正常情况下,它们是张开到最大的,为路过的苍蝇提供了一个降落平台。这个平台有着特殊的吸引力,它会分泌出含糖的蜜汁,昆虫可以将其作为食物。但是,一旦一只苍蝇飞落并享用这些蜜的话,就会触动特殊的绒毛,捕蝇

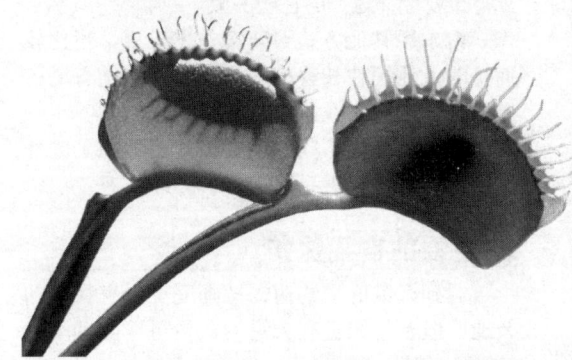

↗一只苍蝇被捕蝇草捕获后正在被慢慢消化。每个陷阱在枯萎前可以捕捉四只昆虫。

草陷阱就开始运作。在半秒钟内，裂片就会迅速关闭，长卷须就将苍蝇锁在内部了。不管如何挣扎，它注定难逃一死，在1个小时之后，苍蝇就会死去。一旦捕蝇草成功捕获猎物后，其消化酶就开始工作，它们会分解苍蝇的身体，使植株可以吸收其身体所含的各种营养成分。几天之后，残渣就被排出，陷阱又会准备好下一次的捕猎。

» 紧紧粘住

捕蝇草是非常敏感的，它们可以分辨出美味可口的昆虫和偶然掉落在陷阱里的、不适于食用的物体。

不过世界上大部分的食肉植物的捕猎方式都是不同的，有些诱惑昆虫后，将其粘住使其难以脱身。这些植物中最常见的就是茅膏菜，世界各地，特别是山地和沼泽地区都有它们的分布。茅膏菜的叶子表面覆盖着一层黏稠的绒毛，上面有类似液体的胶。如果一只昆虫在茅膏菜叶子上着陆，那么这些绒毛就会将昆虫折叠起来，昆虫就无法逃脱了。

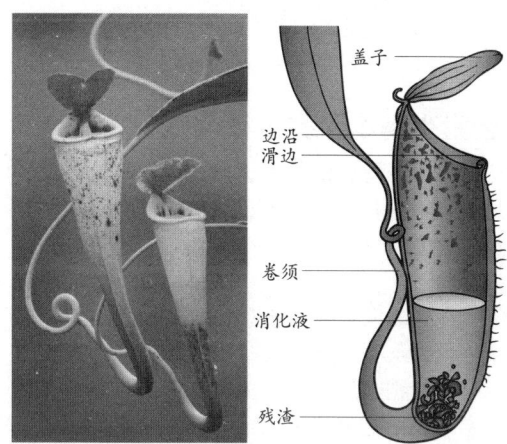

↗ 猪笼草叶子的底部有陷阱，每个陷阱都有一个盖子和一个漏斗。消化液池中通常会有猎物的残渣。

↗ 世界上的茅膏菜有100多种，占了所有食肉植物的1/4。图中这种生长在泥炭沼中的茅膏菜刚抓住了一只豆娘蜓。

» 溺死猎物

昆虫经常被芳香的"饮料"吸引，有时它们就会掉在这些饮料中淹死。猪笼草就是用这招来捕获猎物的。猪笼草的种类有很多，分布地也比较广，从沼泽地到热带森林都有它们的身影。尽管它们属于不同的科，它们"陷阱"的工作原理却大同小异：每棵猪笼草都像一个花瓶，有一个滑滑的边，散发着腐臭气味，如果昆虫顺着气味进入，它就会滑倒并跌到"瓶底"。猪笼草的底部有一个消化液池，昆虫就在那里变为它的大餐。有些猪笼草只有几厘米高，它们的"陷阱"就在地表。世界上最大的猪笼草种类分布在东南亚和澳大利亚，可以长达6米，沿着树木或灌木向上生长，其中最稀有的一种叫作拉贾猪笼草，生长在西北婆罗洲的雨林中，它的猪笼可以装下1升液体，如此大的陷阱据说甚至装下过老鼠并将其淹死。

» 死胡同

大多数猪笼草的都有类似一把伞的片，可以阻止雨水进入。但一种分布在美国加利福尼亚州和俄勒冈州的眼镜蛇百合却是以伸出的"舌头"为覆盖的。这种舌头上可以分泌出蜜汁，以吸引觅食的苍蝇。当苍蝇停靠后，它沿着舌头就进入了陷阱之中，在这里有许多很小的窗口，苍蝇对着窗口，却无法飞出去，当它精疲力竭时，就会掉落到底下的致命液体中。

» 水下猎人

捕蝇草的反应相当之快，但是还有反应更快的猎手将它们的陷阱设在池塘和湖泊中，这些植物被叫作狸藻，它们以水中的蠕虫、水跳蚤之类的微小动物为食。狸藻在水面上漂浮，除了向上的茎之外，它们还有十分类似根的水下茎。这些在水下的茎负责装置这种植物的打猎设备，每个都带着多个看起来像小气球一般的陷阱。每个陷阱都有一个小型的活板门，在正常情况下是紧闭着的。在准备制造陷阱时，这种植物会排出一些水，这样植株内部的压力就会比外面的低。如果小动物游近陷阱的话，它就会碰到门上的一组刚毛，门会立即打开，涌入的水就会将小动物也带入，门就再次合上。

当猎物被消化之后，陷阱就会再度备战，等着下一次捕猎行动。

■ 附生植物和寄生植物

大部分植物都是依靠自己存活下来的，不过也有一些植物利用了它们的邻居。这些植物包括了无害的"乘客"和一些有害或者致命的"寄生虫"。

在植物世界中，光是生存下去的关键因素。单株植物会尽其所能吸收阳光，但竞争会很激烈——特别是周围有许多树木时。一些被称为附生植物的植物就进化出一种方法来应对这一问题——它们会爬上其他的植物以获取光照。寄生植物则更加残忍，它们会攻击它们的主人，窃取它们的水和食物。

» 附生植物

附生植物是离地生活方面的专家，它们中的大部分都生长在其他树木上，那里提供了坚固的树干，可以供它们安全地生长很多年。在北美洲和欧洲等温带地区，最常见的附生植物就是苔藓和蕨类植物。在热带地区，树干和树枝上经常也可以看到有花植物的覆盖。这些高高在上的开花植物包括世界上最美丽的一些兰花和一些带刺的凤梨科植物，它们可以长到超市手推车那般大小，并超过一个成年人的重量。

尽管存在许多差异，附生植物在它们独特的生活方式方面还是有着许多有趣的相似之处——它们依靠特别的根或者茎悬吊在树上，当下雨时也可以吸收水分，还可以从大气尘埃或者掉落在它们身上的枯叶中吸取养分。

↗ 世界上大约有2万种兰花，其中一半以上是生长在其他植物之上的附生植物。这株澳大利亚昆士兰的国王兰花就长在一个树干上。

» 寄生植物

附生植物对于寄主并不产生任何伤害，但过多的附生植物有时候会压断树枝。

寄生植物是不同的，它们以牺牲寄主为代价而生存。这些鬼鬼祟祟的生活方式也有程度上的不同：有些只是从它们的寄主那里窃取一些养分；有些直接长在寄主身上；还有一些则干脆躲在寄主的体内。

澳大利亚圣诞树就是寄生植物抢劫其寄主的一个典型例子——它的根会侵入附近的植物，以吸取它们的水分和树液。它最常见的入侵对象是草，不过它也会侵入任何类似根的物体，包括地下电缆。

↗ 这棵菟丝子茎旋绕着它的寄主，寻找着可以供其侵入并窃取水分和营养的地方。

由于根部被隐藏了起来，人们很难确认在地下窃取养分的寄生植物。地面上的寄生植物比较容易发现，最常见到一种寄生植物叫作菟丝子，世界上许多地方都有它的分布，它那绝缘管似的茎可以覆盖寄主植物，通过小型的吸盘窃取寄主茎中的水分和营养物质。菟丝子从地上生长出之后不久它的根就会枯萎。它可以从一个寄主爬到另一个寄主上面，创造出一个绵延数米的菟丝子网。

» 植物入侵者

许多人都听说过槲寄生这种寄生植物，它们常常会聚集出现在圣诞节期间。它生长在树上，通过生长含有黏性种子的浆果传播——鸟类食用这种浆果时，种子常常会粘在它们的喙上，当鸟类在树枝上摩擦以清洁喙时，种子就留下了。北美洲的矮子槲寄生会以一种爆炸性的方式迅速传播，它的浆果在成熟后会迸裂，时速可达

↗ 这棵老白杨树受到了许多槲寄生的攻击。那么多寄生植物窃取其营养，使得树木很难生长了。

100千米的种子便四散开来了。世界上给人印象最为深刻的寄生植物是生在在苏门答腊岛森林中的大王花，它会攻击藤类植物，它们的花是世界上最大的。不过这些我们见到过的只是部分，因为许多寄生植物都隐藏在不幸的寄主植物内部。

■ 动物的呼吸

当鲸深潜之后来到海面时，它的第一要务就是呼吸。平均而言，我们一分钟呼吸15次，但许多鲸可以屏住呼吸长达1小时。

因为动物的身体需要吸进氧气、释放出二氧化碳，所以它们要呼吸。有些小动物，比如扁虫只是简单地让这些气体通过它们的皮肤来进行呼吸。不过大多数动物则需要更多的氧气，尤其是在活动的时候。它们通过呼吸器官的帮助获得氧气，这些器官包括鳃和肺。这些器官都有着丰富的血液供给，血液流过这些器官从而获得氧气并将其传输至身体需要的部位。

以氧气可以非常方便地流入，二氧化碳则同时流出。大多数鱼鳃隐藏在鱼类头部以下的凹室内，当鱼游泳时，水流穿过鱼嘴，通过鱼鳃，再经过缝隙或者孔洞流出体外。鱼游得越快，鱼鳃获得的氧气就越多。当鱼静止时，它们通常会大口"吞咽"水以保持氧气供应。少数鱼类，比如弹涂鱼可以在空气中存活。不过大多数鱼类，一旦上陆则必死无疑——它们的鱼鳃会黏结在一起，从而使它们不能获得所需的氧气。

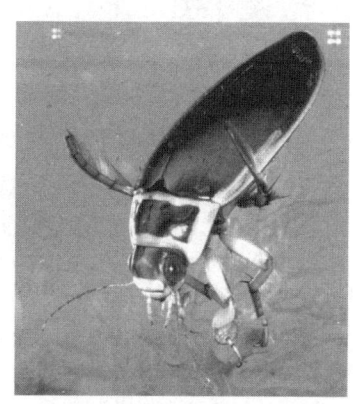

↗ 和许多淡水昆虫一样，龙虱必须浮到水面来呼吸空气。这种甲虫会将空气存储在它们翅膀之下，所以它们必须努力游泳才能下潜。

» 呼吸管

并不是只有鱼类才有鳃，蝌蚪也有，龙虾、蟹和蛤以及有些游泳或者潜水的昆虫也有鳃。不过昆虫本来是陆上动物，这就说明了为什么大多数昆虫都必须浮上水面才可以呼吸空气。

昆虫体内获得氧气的系统十分特别，它们并没有肺，而只有一组称为"气管"的呼吸管。这些管子通向昆虫身体侧面的外孔，称之为"呼吸孔"。在昆虫体内，每根气管被分为数千根微型分管，可以为每个细胞提供氧气。小型昆虫让氧气直接流过它们的气管。稍大一些的昆虫，比如蝗虫，就会运用它们的肌肉来帮助氧气进入。当昆虫蜕皮时，它们必须将所有的呼吸管层也蜕下。当皮彻底脱落后，就像一只被丢弃的短袜一样。

↗ 在潜水之后，这头驼背鲸大呼一口带油味的气。大多数鲸都有一双通气孔，不过抹香鲸只有一个，在它们鼻部的左边。

» 水下呼吸

水中含有许多溶解氧，特别是当水温较低的时候，其中的氧含量就更高。哺乳动物不能吸收这种氧气，连专业的"游泳者"如海豹和鲸也不例外。鱼类则一直在呼吸这种氧气，因为它们有鳃。

鳃是片状或者丝状组织的集合体，周围充满了水，它们的表面积比较大，也非常薄，所

» 呼吸一口气

昆虫个头较小，所以气管十分适合它们。不过有着脊椎的动物，除了鱼类，都是通过肺来呼吸的。和鳃不同，肺是中空的，它们隐藏在体内。肺中包含有数百万个小型气室，可以使空气中的氧气很方便地流入血液中。有些动物的肺比较小，而鲸的肺通常比一辆小轿车还要大。尽管大小上差别巨大，它们的工作原理

□ 探索与发现

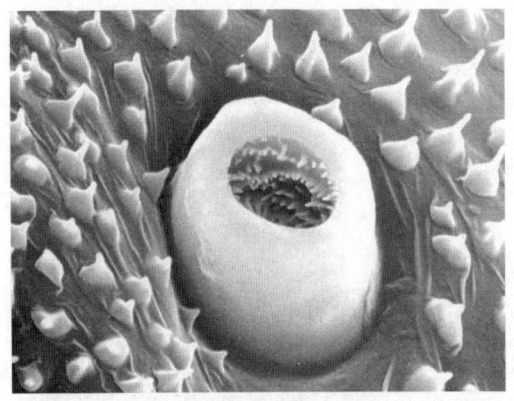

↗ 这张图片显示的是放大了几百倍的毛虫的一个单个呼吸孔；通常呼吸孔分布在昆虫身体的两侧，成排分布。

却大同小异：哺乳动物呼吸时，肌肉使胸腔扩张，带动肺张开，接受从外部进入的空气；呼气时，动物就放松胸肌，随着胸肌的收缩，肺也变小，将空气压出。如果动物十分活跃，它们的胸肌也会加强工作强度，呼入的空气可以是正常情况下的5倍，同时排出的空气也大大增加。

» 在高处呼吸

海象在潜水2小时后，只需要浮到水面呼吸5分钟。不过收集氧气的专家是鸟，鸟的肺和中空的肺泡相连，直接通向它们的骨骼。空气通过鸟肺这一单行道可以使鸟类收集尽可能多的氧气。鸟类需要效率很高的肺，因为飞行需要大量能量，是它们在停在树枝上时候需要能量的10倍。高效率的肺也使它们可以在氧气稀薄的高空飞行。有些鸟可以飞到1万米的高空——人类在这个高度是难以呼吸的。

■ 动物如何运动

对于大多数动物而言，运动对于生存是至关重要的。有些运动速度极慢，它们需要1个小时才能穿过十几厘米的长度，而有些动物的速度可以超过一辆加速行驶的汽车。

并非只有动物才会运动，但是在耐力和速度方面，他们绝对是无可匹敌的。有些鸟在一天内可以飞行超过1 000千米，灰鲸在其一生中游过的距离是地球和月球之间距离的2倍。动物通过肌肉运动，大脑和神经则控制肌肉。

» 游 泳

地球上3/4的地方都覆盖着水，所以游泳是一种很重要的运动方式。最小的游泳者是浮游动物，它们生活在海洋的表面，有些只是简单地随水漂流，不过多数都是通过羽毛状的腿或者细小的毛像桨一样滑行。浮游动物在逆水的情况下很难前进，许多浮游动物每天会下潜到海洋深处，从而避开掠食的鱼类。

» 快行者

在水中，大部分"游泳者"都利用鳍来游。游得最快的是旗鱼，它们的速度可以达到每小时100千米。它们充满肌肉的身体是流线型的，它的动力来源是刚劲的刀形尾鳍，通过这个尾鳍在大海中遨游。与旗鱼相比，鲸的速度要慢得多——灰鲸一年的旅程超过12 000千米，但是它的平均速度却比一个步行的人快不了多少。海豚和鼠海豚也游得很快，它们的速度可以达到每小时55千米。

利用鳍和鳍状肢并不是快速游泳的唯一方式。章鱼通过吸水，再利用墨斗向后喷出脱离险境——相反方向的逃逸动力就来自于这种水

↗ 由于有着格外高效的肺，黄嘴山鸦可以生活在海拔6 000米的喜马拉雅山脉中。

↗ 蛇怪蜥蜴在危急的情况下可以在湖面和河流表面上行走。它在走了几米之后，才会游走。

下喷流推进力。

» 陆上运动

水中的一些运动方式在陆地上也是同样有效的,比如陆地蜗牛的运动方式就和它们水中的亲戚相同,都是通过单个吸盘状的足爬行的。

为了保证它的足能够吸住,蜗牛在行进过程中会分泌出许多黏液,这样它就可以在各种物体表面爬行,也可以倒着爬行。不过这种方式的速度并不是很快,蜗牛的最快速度大约为每小时 8 米。

» 用 腿

腿是原先生活在水中的动物为适应陆地上的生活逐渐进化而形成的。现在,陆地上有两种大相径庭的有腿动物:第一种是脊椎动物,这种动物有脊椎骨,就如同我们人类一般;第二种就是节肢动物,包括昆虫、蜘蛛和它们的亲戚。

脊椎动物的腿从来没有超过过 4 条,节肢动物有 6～8 条腿,有些则更多。腿的数量最多的是千足虫,它们有 750 条腿。另一种极端情况就是有些脊椎动物正在逐步失去它们的腿,而由身体的其他部分代替。有一种稀有的爬行动物只有两条腿,而世界上所有的蛇都根本没有腿。

» 迅速移动者

节肢动物体型较小,所以它们的运动速度并不会非常快,其中运动速度最快的是蟑螂,每小时可达 5 千米。而且因为它们都很轻,所以可以展示一些非同寻常的绝技——它们几乎都可以倒着跑,而且可以跳到它们体长数倍的高度。它们还有立刻启动或者停止的本领,这就是为什么人们觉得这些虫子都很警觉。

↗尽管兔子的速度很快,但是它还是敌不过猎豹。猎豹的速度太快,以至于不能扑住猎物。它们通常用前爪打击猎物。

原因。

比较起来,脊椎动物的启动速度较慢,不过它们的运动速度则快得多,比如红袋鼠的奔跑速度可达每小时 50 千米。世界上最快的陆地动物猎豹的速度是这个的 2 倍,不过这个速度每次持续时间不超过 30 秒。

■ 滑翔和飞行

动物开始飞行始于 3.5 亿年前。今天,空中充满了各种滑翔和飞行的动物。有些体型大且强壮,还有一些则几乎用肉眼看不见。

许多动物都会滑翔,只有昆虫、鸟类和蝙蝠才能真正飞行,它们用肌肉张开翅膀、起飞和降落。昆虫的数量比其他飞行者多几百万倍,它们的小体型使得其在空中可以自如飞行。蝙蝠可以飞得很快而且很远,不过鸟类才是动物世界中最好的飞行员,有些鸟类飞行的里程从数字上说都可以环绕地球了。

» 大型滑翔者

滑翔动物包括一系列特别的种类,有啮齿动物、有袋动物甚至是蛇、蛙和鱼类。有些只能滑翔几米就着陆,也有一些专家型"滑手",比如飞鱼,可以在空中滑行 300 米以上。它们许多都利用滑翔作为紧急状况下的逃生方式。而对于某些动物,比如鼯猴,滑翔是它们的运动方式,即使是怀孕的母猴也是如此。

滑翔动物并没有真正的翅膀,它们的身体上有扁平部分,可以使它们在空中滑翔;飞鱼有 1～2 对特别大的鳍;飞蛙则用它们拉长的如降落伞般运作的腿滑翔;滑翔哺乳动物使用的是它们腿之间伸展的弹力性皮肤和尾巴——在平时,这些皮肤是折叠起来的。

» 空中的昆虫

和滑翔动物不同,飞行昆虫将大量的肌肉力量用于如何在空中支撑自己。蜻蜓一秒钟内拍打翅膀 30 下,家蝇则要达到 200 下或者以上。苍蝇只有一对翅膀,而大多数昆虫都有两对。蝴蝶和蛾的前后翅膀是同方向拍打的。蜻蜓则是以相反方向拍打的,这就是蜻蜓可以盘旋在空中,甚至是反向飞行的原因。

大多数昆虫并不能飞很远,许多体型很小的昆虫十分容易被风吹走。不过,在昆虫世界中确实有一些长途飞行者。在北美洲,帝王蝴蝶通常要飞行 3 000 千米到目的地繁殖。在欧洲,

◻ 探索与发现

↗ 草鸮以小型啮齿类动物为食。它们是慢速飞行专家。在捕食时,它们的飞行速度每小时约为10千米,跟人类慢跑速度差不多。这张图中,草鸮正张开它的利爪,准备对猎物进行突然袭击。

有一种"灰斑黄蝴蝶",通常在夏季穿越北极圈,以寻找一个能够产卵的地点。

» 带羽飞行者

蝙蝠的飞行速度可达每小时40千米,不过与某些鸟类相比,这种速度还是比较慢的:大雁在水平飞行时,时速可超过90千米;游隼在飞速下降捕猎时的速度可以达到每小时200千米。从飞机上可以看到,在超过11 000米的高空还可以发现秃鹫,而且它们还可能飞得更高。鸟类能创造这些记录是因为它们的骨骼是中空的,而且肺的工作效率极高。然而它们的羽毛是更重要的因素:鸟类的羽毛给了它们流线形的身体,使它们能在空中高速穿行。

北极燕鸥每年的飞行里程可达50 000千米,比地球上任何一种动物都要长。乌领燕鸥给人的印象更为深刻,它们可以在空中飞行5年,它们史诗般的飞行历程的最终目的地是供其繁殖的一个热带岛屿。

■ 动物的感觉器官(上)

动物需要寻找食物,但是它们也需要躲避危险。动物通过使用其感觉器官接触外部世界来实现这个目的。

对人类而言,视觉和听觉是日常生活中最为重要的感觉,它们告诉我们大量关于周围环境的信息,帮助我们锁定正在移动的事物。除了人类之外,很多动物也依赖这两类感觉器官。食肉动物通常使用听觉和视觉来锁定猎物,同时,这些猎物也使用这两种感觉来逃避猎捕。人类的感官或许灵敏,但是很多动物的感官甚至更为灵敏。

» 朝前看

扁形虫的眼睛构造很简单,只能分辨光明和黑暗。这样的眼睛并不利于定位食物,但是当食肉动物位于其头上方时,造成的阴影至少能警告扁形虫危险的来临。大多数动物眼睛的功能远不止于此,它们可以聚集光线并且形成焦点,因此拥有这类眼睛的动物可以形成关于周边环境的映像。

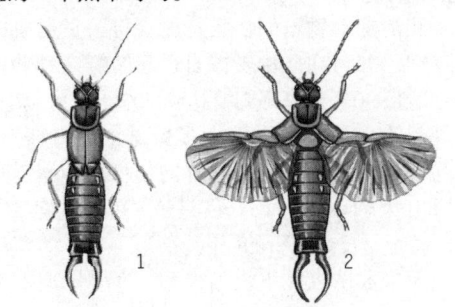

↗ 对于蠼螋而言,准备飞行是一个漫长的历程。它们的后翅包裹在较小的前翅之下,后翅通常要折叠30次才能被前翅覆盖(1)。一旦蠼螋打开后翅,它们的翅膀就变得惊人地大(2)。

↗ 跳蛛有四对眼睛,其中一对特别大,位于正前方,像汽车的前灯。在跳跃前,它先利用这些眼睛判断距离。

生物世界

↗ 相对其体型来说，眼镜猴的眼睛是最大的，每只眼睛都比其大脑的体积要大。眼镜猴生活在热带丛林中，在夜幕降临时捕食昆虫。

我们人类的眼睛上有单一晶状体，可以将光线聚集到一层弧形的屏幕上，该屏幕被称为视网膜。所有哺乳动物以及其他脊椎动物都有类似的眼睛。因为我们有两只眼睛，所以是通过稍稍相异的两个视点看到了同一个景象，这使得我们可以判断深度。搜寻和捕食对于很多动物来说非常重要，因此这类动物的眼睛通常都是向前突出的。而食草动物恰恰相反，它们的眼睛通常长在两侧，这样的眼睛可以使它们看到整个周边环境，以便尽早地发现危险的迫近。变色龙的眼睛可以各自自由转动，同时观察不同的方向。

» 看到细节

眼睛之所以可以有这样的功能，得益于其视网膜上拥有特殊的接收细胞，这些细胞截取光线，将之转化成电子信号并传递到大脑。其中一些接收细胞可以对各种颜色作出响应，而有些则只能识别白色和黑色。视网膜上的接收细胞数量越大，眼睛则可以看得更为细致和清楚。

在人类的眼睛中，每平方米视网膜上含有20万个接收细胞，然而在一些鸟类的眼睛中，该数目是人类的5倍，这使得鸟类的目光非常犀利，可以在高空中轻松锁定很小的动物目标。这些鸟类特别擅长看移动的事物，而看见静止的事物则相对较难。很多其他种类的食肉动物的眼睛也有这一特性，这也正是很多被猎食的动物在被发现时采用"静止不动"的方式来躲避的原因。

» 复 眼

哺乳动物的眼睛可以与人类的眼睛对视。但是如果要与昆虫"眼对眼"是非常困难的，因为昆虫的眼睛构造完全不同于人类。人类眼睛中只有单一的晶体，而昆虫的眼睛中却有几百个甚至几千个晶体，每只眼睛中都会形成独立的区室，而这些区室组合起来后便形成昆虫看到的事物形象。这类眼睛被称为复眼，在整个昆虫世界中，各种复眼在大小和形状上有着极大的差异。

工蚁的眼睛很小，其中却含有大约50个区室，而蜻蜓的每只眼睛中含有的区室数量甚至高达2.5万个。蜻蜓的眼睛很大，几乎占满了其整个头部，这种大小的眼睛非常有利于锁定运动的事物，正是蜻蜓在半空中捕获其他昆虫所必备的"武器"。

» 私人电话

视觉器官有一个很严重的缺点，即不能在黑暗中运作。正是由于这个原因，很多夜行动物依靠的是听力。听力不能像视力那样获取很多细节性的信息，但其长处在于：即使存在障碍物，听力仍然可以发挥功效。很多动物使用声音进行交流，因为当它们安全隐藏好以后可以呼叫。在热带雨林，蝉可以发出震耳欲聋的叫声，远在1 000米之外都可以听到，尽管如此，蝉还是不容易被发现。在声谱的另一端，大象通过发出低沉到人类根本无法听到的声音进行交流，这些声音可以传得很远很广，使得各个群体之间可以保持联系。

» 借助声音捕猎

有些动物是依靠声音来寻找食物的，它们发出高频的噪音，然后根据回声所需时间的长短来判断猎物的远近。如果猎物离得很近，那么声音就回得很快，从而帮助猎食者追踪其食物。这个系统叫作回声定位法，它在蝙蝠世界里得到了最好的发挥。在一个有名的实验中，一只蝙蝠被放置在一个漆黑的房间里，中间用一张透明的渔网隔开，而蝙蝠却顺利穿

↗ 为了躲避捕食，有些蛾类会发出尖锐的声音。这些声音可以干扰蝙蝠的回声信号，从而使其放弃捕食。

□ 探索与发现

过了渔网——在穿过渔网的那刻，蝙蝠收起了翅膀。这说明其知道渔网的所在。

■ 动物的感觉器官（下）

没有视觉和听觉，人类在日常生活中就会遇到很多麻烦。然而在自然界中，很多动物除了视觉和听觉外，还依靠各种不同的感觉器官来寻找道路和捕捉食物。

人类有五大主要感觉器官——视觉、听觉、嗅觉、味觉和触觉。此外，我们还有平衡觉，只是常常被忽略而已。人类的触觉很灵敏，但是与很多动物相比，味觉和嗅觉就显得迟钝了。有些动物在行走时依靠的就是嗅觉和触觉，而有些动物则拥有额外的感知功能，可以发现我们根本感知不到的东西。

» 味觉和嗅觉

当一只蝴蝶停下来时，它就能马上知道足下踩的是什么，而根本不需要伸出舌头来尝一尝。蝴蝶，包括一些其他种类的昆虫之所以有这样的功能，是因为它们的足上有特殊的化学感知器官——这种非同寻常的系统可以使得苍蝇准确地找到食物，也使得蝴蝶可以找到合适的植物来产卵。

动物使用味觉来测试它们可以触碰到的东西，但是嗅觉则可以被用在更广的范围上——一只雄性飞蛾可以感知到5 000米以外的一只雌性飞蛾。在这么长的距离下，雌蛾的气味已经很淡了——大约只占空气比例的千万亿分之一，即便如此，雄蛾的触角还是能感知到雌蛾的气味分子。

↗ 响尾蛇的眼睛周围都长有热感应器，这使得它在黑暗中能够找到热血的猎物。

» 嗅觉导航

动物之间通过嗅觉来保持联系和寻找食物，哺乳动物特别擅长此道，很多哺乳动物——从狐狸到羚羊——通过气味来圈定自己的领地。这些气味标志是看不见的，但是它们可以持续好几天甚至几个星期，让那些潜在竞争对手知道这块区域是已经被占领了的。总体来说，鸟类的嗅觉不是那么灵敏，但是也有例外——美洲秃鹫对腐烂中的肉类非常敏感。

对于陆地动物来说，嗅觉和味觉是两种完全不同的感觉器官，但是对于水生动物来说，这两者是合二为一的。大部分人可以分辨出瓶装水和自来水，但是鱼和海龟可以分辨出水中化学成分的微小区别，在知道这些区别后，它们还同时进行记忆，因此它们可以将之作为像地图上标示的点一样使用。大马哈鱼就是采用这种方法找到穿过海洋的路线，并准确无误地回到原先它们孵卵的河流中。

» 特殊的感觉能力

我们可以感知电流，但是不能感知电场，也不能感知环绕着整个地球的磁场。但是，对于有些动物而言，上述这些感知能力都是日常生活中必不可少的。

↗ 蝴蝶和家蝇都可以用它们的足来辨别味道。这些蝴蝶停在了一堆动物粪便上，正在吸取其中的盐分。

生物世界

↗ 穴居的蟋蟀利用它们长长的触角或者说触须在黑暗中探路。它们的触须对于气流很敏感，如果附近出现敌人，它们能立即感知到。

大多数动物都有着自己的电场，因为它们的肌肉和神经中可以产生电流脉冲。象鼻鱼的电场就像雷达系统一样，可用来帮助它在浑浊的泥流中找到正确的方向。有些鲨鱼则利用电场来捕食，它们的嘴和鼻周围有电感应器官，可以帮助它们找到躲在海床泥沙中的鱼。其中最厉害的动物电力专家是亚马逊电鳗，它使用其电场来感知猎物，然后用高达600伏的电流将之杀死。

实验显示，迁徙鸟类可能是运用地球磁场来确定前行的方向，这是帮助它导航的多种感觉系统之一。但是确切地说，科学家们并不知道这个导航系统是怎样运作的，也不知道有多少种动物依靠这个系统来导航。

■ 食草动物

食草动物与食肉动物数量比至少是10∶1。从最大的陆生哺乳动物到可以舒服地生活在一片叶子上的小幼虫，食草动物多种多样。

植物性食物有两大优势，一方面它们很容易找到，另一方面它们不会逃跑。对于小型动物来说，还有另一个好处——植物是很好的藏身之所。但是食用植物也有其弊端，因为这种食物吃起来比较慢，而且也不容易被消化。

》秘密部队

一只大象每天可以吃掉1/3吨的食物，它们常常将树推倒来食用树枝上的叶子。野猪则采用不同的技术——从泥土中挖掘出美味多汁的树根来食用。虽然这些动物的体型都比较大，但是它们并不是世界上最为主要的食草动物。相反，昆虫和其他无脊椎动物的食用量要远远超过它们。

在热带草地上，蚂蚁和白蚁的数量常常超过其他所有食草动物的总数。它们收集种子和叶子，把它们搬到地下。在树林和森林中，很多昆虫以活的树木为食，而毛虫则直接躺在叶子中啃食。毛虫的胃口很大，如果进入到公园或者植物园的话，可以造成非常严重的虫灾。

哺乳动物、鼻涕虫和蜗牛食用的植物种类范围很广。但是，小型食草动物通常对它们的食物比较挑剔。比如，榛子象鼻虫只是以榛子为食，而赤蛱蝶毛虫只食用荨麻叶。如果这些毛虫遇到的是其他植物，它们会选择饿死。对食物如此挑剔看似奇怪，但对于食草动物而言，有时候这是值得的，因为这样在处理它们的专门食物时效率会额外高。

》种子和存储

爬行动物中的植食者比较少，鸟类中则比较多。其中，只有很少部分鸟以树叶为食，更多的是食用花或者果实及种子。

蜂鸟在花朵中穿梭采集花蜜，有些鹦鹉则用它们刷子般的舌头舔食花粉。食用果实和种子的鸟类更为常见。不像蜂鸟和鹦鹉，它们在全世界都有分布。

种子是十分理想的食物，它们富含各种营养性的油类和淀粉。这也是为什么这么多鸟类和啮齿类动物将种子作为食物的原因。在一些干燥的地方，寻找食物比较困难，食用种子的啮齿类动物就格外地多。

啮齿类动物和鸟类不同，它们在困难时期可以通过收集食物并在地下存储食物而幸存下

↗ 和许多其他啮齿类动物一样，颊囊鼠利用它们的颊袋将种子运回洞穴。

☐ 探索与发现

去。在中亚，有些种类的沙鼠可以储存60千克种子和根，这些存粮足够它们生活几个月。

» 食 草

种子消化很方便，所以它们也是人类食物的一部分。不过草和其他植物对于动物而言就不是那么容易分解了。因为它们中含有纤维素这种坚硬的物质，人类是消化不了的。不单单是人类，食草的哺乳动物也不能消化，尽管这些是它们食物的主要组成部分。

↗ 裸鼹鼠生活在地下，它们以植物的茎和根为食。这些非洲啮齿类动物几乎是瞎子，而且基本不会到地表活动。

那么，这些动物如何生活下去呢？答案是：它们利用微生物帮助它们完成这项消化工作。这些微生物包括细菌和原生动物，它们拥有特殊的酶，可以将纤维素分解。

微生物在哺乳动物的消化系统中安营扎寨，那里温暖湿润的环境为它们提供了一个理想的工作场所。许多食草动物将微生物安排在称为"瘤胃"的特殊地带，瘤胃工作起来就像一个发酵罐。这些食草动物被称为反刍动物，包括羚羊、牛和鹿。它们都会将经过第一轮消化的食物再次咀嚼，进而吞咽后再消化。这一过程使得微生物更容易分解食物。

» 全职进食者

反刍对于消化而言十分有效，但是会占用很长时间。进食草木也很费时间，因为每一口都要咬下来，彻底咀嚼。因此，食草动物没有太多的休息时间，它们总是忙于采集食物和消化食物。

对于植食昆虫而言，情况也大同小异，尽管变为成虫后它们的食性通常会发生变化。毛虫是繁忙的进食者，不过成虫的蝴蝶或者蛾的大多数时间都用于寻找配偶和产卵，它们会在花丛中穿梭，但很多根本不食用任何东西。飞蟒蛄做得更绝，它们的成虫压根就没有活动的嘴。

■ 食肉动物

当一只食肉动物向其猎物靠近时，不由得会让人产生一种紧张感。但是食肉动物是自然界的重要组成部分，连人类有时也是食肉动物。

与食草动物相比，食肉动物总有失算的时候，因为猎物可能会逃跑。作为补偿，自然界使得肉具有很高的营养价值。为了成功捕获猎物，食肉动物通常都有敏锐的感官和快速的反应能力。它们通过特殊的武器比如有毒刺、有力的爪子或者锋利的牙齿来制伏猎物。

↗ 在阿拉斯加，棕熊涉到河流中捕食洄游的大马哈鱼。它们的这场高蛋白盛宴可以一直持续几个星期。

» 慢动作的捕猎者

当人类提到食肉动物时总会最先想到像猎豹那样的运动速度很快的动物。但是很多食肉动物并不是如此，比如海星，它的运动速度比蜗牛还慢，但是它们专门捕食那些不会逃跑的猎物，一般是把猎物的外壳撬开，然后享用里面的美餐。

在水中和陆上，很多食肉动物根本不追捕任何东西，相反，这些猎手只是埋伏着，等待猎物进入自己的抓捕范围。它们常常伪装得很好，有些甚至通过设置陷阱或者诱饵来增加捕获猎物的概率。"埋伏"的猎手有琵琶鱼、螳螂、蜘蛛和很多蛇类等。很多"埋伏"猎手都是冷血动物，即使几天甚至几个星期没有进食，它们也可以存活下来。

» 狩猎的哺乳动物

鸟类和哺乳动物都是热血动物，因此它们需要很多能量来保持身体正常运作。对于一头棕熊而言，能量来自于各种各样的食物，包括昆虫、鱼，有时也包括其他的熊。棕熊的体重可以达到1 000千克，它是陆地上最大的食肉动物。一般情况下，它对人类很谨慎，但是如果真正开始攻击，结果将是致命的。

哺乳动物中的食肉者有着特殊的牙齿来处理它们的食物。靠近它们嘴的前方位置有两颗突出的犬齿，这可以帮助它们把猎物紧紧咬住。一旦将猎物杀死后，它们的食肉齿就开始发挥功用了——这些牙齿长在颚的靠后位置，有着长长的、锋利的边缘，可以像剪刀一样将猎物剪碎。有些食肉哺乳动物，比如狼，还常用食肉齿来将猎物的骨头咬碎，从而吃到里面的骨髓。

» 空 袭

鸟类没有牙齿，它们用爪子捕猎。一旦它们将猎物杀死后，就会将其带到栖枝上或者自己的巢中。有些大型鸟类可以抓起很大重量的猎物——1932年，一只白尾海雕抓走了一个4岁的小女孩。神奇的是，这个小女孩存活了下来。

爪子很适合用来抓住猎物，但是鸟类通常使用其弯曲的喙部来将猎物撕碎。捕食小型动物的鸟类有一套特殊的技术，它们可以将猎物的头先塞进自己喉咙，然后将其整个吞下去。

» 大规模杀戮者

世界上最高效的捕猎者通常食用比其自身小很多的猎物。在南部海域，鲸通过过滤海水

↗ 一条食鼠蛇正张开血盆大口吞下一只鸟。蛇类总能将猎物整个吞下，因此它们需要有强效的消化液来将食物分解掉。

来食用一种被称为磷虾的像明虾一样的甲壳动物。它们的这种捕食方式是所有食肉动物中杀戮量最大的，每次都可以超过1吨以上。灰鲸在海床上挖食贝类，而驼背鲸则通过张起"泡沫网"等待鱼群的到来——这种网可以将鱼群逼入较小的空间，使其更容易捕捉。但是最厉害的捕鱼高手应该是人类，我们每年都要捕捞几百万吨的鱼。

■ 食腐动物

世界上有几千种动物以寻找动物尸体和各种残余物为食。它们帮助了物质的再循环，使得营养物质得以被重新利用。

在动物世界里，食腐是很好的营生方式，因为其他动物能够源源不断地提供尸体，以及粪类、外皮、羽毛和皮毛等。对于我们，这些东西并不具有什么吸引力，但是对于食腐动物而言，这是有营养而可靠的食物来源。虽然没有食腐动物，尸体也会最终被微生物分解掉，但这就需要很长的时间了。

» 残骸碎片食用者

要想观察世界上最成功的食腐动物，我们可以到泥泞的海岸边看看。这是食腐动物最原始的生活之地，因为这里满是动植物残骸碎

↗ 这条巨型蚯蚓来自澳大利亚，它比很多蛇都要大。幸运的是，这是一种无害的食腐动物，可以帮助提高泥土质量。

□ 探索与发现

片——有些碎片来自海洋，有些则是被河流冲刷带来的。结果，在海岸边形成了一层丰富的沉积物，也为小型食腐动物提供了安家的理想场所。

很多这类食腐动物都会在沉积层中挖个洞，这样，当饥饿的鸟类到来时，便有个躲藏之处。这些挖洞者包括明虾和蜗牛，以及心型海胆。缨鳃蚕有自己一套与众不同的进食技巧，它们是在漂浮过程中顺道将残骸块收集起来的。在世界上的温暖地区，当潮水退去后，招潮蟹就出现在泥滩上，用钳子拾捡碎片。每次潮水来临时，就会带来很多的碎片，因此对这些蟹来说几乎是不会出现食物短缺的。

» 泥土中的食腐动物

在干燥的陆地上，到处都是食腐动物，它们生活在泥土里，因此常常不为人类所见。这类食腐动物中的大部分都是微生物，但世界上的有些地方，比如南非和澳大利亚，生活着长度超过4米的蚯蚓。蚯蚓是非常有用的动物，因为它们可以帮助翻垦泥土并使其肥沃。没有它们，泥土将更贫瘠，种植作物将更为困难。

蚯蚓将落叶拖到自己的洞中，而有些昆虫则是将其他东西埋藏在泥土中。埋葬虫为小型哺乳动物和鸟类挖掘"坟墓"，并将自己的卵下在其中，最后将"坟墓"盖上。甲虫的幼虫孵化时，就以其中的尸体为食。蜣螂则是将卵产在动物的粪便颗粒中，然后将之滚到泥土中加以埋葬。

» 有翅膀的食腐动物

埋葬甲虫专吃小型尸体，而那些大型尸体则吸引着非常与众不同的食腐动物。在非洲，鬣狗很容易就被腐肉的气味所吸引，而在塔斯马尼亚，动物的尸体则吸引着一种被称为"塔斯马尼亚魔鬼"的食腐有袋动物，它有着强劲的啃咬力，可以咬开已经变干的外皮、软骨甚至硬骨。但是在世界的很多地方，最为重要的食腐动物来自空中。

很多鸟类都以动物尸体为食，比如乌鸦和喜鹊常常聚集在被汽车撞死的动物上。鸥则以被冲上海岸的尸体为食，有时也食用人类丢弃的食物。但是在鸟类王国中，秃鹫是真正的食腐专家，它们飞翔在高空中，这使得它们可以观察到大面积内的食物情况。秃鹫也非常注意其他秃鹫的动态，如果有一只飞下去食腐的话，其他秃鹫很快就会跟随而至。

对于一只秃鹫来说，生存的法则就是在短时间内食用大量食物。有时它们吃得太饱了，以至于需要在陆地上等待几个小时才能继续飞翔。

■ 动物的防御能力

像大白鲨这样的超级食肉动物，一旦成年后就再也没有天敌了。但是对于其他动物而言，危险还是会随时来袭的，因此，很好的防御能力就成为了生存的关键。

在动物王国中，食肉动物时刻都在寻找可

↘ 在非洲草原上，这头畜体被一群冲撞抢夺的秃鹫包围着。虽然它们的爪子很弱，但是它们强劲的喙可以帮助它们在腐烂的外皮上撕出口子。

生物世界

↗ 啮齿动物常常通过隐入茂密的植物丛中来躲开敌人的视线。这只老鼠在空旷的地方被美洲野猫捕获，它的生存机会很小了。

↗ 当昆虫采用了伪装术后，很少有动物能够赢过它们。这张照片显示的是在秘鲁热带丛林树皮上伪装得很好的2只树蠹。

以下手的猎物。与之相比，猎物们看上去似乎总是处于弱势。实际上，事情并不像看起来那样单方面——猎物已经进化出了各种防御能力。如果没有这些能力，它们根本不能存活下去。这些防御能力并不是百分之百安全的，但是对于每一种处在被捕杀和捕食危险之下的动物来说，常常可以借此战胜敌人并得以逃脱。

» 快速逃走

当危险逼近时，很多动物的第一反应是设法快速逃脱。一些羚羊可以以每小时60千米以上的速度奔跑，而野兔的奔跑速度也可以达到每小时50千米以上，对于这种体重只有人类1/10的动物来说，是非常了不得的能力了。但是要逃离危险，启动速度常常和速度一样重要，螳螂的最大速度只有每小时5 000米，但是它们可以以惊人的速度启动。在逃脱危险后，它们常常还改变前进方向，这样就更难抓到它们了。

动作不快的动物通常采用伪装术来将自己混入所处的背景中去，昆虫尤其擅长此道，这对于它们而言是大幸，因为食肉动物中还包括目光锐利的鸟类。一种动物利用伪装术的时候，通常需要保持一动不动，但是有些昆虫却会稍稍摆动，使得自己看上去就像是在寒风中摇曳的嫩枝，从而更好地躲避敌人的视线。

» 骗术专家及其骗术

要吓退攻者，最好的办法之一是拥有危险的武器，比如，大部分食肉动物都不会去碰黄蜂，因为这种昆虫带着危险的刺。

但并不是所有的"黄蜂"都像它们看起来那么危险。有些无害的飞蝇和飞蛾也会模仿这类昆虫，而且模仿得很像，几乎没有食肉动物或者人类可以将之区分出来。飞蛾有着透明的翅膀，有些在飞行时甚至还能发出像黄蜂一样的嗡嗡声。

这种防御术被称为"模仿术"，在昆虫世界中被广为使用。蜘蛛也是模仿高手，有些蜘蛛可以将自己模仿成叮人的蚂蚁，它们以蚂蚁的动作在热带丛林的地面上行进。蜘蛛有8只脚，而蚂蚁只有6只脚，但是鸟类不会数数，因此会受到蜘蛛模仿术的欺骗。

» 装 死

食腐动物对自己的食物并不挑剔，但是食肉动物则只喜欢捕捉会动的东西。食肉动物对于那些静止不动的动物的兴趣比较小，而如果是已经死了的动物则更不愿理睬，这就给了猎物另一个逃生法宝——装死。如果被猎者有这项技巧，那么猎食者很有可能会离它们而去。

不是很多的动物能装死，但它们中间的确有一些优秀的演员：草蛇躺在地上，张着血盆大口，而一只维吉尼亚负鼠就倒在它的旁边——负鼠可以保持这种状态长达6个小时，不管怎么碰它，它都会保持一动不动。但是，一旦危险过去，这只"死掉"的负鼠就能马上"复活"，然后飞快逃走。

» 吃不到的美食

另一个躲避危险的方法是使自己变得不容易被吃或者吃起来很危险。这一招被龟类和拥有坚硬外壳的动物所使用。龟在遇到危险时，会将四足和头缩进龟壳，而闭壳龟则可以在缩进去后将外壳完全关闭起来。一些犰狳会把自己胀成球状，而刺豚则在大量地吞入水后，使

59

□ 探索与发现

↗ 遍布尖刺，这条胀圆的刺豚是没有多少动物愿意食用的。一旦其胀圆后，这种鱼基本不能游动了。

自己成为了一个带刺的球。

上述所有动物都是可以吃的，如果没有这样的防御武器的话，那就小命难保了。有些天生带毒的动物则不需要坚硬的外壳或者刺来保护自己——生活在热带丛林中的小小的箭毒蛙能够产生效力强劲的毒素。箭毒蛙中的一个种类虽然还不到4厘米长，但每只蛙带有的毒素就足以杀死1 000个人。

■ 动物的繁殖

繁殖需要时间和能量，但这是动物一生中最重要的工作。一些动物可以单独繁殖，但是对于大部分动物而言，繁殖就意味着要找到配偶。

与人类相比，很多动物繁殖的时候年纪还相对很小，旅鼠在2个星期大的时候就可以怀孕，而有些昆虫则成熟得更快，短短8天就可以为父为母。但是成功的繁殖并不是仅仅在于速度，要想繁育后代，还要通过竞争找到配偶。它们在这个生命的重要时刻还需要躲避食肉动物的追捕。

» 单 亲

当海葵完全长成熟后，它们可以通过将自己撕成两半来实现繁殖。这种极端手段是最为简单的繁殖方式，因为只要有单亲就能够实现。

但是这只是对于构造简单的动物适用，对于大多数种类包括人类而言，分成两半根本不能起到繁殖作用。

这并不说明单亲繁殖很少见，很多昆虫都能够依靠自己繁殖，只是采用了不同的方法而已。雌性昆虫产出卵，在没有配偶的情况下，这些卵也可以发育成幼体，这被称为单性繁殖，或者"孤雌生殖"。在春季，雌性蚜虫就可以通过这种方法繁殖出一大家子，完全不需要雄性蚜虫的帮忙。

» 显示差异

在动物世界里，单亲家庭有一个很大的缺点，就是后代都是相同的。它们具有完全相同的基因，也就具有了完全相同的特征，无论好的还是坏的。一般情况下，这也并不是什么问题。但是如果食物不够或者灾难发生的话，这些动物面临着相同的危机，甚至整个家族都会灭亡。

有性繁殖减少了上述危险的发生几率。有了双亲的参与，它们的基因就像是一副牌，可以以不同的组合方式传递到下一代身上。所有的下一代之间都存在着细微的差别，这就使得整个家族中至少会有基因组合比较优良的个体在竞争中存活下来。这种优势解释了有性繁殖广泛性的原因。

» 交 配

为了进行有性繁殖，雌雄双方必须进行交配，这样雄性的精子才能使雌性的卵子受孕。这可能是项危险的工作，尤其是对于雄性蜘蛛来说——它们的体型通常比配偶要小10倍。这些雄性蜘蛛在向雌性蜘蛛示爱时非常小心，通过摆动其前足或者敲打雌性蜘蛛的网来传递信息。发出的信号得到雌蜘蛛的正确理解是非常

↗ 大部分昆虫在雌性产卵前需要进行交配。此处，一只雄性蚱蜢在交配时正用其足将雌蚱蜢紧紧抓住。

重要的，否则雄蜘蛛很可能就成为了雌蜘蛛的盘中餐。

并不是所有动物都会有这种危险，但是每对伴侣都需要抓住对方。通常，雄性会通过颜色、造型或者动作向雌性示爱。鸟类和蛙类则通常使用声音传递信息，很多昆虫也是如此。但是萤火虫是通过自己的光来吸引对方的——每个种类的萤火虫都会有不同的闪烁时间长度，它们传递的信息很简单，就是"我在这儿，我与你属于同一个种类，我可以成为一个很好的伴侣"。

» 竞争对手

在很多动物中，雌性可以在多个成熟雄性间作出选择，因此，雄性常常要互相竞争，就像展开一场才艺表演。雄鸟有时会通过鸣唱或

↗ 青蛙的喉咙已经胀成了气球状，这是它在向附近的雌蛙发出爱的呼唤。

者炫耀自己的羽毛来进行竞争，但是织巢鸟则是有另一套手段——每只雄鸟都会建起一个精致的鸟窝，只要有一只雌鸟飞过就向其炫耀。如果有雌鸟被雄鸟的巢所打动，就会飞入巢中与之交配，然后产卵。但如果现有的鸟巢不能吸引雌鸟的注意，雄鸟就会将之废弃，在附近重新建一个新的鸟巢。对于雄性织巢鸟而言，这种竞争需要耗费很多精力，但这也避免了竞争对手之间的直接冲突。对于哺乳动物来说，繁殖季节中不可避免地会有严重的"战斗"——雄鹿用自己的鹿角与对手厮打，雄性海象则是用牙齿撕咬对手。获胜者可以得到很多雌性的交配权，而失败者只好默默地等到下一个年头。

■ 生命的开端

蛇类产卵以后，通常都是将之抛弃掉的，这样，它们的后代需要自己保护自己。但是很多动物都会照顾自己的后代，直至它们能够独立生活为止。

父母亲照顾是人类一生中的重要部分，因为我们需要很长的时间来成长。另一些哺乳动物也照顾它们的子女，保护它们，用奶喂养它们。但是其余的动物，不同的种类间的家族形式是不同的。鸟类通常是会喂养后代的，而科摩多龙却恰恰相

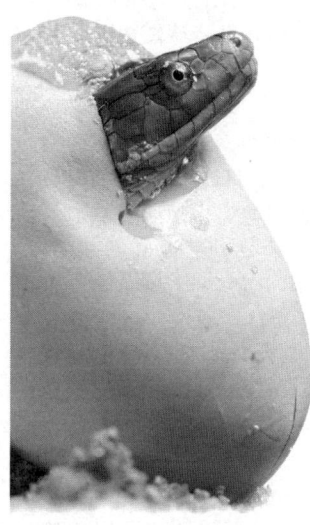
↗ 捅破蛋壳后，一条绿树眼镜蛇第一次看到了外面的世界。从破壳而出的这一刻起，它将完全依靠自己独立生活。

反，它是吃同类的，任何小科摩多龙只要靠得太近，就会被它吃掉，毫不讲亲情。

» 卵和胚胎

世界上的所有动物包括人类，都是以卵作为生命的开端的。在所有的哺乳动物中，除了鸭嘴兽和针鼹鼠外，卵通常是待在母体中的。在那里，卵发育成胚胎，然后由母亲将幼体产出。而对于鸟类，它们的生命开端是不同于上述的：鸟类产卵，雌鸟坐在卵上孵化出胚胎，幼鸟发育成后破壳而出，这被称为"孵蛋"，它可以使发育中的胚胎保持温暖。下蛋对于鸟类来说是很有意义的，如果它们需要怀着幼鸟飞行的话，那将会是很辛苦的。但是动物界中的另一些类别的动物产出后代的方式就不是那么清楚单一了，比如，巨蟒是产卵而后将之孵化的，但也有很多蛇是将其卵留在体内，直到它们即将孵出，这些蛋才被产下来，小蛇就会破壳而出，看起来好像是直接由母亲生下来的。大部分鱼也是产卵的，但是一些鲨鱼，包括大白鲨，会直接将活的幼体产出。而有些种类的动物，它们后代生命的开始是让人毛骨悚然的，

□探索与发现

因为在它们出生前,最大的胚胎会将最小的胚胎吃掉。

» **父母的守护**

翻车海鱼产卵时每次能产下1亿个卵,卵会在水中漂流开来,其中只有一小部分能够存活几天以上。翻车海鱼并没有试图来保护它们的后代,照顾这么大个家庭几乎是不可能完成的任务。

像翻车海鱼这类动物,它们把所有的精力都放到尽可能地产出最大量卵上了。而相反的,后代数量较少的动物则会努力地照看它们的卵和后代。雄性海马会收集起雌海马产下的卵,把它们放到育儿袋中,而口育鱼则是将卵含在嘴中孵化。信天翁会在自己的卵上坐上10个星期。而章鱼则更具奉献精神,它们会照看自己的卵达几个月之久,为它们提供清洁和保卫。在这段时间里,章鱼什么都不吃,当卵孵化出来后,它便死去了。

» **家庭生活**

对于一些动物,一旦卵孵化出来后,生活就变得忙碌起来了。幼蛇和幼蜥蜴会自己找到食物,但是刚孵化出来的鸟常常要靠它们的父母供应食物。成年的蓝冠山雀需要照顾12只雏鸟,这些雏鸟刚刚孵化出来的时候眼睛是瞎的,非常无助。它们需要几乎3周的时间才能为飞翔做准备。在此之前,父母需要每天往返1000多次为它们寻找食物。

幼鸟是非常脆弱的,因此,父母亲常常警惕着可能来袭的危险。尤其对于涉禽,比如田凫和双领来说,这点是非常重要的,因为它们在地上筑巢。如果有食肉动物向鸟巢靠近,雌鸟就会跳起一种特殊的舞蹈来散发气味,她走到空旷的地方,假装拖着一只受伤的翅膀走开。幸运的话,食肉动物就会跟上她,一旦她将之引诱到离开鸟巢足够远的地方时,她就会张开翅膀飞走。

↘ 年幼的豚鼠互相用牙齿咬着排成一队跟随在母亲身后。豚鼠的视力很差,图中这些其实是跟在了一个玩具后面。

» **哺乳动物家庭**

哺乳动物是用奶来喂养后代的,这使得母亲和后代之间的关系显得非常密切。大部分哺乳动物都可以通过气味辨认出自己的后代,然后会很仔细地照看后代。在生命的这一阶段,成年雄性可能是一大威胁,所以许多的雌性独立带大它们的后代。幼年的哺乳动物常常喜欢跟着母亲,但是幼年的有袋动物则受到了更好的保护,因为它们被装在母亲的育儿袋里。

在与父母相处的这段时间里,年幼的动物都会观察父母如何进食。这是成长过程中的重要部分,因为它会教育后代应该如何行事。猎捕性的哺乳动物后代观察父母如何捕猎,而最聪明的哺乳动物比如海豚和黑猩猩,则会学习同类动物间用于交流的声音和动作。对于人类而言,这个阶段甚至更为重要,因为语言可以让我们交流技巧和思想。

■ 生命的成长

有些动物的生命在刚开始时,其与自己父母看上去差别很大。很多会在成长过程中只是变了颜色,而有些动物的变化则是相当惊人的,它们的体态与初生时完全不同。

大多数幼年的哺乳动物与它们的父母是非常相像的,虽然它们的身体还没有发育完全。但是对于一些动物来说,幼体与父母之间完全看不出任何相似之处。比如,毛虫与蝴蝶一点都不像,年幼的龙虾是透明的而且没有螯。像上述这类的年幼动物被称为幼虫或者幼体。它们与父母有着不同的生活方式,但是一旦"幼年"阶段结束后,它们可以形成父母的样子并且按照父母的方式生活。

» **幼体的生活**

昆虫通常都有幼体,要找到它们的最佳地点是水环境

生物世界

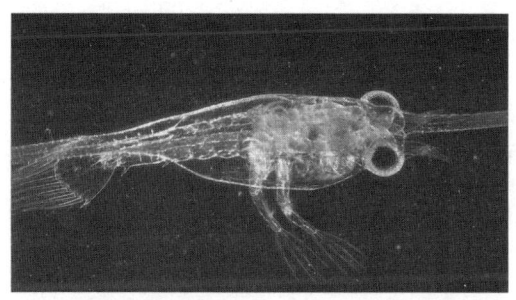

↗ 像大部分甲壳类动物一样，龙虾的生命刚开始时是幼体形式，生活在浮游生物中。图中是4周大的龙虾幼体，有着透明的体壳，这样它就不容易被捕食者发现。

中，尤其是海洋中。在那里，几千种动物幼体从卵中孵化出来后开始了自己的生命。有些是由鱼产下的；有些则是由各种无脊椎动物产下的，包括从龙虾和藤壶到蛤和海胆、海星等。大部分幼体看上去与它们的父母一点都不像，过去，科学家还错误地认为它们是完全不同的物种。

与幼年哺乳动物或者雏鸟不同，幼体是完全独立的，它们有非常重要的任务需要完成。对于毛虫而言，它们的重要任务是进食，这是它们昼夜不停需要做的事情。进食的过程中，毛虫收集了所有其变成蝴蝶所需的原材料。对于水生幼体，任务就不同了。这些幼体通常是由动作缓慢的动物或者一生都固定在同一个地方的动物产下的。它们通常随着浮游生物漂流到很远的地方，从而帮助实现种族的繁衍和延续。

蝌蚪是一种幼体，此外还有美西螈——来自墨西哥的粉色两栖动物，常常被作为宠物饲养。这种非同一般的动物可以在幼体阶段就繁殖，但是大部分还是要成年后才能繁殖。

» 变 形

从幼体变为成年动物，这个过程被称为"变形"。在海洋中，大部分幼体的变形过程都是慢慢进行的，它们的身体也是一步一步发生变化的。一只龙虾幼体在每次蜕壳时稍稍发生变化。当第4次蜕壳时，龙虾的足部和触须已经发育完成，也长出了虽然小但是可以有效使用的龙虾螯。在这个阶段，幼年的龙虾体长还不到2厘米，但是它在浮游生物中的生活即将结束。蝌蚪也是渐渐变化的，它们的鳃会萎缩，腿部渐渐出现，尾巴也会慢慢消失。在变形过程中，它们的饮食也会相应发生变化。新孵出的蝌蚪一般是以植物为食的，但是它们的饮食中渐渐加入了动物性食物。到它们完全变成青蛙或者蟾蜍后，它们是百分之百的食肉动物，再也不会碰植物性食物了。

» 慢慢地变化

很多昆虫也通过几个阶段进行变化。像幼年龙虾一样，幼年的蚱蜢每次蜕壳就会显得更像它们的父母。新孵出来的蚱蜢长着大大的脑袋、短短的身体和粗短的足，它们不能飞，因为还没有长出翅膀。但是它们慢慢成长，一次一次蜕壳，两边渐渐会长出翅膀的雏形。到了第6次也是最后一次蜕壳，便形成了成年蚱蜢。一旦翅膀变硬，便可以自由飞行了。这种变化被称为"不完全变态"，因为这种变化是有限的。很多其他昆虫，包括蜻蜓、甲虫和臭虫等也是按照上述方式变形的。但是对于蝴蝶和蛾，以及苍蝇、蜜蜂和黄蜂来说，变化是更为剧烈的，它们的变化不再是一步一步缓慢的，而是在幼体生活即将结束时突然发生的。

» 蝴蝶的长成

当毛虫对食物失去兴趣时，这就是变化的先兆，此时的毛虫有了比吃更为重要的任务——它建起一个具

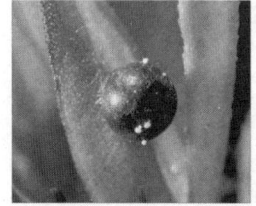

↗ 凤蝶的生命是从一个卵开始的，被产在幼虫将用来作为食物的植物上。随着卵即将孵化，卵的颜色会慢慢变深。

↗ 这条毛虫昼夜不停地进食，每4~5天身体就增大1倍。在生命的这个阶段，它的主要敌人是食虫鸟类。

↗ 毛虫经过大约1个月的进食后，渐渐开始结蛹。当里面的蝴蝶完全成形后，蛹便裂开了。

□ 探索与发现

有保护作用的蛹，有的外面还裹着丝茧。为实现这个目的，飞蛾的毛虫通常从它们食用的植物上爬下来，这样它们可以在地下结蛹。蝴蝶则经常将它们的蛹挂在叶子或者叶茎间。

一旦蛹形成后，非同寻常的事情就开始发生了：毛虫的身体慢慢分解成一些活细胞。如果蛹在这个时候被打开，则看不到任何生命的迹象。但是几天之内，主要的细胞重组工程一直在紧张地进行，直到一只蝴蝶或者飞蛾成形。当成虫完全形成后，就会破开外面的保护性的蛹壳或者茧——一只全新的蝴蝶或者飞蛾诞生了。这种变化被称为"完全变态"，因为毛虫的身体已经被完全重组了。

■ 本能和学习

蜘蛛不会设计和计划，但它们仍然能够织出结构复杂的蜘蛛网。与我们人类不同，它们的这些行为是由本能控制的，而本能是由后代从父母身上继承而来的。

本能是保持动物世界正常运转的隐性指导。像蜘蛛或者昆虫等结构简单的动物，本能控制它们的所有行为方式。虽然这些动物的脑很小，但是本能却能使它们完成非常复杂工作。脑较大的动物也有本能，但是它们的行为更为多变，这是因为它们可以从经验中学习。

» 什么是本能

动物的本能使得其在日常生活中按照固定的一套方式行事：雏鸟会在父母回巢时本能地讨要食物，而幼年哺乳动物则会本能地吸食奶水。在以后的生活中，本能控制着动物的所有行为——从求爱到迁徙，从织网到筑巢。因为本能行为不用学习，所以动物做出本能行为不需要此前有过类似经历，也不需要理解其中的各个步骤。

有时候，本能行为能够给人留下深刻印象，让人觉得动物其实是知道自己在做什么的——河狸可以建造出非常精致的水坝和水渠，而白蚁则可以建造出庞大而复杂的蚁穴。但是与人类建筑师不同的是，这些动物不能想出新的设计，它们只是按照基因给出的指导行事。

» 作出正确的反应

本能行为总是由一些事由激发，比如蟾蜍本能地会去捕捉在动的猎物，可如果是同样的猎物但是静止不动的话，它就会熟视无睹了。

↗ 火腹蟾蜍本能地拱起了自己的背。这是很明显的标志，在告诉蛇，它们的皮肤是有剧毒的。

鱼在遇到危险时聚集到一起，当危险过去后又会各自散开。本能行为也可以由环境激发，比如季节的变换或者潮汐的涨落——招潮蟹有一个内置的"钟"，受潮水的调节，当潮水退的时候，它们就出来捕食——即使它们被转移到远离海岸的地方。像这样的本能是很重要的，因为可以帮助生物生存。但是有时，本能也会出错——飞蛾利用月亮来辨别方向，但是在夜色中，它们也会绕着灯光飞旋。这是本能行为的一大缺陷——不能随新事物作出调整。

» 从经验中学习

人类也有本能，但是我们大部分行为是按照经验行事的，我们不仅从自己的经验中学习，还从其他人身上的经验中学习，此外还擅长于随时获得新的技巧。除了人以外的动物通常都是按照本能行事的，但是学习可以让它们生存得更好。

筑巢是上述两种行为的很好结合。当一只鸟筑它的第一个巢时，它是按照本能来设计和建造的，它们筑的巢也许不完美，但都有合适的形状和大小。但是如果这只鸟的生命够长的话，它可以慢慢成为一个更好的建筑师：它会

↗ 秋天，松鼠将多余的橡子埋藏起来。它们并不懂四季，但是这种本能行为可以保证它们在即将到来的冬季有足够的食物。

学习哪里可以找到最好的筑巢材料、发现哪里最适合筑巢。这些经验甚至可以帮助它更好地吸引配偶。

» **动物的智慧**

很难将动物的智慧与人类智慧相比较。很多动物可以使用简单的工具,但是很少动物自己能够制造工具。有些鸟类可以数到5或者6,但是数字在它们的日常生活中似乎没什么用处。章鱼甚至是更有"智慧"的,在实验中,它们找到了如何除去瓶子上的塞子,从而吃到里面食物的方法。事实上,我们的近亲仍然是最有智慧的——猩猩已经学会了怎样操作机器,非洲黑猩猩则可以使用超过30个单词的语言进行交流。

■ 为生存而适应(上)

世界上有200多万种生物,却没有两种是完全相同的。因为每种生物都遵循着它自己的进化路线,所以进化出很多各自不同的适应环境的本领。

如果生物的各个方面都已经可以让其生活很完美了,它们也就不需要作出什么改变了。但是在自然界中,没有什么是完美的。相反,自然选择始终在进行着,极大地推动了任何可以帮助生物在生存竞争中获得优势的特征的发展。这样的过程已经经历了30多亿年了,因此已经积累了足够的时间来形成大量的适应特征。在自然界,到处可以找到这种适应现象,有些很显眼也很容易明白,有些就比较难以发现,并且其原理也是令你非常意想不到的。

» **因为阳光**

在铺满灰烬的火山坡上和岩石海岸下的涡流中都是再艰难不过的生存环境了,因此这里的动物和植物进化出特殊的性征。

在夏威夷群岛,银字草生活在地球上最高的火山上,它的叶子上覆盖着一层柔软的细毛,这可以帮助其不被耀眼的阳光烧焦。但是在加利福尼亚州的险滩下,一种被称为巨藻的海藻却存在相反的情况——为了获得阳光,它需要从50米深的海水下努力向上生长。它是怎样做到的呢?原来是海藻叶子中的充气气囊帮助其在生长时一直保持向上。

» **动物的适应性**

在动物世界里,进化甚至更具创造力。与植物不同,动物可以移动,可以吃食物,因此自然选择需要发展出一些非常特殊的适应来满足它们各种不同的生活方式。我们的手指就是一个例子,它们使人类可以以无数种不同的方式将东西捡起来或者拿在手上。但是说到手指功能,人类甚至都不能与指猴相比。指猴是一种外貌奇特的灵长类动物,生长在马达加斯加岛的丛林中。与人类一样,指猴也有5个手指,其中一只为大拇指,但是它的中指比其他手指要长出很多,也要纤细很多,指猴把它用来当鼓槌,在其爬树的时候敲打树枝,如果敲打发

↗ 银字草进化到使自己能够适应海拔较高地区的生活——在那里光照非常强烈。正是这种适应能力使得其可以生活在其他生物不能生存的环境中。

↗ 指猴利用其特殊的指头在黑暗中搜寻食物。与很多非常特别的动物一样,一旦人类干扰到它们的生活环境,它们就很容易受到伤害。

□ 探索与发现

出的声音听起来是中空的,它就把树枝拧下来,挖出生活在里面的昆虫幼虫作为食物。

» 躲起来

自然选择创造出各种各样不同寻常的身体部位——从瘦瘦的手指到可以像鱼叉一样使用的口器。另一方面,自然选择也可以创造出全身效果的适应本领。在动物世界中,到处都是具有惊人的伪装能力的生物,这些都要感谢其特殊的体腔、外壳和皮肤。一些生物可以混入它们生活环境中的背景中,而有些则可以将自己模仿成不可食用或者含有危险物质的事物。

动物的伪装术是自然选择产生适应性的很好证据,而要探其进化的究竟也不是一件难事:如果一种动物比它的亲缘种类更善于躲藏,那么它被发现和吃掉的可能性也就相对较小,从而可以有机会繁殖出更多的后代。就下一代而言,其中最善于躲藏的个体也就是最容易生存下来的个体。上述过程经历几千次甚至几百万次以后,形成了今天我们所见到的动物非凡的伪装能力。

» 动物的盔甲

在生命的长河中,盔甲动物已经进化了很多代了。今天,这类动物包括穿山甲、犰狳和龟类等。在过去,盔甲动物还包括体型更大的种类,比如雕齿兽,外形就像坦克一样。

动物的盔甲进化如此频繁,科学家称,这体现了这类生物有强大的适应能力。换句话说,这种适应性赋予动物很好的成功生存和延续的机会。

但与盔甲多种类、经常性地进化不同的是,有些适应性只表现在少数几种动物中,或者甚至只表现在一种动物身上,指猴的中指就是一个例子。一种被称为海笋的软体动物的外壳也是一个例子,其外壳有锐利的锋口,海笋将之作为钻头,在木头或者岩石中钻出一条道来。人类也一直在使用钻头,但是通过海笋我们可以看到,是大自然率先使用了这项技术。

■ 为生存而适应(下)

适应性并不只是影响生物的外貌。在动物中,一些最重要的适应性是那些有关动物习性方面的。

与长腿或者利齿不同,习性似乎并不是一种适应性,你不能将之拿来检测,而且在动物死后,它也不会以化石的形式保留下来。但习性是可以被继承的,这就意味着它也会随着时间发生变化或者进化。这种习性被称为本能,它是由动物的基因决定的。像所有其他的适应性一样,本能也已经发展了几百万年了,它也帮助动物在竞争中生存下来。

» 适 应

在动物发展的初期,它们的习性很简单,也就是寻找食物,同时远离危险。但是慢慢地,动物开始变得越来越复杂了,它们的习性也随之复杂起来。动物进化出感觉器官感知周边环境,而各种习性给它们带来的是生存的机会。

几百万年以后,这些习性或者说本能仍然为如今的动物所拥有且使用:蜘蛛会奔向挣扎中的苍蝇,但是如果遇到什么危险,它们就会躲到黑暗的地方中去;蜜蜂会因为鲜花的香味而飞去,但是一旦闻到燃烧的烟味就会远远躲开;在秋季,很多动物都要进行冬眠——一种可以持续到来年春天的深度睡眠。动物并不需

↗ 在其"便携式"盔甲的保护下,一只犰狳正在空地上溜达。这种盔甲是由小小的骨片组成的,除了其身体下侧以外,几乎覆盖了犰狳的全身。

↗ 冬眠是一种适应性习性。它帮助动物熬过天气寒冷、食物匮乏的冬季。

生物世界

↗ 蜘蛛使用复杂的习性来织出蜘蛛网捕捉猎物。这只圆蛛已经捕获了一只昆虫，并将之用丝包裹起来使其停止挣扎。

要学习这些习性，因为它们是与生俱来的。

就像其他适应性一样，习性通常也能展示物种过去的生活的一些片断，比如，宠物狗在躺下来前总会先绕圈走一下，这是从其祖先那里继承来的习性，目的是将地上的植物摊平，从而铺成一个舒适的窝。

» 习性和身体部位

在动物世界里，习性和身体部位通常是同时进化的，这是有原因的——没有合适的生活习性，很多身体部位将毫无用处。复杂的习性用来控制腿和翅膀，而其中最让人难以理解的习性是用来捕捉食物的：比如蜘蛛会使用不同的丝来编织蜘蛛网，但是它们不需要学习哪一种丝应该织在哪里，因为这一切都是出于本能；当它们捕捉猎物时，它们可以通过猎物的动作来判断猎物的类型，本能地区分苍蝇和会放刺的蝗虫。有时候，进化也会为动物通常的身体部位创造出新的使用方法，比如威德尔海的海豹。大约1 500万年前，它们的祖先迁移到南极洲附近的海洋中生活，当时的气候比现在要温暖得多。随着南极洲渐渐变冷，越来越广的海域被冰雪覆盖，威德尔海海豹能够在如此寒冷的环境中生存下来，全得益于其牙齿——它的牙齿可以帮助它从厚厚的冰块中刨出用于呼吸的孔。没有这些习性上的适应，大部分威德尔海海豹都将死亡。

» 开拓新的领域

进化也影响了动物的建筑能力。最早期的动物不懂任何建筑，但是随着时间的发展，它们的祖先进化出特殊的建筑才能。今天的动物可以建造出各种各样的窝、巢甚至陷阱。就像身体的各个部件那样，这些建筑技术也是慢慢进化而来的。比如，当鸟类最早出现时，几乎都是将蛋下在地上的（就像现在大部分的爬行动物那样），但随着时间的推移，鸟变得越来越敏捷，其中一些开始离开地面筑巢。时至1亿多年后的今天，有的鸟已经是世界上数一数二的建筑能手了。

■ 群居生活

鱼群、蜂群、鸟群和兽群一块生活是动物世界生活的一大特征。但是为什么这些动物会聚集到一起生活，而其他动物的大部分时间都是独自度过的呢？

动物生活在一起不是简单地因为它们喜欢彼此的陪伴，它们群居生活的目的在于增加提高存活的机会。有些动物会因为特殊原因而聚集到一起，之后又各自过各自的生活。另一些，像蚂蚁和白蚁这样的动物，一生都生活在一起，单独生活是不能存活下去的。

» 暂时的群居生活

在温暖的春日傍晚，大群的摇蚊在空中飞舞，每一群中都至少有几百只雄性的摇蚊，它

↘ 海岛猫鼬（獴属）经常是两三个家庭一起生活。这些群居动物通常团结在一起，轮流望风。一旦发现危险，就会发出很大的叫声。

们聚集在一起来吸引异性的注意。当一只雌性的摇蚊靠近时，所有的雄性摇蚊都会向其冲去，其中一只会成功地将雌摇蚊吸引开去，并进行交配。失败者留下来继续跳舞，而对于那对幸福的配偶而言，群居生活也就结束了。

摇蚊的这种群居生活属于暂时群居，只发生在一年之中的特定时期。春季，青蛙和蟾蜍都聚集在池塘里繁殖，而鸟类也聚集在每年进行交配的地方。冬季，动物们也会聚集到一起，抵御恶劣的气候——瓢虫聚集在树皮下，而鹪鹩则挤在巢箱或者树洞中。但是这些动物并不是彼此永远的伙伴，一旦白昼变长，就会散开而各自生活，可能一生中再也不会碰到了。

» 兽群生活

羚羊群是非常特别的一个群体，因为成员们一生都生活在一起。羚羊的群居生活是为了保护自己，因为聚集在一起比单独行动时受到攻击的可能性要小得多。很多鱼类的群居生活也是出于同一个目的，因为捕食者会觉得从飞速游动的鱼群中选定目标比较困难。在这些群体中，全体动物的行为如出一辙，它们会在同一个时间里做同一件事情。

虽然大群的动物生活在一起，但也并不意味着它们会互相帮助。事实上，如果一只羚羊遭到攻击的话，其他羚羊通常看上去是漠不关心的，原因是它们只关心自己的亲戚。如果一头小牛受到进攻，它的母亲肯定会誓死守护的，但这个母亲绝对不会保护属于另一个母亲的小牛。

» 大家庭生活

象群的生活就与众不同了，因为整个象群基本就是一个家庭。象群由一头年长的母象领导，象群中的其他母象不是它的女儿就是近亲。这位女首领对于哪里可以找到最好的食物和水有着很多年的经验。随着小象的长大，它们也会自己去这些地方进食与喝水。等到年长的首领死去后，新的母象就会接掌首领的位置。

与羚羊不同，整个象群的成员都是有亲戚关系的。如果一头大象病了，整个象群的行进速度就会为之慢下来，健康的成员会主动保护病象不受攻击。当一头母象快要生小象的时候，其他年长的母象——被称为"姨"的——就会与这位未来妈妈待在一起，而且确保新生的小象不会离群。当群中的成员死去时，其他成员看上去都会很悲伤。与羚羊相比，大象似乎更像人类。

» 庞大的群体

成员数量最大的要数群居昆虫，其中包括蚂蚁、白蚁以及蜜蜂和黄蜂等。这些动物生活在一个庞大的家庭中，被称为群体，每一群的数量可以达到200万只。在一个群体中，只有一个成员是繁殖后代的，她被称为皇后，她把自己毕生的精力都放在产卵上。群中的其他成员则是"工人"，它们筑窝、守卫、寻找食物还

↗ 一只白蚁蚁后每天能产下3万个卵。她香肠形的身躯太过庞大，根本不能自己出去进食，都是工蚁直接把食物送来给她。

有养育后代。

要使得整个群体运作起来，"工人"需要在适当的时候完成适当的任务。它们的"命令"是由皇后以一种被称为"信息素"的化学气味来给出的。只要她能够产生这种气味，"工人"就会完成每天的常规工作。"工人"也会发出自己的信息素，比如在被攻击的时候。当"工人"发出被攻击信息素时，其他"工人"就会集合起来一起对付威胁。

群体生活形式是很成功的，但有时也会被侵略者攻破。有些种类的蚂蚁会进攻其他群体并且俘虏对方的工蚁，而有些毛虫则直接进入蚁穴中捕食。毛虫的气味与蚂蚁很相像，这个把戏使得蚂蚁误认为毛虫是朋友而不是敌人。

■ 动物建筑师

早在人类学会使用砖和水泥之前，动物就已经开始自己建造家园了，它们的窝有的只有蛋杯那么大小，有的则可以超过1吨重。

动物已经很适应户外生活了，因此大部分都不需要窝。如果建窝，则通常是用来保护自己的后代的。巢居可以帮助后代保持干燥和温暖，也可以让猎食动物不能轻易找到。动物也会建造一些其他建筑式样，包括用来猎

获食物的陷阱和鸟类用来吸引异性的奇特的"别墅"。

» 水坝建筑师

动物所能建造的最大结构是珊瑚礁,它们可以长达几百千米,不过并不是按照规则的组织结构来建造的。但是,河狸建造的水坝却是有目的而建的,属于动物建筑中规模最大的工程性建筑。据资料记载,最长的河狸水坝长达700米,其牢固程度完全经得起观光客的考验,甚至一人骑马走在其上也是没有问题的。

河狸建水坝是为了创造一个可以安全生活的地方。水坝挡起的水慢慢可以形成一个淡水湖,在湖水最深处,河狸会建起一个土墩,是河狸的住所,里面是它们的生活区域所在。住所墙的厚度可以超过1米,因此,即使在冬季,住所的中心也是温暖的。进到住所的唯一途径是通过水下通道,这种安全防卫工事可以让很多猎食动物无可奈何。

为了建造水坝,河狸会咬断小树,然后将之漂到适合的地方。在木头框架结构打好后,它们会填上植物和泥,使其可以起到防水功效。

一旦水坝建成,这些天生的工程师就会密切关注水坝是否有漏水现象,如有就会及时进行修补。一个造得比较好的水坝可以用几十年,因此同一个住所可以被几代河狸使用。

↗ 一只雌蜂鸟用蜘蛛丝将鸟巢固定在了树杈上。像很多雌鸟一样,它负责建造鸟巢,雄鸟不给予任何帮助。

» 做一个入口

鸟类以建筑高手著称,与河狸不同的是,很多鸟类每年都会重新建造自己的巢。蜂鸟用青苔为材料,用蜘蛛丝把青苔固定在一起,这样,建成的温暖且牢固的鸟巢正适合用来作为世界上最小鸟类的育儿所。较大一些的鸟类通常用树枝和木棍建巢,但是有些特别擅长用泥作为建筑材料——燕子就能够用泥建出杯型的巢;来自南美洲的红褐色灶巢鸟则可以用泥建造出像大气球一样的鸟巢,这种鸟巢的侧面有个开口,可以进入曲折的通道内。这样的设计可以使猎食动物不能轻易够到蛋或者雏鸟。纺织鸟和拟椋鸟有自己的一套避开不速之客的方法——它们的鸟巢用叶子编成,有着管状的入口。这些鸟巢像树干一样向下悬着,长度几乎可以达到1米。

↙ 利用锋利的门牙,河狸可以咬穿30厘米厚的树木。像所有其他的动物建筑师一样,它们本能地知道应该使用什么样的建筑材料,以及应当如何将材料固定在一起。

□探索与发现

↗在澳大利亚和新几内亚，雄性园丁鸟能够建造出非常精致的结构来吸引异性的到来。这个"别墅"的主人用红樱桃进行了装饰，以增强吸引力。

》代代相传的鸟巢

建造这类鸟巢需要很长时间，即便如此，很多也只是被用过一次就废弃了。原因是，鸟巢会慢慢变脏，会长出像扁虱和跳蚤之类的寄生虫。但是猎捕型鸟类似乎不在乎这些卫生问题，它们通常是同一个鸟巢用了一年又一年。有时，一个鸟巢还会被传给下一代使用，每一代使用的那对配偶会对鸟巢进行扩容。

最大的树筑鸟巢是白头雕的杰作，它会使用像人类胳膊那样粗的树枝作为建筑材料，这种鸟巢的深度可达6米，重量可达一般家用小汽车的2倍。尽管住宅很宽敞，但是白头雕每次产卵都只有两个。

》昆虫的窝

昆虫界中也有出色的建筑师——黄缘螺蠃会用泥土建造长颈瓶状的蜂巢来养育自己的幼虫，而一些石蛾通过在水下张网来捕获食物。但是最让人叹为观止的昆虫巢是一些特殊种类的昆虫，比如蚂蚁、蜜蜂、黄蜂和白蚁。小小的法老王蚂蚁建造的蚁巢比高尔夫球还要小，但是有些白蚁可以建出高达9米的蚁巢，虽然是用泥土建造，但是在热带骄阳的炙烤下，这些昆虫堡垒常常变得比岩石还要坚硬。

■ 食物链和食物网

在自然界中，食物总是一直处于移动当中。当一只蝴蝶食用一朵花时或者当一条蛇吞下一只青蛙时，食物就在食物链中又向前推进了一步，同时，食物中含有的能量也向前传递了一步。

食物链不是你看得见摸得着的，但是它是

生物世界中的重要组成部分。当一种生物食用了另一种生物时，食物就被传递了一步，而食用者最终也总是成为了另一种生物的口中美食，这样一来，食物就又被传递了一步。如此往下便形成了食物链。大部分生物是多种食物链中的组成部分。把所有的食物链加起来，便形成了食物网，其中可能涉及到几百种甚至几千种不同的物种。

》食物链是怎样运作的

现在，你将可以看到一条热带生物的食物链。像所有的陆上食物链一样，它从植物开始。植物直接从阳光中获取能量，因此它们不需要食用其他生物，但是它们却为别的生物制造食物，当它们被食草动物吃掉后，这种食物便开始被传递了。

很多食草动物都以植物的根、叶或者种子为食。但是在本页食物链中，食草动物是一只停在花上吸食花蜜的蝴蝶。花蜜富含能量，因此是很好的营养物质。不幸的是，这只蝴蝶被一只绿色猫蛛捕食了。绿色猫蛛也就是本条食物链中涉及到的第3个物种。像所有其他蜘蛛一样，这种蜘蛛是绝对的食肉生物，非常善于捕捉昆虫。但是为了抓住蝴蝶，这只蜘蛛需要冒险在白天行动，这会吸引草蛙的注意。草蛙吞食蜘蛛，成为该食物链的第4个物种。草蛙有很多天敌，其中之一是睫毛蝰蛇——一种体型小但有剧毒的蛇类，通常隐藏在花丛中。当它将草蛙吞下时，它便成为了本条食物链中涉及到的第5个物种。但是蛇也很容易受到攻击，如果被一只目光锐利的角雕看到，它的生命也就结束了。角雕正是本条食物链中涉及的第6

↗本节中的（食物链图片省略）照片显示了中美洲雨林中的一条食物链，以一朵花为开端。当这只瓦氏袖蝶食用花蜜时，它便成为了食物链中的第2种生物，但它是第1种进食性生物。

生物世界

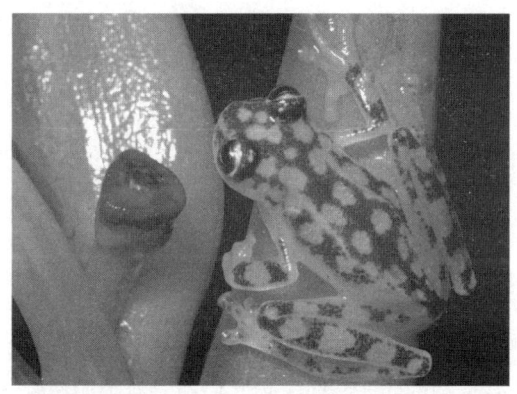

↗ 草蛙是该食物链中的第4种生物。它生活在树上，以各种动物为食。这些动物中，有些是食草动物，有些也像其一样属于食肉动物。

个物种，它没有天敌，因此食物链便到此结束了。

» 食物链和能量

6个物种，听起来可能并不算多，尤其是在一个满是生物的栖息地中。但是这事实上已经超过食物链平均长度了。一般的食物链中都只有三四个环节。那么，为什么食物链那么快就结束了呢？这个问题与能量有关。

当动物进食后，它们把获得的能量用在两个方面。一方面用于身体的生长，另一方用于机体的运作。被固定在身体中的能量可以通过食物链传递，但是用于机体运作的能量在每次使用中就被消耗掉了。一些活跃的动物，比如鸟类和哺乳动物，被消耗掉的能量约占所有能量的90%，因此只有大约10%左右的能量被留

下来成为潜在食物。当食物链走到第4或者第5种生物时，所含的能量便因为逐级减少而所剩不多了。当走到第6个环节时，能量几乎已经消耗殆尽。

» 金字塔

这种能量的快速递减显示了食物链的另一个特征——越是接近食物链开端的物种数量越丰富。如果按照层叠的方式把食物链表示出来，结果便形成金字塔形状。

比如淡水环境中一条食物链可以形成一个典型的金字塔——从下而上，数量较大的生物是蝌蚪和水甲虫；再往上，食肉鱼类数量相对减少，而食鱼鸟类的数量则是最少。在所有的生物栖息地包括草地到极地冻原，都适用上述这种金字塔结构。这就解释了为什么像苍鹭、狮子和角雕那样位于金字塔顶端的食肉动物需要如此之大的生活空间了。

» 世界范围的食物网

食物网比食物链要复杂得多，因为它涉及到大量不同种类的生物。除了捕食者和被捕食者，其中还包括那些通过分解尸体残骸生存的生物。在食物网中，一些生物只有很少几个与其他生物的关联，而有些则有很多，因为它们食用多种食物。

食物网越精细越能证明该栖息地拥有健康的环境，因为这显示了有很多生物融洽地生活在一起。如果一个栖息地被污染或者因森林采伐而被破坏了，食物网就会断开甚至瓦解，因为其中的一些物种消失了。

■ 趋同进化

在生物世界里，具有相似的生活方式的物种通常会进化出相似的适应性。这就会在不同物种的外观之间产生很多惊人的相似性——有时甚至连科学家也会一不小心就混淆起来。

仔细看看本页中间的两种植物：两者都有着桶状的外形，而且外表都有尖刺保护着。除非你是沙漠植物专家，否则你就会认为这两种植物之间是近亲关系。事实上，它们相差甚远：一种是来自墨西哥的仙人球，另一种是来自非洲南部的晃玉。它们看上去很相像，那是因为它们采用了相似的生活方式。

» 自然的效仿者

就像一个想法不断的发明家一样，进化最

↗ 这只角雕是本条食物链中的最后一种生物，再没有别的生物可以伤害它了。但是当其死亡后，它的尸体会进入另一个食物链中，为分解者所分解。

71

□ 探索与发现

擅长创造适应性,它甚至可以给两种非常不同的物种带来同一种适应性——这种情况通常发生在当两个不同的物种具有相似的生活方式的时候,此时自然选择在它们身上产生了同样的效果。这个结果被称为趋同进化——一种使得两个物种显得越来越相像的进化过程。

仙人球和晃玉就是两个物种趋同进化的很好例子——虽然它们的生活地区相距几千千米之遥。它们圆桶形的外形可以帮助它们储存水

↗ 晃玉(上图)和金琥仙人球(下图)惊人地相似。但是,前者来自非洲南部地区——根本没有野生仙人球生活的地方,它的体形粗短,但是它的一些生活在湿润地区的近亲却可以长成灌木甚至高大的树木。

分,而它们脊上的刺可以让饥饿的动物退却。它们还有其他相似性,比如两者都有长长的根,而且都不长叶子。这些适性应帮助它们得以在极其干旱的栖息地中生存——这些栖息地的干旱期通常一次就长达好几个月。

» 隐藏的历史

世界上有很多趋同性物种,有些趋同物种看上去只有一点点相似,而有些则是非常相似,以至人类经常会将之混淆。比如,鲸和海豚看上去很像鱼,一方面因为它们都有着流线型的身躯,另一方面它们身上长着鳍状肢而不是腿。几个世纪前,很多人认为它们是一样的,但事实上,它们的趋同物种是不同的,因为它们是从不同的祖先进化而来的:鱼是冷血动物,它们通过鳃呼吸来获取氧气,但是鲸和海豚的祖先都是陆生热血动物,后来才进入到海洋中生活。经过几百万年后,鲸和海豚都适应了它们

新的生活环境,慢慢地进化出像鱼一样的外形。然而,进化并不能掩盖它们的过去。这就是为什么鲸和海豚仍然是用奶来哺育它们的后代,而且仍然需要到水面上来呼吸空气的原因。

» 导致混淆

当科学家们试图为生物划分种类时,趋同进化会带来一些问题。要分辨出海豚是一种哺乳动物并不是一件难事,但是要弄清有些动物的真正归属则需要更具说服力的证据。比如,成年藤壶是附着在岩石上生活的,而且它们长有锐利的壳,从而保护它们不受海浪的侵袭。藤壶看上去很像软体动物,而且早期的科学家们也认为其就是软体动物,但是,它们的幼体在广阔的海洋中生活,而且长有很多腿。仔细观察就会发现,藤壶事实上是一种甲壳类动物,换句话说,它们应该是龙虾和螃蟹的亲戚。

当有亲属关系的物种朝同一方向进化时,就更容易让人混淆了,因为它们本身就具有很

↗ 帽贝(上图)和藤壶(下图)都生活在没有遮蔽的环境当中,常常要受到海浪的拍打。帽贝有贝壳保护,而藤壶只有一个由多个小片组成的外壳,同样起到保护作用。

多相似性。为了准确认定它们的祖先,科学家们不能单靠观察其外表,而是需要通过检测它们的 DNA 来画出它们的进化轨迹。

■ 物种灭绝

有些生物死亡后,其后代会继续生存下去。但是当一个物种中的最后一名成员也死亡时,这个物种就从此消失了。灭绝是进化过程的一个部分,已经灭绝的物种数量与现存的生物数量比大约是 100∶1。

在地球上生命的发展历程中,几百万个物种经历了进化过程,也有几百万个物种已经灭绝。灭绝通常是一个缓慢的过程,因此有足够的时间来进化出新的物种。但是,偶然地,灾难或者当气候急剧变化时,会导致大量生物同时死亡。今天,灭绝是一个很热门的话题,因为人类活动正在使地球上的生物以越来越快的速度灭绝。

»最后的出局者

在 19 世纪早期,袋狼是很普通的动物,这种像狼一样的有袋动物生活在澳大利亚的塔斯马尼亚岛,以小袋鼠、鸟类和其他野生动物为食。但是,当岛上开始大规模地发展畜牧业后,袋狼开始捕食绵羊。农民为了保护自己的牲畜而开始猎杀袋狼。在 19 世纪 80 年代,袋狼已经很稀有了,而 1933 年已经到了危急关头:袋狼的数量已经降至 1 只——生活在霍巴特动物园。3 年后,当这只唯一的幸存者死亡后,塔斯马尼亚袋狼也就灭绝了。

在北美,候鸽则遭遇了更富戏剧性的命运。1810 年,候鸽还是世界上数量最多的一种鸟,大约有 20 亿只还多。这个大型鸟群穿越大陆两端迁徙寻找食物,当候鸽扎根下来或者安下巢来,它们的重量可以压断一根树枝。但是它们很容易成为目标,大面积的捕猎也随之而来——最后一只候鸽死于 1914 年。

»逐渐萎缩

在自然界中,物种迅速灭绝的现象很少,大多数物种的数量都是慢慢减少的,这样会给具有更强适应性的动物留出取代它们的时间。

比如大象家族,在过去的 5 000 万年中,进化出很多新的、之后又灭绝了的种类,其中包括猛犸象和乳齿象,以及一种只有 1 米左右高的矮小的大象。最新近灭绝的象种是长毛猛犸象——大约在 6 000 多年前。它是从上个冰河世纪期间进化出来的,但是没能适应温暖时期的回归。

有些物种生活在面积较小的区域内,一旦人类改变了它们的生活环境,它们的生命就陷入了危机。这种命运曾经降临在了渡渡鸟身上:渡渡鸟是一种体型巨大的不会飞行的鸽类,生活在毛里求斯岛上,它们一方面被人类大量猎捕,另一方面其后代又被当地引进的动物——比如猫——等捕食。1681 年,渡渡鸟便灭绝了。生活在内陆地区的"孤岛"物种也面临上述威胁。比如在哥斯达黎加,一种金蟾蜍曾经生活在山上的一小块森林中,在繁殖季节,几百只金蟾蜍会聚集到森林的池塘中,但是到了 20 世纪 90 年代,这个物种消失了。

»大规模灭绝

金蟾蜍灭绝的两种可能的原因是疾病和水污染。但是在地球历史上,更大的灾难曾经扫荡了生物世界的很大一块领域,其中最有名的大规模灭绝发生在 6 600 万年前——一个直径在 1 万米左右的陨石砸向了地球,恐龙和翼龙全部灭绝,从而也为哺乳动物和鸟类带来了新的生存机会。

更大规模的灭绝发生在大约 2 亿 4500 万年前。地球上几乎 3/4 的物种灭绝了。这场灭绝可能是由几个因素引起的,包括:火山爆发、气候突变和海平面突降。地球上的生命最后恢复了过来,但已经历了几百万年的时间。

↗ 在灭绝前,候鸽主要以橡子为食,群体栖息。每一群的栖息面积可以达到 30 平方千米之广。

□ 探索与发现

动物探秘

■ 狮子为什么要吼叫

当被问到曾经在哪里看见过狮子吼叫的画面的时候，可能大多数人都会在脑海里回忆起米高梅电影公司制作的电影片头吧！但是，具有讽刺意味的是，米高梅电影片头里的狮子只能说是在咆哮，因为它被正在拍摄它的摄像机激怒了。

真正吼叫的时候，狮子的表现是这样的：它噘起嘴唇，突出下巴，嘴冲着大地，身体抬起，然后用力发出有节奏的叫声。狮子的吼叫声非常具有震慑力，胆小的人会被它吓破胆而变得神志不清。如果你足够胆大，在非洲的夜晚，你就能够听到8千米以外的狮子的吼叫声。这样说来，狮子的吼叫声虽然没有人类语言的某些优点，但是，它却可以当之无愧地被称作靠叫声交流的"兽中之王"。

狮子是一种社会性动物，它们的社交方式非常复杂。一个狮群中的个体可能分布在50平方千米的范围内，也就是说，相互之间离得比较远，而另外一个狮群中的某些个体则可能离它们非常近。如果一头狮子误闯入其他狮群的

↗一头雄狮正在吼叫，声音能够穿越开阔的东非稀树大草原而传到很远的地方。对闯入者来说，这是一个非常明确的信号，表明这个地方已经归其所有，如果硬要进入，就会遇到强烈的抵抗。这种吼叫声大多在日落之后发出，有的时候也在狮群杀死猎物后发出。

领地，很可能会被当作敌人而被杀死，所以极有必要和"朋友"保持联系，而和"敌对者"保持必要的沟通则可以避免被误杀。就像其他社会性动物保持既相对独立又密切联系的关系一样，狮子之间即使相隔很远也能保持相互的交流，这种相隔的距离很可能在人类的听力所能达到的范围之外。一次吼叫的程序是这样的：先是一阵长而低沉的咕噜声，紧接着而来的是一串断断续续的吼声。雄狮和母狮都会吼叫，不过雄狮的声音更加清亮和持久。

只有在想要控制某块领地的时候，狮子才会在晚上吼叫，而且不等声音静下来，它们就采取实质性的行动。大多数年轻的雄狮在为自己开拓领地而到处游荡的过程中，都要隐忍一段时间，尽量避免和当地的雄狮发生直接冲突；当地的狮子在晚上冲着其他狮子吼叫的时候，年轻的雄狮会保持沉默。而一旦建立并巩固了自己的领地，它们才会开始吼叫。科研人员曾经用录下的狮吼声，来研究狮子相互吼叫的意图。科学家在坦桑尼亚的塞伦盖蒂国家公园和恩戈罗恩戈罗火山口地区建立了一套高质量的语音广播系统，向狮子们播放事前录好的狮吼声，来研究狮子的反应情况，结果表明，吼叫是狮子之间相互交流某种信息的手段。

研究表明，某些吼叫声是让它们放心的信号。带幼崽的母狮需要辛勤捕猎来养育幼崽，而雄狮则负责保护它们的安全。因此一个狮群中的雄狮很少和母狮、幼狮待在一起，它需要在栖息地的四周到处巡逻，防止外来者咬死幼狮。在晚上，当母狮听到一头雄狮（而且是小狮子的父亲）的吼叫声的时候，它就可以放心了，这表明，在这个时候它们是安全的；但是当听到一群陌生的雄狮在附近发出吼叫声的时候，这就表明，一定有可怕的事情发生了，且非常危险。

研究者向一群母狮和幼狮播放雄狮吼叫的

动物探秘

↗ 一头母狮正趴在一处小山岩上吼叫，可能是在召唤它走失的幼崽。除了标志领地主人的吼叫声之外，狮子可能至少还有另外8种叫声，分别表示不同的意思。

录音，当播放的是它们自己所在狮群中雄狮的吼叫录音的时候，母狮们几乎没有什么反应；但是，当向它们播放别的狮群中雄狮的吼叫声的录音时，母狮们就会变得焦躁不安，或者向扩音器的方向怒吼，或者集合起小狮子立刻逃走；当向它们播放别的狮群中母狮的吼叫录音时，母狮也会作出反应，认为是竞争者来了，它们会很自信地接近扩音器，准备发动攻击。

更进一步来说，母狮们能够听出周围有几头狮子正在向它们靠近，从而作出不同的反应。向一群母狮播放的录音中如果只有1头陌生狮子的吼叫声，这群母狮会根据自身有几个同伴而作出不同的反应。当录音中只有1头狮子的吼叫声的时候，单个的母狮很少会向扩音器接近；如果有2头母狮，它们向扩音器接近的几率会达到50%；如果有3头母狮的话，则肯定会接近扩音器。当录音中有3头陌生狮子的吼叫声时，3头在一起的母狮的反应就如同1头母狮听到1头狮子吼叫录音的时候一样；4头在一起的母狮的反应就如同先前的2头母狮的反应一样。依次类推，这种连续的反应强有力地证明了狮子是能够"识别数字"的，它们能同时意识到周围有几个同伴，有几个外来者。

当一头狮子听到另外一头狮子的吼叫声时，它能够分辨出吼叫的狮子是一头雄狮，还是一头母狮；是一个同伴，还是一个敌人；而且能够分辨出同伴的数目与正在吼叫的狮群的数目哪个更大哪个更小。母狮所在的狮群一般有1～18头母狮，但即使在最大的狮群中，各个成员待在一起的时间也很短。母狮一旦集结起来，占据压倒性优势的数量，它们就会对扩音器中的狮吼声作出反应，一边发出吼叫声召唤同伴，一边向扩音器接近，准备发起攻击。

研究狮子的专家通过播放录音而知道了狮子对吼叫声的反应，但是，仅仅这样是不够的，还需要更精确地知道狮子仅凭听到吼叫声是如何辨别出发声的狮子的。有些狮子的吼声沙哑

↗ 一头母狮正和狮群中各个年龄段的幼狮待在一起。它高度警惕，密切地关注着周围的情况。一旦听见附近的狮吼声，它就能够迅速地判断出到底发生了什么情况，是要准备战斗，还是要准备逃跑，抑或安详地待着不动。

75

刺耳,有些比较清晰且声调适度,更有些狮子能够根据目的不断地变换声调——有的时候声音很低沉,有的时候,吼叫声则显得漫不经心。在动物王国里,动物的大多数叫声都表示某种意义,而人类只不过刚刚掌握了它们最简单的那一部分,其余的还有待我们继续进行深入的研究。

■ 猎豹的领地保护策略

在坦桑尼亚的塞伦盖蒂平原,母猎豹要么自己单独生活,要么与自己的幼崽一块儿生活。母猎豹的领地常常随着年年迁徙的汤氏瞪羚而转移,有的时候距离可达800平方千米。与此相反,雄猎豹大多是两三只生活在一起,甚至一生都是这样,但也有雄猎豹单独生活的。在这些雄猎豹组成的小团体中,约有70%的小团体其成员是来自同一窝的"兄弟",约有30%的小团体其成员中包含没有血缘关系的"朋友"。与母猎豹不同的是,雄猎豹的领地相对固定,不随着猎物的迁徙而移动;但是,当它们的领地里缺乏足够的猎物的时候,雄猎豹也会暂时到领地之外的附近区域捕捉猎物。从表面上来说,雄猎豹的小团体和雄狮的小团体具有相似性,比如,都主要是由具有血缘关系的成员组成的,小团体具有永久性,小团体成员经常联合在一起保卫"家园"。但从深层次上来说,雄猎豹的小团体与雄狮的小团体是不同的,联合保卫"家园"的行动并不能满足雄猎豹的要求,因为母猎豹经常迁徙不定,而且经常独立生活。

成年雄猎豹表现出两种截然相反的行为方式。定居的雄猎豹经常在它们的小块领地(约37平方千米)上用尿痕做出标记,即使它们不是在一年之内一直占据这些领地,它们也常常会为保卫这些领地而战斗。而那些到处游荡的雄猎豹则不同,它们的游荡范围非常大,约有777平方千米,而且很少在该范围内用尿痕做出标记。这些非定居者的生活比定居者要艰难得多,即使在晚上睡觉的时候,常常也要保持高度警惕。它们的身体常常保持在紧张状态,可的松(一种激素)保持在一个非常高的水平;身体状况常常比较差,白血球的数量很高,嗜曙红细胞也很多,全身肌肉比较少,而且患有疥螨引起的兽疥癣。

所有的雄性小猎豹在长大以后都要离开母猎豹的领地,开始出去游荡。有些一开始就建立了它们自己的领地而定居下来,有些则终其一生也没建立自己的领地,终日游荡。但是,也有完全相反的情况,有些一开始建立了自己的领地,但是后来却失去了,以游荡而终;有些一开始没有建立自己的领地,但是到最后却有了自己的领地。那些到处游荡的猎豹经常会碰见定居的猎豹,前者要受到后者极具进攻性的侵犯,可能是因为后者害怕它来抢走自己的"地盘"。

雄性猎豹小团体比起单个游荡的雄猎豹来更容易建立起领地。曾经有一项调查表明,在被观察的35只单个的猎豹中,只有9%建立起了领地,而被观察的25个猎豹小团体中,有

↘ 下面的地图显示了3类不同猎豹"家庭"的领地,这些领地与其他猎豹"家庭"的领地有重合的地方。这是同一时期在塞伦盖蒂平原观测到的。

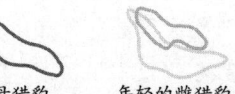
母猎豹　　年轻的雌猎豹　　年轻的雄猎豹

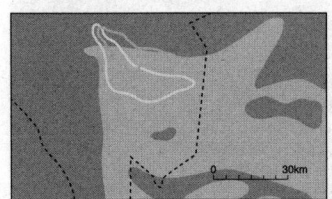

猎豹"家庭"1:两只同一窝出生的雌猎豹其领地是重合的,而且还与其他猎豹的领地重合,包括它们母亲的和几只雄猎豹的领地。领地之所以如此巨大,是因为它们的领地会随着猎物的迁徙而扩大。

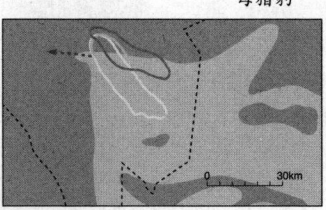

猎豹"家庭"2:两位成年的"女儿"与其母亲的领地重合,而年轻的"儿子"却要离开母亲的领地,因为这块领地还与另外的成年雄猎豹的领地重合,那些雄猎豹是不允许这些"小伙子们"留在这里的。这些"小伙子们"要出去游荡,直到有一天建立自己的领地。

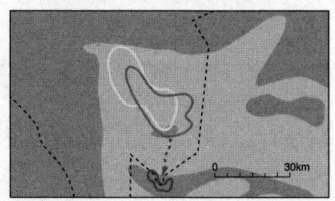

猎豹"家庭"3:在大草原上,一位"母亲"和一位"女儿"的领地在很大程度上重合了;而两位"小伙子"则跑到了距其母亲领地18千米外的地方,建立了自己的领地。它们成功地赶走了原先占据着这个地盘的两只成年雄猎豹,然后拥有了这个地方。

↗ 一群刚刚占有领地的年轻雄猎豹正看着一只闯入它们领地的陌生的雄猎豹。它们太年轻了，还没有觉察到这位"流浪汉"来者不善。如果换成成年的雄猎豹，早就把陌生的闯入者赶走了。

60%的小团体建立起了领地。一种似是而非的解释认为，小团体在争夺领地的战斗中具有"数量"上的优势。的确，为争夺领地而发生的战斗是猎豹死亡的重要原因，而且猎豹死在领地边缘和领地内部的要比死在领地外边的多得多，还有许多雄猎豹在刚刚得到领地的那段时间内死亡。雄猎豹会占有一块领地约4～4.5年的时间，小团体比起单个猎豹会更加经常地更换领地，而单个猎豹常常占领"无主"领地，也就是说，单个猎豹得到领地并不一定比小团体艰难。事实上，小团体保有领地的时间并不比单个猎豹保有的时间长，较大的团体也并不比较小的团体占有的领地大。因此，小团体更容易获得领地的真正原因是，在它们离开母猎豹而互相争夺领地的第一时间里，小团体比起单个个体更容易抓住机会。

拥有领地有什么好处呢？人们发现，占有领地的母猎豹比不占有领地的母猎豹要多得多；在所保护母猎豹数量方面，有领地的雄猎豹的数量是没有领地的雄猎豹的4倍。这么看来，雄猎豹们占有的领地是母猎豹的"聚集区"。尽管人们还不太清楚对于组成小团体的每只雄猎豹来说，在繁殖后代上有什么特别的好处，但是人们观察到，在一年之内某个时期母猎豹集中的地方，小团体成员能够有更多的机会进入。这样说来，组成小团体的雄猎豹遇到母猎豹并与之交配使之受精的机会大增，而单个个体就没有这么多机会了。对于猎豹和狮子来说，雌性的高密度分布是雄性形成小团体的原因。在雌性比较分散、密度比较低的地方，许多雄性猫科动物则单独生活，如短尾猫、猞猁、美洲狮、豹、中南美产的小豹猫、雪豹以及老虎等。

但是，雌性分布的高密度和领地的相互重合，在猫科动物中并没有使雄性有多么强的社会性。人们现在还不太清楚一个现象——除了家猫和狮子之外，雌性猫科动物大都单独生活，其中也包括母猎豹。人们推测可能有3种原因：

一是母狮子的栖息地比较开阔，而且捕食的猎物体型非常大，这就需要母狮子生活在一起；否则，单个的母狮要吃完一个大型猎物的肉都需要很长的时间，难保在它没有吃完的时候就被其他掠食者偷走。特别是在一个地区内的同类比较多的时候，自己的猎物就更容易被偷走了，所以，在这种情况下，有血缘关系的母狮生活在一起比较有利，可以分享食物，这总比让那些毫不相关者偷走食物强。不过，这种情况只适合于狮子。

二是只有狮子的猎物是大型的动物，而且数量比较充足，足以养活生活在一起的一群母狮。对于其他雌性猫科动物来说，如果一群生活在一起，那么食物的数量会明显不足以养活它们。尽管其他雌性猫科动物有的时候捕捉到的猎物体重是它们自身的1～2倍，但还是不够它们分享。

三是母狮生活在一起可集体防御外来雄狮的入侵，因为这些外来雄狮可能会杀死它们的幼崽。但是，在许多猫科动物中也存在这种"杀婴行为"，不过雌性却并没有生活在一起。因此，这种解释不足采信，也就是说，大部分雌性猫科动物以及母猎豹没有生活在一起这一现象与雄性的"杀婴行为"无关。

对于为什么雌性猫科动物缺乏社会性这一问题，人们目前还没有完全了解其中的原因，但前两种似是而非的猜测往往阻碍人们去获知真正的原因。

□ 探索与发现

■ 猴类与人类相似性的局限

查看任何关于猴子群居行为的文档，你都可能会被诱导然后认为它们与人类存在显著的相似性。猴子生活在复杂而充满"权谋"斗争的社会当中，它们和我们一样，会产生情感，做出各种面部表情，会采取有计划和预谋的行动。但同样明显的是，猴子们并不是披着毛皮的人：它们没有语言，不会制造工具，不能讲故事或是写书。猴子的智力状况尚处于我们未知的领域，介于程序化而无思维能力的自动机器和完全进化的人类之间。到底是什么使猴子不同于我们人类？我们如何描述它们这种与人类相似而又如此不同的智力呢？

如果我们要对人类进行详细的研究，就需要借助语言这个向导。语言提供了启迪我们思考的一个窗口。猴子没有掌握语言但却能相互交流，多年来科学家们就是通过利用灵长类的声音交流来研究它们是如何思考和认识世界的。

许多动物都能从同类中区分出其亲属。通过长尾黑颚猴和狒狒的野外播放录音实验发现，非人类的灵长类动物也具有这种能力。这两种猴子都过着群居生活，由母系家庭组成，实行线性的等级制度。在一项包括狒狒的实验中，研究者一直等到2只成年雌性狒狒（分别称为B和D）把各自的孩子搁在别处，互相靠近休息时，突然从一个隐藏的喇叭中播放两个群体成员挑衅或顺从的叫声，并录下这两只雌猴的反应。当录音连续重放与这两只雌猴无关的两只猴子之间的争斗声时，它们都没有什么反应。如果录音模拟一只无关猴子和一只与B有近亲关系的猴子之间发生战斗时，D会看着B。

↗ 长尾黑颚猴的幼猴不能对报警行为作出适应性的调整，因为它们的父母从来没有专门"告诉"过它们这些知识。

↗ 两群长尾猕猴间出现了紧张的对峙。介入这两个对立集团之间的争斗，获得的"奖赏"有可能就是群体的领导地位。

如果模拟与B和D都有亲缘关系的两只猴子之间的战斗，两只雌猴就相互对视。此外，在接下来的15分钟，雌猴B增加了对D的攻击倾向。同样地，来自长尾黑颚猴两个家庭成员之间的争斗，也经常会激起两个群体当中其他没有瓜葛的成员之间的战争。

猴子们似乎还能辨别出其他猴子近亲的等级。当主题变成播放模拟一场争斗的叫声时，比如猴子D恐吓更高等级的猴子B，猴子们会对这种明显违背等级秩序的行为表现出极大的兴趣。一只处于中间等级的猴子，不仅将其他成员分为等级高于和低于自己的两组，在其思想中似乎还存在着现行的等级秩序观念。

因此，和人类一样，猴子们不是将它们的社会群体看成个体的随意组合，而是将其看成一个有序的母系社会关系网络。此外，有更好的理由让自然选择眷顾这种富有社会经验的物种。尽管许多动物与近亲成员结盟，但似乎只有非人类的灵长类能策略性地吸收新的联盟成员。想要作出策略性的选择，就必须拥有关于群体成员之间关系的广泛知识，这是一种心理技能。如想要在80只狒狒的群体当中舒适地生存，就必须具备处理这些信息的心理结构。

猴类的叫声是否也具有人类语言的某些特征呢？乍一看，似乎是这样的。比如说，长尾黑颚猴的警报声似乎就具备和人类的单词一样的功能。它们的叫声中包含了关于构成威胁的动物的特定信息：如看见豹子之后的叫声会使同伴们跑到树上；另一种关于"鹰来了"的叫声会使同伴向上看，并跑进树丛当中；而"蛇来了"的警报声会让同伴们用后脚站立，并

动物探秘

↗ 在博茨瓦纳的莫瑞米野生动物保护区内,一群长尾黑颚猴正待在一棵树的树枝上面。长尾黑颚猴和其他某些种类的猴子能够面对不同的掠食者发出不同的警报声。

向周围的草丛中仔细看。但人们如何才能探测到猴类听到警报声后几秒钟内的心理反应过程呢?

在非洲西部的雨林中,戴安娜长尾猴在面对豹子和老鹰的时候也会发出不同的警报声。一般来说,当听到豹子的咆哮声、鹰的尖叫声或雄性戴安娜长尾猴的"鹰来了"的警报声时,雌性会发出针对某种特定掠食者的齐整的尖叫声。但是,如果雌性先听见一只雄性关于豹子的警报声,在5分钟后自己又听见豹子的咆哮声,这时它们就不会对咆哮声作出回应了,这对于鹰来说也是一样的。如果它们在听见一种类型的报警声之后,又听见另一种掠食者的叫声,这个时候雌性是会发出齐声的警报的。很明显,雌性戴安娜长尾猴能将豹子的咆哮声和雄性关于豹子的警报声归为功能相同的一组,分类的方法不是看这些声音是否听起来相似,而是根据这些叫声所表示的危险的内容。

不过,从另一方面看来,猴类的叫声和人类的语言是有很大差异的。和人类不同,猴类似乎不会为新的情景发明新的"词语":它们既不会改变叫声,也不会学习新的叫声。同样重要的是,猴类从来不会改变它们的行为或叫声,也不会对不在眼前的事件或物体发表评论。比如说,长尾黑颚猴不会告知它的后代哪些动物是危险的,哪些动物是无害的。虽然成年猴子在面对掠食者的时候会发出警报声,但它们的警报声通常达不到警告后代的目的。同样,母狒狒只有在自己也和群体分开的情况下才会回应幼崽的"迷路"的叫声。和人类一样,猴类拥有像思维、信念和情绪这样的心理状态,但和人类不同的是,猴类似乎不具备了解"他人"心理状态的心理功能。

■ 蝙蝠与昆虫的"斗法"

站在一盏孤立的路灯下,观察者会发现,一只飞蛾朝着路灯成螺旋状地飞了过去。突然,飞蛾改变了飞行的线路,向地面俯冲下去;与此同时,一只蝙蝠从空中出现,并且冲向飞蛾原来的飞行线路。这个现象的简单解释就是飞蛾听到了蝙蝠的声音,于是采取了躲避措施。更精确地说,它是对蝙蝠发出的声波或者生物

□探索与发现

↗这是一只正在捕食飞蛾的大菊头蝠，飞蛾是它们的主要食物。通过使用声音追踪仪对这种蝙蝠的研究，人们对它们的行为及对巢穴的选择了解了许多。比如它们喜欢在森林和牧场附近栖息，因为这两种地方是昆虫的聚集地之一。

性声呐作出了反应。飞蛾针对蝙蝠的袭击行为作出的飞行变化是这个充满了捕食者与猎物之间斗争的世界的典型写照。

包括一些飞蛾、草蛉、蟋蟀以及螳螂和甲虫在内的被捕食者，可以听到蝙蝠发出的超声波，这一点已经被分别证实了好几次。在大多数的案例中，我们发现，蝙蝠的声音是大多数这类昆虫在意的声音，而一些喜欢鸣叫的昆虫，比如蟋蟀以及一些飞蛾，不但留意其敌人的声波探测，而且也注意蝙蝠同类之间发出的交流信号。

那些被称为对声音敏感的器官分布于昆虫身体的各个部位，从头部、胸部、腹部到翅膀和腿部都有。大多数的昆虫利用听觉可以精确地判断出信号的强弱，并且以此判断蝙蝠的距离以及所能造成的威胁。虽然蝙蝠只能在 5 米内才可以发现昆虫，但是飞蛾却可以在 20～40 米外就可以听到蝙蝠的声音。蝙蝠使用的用于回声定位的超声波在空中减弱得很快，因此当蝙蝠收到回声的时候，昆虫往往已经处于非常有利的位置了。具有两只耳朵的昆虫可以根据声音来判断蝙蝠在左边还是右边，但是像螳螂这样只有 1 只耳朵的昆虫，就不能清楚地判断出声源的方向了。

从昆虫的角度来讲，它们并不是对所有的声音都同样敏感。比如，昆虫只有在 1 米内才可以听到那些"窃窃私语"的蝙蝠发出的比较安静的声波，这些声波是用于回声定位的，这个距离对于想要采取逃避行为的飞蛾来说，实在是太近了。绝大多数的飞蛾对频率为 20～60 千赫的声波最为敏感，因为大多数蝙蝠发出的声波就是处于这个波段。但是一些在空中捕食的蝙蝠，包括许多菊头蝠、蹄蝠及少数的犬吻蝠，使用的声波的频率主要是 60 千赫以上或者 20 千赫以下的。

虽然它们发出的声音非常强，但由于这个波段的声音是飞蛾不太容易听到的，因此它们的叫声并不会让飞蛾及时引起警觉。

有一项实验表明，听觉良好的飞蛾和那些失去听觉的飞蛾相比，听觉良好的飞蛾被蝙蝠捉住的可能性降低了 40%。飞蛾不仅仅是那些空中掠食鸟类的猎物，它们还是那些声音频率容易被飞蛾听到的蝙蝠类动物的主食。比如，红毛尾蝠就喜欢在路灯周围徘徊，因为路灯不仅能吸引飞蛾，而且当飞蛾窥视灯光时，其警觉性就会受到灯光的影响，从而更容易被蝙蝠捉到。

在以声音为基础的与蝙蝠的竞争中，一些蛾类已经发生了改变。一些虎蛾身上有一股难闻的气味，因为它们的幼虫吃了一种含有某种化学物质的植物。这些飞蛾往往颜色鲜艳，这

↘飞蛾逃避蝙蝠捕食有好几种方法。有些会用折返转弯飞行来逃脱，如1处所示；有些会突然掉落到地上，如2处所示，或如3处那样强有力地潜落到植物或石头中，在那里不易被蝙蝠发现；有些有难闻味道的虎蛾会主动发出滴答声来警告蝙蝠，如4处所示，这种明显的警告可以使蝙蝠主动远离它们。

种鲜艳的颜色是对那些像鸟一样的掠食者的一种警告,掠食者往往会将这些鲜艳的颜色与恶心的味道联系在一起。一些其他的飞蛾则往往是噪音的制造者,它们发出的滴答声是用来警告蝙蝠的。当红毛尾蝠从飞蛾旁边经过时,会突然转向,向远离有难闻气味的飞蛾的一边飞去。即使它们的声音被破坏,蝙蝠抓住它们,也会迅速地放开它们并且毫发无伤,因为蝙蝠会迅速地分辨出它们身上难闻的气味。

因此飞蛾的滴答声是对蝙蝠发出的一种明显的信号,这种信号表明它们是不能吃的。从发声时间和频率的角度来看,虎蛾发出声音的强度、频率以及持续时间都与蝙蝠的声波相似,很容易引起蝙蝠的注意。也有人说,这种滴答声可以惊吓蝙蝠或者通过扰乱它们的回声来影响蝙蝠对周围的判断。

还有一些夜间生活的昆虫缺少发现蝙蝠的器官,然而这些昆虫同样有各种各样的逃脱方法。一些不具有听觉能力的飞蛾通过隐藏在自己食用的植被里来隐藏自己的声音;其他的一些飞蛾飞行速度非常快,它们通过提高自己的体温达到同样的目的;另外,许多双翅目昆虫和蜉蝣类通过混在一大群飞蛾中来保护自己。

■ 吸血蝙蝠间的"利他行为"研究

在众多种类的蝙蝠中,没有比吸血蝙蝠更多受到人们误解的了,它们甚至让人感到恐惧。世界上总共有3种吸血蝙蝠,生活在中美洲和南美洲,都是以血液为生。小吸血蝙蝠和白翼吸血蝙蝠偏好吸食鸟类的血液,因此适宜爬树,会到树杈上寻找待在窝里的雏鸟;普通吸血蝙蝠则喜欢哺乳动物的血液,通常出现在牛、马和其他家畜身旁,如果那个地方没有家畜,普通吸血蝙蝠就会转向吸食貘、鹿、刺豚鼠和海狮等哺乳动物的血液。

人们恐惧吸血蝙蝠是有理由的,因为它们有时还会攻击人类。比如在一个地区没了家畜后,它们常常就会攻击人类。其实吸血蝙蝠咬到人身上时,人并不会感觉到多么疼痛,但一旦被其咬伤,就可能被传染上麻痹型狂犬病。由于吸血蝙蝠自身也容易感染这种病毒,所以它们的种群数量会经历周期性的巨大波动。尤其是吸血蝙蝠还有一种分享血液的行为,也就是吸食了充足血液的个体会给饿着肚子的同伴

↗ 在特立尼达,一只吸血蝙蝠正从一头休息的驴身上吸血。为了更好地吸食血液,吸血蝙蝠首先要选定猎物身体的某个特殊区域,该区域的血管必须离皮肤表面很近。然后它会用舌头把该区域有保护性的毛发舔开,最后再把该处的皮肤咬开一个接近圆环状的开口,从而吸到下面的血液。

"反刍"血液,因此一旦有一个同伴感染了某种病毒,通过唾液传播的病毒必然会传染到其他同伴身上,其中包括狂犬病毒。

吸血蝙蝠的血液分享行为是在动物中极少出现的互惠行为,可以称之为"你帮我、我帮你的投桃报李原则"。要想理解为何吸血蝙蝠要冒着被感染狂犬病的生命危险互相分享食物,就必须要了解这些不同寻常的生灵的社会组织结构和生命历程。

普通吸血蝙蝠常常以洞穴、涵洞管道或树洞作为白天的栖息所。在这些场所里,有时会聚集2 000只以上的个体,即使小型的最普通的群体也包含20~100只吸血蝙蝠。在一个群体内,10~20只雌性会结成一个个更小的次级团体,栖息在一个地方常常达好几年。这些雌性中有一些有亲缘关系,因为雌性后代在出生后第二年达到性成熟时仍然会与母蝙蝠待在一起。同样也包含一些没有亲缘关系的成员,这是由于有一些成年雌性偶尔会在白天转换它们的栖息场所而进入其他小团体中。雄性也会组成小团体,达到10个成员的雄性小团体也并不鲜见,但是它们之间都是没有亲缘关系的,团体维持的时间也不会很长。出生10~18个月的年轻雄性会分散离开出生的团体出去单过,常常是与出生团体中的成年雄性打斗之后离开。一个典型的小团体是这样的:一只成年雄性与一群雌性及其幼崽栖息在一处,而在它们的旁边"悬挂"着其他的雄性,这些雄性会定期地进行争斗以获得接近雌性的机会。平均来说,

□探索与发现

↗一群吸血蝙蝠聚在一个岩石缝隙中休息。尽管吸血蝙蝠有时会聚集起2 000只的大群,但是这种大群还可以细分成更小的单位,典型的是10~20只母蝙蝠和它们的幼崽组成的关系更近的小团体。分享血液的行为通常只限于这些小团体成员之间。

这只成年雄性能成为该团体中一半幼崽的父亲,而且能占据这个位置大约2年的时间。因此普通吸血蝙蝠的典型团体包含少数几只没有亲缘关系的成年雄性、一些具有亲缘关系的雌性及其幼崽。

从这个方面来说,吸血蝙蝠会比其他蝙蝠花费更多的时间在照料幼崽上。雌性吸血蝙蝠一胎所生的幼崽总体重接近自身体重的20%,而它们的自身体重才只有30~35克。尽管吸血蝙蝠幼崽在出生时就能活动,但是它们生长得比较慢,哺乳期超过6个月。母吸血蝙蝠会给它们的幼崽补充其他食物,如会在幼崽出生后的不长时间内给它们"反刍"血液,幼崽在出生的头一年内会定期地得到母吸血蝙蝠"反刍"的血液食物。幼崽出生6个月后可以开始飞行,但到1岁时才能达到成年者的体重。

普通吸血蝙蝠通过气味和声音发现猎物。栖息在一个团体内的雌性会在邻近的地区活动,并且会保卫自己的领地,把其他的蝙蝠驱逐开。但即使在猎物非常丰富时,成功地得到"血液大餐"也是较为艰难的。为了咬住猎物并获得血液,一只吸血蝙蝠首先必须选定猎物的较为温暖的部位,因为那里的血管接近皮肤易于咬开。吸血蝙蝠会用鼻尖处的"热感受器"来锁定这一温暖部位,然后用其剃刀般尖锐的门齿咬开猎物的一小块皮肤。吸血蝙蝠的唾液中含有抗凝血剂,可以使血液顺畅地流出,从而用舌头舔食。吸血蝙蝠的"采血技术"需要学习才能掌握,那些1~2岁的年轻吸血蝙蝠平均每3晚就会有1晚不能成功地采到血,而2岁以上的10晚才失败1晚。失败的原因是被攻击的动物非常警觉,有时会极力地挣脱咬在它们身上的吸血蝙蝠。有的时候年幼的吸血蝙蝠会跟着母吸血蝙蝠同时或随后吸食猎物的同一处伤口,而且会在随后的晚上连续吸食同一猎物的同一伤口,这种现象并不奇怪。

如果一只吸血蝙蝠采血行动失败,它就会返回栖息场所,向同住的伙伴请求支援,舔伙伴的嘴唇而获得血液。采血成功的伙伴对失败者的"捐赠"取决于两者的亲缘关系和联系。

对于吸血蝙蝠来说,没有采集到血液是非常危险的,如果连续3天内喝不到血就会饿死。由于饥饿中的吸血蝙蝠体重下降速度比最近喝到血液的吸血蝙蝠慢,血液的受纳者所得到的存活时间比捐献者所损失的时间更长一些,因此互相帮助的血液分享行为对于参与者整体来说会获得净利。如果没有了这种互惠行为,吸血蝙蝠每年的死亡率会超过80%,虽然人们知道有些雌性吸血蝙蝠会在野外生存15年以上。

对于捐献者来说有一个问题,就是如何确定受纳者是个诚实的"人"而不是"骗子",即当捐献者遇到麻烦的时候它会不会以同样的方式回报而不是拒绝。吸血蝙蝠为此采取的一个方法就是互相梳理毛发,这个时候至少可以判定对方的饥饿程度,因为吸血蝙蝠成功地吸食血液之后,在30分钟内体重的一半以上都是血液,这会导致胃部的膨胀。在相互梳理毛发时一方就会发现另一方胃部的膨胀,而相互梳理毛发的工作会在分享血液之前来做。由于相互梳理毛发与血液分享的行为只发生于同居一处的可以信赖的成员之间,同伴的忠诚度看起来就对维持这种令人吃惊的交换血液的互惠体系非常重要。

■ 大群有蹄类动物定期迁徙之谜

穿越冰雪覆盖的北温带北部森林地区和北极圈苔原,来到亚洲中部炎热的草原和非洲热带地区鳄鱼栖息的河流,每年上百万的有蹄类动物都这样迁徙着。是什么驱使它们开始这壮观而危险的旅途?每次迁徙都是独特的吗?我们能从加拿大的北美驯鹿、西伯利亚大草原东部的瞪羚以及苏丹南部的克利根牛羚和赤羚的长途跋涉中找到一些相似之处吗?

↗ 图为常见的食短草的迁徙性动物牛羚，它们的迁徙活动反映出它们需要合适的食料、水和矿物质。在壮观的迁徙行动中，有些牛羚在过河时会成为鳄鱼的口中餐。

为了回答这些问题，科学家已经开始解决这些数目庞大而无法辨别的动物群每年大范围地迁徙产生的混淆。

白须牛羚（黑斑牛羚的一个亚种）的迁徙或许是最著名的，同坦桑尼亚塞伦盖蒂国家公园的普通斑马和汤氏瞪羚有一定联系。在这里，科学家从20世纪50年代晚期开始一直在利用一系列科学技术研究，包括小型飞行器调查、无线电追踪、固定调查和动物取样调查、驯化动物的饲养研究、对被枪击动物的瘤胃进行分析、进行普通死亡动物的尸体解剖、草料和水分析以及计算机仿真。渐渐地，一幅动物迁徙的因果关系图开始显现。

每年当雨季渐近结束时，塞伦盖蒂东南部的短草草原里，会有约150万头牛羚开始成群地迁徙。这些动物首先向西北部迁徙至维多利亚湖边缘的湿润地区，随后向北来到马赛马拉保护区，在那里度过一年中最干旱的季节。当雨季最终来临时，牛羚会选择这个时候离开正值牧草生长高峰期的北方草原，返回南方的短草草原。

有人认为，牛羚不停地奔波，是为了减小被生态区内共存的约3 000头狮子和9 000只斑鬣狗掠杀的危险。大型的掠食者不能自由地跟随着迁徙的兽群，因为它们必须在生育季节里待在巢穴附近，这对限制掠食动物的数量有影响。另外，掠食动物也能限制塞伦盖蒂公园内有蹄类动物的数量，将有蹄动物刚好限制在栖息地的容量以下。否则的话，迁徙动物的种群密度将变得更大，食物也会更匮乏。

然而，这种解释有两处破绽。首先，据资料显示，鬣狗为了与迁徙动物保持联系，会离开巢穴奔袭60千米。其次，这种说法不能够解释为什么定居的有蹄类动物不靠迁徙来逃避掠食动物的捕杀。

迁徙的很多其他原因被提了出来。为了摆脱蚊蝇的叮咬，北美驯鹿会游到近海岸的岛屿上；在非洲，舌蝇在森林地区是非常令塞伦盖蒂迁徙的有蹄类讨厌的东西。同样迁徙过程中留下的充满纤维的粪便可能对塞伦盖蒂公园定居的动物意义重大。

关于迁徙的最早的解释认为，这些动物是为了利用不同质量和不同种类植物的食用性，也包括植物包含的不同的有机物。在塞伦盖蒂国家公园，研究人员分别在干旱和潮湿的季节性地域里，通过建立栅栏和每两个月修剪一次牧草样本，比较出每年迁徙周期内草料中钠、钙、磷、蛋白质等的含量，并与牛羚需要的最低量相对照。大多数测试都显示，两个地域都适合牛羚常年生存。两个地域的草和树叶可提供的能量几乎没有什么差异：干旱地带的蛋白质含量稍低 3%，但是绝不低于食物摄入量的最低水平；钠和钙的含量也足以满足两个区域的哺乳期牛羚的需要。

另一方面，干旱季节地带样本的磷含量比所需水平要低。作为骨骼的主要构成元素，磷和钙对生长至关重要。尽管天然牧场包含的钙足够牛羊生长需要，而磷的缺乏在全世界范围内都存在，包括塞伦盖蒂部分地区。缺磷会对动物的出生率、食欲、奶产量以及生长产生损害，同时也会导致骨骼和牙齿的畸形以及食草家畜的死亡率上升。

为了更深地调查这些无机元素的缺乏在牛羚迁徙中的重要性，研究人员从干旱和潮湿两个地区的不迁徙的动物中采集血清和尿液样本。结果显示，干旱地区不迁徙的动物的血清中磷含量不到最低临界水平的一半，尿液中磷含量也非常低。

现在我们可以解释迁徙的原因了。由于没有降雨，导致食物缺乏、水源不足，仅剩的水塘盐分含量上升，这促使牛羚离开草短的平原，到干旱的地方去，因为那里高草比较多，偶尔也有上一场降雨后刚生长出来的嫩草，而且能够从那里一年四季都有水的小河里喝水。但是在这期间，它们缺乏磷元素。当雨季来临时，牛羚反应很快，它们迅速回到以前的短草平原，充分利用雨后新鲜的草资源。在寻找食物和水、矿物质的迁徙过程当中，它们也要避免食肉动物的攻击，但是逃脱肉食动物的攻击只是迁徙的结果而不是迁徙的原因。迁徙的群落越大，为了找到食物它们需要走的路程也就越远。这三个因素——掠食动物、食物和磷元素，共同构成牛羚迁徙的原因。常年在一个地方的羚羊通常靠组成很小的群体来觅食，以弥补磷元素的缺乏。在干旱的季节，它们往往把精力放在选择一个矿物质含量高的地带。当群落大小适当时，它们会选择比较小的矿物质含量高的地点。

那些喜欢迁徙的种类更能够适应不同的生活方式，例如，常年生活在一个地方的狷羚口

鼻部比较窄，适应吃质量比较差的食物，所以新陈代谢较慢，繁殖也只在体内积存的脂肪比较富足的时候开始；相反，喜欢迁徙的牛羚在慢跑时需要比较多的氧气，口鼻部比较宽，适合吃短小的绿草，全年都可以繁殖。

■ 取食与植物性防御

长颈鹿和作为它们主要食物源的金合欢树之间存在着密切的生态关系。几百万年以来，进化上的物种竞争已经有过好多次，涉及到一方适应和另一方反适应的策略。金合欢树的嫩枝叶一直是长颈鹿的主要食物，但其自身也有物理上和化学上的防御，以防止被长颈鹿过分吃掉。金合欢树上的棘刺能刺、钩或扯裂长颈鹿的鼻子、嘴唇和舌头，有些种类的金合欢树还具有平面结构的凸起（例如伞状刺），可以阻止长颈鹿吃到发芽的上方树冠。金合欢刺特别长，密密麻麻布于高处，但是哪里没有长颈鹿，哪里的金合欢树就比较"友善"（也就是没有那么多的刺）。金合欢树的化学防御措施包括含有多种植物成分，如丹宁酸可以使得它们的嫩枝叶味道很差从而减少被吃；含有有毒素，这使得长颈鹿无法消化它们。而长颈鹿各种生理上

↗ 为了方便食用那些多刺的树叶，长颈鹿有着长达46厘米的和猴子前臂一样灵巧而强有力的舌头。此外，它们还拥有高度灵活的有强健肌肉的唇。

↗ 这种与众不同的伞状的金合欢树会限制长颈鹿在它的低层树冠上吃嫩枝叶。

的适应性又使得它们能够克服这些金合欢树的防御，包括具有较强消化功能的黏液状唾液和特殊的肝功能，还有精确区分包含着不同防御性化学成分浓度的叶子的能力。这种能力在小长颈鹿断奶以后就已经慢慢形成了，它们通过尝试不同的树叶类型来获得。小长颈鹿通常进行少量尝试的"试错机制"，吃母长颈鹿吃过的东西，有区别地闻嗅并且尝试先前的食物，所有的这些都会对小长颈鹿形成对食物的偏好产生影响。

在克鲁格国家公园核心区里，长颈鹿的密度很高，可以很清楚地看到一种金合欢树被它们吃过的痕迹，因为这是它们喜欢的植物。长颈鹿成了金合欢树的"园丁"，它们把树"修剪"成了圆锥状或沙漏状，这与园丁修剪植物的效果类似。有意思的是，被长颈鹿"修剪"最严重的树就是那些防御能力最差的树。这些金合欢树面临着高度的被"修剪"的压力（它们40%的新芽都被长颈鹿吃掉了），因为它们的树叶中所含有的丹宁酸的浓度只有那些没有被长颈鹿吃的树的一半，这可能是因为这种金合欢树能够比较快地长出新的叶子以此来代替丢失的叶子，从而只有较低的分泌化学抵抗物质的能力。对于长颈鹿和其他吃嫩枝叶的动物比如黑斑羚来讲，一个趋势就是，它们越来越以某个地区的一种或几种树为食，而不像食草的有蹄类动物那样以混合型的草类为食物。

这些金合欢树会在干燥季节的末期开出奶白色的花朵。每年的这个季节，树叶是最少的，这些花便成了长颈鹿此阶段的食物来源之一。在这6个星期的开花季节里，长颈鹿会在各棵树之间迁移以寻找这种花，因为它们可以为长颈鹿提供这个时期将近1/4的食物。有效地抵御长颈鹿取食的手段在这种金合欢树的花上出奇地缺乏，但是令人们惊奇的是，它们的树叶可以相当成功地抵御被吃。可喜的现象是，长颈鹿实际上承担着为金合欢花授粉的"重任"。以进化论的观点来看，从超多的而且开放非常短暂的花中"拿出"一部分给长颈鹿，却能得到长颈鹿为其授粉的补偿，因为长颈鹿在树冠中挤来挤去，头和脖子的毛发里沾满了花粉，这是值得的。多数开花植物靠飞虫传粉，偶尔也会靠鸟、蝙蝠或是少量不会飞的哺乳动物（如啮齿动物、有袋动物、灵长类动物等）传粉。后者不能在树与树之间飞来飞去，通常也不能在一天里移动比较长的路程。但是一只普通的长颈鹿每次在经过高于地面4米的带花树冠时，大的长满毛发的头部总是会沾上许多花粉，而且它一天至少要在100多棵金合欢树上进食，路程达到20千米，可见它的传粉功能是多么强大。这种在金合欢树和世界上最高动物之间的合作进化关系表现得非常明显，也可以作为生物学进一步研究的对象。

■ 吼猴的能量保存策略

第一次到拉丁美洲热带地区旅游的游客从森林中出来的时候，常常会兴奋地宣称听到了狮子或某些其他巨大的野兽在附近吼叫。当他们知道这种吓人的声音不是来自大型食肉动物，而是来自于只有7~9千克重的拉丁美洲热带地区的吼猴时，他们会觉得相当吃惊。吼猴是由它响亮的声音得名的，它们不仅不是危险的掠食者，而且还很平静。它们生活在树上，是素食动物，食物多种多样，包括小树和藤蔓植物的叶、花以及热带森林的果实。为什么这些猴子需要制造这样嘈杂的叫声呢？

□ 探索与发现

↗ 吼猴能够将它们一半的清醒时间用于休息，这是一种节省能量的重要策略，但大部分的剩余时间都是在进食，只留下一点时间进行社会活动。吼叫在节省能量的策略中扮演着重要的角色。

吼猴（吼猴属）发出的叫声是所有动物叫声中最响亮者之一。在某些情况下，一只吼猴的叫声可以在超过1.6千米的范围外听见。达尔文认为，对于脊椎动物来说，叫声最响亮的雄性能够通过显示它的力量来吸引到大多数雌性。达尔文的解释对于某些蛙类来说是正确的，但是迄今为止，还没有太多证据支持该理论对吼猴的解释力。

另一种观点认为，这种叫声宣布了一个群体对它领地内果树的占有权。这个观点似乎是正确的，但是进化对这种行为的推动作用很复杂，需要考察该猴类的进食行为、社会生活和因为吃树叶而带来的能量限制才能确定。最近对中南美洲的长毛吼猴进行的研究就揭示了这些关系。吼猴的地理分布是所有新大陆猴类中最宽广的——从墨西哥南部到阿根廷北部，这也说明了它们在适应环境方面的成功。一个关键的因素在于它们能够将树叶作为食物的主要组成部分。热带的树一般不会季节性落叶，而是全年生长，在热带森林，树叶也比像成熟果实这样可选择的食物更加丰富。总的来说，一只吃树叶的灵长类动物在寻找食物方面面临的问题比较少。

虽然树叶相对充足，观察资料却显示大部分新热带猴类都不会吃很大量的树叶，而且某些猴类根本就不吃树叶。这是因为虽然树叶无处不在，但是它有一个最大的缺点：营养含量低，而纤维素和半纤维素的含量高。哺乳动物没有能够消化这种物质的酶，所以吃树叶的猴类胃中会充满大量不能消化的东西。虽然嫩叶是蛋白质的一个好的来源，但是它的糖和脂肪的含量却很低。想要成为成功的食叶动物，灵长类动物必须找到解决这些问题的方法。

在旧大陆的热带森林中生活着很多种不同的食叶猴类，它们一起构成了疣猴亚科。所有疣猴亚科的猴类都有高度专门化的囊状的胃，这与牛的胃在很多方面有相似之处。在疣猴类的胃中存在着专门的细菌，它们能够消化树叶细胞壁中的纤维素和半纤维素。在这种称作发酵的消化过程中会产生一种富含能量的气体（挥发性脂肪酸），这种气体能够被猴子吸收，然后用来为日常活动提供能量。只有通过这些专门细菌的作用，疣猴类或者其他哺乳动物才能够从植物的细胞壁中获得能量。

与疣猴类不同的是，吼猴没有囊状的胃。相反，它们的胃比较简单，仅能够分泌胃酸，这和人类的胃很类似。但是吼猴的消化道有两个扩大的部分，分别位于盲肠和结肠，其中含有能够分解纤维素和半纤维素的发酵细菌。和疣猴类一样，吼猴将挥发性脂肪酸作为能量源。

一般来说，在从树叶中获得能量方面，吼猴后肠的效率不如疣猴胃的效率高。为了更好地从树叶中获得能量，吼猴必须专挑能够迅速发酵的嫩叶吃。吼猴也吃成熟的果实和花，但是在树叶的质量足够高的情况下，它们也能只靠树叶生存好几个星期。

↗ 在巴西东部的自然保护区内，一只褐吼猴正在树叶之中觅食。与老树叶相比，嫩叶是获取能量的更有效的资源。某些新大陆猴类具有的颜色视觉对于辨别不同颜色的树叶有着重要的作用。

即使吼猴能够挑选合适的食物，它们也必须关注自己的能量消耗，因为每天来自于发酵作用的能量是有限的。吼猴群体的成员在白天通常要花50%以上的时间来休息或睡觉。它们只有很小的活动范围，一天只行进400米左右，一个15～20只的群体总共的活动范围也就0.31平方千米左右，因为它们平均每天只需要在活动范围内觅食就可以获得充足的食物。与之相比，一只食果的蜘蛛猴的活动范围约3平方千米或更大，它们平均每天要在超过1平方千米的范围内寻找食物，因为成熟果实的数量远远低于嫩叶的数量。

作为保存能量策略的一部分，吼猴也显示出了性别之间的"劳动"划分。雄性帮助解决争端和保护群体成员不受捕食者侵犯，除此之外，它们还用有力的呼叫声保护对群体活动范围内重要食物的拥有权。这就使得雌性不用去执行这样的一些"任务"了，它们会将更多的精力放在生育和照顾后代上面。

雄性吼猴的喉咙里面有一块延伸的U字形骨头，当它们吸入的空气经过该骨头之中的空洞时，就发出了那种引人注目的吼叫声。所有雄性吼猴的U字形骨头都显著大于雌性的；除此之外，红吼猴的这块骨头相对于长毛吼猴来说也更大。U形骨的大小影响到了吼叫声的类型，比如说，红吼猴的吼叫声像是冗长的呻吟声，而长毛吼猴的更像真正的吼叫。

对于所有种类的吼猴来说，每个群体的所有雄性成员都会发出"黎明的合唱"，然后听力范围内的其他群体的雄性成员会作出回应。吼猴的群体没有独占的领地，而是与相邻的群体共享部分的活动范围。无论群体移动到哪个新的觅食地，只要通过每天早上的吼叫声，一个群体就能够告知相邻的群体它们白天在哪里活动。

当两个吼猴群体相遇的时候，它们会变得非常喧闹，特别是成年雄性会将更多的能量用于吼叫、跳跃、奔跑，有时甚至会打斗。雌性的群体成员可能会被驱散或失踪，而能够用于进食和休息的宝贵时间也被浪费了。因此，与其一直巡查领地的边界或卷入耗费能量的群体间的"争吵"，还不如让其他群体知道它们在哪里。

不同的群体之间存在着统治等级，这明显是建立在打斗的能力和成年雄性的协作行为基础之上的。通过聆听吼叫声，一个较弱的群体就可以知道较强群体的位置，因此也就能避免与之相遇或走入一个未经允许的食物源，从而节省了能量。除此之外，比较强势的群体也能从中受益，因为它的成员不必耗费宝贵的能量，也避免了将自己暴露在保护食物源时可能发生的危险之中。因此，吼叫声能够有效地帮助群体保持相互的间隔，也解决了由于吃树叶而带来的低能量问题。

■ 非洲森林中的跨种联系

同种动物之间互相帮助可能不是什么奇怪的事情，但不同种类的动物走到一起相互合作，就值得我们注意了。在科特迪瓦西南部的塔伊国家公园，人们可以看到7种不同的猴子——3种疣猴，3种长尾猴，再加上白毛白眉猴——能够以不同的组合方式结成伙伴。人们甚至可以看到所有这7种猴子聚集成一个超过250只的群体。在这个群丛系统中，一个关键的种类就是戴安娜长尾猴。它有着华丽的外表，因此受到了人类观察者的高度重视；而且它们的警觉性很高，所以也受到了其他猴类的赏识。苍白绿疣猴和戴安娜长尾猴会建立持久的"友谊"，而红绿疣猴和戴安娜长尾猴之间的关系就短暂得多。通过对这些混合种类的群体进行观察，人们对于它们为什么以及如何聚到一起已经有

↗ 戴安娜长尾猴警觉的眼睛和机敏的感觉对混合群体有着重要的价值，不过这种混合群体是否出现取决于很多变量，比如食物是否充足或掠食者是否盛行。

□探索与发现

↗ 在某些特定时候合作是必须的，比如在水坑边喝水的这一段危险时间。这个时候猴子必须离开树冠，来到更加空旷的地面，于是这些红绿疣猴和长尾黑颚猴便轮流喝水和监视掠食者。

了一些了解。在上述的两个例子中，稳定的伙伴群体都是共享一片共同的活动领域的。

红绿疣猴体型比较大，它的腹部为鲜红色，背部为暗蓝灰色。它们生活在75只左右的大群体当中，在森林的顶篷吃树叶、花、蓓蕾和未熟果实。苍白绿疣猴的体型只有红绿疣猴的一半左右，它们生活的群体中成员数量通常少于10只；它们的食物与红绿疣猴相似，但是会避开大型种类的活动范围，而在森林低处的小树上进食。戴安娜长尾猴具有长尾猴群体的典型组成方式：1只雄性，5~10只雌性，以及一些未成年幼猴。它们在森林的所有层次寻找果实和昆虫。

这两种伙伴关系的主要功能都是增强对4种主要的猴类掠食者的防御能力，这四种掠食者分别是：冠鹰雕、豹子、黑猩猩，以及人类。群居的生活方式是大部分昼行灵长类防御掠食者的主要防御策略，但是问题在于，群体当中的成员越多，每个成员分得的食物就越少，这与组成群体得到的益处相比，或许还得不偿失。解决的办法就是，与一个有着不同食物范围的种类建立关系。疣猴之所以能够和戴安娜长尾猴很好地相处，原因就在于它们的食物范围几乎不重叠。

在一个依靠数量获得安全的防御系统当中，有两个要素十分重要。第一个就是及早地报警：

如果报警及时，个体就能够寻找最佳的策略来降低危险，这取决于它们所处的的方位和掠食者的距离。第二个就是稀释作用：潜在的猎物数量越多，每一个猎物被捕食的概率就越低。

当一位科学家套上具有豹子图案的衣服接近混合群体的时候，戴安娜长尾猴作为哨兵的价值就变得显而易见了。几乎总是戴安娜长尾猴第一时间发出警报——即便是在戴安娜长尾猴的数量远不如其他种类的成员，或离危险很远的时候。戴安娜长尾猴的机动性很高，而且喜欢在树冠的外围觅食，这些特征使得它们成为了成功的哨兵。

然而，组成这样的群体也是有代价的，特别是每种动物所喜欢的食物类型十分不同的时候。因此，红绿疣猴只会在一年中容易被捕食或食物十分分散的时期才结成混合群体。它们的致命杀手是进行协作捕食的黑猩猩，黑猩猩杀死的红绿疣猴比杀死的戴安娜长尾猴要多得多。所以在黑猩猩的捕食季节，红绿疣猴最常与戴安娜长尾猴组成混合群体，而在黑猩猩不捕猎的9~11月，它们就很少和戴安娜长尾猴建立联系。

如果在喇叭当中播放黑猩猩的声音，红绿疣猴就会立刻靠近戴安娜长尾猴的群体。除此之外，与听见其他（或没有）声音相比，早上听见黑猩猩叫声的群体会在一起待更长的时间。

由于红绿疣猴的出现，戴安娜长尾猴也能从它们带来的稀释作用中获益。当有红绿疣猴群体加入的时候，它们的群体大小变为了原来的4倍，所以任何成员被捕食的危险都减小了。而在高处觅食的疣猴还能改善针对冠鹰雕的报警系统。

相比之下，苍白绿疣猴的价值就小得多了，它们几乎不能为戴安娜长尾猴的安全带来任何好处。这种猴子十分擅长在听到第一声报警后躲藏起来，而它们自己很少发出警报。在其他猴子乱转的时候，它们却往往安静地坐在周围的灌木丛中。它们这种小的体型和群体可能是对隐藏的生活方式适应的结果。与来来往往的红绿疣猴不同，苍白绿疣猴从不离开它们的戴安娜长尾猴哨兵，它们必须在戴安娜长尾猴觅食的有限地区寻找它们的食物。

生活在塞拉利昂的红绿疣猴、苍白绿疣猴以及戴安娜长尾猴，遇到的掠食者相对少一些。尽管如此，苍白绿疣猴仍然紧跟着戴安娜长尾猴，而红绿疣猴仅仅是在相遇时才和戴安娜长尾猴待在一起。似乎在进化的过程中，苍白绿疣猴与戴安娜长尾猴建立联系的倾向已经发展成为了一种无条件跟随的策略，而红绿疣猴仅仅是在靠自己不能保证安全的情况下才会去找其他猴类。

■梳理毛发与家族生活

猴类生活的一个典型特征就是同一个群体内的猴子会为其他成员梳理毛发，帮助它们清理皮毛当中的污垢、脱落的皮肤以及像虱子这样的皮外寄生虫。这种行为使它们获得了"最具社会性"的动物的名声，但是梳毛这种活动不仅仅是为了社交和卫生。

旧大陆猴科的猴类，以及南美洲的一些种类，如卷尾猴和松鼠猴，会组成核心不变的社会群体，这种群体内部的核心是有血缘关系的成年雌性以及它们的未独立后代，其中也有一只或多只没有血缘关系的成年雄性短暂地停留。生活在群体当中可以防止掠食者的攻击，或许也可以防止雄性企图杀掉小猴，但这也招致了一个主要的不利因素：它们需要为食物而竞争。因此，有假设认为雌性之间很大程度上是"勉强的伙伴"，它们由于外在的压力而不得不与竞争者生活在一起，而梳理毛发的活动就进化成为了一种处理这个问题的办法。

根据这种观点，梳毛活动能够使雌性建立联系，在遇到危险的时候这种联系是可以提供帮助的。根据这种理论，当一只雌性猴遭到攻击的时候，它的梳毛伙伴应该会帮助它击退对手。社会群体据说是由许多不同的搭档联盟组成的，联盟当中的伙伴会相互帮助来抵抗更占优势的对手。

因为这样的一种策略，雌性应该会选择那些更可能或更有能力帮助自己的个体并给它梳毛。取得那些拥有高等地位的或其他群体成员害怕的统治者的帮助会尤其有用，因此梳毛的活动应该是指向这种个体的。一种办法就是投入时间去为联盟的同伴梳毛以达成"信任的盟约"，那些致力于建立关系的个体会被认为是值得帮助的。在这个观点看来，梳毛活动是巩固战略关系的"黏合剂"。

这种看法虽然得到了广泛的接受，但却很难被证实。这个理论认为低等级的个体应该会花大量的时间为统治者梳毛，但在许多像卷尾猴和绮帽猕猴这样的猴类当中，情况却是相反的：占统治地位的雌性会花更多工夫去为低等级的雌性梳毛。

更重要的是，实际上几乎没有证据表明成年雌性会结成联盟互相对抗。例如，南非的狒狒决不会形成联盟，然而它们也会花时间互相梳毛。在一个生活在德拉肯斯堡山脉的不平常种群当中，即使不存在食物竞争，梳毛的关系依然存在。它们吃的食物主要是根茎和花朵，根本不值得去竞争，然而这些动物依然很重视梳毛活动。这表明梳毛本身就是一种很有价值

↗ 有许多理论解释了为什么猴子会相互梳毛，但有一点很明显，即梳毛对于猴子来说是很快乐的事情，这多亏了体内释放的荷尔蒙。

↗ 梳毛对除去寄生虫很重要，而且谁给谁梳毛的动态变化揭示了灵长类动物中的社会组织形式。图中为日本猕猴的母系群体。

的活动，雌性为同伴梳毛仅仅是为了保证同伴也为它梳毛。

梳毛不仅仅对保持卫生有价值，也能给猴子们带来快乐。当它们梳毛的时候，体内会分泌一种"快乐荷尔蒙"——内啡肽，这种物质能够使它们体验到高度的快感。雌猴是强迫性梳毛者，甚至可以称之为"上瘾"，因为这种梳毛活动能够缓解它们群体生活的紧张和压力。这对雌性很重要，因为高度的紧张能够损害它们的怀孕能力。例如，低等级的雌性狮尾狒狒比高等级的雌性要多花3~5个月才能怀孕，这导致了它们生育后代的速度比占统治地位的雌性要慢。

联盟理论假设认为梳毛活动的功能很像人类社会中的金钱，它本身没有价值，但是可以用来获得其他有价值的东西。

不过新的观点指出梳毛的价值就存在于梳毛活动本身。简单地说，梳毛活动不是用来购买其他同伴支援的"现金"，而是一种用来和其他成员交换的"商品"。

这种"雌猴不是合作者而是交易者"的观点，对我们理解它们的社会性有重要的意义。这个观点说明，梳毛活动可以被看做是一种在群体"市场"中交易的商品，而梳毛关系则是建立在有多少其他个体对获得这种商品感兴趣的基础之上的。供求关系会决定个体必须为梳毛支付的"价格"，就像人类的经济市场一样。每个个体花在互相梳毛活动上的时间是不同的（叫作"支付不对称"），因此这种不同反映出了一个个体在"市场"中的身份，以及它们为自己的服务讨得一个好"价钱"的能力。

这种支付不对称的一个例子就是统治者由下属来梳毛。在有食物竞争的栖息地，雌性狒狒会更多地为处于统治地位的雌性梳理毛发，这样可以保护它们选择觅食地的权利。因为在这样的情况下，这种权利是比梳毛更有价值的商品，所以从属者会愿意为之付出更多。

雌性赤猴常用梳毛来"购买"接近幼崽的权利，雌性狒狒也是一样。新生的幼崽对其他猴子来说十分具有吸引力，特别是雌性非常渴望去看护和爱抚幼崽。母亲都很不情愿与它脆弱的孩子分开，这时雌性的狒狒和赤猴就会为幼崽的母亲梳毛，梳完以后，它们就可以去抚摸幼崽了。然而，即使在这种情况下市场力量仍然起作用：在被允许抚摸幼崽之前，低等级的狒狒必须比高等级的狒狒花更长的时间梳毛。从这方面来看，一个灵长类群体内部的社会关系是由任何两只雌性之间的相对讨价还价能力决定的。

■ 当首领要付出的代价

对于自然选择在生物进化过程中的作用，人们主要是这样理解的：在同种竞争中具有生存和繁殖优势的个体会把自己的这些优势传给下一代，与之相反，生存和繁殖中的劣势则不会传给下一代。这样生存和繁殖的优势会一代代地积累起来，最后具有优势的就会越有优势，从而取得成功的进化。人们因之也可以判断出物种进化的成功与否。

乍看起来，自然选择这个生物进化理论的坚实支柱似乎不能解释某些种动物的行为，如多种过群居生活的野狗、狼会抚育群体中其他成员的后代，而自己却放弃生育后代的权利。不过最近通过对这几种动物粪便的分析，科学家们得出了一个新的结论，可以解释为什么它们要采取这种生育策略，一个群体中只有少数成员生育后代而多数成员不生育后代，相反还要照顾其后代。

在多种过群居生活的犬科和鬣狗科动物中，一个群体内雌雄两性各有等级次序，往往只有占据最高位置的一只雄性和一只雌性才有生育后代的权利，而群体中的其他大多数成员则通过对体内荷尔蒙内在工作机制的控制而避免了生育。科学家通过对人工圈养的几种动物的研究，发现当身体上产生某种压力的时候，尤其是压力的强度很大、时间持久的时候，体内就能产生阻断生育能力的机制。压力可使动物肾上腺分泌的一种叫作"可的松"的荷尔蒙增加，而可的松反过来可使性荷尔蒙的分泌量减少，如睾丸激素和雌激素的分泌量下降，进而延缓了生育过程。一些不太愉快的肌体紧张性刺激，如寒冷、饥饿等，也会导致可的松分泌量的增加；另外某种心理上的紧张性刺激，如打斗所造成的心理压力，也可能导致可的松分泌量的增加，进而还会造成在打斗中的失败。因而可以说，在群体中居次要地位的个体往往就是打斗的失败者。在打斗中总是失败会造成一种慢性的社会性压力，进而导致可的松分泌量的增加，我们因此就可以解释为什么在群居性的动物中居次要地位的个体很难生育后代了。

上述理论有的时候被称作"心理阉割假设"。按照这个理论，群体中居首要地位的个体很少成为群体中其他成员的侵犯对象，因此它就几乎没有什么"社会心理压力"；另一方面，群体中居次要地位的多数个体却会受到持续不断的侵犯和"社会心理压力"，引起可的松分泌量的增加，进而扭曲了自己的繁殖能力。

过去，这个理论假设很难在野生动物身上得到证实，主要困难是很难正确地测量出野生动物的真实荷尔蒙水平。因为要想测量野生动物的荷尔蒙分泌水平，必须得到它们的新鲜血液，这意味着首先要抓住它们，再关闭起来用

药物麻醉它们，然后抽血检验其荷尔蒙水平。而对这些野生动物来说，人去抓它们，它们就会把人当作一种体型庞大的天敌，而当它们遇到要捕食自己的天敌的时候，体内可的松的分泌量就会迅速地增加以准备逃跑或是战斗。这个时候，人若抓住它们，检测出的可的松分泌量就不是它们正常情况下的分泌量了，不能代表真实水平，因此也就很难验证上述理论假设了。

现在科学家们发明了一些新的办法来检测野生动物受到的压力和荷尔蒙的分泌水平，这就是通过检测它们的尿液和粪便来间接测定荷尔蒙分泌水平。通过对野生动物个体排泄物的分析，可以追踪到荷尔蒙水平增减的特殊变化，进而来验证上述理论假设。这样可以完全不打扰野生动物本身，所得到的数据也是真实的，但是必须连续不断地每天收集野生动物的排泄物。

科学家运用这种新的检测手段，对生活在非洲塞伦盖蒂国家公园内的侏獴进行了分析，得到了许多新的发现。一般来说，这个地区内的侏獴群体中包含4～5只成年雄性和4～5只成年雌性，群体中所有的成年侏獴共同合作喂养群体中的幼崽。侏獴通过这种不必每只都生育幼崽而共同抚育少数成员的幼崽的繁殖方式，获得了绝好的机会来增加回报和收益。在每个雨季，一群侏獴中能生育1～4胎，而每胎可产2～3只幼崽。科学家通过对幼崽进行基因检测，发现85%的幼崽的母亲是雌性的首领，76%的幼崽的父亲是雄性的首领。换句话说，在侏群体中，雌性和雄性的首领几乎垄断了群体中生育后代的权利。

但是，与上述理论假设相反，搜集到的新数据表明，侏獴群体中居首要地位的个体，其由压力造成的荷尔蒙分泌量异乎寻常地高，而居次要地位的个体总体来说却比较放松，压力不大，荷尔蒙分泌量比较低。尽管居首要地位的个体成功地繁育了后代，但是其可的松分泌量长期以来是其他个体的两倍以上。紧接着，科学家对不在保护区内而是自由流动的非洲野狗、几种狼、几种鸟和多种灵长类动物进行了研究，发现了与侏獴同样的问题。现在看起来，对多种群居性的动物来说，"社会压力"是居首要地位的个体不得不付出的代价。

↗ 许多年轻侏獴正在一座白蚁丘上觅食。侏獴是过群居生活的，群体中存在等级次序，首领一般是一只成年雌性，一旦这只雌性死亡，这个侏獴群体就很可能解体。

□ 探索与发现

↗ 这是生活在南非卡拉哈里沙漠中的细尾獴,它们正在保持高度的警惕。与其他的一些獴科动物相似,细尾獴也是过群居生活,它们可以组织起来,共同赶走一些食肉动物如黄金眼镜蛇等。一个细尾獴群通常包含10~30个成员,而且成员间的血缘关系比较远,这与其他群居性的食肉动物有所不同。

这种令人吃惊的结果,也有助于解释为什么居次要地位的个体甘愿待在那个位置上。假设居首要地位的个体除了垄断生育权之外,还可以获得低社会压力的好处,那么在这个群体社会中,社会优先权、社会好处就全部集中到首领身上,居次要地位的个体还甘愿忍受不公吗?社会还能稳定吗?群体还能维持下去吗?从最新的体内荷尔蒙检测数据可以知道,在群体社会中,收益和代价分两个途径流到了居首要地位的个体身上,首领们在获得生育权的同时,也要长期忍受持续增长的社会压力,其体内由压力导致的荷尔蒙分泌量很高。

在狐獴群体中,年龄就是等级次序的最好标志,也就是说,在狐獴群体中,年龄最大的个体往往就是居首要地位的个体。但是这个事实却会产生另外的问题:为什么体型比较大、年轻力壮的个体不主动占据首领地位,而让年龄较大、体型也小、身体相对虚弱的个体占据首领地位呢?为什么年轻力壮者不提出挑战呢?科学家们认为,控制权是逐步形成的,一旦等级次序形成后,个体可以获得相对的好处,而且能够避免为争斗而付出的代价。这个观点主要取决于这么一种假设:即使居次要地位的个体发出严重的挑战,居首要地位的个体仍然会取得胜利。

很高的可的松分泌水平会产生令"人"不快的副作用,可导致体内能量的不足、消化能力的衰退、血压的升高,甚至影响免疫系统。虽然迄今为止几乎没有证据表明居首要地位个体的寿命比居次要地位的个体短,但是这些副作用仍然会给首领们带来严重的问题。如果将要做首领的个体具有比较好的身体条件或者有很突出的遗传优势,那么它就具有很好的生存前景,应该有比平均寿命更长的寿命,但是这些优势被做首领的成本化解掉了。因此,做首领的两方面的影响可以相互抵消,使得最后首领与属下的平均寿命相同,死亡率没有什么差别。

对在野外生存的动物,很难有什么记录来证明这种交换的合理性,但非常清楚的是,群体中的身份所导致的心理后果比原先预想的要复杂和有意思得多。

■ 小鼠基于气味的沟通方式

小鼠通常出现在我们厨房内橱柜的黑暗处或房屋墙根边,靠我们生活中的垃圾为生,这样其食物就很丰富。常有多达50只共同生活,其中包括几只成年雌鼠及它们的后代、几只居次要地位的雄鼠和一只居领导地位的雄鼠(它负责保护它们的地盘不受外来者的侵害)。它们

↗ 这是小鼠的一窝没有睁开眼睛没有长出毛的幼崽。除了那些气候不合适或有小的哺乳动物与它们争夺食物的地方外，这种老鼠在全世界范围内广泛分布。

很安静，但是必须保持一直沟通，会通过尿液这一中间媒介传递复杂细小的关于生活、死亡、所有权、性别和家庭等方面的信息。

尿液是小鼠交流信息时必不可少的物质。除了尿素和其他的废物以外，尿液还包括其他复杂的化学元素——小分子量的易挥发有气味的物质和大分子量的不易挥发的蛋白质。这些物质合在一起共同构成了小鼠"名片"的等价物，能提供身份、种类、性别、社会地位、生殖状况和健康状态的信息。由于基因的不同，许多小鼠个体之间的气味各不相同，这是基因组中主要组织相容性复合物多变的结果。由于用于个体识别的气味是遗传来的，小鼠们对自己家庭成员的气味很熟悉，因此能识别出以前没有见过的其他亲属，这种方法比人们寻找离散多年的亲人要先进很多。

小鼠可以慢慢地释放气体使得效果达到最大。尿液中含有一类高浓度的小分子蛋白质，还有主要尿蛋白，这些是肝脏产生并通过肾脏过滤到尿液中的。成年雄小鼠每天排出的尿液中每毫升含有 30 毫克蛋白质，而成年雌小鼠尿液蛋白质含量大约为雄性的 40%。这些尿液蛋白质储存在秘尿系统的一个腔室里，再慢慢释放到它们的气味标记里。

群体里的每个个体在它们的领地上行走时会排尿，尿液成线状或点状分布，尤其是遇到没有做过标记的地方时更要排尿，以便所有的领地表面都被做上标记。在一些频繁做标记的地方，尿液混合尘土堆起来好似一个小石笋，这些地方包括觅食区、洞穴的入口或行走路线。

由于小鼠身边总是有熟悉的尿液混合物做的标记，所以它们能够迅速地察觉出生活的周围出现了什么新东西，或在黑暗中察觉出陡峭的边缘——这个地方一般没有强烈的熟悉的气味。领地边缘的标记使得它们能够熟悉自己群体的成员，也能很容易地认出外来的小鼠，因为入侵者的气味与它们所在环境的气味不同，会受到当地小鼠尤其是居领导地位的雄性的调查和攻击。而且，成年雄小鼠排出的有挥发性的物质很能够吸引雌小鼠，也会引发其他雄性的注意或挑衅。

占主要地位的雄小鼠比其他小鼠做标记的频率更高，以显示它们对地盘的占有权和自己的竞争能力。它们每小时做记号上百次，而其他的雌性或次要的雄性一般每小时只做十几次。由于只有一只雄小鼠能成功地占据某个地盘，并让自己的气味充满这个地盘，因而占主要地位的雄小鼠在观察到其他的雄小鼠排出竞争性的尿液做标记后，会立刻攻击其标记，会在附近用自己的尿液做上标记，以保证自己的气味是最新的。

其他的雄性如果在一个地方遇到这片地盘主人的标记，通常会逃走，或避免进入，以免被主人攻击，这就大大减小了小鼠防御自己地盘的压力。然而，如果不能成功守护自己的地盘，其他雄性就会介入并做出竞争性标记，这个时候主人就面临挑战。

雌小鼠利用这些竞争性的尿液，为它将来的幼崽选择最优秀的父亲。尽管住进某个雄小

	尿液主人		
	不熟悉的成年雄小鼠	不孕体的雌小鼠	怀孕或哺乳期的雌小鼠
未成年雌小鼠	青春期提前	青春期延迟	青春期提前
成年雌小鼠	引起发情，生育周期缩短	延长非发情期或引起假妊娠	延长非发情期
怀孕雌小鼠	终止早先的妊娠导致重新进入发情期		

↗ 正如表中列出的一样，尿液的味道对雌小鼠生育的影响不尽相同，这取决于雌性的生育状态以及尿液主人的身份。由不生育的雌性排出的尿液能导致不生育的阻因因素加强，使得整个群体的增长和数量暴发得到一定程度的抑制。

鼠的地盘，它也有可能走出去与其他的雄性交配，尤其是在一片排他性的而且标记是刚做的地域上。雌性也喜欢和与自己父母气味不同的雄性交配，这样可以避免近亲交配问题的出现，但如果没有更多机会的话，它们也不再选择交配对象。雄性区分不出来幼崽是自己的还是别"人"的。

如果没有领地可得，一些雄性会住在有地盘的雄性那里。这时在它们的排泄物里，所含的信号化学物质浓度很低，做的标记也少，这使得主人能够确认它不是一个威胁，但同时也意味着它对雌性没有吸引力。

正如上页表所列出的一样，根据时机，尿液可以改变雌性的生育状况。暴露在新来雄性的尿液味里，年轻的雌性容易进入"青春期"，从而做好生育的准备，这能比它们第一次正常的发情周期早 6 天（一般出生 36～40 天后发情，年轻雌性对父亲的熟悉味道不会产生反应）。在胚胎植入子宫壁之前，陌生雄性的尿液味道可以阻止第一次怀孕的雌性继续妊娠，这样这个新来的雄性可以成为下一窝幼崽的父亲。陌生的雄性尿液也会引发成年雌性的发情并缩短其生育周期，这样可使一个地区的雌性同时进入发情期。

居住在同一地盘的雌性共同分担这个雌性群体的"家务杂事"，气味的主要作用就是负担雌性之间的交流，这是很正常的。雌性喜欢和其他熟悉的雌性共用巢穴，如果它们收到其他雌性亲属已经怀孕的信号，它们也会提早进入繁殖状态。然而过度拥挤会成为一个问题，可能阻碍进一步的繁殖。如果 3 只或 3 只以上的雌性居住在一起并等待机会生育，它们产生的气味会阻碍其他年轻的雌性晚 20 多天进入青春期，也会阻碍其他成年雌性的发情周期。这种行为延缓了繁殖造成的过度拥挤。这种独创的方式使得雌性在有利的环境里能够迅速繁殖，但是在高密度的时候会延缓繁殖，因为那时它们的后代生存下来的概率会较小。

■ 蝾螈的反捕食武器

蝾螈属于脊椎动物，体型小、行动慢、瘦弱，具有这些特征的动物被认为成熟得很快并且寿命很短。然而，蝾螈却是典型的长寿物种，保持生存时间最长记录的是一只火蝾螈，人工

↗ 图中所示的是棘螈，它是一个日本品种，有着又长又尖的肋骨。如果它被捕食者抓住，这些有毒的肋骨就会从皮肤的毒腺中伸出，刺向捕食者。

饲养状态下它生存了 50 年。在野外，蝾螈会受到、鸟类、蛇以及其他的蝾螈甚至甲虫、蜈蚣、蜘蛛等的攻击。这些捕食者带来的沉重压力导致了蝾螈反捕食机制的进化，这种机制将皮肤腺体分泌的令人厌恶的或有毒的物质与其他防卫性措施结合在一起。

许多蝾螈已经进化出致命的毒素作为它们的武器，但是在每一次观察到的个例中，一种或几种蛇类也已经进化出对这些毒素的抵抗力，因而它们能继续捕食这些蝾螈。比如，糙皮蝾螈的皮肤中有大量的神经毒素与河豚毒素，一只糙皮蝾螈所携带的毒素可以杀死 2.5 万只老鼠，但是它仍然能被乌梢蛇捕食。无趾螈属的一些种类拥有一种不知名的神经毒素，这种毒素能使只咬了它们尾巴一口的一些蛇毙命，但是在相同区域的许多蛇仍然以这种毒性十足的蝾螈为食。

因此，蛇是大多数蝾螈最危险的捕食者，因为许多蛇已经进化出对这些令人厌恶的皮肤毒素的抵抗性。大多数蝾螈对蛇的突袭的反应是逃开或者迅速摆出防御的姿势，相反，在没有蛇的地方，比如在中美洲的高海拔地区，这里的蝾螈种群对蛇的突袭没有任何反应。同样，一些热带蝾螈只有当气温高到使蛇活跃起来时才会作出防御性的姿势。

火蝾螈已经进化出一种独特的机制，通过它来控制位于沿背中线生长的巨大腺体中的蝾螈神经毒素及相关毒素的防御功能。这些动物可以给这些腺体加压，并以可控制方向的方式将这些毒素喷出 4 米远。这种喷射能使人类有灼烧感或暂时失明，也可能给想捕食它们的敌

人造成同样的后果。喷射防御性毒素为这个种类的反捕食武器库中增添了有力的武器。

蝾螈的典型防御行为模式能使其化学性防卫的功效最大化。一些种类的头部后面有集中的腺体，这些腺体能够产生不能食用的分泌物。有许多这样的种类，如斑点蝾螈，当它们受到攻击时，它们将头部弯曲或者紧贴地面，这样它们就只向捕食者暴露出其身体最不适宜食用的部分。还有一些更复杂的方法，比如一些钻地蝾螈会用头撞敌人，这些种类包括西班牙、葡萄牙以及摩洛哥的肋突螈（棘螈属）。它们把身体高高抬离地面，头向下低，具有大量发达腺体的头后部不停摇晃或以后脑冲撞捕食者。用这种方法对付非常有效。大多数种类在撞击敌人时会发出声音，而且在一些种类中，还会以颜色非常鲜艳且带有黄色或橙色斑点的腺体作为对有经验的攻击者的警告。识别不出颜色的捕食者，可能会辨识这些蝾螈的独特气味或者声音。

尾部抽击是那些拥有发育良好的尾部肌肉以及在尾巴上表皮集中了大量毒腺的种类的特点，虎螈（钝口螈属）和肋突螈就是代表，它们会用其充满毒素的尾巴向接近它们的捕食者猛力地抽击。蝾螈身体上部表面的警告性颜色也会使潜在的捕食者产生不愉快的联想。

许多种类的长而细的尾巴上表面集聚着皮肤腺体，这种尾巴因为不够强壮而不能猛击捕食者。这些种类的尾巴在它们的身体保持静止时，可以在竖直方向上波动起伏。这种行为在无肺蝾螈中最为普遍，而且也经常能够使尾巴自行脱落。有的蝾螈散发出恶心的味道，使得捕食者踟蹰不前，而被攻击的尾巴在脱落后，会以活跃的抽动转移捕食者的注意，而此时蝾螈则乘机逃脱，不久再长出一条新的尾巴。但是，脱落尾巴也要付出代价：蝾螈不仅失去了机体的一部分，而且会变得更脆弱，这是因为它不仅失去了反击物，而且不能像以前一样跑得那样迅速了。

一些蝾螈尾部也会波动，但是在遭受到猛烈的攻击时就转向"曲体反射"，这是该种群中较为明显的特征：它们的尾巴和下颌抬高，身体保持僵硬且静止不动，向捕食者展现颜色鲜艳的身体下腹，一些鸟类会迅速避开这些不可食用的种类。如加州蝾螈和蹼足蝾螈，它们身体的上表面具有大量有毒腺体，腹部的颜色从深黄色至红色。一些具有颜色鲜艳腹部的蝾螈遭到捕食者威胁时，它们甚至后空翻露出腹部来。

脊蝾螈、辣椒蝾螈、红蝾螈、无肺蝾螈以及金丝蝾螈这些属中的模拟者会模拟那些味道不佳、更令捕食者厌恶的种类的警戒色。显示出曲体反射的蝾螈静止不动也能达到抵御食肉性鸟类攻击的作用，因为有些鸟类还不了解蝾螈或蝾螈正在模拟的一个种类是不可食的，所

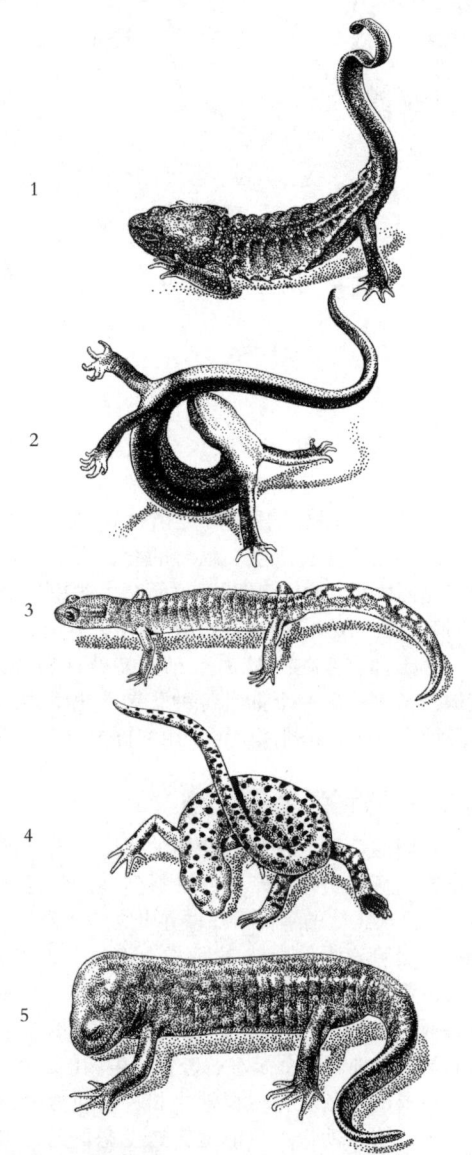

↗ **蝾螈的防御姿势**

1.棘螈轻度向后反曲。2.红腹蝾螈的高度向后反曲。 3.剑螈的尾巴快速甩动 。4.洞螈的尾巴呈波浪状摆动。 5.钻地蝾螈（钝口螈属）的头部撞击姿势。

□ 探索与发现

↗ 呈现出曲体反射姿态的蝾螈。一只糙皮蝾螈静止不动，抬起尾巴和头，以露出它的下腹部。

以静止不动可以降低被鸟类严重伤害的可能性。

或许肋突螈和棘螈所具有的反捕食机制才是最不寻常的，它们除了具有其他的防御措施之外，还有尖而长的肋骨，当它们被抓住时，肋骨的尖就会穿透皮肤。棘螈的肋骨尖端穿过身体侧面大的腺体，因疼痛感而产生的皮肤分泌物就会射入要捕食它们的动物口中。

由于捕食者的适应力带来的持续性压力，蝾螈已经进化出一个拥有各种防御性化学物质以及行为模式的武器库，可以用来抗击敌人。

■ 蝌蚪的顽强生存之道

我们通常从审视哺乳动物的角度出发来诠释事物，从这个角度来看，蝌蚪向蛙的转变显然是一件非正统的事件。在世界上大约4 750种蛙中，尽管有大约20%的种类没有蝌蚪时期，但其余都将蝌蚪期作为其生长发育过程中的显著特征，会持续几天到数年不等。这种不能生殖的生物就如同一个游水、进食、生长的机器，它们主要的目的就是尽快地生长，以便为生命周期中的繁殖期最大可能地输送变态形式。与蝌蚪相关的生态因素影响了变态的成功：由于许多生物和环境危险的存在，也许只有大约1%的蝌蚪完成了变态，最后以有繁殖能力的成体

出现的蝌蚪更是少之又少。

所有蛙的早期发展阶段——蝌蚪阶段是非常相似的。众所周知，相对来说，由于轻易就能获取在母体体外孵化的大量的卵，使得蛙的繁殖成了脊椎动物胚胎学研究最唾手可得的实验品。从污水坑中、凤梨科植物树腋中的几毫升的水，到水塘、宽阔的湖泊和奔流的河流，蝌蚪会出现在任何可能的水域中。另外，可以在任何一个特定的区域中发现一种或几十种蝌蚪。在南美洲、非洲和印度生存的一小部分种类，虽然它们总是生活在潮湿的环境中，但实际上它们一生中很多时间都在水域之外度过。

蝌蚪会出现在许多不同的微型居住地中，由于对进食和运动的高度适应性，使它们之中不断产生特例。即使是这样，我们仍然能够总结出它们在生物学上的一些特征。

从形态学方面来说，典型的蝌蚪嘴巴周围有一系列缘饰性的进食结构，这是其他脊椎动物不具备的，其下颚的结构和操控原理也非常独特。嘴巴被有各种形状的乳头状突起的口盘环绕，由数百颗类似人类指甲成分的角质化齿而不是成体的骨质化牙齿所包围。这些牙齿在上下唇瓣里横向排列，起类似锉刀的作用。下颚骨质化软骨能起到撕裂、挖取和穿透的作用。在急流中，吸附在石头上的蝌蚪的口盘是很大的；居住在水塘中的蝌蚪的口盘则较小；悬浮在水中央的，其口器缺乏角质化组织和软组织。一些种群具有复杂的捕食结构，它们将水吸进来，通过口腔，再经过鳃，使其能够捕捉到只有细菌大小的微粒。然后依靠气孔呼吸存活。

↗ 已死或将要死的动物对蝌蚪来说是一种丰富的营养来源。有许多蝌蚪是完全食肉的，但即使是主要靠植物为生的蝌蚪，偶尔也会从动物尸体中吸取营养。上图中，草原树蛙的蝌蚪正在吃一只死去的同类。

↗ 非洲爪蟾的蝌蚪显示其波浪状摆动的尾端。这个高度成功的种类的幼体是水域中部悬浮进食者，可以过滤进食水中的浮游生物。但它们需要经常上升到水面吸进空气。它们以极快的速度冲出水面，用时仅为80毫秒或更少。它只在位于水面上时才张开嘴巴，当完全没入水中时，又重新将嘴巴闭起。

最通常情况下，这个气孔只有 1 个，而且长在身体左侧。通常呈双螺旋形排列的长的肠是其内部结构中最显著的特征。

蝌蚪的身体形状随栖息地的变化而改变，居住在水体底部的蝌蚪，如蟾蜍和真蛙的体形就有些扁平，那些在急流中通过口盘把自己依附在石头上的种类，如北美洲的尾蟾科和南部非洲魔蟾科成员蝌蚪的体形也是如此。生活在凤梨科植物树腋以及树洞中的蝌蚪通常身体很薄。所有这些种类，眼睛都位于头顶。在水域中部生存的种类有结实的身体，眼睛在头部两侧。在水域上层生活的种群，尾鳍长而舒展。居住在水域底部，特别是在湍流中生存的种群，鳍则很低，终止于尾部和身体交界处，更长的能延伸到尾部末端。

进食时，一个典型的水塘蝌蚪会用它的口器从丰富的水下动物群中吸取小的颗粒。一些蝌蚪的嘴上方有口盘，它们在水面抬起头部，微微倾斜身体吸取食物，另一些蝌蚪则在水域中部悬浮捕食，而有些生活在水域中部的则安静地漂浮在水平位置。但是另外一些种类，如光滑爪蟾的蝌蚪，尾端会持续地起伏波动，并因此保持头部朝下的姿态。生活在急流中的种类，当它们靠大口盘吸附在石头上时，也能够运动和进食。一些蝌蚪偶尔会食用死去的动物，但是有些种类也专门从其他活的蝌蚪身上撕咬下碎片，甚至直接将整个活体吞咽下去。这些食肉蝌蚪偶尔要同类相食时，它们更倾向于吃不同种的蝌蚪。

因为蝌蚪是不能繁殖的，所以与其他种群相比，它们缺乏与繁殖行为相关的色彩。绝大多数蝌蚪呈现灰暗色，这只是作为伪装的手段，并具有隐蔽功能，即深颜色在身体上部、浅色在下部，从而使得其在水下的光线中很难被发现。一些蝌蚪种类具有鲜艳的颜色，这是为了加强团体凝聚力，或者用以显示皮肤里有害的或有毒的物质（警戒色）。它们身体和尾部的肌肉呈细条状或条纹状，鳍明显可见，一些种类的鳍上还会有明显的斑点和对比鲜明的颜色。最近有一个令人兴奋的发现：有的种类在捕食时，身体的形状和颜色是可以变化的。

因为本身不能繁殖，所以蝌蚪的大多数行为都是为了提高存活率，这些行为包括各种逃生技巧和社交行为。蝌蚪通常聚成群体以应对环境刺激，但是有些种类会形成静止的或运动的群体，这时展示出的是复杂的社会性相互作用。在某些情况下，亲代会带领这些群体到食物充足的区域或相对安全的地方。一些蛙和蟾蜍的蝌蚪能够通过化学信号把亲缘蝌蚪从非亲缘类中区分出来，且更偏向与亲缘蝌蚪在一起。

黇鹿群集展示的交配体系

从受精的那一刻开始，雌性哺乳动物就注定比雄性对下一代付出更多。雌性总是在照顾幼崽，而雄性很少对其尽到父亲应尽的职责。也许，进化过程中为雄性设计的最奇怪的表现它们价值的场所是"求偶场"——进行性展示的场所，在这里雄性之间会展开竞争并赢得与雌性交配的权利。与保护领地以赢得配偶或是保护雌性本身不同，雄性在"求偶场"中保护的仅仅是小小的交配领地，这样的领地除了包含它们自己之外，只有很少或没有其他资源。这种"求偶场"一般能聚集起高达 100 头的规模。在这里，不同的雄性会保护隔离的小片领地并满怀期待地想得到发情期雌性的青睐。

群集展示的交配体系在哺乳动物中很少见，主要在非洲羚羊中出现。20 世纪 80 年代，人们进行了 10 年的研究，在欧洲黇鹿的一些种群中也发现了这种交配方式，从而揭开了这种交配体系发生的环境及原因。

□ 探索与发现

↗ 黇鹿在"求偶场"中交配。雄鹿在18个月大的时候就可以交配了，然而，直到它们至少4岁的时候才能实际获得交配机会。

在有蹄类动物中，群集展示的交配体系在种类间存在很大的差异性。这个情况在黇鹿中尤其明显，雄性展现了极具弹性的求偶战略，不论是在种群内还是种群间。最成功的雄性会占有发情期的雌性并将它们归为一个数目多达50头的群体，与它们交配并不许其他雄性"染指"。另外的雄鹿会保护隔离开的交配用的领地，领地大小不一，从几平方米到几平方千米不等，这些领地里包含了雌鹿所需要的宝贵资源。这些雄鹿会利用声音和嗅觉展示来吸引雌性。当然，一个极端就是领地集合到一起，形成"求偶场"。

处于"求偶场"的雄性鹿会保护自己那不超过几平方米的被踩踏得寸草不生的求偶领地，一个典型的鹿"求偶场"会有10～20头成年的雄鹿，多达50头雄鹿的大的"求偶场"也曾经发现过。从人类的角度看，群集展示的交配体系是疯狂的，雄性会不顾一切地去吸引并保有在它们求偶领地内的雌性。

对这种奇特行为的最好解释，就是它与种群密度之间存在联系。鹿与其他的有蹄类动物一样，种群密度的上升总是与雄鹿发情期时领地争夺激烈程度的上升密不可分。当种群密度低于每平方千米10头成年雄黇鹿时，雄鹿会去搜寻雌性或者保护自己随时可能出走的"妻妾"。当种群密度增加时，它们就会去保护自己独立的领地。在密度大于每平方千米40头成年雄鹿时，它们就会聚集在一起，以群集展示的形式保护领地。在一些种群中，不断增大的种群密度已经导致了从独立领地到"求偶场"的转移。

为什么雄鹿会保护在"求偶场"的领地呢？在"求偶场"中的雄性，争斗非常频繁，一天常常会达到10次，而且常导致严重的受伤甚至死亡。雄鹿都会为了在"求偶场"中赢得一小片领地不顾一切地竞争，这意味着在这种体制下"求偶场"领地的占有期是很短暂的，经常只有两三天。然而，"求偶场"却是渴望交配的雄鹿碰运气的好地方。一头在"求偶场"中取得胜利的雄鹿往往比相同种群里远离"求偶场"的雄鹿个体要多出4倍的交配机会，这对它们短暂的占有"求偶场"领地期是足够的补偿。在群集展示最激烈的种群里，超过80%的交配都发生在"求偶场"中而不是单独的领地或流动的"妻妾"群中。这是因为雌性个体——尤其是处于发情期的雌性个体往往前往"求偶场"并待在那里，雄性在"求偶场"中也比在孤立的单个领地更容易留住发情的雌性。因为雌性在被干扰时有流向邻近领地的倾向，而加入"求

↗ 一对雄鹿在"求偶场"中争斗。一头雄鹿至多只能保持它们在"求偶场"中胜利十几天，有时甚至仅有几个小时。

偶场"的雌性常常在领地间游荡而不是离开，因而"求偶场"中的雄性比选择其他求偶方式的个体有更多的机会交配。

如果说雄鹿在"求偶场"中交配是因为在这里能吸引和留住异性，那么另一个有趣的问题就摆在了我们面前：是什么让发情期的雌性也要在"求偶场"中交配呢？许多研究者指出了基因驱动的可能性：雌性是为了选择能够带来更高的后代存活率的雄性，或者选择那些更有吸引力的雄性。支持"优秀基因假设"的证据如下：在"求偶场"里，大部分的雌性会与最有竞争力的雄性交配。对于鹿"求偶场"的研究表明，雌鹿对于雄鹿的选择基于它们的体型、发声频率以及它们在"求偶场"中所占据的中心地区，雌鹿可以根据这些"线索"选出最优秀的雄鹿。

然而，即使雌鹿确实从"求偶场"交配中获得了遗传上的好处，但这并不意味着形成"求偶场"的最初原因就是对交配对象的选择。另一种看法认为，雌性从"求偶场"交配中获得的直接利益要么是增加了交配概率，要么是减少了被捕食的风险。实验证明，雌鹿对与一群雌鹿生活的雄鹿比对单独生活的雄鹿更有兴趣——但是这种偏好仅限于处于发情期的雌鹿，不发情的雌鹿并未表现出来——因此雌鹿会通过加入"求偶场"来寻求更好的保护。加上给雌鹿带来的寻找性伙伴的便利，或许可以解释这个特殊的现象。

■ 马鹿对性别比例的控制

一般来说，雌性哺乳动物一般生下相同数量的雄性及雌性后代，对每一个母亲而言，这个策略都有着进化性的意义。

然而，一个母亲生产出更多雄性后代或是相反的情况也是存在的。这种操纵性别比例的潜在好处很好地体现在了对马鹿研究的显著结论中。

一只雌性马鹿在其10～11年的一生中会生产一些后代，在生育期内通常一年1只。对于雄性马鹿而言，生命犹如一场博彩——有的有几十个后代，而有的一个也没有。在苏格兰西部沿海的鲁姆岛上，一只成功的雄鹿最多可以有53个后代。相比之下，9%的雄鹿只有2个后代，19%的只有1个后代，而35%的雄鹿

▲一头幼鹿在它生命的最初几个星期里将被隐藏起来，只有在哺乳的时候才会现身。由于哺乳期长达7个月之久，所以母鹿寻找一个绝好的草场是非常重要的。

一直到死1个后代也没有。更糟的是，有将近一半的幼崽在还没进入成年期前就死去了。造成这种偏差的原因是马鹿实行"一雄多雌"制，即成功的雄性马鹿保护着一群雌性马鹿以防止其他雄性的窥伺。

一只雄性马鹿在交配竞争中的能力取决于它的"质量"，即它的体质和鹿角的大小，它的打斗技巧，它的吼叫能力，以及它的妥善处理问题和保护雌性的能力——不仅仅是为冬天的来临准备食物的潜力。因而，只有当一头雌鹿肯定它能产下一个高质量的雄性后代时它才会生产雄性，因为与其冒着危险生一个竞争力低的雄性后代，还不如生产雌性后代——雌性即使体质不好也能有自己的后代。当然，任何动物当前一代的所有个体都是其亲代的成功产物，一只低质的雄性后代也许意味着其母系血统的进化式终结。当后代在相对困难的环境下生存时，生产出低质的雄性后代意味着母鹿的基因会渐渐消亡，而产生雌性后代时基因则会延续。

另一个影响马鹿后代"质量"的因素就是母马鹿在鹿群中的等级地位。雌性马鹿是群居动物，大的鹿群有着严格的等级制度，其中处于统治地位的个体与非统治地位的个体存在着明显的差异。处于统治地位的雌鹿平均体重要比处于附属地位者重7%，它们的下一代活过第一年的概率也要高出14%，并且更有机会成为新的统治者。一般认为，如果雌鹿在种群中占有优势，那么其后代也更有希望在残酷的交配竞争中获胜，所以，这样的雌性适合生育雄性后代。类似的，如果雌鹿处于附属地位，那么

□ 探索与发现

↗ 在发情期，拥有配偶的雄马鹿必须打败它的雄性挑战者。一场吼叫比赛就是一场战斗的先兆，但有时一只雄鹿也会独自吼叫以宣示自己的统治地位。

其后代会比较娇小瘦弱，它也就更适合生育雌性后代。

值得一提的是，对在鲁姆岛的马鹿的长期研究证实了上述观点。最有统治权的雌鹿生育的后代中约有65%是雄性，相反，最弱势的雌鹿其后代中仅有35%为雄性。尽管确切的原因并不明确，但是人们认为这可能与母鹿体内的激素水平有关。

然而事情远比上面说的要复杂，其他的一些显然没有进化益处的因素也对马鹿幼崽的性别比例有影响。例如母鹿在怀孕期间若环境压力过大，它们就可能流产，而且似乎雌性胎儿更容易发生流产，所以比较高的环境压力对应着比较低的雄性出生率。在鲁姆岛，种群密度的增大或是冬季降水量超过平均水平的1.25倍都会导致来年春季出生的幼鹿中雄性比例大约减少3%。在恶劣的环境中，处于统治地位和附属地位的母鹿产下的幼崽的性别比例则变得没有什么区别，这暗示着上文描述的适应性机制的发挥需要一个好的环境条件。为什么雄性更容易在幼体时期死去目前仍然是一个谜，同样，在整个系统中还存在另一个明显的疑问：雌鹿到底是怎样确定"胎儿"的性别的？

■ 猴类和猿类中的"杀婴行为"

动物王国中最引人注目的攻击行为之一就是"杀婴行为"，即同类杀死还未独立的幼崽。"杀婴行为"很普遍，甚至人类也曾经存在着某种程度的"杀婴行为"，无论是在狩猎采集时期还是农耕时期，不过现在这样的行为已经很少见了。

对动物"杀婴行为"的描述可以追溯到古希腊时代，但直到20世纪60年代，关于非人类的灵长类（南亚的长鼻猴）的"杀婴行为"才被记录下来。长鼻猴生活的群体通常由一只生育期的雄性、几只成年雌性和它们各个年龄段的后代组成，其中包括需要照料的幼崽。现有的雄性统治者会周期性地死亡或被群体中的其他单身雄性取代，然后，取代它的雄性就会试图杀死群体内的部分幼崽。

从那以后，人们在许多灵长类动物当中都发现了"杀婴行为"，包括几种狐猴、吼猴、叶猴、长尾猴、狒狒，以及山地大猩猩和黑猩猩。"杀婴行为"通常发生在雄性身上，在新来的雄性进入群体之时最有可能发生。在红吼猴、山地大猩猩和南非大狒狒这样的灵长类当中，"杀婴行为"是幼崽死亡的主要因素，占到了25%～38%。

"杀婴行为"及其发生的原因一直都是极具争议的话题。一种观点认为，"杀婴行为"是一种异常行为，它一般是由过度拥挤或其他反常的情况造成的——这就是社会反常假说。然而，对于长鼻猴来说，"杀婴行为"一般都在雄性统治者更替以后发生，即使在种群的密度已经很

↗ 在南非大狒狒群体中，"杀婴"事件发生得相当频繁，因为雄性的领导权改变得很快。图中一只成年狒狒正将一只死亡的幼崽带走。

低的情况下。

一种新的解释考虑了雌性灵长类生物学特征的一个重要方面。哺乳和养育幼崽会长时期地抑制雌性的排卵,因此怀孕或带幼崽的母猴是不能够怀上新来雄性的后代的。雄性通常只有很少的机会繁殖,因为其他雄性总是想要篡夺它们的统治权。"杀婴行为"是一种策略,它能够使雌性更快地回到可受孕的状态,这比等到它们的幼崽断奶要快多了。比如对于南非大狒狒来说,雌性从生下幼崽到怀上下一胎,中间要间隔18个月,但如果幼崽死掉了,母狒狒通常会在5个月之内再次怀孕。雄性除掉非亲生的后代之后也会获得其他的一些好处,比如说减少食物竞争,但这似乎不是主要的动机,因为雄性很少攻击刚断奶的幼崽和先前本地雄性已经独立的后代。

另一种观点声称,雄性的更替过程中会发生攻击行为,而"杀婴行为"只是攻击行为的意外副作用。该论点认为,在一只新的雄性为建立统治权而发起的攻击行为中,幼崽更容易成为攻击对象并受到致命的伤害。然而,从尼泊尔拉姆那嘉地区长鼻猴的粪便中提取的DNA证明,"杀婴"的雄性并不是毫无规律地杀掉幼崽,它们专门以其他雄性的幼崽为目标。但现在还需要进行更多的遗传性研究来考察"杀婴"的灵长类动物是否会与雌性生下自己的幼崽。

根据资料记录,灵长类的"杀婴行为"主要发生在单雄性的群体当中,但最近的研究发现该行为在多雄性的背景下也时有发生。例如,南非大狒狒的社会群体包括3~10只成年雄性、20多只成年雌性以及许多年轻狒狒。当一只新来的雄性取得群体统治地位后,它就会试图杀死来之前这里的幼崽,然后与恢复排卵的母狒狒交配。大约有1/3~1/2的新进统治者会以这种方式"杀婴"。

这些证据表明,雄性狒狒的"杀婴行为"是一种适应性的繁殖策略。然而,对于生活在东非的橄榄狒狒来说,该行为要少见一些。导致这种差异的原因还不清楚,但有一个因素似乎是最重要的:南非大狒狒的雄性统治者大概只有短短7个月的统治时间,而橄榄狒狒的统治地位能够维持1~4年。因此,后者有更长的时间使雌性怀孕,而前者必须迅速地拥有自

↗ 这是雌性银色乌叶猴及其幼崽。成年者身上有粗浓杂乱的银色毛发,但幼崽有更显著的橘色胎毛,这些胎毛到它们3个月大时才会褪去。

己的后代。正是这个原因,雄性才会杀死"他人"的幼崽,从而增加自己繁殖的机会。

然而,在另一种多雄性的黑猩猩社会群体中,"杀婴行为"仍然是一个复杂的谜。没有一种假设能够单独清楚地解释黑猩猩"杀婴"的模式。上述的三种假设都适用,除此之外还有一个可能性就是,幼崽可能会被用做食物。在一些观察案例中,雄性会杀掉邻近群体的幼崽,但是它并不能得到明显的繁殖优势,因为幼崽的母亲不会迁移到"杀婴"雄性的群体当中。在已报道的人类案例当中也是这样,杀死婴儿的行为似乎与男人的繁殖竞争毫无关系。

杀掉婴儿的决定通常是由婴儿的母亲或父亲作出的,这就意味着父母对生育的控制可能才是根本的原因。即便是发生在继父继母身上的杀婴虐待行为——正如文艺作品或民间传说所描绘的那样——也更可能是因为他们不愿意为别人的后代投入资源,而不是想通过除掉小孩来获得直接的性交优势。

据观察表明,存在于雌性和雄性之间的社会联结能够阻止"杀婴行为"。当一只雌性南非大狒狒产崽以后,它通常会在群体内挑出一只特定的成年雄性与之建立"伙伴关系"。它会紧紧地靠近选定的那只雄性,不断地尾随其后,更多地为雄性梳毛,并只允许其触摸幼崽。养

育后代的母狒狒为什么会与一只雄性建立这种联系？至少对于南非大狒狒来说，它们是为了防止"杀婴"，因为其雄性伙伴与群体其他成员相比更有可能保护其幼崽。除此以外，当有雄性伙伴插手帮助的时候，新进的雄性统治者发起的"杀婴行为"更有可能失败。比如最近的一项研究发现，在雄性伙伴直接介入的所有案例当中，新进统治者发起的攻击都未能伤害到幼崽，而雄性伙伴不在场的案例当中，受到攻击的幼崽有2/3受到了严重的或致命的伤害。

这些雄性伙伴是否是它们所保护的幼崽的父亲，现在还不清楚，但是只要获得遗传学数据，这些问题无疑会变得清晰。如果它们不是，那么它们的"友好"行为可能会增加将来与雌性伙伴生育后代的机会。

虽然"杀婴行为"看上去是一种负面和"反社会"的行为，但它最终能够促进表面上积极的社会关系以及雌性与雄性之间的"伙伴联结"的进化。这种可能性甚至在解释人类和其祖先的"杀婴行为"时也是有效的。

■ 雌雄橄榄狒狒之间的"友谊"

生活在非洲东部的橄榄狒狒是社会化程度非常高的灵长类动物，它们生活在活动领域达到40平方千米的大型群体中。

这种群体包含30～150个成员，所有成员总是待在一起，觅食、睡觉和游戏的时候就像一个整体。雌性之间、雌性与幼崽、雌性与成年雄性建立的长久"友谊"构成了其群体的核心。

雌性橄榄狒狒和它们成年的雌性后代通常会维持紧密的联结，而成年雄性则会相继离开出生的群体，并加入其他不同的群体当中。这种母系家族之间的关联，构成了一个扩展到三代以上、包括一些旁系家族的社会关系网络。在这种家族群体中，每个成年雌性的等级都排在其母亲之下。当在白天休息时，它们经常聚集到该家族最年长的雌性周围休息和梳毛（抓虱子，整理皮毛等）。在晚上，家族的成员通常会挤在一起睡觉，当其中一个成员受到其他狒狒威胁的时候，它们会互相支援。虽然雌性也会为食物和地位竞争，但它们极少进行激烈的打斗，通常通过顺从的姿态，如表示害怕的咧嘴和扬起尾巴，来展示自己的身份。如果雌性之间发生了争斗，通常会随后和解，和解的方式一般为互相发出咕哝声，更少见的方式还有互相触摸和拥抱。

一只新迁入的雄性由于对新群体的成员不熟悉，它必须设法进入这个密集的"亲戚"和伙伴的网络。开始的时候，它一般会与没有养育后代的成年雌性建立关系。它会紧跟在该雌性的后面，同时咂着嘴并发出咕哝声，当获得该雌性注意的时候就做出表示"到我这来"的友好脸形——这是一种很独特的表情，做出这种表情的狒狒耳朵会向后贴着头骨，眼睛也会变小；如果雌性同意的话，它就会为该雌性梳毛。经过几个月以后，它可能会成功地与该雌性建立稳定的联结。如果是这样，它们的关系就起到了类似通行证的作用，使得该雄性把它与群体之间的联结逐渐延伸至那个雌性的伙伴和"亲戚"中。即使通过了这个初始阶段，新来的雄性也必须维持对雌性的友善。雄性和雌性的联结并不立即关系到性行为，虽然雌性在发情期时会与许多不同的雄性交配和互动，但是它们成年生活当中的大部分时间都是在怀孕或养育后代中度过的，这个时候它们是不会进行交配的。

这种雄性和雌性之间的特殊关系或者"友谊"在每一个得到详细研究的狒狒群体中都有记录。在肯尼亚一个大型的橄榄狒狒群体中，35只怀孕或养育后代的雌性大部分都会与18只雄性当中的1～3只成年雄性建立伙伴关系，在狒狒当中，最常见的成年雄雌性别比为1：2。在寻找草、球茎、根、树叶和果实的时候，有3/4的狒狒会在避免与其他成年雄性近距离相遇的情况下，保持在距"伙伴"5米的范围以内。

↗ 在肯尼亚的马赛马拉国家公园内，一只带着幼崽的雌性橄榄狒狒正在享受梳毛的乐趣。雌性通常会为其他母狒狒梳毛，以获得触摸幼崽的机会。

↗ 当橄榄狒狒休息的时候，它们的群体会分成一些更小的有亲缘关系的亚群体。

除此之外，几乎所有存在于非发情期雌性和雄性之间的友善互动都是发生在"朋友"之间的，其中有98%都是梳毛行为。

因为雌性的体重只有雄性的一半左右，而且缺少长长的、剃刀一样的犬齿，所以它是无法抵抗雄性对幼崽的攻击的。

据观察，对于狒狒的3个亚种来说，新来的雄狒狒都会杀死幼崽。不过，播放南非大狒狒叫声的野外实验表明，雄性对雌性伙伴发出的求救声十分敏感，特别是当雌性养育着幼崽以及它的叫声伴随着一只新来的雄性攻击性的叫声录音时。雄性不太可能注意到非伙伴的母狒狒的叫声，所以对于雌性来说，和雄性的"友谊"就意味着它的后代的生存。

雄性能够从"友谊"当中得到什么一直不太明显。通常，该雄性是雌性发情时和它交配的对象，所以在这种情况下，雄性是会保护自己的孩子的。如果该雄性这次不是幼崽的父亲，它可能希望下次能够成为孩子的父亲，因为平均来讲，雄性伙伴与雌性形成配偶关系的机会是非伙伴的两倍。虽然在某些狒狒种群当中，雄性统治者获得了80%的使雌性受孕的机会，但是在橄榄狒狒的群体当中，低等级的常驻雄性比新来的统治者多了两倍的机会使发情期的雌性怀孕。

个体的个性特征是决定谁和谁配对的重要因素，因此毫不奇怪，不同伙伴间的伙伴关系是有很大差异的。某些伙伴会花很长时间待在一起，却很少接触，而另一些伙伴会频繁地相互梳毛，碰见之后就会拥抱，夜间也会挤在一起。在一生的不同阶段，随着狒狒的成熟，伙伴关系也会发生变化。有些会解散——雌性可能会在一系列与雄性的相遇当中建立新的伙伴关系；雄性也可能获得统治地位并抛弃年轻时的伙伴，与具有影响力的雌性建立新的伙伴关系。但是许多伙伴关系会持续多年，因为它们已经习惯于舒适而悠闲的亲密关系了。总的来说，与雌性和幼崽频繁互动的雄性更有可能在一个群体中生活许多年。

狒狒常被描述为高度竞争的一种动物，但那只是它们天性的一方面。自然选择也同样偏爱它们发展亲密和长久伙伴关系的能力。事实上，人类和其他灵长类动物都有这种能力，这说明了该能力是我们祖先的基本能力之一，也是进化过程中流传下来的基本财富之一。

■ 在生育后代上的"投资策略"

与其他所有的食肉目动物相同，鳍足目3个科——真海豹类（海豹科）、有耳海豹类（海狮科）和海象科——的物种，要确保把自己的基因传下去，就必须把自己捕食的猎物转化成乳汁，喂给下一代。虽然鳍足目是哺乳动物中寿命比较长的一类，但是它们的繁殖率却很低，雌兽一年只能产下1只幼崽。另外，它们必须离开水体去繁殖，要么在陆地上，要么在冰面上，这些地方常常远离它们的觅食区。这种繁殖地和觅食区的分隔是决定不同物种繁殖方式变化的唯一重要因素，而且同一物种间还有多种繁殖方式。例如，少数几种真海豹（其中包括港海豹）在繁殖季节的觅食方式与有耳海豹更为接近，而与其他真海豹不同。不管采取什么策略，鳍足目中的雌兽都必须把它们在觅食季节所储存在体内的养料分配给它们的幼崽，不管它们在每个季节中储存的食物量相同与否，它们与

□探索与发现

↗ 由于有延迟着床期，雌性琴海豹的怀孕期持续将近一年。而它们的哺乳期不超过2个星期，在幼崽完全断奶前，母海豹会再次进行交配。

幼崽的交换都注定是不平等的。

母兽对幼崽的"投资"是巨大的，不仅通过乳汁的形式把自己的能量转给幼崽，也要为保护它们而付出很大的能量——不仅要保护幼崽不被其他成年同类伤害，还要保护幼崽不被其他的掠食动物捕食。几乎所有鳍足目动物的每一个种群都是在同一时期生育幼崽，这得益于它们有延迟着床期，使得每年幼崽几乎在同一时间出生。真海豹在哺乳期间，母兽基本不进食，只靠繁殖期前储存在体内的脂肪维持生命，而有耳海豹的母兽在哺乳期间还另外觅食，因此，有人总结出一个易记的格言，说"真海豹只出不进，有耳海豹有出有进"。这种差别很好理解，因为真海豹的体型比较大，可以在体内储存更多的脂肪，而有耳海豹体型比较小，在体内储存的脂肪也少，因此，需要另外的食物补充。

尽管如此，体型也仍然是母兽付出代价的一个关键因素。雌性真海豹一般比雌性有耳海豹体型大一些，中等的真海豹体重220千克，而中等的有耳海豹体重只有40～50千克。而且最为重要的是，真海豹事实上可以采取禁食的策略，通常在相对比较短的哺乳期内（同时也是母兽能量消耗巨大的时期）不再进食，如冠海豹的哺乳期只有短短的4天，完全可以不进食。真海豹的幼崽长得也更快，如冠海豹幼崽4天后体重就能达到出生时候的2倍，并且断奶也比较突然。为了完成这种超快的发育速度，乳汁中含有的脂肪质高达60%。

与真海豹相反，有耳海豹的禁食期有5～12天，在这些天里，母兽靠以前储存在体内的脂肪维持，一旦过了这几天之后，它们就去海中觅食，往返于觅食地和繁殖地之间。它们的哺乳期也相对比较长，从4个月（如加州海狮）到24个月（如加岛海狗和南美海狗）不等。有耳海豹的幼崽比起它们的真海豹"亲戚"来说，长得实在有点儿慢，断奶的时候体重只有母海豹的30%，而真海豹幼崽断奶的时候体重则能达到母海豹的40%。我们对海象照料幼崽的情况现在还了解得较少，但是知道小海象总是随从母海象一块儿在海中觅食，还常常在海水中吃奶。

在大多数的鳍足目种类中，同类之间成年雌性的体型差异很大，最大者往往是最小者的两倍。一只母兽的付出（用自己体内储存的能量来养育一个幼崽）和它的收获（通过这些付出而导致自身基因的传递）之间的关系是复杂的，尤其是在各个母兽本身的体型大小很不相同的情况下就变得更为复杂，因为如果要把幼崽养育成大致相同的体型，一只体型比较大的母兽耗费的能量与自身相比相对较少，而体型较小的母兽耗费的能量与自身相比相对较大。这种"种内"的不同也同样可以推论到"种间"，因种类间体型很不相同，使得这种生育行为也更为复杂。

然而，我们有一个办法来计算母兽生殖所付出的成本，可以根据母兽所降低的生育能力和减少的寿命来间接计算母兽生殖的成本。例如，如果一只雌性加岛海狗一直与幼崽待在一起，直到第二个繁殖季节，这会极大地降低第二年的怀孕概率，降到只有45%，如果断奶后

↗ 一只雌性南非海狗正慵懒地躺在一块礁石上，给一个体型已经长得相当大的幼崽喂奶。这种典型的有耳海豹的哺乳期长达12个月，少数南非海狗幼崽在出生后的第二年甚至第三年还跟在母海狗身旁，还在吃奶。

动物探秘

↗ 这是一只雌性琴海豹，正在给它的幼崽喂奶。在分娩之前，雌性琴海豹在体内储存大量的脂肪，因此身体变得像气球一样圆，它就是靠储存在体内的脂肪度过10~12天的哺乳期的。在这短暂的哺乳期结束后，幼崽的体重能够达到出生时的两倍，而此期间，母琴海豹是根本不进食的。真海豹基本上都是采用这种哺乳幼崽的方式，一旦哺乳期结束后，幼崽和母海豹的进一步联系都非常少，这一点与有耳海豹不同。

就让幼崽离开，则第二年的怀孕概率为90%。对于一只雌性南极海狗来说，以前的怀孕状况与它们以后的寿命和生育能力有很大的相关性，如果以前怀孕并产下幼崽的次数很多，它们的寿命就会缩短，以后的生育能力就会下降。例如，从未生过幼崽的雌性南极海狗活到15岁的概率是每年都生育一次的雌性的3倍，上一年生育幼崽后，第二年就会有48%不能再次怀孕，换句话说，雌性为生殖所付出的是寿命减少和生殖力下降的巨大代价。在真海豹中，如果一只雌性威德尔海豹头一年产下一崽，那么第二年产崽的概率就会减小5%，也就是说，它们付出了生殖力降低的代价。

这些付出和成本在不同的环境下会有所不同，我们可以举生活在美国加州外海的两个种群的北象海豹的例子来说明。

在新年岛上繁殖的北象海豹数量比较多，那里的繁殖地显得很拥挤，雌性3岁或4岁的时候就生育第一胎，但是早期生育的幼崽的成活率只是年龄大一些时候生育的幼崽成活率的一半；在法拉隆群岛繁殖的北象海豹的种群密度比较低，也没有证据显示年轻的母海豹生育的幼崽成活率降低，但法拉隆群岛上的雌性北象海豹在较早生育第一胎后，下一年生育幼崽的可能性会很低，反之，如果它们越往后推迟生育第一胎的年龄，接下来的繁殖能力就越强。

在苏格兰北罗纳地区海岸附近生活的灰海豹中，母海豹如果在某一年养育幼崽的时候付出了比往常平均更多的成本，那么第二年它就会隔过去不再生育。

实际上根据上述分析，有些研究人员认为，在同一种海豹中，体型大小不同的两类雌性很可能采取了不同的生育策略：一个极端是雌性生长发育速度快，开始生育的年龄也早，繁殖的次数也多，但是它们的寿命比较短；另一个极端是雌性开始生育的年龄比较晚，生育幼崽的频率也比较低，但是它们自身的寿命更长。我们还需要根据两者后代的成活率来研究到底哪一种生育策略的回报更高。

■ 加州海狮的繁殖策略

在加州海狮的繁殖地内，即使是海滩上冒起的会急速破裂的水泡也能见证雄海狮为保护领地而不断巡逻的努力，就像本页下图显示的那样。由于马戏团和海洋水族馆里常有海狮表演，所以人们对它们很熟悉。但即使在这些地方，雄性海狮也有各自的领地，并会发出大声的吼叫，以警告企图入侵者。

加州海狮现在主要分布在北太平洋的东部海域，从加拿大不列颠哥伦比亚省的太平洋沿岸向南经过美国加利福尼亚海域，到墨西哥下加利福尼亚半岛海域；另外还有一个与之分隔的亚种分布于南美厄瓜多尔的加拉帕戈斯群岛海域。雄性加州海狮体型比雌性大，在繁殖季节总要在繁殖地占据一片领地。每一只雄海狮都想与尽可能多的雌海狮交配，一只成功的雄海狮必须成功保护住自己在海滩上的小片领地，防止其他雄海狮的侵入，这样才能获得尽可能多的交配权。因此，在建立领地的那段时间里，雄海狮之间经常会爆发激烈的冲突，一旦领地

↗ 在美国加州蒙特里市海岸的一块繁殖地内，一群雌海狮聚集在一只占有领地的雄海狮周围。平均来讲，雄海狮占有领地的时间为27天，在这段时间里，它们要与尽可能多的雌海狮交配。

□探索与发现

↗ 这是一只新出生的海狮幼崽。在拥挤的繁殖地，雄性海狮之间尽管很少发生真正的战斗，但一旦发生，小海狮往往成为受害者，极有可能被踩死。

建立之后，这种激烈的冲突就会迅速退减到仪式化的在领地边界上的"示威"行动。这些"示威"表演包括大声吼叫、晃动头部、斜视对手、突然冲向对手的鳍肢等等。"示威表演"最多发生在领地边界线上，因此这可以表明海滩繁殖地上每只雄海狮的领地状况。

在繁殖季节，占据领地的雄海狮是不吃东西的，因此，仪式化的"示威"能力和本身体型的大小是长时间占有领地的两个最重要因素。对于一只雄海狮来说，要想留下尽可能多的后代，就必须在领地上坚持尽可能长的时间，仪式化的示威活动必须尽可能少地耗费体能。因为还可能爆发真正的冲突，那时必须要有足够的体能。如果雄海狮的块头大的话，不但能在真正的冲突中占据有利的形势，而且能够事先在体内储存更多的脂肪，降低能量的消耗速度。海狮体内形成的一层脂肪，起着很重要的作用，不但使海狮能够在冰冷的海水中生活，而且是雄海狮占有领地期间的唯一能量来源。

对雄海狮来说，另一个重要的生育策略就是占有领地时机的选择。从理论上来讲，雄海狮应该在大多数处于生育期的雌海狮出现前就占好领地。平均来讲，每只占有领地的雄海狮可获得与16只雌海狮的交配权，每两只雌海狮能成功生育一个幼崽。繁殖地位于白令海的北海狗群里，雌海狗分娩后大约5天就会再次交配，因此雄海狗必须在雌海狗到来之前就建立领地。但是对于加州海狮来说，雌海狮在分娩21天后才会再次交配，间隔期比较长，使得雄海狮不必在雌海狮到来之前就建立领地。因为那样的话，意味着占有领地的时间更长，会消耗更多的能量，平均来讲雄海狮占有领地时间只有27天。实际上，雄海狮只是在第一批幼崽出生后才忙于建立领地。随着幼崽出生高峰期的到来，雄海狮也越来越多地来到繁殖地，并建立领地——繁殖地上领地最多的时候是幼崽出生高峰期，大约5个星期。

↗ 两只雄性加州海狮在水底的领地边界上相遇了。通常情况下，这样的相遇只会有示威性的"表演"，而不会发生真正的"战斗"。

天气状况也是影响海狮繁殖策略的一个因素。在繁殖季节，气温常常超过30℃，这对于新出生的幼崽来说是很合适的，因为它们对自身体温的调节能力还不很完善，气温低于这个度数对它们来说就有些冷了。但是这个气温对于那些占有领地的成年雄海狮来说，却是一个不利的因素。所有的海狮在陆地上的时候，调节自身体温的能力都很有限，30多度的气温对于成年雄海狮来说又太热了，长时间暴露在30℃以上的海滩上它们会受不了，因此，必须到水里进行降温。然而，雄海狮去水中降温的时候，很可能会失去自己的领地，怎么办呢？有经验的雄海狮总是把它们的领地建在靠水的地方，至少一部分领地必须接近水。在持续的高温下，一块不能直接进入水里的领地是无法守护住的。

有的时候，雄海狮的大部分领地都在水里，这种情况常出现在繁殖地位于陡峭的海边悬崖上的海狮身上，因为那里只有很小的海滩，不足以使雌海狮在海滩上分娩。在这种情况下，雄海狮的大部分领地都在水下，它们会在水中巡游，在水下吼叫，来保卫自己的领地，这比领地大部分在陆地上占有优势，可以节省能量。有一点可以肯定，雄海狮为了有更多的后代，会充分利用各种有利条件，尽可能地挖掘它们的潜能，以便获得更多的交配权。

■ 弱势雄性的选择性交配策略

动物王国中已经很多次进化出了选择性的交配策略，一般包括特化的形态、生理机能以及行为机制，这使得不止一种雄性类型能在繁殖过程中获得成功。在爬行动物中，记录得最详尽的例子是关于有鳞目动物（蜥蜴和蛇）的交配方式。与通过防御策略来获取资源或交配的种类相反，具有选择性策略的交配系统使得处于劣势的雄性有可能得到交配机会并产下后代。选择性交配策略已深深吸引了生物学家。所有雄性的自身条件并不平等，它们运用计谋竞争，以求顺利完成交配，所以这种策略一定会吸引住任何一个生物学家的注意。不同的交配策略拥有各式各样的术语："偷食者"、"优势雄性"、"附属者"、"横刀夺爱"、"挖墙脚"以及"伪装雌性者"，这些都是被采用的基本策略。

选择性交配系统中的遗传和环境决定因种类不同而各异。在一些种类的种群中，只有那些交配成功性不大的个体想要采用新的行为模式来增大它们的繁殖概率，所以才会使用这种选择性策略。在这种情况下，这些策略是环境所决定的，以提高弱势雄性交配的成功率。在另一些情况下，选择性策略也可能是基因所决定的。采用相应策略进行交配的个体，有助于保持其生存的连续性和单独种群在形态和行为上的多态性。

选择性交配策略中的3个例子突出了变化中的生态环境。在这些环境中，交配策略不断进化并被保留。在交配季节中，雄海鬣蜥分别确立了自己的领地，体型较大的雄性在竞争上占有优势，拥有最好的领地，并获取了最多的交配权。因此，每年新生的大部分海鬣蜥都是小部分雄性的后代。然而，体型小且没有领地的海鬣蜥也试图与雌性进行交配。在交配过程中，雄性射精过程大约为3分钟，由于体型更大的雄性的侵扰，体型较小的个体很少能持续完成这个过程。解决的办法就是一种选择性策略：较小的雄性预射精后将精液储存在半阴茎囊中，一直等到出现交配的机会。在这种情况下，即使它们的交配持续时间很短，较弱的雄性也可以将精液迅速转移到任何一只遇到的雌性体内。这种策略弥补了它们在竞争上的劣势，提高了繁殖成功率。

选择性交配策略也在没有领地的种类中使用。在普通侧斑美洲鬣蜥种群中，大多数雄性保卫食物丰富的领地，在这片领地上也生活着

↗ 加拉帕戈斯群岛上的海鬣蜥是一种确立领地的种类，大量的雄性在每个繁殖季节中集聚在一个求爱场所，相互竞争以吸引雌性。虽然体型最大、给雌性留下印象最深的雄性（它们一般在繁殖季节呈红色或蓝色）交配机会最多，但是体型较小的雄性也可以采用预射精的策略来增加交配机会。

□ 探索与发现

↗ 此为红边束带蛇的交配图。研究显示，在这样一个集合体中，伪装成雌蛇的雄蛇通过释放雌激素迷惑雄蛇，交配成功率是其他雄蛇的两倍。但这种行为的负面作用是：雌性激素减少了它们的精子数量。

一只或更多的雌性，在繁殖季节中，雄性就可以与这些雌性进行交配。这个种类的某些种群中的雄性在生理机能、体色以及对领地开发程度上各不相同。喉部呈橙色的雄性是一夫多妻的个体，它们拥有大片的领地并有很多雌性交配对象。喉部呈蓝色的雄性是交配对象的卫兵，它们也拥有领地，却只能与少数雌性交配，并且在交配后还要守护着它们。最后是喉部为黄色的"偷食者"，它们没有领地并且还要伪装成雌性的样子，这样才能进入其他雄性的领地并与这些被雄性占有的雌性交配。自然界中存在这种系统的部分原因与"石头—布—剪刀"游戏相似，每一类型的雄性都有胜于其他雄性的优势，但是又有相对第三方的劣势。偷食的黄色雄性在与拥有领地且占有很多配偶的橙色雄性的竞争中尤为成功，但是它面对作为交配卫兵的有蓝色喉部的雄性时，成功的可能性就小得多——守护雌性的蓝色雄性可以成功阻止偷食的雄性，但是对更具侵略性的橙色雄性来说，它们就处于下风。因此，没有哪个单独的交配策略是绝对成功的，3种类型的雄性都能繁殖成功。

偷食是一个高风险的策略，因为这种策略通常会使弱势雄性与体型较大或更具竞争性的雄性离得非常近。在选择性交配策略中，一个经常出现的策略就是模仿雌性，这种策略可以降低其被发现的可能性，而且能逃避与优势雄性之间的争斗。这种策略在红边束带蛇种群中被体现得淋漓尽致。在每一个初春时节，成千上万条马尼托巴湖束带蛇聚集在一起繁殖。在这个集群中，雄蛇的数量超过雌蛇的数量，因此雄蛇之间的竞争是非常激烈的，10～100条雄蛇同时向一条雌蛇发出求偶信号，并在接纳它们的雌蛇上绕成一个"交配球"。在这个系统中，一小部分雄蛇，即科学家称之为"伪装雌蛇"的雄蛇释放出一种信息素，把自己伪装成雌蛇来吸引其他的雄蛇。由于受到这种信号的迷惑，正常的雄蛇会对这些伪装的雌蛇进行毫无效果的交配行为；此外，由于它们把这些伪装的雌蛇当作了真正的雌蛇，在这些伪装的雌蛇进行求偶过程中，真正的雄蛇并不会去阻止这些行为的发生。因此伪装的雌蛇在这个求偶群体中具有明显的优势。在这个竞争激烈的交配过程中，它们与雌蛇交配的机会比其他一般的雄蛇要多得多，表现在它们具有繁殖上的优势和凭借这种像雌蛇的信息素而比其他雄蛇多出的选择性优势。

只有当个体的遗传显性特征各不相同时，性别选择才会起作用，并会导致不同的繁殖成功率。上述3个例子显示出，看起来最"好"的雄性并不一定是胜利者。不管是基因决定的，还是环境决定的，选择性交配策略的成功都有助于维持种群中物种的多样性。

■ 无微不至的亲代照料

亲代照料指的是亲代一方或双方的行为，它们尽可能地努力，以提高受精卵或后代的成活率。这种努力包括亲代增加捕食行为，或减少自身进食，或者付出相当长的一段时间来照顾一窝卵或一群后代，因而无力再生育更多的后代。与此对应的是，亲代通过这种照顾来增加后代成活率的好处必须要大于亲代所付出的努力，否则，亲代照料就不能得以进化。

在两栖动物中，亲代照料已进化了很长时间，但在各个种类间却并不相同。大约一半的蚓螈种类要产卵，并且雌性与卵守在一起，直到孵化成功。在蝾螈中，已经得知所有科都会出现由雄性或雌性照料卵的情况，但仅包含了大概1/4的种类。迄今为止，两栖动物中蛙类亲代照料的形式最为繁多，其覆盖了大约2/3的科，但不到1/10的种类。

两栖动物的亲代照料与其不断增长的陆栖性有关。在溪流和水塘中成窝的受精卵和软体幼体经常成为各种捕食者的猎物，但是在陆地上，它们存活的概率就要大得多。特别是如果有亲代一方或双方的照顾,情况更是如此。当然也有例外,在一些完全水栖的物种,如大鲵和负子蟾,也显示出亲代照料行为。

在所有属于脊椎动物的动物中,两栖动物是具有最多样性的繁殖方式的种类,并且具有所有可以想象出的亲代照料方式。很大程度上,这种多样性体现了不同种类在产下的后代数量与投入照顾的精力大小之间所表现出的不同的交易性。

由于雌性产生的配子(卵子)比雄性少得多,所以雌性通常比雄性要花费更多的时间和非常大的精力来照顾后代。但是在两栖动物中也有一些令人困惑的例外,在最常见的现今存活的大多数蝾螈科成员以及蛙类中,几乎全部是体外受精,卵被置于雄性领地中,并受雄性保护。这是最常见的亲代照料,可以减少卵被捕食及卵脱水的情况发生。有时候,雄性会同时守护几个雌性产下的卵。在最分化的种群中,无肺蝾螈以及产卵的蚓螈都是体内受精。在一些蛙中,则由雌性在陆地上或水中守护它们的卵。

动物极少由其父亲照顾,但是在脊椎动物中,鱼类和两栖动物类由双亲照料后代的现象则非常普遍。这种情况可能是由于受精是在体外发生所导致的,雄性能确定哪些卵是受过精的,因此它们繁殖的成功率可以通过这种照料

↗ 在南美口育蛙中,可以发现一种两栖动物亲代养育中最特殊的形式——雄蛙把需要孵化的卵含在声囊中,并让其在那里发育。图中,一个达尔文蛙已经吐出两只小蛙了。

而得到提高。或者仅仅因为雄性必须在体外受精,所以它们有机会来照顾后代——对于体内受精的种类来说,交配和产卵的时间间隔通常达1个月或数个月之久,所以由雄性照料就不是一个可行的选择。

已观察到两栖动物有许多种形式的亲代照料模式,照料的持续时间可能不长,但是亲代,比如雌性仍然会冒着危险尽全力来积存受精卵。欧洲蝾螈的一些种类中,雌性细心地用水生植物的叶片包裹住每一粒受精卵,从而保护发育中的胚胎,使其不被捕食,并降低紫外线对卵产生的负面影响。在许多种类中,一方或亲代双方会延长照顾的时间。一些完全水栖蝾螈种类中,不论雌性或雄性照料卵群,都分别通过腮的快速运动以及身体的摇摆来增加卵群周围的气体交换。有时候,泥螈甚至把卵产在鲵鱼的巢中,这是巢穴防御的一种寄生策略,而关于这种策略还需要进一步的研究。

一些陆地巢穴育种青蛙,如波多黎各科奎鹧鸪蛙,将雄性皮肤的水分以水合作用的形式直接转移给胚胎。另外一些巢居照料种类则通过秘密释放杀菌物质来保护卵,使其不受病原体如真菌的侵袭。其他一些蝾螈和蛙类,双亲会守住巢穴,反击入侵者——可能是同类成员也可能是其他捕食者。在对新几内亚岛微型树蛙的野外试验中,当守卫巢穴的雄性被移开时,节肢动物就会攻击其巢穴并吃掉巢中的卵。

两栖动物中其他所有形式的亲代养育,在蛙类中都受到限制,比如存在于很多水生和陆生种类中的孵化行为。在南美水生苏里南蟾中,雄性会在翻一个筋斗的过程中给放在雌性背上

↗ 暗斑钝口螈(钝口螈科)生活在美国东部,在9~12月,根据栖息地海拔不同,其在一个巢穴中可以产40~230只卵。蝾螈蜷着身子围着它的卵,保护着它们,等待着秋雨或冬雨的降临,以孵化卵。

↗在哥斯达黎加的雨林中，草莓箭毒蛙进化出一种巧妙的方法来确保生长发育中的幼体的安全。4~6只的卵为一窝，被放在雨林地上的树叶中。卵孵化后，雌性将其带到充满水的高树裂缝中，或带到凤梨科植物上的水洼里。在这些微型水域栖息地里，蝌蚪定时食用有营养的卵，从而长成幼蛙。

消化系统释放的一种类激素物质受到抑制，这种物质是隐藏在幼体口腔黏液的一种前列腺素，它能降低盐酸分泌以及肠道蠕动频率。

许多蛙类亲代的一方通过随身携带卵或蝌蚪，使它们不受极端温度、干燥、捕食以及寄生行为的侵害。在欧洲的产婆蟾中，雄性将一串串的卵（有时不止是一个雌性所产出的）缠绕在后腿上，并不时地带着这些卵回到水中以保持卵的湿润。当卵要孵化时，雄性就带着它们回到水中。在澳大利亚袋蛙中，蝌蚪钻入雄性腹部两侧的袋状物中，不久就以幼蛙的形式出现。在口育蛙这个只包括两种南美洲青蛙的科中，雄性将20个幼体放入其声囊中，当幼体变大时，它的声囊会拉长至整个身体的长度。试验表明，雄性实际上还为发育的胚胎提供营养。雄蛙能够同时从几个不同的雌蛙处带走卵。在另一些种类中，雄蛙只是从陆地巢穴到水里时把蝌蚪放在声囊中。

在一些新热带毒蛙种群中，塞舌尔蛙以及新西兰哈氏滑跖蟾的卵被置于陆地上，孵化后，蝌蚪设法游到亲代的背上从而被带进水中。这个过程可能持续几天，这个任务有的由雄蛙来完成，有的则是由雌性完成，还有的是由亲代双方共同完成。

母体为其蝌蚪储备营养卵（未受精的或已受精的）是一种特殊的亲代照料形式。在蛙类中，这种行为至少已进化了6次，但是，只有当蝌蚪在充满水、很少或者没有食物的坑洞（凤梨腋中、树洞、或者竹节）中生长发育时，才会出现这种情况。

叶毒蛙属中的一些有毒蛙种类，它们的母体会把蝌蚪放在生长着林下叶层药草或地上凤梨科植物的水洼中，但是每个水洼都不会超过1个蝌蚪，雌性每隔1~8天返回检查产卵处，并且产下一小窝蝌蚪赖以为生的卵，再重新回到水中。

没有这些卵的话，蝌蚪就会死掉。蝌蚪把头部放在雌性的排泄口附近，并摆动其身体和尾巴，以示意它们的存在。蝌蚪的进食过程是通过咬破这些卵的胶质外壳并吸食卵黄完成的。在巴西的一个单配对种类中，雌性和雄性分别扮演着重要的角色：雄性单独把蝌蚪从储存卵的地点转移到充满水的树洞中；雌雄蛙平均每5天交配一次，交配行为显然能刺激雌蛙

的卵受精。每个卵在单独的囊中发育，蝌蚪的尾巴富含毛细血管，其作用与胎盘的作用一样。根据种类的不同，幼体是以蝌蚪或完全变态的幼体形式出现的。

树蛙树蟾类中大约有65个种类（均为新热带区种类）的雌性将卵粘在背上。有4科不是将卵粘在背上，分别是树蟾科、雨蟾科、芬蛙科，它们将卵放在敞开的囊中，幼体在那里发育成幼蛙。还有一个种类——球囊蛙有一个育儿袋一样的口袋或在泄殖腔上方敞开的袋状物，卵受精后，被放置在这些袋状物中，使得胚胎能在湿润的环境中逐渐发育。根据种类的不同，幼体以蝌蚪或幼蛙形式出现。

最奇特的蛙类孵卵方式也许是澳大利亚胃育溪蛙的：雌蛙吞下20个受精卵，受精卵在其胃里发育，然后再把蝌蚪或幼蛙"呕吐出来"。在这段时间内，亲代不进食，实际上这是因为

排卵。雄性接着会把雌性带到放置蝌蚪的树洞中,在那里雌蛙产下1个或2个有营养的卵供蝌蚪食用。

与上述蛙毫无关联的翡翠蛙和马达加斯加攀爬彩蛙也会发生非常相似的行为,其后代生活在水洼中(树洞或折断的竹节中)并开始孵化。在交配期,雄蛙带着雌蛙到一个水洼,它们在那里进行交配并产下1个卵。雄蛙守护着水洼,同时雌蛙返回水中并只产下一颗营养卵。新热带蛙和马达加斯加蛙在生活方式和口部形态方面的趋同性非常明显。

孵化后,蛙也会长时间与蝌蚪待在一起,保护和照料幼体。在一些种群中,亲代蹲在蝌蚪群内或蝌蚪群附近,并对骚扰蝌蚪的动物发起攻击。在巴拿马一种有细长脚趾的蛙中,一群蝌蚪跟随着母亲沿着充满水的沟渠移动,这是因为母体不断地向蝌蚪方向抽吸运动,进而产生表层波浪,而蝌蚪的这种移动就是对波浪的一种回应。在非洲猪鼻蛙(肩蛙属)中,雌蛙在和雄蛙进行抱合时,就在水塘的底部挖掘出一个地下育儿室,雄性给这些卵受精,蝌蚪在1周后孵化出来,水塘灌满水后,雌蛙就浮出水面,并把蝌蚪带入开阔的水域中。有时雌性会在水塘外部挖掘出一个滑道,使蝌蚪紧紧地游在其后,这样雌蛙就能带领蝌蚪到水域中去。

■ 虎鲸的狩猎策略

岩岬周围潮流涌动,20只虎鲸并肩排成一排,互相间隔50米,迎着潮流慢慢地靠近岬边。这些鲸在水面下方慢慢地游动,只是偶尔浮上来呼吸空气,并用长长的椭圆型鳍状肢和尾鳍拍打水面。在水下,拍打声听起来就像是消了音的枪声。之后是一声长而颤抖的哨声,随后又被像是来自印度集市的号角发出的雁叫般的声音打断,然后它们就开始井然有序地汇集到猎物那里。它们的猎物是数千只一群的太平洋粉红色大马哈鱼,这些大马哈鱼正被赶到岩石和咆哮的水流之间。在数分钟之内这些鲸就有效地困住了这群鱼,然后它们开始在外围一条接一条地吞下这些每条重达3千克的鱼。后来这些鲸似乎对狩猎失去了兴趣,开始在水中懒洋洋地打滚,有的时候则会偷偷"跳"起来向四周看看,看着那些岬边的载满大马哈鱼的

↗ 一群虎鲸汇聚到一群太平洋大马哈鱼群旁,用水下的声音交流和有效的合作将它们驱赶到一起。当虎鲸将这些大马哈鱼困在海岸和鲸群之间后,就会一条接一条地把大马哈鱼吃掉,直到吃饱为止。

渔船。随着另一声水下的哨声和雁叫般的声音,所有的鲸又同时潜入水中,5分钟后重新出现在岬的另一边。它们结成紧密的群体逆流而去,渐渐远离了渔船。这些虎鲸保持着紧密的阵形,经过2个小时安静的慢游,来到了另一个岩岬,又上演了另一场协作狩猎的"好戏"。

虎鲸是海豚科体型最大的成员。成年雄性虎鲸长达9米,背上有标志性的背鳍,竖直的背鳍高达2米,是所有鲸中背鳍最大的。雌性虎鲸稍微小一些,背鳍一般约70厘米高。由于后天损伤和遗传的影响,不同的虎鲸背鳍形状不一。

虎鲸背部的颜色为明显的黑色,腹部为白色,眼睛上方有一块白斑,背鳍的后下方有一块灰色的鞍状斑纹。由于它们背鳍的形状和鞍状图案多种多样,我们在世界的任何地区都可以识别和研究每一个虎鲸的个体,再加上DNA的证据,我们就可以深入地了解虎鲸的水下世界了。

虎鲸群由母鲸和它的后代组成,这些后代会世世代代地生活在一起。鲸群里面的成年雄性一般只是群体其他成员的"儿子、兄弟或叔叔",并不是人们以前认为的那种"一雌多雄"的关系。虎鲸会到自己家族或母系以外的群体去交配。由于这些家族群体会长期聚集在一起,再加上猎物的分布也在变化,结果就形成了捕食特定类型猎物的专门化的群体或生态型。

虎鲸能吃许多猎物,但是它们的群体一般主要捕食当地丰产的猎物。这会影响到捕猎

形式的变动，也能改变群体的最佳规模，甚至是虎鲸自己的身体形态。所谓的北美洲的"短驻"虎鲸，主要吃海豹和其他海洋哺乳动物。它们以小群的形式活动（平均3头），但是常常单独捕猎，体型比前面提到的专吃大马哈鱼的"常驻"虎鲸要大。在挪威，吃鲱鱼的虎鲸常常形成巨大的群体一起觅食，其中的许多鲸群会一起协作，将成千上万的鲱鱼团团围住；而在阿根廷海滨单独捕食幼海豹的虎鲸又是另一个生态型了。

雌性虎鲸通常在十几岁时达到性成熟，它们能够活 50～100 岁。雄性成熟得晚一些，死得也早一些。一头成年雌性能够每 3 年生 1 胎幼崽，直到大约 40 岁才停止生育。怀孕期要持续 15～17 个月，照料幼崽也要将近 1 年。雌性在生育期内大约能够生下 5 个能存活的幼崽，但显然不是所有幼崽都能活到成年。过了 40 岁以后，雌鲸就会承担起群体内幼鲸的"保姆"和"教师"的社会角色。

有一些虎鲸群会为了追踪猎物而迁移数百千米，而另一些虎鲸群却常年生活在食物丰富的地方。作为顶级的掠食动物，虎鲸的数量不多，但是由于多群虎鲸聚集在一些常年或季节性食物丰富的地方，会给人一种错觉，认为它们的数量相当多。

在当今世界，处于食物链顶端有一个明显的劣势，就是污染物会在猎物体内聚集，最终影响到掠食者。在北美洲西北部的太平洋，"常驻"和"短驻"虎鲸体内都发现了世界上含量水平最高的多氯联苯，这会导致其生育率的降低和种群生存能力的下降。

■ 红大马哈鱼惊人的远程洄游

栖息于太平洋西北部的红大马哈鱼的生命史足以代表其他溯河产卵的物种——那些大部分时间栖息在海洋，但需返回淡水流域产卵并最终在淡水中死去的鱼类物种。红大马哈鱼比其他鲑鱼洄游的距离远得多，其迁徙距离能达 1 600 千米，实在令人叹为观止。

从春季直至夏末，大量红大马哈鱼成群逆流而上，历尽千辛万苦返回其最初被孵化出来的地方。它们沿阿拉斯加（卡希洛夫、肯奈、俄罗斯）和加拿大的不列颠哥伦比亚省（弗雷泽、斯基纳、纳斯和努特卡）境内的河流而上，途

↗ 许多鲑鱼都在逆流洄游的行程中因精力耗竭、敌人捕食或环境的污染而死去。当它们遇到阻拦其洄游的水电站大坝时，便会筑成"鱼梯"以便使整个鱼群到达孵化场。

中遇到无数障碍物和诸如急流及瀑布这类的险境。它们出众的"归乡"能力主要依赖其记忆力和嗅觉，其出生流域周遭的石块、土壤、植物和其他因素所产生的综合化学物质能被它们的成鱼记住，它们正是据此洄游而上的。在自然环境中，鱼类的洄游方向偶尔也会有些偏差，一旦它们发现更适宜栖息的地点时，其分布范围便得以扩展了。

在洄游时，雄性一般先行，而产卵场则由雌性选择，雄性在产卵场向雌性展开热烈的求偶攻势。在发育成熟的过程中，红大马哈鱼体内的激素变化剧烈，使其体色也有所改变，头部变为绿色，背部变为深红色，雄性的颌变长，形如钩状，被称为钩颌。大马哈鱼属的全部 7 个太平洋鲑鱼物种和红大马哈鱼都具有明显的

↗ 红大马哈鱼秋季所产的卵，其孵化会持续整个冬季。它们被保护在沙砾之下，上面通常还覆盖着数英尺厚的雪和冰。在被排出约 1 个月之后，卵中就开始发育出眼睛了。这些鱼类是从卵至仔鱼的阶段尤其脆弱。

↗ 图为冬末孵化出来的初孵仔鱼，它们小小的身体上附着大的卵黄囊，初孵仔鱼就是从卵黄囊中获取营养物质的。橙色的卵黄囊内含蛋白质、碳水化合物、维生素和矿质，这些物质之间的配比十分均衡。

钩颌，即"带钩的颌"。

雌性积极地摆动自己的尾巴，在产卵场中的合适基质上挖出一个长达3米、深30厘米的巢或产卵所。雌性红大马哈鱼能产卵2 500～7 500个，具体数量依据成鱼的体型不同而异。一对成鱼横靠在一起产卵时，它们的身体剧烈抖动，颌张开。雄性红大马哈鱼往卵上喷射出包含了精子的乳状液体（精液），使其受精，雌性随即用沙砾覆盖在受精卵上，对其进行保护，直至受精卵被孵化出来。它们的每次产卵约持续5分钟，整个产卵周期约为2周，其间成鱼会在河床的深洞中稍作休息。每次产卵期后，它们的产卵所会被填满，需要挖掘出新的产卵所。由于红大马哈鱼在洄游的旅途上耗尽气力，又为掘巢和护卵殚精竭虑，因此在其产卵完成约1周后它们就会死去。

在孵化后，新生的红大马哈鱼在其出生的淡水或邻近湖泊中经过1年左右的发育成为仔鱼，然后便顺流而下回到海洋中，成为幼鲑或幼鱼。它们一旦进入太平洋便迅速分布至海中央及阿留申群岛南部，在那里它们经过2～4年的时间发育成熟，此时其肉质呈特有的橘红色，深受太平洋西北部沿岸渔民的青睐。在其生命的第四年夏天，这些成鱼又会游向内陆的大河河口，重复其生命循环。

红大马哈鱼是所有太平洋物种中最具经济价值的一种，原住民及其他渔民多用围网和刺网捕捉红大马哈鱼。它们脂肪含量高（这些脂肪是存储起来以备长途迁徙之用的），因此肉质特别丰润，口感上佳。

■ 毛虫的防御措施

毛虫很脆弱，它们几乎全都行动缓慢，而且常暴露在外，对鸟类和其他敌人来说，其又圆又胖的身体是很容易到手的一小顿美餐。因此，毫不奇怪，毛虫们拥有多种防御本领。

许多小型毛虫把自己藏在植物的根、茎、虫瘿、种子和其他组织中，间接地以这种方式保护自己。有些大型种类也同样从它们选择的居所中得到庇护。例如，蝙蝠蛾科的幽灵蛾毛虫住在树干或树根里；木蠹蛾（蠹蛾科）的幼虫会钻进树干中去。

"结草虫"（蓑蛾科）会做一个让幼虫（通常与无翅的雌性成虫在一起）生活的壳。壳用丝做成，幼虫会把它粘到沙砾、小树枝或叶子上去。有些体型较大的种类，如非洲一种蛾的毛虫，做的壳非常坚硬，很难把它撕开，脆弱的幼虫能在里面得到很好的保护。巢蛾科的很多种毛虫用自己吐出的丝织成又大又厚的网，然后大伙一起躲在里面。

在所有动物中，伪装是一种很普遍的防御手段，鳞翅目昆虫也不例外。最非凡的那些例子出现在尺蛾总科的毛虫中，它们中的许多与所取食植物的小枝惊人的相似，它们用后抱握器抱紧树枝，并使身体保持静止，完美地伪装成一根小枝。

其他有些毛虫像鸟粪，如燕尾蝶的一种，在其幼虫阶段的早期，黑色的身体正中会出现一块白斑。刚孵化不久的桤木蛾也使用这种伪装策略。

↗ 图中是许多将亮红的色彩、一排具保护性的刺以及纤毛相结合的毛虫，如果被它们刺到的话，会造成被刺者长时间的疼痛。为了增添一层保护，这种毛虫常常聚在一起，就像图中这些大蚕蛾科的毛虫一样。

□探索与发现

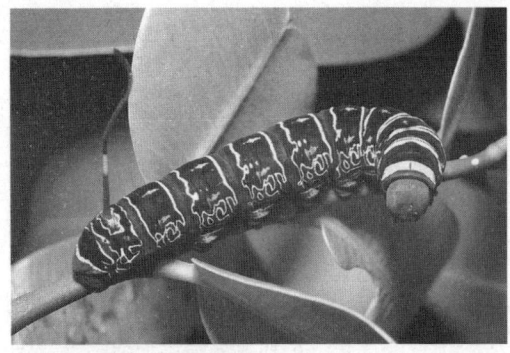

↗ 这只环绕着白色涂鸦般花纹的巴西天蛾毛虫非常有效地利用了黑白相间的色彩作为"警戒色"。

有些昆虫用视觉警报器保护自己。身体上有"眼点"的大象天蛾幼虫一旦受惊，会把脑袋缩进去，然后突然把"眼点"露出来。有迹象显示，这种行为会把捕食者吓得立刻丢掉猎物逃之夭夭。

某种毛虫会把让人讨厌的气味和"闪动的"色彩结合在一起。欧洲的黑带二尾舟蛾毛虫不仅会摆出一个吓唬人的姿势，还会从胸腺中喷出强烈的刺激物（蚁酸）；此外，它们的腹部末端的"尾巴"附近能伸出一对亮红色的须，并且能舞动，据说这种方法能阻止寄生性的膜翅目昆虫靠近它们。

那些长有毒性纤毛的毛虫，大概也明白这些毛会引起讨厌的皮疹。有时候这种症状来得又急又猛，对人有不利影响。

招致不良反应的纤毛被称为螫毛，主要有两种：一种是基部长有毒腺，向入侵者喷射毒液的；另一种无毒，但是有刺，如捕食者碰触到会有刺痛感。据说，一只末龄的黄尾蛾毛虫身上就长有200万根螫毛，这种蛾属于毒蛾科，该科成员以其长有螫毛的幼虫而著称。委内瑞拉皇蛾毛虫会喷出一种强力的抗凝血剂，可导致严重出血。

刺蛾科的"蛞蝓"虫常常身披一簇簇尖锐的、针一般的刺，这种刺还常常武装着毒素化合物。"蛞蝓"这一名字既指它们短厚而宽的外形，也指它们波浪般起伏或滑行的动作。如果不小心碰到它们身上的刺，会引起剧烈的疼痛和肿胀。刺蛾毛虫一般为绿色，但也常有鲜艳的色彩点缀，大概是起警告捕食者的作用。

如果捕食者尚没有学着把特殊的颜色和不愉快的经历联系到一起，那么它们的猎物即使有毒或味道难吃，在捕食者认识到这种联系之前，也会有性命不保的可能。因此许多幼虫都体被警戒色，比如身体组织内含有氰化物的地榆蛾毛虫为黑黄相间的体色，而这两种颜色是自然界中最为常见的警戒色。

关于蝴蝶，在斑蝶亚科（王斑蝶就属于此类）中占绝大多数的黑黄相间的毛虫，会从它们的食物（如马利筋属植物）中获取并储存心脏毒素，并一直保留到成虫时期。

燕尾蝶的毛虫在胸部长有一个叉形的突起（丫腺），当这个腺体被翻转过来时，会释放出一种辛辣的气味，据说这专门用来对付那些寄生性的昆虫。

■ 对孔雀炫耀行为的研究

蓝孔雀的炫耀行为举世闻名，乃是雍容华贵的象征。这种鸟会在它们高傲的蓝颈后面展开一道巨大的扇形屏，由近200根色彩缤纷的羽毛组成，上面装饰着许多闪闪发光的"眼睛"。自古以来，孔雀与人类就一直有着密切关系，在许多公园里都是一道亮丽的风景线。然而，直到不久前，人们对孔雀求偶跳舞的细节问题还知之甚少，对它们那道豪华屏的意义更是几乎一无所知。那豪华屏已不能称为尾巴，而是许多变大的尾覆羽。

孔雀一年内大部分时间成小群或与家庭成

↗ 雄孔雀炫耀时会展开一道由近200根装饰华丽的尾覆羽组成的扇形屏，堪称整个动物王国中最壮观的炫耀之一。

员一起生活。然而，在繁殖期，它们变得独来独往，且非常好斗。每只雄性成鸟会回到它在以前的繁殖期所曾占据的地方，重树它的领域权。为了表明自己的存在，它会威胁入侵者，并发出响亮的鸣叫声。领域很小，面积为0.05～0.5公顷，以森林和灌木丛中的空旷地为中心。这些领域往往紧挨在一起，因此雄孔雀们很清楚它们相互之间距离很近。偶尔，某只涉世不深的雄鸟会挑战它资深的邻居，于是一场旷日持久的暴力斗争便会随之而来。斗争双方神经高度紧张地围着对方转，寻找着机会，然后突然跳起来用爪和距猛击对方。如果势均力敌，那么这场战斗有可能会持续一整天甚至更长时间，而其他孔雀则像人们观看拳击比赛那样在边上兴致勃勃地旁观。不过很少会出现斗得头破血流的场面，胜利者常常是更富有耐心和毅力的一方，它最终会将对手驱逐走。

孔雀在领域内有1～4个特定的炫耀点，在那里跳著名的"孔雀舞"。这些地点均为精心挑选，最典型的是一种由灌木、树木或墙壁所围起来的"龛"结构，长宽不超过3米。在英国的一个公园里，一只雄孔雀竟使用一个露天剧场的舞台来作为它的炫耀地！

→1.在求偶过程中，雄孔雀朝着雌鸟后退，然后突然转身；2.向雌孔雀展示众多闪烁的"眼睛"，有时，雄孔雀在转过来面对雌鸟的那一刻，会突然发出一声冈叫，然后迅速向前试图抓住雌鸟；3.雌鸟通常会闪开；4.雌鸟偶尔也会犹豫或蜷伏，于是交配随之发生。

↓作为繁殖的前奏，雄孔雀先建立小型的领地。为此，它们会发出响亮尖锐的鸣叫声，一方面是警告其他雄性不要入侵，另一方面是吸引潜在的性伴侣。

雄孔雀在这些地点附近耐心等待，直至看见一只或数只雌孔雀过来，它便走到炫耀点，然后彬彬有礼地转过身背对着雌孔雀，簌簌有声地缓缓抖开它那巨大的屏，让每只"眼睛"都"睁开"。接下来，它开始有节奏地上下摆动翅膀。

随着雌孔雀走近，它会保持让屏无修饰的背面总是面向它们。而雌孔雀则是出了名的对雄孔雀华丽的炫耀无动于衷，到这个阶段为止，它们来到这个地方似乎更多的是出于巧合，而非有意为之。

当雌孔雀进入"龛"后，雄孔雀会快速扇动翅膀朝着雌孔雀后退，而后者则避开它走到炫耀地的中心位置。这显然正是雄孔雀一直所期待的。于是，它猛然转过身来面向雌孔雀，翅膀停止扇动，而是将屏前倾，几乎可以将雌孔雀覆盖。同时，整个屏一阵阵地快速抖动，产生一种清脆响亮的沙沙声。雌孔雀的反应通常是一动不动地站着，于是雄孔雀转过身继续扇动它的翅膀。有时，雌孔雀会快步绕到雄孔雀的面前，然后当它抖翅时，会兴奋地重新跑到它后面。这一行为会反复好几次。

查尔斯·达尔文意识到孔雀的屏是一个进化上的谜。既然这一装饰物纯粹是多余的累赘，为何对雌鸟仍有吸引力？对于这个问题，生物学家罗纳德·费希尔给予了巧妙的回答。他认为雌鸟选择最华丽的雄鸟是为了它们的"儿子"可以继承父亲的魅力。换言之，这是一种从众行为。倘若某只雌鸟表现出与众不同的品味，那么它便会冒后代缺乏吸引力的风险，被其他雌鸟鄙视为进化倒退。因此，雌孔雀将雄孔雀绚丽的尾羽作为魅力标准而选择最华丽的雄性。另有一种理论认为，雄孔雀尾羽的绚丽程度与年龄成正比，即最漂亮的是年龄最大的，从而体现了它们的生存能力。所以，这种理论认为华丽的雄鸟必定是优良品种。

那么在实际中，雌鸟又是如何选择配偶的呢？答案存在于雄孔雀尾羽的一大特征里。雌鸟在一群炫耀的雄鸟中间走动，对其中几只会回过头来再进行观察，大部分情况下最后会与眼斑最多的雄鸟进行交配。如果是一群雌鸟，那么都会与同一只雄鸟交配。因为眼斑随年龄而增长，因此雌鸟选择的不仅是打扮最"奢侈"的雄鸟，同时也是最富有经验的生存者。

■ 艰难的繁殖赛跑

每逢夏季，雪雁在北美洲的北极地区或西伯利亚最东端的群居地进行繁殖。窝卵数4~8枚不等，卵产于有绒毛衬垫的巢中。

飞行的力量使长途迁徙的候鸟得以自由地进行大范围转移，在世界各地相距很远的地方进行短暂的栖息，从而获得丰富的季节性食物供应——虽然这些地方从潜在意义上而言并不适合栖息，食物供应仅限于某段很短的时期。这一点在50多个繁殖于北极的食草型雁的种群身上体现得再明显不过。每年短暂的夏季过后，它们便从北极的繁殖地出发，南下北美、欧洲和亚洲，寻找气候相对暖和、不下雪的栖息地。

然而要实现这样的长途飞行，就必须保持内脏结构的简化。羊不会飞自有其原因：它的瘤胃和复杂的消化系统能够高效地处理劣质的纤维草料，但却过于沉重，无法在空中携带数千千米。相反，食草型雁的内脏进化得短小、简单，食物流通迅速。它们善于寻觅和挑选优质的绿色植物做食物，例如，仅挑那些植物的叶尖，这最容易消化。

因此，通过选择优质食物和保持高速消化，雁弥补了自身消化功能的不足。在北半球的春天，草新长出的绿色嫩芽富含容易消化的可溶性蛋白质和碳水化合物，但结构性纤维含量低，不利于内脏对营养成分的吸收。因此当这些芽的细胞壁得到一定程度的强化，但又在叶尚未长得很长之前，乃是雁类最理想的食物。雁从过冬地北上返回繁殖地时，正好赶上一路都是春天，冰雪消融，万物复苏。事实上，有一些种群，如格陵兰岛西部的白额雁种群，可以持续跟随当地海拔梯度的解冻模式走上坡路，结果整个夏季都可以一直沐浴在春天里——从山下往山上，太阳辐射的热量依次将生长中的鲜嫩植被从冰雪覆盖中释放出来。

尽早返回繁殖地，争取最有利的繁殖条件，这无疑是一项艰苦的赛跑。对大部分在北极繁殖的雁的研究表明，最早产卵的雁拥有最大的窝卵数和最高的孵化成功率，并且能养活大部分后代。由此可见，先到先产卵具有许多优势。然而，这场赛跑并非简单地冲向终点而已。北极地区的气候状况变化无常：这一年雁到来时可能天气温和、食物供应充足，而下一年同一时间到来时却可能是一片冰天雪地。

迁徙的雁在体内储存脂肪和蛋白质用以维持长途飞行，因为这期间它们没有机会觅食。越来越多的研究表明，这些储备也用于雌鸟产卵以及维持它和随后到达的雄鸟的生存。人们运用同位素研究——在雪雁的食物和组织中加入易于识别的化学元素，结果发现雌鸟利用它们体内的营养储备，辅以在极地繁殖地及其附近获得的食物来产卵，并度过孵卵期。在北极高纬度地区繁殖的雁类，如黑雁和大雪雁，一度被人们认为在抵达营巢地后很快就营巢繁殖，

白颊黑雁的迁徙路线
它们的过冬地位于苏格兰和英格兰的交界处，夏季繁殖地位于北纬80°的斯瓦尔巴特群岛上。北上时，雁中途在挪威逗留，摄取多汁的新生草，进行食物储备，这对于随后的成功繁殖至关重要。南下时，熊岛是重要的中转站。另一个独立的种群迁徙至格陵兰岛。

如今却发现它们在到达后会花 1～3 周时间用以觅食，补充雌鸟体内的营养储备，为产卵孵卵做准备。这期间，雌鸟的卵泡迅速发育，雌鸟根据它体内的营养储备情况和繁殖地食物的供应情况来调整它用于产卵的资源分配。倘若抵达繁殖地时恰逢大雪封山，融化又遥遥无期，那么雁便会放弃这场赛跑，完全不做繁殖尝试，其卵泡会重新被吸收。

倘若雁赶在暮春到达繁殖地，它们或许可以等条件得到改善时，依据自身的营养储备调整产卵的日期和窝卵数。但实际情况往往会始料不及。在北美一些小雪雁的群居地，雌鸟在产下首枚卵之前可能无法从繁殖点周围补充到必要的食物，很大程度上只依赖于体内的储存。如果储存不足或者窝卵数太多，雌鸟就不可能在孵化过程中利用短暂的休息间期来补充足够的营养成分，于是只能放弃——人们甚至观察到有些雌鸟就活活饿死在孵卵的巢中。而要是赶在一个气候条件很好的春天，那么先行到达的雌鸟就会成功地早早产下一大窝卵，在这场赛跑中率先冲往终点线。

然而，即使接下来成功躲过了北极的狐狸、贼鸥、乌鸦和其他许多潜在掠食者对卵的威胁，这场赛跑仍然还没有完全获胜，原因便是雏鸟的孵化。虽然 24 小时的极昼天气使植物大量生长，觅食时间也大为延长，但雏鸟在会飞前因天气恶劣和被捕食而造成的死亡率依然很高。而变幻莫测的天气以及来自同类的竞争，可能意味着一些雏鸟缺乏足够的资格站在初次飞往南方过冬地的起跑线上。研究表明，在苏格兰的索尔威湾过冬地，秋季从斯瓦尔巴特群岛繁殖地飞来的白颊黑雁幼鸟中，体重者明显多于体轻者，原因很可能便是前者储存了充足的能量，能够维持返回之行。对于雁的亲鸟而言，只有当它们带着一窝完整的孩子到达过冬地，这场繁殖赛跑才算宣告结束。

■ 大型企鹅的极地生存策略

皇企鹅繁殖时面临的是鸟类所可能遭遇的最寒冷恶劣的气候条件：一望无际的冰封的南极海冰，平均气温为 -20℃，平均风速为 25 千米/小时，有时甚至可达 75 千米/小时。每年南半球的秋季（3～4 月），皇企鹅在南极大陆沿海那些坚固可靠的海冰上形成繁殖群居地，为此，它们可能需要在冰上行走 100 千米以上才能到达繁殖点。求偶期过后，每只雌鸟在 5 月产下 1 枚很大的卵，然后由雄鸟在接下来的 64 天里孵化，这段时间雌鸟回到海里。雏鸟孵化后，由双亲共同抚养，为期 150 天，从冬末至春季。这样，雏鸟在海冰再次出现之前的夏季便可以独立生活。

这样的繁殖安排容易让人产生两方面的疑问：其一，皇企鹅为何要在一年中最恶劣的季节里抚育后代？其二，皇企鹅是如何在严冬中生存的？

第一个问题的答案似乎是：倘若皇企鹅在南极的夏季（仅有 4 个月）进行繁殖，那么当冬季来临时，它们漫长的繁殖周期还没来得及结束。而且若那样的话，雏鸟在暮春换羽时体重只长到成鸟的 60%，这个比例对任何换羽的企鹅而言，无疑都是最低的，因此幼鸟的死亡率会很高。当然，成鸟是每年都可以繁殖的。

皇企鹅在恶劣条件下的生存之道，表现为生理上和行为上的高度适应性，从根本上而言，这都是为了将热量散失和能量消耗降到最低限度。皇企鹅的体形使它们的表面积与体积之比相对较低，同时它们的鳍状肢和喙与身体的比例要比其他所有的企鹅种类低 25%。它们的"血管热交换系统"极度发达，其分布的广泛程度为其他企鹅的 2 倍，从而进一步减少了热量散失。血液流往足部和鳍状肢的血管与血液流回内脏的静脉紧紧相邻，这样，回流的血液便可以被保温，而往外流的血液则被冷却，从而将热量的散失降至最低。皇企鹅还在鼻孔中回收热量，

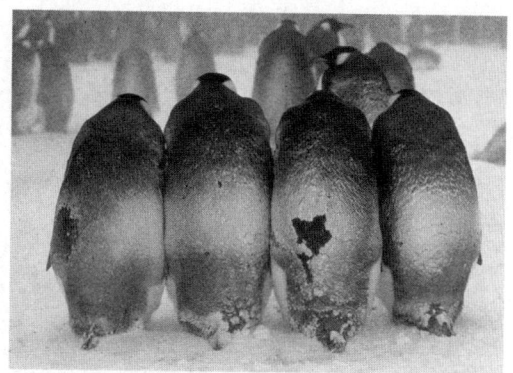

↗ 4 只身上被冰覆盖的皇企鹅聚集在一起取暖。当许多鸟拥挤在一起抵御严寒时，整个群体内部的温度可以达到 35℃。这种重要的集群本能使皇企鹅成为唯一不具领地性的企鹅种类。

□探索与发现

即在吸入的冷空气和呼出的热空气之间进行热量交换,从而可以将呼出的热量保留约80%。此外,它们身上长有多层高密度的长羽毛,能够完全盖住它们的腿部,为它们提供了一流的保温设施。

由于冬季冰川一望无垠,海面就变得很遥远,因此觅食非常困难。于是,皇企鹅待在巢内的新陈代谢速度就减缓,漫长的禁食期也势在必行——雄企鹅可达115天,雌企鹅为64天。皇企鹅庞大的体型令它们可以贮存充足的后备脂肪,来应对这段食物短缺期。

不过,皇企鹅最重要的适应性表现为"集群"。它们尽可能地不活动,一大群一大群地聚在一起,多的可达5 000只皇企鹅挤在一块,密度达到每平方米10只。如此一来,无论是成鸟抑或雏鸟,个体的热量散失都可以减少25%~50%。集群作为一个整体会缓慢地沿顺风方向移动,而其内部也存在着有规律的移动:位于迎风面的皇企鹅沿着集群的侧面前移,然后成为集群的中心,直至再次位于队伍的后面。这样就没有个体一直处于集群的边缘。这种流动方式对皇企鹅来说之所以可行,完全是因为它们具有足部带卵移动的能力,在脚上的卵(以及随后的雏鸟)由袋状的腹部皮肤褶皱层所遮盖和保暖。皇企鹅适于群居的另一个重要特征表现为,它们几乎不会做出任何具有攻击性的行为。

另一种大型企鹅王企鹅则进化出了一种截然不同的方法来解决在短暂的夏季进行繁殖的难题。它们通常每3年中利用一年成功繁殖一次,而其他2年很少繁殖成功。它们有2次主要的产卵期,分别在11~12月和2~3月,这期间会产下单个很大的卵。双亲共同承担孵卵和守护的任务,一旦雏鸟孵化(约54天后),便实行轮流照顾,一般每隔数天换一次班。在任何一个王企鹅的繁殖群居地,大部分时期内都既有换羽的成鸟、待孵的卵,也有生长发育中的雏鸟。

因卵产于11~12月,所以到次年4月,雏鸟的体重已发育至成鸟的80%,然后在冬季再得到一些间断性的喂养,因为冬季要经历2个月左右的禁食期,雏鸟总的体重会减轻近40%。9月,雏鸟恢复有规律的进食,一直持续至12月雏鸟离开亲鸟为止。然后成鸟必须换羽,直到次年的二三月才能再次产卵。这时产下的卵孵出的雏鸟在冬季来临时还很小,并且要到次年1~2月才能长全羽毛。事实上,这个阶段孵出的雏鸟很多都会死亡。

↗ 约有19.5万对皇企鹅形成30多个繁殖群,在南极冰架上繁殖。在严酷的环境中,皇企鹅除了要忍受接二连三的暴风雪,还必须始终应对从南极高原吹下来的下降风——这让它们更觉得寒冷刺骨。

生物栖息地

■ 北极和冻原

在地球的极北地区,气温可以低至-50℃,冬季的日照时长只有几个小时而已。对于生活在那里的动植物而言,北极充满着机遇,但是要在这样一片冰和雪的海洋中生存,需要真正的强壮和坚韧。

北极的中心地区是一片冰冻的海洋,并且几乎都被陆地包围着。这是世界上最小的海洋,大部分的洋面都被永久移动的浮冰覆盖着。北冰洋周围的陆地被称为冻原,荒芜而没有生命的迹象,在一年中的大部分时间里都是冰冻着的。但是在春季和夏季的短短几月中,土表的冰层会融化,冻原突然间显示出勃勃生机。

» 北冰洋中的生活

对于人类来说,北冰洋是极端寒冷的,即使在夏天,这里的温度也接近冰点。任何人如果落入北冰洋,除非能够立即救起,否则没有生还希望。在冬季,海冰可以一直延伸到格陵兰岛北部,将整个洋面冰封起来,就像是加了一个水晶盖子。冰山也被暂时困住而停止移动,但是当海冰一融化,其便可以向南漂浮出几千千米之远——1912年,泰坦尼克号撞到冰山而沉船的事故发生在西班牙附近海域,而1926年,一座冰山甚至漂浮到了百慕大附近。

与空气相比,水更容易吸收热量,因此人类如果掉入冰窟后不能坚持很久。尽管如此寒冷,北冰洋仍然是地球上最为繁忙的生物栖息地之一,生活着大量的浮游生物、水母、海蛇尾、掘洞爬虫,以及鱼类、海豹和鲸等。它们是怎样生存下来的呢?

对于大部分生活在北冰洋的动物而言,寒冷完全不是问题,因为它们没有可以失去的体热。这些"冷血"动物只要海水没有真正结冰,就可以在冰冷的海水中生活得很惬意。很多动物生活在海床上,那里的温度全年稳定在4℃。在这个光线昏暗但并不完全冰冻的世界里,冷血动物的行动很缓慢,但是生存是绝对不成问题的。

» 深处的热量

对于生活在北冰洋的哺乳动物而言,寒冷是生存的一大威胁。海豹和鲸是热血动物,它们的体温几乎和人类没有差别。如果受了风寒,即使体温只低了几度,这些动物也有可能死亡。

北极的哺乳动物通过在身体上裹上一层厚厚的脂肪来解决寒冷问题。这层脂肪被称为"鲸脂",存在于内脏器官和皮肤之间。脂肪是非常好的绝热器,它可以帮助防止体热的散逸。生活在北极的海豹,这层鲸脂可以厚达10厘米,而在弓头鲸体内,鲸脂甚至可以达到50厘米之厚,几吨之重。在17世纪,当这些鲸被捕获时,它们的鲸脂很受推崇,常常被切成块状后浮回岸边。

鲸脂已经足以帮助鲸保暖了,而海豹则还有自己的绒毛大衣。另一种北极动物——北极

↘ 3头年幼的北极熊在冰面上行走。雌性北极熊会照看自己的后代,直至它们长到大约两岁可以独立生活之后。

□ 探索与发现

↑水母是北冰洋生物圈的重要组成部分。图中的水母正在游动，但是一些水母每天大部分时间都是在海床上仰面朝天地度过的。

熊身上的皮毛更为厚实和浓密，可以在空气中起到很好的保暖作用，但是在水中的效果就相对不佳了。不过，幸好有鲸脂，北极熊也就不用担心寒冷了。它是真正的海洋动物，常常在距离最近的冰块和陆地之间游出十几千米远。

»冰层的裂缝

在北极附近的北冰洋洋面上几乎一直是冰封着的，这就使得需要呼吸氧气的海豹和鲸的生存遇到了困难。但是，在北极的大部分地区，强烈的风和气流抽打着海冰，让一些地方的冰裂开了口子，又把一些碎冰挤压在一起。较小的裂口被称为"冰裂"，几乎随处可见，但是不

↘进食时间，海象总是懒洋洋地躺在浮冰上。它们的牙齿主要用作等级的标志，但是当它们需要从水中上到冰面上时，长牙也变得像手一样灵活可用。

会持续很久。比较大的裂口有一个俄罗斯名称，叫作"polynya"，也就是"冰间湖"或者"冰穴"的意思，持续存在的时间可以达到几年甚至几十年之久。今天，最大的一个冰间湖出现在巴芬湾北梢，其面积几乎与瑞士的面积相当，从很高的上空就能清楚地看到。

对于北极的野生动物，这些冰间湖就像是寒冷沙漠中的绿洲。这里可以看到很多海豹，以及北极体型最大的动物——海象。海象的体重可以达到1 200千克，有着显眼的长牙、起皱的外皮，看起来就像天生是进攻大型的、行动快速的猎物的猎捕动物。但事实上，海象主要以海床上的蛤为食，它们像大型的真空吸尘器一样，将蛤从冰冷的泥土中吸出来。

冰间湖也非常受北极最小的两种鲸类的喜欢，一种是白鲸，另一种是独角鲸。后者长有一个向前伸出的长牙。

独角鲸的牙齿看上去像传说中的独角兽的角，在以前常因被认为有某种神奇的力量而被出售。即使在现在，独角鲸的牙齿也总是带着神秘色彩。这种牙齿只有雄性独角鲸才有，其实是一种高度特化的牙齿，可以长达3米。雄性有时用之进行例行公事般的对抗，而其真正的功能人们至今仍没有完全明白。

»受 困

像巴芬湾那么大的冰间湖，可以被那些需要有开阔水域的动物当作自己永恒的家。但是在小面积没有冰的区域中，多变的天气和气流可以使得庇护所变成一个囚笼。夏末时节，海面开始结冰，无冰区开始萎缩，有时候会完全封冻。

对于海鸟而言，这只会带来一点点不便之处，因为很多可以向南迁徙到比较温和一点的地方过冬。但是对于海豹和鲸而言，如果它们拖延的时间过长，水面结冰将是一个很大的问

120

↗ 雪地里的大批驯鹿正在向适宜冬季生活的地方行进。在加拿大北部最大的驯鹿群,数量可以达到50万之多,每年都要迁徙几百千米之远。

题——一头完全成年的海象可以钻透25厘米厚的冰层,但是随着秋季过去冬季到来,冰层不断变厚,要继续留下通气孔就变得非常困难了。

有时候,事情的确会变得很糟糕:独角鲸是北极鲸类中栖息地最靠北的一种,这就意味着夏末开始的寒冷对其造成的威胁更大。有时候,几百头独角鲸被困在日益缩小的冰间湖中,基本没有生存的希望。这对于鲸类而言是个坏消息,但是对于北极的土著生物而言却是个好消息,因为它们可以将独角鲸肉作为冬季的美食。

» 冻原的日夜

在北极,冬季总是昏暗的,而夏季则充满了阳光。在北极圈上,仲夏夜的太阳渐渐接近地平线,但是它还没有真正降到地平线下时又开始升起来了。越往北,太阳的升降越是奇怪。

在世界上最北的小镇——位于斯皮茨卑尔根岛的新奥勒松,6月初,太阳完全升到地平线以上后便不再降落,直至7月末。连续8个星期的白天,使得人们都不知道什么时候应该睡觉,什么时候应该起床。

北极动物完全可以适应这种情况,它们可以保持全天清醒状态。鸭子和大雁可以在午夜时分沿着海岸的冻土带进食,而雪能够在延长的白昼通过发动突然袭击惊扰它们的猎物。北极狐也到处巡游,在鸟巢周围和岸边的岩石地带逗留,希望能够找到鸟蛋或者雏鸟。与其他狐狸不同的是,这种皮毛浓密的动物在世居的地下洞穴中繁殖,最大的北极狐穴可以有十几

个入口和上百年的历史。

» 花朵盛开的冻原

对于北极的植物而言,如此长时间的日照可以催化其繁殖。随着冰雪慢慢融化,鲜绿色的泥炭藓开始从浸满水的泥炭中冒出来,而沼泽棉也开始出现在冻土带墨黑的池塘中。石质地面上覆盖起了苔藓——尤其是那种只有几厘米高、看起来像灰绿色的刷子的苔藓。这些都是北极最坚强的生物种类,也是驯鹿的重要食物,它们通常都是先用自己的蹄将藓上的雪挖去。冻原上也生长着北极柳树,但都只有脚踝那么高,通过牢牢抓住地面,这种植物可以抵抗北极寒风的摧残,这也是在这种大风寒冷的环境中生存的重要技巧之一。

由于北极的夏季很短,冻原上的植物也是速战速决地留下自己的种子。北极柳树可以长出黄色或者铁锈色的柳絮,等到地面上的雪化尽,气温达到10℃后便绽开,并吸引有翅膀的昆虫到来。有一种颜色鲜艳的被称为紫色虎耳草的植物动作更快,当雪还在融化的时候,便已经开始开花了。

» 北极的昆虫

对于居住在北极的人类而言,夏季反而是比较麻烦的时候,因为土壤表层的冰会融化,使得冻土带显得很湿软泥泞,外出非常不便。更严重的是,这个季节还有蚊子出没。在北极的各个池塘中,几百万蚊子的幼虫成熟了,用全新的翅膀开始在空中飞舞。雄性蚊子是无害的,因为它们以花朵为食,但是雌性蚊子在产

□ 探索与发现

卵前需要吸食血液。一般情况下，它们只是进攻野生动物，但是它们也会聚集在衣服、鞋子甚至摄像机镜头前，不放过任何机会进攻人类暴露在外的皮肤。

北极也生活着大量墨蚊，这是一种小小的弓背吸血昆虫，被其咬过后会觉得奇痒无比。这些招人烦的昆虫只有两毫米长，但是它们可以成群出击，使得动物和人类逃之不及。

幸运的是，并不是所有北极昆虫都像墨蚊那样让人讨厌——北极的大黄蜂在为花朵授粉中承担着重要的任务，而蜻蜓则是以吸血昆虫为食。在天气温暖的日子里，如果气流也比较平稳的话，蝴蝶也会飞出来。有些蝴蝶是冻原的土著生物，也有一些是在夏季来临时不远千里迁徙而来的，它们由南向北飞行的距离有时可以达到惊人的 2 000 千米以上。

》飞行迁徙者

蝴蝶不远千里来到这样一个寒冷而遥远的地方似乎很让人费解，但事实上，到了夏季，北极的植物给蝴蝶带来几乎享用不尽的食物。蝴蝶并不是唯一长途跋涉来到北极的动物——在雪还没有完全融化的时候，大群来自温暖地带的大雁就来到这里繁殖后代。每种大雁有它们自己的夏季和冬季生活区域——雪雁在冬季的时候生活在美国的南部和西部地区，但是平时在加拿大北极地区筑巢。比较罕见的红胸雁在冬季的时候生活在黑海附近，但是平时在西伯利亚北部的泰米尔半岛筑巢。

虽然雁类是游泳高手，但是它们并不以浮游生物为食。相反，它们吃草和其他陆生植物，用喙猛力一拽后，将植物折断吞下。整个夏季，成年大雁和小雁大量进食变肥，为遥远的南方之行做好准备。

↗ 麝牛是北极最大的陆生动物，蓬松的皮毛可以保护它们不受寒冷的侵袭。

》行进中的兽群

北极最大的食草动物也随着季节而迁徙，但是它们的迁徙过程是在陆地上进行的。大群的驯鹿向南迁徙，用它们异常宽大的蹄踏在雪上，游过所有挡在路前的河流，直至到达北部森林地带。

在斯堪的纳维亚半岛上，萨米人曾经过着游牧驯鹿的生活。他们跟随着自己的驯鹿，在森林和冻土带之间迁徙，并且赶走狼和其他猎食动物。如今，一些萨米人仍然过着这样的游牧生活，不过他们已经有了现代机动雪橇，并且在长途跋涉的终点建起了舒适的家。

夏季过去，秋季来临，北极的麝牛开始了与众不同的迁徙——从地势较低的冻土带转移到地势较高的地带。这些大型有角动物在冬季有着超长的皮毛，因此几乎不受寒冷的影响。但是雪却是个大问题，因为它会让寻找食物变得困难。在格陵兰岛和加拿大北部地区，麝牛向积雪已经被大风刮尽的地势较高地区转移。

》积雪下的家

在北极的冬季，最温暖的地方当属积雪之下。这就解释了为什么北极的植物在积雪覆盖地区长得最好，为什么旅鼠也喜欢生活在积雪之下。北极生活着 12 个不同种类的旅鼠，繁殖速度都很快，只要出生两周后便能产育后代。其中一种被称为挪威旅鼠，由于每 4 年都会出现一次数量激增而很是出名。在"旅鼠年"中，食物供应跟不上旅鼠数量的增加，几百只旅鼠出来到处搜寻食物。

↗ 通过排成"V"字形飞行，大雁可以将迁徙过程中耗费的能量降到最低。每只鸟都利用前一只鸟产生的气流来减少消耗，并且它们轮流充当领头鸟。

传说迁徙中的旅鼠会从悬崖跳入海中自杀。事实上，旅鼠是游泳高手，但是偶尔也会遇到灾难而导致大量溺死的现象。

■ 沙漠

沙漠覆盖了几乎1/3的地表，是地球上面积最大的野生生物栖息地。沙漠野生生物的分布很稀疏，但这有利于它们应付极端的气温和苛刻的环境条件。

世界上的大部分沙漠分布在亚热带地区，在那里，被称为"反气旋"的强大的干燥气流常

↗ 在沙漠中，裸露的岩石常常被风雕蚀出各种奇怪的形状。风会将砂石和沙子卷起，狠狠地砸向挡在其前行道路上的任何东西。

常停留几个月之久。沙漠也分布在潮气不能到达的其他一些地区——有些是因为离海洋的距离太远，而有些是因为高山挡住了含水气流的到来。虽然，大部分沙漠都是炎热而干燥的，但是也有些沙漠是寒冷的，且偶有暴风也能带来降水。

» 多变的气候

1991年6月，一场风暴席卷了智利的安托法加斯塔港，毁坏了大量房屋和道路。这场风暴之所以如此引人注意是因为安托法加斯塔位于阿塔卡马沙漠——可以说是世界上最干燥的地方。在这块位于太平洋和安第斯山脉之间的条形地带，年均降水量只有0.1毫米。在这里，降水如果要装满一个咖啡杯，则需要100年。当地的每一滴饮用水都通过管道或者交通工具运送而来。

沙漠中的倾盆大雨被称为"山洪暴发"，这也是为什么生物不容易在沙漠中生存的原因之一。

在沙漠中，干旱是日常生活中的现实问题，而当大雨降临时，结果则又是极具戏剧性和危险性的。另一个问题是风，它可以在地面上刮起锋利的粗砂或者将大量的黄沙扬到空中。再加上炎日的骄阳和夜晚的寒冷，沙漠对于任何生物而言都是极端艰苦的生活环境。

» 生命的水库

阿塔卡马沙漠的部分地区极端干燥，完全没有生物。但在有些沙漠中，会有足够的水分使得一些特殊的植物得以生存下来：每年5毫米的降水量就足以使稀疏抗旱的植物生存下来，而若是年降水量为15厘米，则还可以长出较高的灌木丛，当一片沙漠上的年降水量达到25厘米时，沙漠也就慢慢地转换成灌木地，可以有多种植物生存。

植物是沙漠生物的关键，因为没有了它们，动物也就没有了食物。沙漠植物种类多样，但是就抗旱能力而言，没有哪种植物可以与仙人掌相抗衡。最大的仙人掌被称为巨人柱，可以达到10米高，它们长长的茎部就像是可扩张的蓄水池，内含的水分可以填满好几个浴缸。像所有植物一样，这种巨型仙人掌通过微小的气孔呼吸，但是它们的呼吸是在沙漠凉爽的晚上进

↙ 非洲纳米布沙漠中的这些巨型沙丘是世界上最高的沙丘之一。在纳米布，海风使沙一直处于移动状态，沙丘也就像缓慢的海浪一样慢慢向着内陆爬行。

□ 探索与发现

↗ 在北美洲的莫哈韦沙漠，春雨过后出现了壮观的花开景色。几个星期后，所有的花都会消失掉，整株植物也会死去。

行的，这样就可以防止过多的水分被蒸发出去。

一些沙漠树类和灌木有着长得难以置信的根部，可以从很深的地下吸收水分，比如在美国亚利桑那州，矿工们发现一棵牧豆树的根伸到了地下50米的深处。但是仙人掌的根不同，它们只是将根大面积地排布在地表浅层，这样在降雨时，仙人掌就能第一时间获得水分了。

由于仙人掌可以如此快地吸收水分，所以它们能够在环境极端恶劣的"无人之地"生存，而其他植物则不能。这个地方是猎捕很多种动物的好去处，尤其是走鹃——一种在沙漠岩石和植物上跳来跳去，食用从蝎子到蛇的各种小型动物的鸟类。

》奇异的植物

在世界上的沙漠地区，很多植物采用了仙人掌的生存技巧——将水分储存在茎部。这些植物包括世界上最为奇异的灌木，比如墨西哥琉璃苣，看上去像一根布满钢针的电线杆。生长在离好望角不远的索科特拉岛上的"土豆袋树"是另一种造型奇特的沙漠特种植物，从其粗壮的袋形的树干上长出小簇肉质树枝。

非洲沙漠上还生活着其他种类的奇异植物，比如晃玉和"活石头"。晃玉的茎呈绿色的圆形，大小与真正的棒球相仿，茎中含有大量的水分，以及浓稠的、乳汁般的白色树液。这些树液有着火炽般的口感，比最强的辣椒口味还要浓烈，这就使得动物对其毫无胃口。"活石头"则有着自己的一套防御之道，它们小小的、顶部平坦的茎看上去就像鹅卵石。但是终有一年，这些"鹅卵石"会突然开花。

但是非洲最奇特的沙漠植物来自纳米布沙漠。这种植物被称为"千岁兰"，这是根据一位德国的植物学家而命名的。千岁兰是针叶树的远房亲戚，大约1米高，只有两条像带子一样的叶子，可以生长几个世纪。它的叶子像木质一样坚硬，随着慢慢变老就会受到磨损和变得粗糙。

》躲避高温

千岁兰的生长速度很慢，而且可以活到1 000年以上。但是沙漠中也有生长、开花、结

↗ 琉璃苣仅生长在墨西哥西北地区的中心地带。它的树枝呈铅笔的造型，而树干则看上去更像是来自大象而不是来自一种植物。

物种档案

千岁兰

千岁兰只生长在一个地方——纳米布沙漠中心的砂砾平原上。它有着粗壮的扁平的树干，只有两条叶子，随着慢慢生长会慢慢开裂和卷曲。这种植物没有花，通过球果传播种子。但是它是世界上生命力最顽强的植物之一，可以活过1 000多年。

子速战速决的植物。这些植物被称为"短命植物"，只有在降雨后才会出现。

在美国加利福尼亚州的死亡谷，"短命植物"总是出现在早春雨后。之后的几个星期，峡谷内的地面一片翠绿，然后随着花开又呈现一片

黄色。但是"短命植物"需要与时间赛跑，因为每过一天，太阳就越升高一些。当夏季来临时，气温可以达到55℃，使得死亡谷成为世界上最热的地方之一，而地面温度甚至更高。在峡谷内被称为"熔炉湾"的地方，温度可以达到88℃——离水的沸点只差12℃。

在这样的高温即将来临的威胁之下，植物没有时间慢慢地生长和开花，或者伸出长长的根须。相反，它们只能尽快地吸收周边的水分，然后将所有能量都用于产出种子。当夏季来临时，这些植物都早已死亡，但是它们数百万计的种子已经散布到地上，等待着下一场生命之雨的到来。

» "短命"的动物

植物并不是唯一速战速决的生物，一些沙漠动物的生命也很短暂。大部分这类生物都是在水中繁殖的，这就意味着它们依靠偶尔的降水来生存。

在澳大利亚的辛普森沙漠，这种雨大约是每5年降一次。辛普森沙漠是世界上最平坦的沙漠之一，因此需要较长时间降水才会流尽，这里到处都会散布着浅浅的水塘甚至小湖，只要几天，里面就会活跃着生命的气息。最早出现的是蝌蚪虾，是从休眠在地下的卵中孵化出来的。

与"短命"植物一样，这些动物会迅速完成繁殖后代的任务，仿佛知道自己生活的水环境很快就会干涸一样。

大雨的降临也使得在地下深眠的青蛙和蟾蜍出现在了地面上。在它们的长久等待中，它们的身上裹着由薄薄的蜕皮形成的防水层。当

↗ 梅氏更格卢鼠的一生中不需饮用一滴水。事实上，它们也需要水分，就像其他动物一样，但它们可以从食物中获取身体所需的所有水分。

雨水渗入泥土后，这层防水层就开始变软，深睡中的青蛙或者蟾蜍便将之脱去，来到地面迎接光明。很快，小虾、青蛙、蟾蜍与黑天鹅甚至鹈鹕一起，形成了世界上最为奇特的沙漠动物组合。

» 吝水者

穴居两栖类动物生活在世界上很多沙漠地方，这种生活方式使得它们很难被找到。有些沙漠动物全年都很活跃，这就意味着它们一直都需要有足够的水分。这些动物处理水源的认真程度不亚于银行里的收银员。无论何时何地，它们都在收集水分，并且确保没有任何浪费。

一些沙漠动物拥有不可思议的技能——它们可以在完全不用喝水的情况下存活。这种技能并不罕见，比如钻木虫一直都处于这种状态。此外，在沙漠中，不用喝水就能存活的动物中还包括哺乳动物，一般而言这类动物是需要大量流质才能生存的。

» 产水者

产水者中包括梅氏更格卢鼠——产于北美洲的一种沙漠啮齿动物，以植物的种子为食。这种动物在关养条件下也很容易生存，因此科学家们得以发现它们的生存秘密：首先，它们在进食的时候顺便摄取了一定的湿气，这个过程足以提供其所需水分的1/10，而剩余的9/10来自于一种非同一般的方式——它们在消化食物的过程中利用一种化学反应来形成水。这种水被称为代谢水分，很多动物都是将之排出体外的，但是梅氏更格卢鼠将之全部利用起来。这就解释了为什么它们可以在其他动物都会因干渴而死亡的地方存活下来。

» 储水者

在沙漠中，动物可以通过各种神奇的方法储藏水分。沙漠大象可以在干涸的河床上找到

↗ 雨后几个小时，这只铲足蟾便来到水面，并且呼唤吸引着异性的到来。蟾蜍在沙漠地区很常见，但是大部分时间它们都是在地下度过的。

□ 探索与发现

物种档案

纳马夸沙鸡

世界上有16个不同种类的沙鸡,都生活在沙漠中。它们可以飞行很远去寻找种子,而它们斑驳的羽毛可以为它们在地上进食时提供伪装。它们还在羽毛中储藏水分,这种技巧可以帮助它们的后代得以生存。纳马夸沙鸡是沙鸡中的典型物种,它们生活在南非沙漠中。

水源所在——可能是利用嗅觉,并挖出几米深的坑后找到。沙鸡可以飞行很远找到水坑所在,并且长途跋涉地将水运回巢去供应给自己的幼鸟。沙鸡会涉入水中直至齐胸深,利用其胸上的羽毛像海绵一样吸收水分。在纳米布沙漠以及阿塔卡马沙漠的一些地区,一些昆虫和蜥蜴通过喝雾水来满足对水分的需要,它们利用自己的身体,像收集露珠一样收集雾水。

当一些沙漠动物真正找到水源时,它们通常都是将水储存起来,这样可以帮助自己熬过干旱季节。这些"活储水器"包括生活在沙漠中的羚羊,比如南非大羚羊和两种骆驼。阿拉伯骆驼或者说单峰驼可以一次喝入60升水,而双峰驼则据说可以一次喝入110升的水,这些水足以灌满两辆普通家用小汽车的油箱了。

» 夜行动物

在骆驼还是沙漠上唯一的运输工具的时候,人们常常在晚上行进,因为在沙漠中晚上通常比白天要舒适。一旦太阳下山,地面会迅速降温,在无云的天空下,空气也变得很凉爽。沙漠动物也利用了这种温度变化,很多都喜欢在夜间行动。这些夜间活动的动物包括几乎所有小型的和中型的哺乳动物——从沙鼠到长耳大野兔,以及很多食肉动物,比如山狗和身材秀美的狐。狐一般是通过它们奇大的耳朵来发现猎物的,而山狗则不仅有灵敏的听力,还有很好的视力和精准的嗅觉。

沙漠中还生活着响尾蛇和其他种类的毒蛇,它们通过感应热量来寻找猎物。这些蛇类的每一只眼睛和鼻孔之间都有一个凹陷部位,它们可以借助这个部位来发现温度高于周围环境的事物。这个凹陷部位可以感应出0.2℃的温差,因此对于这些蛇来说,热血的鸟类和哺乳动物就像是黑夜中的灯塔一样显眼。

因为这些热感应器官是成对出现的,蛇可以锁定猎物并且准确出击。如果一条毒蛇被蒙上眼睛,它会冲向一杯热水,这正显示了热量是如何指引蛇类的前行方向的。

» 冬季的沙漠

世界上只有少数几个沙漠是全年高温,很多沙漠都有凉爽时节,有些甚至还有着相当寒冷的冬季。在中亚的戈壁沙漠中,冬季的气温可以降到-30℃,但是不会形成降雪,因为此时也是戈壁沙漠全年最干旱的时候。寒风可以使得此时的沙漠之行变得危险,而酷寒的天气意味着此时是不可能找到水的。北美洲的大盆地沙漠也可以出现这样的寒冷天气,而会出现霜的死亡峡谷的最低温度也不过是-9℃。

↗ 世界上有2 000多种仙人掌,而树形仙人掌是其中体型最大、寿命最长的种类之一。储存在一株树形仙人掌中的水分可以超过1吨重。

物种档案

蹼足壁虎

壁虎是攀爬专家，一些可以在窗户上爬行，有些则可以在房顶上倒着身体飞速爬行。但是图中的壁虎生活在沙漠地区的沙丘里。它们的脚趾间长有蹼，就像是小型雪靴一样，可以防止其陷入沙中。蹼足壁虎生活在非洲西南地区，主要以昆虫和其他小型动物为食。

↗ 鬣刺草是极为干旱的澳洲红色中心地区常见的景观。由于每棵草都向外部生长，最内部的草会死去，所以形成一个草圈。

对于冷血动物，比如龟、蜥蜴和蛇等，冬季不是活动时节，它们常常只是躲藏在地下洞穴中。它们的体温会降低，代谢减缓，这样方可以在无需进食的情况下存活几个月之久。昆虫也采取相同的方法，只是很多昆虫在冬季时尚未成为成虫，而是抗寒能力强的虫卵。一些沙漠哺乳动物开始冬眠，而其他一些则转到地下活动，食用自己储藏下来的食物——在戈壁沙漠中，沙鼠是这方面的专家，每个沙鼠家庭能够储藏50千克的植物根和种子。如果要在地面上活动，则需要采取很多应对措施，比如长出暖和的过冬的"外衣"。当春季来临的时候，双峰驼的冬毛会大块掉落，使得整头骆驼看上去似乎被分解了。

沙漠中的鸟类会迁徙到温暖的地方，但是有一个北美种类的鸟——弱夜鹰，则有着独特的生存技巧：有时，它们爬进岩石缝中，一睡便是几个星期。由于休眠的弱夜鹰躲藏得非常好，因此，直到1946年人类才第一次发现它们。至今，人类也只发现过极少数量的弱夜鹰，它们仍是目前世界上唯一所知的冬眠鸟类。

■ 草原和稀树草原

辽阔的草原和稀树草原是传统的野生动植物居住地，点缀着零星的树木和水塘，它们也是人类生命最早出现的地方。

世界上的草原和一些稀树草原的气候处于"中间"状态——对于森林来说太干，对于沙漠来说又过于潮湿。草原主要分布在地球上比较凉爽的地区，但是稀树草原则主要分布在热带地区。这两种栖息地中生活着大量的食草动物——从白蚁和蚱蜢到陆地最大的哺乳动物。

» 成功的秘诀

草可能看上去不起眼，但是它们却是世界上最不容易被毁灭的植物。即使被折断、被啃咬、被践踏，它们都能生存下来。甚至被烧尽，它们也能"死而复生"。这就解释了为什么草适合用来铺成草坪和足球场，以及为什么在地球上的一些地方会整个被草所覆盖。

这种令人吃惊的坚韧力量之秘密在于草的生长方式。与其他种类的植物不同，草贴着地面，它们的茎是中空的，而且有节将其从顶到底分成多段。在每一个节点都长有一片叶子，这里也是细胞迅速分裂的区域。

大部分植物的生长区域只位于茎的顶部，这就意味着如果这个部位被动物吃掉的话，植物就会停止生长。但是草就不同，它们即使被吃得只剩下根，也能很快重新生长。除了朝上生长，草还会同时向四周扩张。

» 草和食草动物

科学家并不知道世界上最早的草确切是从什么时候开始出现的。花粉化石显示，它们最早出现在至少6 000万年之前。照这样看来，最早的草正是出现在恐龙称霸地球的时候。在这些远古时代，地球上还没有形成草地和草原，草也许只是在热带森林的边缘地区零星夹杂生长在其他种类的植物间。

但是在恐龙灭绝后，草地的覆盖面越来越广，直至它们成为世界上发展最为成功的植物之一。

这种变化的发生，一定程度上是因为地球气候变得越来越干燥。但是，更为重要的原因是那时进化出了大型的、植食性哺乳动物。这些动物有专门用来咀嚼它们的食物的牙齿和用来将植物的茎踩倒的坚硬的蹄子。很多植物都经不住上述这些"摧残"，但是草却可以。正是这些食草动物，使得草从热带地区蔓延，并形成了今天辽阔的草原。

↗ 在雨季结束的时候，斑马很容易找到食物。而此后，生活就开始变得艰难了，因为草开始变黄变干。

» 世界上的草原

直到 200 年前，每个大陆上 (除了南极洲大陆) 都分布着大块的草原。每一片草原上都有其自己独特种类的哺乳动物——在北美洲，大草原上生活着美洲野牛和叉角羚，而南美洲大草原上则生活着大量食草啮齿动物和大群的鹿。

欧洲和亚洲草原上生活着野马，这里也是野马最早出现的地方。但是澳大利亚比较特别，因为在其草原上生活的不是有蹄哺乳动物，而是袋鼠等。

非洲草原仍然生活着世界上群落数量最大的食草动物。在 1888 年，南非定居者遇到了正在一望无际的草原上迁徙、史上罕见的巨大数量的跳羚，其数量至少有 1 000 万头——它们全都以草为食。

» 行进中的哺乳动物

如今，地球上的草原已经发生了很大的变化。在 19 世纪期间和 20 世纪早期，水牛和跳羚遭到大量捕杀，以致它们几乎灭种（幸运的是，在这两个物种真正快灭绝前，捕猎被停止了下来）。在很多草原上，野生哺乳动物被牛、羊挤了出去，而有些草原则被开垦，用于种植粮食。尽管发生了这些变化，天然的草原仍然存在着，它们是一些最壮观的大型野生动物生活的地方。

在非洲东部的塞伦盖蒂和马赛—马拉国家公园里，可以看到令人难忘的景象。在那里，在大裂谷河谷边上，大群混合的草原哺乳动物全年进行着迁徙，以寻找新鲜的食物。这些动物中包括 100 多万头的角马、大约 45 万头的瞪羚和 20 万匹斑马，它们都随着季节的变化而迁徙。它们在雨季开始的时候来到开阔的草原上，而在干旱季节则进入稀树大草原。没有什么阻挡它们前行的脚步，它们可以到任何自己想去的地方——就像几百年前的草原动物一样。

» 团结在一起

对于食草动物而言，草原是生活的理想居所，因为到处都是食物。但是，这也有一些明

↗ 在草的海洋里，一群角马正徜徉在坦桑尼亚和肯尼亚之间的平原上。雨季刚刚过去，草原还是一片葱绿。

显的缺陷,比如几乎没有可以藏身的地方。猎食动物可以从很远就看到食草动物,食草动物唯一的办法就只能是逃跑。几百万年来,食草哺乳动物已经进化出了强壮的四肢,这可以增加它们逃生的概率。此外,它们也形成了群居的习惯,因为这样可以实施一种很好的预警系统。在一个群中,很多眼睛和耳朵都警惕着周遭的环境,当一些在进食的时候,另一些则观察着地平线上的状况,如果有成员发现了危险的来临,整个群都可以及时逃跑。

如果食草动物每次都是一看到危险就立即逃命的话,它们会在几天内就精疲力竭而死。因此,它们会根据所遇到的危险的不同而作出相应的调整。比如,它们会让一头狮子靠近到200米的范围内——这看上去似乎太过大意了,但是瞪羚本能地知道狮子是依靠偷袭捕猎的,所以,如果一头狮子显眼地出现在它们的视线里,其很有可能只是在侦查而不是准备捕猎。猎豹则显得更为危险,因为它们依靠速度而不是靠突然的惊吓捕猎。如果瞪羚看到一头猎豹,即使尚在500米开外,它们也会立即奔命。事实上,500米的确是其成功逃脱追捕的最小距离了。

» 濒危的大型动物

大型食草动物,比如犀牛和大象,它们有着自己的一套办法。一般情况下,它们也会在危险来临时选择逃走,但是有时候,它们会坚守自己的阵地,甚至主动发起进攻。这种进攻可能只是一种警告,或者其也会演化成一场真正的攻击。这两种情况没有明显的界限,因此通常有经验的导游和追踪者会很谨慎地对待这些动物。

大象和犀牛都是"近视眼患者",它们主要

▲ 图中这头母角马似乎与其正在出生的小角马毫不相关。与很多幼年哺乳动物相比,小角马在初生阶段发育非常良好。

是通过敏锐的嗅觉来发现危机。不幸的是,当对手是带枪的人类时,嗅觉根本不足以防卫。在过去的30年中,大量非洲象和犀牛被非法屠杀,为的只是它们的牙齿或者角。

如今,非洲白犀牛的数量正在渐渐恢复,这都是得益于非洲国家公园内实施的繁殖计划。但是黑犀牛则面临着严重的危机,野生黑犀牛可能很快就将陷入灭绝的境地。对于非洲象而言,状况就更为复杂了——虽然在数量上仍然有好几千头,但是正在急剧下滑,而它们的栖息地更是一年一年地在萎缩。一些自然保护主义者认为保护非洲象的最好办法是对偷猎者采取更为严酷的惩罚措施。而另一些人则认为,象牙交易应当被合法化,这样大象反而能勉强生存下去。

» 快速孕育

面对奔跑快速,并整日寻找易于获取的食物的猎食动物,在草原上生产成了件危险的事情。同时,对生于此时的幼仔来说,草原更是是非之地。在非洲草原上,很多羚羊都转移生活到了浓密的灌木丛中,那里它们可以比较安全地产下后代。生完小羚羊后,母亲就离其而去,只是每天会回去看望4次,但是在每次进食之间,这些小羚羊仍然是蜷缩着,静静地待着。此时,小羚羊的体味腺是闭合的,这样就使得猎食动物不能发现其踪迹,而且即使有人在仅仅几米远的地方走动,小羚羊也不会制造任何动静。

对于角马而言,生活是以一种完全不同的方式开始的。母角马不会找个地方躲起来,而是在旷野上生产,动作非常之快。初生的小角

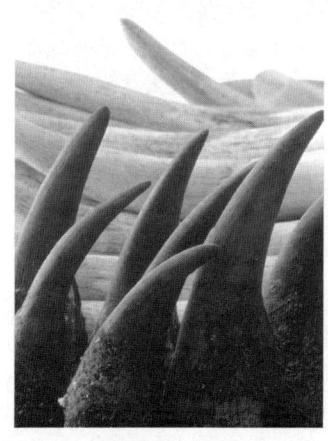

← 大部分人都宁愿看到象牙和犀牛角安然无恙地长在它们的主人身上。可悲的是,并不是每个人皆如此。这些牙和角被偷猎者获得后卖到了市场上。

□ 探索与发现

马一般3分钟后即能站立，它会跟随其看到的第一样运动的东西——一般便是其母亲。1个小时以后，母子俩便能跟着角马群小跑了。这种快速孕育方式意味着角马群可以继续前进寻食，这也正是在开阔的草原上生活所需要的最根本的能力。

但是，上述这种生产方式是非常危险的，因为母角马和小角马完全处于猎食动物的视线范围内。为了减少危机，在两个星期的时间里，有几千头母角马会产出小角马，这样就不会有哪一对母子成为猎食动物的唯一目标。神奇的是，一头待产的母角马如果遇到危险，它可以推迟分娩时间。

» 安居地下

草地上没有可以藏身的地方，但是地下却有不少，那里是穴居动物的避难所。穴居动物用它们的爪子或者牙齿在地下为自己刨挖出安乐窝。草地之所以是穴居动物的最佳居住地，那是因为草根会将泥土牢牢固定起来，可以防止洞穴的坍塌。

在大面积的草地被开垦之前，一些穴居动物的活动范围相当之广。在美国得克萨斯州的西部地区，仅一个"草原土拨鼠镇"上就生活着大约4亿只草原土拨鼠，分布在几乎是新西兰两倍的土地面积上。经过无数代的进化，这些勤奋的草原土拨鼠已经挖出了10亿米的渠道，下有草铺的腔室，上有火山型的入口。这些小镇住客可以分成不同的区域，以小群体的形式（被称为"圈"）居住，每个圈都会有它们

◢ 趁着父母在进食，年幼的草原土拨鼠就借机玩耍起来。对于草原土拨鼠而言，"接吻"是关系亲近的标志，也是"草原土拨鼠镇"生活的重要部分。

物种档案

穴鸮

世界上大部分猫头鹰都是在树上安家的，但是一种称为"穴鸮"的猫头鹰却居住在草原上，那里几乎没有树，或者树之间的间隔非常之大。它们会在其他动物遗弃的洞穴中安家，如果找不到的话，也会自己挖个洞。穴鸮很长时间都是待在自己的洞穴入口，看上去就像是站岗的卫兵。

自己的一组洞穴。它们邻里之间保持着良好的关系——除非是出现侵犯邻里居穴的情况。

随着土地开垦面积的不断扩大，北美草原土拨鼠的数量急剧下降。"草原土拨鼠镇"还存在着，但已经没有昔日的辉煌了。在有些地方，草原土拨鼠仍然被作为一种有害动物而被猎杀，但是有些动物保护主义者则已经提出，应当帮助这种动物。他们相信，草原土拨鼠事实上对草原是有利的，因为它们的进食和挖穴过程可以帮助草地施肥。

有一点是毋庸置疑的：草原土拨鼠的洞穴中还居住着其他种类的动物，其中包括蛇，以及黑足貂——北美非常稀有的一种猎食动物，只生活在"草原土拨鼠镇"。自从被认为是一种有害动物，这种动物就被带到了其他地区，但在那些地方它们已经灭绝了。

» 食昆虫者

草原土拨鼠的洞穴大约宽15厘米，因此只有身材修长的捕食者才能进入其中。但是在非洲，一种体型较大的穴居动物的洞口宽度可以达到1米。

这样大的洞穴足以使一个人爬入其中，可以对拖拉机或者远行的吉普车队造成很大的威胁。挖掘出这些地下居所的动物正是土豚——一种以白蚁和蚂蚁为食的大型哺乳动物。这种外形像猪的动物在夜晚进食，可以用

其铲形的爪子一直伸入白蚁穴中。土豚是世界上挖掘速度最快的动物之一,可以比一队配有铁锹的工人工作得更快。在南美洲,还有一种大型的食蚁兽,像一台有力的打洞机,虽然其并不是在地下打洞。食蚁兽的前爪可以像铁镐一样运作,轻易地将由晒干的泥土堆成的蚁穴挖开。

对于这两种大型动物而言,一只一只地吃蚁根本不能满足它们的胃口,它们用自己超长并有黏性的舌头直接将食物大量舔起。通过这种技术,一只大型食蚁兽每天可以吃下3万只蚂蚁或者白蚁。

» 草原上的流浪者

在草原上,草随处可见,但是其营养价值低而且难以消化。所以,食草动物需要在进食上花费很多时间以保证足够的营养。草子相反,满是花粉和富含能量的淀粉,而且很容易消化。这就是为什么人类食用人工栽培的草子或者谷类,也正是为什么那么多野生动物以草子为食的原因。在澳大利亚内地,相思鹦鹉最善于食用草子。作为一种笼养鸟类,相思鹦鹉一般都是单独生活的,但野生的相思鹦鹉(通常是绿色的和黄色的)通常成百上千地一起生活。它们已经适应了干燥的草原生活环境,在那里,通常要飞行几百千米才能找到食物。为了在这种环境下生存,相思鹦鹉到处"流浪"。一旦它

↗ 这头土豚在离穴觅食时,被远程控制的闪光摄影器抓拍到。

们吃完了一个地方的大部分草子,它们就要迁徙到其他地方生活。相思鹦鹉在树洞中安家,没有固定的繁殖季节,只是在雨后产卵。

在非洲,一种被称为"红嘴奎利亚雀"的小型雀类的生活方式与相思鹦鹉基本相同。但是,其每个群的成员数量可以达到100万只,就像是灰色的烟雾一样黑压压地飞过草原。有时,红嘴奎利亚雀在农田上繁衍,这对于农民而言是个坏消息,因为100万只雀可以在一天中吞食下60吨粮食。

» 地面上的生活

相思鹦鹉和红嘴奎利亚雀体型小、飞行速度快,这也正是这两个物种成功生存的原因所在。但是草地上也生活着不能飞行的大型鸟类,包括来自南美洲的两种美洲鸵、澳大利亚鸸鹋,

↘ 在澳大利亚,罗盘白蚁可以建造出扁平的蚁穴,一般都是南北朝向。蚁穴两面可以在日出和日落时吸收太阳的热量,而正午时则可以保持凉爽。

□ 探索与发现

↗ 当美洲鸵繁育后代的时候，雄性承担起孵卵和照看幼鸟的任务。在非洲草原上，鸵鸟也是按照上述分工的。

以及非洲鸵鸟——世界上最大的不会飞行的鸟类。就像食草哺乳动物一样，这些鸟类依靠敏锐的感官和能够快速奔跑的腿。它们的主要食物是种子，但是有时也吃昆虫和一些小型动物。

这些大型鸟类在过去的一个世纪中有悲有喜：美洲鸵和非洲鸵鸟已经不像以前那么常见了，分布范围更是大大缩小了；相反，鸸鹋的数量却比草地开垦之前大大增加了。在20世纪30年代，澳大利亚西部的鸸鹋数量多到甚至需要政府动用军队来进行控制的程度。尽管军队使用了机关枪扫射，还是没能将鸸鹋的数量降下来。今天，已经采用了专门防卫鸸鹋的网篱。

» 不断转化的平衡

即使不受人类活动的影响，草原上的野生物也需要适应各种变化。只要气候稍稍变湿，树就找到了立足之地，将草原变成了稀树草原。但是，如果气候稍稍变干，火就会将树燃烧殆尽，给了草类蔓延生长的机会。这就像是两种栖息地之间的持久战，双方都试图占据上风。

在非洲，大象在这种持久战中充当着重要的角色，因为它们会用像推土机一样的头将树推倒，以吃到树顶最鲜嫩的叶子。一群大象经过后，稀树大草原就会遭到极大摧残。一旦树木让步，草类很快就会占据这些地盘。

但这只是一个方面，因为大象也能帮助树的传播。它们吞下树的种子，又将种子随着粪便排出体外。种子在肥沃的象粪中因为得到足够的营养而长势良好，这样也就帮助了稀树草原的扩展。因此，大象和树之间存在着不断转化的平衡关系，这正是形成今天的草原和稀树大草原的无数原因之一。

■ 灌木地

灌木在体型上比树木小，但是质地却像树木一样坚硬，它们覆盖了地球上很大范围的干燥地区。在灌木地区，生物需要忍受漫长而干旱的夏季，以及随时可能袭来的野火。

当列举世界上的陆上栖息地时，灌木地通常不会被列入其中。因为人类认为灌木地是无用的废地，让人往来不便，也不能用来种植什么有用的作物。但是，对于野生生物而言，灌木地不仅可以提供很多藏身之处，而且可以给它们带来丰富的食物。

» 什么是灌木

树木是很容易被认出来的，因为它们通常会有单一的树干。但是灌木不同，因为它们没有树干，而是在靠近地面的时候就已经分出很多枝干了。有些灌木可以有一层楼那么高，而最小的灌木则只到达脚踝处。它们通常生长得很密，长有尖刺，这就使得在灌木地行走变得很困难了。

在南美洲大查科区，环境条件非常恶劣，几乎没有人会进入这片地区。从这里到亚马孙河雨林之间的地带，冬季温暖而干燥，但夏季则是非常炎热而潮湿的，一场暴风雨就能将这里变成一片"泥海"。这种到处长满刺的环境根本不适合人类生活，但却是动物的绝佳栖息地。这些定居者中有各种鸟类和咬人的昆虫，以及世界上一些剧毒的蛇类。

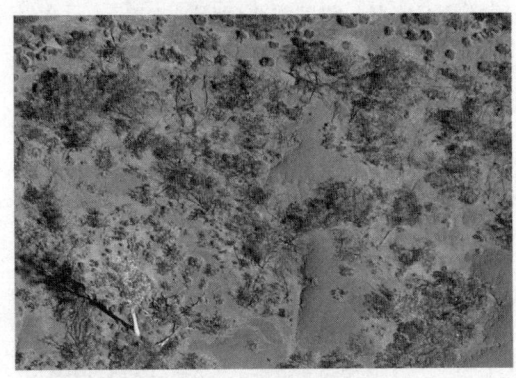

↗ 在澳大利亚的Kalbarri国家公园中，生长速度缓慢的灌木为岩石沙袋鼠和袋鼠以及170多种鸟类提供了很好的庇护之所。

但是，并不是所有灌木地都是如此不适宜人类居住的。在欧洲南部，灌木沿着地中海沿岸生长，而在美国加利福尼亚州南部，很多城市周围都大量生长着一种被称为矮橡树林的灌木丛。

» 灌木地的气候

世界上大部分灌木地都分布在干旱期在一

年中达到几个月的地区。这种气候不适宜树的生长,但是小型木本植物却可以长得非常茂盛。事实上,灌木地的气候似乎可以促进植物的进化,因此可以发现大量不同种类的植物生长在一起。

就单纯的植物种类而言,有一种灌木地可以说创造了同样面积栖息地植物种类的最高纪录,这种灌木地就是南非高山硬叶灌木群落——"凡波斯",生长在好望角的高山上。凡波斯就像是覆盖在地面上的常绿地毯一样。虽然凡波斯的区域面积小于500平方千米,但是其中却含有8 500个不同种类的灌木和其他植物,数量几乎与生活在欧洲所有国家的灌木数量之和持平。

在向东穿越印度海域几千千米外的澳大利亚西部的灌木地是世界上另一个生物生长的绝佳区域。与南非不同,这块地区非常平坦,灌木丛生长在厚厚的一层含泥炭的土地上。尽管土壤贫瘠,这一地区仍生长着7 000多个不同种类的植物,其春季开花品种之多,尤其令人惊奇。这一地区周围都是沙漠,因此其就像是大陆角落中一个生态岛。在有些地块,生长的植物中有4/5是世界上特有的植物种类。

» 灌木和授粉者

大部分花是由昆虫和风帮助授粉的,但是在灌木地,鸟类会来光顾并为之效力。在南非和澳大利亚,这些鸟类是灌木的亲密伙伴,没有它们,灌木将很难生存下去。

在南非,卡佛食蜜鸟经常光顾一种被称为普罗梯亚木的灌木,以其花蜜为食。普罗梯亚木遍布非洲的灌木地,其中凡波斯是它们最主要的生长地。最大的种类可以长到一人高,会长出红色或者黄色的头状花,其中含有几十甚至几百朵小花。每个头状花都像是锥形冰激凌,每次产蜜期在一星期左右。

食蜜鸟通常以昆虫为食,但是当普罗梯亚木开始产花蜜时,其便转而食用花蜜。它们细长的喙部刚好适合用来探入花朵深处。这种鸟每天几乎要食用250朵花的花蜜。在这个过程中,它们的前额把花粉从一株植物带到了另一株植物,从而帮助了普罗梯亚木授粉结子。此后,这些鸟还会收集一些种子,因为它们可以成为鸟巢中温暖的内垫。

» 以花朵为食的哺乳动物

即使没有看到鸟在四处活动,依靠鸟类传播花粉的灌木也是很容易就能被识别出来的,它们的花朵通常都呈鲜红色、橘色或者黄色,长在长长的茎干上,这样就便于鸟类出入。另一方面,这类灌木的花朵通常比较坚韧,因为鸟类具有比昆虫更大的破坏力。但是在南非,有一种普罗梯亚木的花色比较暗淡,在夜间开花,花朵距离地面很近。这种花根本不能吸引鸟类的注意,相反,主要是小型哺乳动物常来光顾。

这些哺乳动物中至少包括两种啮齿动物和南非象。它们都属于夜行动物,依靠嗅觉而不是视觉来寻找普罗梯亚木花朵。这种花带着麝香般的香味,并且可以产出甜度特别高的花蜜,适合哺乳动物的口味。花蜜是非常有效的食物,尤其是产在冬季的花蜜,可以帮助动物度过冬季食物匮乏期。

澳大利亚也生活着可以帮助传播花粉的

↘ 在美国加利福尼亚州,矮橡树林灌木丛中生长着仙人掌和山艾树,以及叶上多刺的橡树。对于生活在马背上的早期定居者而言,穿越灌木地是一种非常糟糕的经历。

□ 探索与发现

↗ "蜂蜜负鼠"这种矮小的滑翔者生活在东澳大利亚的森林和灌木丛中。它们在夜间行动，勇敢地跳向黑暗，这样它们才能在树与树之间滑翔。

哺乳动物，但是都是些小型的有袋动物。其中包括主要以桉树为食的几个物种，以及那些用翅膀或者翼膜在桉树间滑翔的动物。此外，还有一种被称为"蜂蜜负鼠"的动物，完全是依靠灌木丛的花生活的。这种老鼠大小的有袋动物生活在西澳大利亚的灌木丛中，它们的新生幼体是世界上最小的哺乳动物幼体，每只只有0.005克，比一张邮票还轻。

》起火了

火是灌木丛生活的重要组成部分，尤其是经过几星期甚至几个月的干旱之后。枯树叶和枯树枝都很容易被点燃，几小时之内，几千公顷的灌木地就会燃起熊熊大火。

这种大火会危及到人类生命和住宅的安全，但是对于灌木丛本身而言，其实并不是像其看起来那么危险。

在美国的加利福尼亚州，这种大火因为蔓延速度非常之快，常常会成为报纸上的头条新闻。一旦大火过去，大自然很快就能自我复原。在几个星期之内，很多灌木都会发出新芽，在2~3年后，这些被烧尽的灌木很快又会恢复到大火前的繁盛景象。

矮橡树林之所以能够恢复得如此之快，是因为它们的灌木丛已经进化出了防火功能。比如，一种被称为黑肉叶刺茎藜的常见灌木长有坚韧的木质茎，根则可以延伸到很深的地下，大火通常只能将其细小的枝叶部分燃尽，而植物的核心部分却能够存活下来。一旦破坏结束，黑肉叶刺茎藜又能发出新芽，重新长出茎叶。

》灌木和火

通常情况下，一旦植物授粉后，它就开始渐渐地产出和传播种子。但是在灌木地，像普罗梯亚木和黑肉叶刺茎藜那样的植物却不同，

↗ 生长在澳大利亚的黑男孩树有着尖顶状的花朵，看上去像是直指天空的柱子。这种植物通常都是在大火过后开花。

它们并不是在种子成熟时便急于将其传播开去，而是可以将种子存上好几年，等待大火的到来。当大火扫荡而至时，种壳就会打开，里面的种子便落到泥土中去了。一些针叶树也有类似的情况，因为大火造成的高温可以帮助它们打开球果，释放种子。

灌木之所以选择在这个时候传播种子，是因为大火后是最佳的播种时机。此时的土地上盖满了肥沃的灰烬，而枯叶则已经被清理干净，这就为种子提供了一个很好的生长环境，同时也确保它们有足够多的时间生长，从而迎接下一场大火的到来。

》地面巡逻

在灌木地中，野生动物很不容易被发现，但是声音可以泄露它们的踪迹。树枝折断的声音可能就预示着瞪羚或者鹿的到来，而枯叶的沙沙声以及随后的一阵安静则可能说明蜥蜴在爬行。对于蜥蜴而言，灌木地几乎就是其最理想的生活环境——到处都能够找到掩护，但也有一些空旷的区域可以让它们获得阳光的温暖。

对于生活在灌木地的大部分蜥蜴而言，昆虫是最主要的食物，尤其是在叶子中进食的体型较肥硕的蟋蟀和纺织娘。蜥蜴主要是靠视力来搜索猎物的，而且它们本身很善于通过变色来掩饰自己。只要昆虫一动，就很可能暴露在蜥蜴的视线中，并且立即引来杀身之祸。但这些昆虫食用者自身也要保持警惕，因为很多鸟类和蛇类很喜欢以蜥蜴为食。更有甚者，蜥蜴之间也会出现互相蚕食的现象。对于爬行动物而言，这种行为也不算罕见，大型爬行动物通常会捕食小型的爬行动物，有些则还会出现同类相食，甚至吃掉自己的后代的现象。因此年

物种档案

加利福尼亚鹌鹑

这种在地上觅食的鸟类通常生活在田地里，但是它们最原始的自然生活环境是在山上的灌木地里。加利福尼亚鹌鹑成群生活，冬季的时候，每群鹌鹑的数量可以达到200只。它们主要以种子为食，只有在警觉到危险的时候才飞到空中。像很多在地面上觅食的鸟类一样，它们晚上睡在树上的鸟巢中。

幼的蜥蜴如果想要避免成为父母的猎物的话，需要非常警惕地生活。

» 吃蛇的蛇

就像蜥蜴之间互相蚕食一样，一些生活在灌木丛中的蛇也会把其他蛇作为自己的食物。对于蛇而言，这是十分有意义的，因为一条体型较小的蛇就可以成为非常不错的一顿美餐，捕食后的蛇可以连续几个星期不用进食。神奇的是，剧毒的蛇类通常成为无毒蛇的美食。比如，在地中海地区，灌木丛中无毒的鞭蛇常常食用有毒的蝰蛇，而在美国加利福尼亚州丛林中，无毒的王蛇则常常食用剧毒的响尾蛇。这两个例子中，捕食者利用的通常都是对方速度相对缓慢的弱点——它们可以发起闪电般的攻击，用牙齿咬住猎物的颈部，然后用自己的身体将猎物紧紧地缠住。一旦猎物死去，它便将之吞下——这个过程通常需要1个多小时。

↗ 加利福尼亚王蛇并不带毒，它靠速度和力量战胜剧毒的响尾蛇。

■ 温带丛林

很多栖息地的生活环境会因季节的转换而改变，尤其是在温带丛林中，这些变化比地球上任何一个生物栖息地都要显得更丰富多彩。

温带丛林曾经覆盖了欧洲和北美洲的大部分地区，即使经过了多年的森林砍伐，仍然留有大面积的温带丛林。在该栖息地中，动物的生活需要适应各种不同的季节变化，以及随季节变化极大的食物供应落差——夏季的时候有大量的食物，而到了冬季则很难找到食物了。

» 南极山毛榉和达尔文青蛙

由于各个大陆的位置分布是不均匀的，因此温带丛林的分布也是不均匀的。在南半球，温带丛林的面积很小，主要集中在新西兰和南美洲的一角。在这些地区，最为重要的树种是南方山毛榉树，这种树的有些种类是常绿树，但是有一个被称为南极山毛榉树的南美树种，在秋季叶子会变成鲜艳的红色，然后便凋零了。这种树生长在多暴风雨天气的合恩角上，比世界上其他任何一种树都要靠近南极，因此而得名。

这些南方丛林中生活着一些比较罕见的动物，包括世界上生活区域最靠南的鹦鹉和一种最为稀有的两栖动物——达尔文青蛙。达尔文青蛙这种南美洲的罕见生物长着尖尖的"鼻部"，生活在森林的小溪中。它的繁殖方式更是奇特——雄性青蛙会守护在蛙卵周围，直至其孵化，然后一口将之"吞下"。事实上，雄蛙并不是将蝌蚪吞入胃中，而是使小蝌蚪居住在其喉咙处的"育儿袋"中，并持续几个星期左右。当蝌蚪变成青蛙后，雄蛙就将之咳出，然后便游走了。

» 运转中的林地

在南美和新西兰，一些地区的山毛榉树林基本保持着人类到来前的原貌，但是在欧洲和北美，温带丛林则有完全不同的经历。在那里，很多丛林都被砍伐作为木材使用，而其他树木林地则被砍伐后辟为农场用地。因此，原始温带丛林已经变得零零碎碎，点缀在旷野和村镇之间。

在这些林地中，古树通常都有自己的故事。比如，在英国，常常能够找到一棵在遥远年代里曾经在树干近地面处被砍穿的古树。这个过程被称为矮林作业,可以使树木长出很多快速成长的分枝,从而用于制成木炭和其他东西,比如篱笆和木屐。这些分枝每隔几年便被砍伐一次,砍完后,新的分枝又会长出。如今,矮林作业已经不是很常见了,但是曾经经历过这道作业的老树还是很容易被分辨出来的,这些树通常都有很多树干,长在离地仅几厘米高的同一个树桩上。

矮林作业听起来是很极端的做法,但事实上,这样却可以延长树木的生命。在英国的树林里,一些经过矮林作业的榛树已经有1 500岁高龄了,是普通野生榛树寿命的10倍。

» 森林的"新年"

在深冬的寒冷日子里,温带丛林中的生物像是通通消失了,树上没有叶子、没有花朵、没有昆虫,只有少量的哺乳动物和鸟类在丛林里活动。森林的地面上也是一片安静,尤其是在被积雪覆盖了以后。在这样的场景下,很难想象它实际上的变化可以有多快。但是当春季到来的时候,森林便会很快焕然一新。随着白天的变长和气温的升高,野花便盛开了。很快,树上的嫩芽变成了繁密的枝叶。在3个月疯狂的生长期中,有些树可以高过热带树种,树枝伸长了,树叶饱饱地吸收了太阳的能量。同时,动物的生活也重现生机:空中到处都是飞行的昆虫;新孵化出来的毛虫在嫩叶中大口啃咬;候鸟大量到来,食用树叶上的毛虫,它们的鸣叫声回荡在树梢上,宣告着春季的完全到来。

» 结 束

这种繁盛现象出现快,结束得也快,到了盛夏,一切便结束了,生命的发展速度已经换挡——仍然是到处可以看到动物,但树上的鸟儿变得越来越安静了,它们的繁殖期也接近了尾声。至此为止,大部分树已经停止了生长,并集中能量用于产生种子,它们的叶子也失去了鲜嫩的颜色,有些甚至已经开始变黄——这是即将开始另一种主要变化的一个前兆。

再经过3个月,秋季便到来了。森林中的动物需要为艰难的时期做准备了,大部分候鸟也已经离开了。

但是最大的变化发生在外部——秋季多彩的色调已经取代了夏季的深绿。经过大约6个月的生命运转,大量的树叶开始凋零,也标志着森林"年"的结束。

» 树叶为什么会改变颜色

秋季落叶满天飞,这是自然界中最美丽的

↗ 在仲冬的寒冷中,这棵古老的橡树只剩下光秃秃的树枝蜿蜒盘旋着。从这棵树的外形可以看出,其树干部曾经在近地面处被砍断过。

生物栖息地

↗ 在英国的树林中，野风信子将地面变成了蓝紫色的海洋。当树木上长满叶子时，其也就停止了开花。

景观之一。这种现象出现在从欧洲到日本的广大地域上，但要数美国东北角地区的落叶最为壮观：在新英格兰，森林中的白桦树、枫树和山毛榉树的叶子在第一次霜降后开始呈现出美丽的颜色，之后，它们的叶子慢慢地也将凋零。

树叶经历了各种颜色变化和折磨，这就意味着它们需要被新的叶子所取代。常青树全年都在换叶子，因此树枝上的叶子永远是新的。但是在温带，大部分阔叶树会一次掉完所有的叶子，而在来年春季长出全新的叶子。

这种方式意味着阔叶树的叶子不需要应付寒冬气候。但是放弃全部叶子也是颇伤元气的，因此它们会尽力回收利用其中含有的所有物质，其中之一便是叶绿素——植物中含有的用来生长的绿色化学物质。树木会将叶子上的绿色素分解后进行吸收，如此，叶子的绿色便慢慢褪去。很多叶子变成黄色，但也有一些变成橘黄色、红色或者颜色变得很黯淡。夏季的气温越高，秋季的树叶会呈现得越丰富多彩。

一旦所有有用的物质都被吸收后，树就会将叶脉封塞，这样便断绝了叶子的水分供应。几天后，树叶便纷纷凋零了。

» 生活在树叶凋落物中

在潮热的热带雨林中，凋落的叶子在几个星期内便腐烂了，但是在温带阔叶林中，叶子需要经过很长一段时间后才会腐烂。如此，树林的地面上便铺起了厚厚一层落叶，这不仅为树林提供了肥料，也带来了树林泥土特有的气味。一茶匙的树叶凋落物中可能生活着好几百的小型动物、几百万微生物真菌和几十亿的细菌，对于它们而言，凋落的树叶便是它们完整的生活环境了，就像软泥对于生活在海底的动物一样。

这个环境中的大部分居住者都是依靠分解残骸来存活的，这些自然界的"循环器"包括木虱、千足虫，以及那些体型更小、刚刚能被肉眼看见的动物。在微生物的协助下，这些动物可以对每一块残骸进行处理，吸收其中的能量，而让营养物质回归到泥土中。像所有生活环境一样，树叶凋落物中也生活着食肉者，

↘ 大部分冬季时间，欧亚獾都处于睡眠状态。当春季到来时，它们就会变得非常活跃，每天晚上都从洞穴里跑出来寻找食物。

□ 探索与发现

物种档案

白色延龄草

在北美洲,延龄草是森林地面上的常见植物,是春季最早出现的植物种类之一。像很多森林野花一样,延龄草将食物贮藏在地下茎中,这样它们可以在春季到来的时候,以最快速度生长。延龄草的种子上带有储藏养分的口袋,可以吸引蚂蚁的到来。蚂蚁将袋子中的食物吃掉,将种子丢弃,这样种子便传播开来了。

其中包括长有毒钳的蜈蚣和一种被称为"拟蝎"的微小动物——这种动物看上去像缩小版的蝎子,但是长着有毒的钳子而不是毒刺。拟蝎用毒钳将猎物麻醉,也用其与同类进行信息交流。

这些生物生活在世界各地的森林中,但是由于它们的体型非常之小,所以基本没有人看到过。

既然脚下生活着这么多的生物,很多猎捕动物当然也会在树叶凋落物中寻找食物。像小鼩鼱一样在落叶堆里翻拱,直到嗅到食物。虽然它们的体型很小,但是它们是永远饥饿的觅食者,因为它们快速的行动需要消耗大量的体能。蟾蜍和蝾螈则不同,它们的行动速度很慢,因此可以在不用进食的情况下存活好几个星期。在干旱的季节里,它们藏身在原木和叶子下,而在大雨降临时,便开始出来觅食。

» 橡树和橡子

在阔叶林中,动物通常需要生活在特定的树中来让自己有家的感觉。比如,常见的睡鼠通常都是生活在榛树中,因为榛子是它们最喜欢的食物之一。在所有落叶树中,橡树上生活的动物数量最多,橡树叶和橡子为几十种哺乳动物和鸟类以及几百种昆虫提供了食物。这些动物中,有些只是偶尔前来拜访,但是大部分都是一生都生活在橡树上或者生活在橡树周围。

对于松鸦而言,一树的橡子可以让冬季的生活变得简单得多。与很多鸟类不同,松鸦整年都生活在落叶林中,它们的食物随着季节的变化而变化。在春季和夏季,它们以昆虫为食,而且它们也会食用其他鸟类的蛋和幼雏。但是到了秋季,当不能找到上述这些食物的时候,橡子便成为了它们最重要的食物。

松鸦不仅食用橡子,而且还会将橡子埋在地下。它们对于食物的埋藏地有很强的记忆力,到了冬季,它们会将橡子挖出来作为食物。有时候,储备的橡子量太多,来不及吃完的就会在来年生根发芽。因此,在一定意义上,松鸦还帮助了橡树这一物种的传播。

» 秘密储备

这种储存食物的行为在英语中被称为"caching",源自于法语,具有隐藏的意思。松鸦独自储存食物,核桃夹子鸟也是如此。核桃夹子鸟生活在针叶林中,将松子埋藏起来以备冬季食用。但是,在北美洲,橡树啄木鸟则是家族式作业,它们会事先在死去的树干上凿出洞,将橡子储藏在其中。一棵树上有时能储藏

↗ 图中的核桃夹子鸟蓬松着羽毛以保持温暖。核桃夹子鸟主要生活在欧洲和西伯利亚地区。

↗ 一些松鼠在树上安家,但是花栗鼠却生活在地下洞穴中。

生物栖息地

5万颗橡子,足够啄木鸟一家子吃到来年春季的了。这种食物仓库常常还会引来其他鸟类,因此,啄木鸟会像卫兵一样守卫着自己的劳动果实。

狐狸和松鼠也会储藏食物。事实上,这些动物并不会事先进行计划,也并不知道在冬季会很难找到食物,这一切都只是本能的行为。也正是这种本能,使得它们能够生存下去。

»挖掘食物

在中世纪,欧洲的很多森林都属于封建地主所有,他们将这些森林作为猎捕野猪和鹿的乐园。拥有一块可以打猎的森林是地位的象征,就像呈上美味的食物一样可以给客人留下深刻的印象。但是,早在很久以前,很多这种私家森林都已经消失了,而野猪和鹿却繁盛起来了,即便是在靠近城镇的树林中也是如此。这些动物能够发展地如此成功,主要在于它们有很高的警觉性——远离人类。如果在人类出入较多的地方,则通常是在夜晚才出来觅食。

野猪是家猪的祖先,有着同样有力的颚部和扁平的鼻子,可以在地上翻拱食物。鼻尖部位可以向上翻动,很快从"推土机"转变成"铲子"。利用这套"设备",野猪可以将地面掀开,寻找营养丰富的植物根部,或者掘出鼹鼠或蚯蚓。事实上,没有什么是这种动物不吃的,虽然它们喜欢新鲜食物(包括粮食),但是它们也可以以生物残骸为食。大多数情况下,野猪都是通过嗅觉来找到食物的,它们的嗅觉出奇地灵敏,甚至可以将尚在地下的各个不同种类的土豆分辨出来。

物种档案

白尾鹿

这种适应力很强的鹿主要生活在从加拿大到南美之间的森林中。在亚洲东北部地区,雄性白尾鹿的体重可以达到180千克左右。而越往南,鹿的体型一般也就越小,鹿角的分叉也就更少。当其受到惊吓时,它们会竖起尾巴奔跑,露出尾巴下部的白色。这种鹿的奔跑速度很快,每一跳的距离可以达到9米之远。

野猪在森林地面上树叶堆成的窝中产仔,一般一胎可以产下10头左右。像它们的很多亲属一样,野猪的幼仔身上都长有条纹。雌性野猪或老母猪都具有很强的建巢本能,因此比较体贴一些的农民会为他们养的母猪提供一些堆巢的原材料。

»以树皮为食

野猪只生活在欧洲和亚洲,而鹿则分布在世界上几乎所有的阔叶林中。白尾鹿只生活在美洲,而红鹿则生活在从加拿大到中国的整个北半球。它们还被引进到世界上的其他地区,包括阿根廷和澳大利亚。1851年,它们还被引进到了新西兰,在那里,红鹿的繁殖非常旺盛,甚至对当地的野生生物造成了一定的威胁。

在一年中的大部分时间,鹿都是以植物的叶子为食的,但是当秋季来临,叶子凋零后,它们不得不转而食用比较坚硬粗糙的食物。它们会食用小树的顶部,也会以树皮为食。在冬季,树皮牢牢地贴在树干上,因此每次,鹿只能挖下一小片树皮。但是到了早春,树液开始产生,树干的外层就会变得光滑,树皮也会变松。这时,鹿在树皮上一咬,常常能撕下一长条树皮,有时还会将树木置于死地。

这种饮食习惯对于整个森林而言不会造成很大的伤害,但是如果是在植物园中则可能会形成一场浩劫。正是这个原因,小树需要用篱笆保护起来,或者在它们的树干上包上塑料保

↗ 红狐的动作像猫一样轻巧,非常善于找到躲藏在积雪下的小动物。它们依靠准确的突袭来捕捉猎物。

□ 探索与发现

护膜。

与野猪不同，大部分鹿每胎只生一只小鹿。最初，小鹿蜷缩在矮树丛中，母鹿每隔几个小时就回来为其喂奶。红鹿在长到3～4天后，便能跟着母鹿外出，而小白尾鹿则需要隐藏在树丛中生活1个月之久。小鹿常常看上去像被遗弃了一样，伸出援手的人类也常常把其带回动物保护中心。但事实上，它们并不需要人类插手，因为母鹿从来没有走远。

» 鹿　角

大部分动物在繁殖期间是外观最佳的时候，一些鸟类会额外长出多彩的羽毛，而蝴蝶则会展示它们艳丽的翅膀。雄鹿则会长出鹿角——这是动物世界中最大也是最吸引人的装饰品。与牛角不同，鹿角是由坚硬的骨头形成的。红鹿的鹿角可以长到70厘米长，3千克重。驼鹿的鹿角更大，重量可以达到30千克，一端到另一端的长度可达2米。

鹿角从鹿的前额开始长出，最初上面覆盖着一层柔软的皮，随着鹿角的慢慢生长，会出现分叉，大约经过15～20星期后，新的鹿角就长成了。一旦停止生长后，上面的皮层就会变干，最后脱落。这段时期对于鹿而言是很不舒服的，它们会用树或者灌木摩擦自己的鹿角，以使皮层尽快脱落。

秋季，动物的发情期到来了，雄性开始了一年一度的竞争，它们用自己的鹿角来争夺交配权。有时，两头雄鹿只是炫耀一下自己的鹿角，直到其中一头自动退出为止。如果双方都不让步，那么头碰头的战争便开始了，有时还会造

↗ 鹿角的大小一部分取决于鹿的年龄，另一部分取决于鹿的食物。图中的这只红鹿，每只角上分别长有6个尖，而最大的红鹿角甚至可以长出12个尖。

成严重的伤势。胜者可以聚集一群雌鹿，而败者只能保持低调，黯然地舔舐自己的伤口，等待来年再战。

» 重新开始

鹿角的生长需要很多时间和能量，但是一旦发情期结束，鹿角就从其与头骨相连接处开始变弱。几个星期后，鹿角虽然仍然存在于原来的位置，但是就像是死去的树枝一样。最后，在不经意地冲撞下，鹿角就会折断而掉到地上。为什么鹿要不厌其烦地在每年都长出新的鹿角呢？答案或许是：这样可以帮助它们给雌鹿留下更加深刻的印象。鹿角大是雄鹿强壮的象征，这也是鹿想要遗传给自己后代的重要特征。当一头雌鹿选择交配对象时，它们也根据鹿角的大小作出判断。

» 真菌猎食者

对于阔叶树而言，鹿是它们的一大问题。此外，更为严重的敌人到处都是，其中之一便是真菌。真菌是森林生命中永远不会缺少的组成部分，有时甚至还是致命的。对于真菌而言，每一棵树，不论其是老或是嫩，都是潜在的食物来源。真菌生活在树叶凋落物和木头中，通过它们纤细的摄食菌丝，分解其中活的生物或者死的残骸。

一些丛林真菌像动物一样，在丛林间秘密地蔓延，其中之一便是贪婪的蜂蜜真菌，它分布在整个北半球地区。蜂蜜真菌会长到一般伞菌大小，但是其位于地下

↘ 刚刚出生的野猪幼仔身上带有条状花纹，与它们母亲长满钢针的外皮迥然不同。这些花纹可以帮助它们隐身在光影斑驳的森林地面上。

生物栖息地

↗ 蜂蜜真菌成块地生长在树上。这种真菌很是让园丁头痛，它们不仅会攻击所有的树种，而且很难将之清理掉。

的细丝可以长得非常之长。在美国密歇根州的橡树林中，曾经发现过一张蜂蜜真菌的地下细丝网，面积达到 15 公顷，重量达 10 吨。这么庞大的真菌细丝网是从曾经的一粒小小的孢子开始的，经过了森林 1 000 多年的养育后方才形成。有些真菌的细丝网甚至可以更大，它们中包括了科学家迄今为止发现的最大的生物。

当蜂蜜真菌发现合适的猎物时，它们会在树皮下向上生长，偷取新的木质层上的营养物质。在进攻的最初阶段，树看上去还是很健康的，但是随着时间的推移，这种伤害开始渐渐显露了——树叶开始变黄，生长减缓，整个树枝开始呈现出病态。在蜂蜜色的伞菌长满树干的时候，这棵树的生命也就宣告结束了。

》存 活

与动物不同，树木的死亡会经历好多年的时间。英国橡树尤其顽固，可以挣扎着存活 200 年之久，甚至当树干内部已经基本烂空的情况下，橡树还能继续生长。19 世纪，在英国，有一棵非常有名的中空橡树，里面像一个大房间一样，可以供当地的乡绅以及 20 个宾客在其中用餐。上个世纪，在美国加利福尼亚州，一些巨大的红杉的中空部位可以容许一辆汽车从中开过。这些树现在仍然长势良好，有些已经超过了 90 米的高度。

即使遭到雷击或者树干被暴风折断后，树木也能顽强地生存下来。有些树种，包括橡树、栗树和榛树，在经过矮林作业——不是仅仅经过一次，而是几百年来经过很多次后，仍然能够存活下来。

树木之所以能够承受这些打击，是因为真正关乎重大的仅仅是树皮下的活层。只要有足够的活层留下来，就能够进行最为关键的水分及树液的传输工作。但是，如果一棵树遭到了真菌的进攻，树木边材就很难再正常地传输水分和树液了。最后，输送管道被封塞，树木也就慢慢地死去了。

》在死树中安家

一棵树死去后，其价值还远没有消失殆尽，死去的树干可以成为啄木鸟的家，在最初的主人搬出后，还会吸引其他鸟类前来居住。这些洞居者包括十几个不同种类的树林物种，从山雀到食肉鸟类，比如猫头鹰等。啄木鸟和猫头鹰将它们的蛋直接产在树洞里，但是很多体型较小的鸟类则是先在树洞中铺上一层苔藓和树叶。

在有些树林中，尤其是那些用来采伐原木的树林中，死树出现的频率很低，因此，树洞的争夺很激烈。如果一只鸟幸运地找到一个树洞，并想要占为己有，则通常需要先打败对手。有一套阻止大鸟占据自己洞穴的独特方法，它们会在树洞口糊上泥土，使得洞口小到只能容许一只鸟的进出。当一只鸟前来察看树洞的时候，它会将泥土误认为是树皮，认为树洞太小，不足以安身。

中空的树木也是蝙蝠安家的最爱，因为这里可以为它们挡风遮雨，又可以避开捕猎者的

物种档案

灰林鸮

灰林鸮是欧洲最为常见的猫头鹰种类之一，在夜间出来捕食，栖息在公园或者花园中，由于其具有很好的伪装毛色，因此很难被发现。它的叫声很容易分辨，在发情期，雄性灰林鸮会发出悠远的鸣叫声，而雌鸟则回之以尖锐的叫声。灰林鸮主要以小型啮齿类动物为食，此外，它们的菜单上还包括青蛙、甲虫和其他鸟类。

□ 探索与发现

← 与其他丛林鸟类不同，啄木鸟通常是直着身体进食的。它们用爪子抓住树干，而尾巴上的羽毛则像是支架一样，帮助它们在啄木时保持平稳。

视线。在温带丛林中，大部分蝙蝠都以昆虫为食，在半空中捕捉猎物。生活在丛林中的蝙蝠种类众多，并不是所有蝙蝠都是通过这个方法捕食的。比如体型较大的生活在西欧地区的鼠耳蝙蝠，它们在深夜出动，抓捕地面上的甲虫和蜘蛛，同时它们也会在空中捕食。它们并不依靠自己的声呐系统来作出判断，而是在爬过地面时，聆听昆虫发出的声音来找到食物。来自新西兰的短尾蝙蝠是这种生活方式的真正专家——它们把翅膀紧紧地闭合起来，通过在丛林地面甚至树干上快速行走来发现食物所在。短尾蝙蝠主要以昆虫为食，但是偶尔也吃果实，以及来自花朵的花蜜和花粉。

热带丛林

热带丛林中生活着大量的野生动物，从猿和猴子到世界上体型最大的昆虫。但是，这些野生动物的大部分都面临着危机，因为热带丛林的面积正在日益缩小。

热带地区分布着两个不同类型的丛林。一种是大部分人都经常听到的热带雨林，主要生长在赤道附近，那里的气候全年都是温暖而潮湿的。这种湿气很重的环境会让人类感到不舒服，但却是树木和很多其他植物的绝佳生活地。另一种，被称为季节性或者季风性丛林，存在于热带地区的边缘，那里，每年都会有很长一段时间的干旱季节，在这样的环境中，植物和动物需要适应倾盆大雨和长达几个月的干旱。

» 交替变化的季节

在季节性丛林中，雨季的到来很隆重，常常开始于闪电点亮夜空之后。最初，这些风暴很干燥，但是几天之后，降雨开始了，厚厚的云层压来，葡萄般大小的雨便随之而来，重重地敲打着丛林的地面。丛林里便漫起了大水，而树木也正需要这些降水，因为此时正是它们生长的时候。

6个月左右之后，干旱达到了顶峰，丛林看上去完全不同。洪水被干旱所取代，大部分树木都已经凋零了，空气在高温下灼烧，枯叶在脚下碎裂。由于大部分树木都是光秃秃的，让人觉得是进入了冬季的丛林。但是，并不是所有的树木都开始了休眠，有一种非常有名的被称为蓝花楹木的干旱时期的植物却会在这个时候开满淡紫色的花朵。在热带国家，这种颜色鲜艳的树被种植在各地的公园和花园里。

» 顶级猫科动物

季节性丛林分布在热带的各个地区，从中美洲和南美洲到东南亚和澳大利亚北部。在亚洲，季节性丛林中生活着犀牛和世界上最大的3种猫科动物，其中老虎是体型最大的，也是最让动物保护主义者担心的。一个世纪前，大量老虎生活在南亚地区，而如今，它们的数量正在快速下降，并且几乎完全是因为人类捕猎所致。

老虎是很危险的动物，所以人类不想要它们太靠近自己的家园也就不足为奇了。但安全因素并不是老虎被猎杀的主要原因，其中更为重要的因素是钱。老虎的身体部件被

↗ 亚洲热带丛林中生活着世界上3/4的老虎，其中一些是极凶猛的食肉动物。

出售用做东方国家的传统医药，价格可以卖到非常之高，比如，单单一根虎腿骨就可以卖到5 000美元左右。出售老虎身体部件是违法的，但是在如此之高的利益驱动之下，这种贸易依然在进行着。

第二种大型猫科动物为亚洲狮——与非洲狮有着很近的亲缘关系。亚洲狮曾经广泛地分布在印度次大陆上，但是如今它们只生活在印度西北部的吉尔森林保护区内。生存下来的亚洲狮数量大约在400只左右，好在它们的森林庇护所已被严加防范，因此它们的未来应该是有希望的。从远处看，这些亚洲狮与它们的非洲狮兄弟很相像，但是可以通过两个特征而将它们区别开来——亚洲狮的鬃毛比较短，而且在它们的下腹部覆盖有一块奇特的折叠状皮层。

与老虎和狮子相比，豹子最擅长于应付人类和生活环境的变化。像大部分猫科动物一样，它们主要是在夜间活动的，但它们对食物并不是那么挑剔的——豹子可以杀死一头成年的鹿，但如果这种食物不容易找到，它们也会把目标定在更小的猎物上，包括啮齿类动物甚至大型昆虫。豹子在食物方面涉猎广泛，所以可以度过各个食物匮乏时期。

》争夺阳光

在季节性丛林中，植物和动物都需要努力适应季节的变化，而且都会选择一个特定的时期繁殖后代。但是在热带雨林，事实上根本没有四季的变化，因此生物在全年中都保持着一样的生长热情。对于热带雨林的植物而言，需要占据的最大优势就是获得足够的阳光——这是在一个密密地长着各种植物的栖息地中必然要展开的战争。森林中体型高大的树种自然而然地挡住了体型矮小的植物的阳光。这些高大的树种可以长到12层楼的高度，它们的树冠看上去就像是长满树叶的小岛漂浮在深绿色的海洋上。

在这种大树达到其最大体型前，它们需要从茂密的丛林底部努力向上生长。因此，很多树都会采用"等待"战术，它们先是专心向上生长，并不横向长粗，因此它们需要的能量就相对较少。有些不能熬过这一阶段的树，就会在来到阳光充足的高处前死去，而幸运地熬过来的，也就生存了下来。如果一棵老树倒下，就能够突然给地面带来一大片阳光，这就给小树以很大的机会，它们会拼命地生长，来争夺这一空隙，胜利者也就长成了这块区域中的参天大树。

》私人栖木

一些热带雨林植物有自己的一套获取阳光的本事，它们并不是向上生长，而是一生都在树枝和高高的树干上度过。这类植物被称为附生植物，包括几千种兰花和刺叶的凤梨科植物及蕨类植物。很多附生植物都很小，可以放入火柴盒里，但有些则像一个垃圾箱那么大，重量可达到1/4吨。

↗ 清晨，薄雾蔓延在覆盖着中非丛林的山峦间。这些丛林是珍稀的山林大猩猩的生活地。

□探索与发现

↗ 一只犀鸟落在一株攀缘植物上。这种食果性鸟类正在展示自己巨大且颜色鲜艳的鸟喙。鸟喙中有大量中空部位,因此其并没有像看起来那么沉重。

与寄生植物不同,附生植物并不从它们的附主那里盗取任何东西,而是从雨水中获取水分,从尘土和落叶中获取营养。有些凤梨科植物有自己的储水库,由一圈叶子组成,另一些则能够通过一种特殊的鳞苞结构,可以像棉层一样吸收水分。生长于澳大利亚的鹿角蕨类甚至还通过收集落叶形成自己的肥料堆,利用这些肥料堆中的养分,这种蕨类可以长到两米左右。

» 致命乘客

附生植物并不会给树木带来什么伤害,但是如果体重过大也会导致树枝的折断。而一些栖居植物则有着非常险恶的生活方式:对于热带雨林树木而言,最危险的莫过于绞杀榕,这种植物属于寄生植物,会慢慢地使寄主窒息而死。

一株绞杀榕开始于寄生在树枝上的一粒种子,随着种子萌芽,慢慢地便长成丛状。这些植物丛会伸出细长的根,问题便开始产生了——这些根虽然只有像铅笔一样细,但是会像蛇一样缠在树干上,一直蔓延到地面。一旦根部接触到地面,绞杀榕就会比它的寄主生长得更快,其根部变得越来越粗壮,直至其在树干外构成了一件活的"紧身衣"。随着时间一年一年过去,这棵充当寄主的树木就会窒息而死。

一旦寄主死去,其树干就会慢慢腐烂,只留下寄生植物。在绞杀榕内部是中空的树干——寄主留下的遗体。

» 森林中的合作者

绞杀榕的传播需要依赖鸟类,因为鸟类帮助它们播撒种子——鸟类以绞杀榕的果实为食,但是种子却被完好无损地排出体外。当一只鸟停留在树枝上,它常常会留下一些含有绞杀榕种子的粪便。就这样,鸟类和绞杀榕实现了双赢。

像这种合作者关系在热带丛林中是很常见的,因为有如此多个不同种类的植物和动物肩并肩地生活在一起。动物不仅可以帮助传播种子,而且可以帮助授粉。在温带丛林中,传粉动物基本上都是昆虫,但是在热带丛林中,许多不同种类的动物都在充当着这个角色,其中包括食蜜鸟类,比如蜂鸟和鹦鹉,以及几百个不同种类的蝙蝠。与昆虫相比,鸟类和蝙蝠体型较大且笨重,因此吸引它们的花朵必须大而强韧。通过蝙蝠授粉的花朵一般呈乳白色,并且在日落后会散发出浓烈的麝香气味,可以吸引蝙蝠的到来。

很多传粉动物接触的花朵种类都比较宽泛,但是有些却仅限于一种花朵。其中最具代表性的是来自马达加斯加岛的一种天蛾,它的舌头可以伸长到30厘米,可以像一根超长型吸杆一样使用,一直伸到兰花的最深处。天蛾吸完花蜜后就会卷起长舌,然后飞向下一顿美餐。

» 甲虫猎食者的天堂

科学家也不能确定到底有多少种昆虫生活在热带丛林中,但是其中至少包括了5 000个不同种类的蟋蟀,4万个不同种类的蝴蝶和飞蛾(以及它们饥饿的幼虫)和10万个不同种类的甲虫。

物种档案

文心兰

文心兰拥有非常艳丽的花朵,但是它们大部分都生长在森林最高处,因此很难看到。这些兰花通常是通过蜜蜂来传播花粉的。雄性蜜蜂常常不是为了花中的蜜,而是为了进攻这些兰花,或许是因为这些花朵的气味与其他雄性竞争对手非常相似的缘故吧。这些雄蜂一头撞入花朵,随后便把其中的花粉带到了其进攻的下一朵花中。

生物栖息地

物种档案

白尾尖镰嘴蜂鸟

大部分蜂鸟都是一边在花朵前方盘旋一边吸食花蜜的，但是白尾尖镰嘴蜂鸟却会将其爪子抓在花上，而后吸食。它弯曲的鸟喙是吸食比如海里康属植物花蜜的绝佳工具，因为这类植物的花朵通常都具有一个内置的弯曲造型，其他蜂鸟根本是无法触及的。所以，这类植物的花蜜多多少少都归白尾尖镰嘴蜂鸟享用。它们生活在中南美洲。

其中一些是昆虫界的"巨人"——来自中非的歌利亚甲虫是世界上最重的昆虫，大约是一只老鼠重量的3倍。来自南美的长角甲虫则长着最长的触角。如果这些触角完全伸直，它们几乎可以和本页书的宽度一样长。

如果要找到这些昆虫，则需要很大的耐心，因为它们通常都是在夜晚的时候才开始活跃起来。但是蚂蚁就比较容易找到，因为它们大部分都是在白天工作。在中美洲和南美洲丛林中，当太阳升起的时候，切叶蚁就从它们的地下巢穴中涌到了树上，来到最细的嫩枝上，它们会干净利落地把叶子折断，然后带回地下。切叶蚁用树叶来种植一种真菌，以作为自己的食物。它们出奇地勤奋，但是在大雨来临的时候，它们是绝不工作的。看到雨滴的第一眼，切叶蚁就会丢掉自己的"货"，留下的一串叶子碎片，一直延伸到蚁穴入口。

» 巢穴的袭击者

切叶蚁相对是没有危害的，但是热带丛林中有很多种蚂蚁具有很强的撕咬和叮咬力。织布蚂蚁生活在草丛和树林里，虽然它们体型很小，但是任何靠近其的东西都会遭到其猛烈的攻击。这些小小的蚂蚁用叶子建造出袋子状的蚁窝，用自己的黏丝将叶子"缝合"在一起。军蚁或者兵蚁则更加危险，这些游牧昆虫大群地生活在一起，每一群的数量可以达到10万只之多。它们在丛林地面上"汹涌"而过，制服所有体型过小或者来不及逃离的生物。夜幕降临的时候，其中的工蚁就会停下来，用它们的身体连接起来做成一个临时的帐篷，也叫作露营地，这个帐篷可以像一个足球那么大，蚁后则躲在里面。

很少有动物敢吃军蚁，只是偶尔有几只鸟会在蚁群周围鼓翼逗留一会，这种鸟类被称为蚂蚁鸟。它们这样做是为了在军蚁群中寻找那些试图逃跑的其他昆虫或动物。但是也有一些丛林哺乳动物，其中包括来自南美洲的小食蚁兽和来自非洲和亚洲的布满鳞片的穿山甲，非常擅长捣毁蚁穴，它们都是攀爬高手，而且长有又长又黏的舌头用来舔食自己的食物。

» 8只脚的捕食者

一些生活在雨林中的蜘蛛虽然没有刺，但是长得很像蚂蚁，这可以在一定程度上保护自己。

热带雨林中还居住着大型的球状网蜘蛛，

↓ 图中的切叶蚁正在把叶子的碎片运回自己的蚁巢。而在叶子上搭顺风车的这只蚂蚁是"小个子"的工蚁，一旦叶子被运回地下后，就由这些蚂蚁负责做进一步的处理。

可以织出直径达1.5米的大网。但是世界上最大的蜘蛛网是由群居蜘蛛织出的,它们通常几千只生活在一起,用500多米长的丝编织起巨大的蜘蛛网。通过齐心协力,它们可以比单独作战捕捉到更大的猎物。但是,雨林中最有名的蜘蛛根本不织网——白天,它们躲在地下,晚上才出来捕猎。虽然这些蜘蛛被称为食鸟蜘蛛,其实它们的猎食范围很广,它们靠直接的接触来捕捉猎物,多毛的足部可以长达28厘米。一旦这种蜘蛛将其猎物缠住,其带有剧毒的尖牙就开始发挥作用了。鸟类通常能试图逃走,但是昆虫、青蛙和其他小型动物就没有这么幸运了。这种蜘蛛通常当场将猎物吃掉,而无需在天亮拖回自己的洞穴。

》爱爬树的蛇

在世界上的寒冷地带,森林并不是蛇类和蜥蜴的理想栖息地,因为低温会使它们行动困难。而在热带丛林中,生活环境就再好不过了,不仅气候常年温暖,而且还有大量藏身之所。蛇和蜥蜴都非常擅长于伪装术,而且还是敏捷的攀爬高手——树蟒和蟒蛇用尾巴紧紧地缠住树枝,在树上静静地等待猎物的到来。如果一只老鼠或者猴子进入到一定距离,它就会迅速地启动上半身,用颚部将猎物牢牢咬住。在中美洲丛林中,扁斑奎蛇也采用相同的战术,但是它们常常潜伏在花朵附近,当蜂鸟飞来吸食花蜜时,这种蛇就乘机将之捕食。

生活在热带雨林中的蜥蜴没有毒牙也没有毒液,因此,它们需要利用伪装术来避开鸟类的追捕。大部分蜥蜴是绿色的,但是来自澳大利亚的叶尾壁虎则长有错乱的灰色和棕色斑纹,这使得它们在树皮上爬行时几乎看不出来。为了使得它们的伪装术更为有效,它们的身体几乎是扁平的,这样就不会形成可能出卖它们的影子。

》生活在丛林地面上

就像食鸟蜘蛛一样,生活在丛林中的大部分动物都会在太阳升起的时候躲藏起来。然而,蝴蝶则是例外,虽然它们通常生活在树的顶部,很多还是会每天至少一次地停落到地面上的。其目的在于从地面上补充其所需的盐分和其他重要成分。蝴蝶可以在湿润的泥土、腐烂的果实和动物的粪便中找到所需要的物质。如果找到了一块不错的地方,几百只蝴蝶会相互推搡着努力地想分得一杯羹。一看到有危险,蝴蝶都会立即飞到空中。

而对于小小的箭毒蛙而言,即使是暴露在明

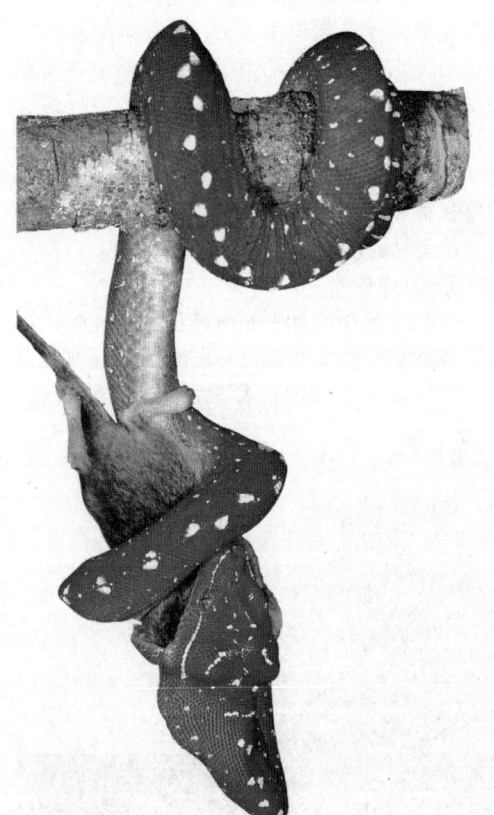

↗ 绿树蟒的颜色有棕色、红色和黄色。图中的这条小蟒蛇抓到了一只老鼠。像所有生活在树上的蛇一样,这么倒着将一只老鼠吞下是完全没有问题的。

↗ 雄性大闪蝶可以像人类手掌那么大,有着带有金属光泽的蓝色翅膀。这种蝴蝶通常喜欢在丛林的近地面"滑翔",寻找它们最喜欢的食物——腐烂的果实。

亮的日光下，它们也常常是无所畏惧的。这种蛙小到可以放在大拇指上，颜色非常艳丽，跳跃在叶子和倒下的树干之间，寻找小型昆虫和蠕虫。箭毒蛙的确可以如此自信，因为它们体内含有动物世界中毒性最强的物质。而鲜艳的颜色则警告其他动物最好乖乖地离它们远一点。

箭毒蛙只生活在中美洲和南美洲地区。历史上，这种蛙类的毒汁曾经被用来抹在箭上制成毒箭，箭毒蛙也就因此而得名。

》树顶上的合唱

与热带丛林中的昆虫不同，很少有大型动物可以一生都在叶子上度过。这是因为雨林树木的叶子非常坚韧，通常含有一种吃起来不美味或者不容易被消化的物质。昆虫已经进化出可以应付这种物质的技能，但是只有一小部分哺乳动物能够完全以叶子为食。吼猴是适应地比较成功的哺乳动物之一，它们生活在从墨西哥到阿根廷北部的热带丛林中，以叫声响亮著称。这种叫声是由雄性猴子发出的，它们的喉部有一个腔室，可以起到像扩音器一样的效果。吼猴成小群的生活，它们通过自己的叫声来标示出各个群体的进食范围。

热带丛林中，到处都生活着猴子，但是只有美洲猴子包括吼猴长有善于抓握的尾巴。这些尾巴可以卷在树枝上，而且朝下一面长有一片裸露的皮肤，可以帮助它们更好地实现抓握。吼猴的体重很大，因此一般都是用手臂进行抓握和进食的。但是蜘蛛猴的体重较小，因此它们通常可以单单通过尾巴而在树枝间荡来荡去。

》小型灵长类动物

热带丛林中生活着世界上一半以上的灵长类动物，包括猿、猴子，以及它们的近亲。其中，体型最大的是大猩猩，而最小的则生活在马达加斯加岛的丛林中。红褐色的小嘴狐猴体重大约只有40克，几乎跟一个鸡蛋那么重。这种小型灵长类动物以植物果实、花蜜和昆虫为食，主要是在夜间依靠敏锐的听力和视力来寻找食物。马达加斯加岛以生活着多种奇异的灵长类动物而闻名，但事实上，世界上其他地区也生活着这些种类的灵长类动物，只是鲜为人知而已。眼镜猴是其中身手最为敏捷的灵长类动物之一，生活在东南亚丛林中，主要是在夜间捕捉昆虫为食。这种小型灵长类动物依靠敏锐的视觉捕食，其眼睛居然要大过其大脑的体积。

↗ 蜘蛛猴毛茸茸的尾巴可以像其第三条腿一样地灵活使用，而手臂则可以用来采集食物。图中的这只雌性蜘蛛猴带着自己的幼仔，正在树枝上悬荡。

尽管不同的灵长类动物的体型间存在着如此大的区别，它们还是有着共同点的，它们中的大部分都长有指甲，而不是爪子，还有善于抓握的手指和脚趾。它们的眼睛长在脸的正前方，这可以帮助它们在跳跃的时候准确地判断距离。与生活在热带丛林中的其他哺乳动物相比，灵长类动物的繁殖速度相对较慢。比如眼镜猴，每次只能生育1只幼仔，而且怀孕时间长达6个月。

》丛林及其未来

对于灵长类动物以及很多其他动物而言，可悲的是，热带丛林正在快速地萎缩。迄今为止，已经有1/3的灵长类动物，以及从鹦鹉到犀鸟的几百种热带鸟类和几千种植物，正面临着灭绝的危机。

其中一些物种变得稀有，是因为它们被人类猎捕和收集，而有些则是因为生活在日益萎缩的热带丛林中而面临着灭顶之灾。在那里，推土机和链锯正在逼近。一旦树木被砍伐，人类开始居住进来，丛林也就被农田所替代了。

人类砍伐森林已经有几千年的历史了，而且人类依靠农田种植粮食生存。但是，热带丛林正在以前所未有的速度被砍伐，同时毁坏了大量的野生动植物栖息地。一些濒临灭绝的物种，比如猩猩，可以通过把它们放入保护区来帮助它们的生存繁衍，但是这项工程很昂贵，

□ 探索与发现

而且能够挽救的也只是丛林中的一小部分野生物。由于热带丛林是那么地丰富而又复杂，人类不可能一方面毁坏丛林，一方面又想保护丛林中的生物。

■ 河流、湖泊和湿地

对于植物、动物和微生物而言，淡水是最受欢迎的生活地之一。有一些挣扎在小水坑中，有些则在淡水和海洋间作长距离的旅行。

如果把地球上的水缩至一桶，那么河流、湖泊和湿地中所含有的水还不能填满一个顶针。但是，由于地球体积如此之大，因此，淡水环境资源仍是极其丰富的。比如俄罗斯的贝加尔湖几乎有 2 000 米深，而亚马孙河则有 6 500 千米长。每年，有 500 亿吨雨水汇入大海。与海水相比，淡水通常营养物质丰富，因此对于生物而言是很好的生活环境，但是，淡水会在夏季干涸，在冬季结冰，而在河流中，生物则有被冲走的危险。

》小小的开端

湖泊和池塘是研究自然的好去处，因为里面生活着难以计数的生物。这些水世界成员中也有动物，但是就像在陆地上一样，生命最终是需要依靠植物的，因为植物为动物提供了生存所需的食物。在淡水中，最小的"植物"是微生藻类，漂浮在水表，虽然它们的体型很小，但是繁殖速度很快，有时会使整个水面呈现绿色。这些微小的绿色生物是微型动物的食物，而这些微型动物则是更大的一些猎食者，比如新孵化出来的小鱼的食物。有一种很常见的池塘动物叫水螅，可以两全其美——它的身体中含有数千个单细胞藻类，同时，这也是它们的食物。水螅也有触须，用来抓住周边经过的小型动物。水螅也可以动，但是速度很慢，因此需要非常提防猎捕者，如果有任何危险来袭，它们就会迅速把触须收起，直至危险过去。

》芦苇和芦苇床

大部分水生植物都有根，因此它们可以在水底固定。有些水生植物一生都在水下度过，但是大部分都会向上生长，从而可以开花。芦苇是其中最为成功的水生植物之一，它是一种长得很高的草本植物，可能是世界上分布最广的开花植物。芦苇从北极一直向南长到澳大利亚，生活在池塘和沟渠，以及浅浅的湖泊和礁湖中。只要空间足够，它就会形成被水浸透的芦苇床，一直蔓延到肉眼明显可见的范围内。

芦苇床上并不适宜行走，但却是鸟类藏身的好去处。八哥和燕子仅是用之宿夜，而其他鸟类则还在在芦苇床上寻找食物繁殖后代。苍鹭和麻鸦在地上筑巢，而莺则筑在干燥的高处——这位技术娴熟的建筑师能够用枯叶为材料，以芦苇为支架，筑起一种杯形的鸟巢。

》在水表面漂浮

睡莲的生长方式与众不同，与芦苇不同，

⬈ 北美水松是少数几种可以生长在沼泽中的针叶树种之一。

物种档案

巨睡莲

这种来自南美洲的睡莲长着世界上最大的叶子,每片叶子的直径可以达到2米。叶子中有很多气孔,可以使得叶子保持漂浮状态。叶子周围有一圈直立的边,上面的一道口子刚好可以方便雨水从中流出,叶子下面是多刺的茎秆。一片大的叶子可以托住一个小孩——只要其躺下不动。

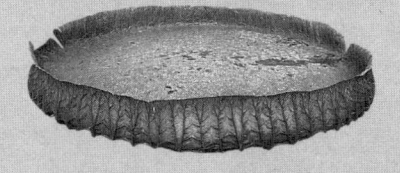

它们的茎部很柔软,叶子的造型非常适合于漂浮在水面上。睡莲可以生活在几米深的水下,每年春季从水底向上生长,当它们的叶子到达水面时,它们就会展开平铺在水面上。有些睡莲的叶子只有硬币那么大小,但是最大的叶子属于一种来自南美洲的大型睡莲,可以达到供儿童嬉水的浅池那么大小,四周还有15厘米高的边。睡莲的叶子中含有空气细胞,就像是泡沫包装纸那样,而且其表面有一个蜡层,可以使得落在上面的雨水自行滑落。这些特性使得睡莲的叶子不可能沉到水下去,因此成为了蜻蜓歇脚的好去处。对水雉(体型很小,但是脚超大的水鸟)而言,睡莲叶也是很好的垫脚石。鱼类也将睡莲叶作为安全屏障,躲避大鸟的追踪。

睡莲花会吸引大量的昆虫,其中甲虫是它们的常客。有些睡莲花会在日落的时候闭合起来,将"访客"困在其中,整个夜间,昆虫会沾上大量的花粉,当第二天花朵展开的时候,昆虫也就把花粉带了出去。

» 漂流物

一些淡水植物会在底部断开,然后便在水面上生活,其中最为常见的就是浮萍了。浮萍看上去就像小小的绿色药片,它们是世界上最小且最简单的开花植物。其中,最小的品种来自澳大利亚,只有盐粒那么大小,它们没有叶子或者茎,只有圆圆的植物"身体",而且在大多数情况下,只有一条纤细的根。死水潭和阴暗的沟渠是浮萍生长的理想环境,那里,成百上千株浮萍覆盖了整个水面。当秋季到来的时候,这种植物就会没入水中,以免被冻伤,直至来年重新浮出水面。

在世界上比较温暖的地方,死水潭中有大量漂浮类蕨类植物。与陆生蕨类不一样,这些蕨类植物的体形小而扁平,叶子上还常常覆盖着防水的"茸毛",降雨的时候,雨水会自行滑落,这样,植物便不会沉入水中。有一种水生蕨类通常生活在灌满水的稻田里,这种植物非常有用,因为其含有的细菌可以为土地施肥。

另一种体型较大的水生植物被称为"水葫芦",繁殖能力更强。水葫芦最早出现于南美洲流速较慢的水域,但是由于其可以开出美丽的花朵,所以被植物爱好者带到了世界各地。不幸的是,这种美丽植物的繁殖能力似乎超出了人类的想象,在一些地方

↘ 一对苍鹭在树梢上的巢中互相问候,它们的幼鸟正从巢中仰望着它们。但是,很多生活在湿地的其他鸟类都将鸟巢建在地面上。

□探索与发现

↗ 水雉的脚趾特别长,可以将莲花的叶子作为漂浮的平台使用。一共有8个不同种类的水雉,主要生活在世界上气候比较温暖的地方。图中这一种在东南亚和澳大利亚十分常见。

甚至成为了一种灾害。在非洲的维多利亚湖,水葫芦覆盖了几百平方千米的浅水区,它们使其他野生植物窒息,还悄悄地爬上了船只。科学家正在努力控制它们,但是由于这种植物分布实在太广,这个过程可能需要很长一段时间。

世界上最大的漂浮植物是纸莎草,其高度可以达到4米。纸莎草来自非洲,早在4 000多年前,埃及人就学会了如何将纸莎草压制成纸张。一般情况下,这种植物生长在水域的边缘地带,但有时候,它们也会成堆地形成岛屿状地漂出好几米之远。在尼罗河上游的漂浮植物堆中,甚至还居住着人类,而有些则将之用于畜牧场周围简易的围栏。

»临时居民

淡水动物包括永久居民和临时居民。临时居民中比如水獭,每天都在水和陆地之间穿梭。另一些则是在生命的早期居住在水中,而在长成后便离开了水环境。大部分这类动物都喜欢单独生活,但是蜉蝣却嘈杂地大群生活在沼泽地中,形成了最为壮观的淡水世界景观。

观察这种密集的蜉蝣的最佳时机是在宁静的夏夜——沿着缓缓流淌的河岸。如果条件适宜的话,可以看到几千只尚未长成的蜉蝣爬出水面,它们还没有完成蜕皮来到空中。这种昆虫需要4年时间才能长成,但是成虫没有嘴部,只能活1天。交配之后,雌性成虫会将卵产在水面上,结束这一最后的飞行后,所有的成虫都会死去。

»食谱的变化

对于大部分其他淡水昆虫而言,成虫的生活比蜉蝣要长得多——成年的蚊子可以存活几个星期,成年的豆娘蜓和蜻蜓甚至可以存活几

物种档案

仰泳蝽

与大部分其他种类的水生动物不同的是,仰泳蝽是倒着生活的。它们生活在池塘和沟渠中,浮在水面的下层,等待其他昆虫落到水面上。当一只昆虫到来时,仰泳蝽便会以后足为桨,向之划去。然后,使用其锋利的嘴部从下而上将猎物刺住。为了保证呼吸,仰泳蝽会在身体周围保存一些氧气。

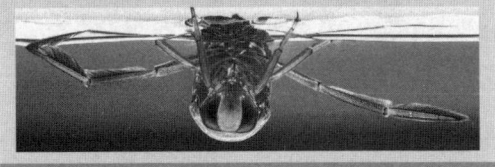

个月之久。

较长的生命期意味着它们需要食物,而且幼虫和成虫的食物有着很大的不同。幼年的豆娘蜓和蜻蜓可以以所有种类的水生动物为食,它们使用的是一种被称为"面具"——一套可伸缩使用的颚部的致命武器。豆娘蜓和蜻蜓的成虫也是食肉的,但是改用足部来捕捉在空中飞行的昆虫。对于蚊子而言,变为成虫意味着食谱的大改变:蚊子的幼虫以水中的微生物为食,它们可以在小到难以想象的环境中生活,甚至是在一个废弃轮胎里的积水中;一旦它们

↘ 豆娘蜓是非常优雅的捕食者,常常飞行在池塘和溪流的近水面上。它们生活在世界各处——从潮湿的热带到北极冻原。

长成后，它们的食物就转变成了液体，雄性蚊子食用花蜜，而雌性蚊子食用血液。

» 回到水中

淡水生活环境比较分散，因此动物需要找到合适的时间和地点来进行繁殖。飞行的昆虫能够很好地应付这个问题，因为它们可以很容易地从一个地方飞到另一个地方。

蚊子可以通过感知空气中的潮气而找到水的所在，但是很多其他昆虫包括蜻蜓在内，都是依靠视力来寻找的。偶尔，它们也会犯错，比如龙虱，有时会在月光照耀的夜晚一头撞到花房上，因为它们将闪亮的玻璃错当成池塘的水面了。

对于青蛙和蟾蜍而言，繁殖期开始于它们返回到曾经作为蝌蚪生活过的池塘或者湖泊中时。雄蛙通常会先行到达，然后通过响亮的蛙鸣声来吸引雌蛙前来交配。当雌蛙到来后，很多雄蛙会一拥而上，争夺交配的机会。交配期结束后，青蛙和蟾蜍都会离开这个水域，留下蝌蚪自己成长。

↗ 青蛙或者蟾蜍繁殖的时候，雄性会从背部将雌性抱住，这个过程会持续好几天。雄性的大趾上长有特殊的肉垫，可以防止滑落。

青蛙和蟾蜍通过将周围环境编织成一张记忆地图来指引自己找到目标所在。由于它们的视力不佳，所以这张记忆地图需要通过嗅觉来起效。如果一只青蛙或者蟾蜍被移至几千米外的地方，它们通常会找到一个新的地方进行繁殖。不过，两栖动物的记忆力似乎特别好，因为即使在过了3～4年后，它们还是能够找到最初的家。

» 长途跋涉者

两栖动物并不是世界上最快的迁徙者，它们每年的旅程很短。但是河流和湖泊中生活着动物王国中一些很厉害的旅行者，其中包括那些可以分别生活在淡水和海洋中的鱼。这些鱼之所以要在两地巡游，是为了最大限度地利用两地的优点：对于它们的大部分而言，淡水中是比较安全的繁殖地，而海洋中则是寻找食物的更好去处。不过奇怪的是，这条规则也并不适用于所有的鱼，因为有些鱼的生活习惯是刚好相反的。

大西洋大马哈鱼回到淡水中产卵，3～4年后，成年的大马哈鱼第一次依靠味觉的指引回到原来自己成长的淡水河流域中。向着产卵地回游需要消耗大量的体力，但是它们在整个过程中却不吃东西。成鱼产下卵后，有些会因为身体太虚弱而死去，而大部分则能够重新回到广阔的海洋中。

» 神奇的旅行

大西洋大马哈鱼可以洄游1 000千米之远，而欧洲鳗甚至可以游得更远。与大马哈鱼不同，这种像蛇一样的鱼类，其生命开始于西太平洋一个被称为马尾藻海的水域中。从那里，幼鳗顺着洋流向东北方向游动，两年多后来到欧洲大陆沿岸。一旦到达后，它们便开始向河流的上游游去，最终到达它们可以慢慢生长的河流或者湿地中。它们的"童年期"可以长达30年之久，发育完全后，便开始繁殖下一代。

繁殖的时候，欧洲鳗便游向河流的下游，开始了以繁殖地为目的地的遥远的单程旅行。这些成年的鳗长着银色的外皮和大大的眼睛，说明它们游动在海洋的深处。但是并没有人确切知道它们究竟在多深的海里游动，也不知道它们经过的是哪一条路线，因为神奇的是，没有一条成年的欧洲鳗在海洋中被捕获过。

↘ 对于洄游的大马哈鱼而言，瀑布是它们前行道路上的一道障碍。这些肉质结实的鱼类可以一下垂直向上跳起3米多高。

»淡水湿地

在河流和湖泊中有很多开阔的水面,因此能够很容易地发现其中的动物。但是湿地则不同了,那里的水面常常是隐藏在植物下的,为野生物提供了很多藏身之处。沼泽是湿地环境的代表之一,此外还有从北极的泥炭沼到潮热的热带沼泽地的几十个不同类型的湿地。

对于人类而言,湿地有时是非常危险的,里面有毒蛇和充满陷阱的泥潭。但对于动物和植物而言,这个被水浸透的环境却是非常理想的栖息之地。美国佛罗里达州大沼泽地是世界上最大的湿地之一,其中生活着250多个不同种类的鸟类和世界上最大的爬行动物之一——美洲短吻鳄。位于非洲南部的欧科范戈三角洲甚至生活着更多种类的生物,这块湿地是由一条内流河形成的,其居民包括河马、大象和瞪羚,以及一些世界上体型最大也是最聒噪的青蛙和蟾蜍,黑色的苍鹭也常在这里出入——唯一在自己的翅膀阴影下捕鱼的鸟类。

»干旱

在世界上的凉爽地区,湿地全年都不会干涸。但是在热带,一些湿地在每年都有几个月的干旱期。随着水平面慢慢下降,植物枯萎了,动物则被逼迫到越来越狭窄的空间里生活。当生活变得越来越艰难的时候,鸟类飞走了,但是水生动物却需要另外的生存方式。

在佛罗里达州大沼泽地,美洲短吻鳄通过给自己挖一个"私家池塘"来解决这个问题,当其他地块已经干涸的时候,这个池塘中依然有水。整个湿地中到处都可以看到这样的池塘,而美洲短吻鳄并不是唯一的居住者,还有鱼类、乌龟和青蛙也来避难。在世界的其他地方,鳄鱼和凯门鳄通常都是将自己埋藏在泥浆中,通常只有一对鼻孔暴露在外面,像美洲短吻鳄一样,它们可以在几个月不吃不喝的情况下生存下去。

生活在湿地中的鱼类非常善于在浅水中生存,但是当干旱真正来临的时候,它们也会采取紧急措施——鲶鱼可以从一个池塘爬行到另一个池塘,而肺鱼则把自己埋在泥浆里,在身体外面包裹上薄泥层,只要泥浆保持湿润,它们就可以通过呼吸空气而生存下去。其他种类的鱼就没有那么幸运了,它们会成百上千地死去,但是,它们留下了自己的卵,当大雨来临时,这些鱼卵就能孵化出来。

»水污染

自然界的干旱并不是淡水动植物需要面对的唯一挑战。在很多国家,人类的淡水使用量非常之大,以致一些湿地已经永久性地干涸了。水污染又是另一个问题,因为人类在河流和湖

↗公园巡逻人员坐在汽艇船上,滑过美国佛罗里达州大沼泽地。这里的生物面临着很多问题,比如飓风、水量减少和城市扩张等。

泊中随意丢弃垃圾。

在美国佛罗里达州，曾经流淌过大沼泽地的水源如今都被用来灌溉农田和供应城市用水了，结果，这个州有一半的湿地都已经消失了。这种变化对于大沼泽地的栖息环境造成了很大的影响。在欧洲，曾经的湿地都被抽干用于种植粮食，如今，留存下来的原始湿地已经只有一小部分了。

水污染对于生活在河流中的生物伤害很大，而当水污染影响到湖泊时，带来的损害则更大了，这是因为湖泊中的水是不流动的，一旦污染物排入其中，就会沉淀很多年。在20世纪70年代，北美洲五大湖的污染非常严重，其中的大部分鱼都死去了。在俄罗斯，水污染也严重影响了贝加尔湖中的生物。而在东非，水污染影响了在大裂谷咸水湖中觅食的火烈鸟的生活。

要挽回那些已经消失的湿地是来不及了，幸好出台了反污染法，很多工业化国家的河流已经比100年前干净多了。但是，随着世界人口的不断增加，对淡水资源的需求也不断上升，越来越多的水污染也将出现，全世界都将为拯救淡水资源而奋斗。

■ 海 岸

如果将全世界的海岸拉直并连接起来，它们能绕地球好几圈。对于野生动物而言，海岸是非常重要的栖息地。那些曾经全部或大部分时间都生活在海洋中的物种则是通过海岸来到了陆地之上的。

生物的栖息地总是处于不断地变化中，但对于海岸而言，大自然真正显示了其力量：在风雨中，海浪冲刷岩石、破坏悬崖，拥有巨大能量的洋流带来了几百万吨的泥沙。海岸因而成了不断运动中的战争前线—— 一处可能使建筑坍塌入海，港口充满淤泥的地方。海岸动物和植物必须不断适应这种变化，以免窒息或者被海水冲走。它们也要适应那些更容易预测的变化——每天两次的潮起潮落。

» 运动中的水

潮汐是由太阳、月亮和地球之间的引力而引起的，它们的重力拉动了海水，当它们在空中运动时，海水就会朝向它们运动。在开放的海域中，这种因引力引起的海面凸起是很难被

↗ 海星依附在被海水浸没的岩石上，搜寻贻贝和其他贝类。它们的最快移动速度是每小时2米。

察觉的，但靠近陆地时，因海面凸起造成的潮起潮落就相当明显了。潮汐的高低取决于海岸线的形状以及运动中的海水量。

如果海岸是漏斗状的，海水就会被压迫至越来越小的空间中，海水别无他途，只能不断上涨。世界上最大的漏斗状海湾潮汐之一就在加拿大东海岸的芬迪湾，在那里，最大的潮汐可以高达21米，当海潮上涨时，半小时内就可以达到一个成年人的高度。但在被陆地包围的海域，比如地中海，就根本没有潮汐。潮汐也会进入河流——在亚马孙河，潮汐可以深入内地400千米。

在海岸边，潮汐对于决定何种生物生活在何处而言是极其重要的。大多数海岸植物不能生活在海水中，所以它们通常会生长在最高海潮达不到的陆地上。而海草则正好相反，因为它们必须浸没在海水中。有些紫海草可以曝露在空气中达几小时之久，它们的植株适应能力格外强。而红海草适应能力就比较弱，这也解释了为什么它们只生活在最低潮线以下。

» 活体闹钟

对于海岸动物而言，潮汐就像是每天会自动响两次的闹钟。当潮水上涨，海岸被海水浸没时，一些动物就开始觅食。贻贝开始张开它们的壳，藤壶也开始伸展它们的足，各自用不同的方式捕捉飘浮游动的细小食物。

帽贝在运动中觅食，对于它们而言，上涨的潮水就是它们动身的信号。它们花三四个小

▢ 探索与发现

↗ 贻贝用特别坚硬的物质将自己固定在岩石上。有时候海浪也会将它们冲上岸。

时爬上岩石，用它们微型的牙齿刮取海藻。一旦海水退去，所有的东西就会恢复原状：贻贝和藤壶合上它们的壳，帽贝也会返回原地。这些贝类的进食时间经不起延迟，因为只有适合它们贝壳依附的岩石才是它们唯一的家。

许多这类小动物可以感知潮起潮落，还有一些则在它们的神经系统中有一个"钟"，可以告知它们什么时候觅食，什么时候返回。科学家们通过收集螃蟹和牡蛎将它们带到内陆验证了这种"钟"的存在，因为即使远离海洋，它们的步调还是和潮汐一致。

》潮汐鸟类

海岸边的鸟类也会配合潮汐活动，只不过方式不同而已。对于海鸥和涉禽而言，最忙的时间是退潮时，退去的潮水会带来许多食物。海鸥是海岸边重要的清道夫，它们沿着岸慢慢飞行，搜寻活体和死体海洋小动物为食。如果天气变坏或者食物缺乏，这些鸟类就会放弃在海边捕食而转向内陆。

和海鸥相比，涉禽对于食物就要挑剔得多：蛎鹬主要以贻贝和海扇为食，它们有着凿子状的喙，可以将贝壳打开；翻石鹬的喙则要短的多，它们主要以海草和岩石下的小动物为食；三趾滨鹬是最小的涉禽之一，却是最为敏捷的，它们随着海浪疾走，就像报时钟里跳出的玩偶一般捕捉被海浪冲来的鱼虾。

上述三种涉禽依靠视觉捕捉食物，还有许多鸟类是靠触觉捕食的。其中体型最大的之一就是一种长脚鸟——杓鹬，它们弯曲的喙有15厘米长。杓鹬通常在泥泞的岸边觅食，它们的专长就是捕食那些一般鸟类难以发现的埋藏在泥沙下面的动物，它们的喙像铅笔一样纤细，顶端尖部十分敏感，能够感觉到隐藏着的小动物。顶端的尖部可以在喙闭合的情况下张开，使得杓鹬可以将食物夹住，并从泥沙下拉出。

》完美海滩

人类和野生动物对于什么是完美海滩有着不同的认知，对于人类而言，理想的沙滩要有金色的沙子，没有海草，也没有飞虫。但是对野生动物而言，干净的沙滩意味着这并不是一个好的栖息地，因为这表明潮汐没有带来多少食物。鹅卵石海滩就更加糟糕了，人类只是躺在上面不舒服而已，但是对动物，那可能是致命的——潮汐会将鹅卵石挤压在一起，这中间的生物就会被挤碎。

对许多动物来说，理想的沙滩应当是泥沙或者沉积物的综合体。沉积沙滩中含有食物微粒，而且因为这种沙滩带有一些黏性，沙子通常能固定在一定的位置上。这类黏性的混合沙滩就很适合海扇和穴虾，其中可以生活大量这类生物。在泥泞的海岸，特别是靠近河口的地带，在一条手帕大小的地方可以生活超过5 000只小虾。这里作为食物储备库就像磁铁一样吸引着鸟类。

》盐沼和湿地

在潮汐要经过很长一段历程才能深入到的内陆真正的平地上，生物在这里的生存就更

↗ 这只螳螂虾从其洞穴中探出部分身体，等待着猎物进入埋伏。它那带刺的前足可以在1/4000秒的时间内捕捉猎物，这一速度在动物界中是居于前列的。

为艰难了。在这里,陆地和海洋在泥滩和盐沼交汇,远远超出了海浪所及之地。

当潮水上涨时,海水进入溪流和海峡。退潮时,则留下的是闪亮的泥浆。

对于人类而言,这种栖息地是难以忍受的——环境变幻莫测,溪流就像迷宫一般。但是对于那些能适应海水的植物来说,这是完美的栖息地。这些植物大多数都十分低矮,它们的叶子通常十分生脆。这种生脆的感觉是由于过量的盐造成的,植物在生长过程中会排出这些盐分。有些盐沼植物甚至会延伸至路边,那里的土壤中的盐分使它们有回家的感觉。

在热带,盐沼看起来完全不同。不像其他地方盐沼的空旷,热带的盐沼中生长着形形色色的树木,这些树木都是红树,它们是世界上唯一的可以在潮汐间地带生长的植物。红树有着高跷状的根将它们固定在地上。有些则有朝天的气根,就像泥沙中突起的微型潜水艇通气管。

红树林就像是微型的热带森林,许多动物——从猴子到蛇还有叮咬的昆虫——都生活在红树林中。更有趣的居民生活在底下的泥沙中,包括成群的招潮蟹和弹涂鱼——一种手指大小的鱼,用胸鳍跳跃和攀爬,可以离开水,呼吸空气生存。

» 岩石海岸

和沙滩、泥滩相比,生活在岩石海岸中的野生动物更容易被发现。因为除了有岩缝可以躲藏之外,它们只能露天生活。海胆浑身都是刺,其他生活在这里的"居民"则将自己武装

物种档案

大扇贝

这种扇贝是仅有的几种可以通过开闭贝壳游泳的扇贝。通常大扇贝生活在海床上,当遇到海星时,它们会立即启动一套紧急系统:两片贝壳会立即合上,喷出的水流就将大扇贝向相反的方向推去。大扇贝是通过它们的眼睛来感知危险的,它们有100多只眼睛,分布在贝壳边缘。

在厚厚的"铠甲"之下。"铠甲"可以同时兼具几大功效:保护主人免受海浪冲刷;在退潮时防止身体变干;更重要的是可以阻挡捕食者的攻击。

不幸的是,有贝动物在面临敌人坚决的攻击时,没有什么贝壳是可以绝对保证其安全的。蛎鹬能在几秒钟内将贝壳打碎,其他一些捕食者的手法就相对隐秘——海星先用自己的身体将贻贝和蛤包裹住,再利用它微型吸足将贝壳打开。一旦裂开纸片厚薄的缝隙,海星就可以将它的胃塞入贝壳内部,并将可怜的受害者的软体消化。

龙虾会用它们的螯将贝壳打开。贝壳类动物有时候还会遭受到有壳动物的攻击,最常见的就是织纹螺,它们通常生活在贻贝栖息的

↓ 多数海鸟年复一年都会回到原来的巢穴。塘鹅喜欢陡峭的岩岛,那里不会出现捕食它们的哺乳动物。

地带。织纹螺用钻子状的口器释放溶壳性酸在贝壳上打孔，这是一项长期的工作，但是，一旦织纹螺开始了这项工作，那么贻贝就在劫难逃了。

数千年来，人类也在海岸边收集贝类。在有些海岸边，考古学家们发现了古人留下的成堆的空贝壳。这些古代遗存被称为贝壳垃圾堆，有些宽达数米，是世界上最不寻常的垃圾堆。

» 悬崖和岛屿

不管海鸟能飞多远，它们必须返回陆地繁殖。燕鸥将它们伪装的蛋产在鹅卵石或沙子上，它们会毫不畏惧地俯冲向任何靠近它们蛋的动物或者人类。不过多数海鸟在筑巢时节会避开充满危险的空旷海岸，它们会在陡峭的悬崖或者难以接近的岛屿上繁殖，这里它们受到攻击的可能性要小得多。

在繁殖高峰，这些筑巢点成了地球上最繁忙、最吵闹、最难闻的野生动物大展示场所。比如，在苏格兰的巴斯岩岛这块只有几百米宽的小岛上聚集着10万只塘鹅。在澳大利亚和新西兰之间的巴别岛，每年有200万只短尾鹱在这里哺育它们的下一代，它们要飞行超过3万千米，穿越整个太平洋，才能到达这个岛屿。

» 海鸟群体

这么多海鸟紧挨着筑巢导致空间紧张，很容易就发生争端。塘鹅在捍卫自己的巢时，行为非常激烈，任何靠近的鸟都会受到它们的进攻。成年塘鹅在捕鱼后回巢时必须先确定自己的配偶所在，以避免痛苦的错误发生——它们通常会发出一种着陆的叫声，配偶能从各种鸟的噪声中分辨这种声音。听到这种叫声，地上的配偶就会立即处于警戒状态，并回叫以引导对方降落到自己的巢中。海鸥在悬崖的洞穴中筑巢，它们在天黑后才会进出。有趣的是，它们也是通过声音来辨认自己的配偶的。在深夜，空中充满了各种奇声异响，在陆地上的一方就会通过叫声召唤同伴。

有些海鸟，比如鸬鹚和鸸鹋，天生不善"远航"，它们终年都会待在岸边。其他一些则更富于冒险精神，幼鸟可以飞行之时，就会被带领着飞向大海。海鸥和海鹦甚至不会等那么久，一旦幼鸟在巢中有了足够的食物，它们的父母就会将它们遗弃在巢中。幼鸟等到长出羽毛之后就自己飞向大海。

↗ 海豹利用海岸作为休息地，它们也可以在海中睡觉。睡觉中的海豹就像一个瓶子一样，只有脸和口鼻在水面之上。

» 出生在海滩上

和大多数海鸟相比，海豹在水中十分怡然自得，它们可以一待就是几个星期之久。不过即使是海豹也必须在陆地上繁殖。和许多海鸟一样，海豹也对它们的繁殖地充满了眷恋，年复一年，它们都会返回同一片海岸繁殖下一代。

海豹在陆地上活动不像它们在海中那般敏捷，它们要靠下身拖曳前进。它们通常在方便活动的平坦的海岸或者浮冰上产仔。海狗和海狮相对要灵活得多，它们的前肢可以像脚一样活动，它们能爬上岩石晒太阳，有些种类甚至能像人类奔跑一样移动。

海豹在挑选繁殖地时非常仔细，它们必须挑选那些对于幼海豹十分安全的地点。和海鸟比起来，幼海豹成长速度是惊人的，它们所享用的是哺乳动物中营养最为丰富的乳汁。幼灰海豹在出生16天之后就会断奶。它们这种生长速度是十分重要的，因为这意味着它们可以尽快离开陆地，回到相对更安全的海洋中。

不幸的是，大多数海豹的繁殖地都有人类猎手的踪影，在19世纪初，海豹遭到了比鲸鱼还严重的滥捕。到了20世纪早期，许多种海豹濒临灭绝。海豹种类的直线下降迫使各国采取严格的保护措施。自从那时起，一些种类的海豹已经恢复到了可观的数量，其中最为成功的是大西洋毛海豹，在20世纪30年代，它们只剩下几千头，现在的数量则是几百万头。

» 海中草场

许多开花植物生长在海岸边，不过很少有能完全生活在海水中的，仅有的例外物种是一种称为大叶藻的植物,它们在世界上许多地方形成了水下的草场。在岸边看,这些草场是难以发觉的,当在船上或者空中俯瞰时,就可以发现它们就像是深色的补丁一般嵌在海面上。大叶藻通常生长在5米以上深的海水中,那里可以免受海浪的冲刷。不过如果遇到暴风雨的话,大量大叶藻断叶就会被冲上海岸。

大叶藻草场对于许多近岸动物来说是十分重要的栖息地:鱼类在大叶藻间穿梭,海龟则用它们带利喙的嘴巴嚼食大叶藻。在热带,水桶状的儒艮和海牛都以大叶藻为食,这些大型却很温顺的动物看起来就像是海豹,不过它们不需要登陆来繁殖后代。它们是海洋中唯一的完全以植物为食的哺乳动物,这也是为什么它们过去曾被称为"海奶牛"的原因。

» 巨藻林

大叶藻主要在岸边蔓延开去,形成一个大型的席子状草地。而在有些地方,水温很低,海床是岩石,大型的海草可以向上长成树木一般,其中最大的叫作巨藻,是海洋中生长速度最快的生物。在北美洲有一种叫作"公牛海藻"的巨藻可以在1年内长到35米,但最长纪录是巨藻保持的65米,它们生长最快的时候,每天可长60厘米。

这些巨大的海草组成了生活着形形色色生物的水下森林。在这岩石底的森林中,章鱼搜寻着蟹和虾;海鳗注视着隐藏着的猎物巢穴,等待着它们的出现。在它们之上是鱼类和乌贼在海藻叶间穿行;海獭潜入水中捕食鲍和蛤。海獭是除了猿和猴子之外唯一能够用工具获取食物的哺乳动物,海獭浮在海面上时,会用石头击打鲍鱼壳,使鲍壳碎裂,从而获得食物。

在巨藻林中生活着超过750种的各类动物,在一棵巨藻上可能生活着50万只各类生物。巨藻林是海岸布置得最远的岗哨,在它们以外就是截然不同的开放海域世界了。

城镇和城市

建筑、噪音和繁忙的交通——城镇和城市与野外栖息地有着天壤之别。尽管这样,成千上万种植物和动物已经在这里安家落户了。

世界上最早的城镇出现在距今1万年前,人们开始从事农耕,过定居的生活。和现代的城市相比,那些城镇相当小而且很原始,但从那时起,这些地方就吸引了野生物的注意:草开始在泥砖砌成的房子周围蔓生,鸟也在墙洞中筑巢。现在,城市中的野生生物仍然与我们相伴,不过城镇的规模则早已今非昔比了,城镇和城市成了当今世界成长最迅速的野生生物栖息地。

» 与人类相伴

人类能轻易讲出城镇和农村的区别,但是对于动物而言两者没有什么真正的不同——本能促使它们寻找食物和住处,哪里有这些,哪里就成了它们的家。

最典型的代表就是原产于非洲的麻雀,在野生状态下,麻雀在树上筑巢,主要以草子为食,当人类开始种植谷物、建造房屋时,麻雀也喜迁新居了。城镇环境给了它们躲避天敌的场所和充足的食物供应。

从早期开始,麻雀的蔓延就是普遍现象。现在除了极北之地和热带一些地区,世界各地都有麻雀的分布,在纽约帝国大厦80层的楼面上都有麻雀觅食的身影。在超市、仓库、地铁和多层停车场,它们都是常客。甚至在英国一个地下600米的煤矿中都生活着一小群麻雀,它们以矿工给它们的残羹剩饭为食。有如此强的适应能力,也就难怪麻雀生活得如此成功了。

↗ 海獭的大部分时间都是在海中度过的,它们的皮毛十分厚,可以使它们保持干燥和温暖。幼年海獭利用母海獭作筏——母海獭仰面漂浮,幼海獭则处在母亲的怀抱中。

□ 探索与发现

↗ 麻雀虽然不是颜色亮丽的鸟,但它们无疑是最成功的。这只麻雀的黑前胸显示它是一只雄鸟。

» 以残羹剩饭为生

对于城市动物而言,吸引它们的首要因素是食物。和野生动物相比,人类是惊人的食物浪费者,许多食物都被人们丢弃。在垃圾统一收集前,有许多会被扔到马路上,动物就会在那等待就餐。在欧洲和亚洲生活的黑鸢也是一种食腐动物。黑鸢的翼展可达 1.5 米,有时候会从人类手中抢夺食物。

在现代,人们产生的垃圾更多,不过由于垃圾收集处理,最终并不存放在城镇中,它们通常被丢弃在垃圾填埋场——对于能到达那里的动物而言,这意味着大量的食物。其中最成功的清道夫是海鸥——在许多城市中,它们成群结队聒噪在垃圾上空,等待进食的机会。海鸥的喙应付这项工作是绰绰有余的,它们可以轻而易举地将塑料垃圾袋弄开。一旦它们发现可以食用的东西,它们就会尽快吞下,以避免竞争对手的抢夺。

» 夜巡者

银鸥有时候会在城市中觅食,但是它们多数都是生活在城市之外,只是在白天才飞来。不过城镇中确实有那么一些夜班清道夫,在北美,最成功的城市"居民"就是浣熊了。浣熊是好奇心很强的动物,所以它们在寻找食物的时候总是比其他动物快一步。它们敏捷的前爪十分适合打开包装或者垃圾桶盖。一旦桶盖打开,浣熊就会在里面翻箱倒柜,寻找一切可以食用的东西。它们十分擅长学习,除了翻垃圾桶,它们还会开门,甚至还有人发现浣熊偷食存放在冰箱中的食物。在破晓之前,它们会躲在桥下或者树洞中休息,直到夜幕降临,它们又重新开始活动。

在欧洲和北美洲的一些地方,红狐过着相似的生活。红狐并不善攀爬,也没有敏捷的爪子,但是红狐以它的动作迅速、高智商和对食物的灵敏嗅觉弥补了这些缺点。每晚,它们的活动路线总是固定的——停在快餐垃圾倾倒处,弄开袋子寻找食物。生活在城市中的狐狸并不完全是以这些为食的,它们还有捕猎的习惯,它们会捕捉老鼠、鸟类和小昆虫为食。不过,红狐最重要的食物是不起眼的蚯蚓,它们会在花园和公园中到处挖掘蚯蚓作为食物。

» 不受欢迎的访客

浣熊和狐狸可以是很讨厌的东西,有些都市中的野生动物则更令人生厌,排名第一的就是黑鼠和褐家鼠——两种原产于亚洲的老鼠,

← 银鸥在屋顶筑巢,对于任何接近幼鸟的人或者动物,它们都会施以猛烈的进攻。

现在已经传遍到了世界各地。

因为老鼠会啃噬一切阻挡它们的东西，它们对于建筑物会造成很大的损害。老鼠还会污染存储的食物。最大的问题在于它们所携带的疾病病菌，包括恐怖的淋巴腺鼠疫——老鼠会携带这种疫病，再通过间接的方式传播给人类。

14世纪时，从亚洲向西方爆发的被称为"黑死病"的鼠疫夺走了1/10的欧洲人的生命。在乡下，许多村庄被废弃。城镇中的情况更为糟糕：在那里，老鼠、跳蚤和人类聚集在不卫生的环境中，营造了疫病传播的最佳环境。在伦敦，大约有4/5的城市居民死于疫情；在意大利，有些城市紧闭城门数周，禁止外人入城。当这场恐怖的灾难最终平息下来后，欧洲的人口经过了300年才恢复到了原来的水平。

鼠疫在17世纪60年代再度在欧洲爆发，19世纪50年代，又一场横扫世界的鼠疫夺走了至少1亿人的生命。即使是现在，鼠疫仍然在兴风作浪，不过幸运的是，它再也不像过去那样不可救药了。现在，人类利用抗生素来治疗鼠疫，而且鼠疫也可以通过控制老鼠和它们身上的跳蚤的繁殖得到遏制。

» 都市植物

和动物相比，野生植物建立起自己的势力范围则更为吃力，因为在城市里，生存空间永远都是那么稀缺。即使是最小片的空地，一经清空，蒲公英和其他植物必然会立即抢占。另一种应对生存空间稀缺的办法就是保持矮小——漆姑草长到2厘米就开花了，这样它们就可以在路石缝隙之间顽强地度过一生。

植物在坚硬的砖块或水泥中难以生存，但

↗ 浣熊是北美最具适应性的哺乳动物，院子、城市公园和露营地都是它们理想的觅食地点。

物种档案

黑鼠

黑鼠是攀爬和跳跃专家，几乎就是专门为了生活在建筑中而出现的动物。黑鼠原产于东南亚，它们偷偷搭上船，到达除南极洲以外的世界各地安家落户。黑鼠以存储的食物为食。它们会传播某些危险的疾病。除了猫和人类之外，它们最主要的敌人是褐家鼠——一种更具进攻性的家鼠。

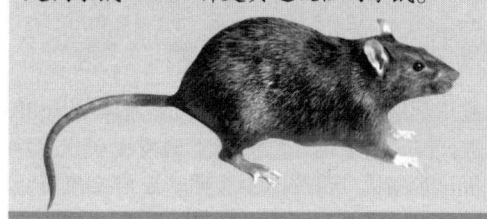

是一旦它们找到缝隙生根落户后就会展现惊人的"拓疆"能力。随着它们的长大，根茎也会变粗，并不断对建筑体施压，最终最坚硬的物质也会被粉碎掉。当建筑物被废弃后，植物会迅速占据，它们的根系就开始破坏地基和墙面。最有名的一个例子就是柬埔寨西北部的吴哥窟：在这里，整个城市在600年前被废弃之后就开始被丛林所覆盖，几百年来，树根深深扎入城墙中，因此而被撬开的岩石可重达数吨。

即使没有土壤，只要有水，有些植物还是能立足并生存。豚草种子有着羽状的降落伞，它们常常会降落在屋顶，种子就在水槽和裂缝中安家。一旦它们遇到有灰尘和烂树叶的角落，它们就有了更多的生存机会。

这些屋顶野草大多数都十分矮小，但是也会有一些灌木甚至是树木。最成功的代表是原产于中国的灌木——醉鱼草，它们的根能深深扎入屋顶，最后会将砖块都彻底弄碎。

» 平坦之地

屋顶对于植物而言是难以安家的地方，但是空墙和路面对于所有植物而言，都是最难以生存的小型栖息地——在一场大雨之后，那些地方会凉爽且潮湿，但是只要几个小时的日晒，它们就会被烤热并彻底干燥。如果有植物在那样的环境下生长，它们很快就会枯萎死去。

苔藓和地衣就能适应那种环境。不像植物那样，它们可以在没有水的情况下生存几天甚

□探索与发现

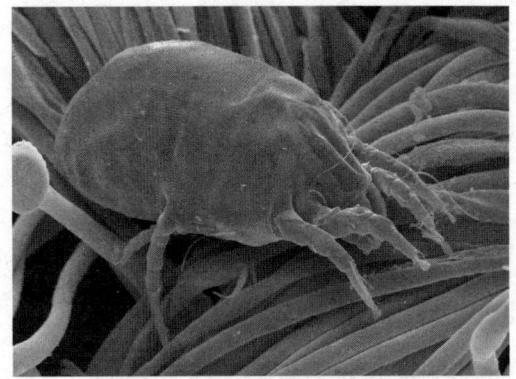

↗ 放大2 500倍，螨虫看起来就像是一种外星生物。这种在生物学上是蜘蛛亲戚的动物在人类家庭中十分常见。

至是几个星期。在干燥的时候，它们会缩小并变脆，但只要下雨，它们就立刻吸收水分，并重新开始生长。苔藓的生长通常还需要薄薄的一层灰尘，但地衣在水泥地和砖面上就可以直接生长。许多地衣本身就是水泥色的，所以看到它们的唯一方法就是靠近细看。

这些地衣构成了城市中不寻常的食物链的第一环，一种叫作跳虫的小动物以它们为食，跳虫又是鲜红的外形像带毛的小点的红叶螨的食物。红叶螨有时候会被蜘蛛捕食，它们是这片无土世界中的终极捕食者。

》绿洲

在充满建筑和道路的地方，绿地对于城市中的野生动物而言充满了吸引力。公园中常常充斥着许多半驯化的动物，同时也吸引来了许多"非官方"的访客：松鼠生活在树上；黑凫在湖上安家；城市鸽子时刻准备着抢夺人类丢下的食物。这些动物大多数和它们的乡下亲戚无异，但是城市鸽子则有着一个比较复杂的故事：它们的野外祖先被称为原鸽，在5 000年前被人类所驯化。在之后的岁月中，出现了几百种不同的驯化种类。与此同时，驯养的鸽子也常常会"走失"，开始过自力更生的生活。

因为这些鸽子都已经习惯于人类，所以它们常常会飞往其他城镇，最终就形成了现在生活在城市中的群体。

并非所有的城市居民都喜欢城市鸽子，它们常常会纠缠人类讨要食物，而且飞到哪里它们的排泄物就出现在哪里。不过大多数城市鸟类不会这样麻烦，都十分受人欢迎。世界各地的城市都有它们喜欢的鸟类：欧洲是乌鸦，北美是主红雀和山雀，澳大利亚则是葵花鹦鹉。公园中常常能见到它们的身影，在有着各种不同植物的花园中也能发现它们的存在——茂盛的树木意味着大量的昆虫和种子。不过花园中有个很大的威胁——猫，每年有几百万只成年鸟类和幼鸟成了猫的腹中之物。

花园也是观察蝴蝶的好地方，许多种类的蝴蝶会在那里休息，补充体力。在每年的春天和夏天，城市中的蝴蝶在飞往它们可以繁殖的地点之前，只会做十分短暂地停留。不过随着秋天白昼的缩短，寻找可以冬眠的地方就成了它们的当务之急。蝴蝶可以在外屋或者花园小棚中进行冬眠，但是配备中央空调的房屋对于蝴蝶冬眠而言就过于温暖了。如果它们确实闯入室内，最好的办法就是轻轻将它们抓住，然后将其放到室外去。

》室内野生动物

许多生活在城市中的动物只会在碰巧的情况下才会进入室内，不过有些动物会在室内度过它们的一生。这些居家动物一般都很小或者是微型的，大多数都可以适应很少有水或者没有水喝的温暖环境。有些以存储的食物或者掉落的面包屑为食，不过室内的灰尘螨虫生活在家庭的灰尘中，以掉落的人类皮屑、昆虫鳞片或其他螨虫的尸骸为食物。

最奇特的室内动物之一就是衣鱼——一种长有6条短脚和条状虫壳，1厘米长的生物，科学家们将其划为一种原始昆虫，其特征与一般昆虫有很大区别。衣鱼最喜欢的场所就是厨房碗柜和抽屉中的阴暗角落，它们以任何带有淀粉或者糖的物质为食，包括面包屑、面粉、糖、

↗ 一旦城市鸽子学会飞翔，它们就要学习重要的下一课了：哪里有人类，哪里就有食物。这些鸽子正期待着美餐一顿。

纸甚至是某些胶水。不过衣鱼的胃口很小，一般不会造成什么损害。

对于衣蛾而言就不是这样了。衣蛾是仅有的几种能够能终生在室内生活的动物。尘埃色的雄性衣蛾是天生的飞行家，它们在室内鼓翅时很容易就可以发现。雌衣蛾不善飞行，更多的是迅速爬走。

雌衣蛾交配之后会将卵产在任何含有羊毛的地方，大约10天之后，它们的幼虫就会孵化出来，并开始觅食。它们会毁了羊毛衣物和地毯。幸运的是，它们消化不了棉或合成纤维织物，所以对于这类衣物，衣蛾是不会涉足的。在人类开始在室内居住之前，衣蛾就在野外扮演着有用的清道夫的角色。现在仍然是这样，在动物死后，它们就将其皮毛分解掉。

》室内清道夫

蟑螂是地球上最早出现的昆虫之一，在过去的30亿年中，它们一直在林地间穿梭，不过，就像衣蛾一样，它们也适应了室内的生活。蟑螂喜欢温暖而又潮湿的地方，所以厨房是最适合它们生存的地方。它们以一切含有机质的东西为食，包括面包、鞋油和肥皂。尽管它们不会传播危险的疾病，但是所有蟑螂污染的食物都会有令人不爽的蟑螂味。雌蟑螂会将卵产在便携式的囊中，它们的繁殖速度是惊人的——每个囊可以含有150个卵。所以小范围的蟑螂爆发可以在很短时间内就变成蟑螂大流行。

蚂蚁通常在室外筑巢，只有在寻找食物时，它们才会进入室内。但是蚂蚁中最小的种类之一的法老蚁却是生活在室内的。和大多数蚂蚁不同，法老蚁会建很多个巢穴，大多都在很不起眼的地方，包括墙体和地板中。从那里，它们再散开去寻找食物，它们会利用电线或者电话线作为路标。它们只有2毫米长，能挤进任何缝隙，因此，在屋内没有它们到不了的地方。因为法老蚁携带细菌，而且它们的巢穴很难破坏，因此它们在医院里是个大问题。

》室内捕食者

在夏天，家蝇和蚊子也是室内很惹人讨厌的生物，不过大自然也有控制它们数量的方法——室内有许多它们的捕食者，最主要的就是蜘蛛。一幢普通的房屋内通常会有数百只蜘蛛，有些会直接进攻捕食，还有一些则是织网静静地等待猎物上门。

↗ 这只灯泡已经吸引了很多蛾子和两种蛾子捕食者——壁虎和螳螂。螳螂有时候也会捕捉幼小的壁虎，不过这只壁虎的体型已经足以避免这种危险了。

纤细的长脚蜘蛛的网是不规则的，通常它们会在屋顶或者椽子上织网。人类很容易就能发现它们，但是昆虫并不善于发现蜘蛛网或者蜘蛛，因此它们常常会在不经意间投入罗网。家蜘蛛的捕猎方法和长脚蜘蛛不同，它们会在隐蔽的角落织出吊床状的网，自己则躲在墙缝中。如果有昆虫触网，家蜘蛛就会立即出动，将猎物制服，再将它们拖回巢中。雄蜘蛛在夜间常常会离开它们的网去寻找配偶，在此期间，它们偶尔会掉在浴缸中，或者在地板上一闪而过。虽然它们的体型较大，脚上长有绒毛，它们实际上是无害的，而且对于控制室内那些令人头疼的昆虫数量而言是十分有帮助的。

对于蜘蛛来说，室内生活的一个不利之处就是它们的网经常会被人类破坏。遇到这种情况，蜘蛛就会静静地等待周边重归平静后再织一个网。

》倒转捕猎

在一些温暖的地方可以看到壁虎——最大的室内捕食者。壁虎是一种不寻常的动物，它们的黏性的脚趾上有着微型毛，利用这些，壁虎可以爬墙、在天花板上穿行，甚至是倒爬。在野外，壁虎通常是在暗处捕食的，不过室内的壁虎很快就明白：明亮的光照对于它们捕食是很有帮助的。当夜幕降临，华灯初上时，它们就开始从隐蔽处出来捕食。它们的捕食技巧十分简单——保持完全的静止，然后在昆虫靠近时突然发起进攻。因为它们发出的沙哑的声音和捕食习惯,使这种会杂耍的爬行动物成了很受欢迎的访客。

山脉和山洞

越往高处,生活越艰难——尤其如果你的家被冰冷的寒风席卷着,被冰雪覆盖着,或者被正午的烈日炙烤着。但是,自然界中,山上的居住者们却很好地适应了以上种种恶劣环境,而且还生活得甚是惬意。

山是野生物的重要栖息地,因为它存在于每个大陆。但是在山上生活并不是一件容易的事,每向上爬1 000米,温度就会降低6℃。更糟糕的是,空气也会变得越来越稀薄,呼吸就会变得越来越困难。植物也有着自己的问题,因为山上的泥层很薄,而且很少有庇护。山洞则是完全不同的一个环境,在那里,虽然没有季节变化带来的问题,但是也没有阳光,而且食物非常之少。

» 生长在高处的植物

1887年,一位叫萨穆埃尔·泰勒基的匈牙利探险家爬上了位于东非的肯尼亚山。在他接近顶峰的过程中,他看到了世界上最为罕见的植物生长现象:在肯尼亚山的低坡上,覆盖着常绿的热带丛林,然后慢慢地过渡到竹林,但是在海拔大约3 500米的地方,竹林过渡到了高沼地,生活着大型的半边莲属植物和千里光属杂草,以及大量石南花和其他罕见植物。在接近海拔4 500米的高处,则呈现出一片冰雪世界,这里也接近了山顶。

继泰勒基之后,科学家们在世界其他地方也发现了上述这种奇怪的植物生长现象。

位于夏威夷的莫纳克亚山是一座巨大的火山,是唯一生长着银剑的地方,这种特殊的植物生长在接近山顶的岩熔地带。在委内瑞拉,被称作"特普伊"的平顶山区就像是飘浮在云间的花园,在那里,植物都很矮小,却包括了几百个世界仅有的种类。

» 自我保护

肯尼亚山和莫纳克亚山上独特的植物生长现象源自于它们完全隔绝的环境。这些山就像是生态岛,它们的植物是在完全孤立的环境中进化出来的,与外部世界几乎没有接触。肯尼亚山正好位于赤道上,因此光照很强烈,像大型半边莲属植物表面都长有毡子一样的毛层,可以保护它们的叶子不被强烈的紫外线烤焦。这个毛层在夜间也起到很重要的作用,因为此时在海拔较高的山坡上,气温可以降到冰点以下,所以正好可以御寒。虽然生活在地球的另一边,莫纳克亚山上的银剑也进化出了相似的适应能力。

在世界上的绝大部分地区,山脉之间都是相互连接着的,因此植物可以在山与山之间传播繁衍。针叶树尤其擅长于应付强光与寒冷的环境,这就解释了为什么它们可以遍布世界的各个山区。在落基山脉地区,这些格外坚韧的

↓ 在肯尼亚山高处的山坡上,巨型半边莲是那里最高的植物。太阳下山后,它们的叶子会向内收拢以防止冻伤。

树种包括一些世界上最早期的生物——狐尾松。对于一棵狐尾松而言，1 000 岁算是年轻的，而 3 000 岁也不过是中年。

» 生存在树线之上

在高山上，树木在一定的海拔处不再生长，因为寒冷的霜冻扼杀了它们的嫩芽。这一粗略的海拔高度即为树线，在这里，树林景观慢慢让位给贫瘠的地貌。在位于热带的山脉上，比如肯尼亚山上，树线的海拔比较高，但是在位于寒冷地区的山脉上，比如阿拉斯加的山脉上，树线的海拔可以低至 750 米左右。

生活在树线之上的植物需要面对世界上最为恶劣的气候，它们几乎都是依靠坚韧的茎部、小小的叶子以及垫子状的外形生存下来的。这

↗ 阿波罗绢蝶生活在亚洲、欧洲和北美洲的高山上。它们将蛹做在低矮的植物丛中，用丝网缠绕起来。

↗ 在美国加利福尼亚州的白山上，刺松的生长年龄可以超过 5 000 岁。在高高的山坡上，它们在恶劣气候的摧残下扭曲着，长出多个节瘤。

种生长方式可以将风力杀伤度降到最低，而且可以更好地应对干旱。冬季，它们被厚厚的积雪覆盖着，这实际上对它们是有利的，因为这比裸露在空气中要温暖得多。这类植物被称为高山植物，其中很多都会在积雪完全融化之前就开始生长了。而当积雪化净后，它们已经绽放出花朵，这就为它们在繁殖竞赛中争取了时间。

» 受困于山坡上

春季，是生活在山上的昆虫开始活跃的时候。很多昆虫在冬季的时候还只是卵或者幼虫，可以被冷冻上几个月而完全不受伤害。随着春季白昼变长，它们就慢慢解冻，开始发育，就像变魔术一样，昆虫很快就爬满或者飞满了整个山坡。在山上，飞行的昆虫包括蚊子、蜜蜂和蝴蝶，它们都喜欢在近地面活动，从而避免

风的影响。蝴蝶通常不喜欢寒冷的地方，但是阿波罗绢蝶却特别擅长生活在海拔很高的地方。这些蝴蝶的飞行速度很慢，它们的身体上覆盖着毛茸茸的鳞片，可以帮助它们保温。

蝴蝶需要植物，而且它们一般都是远离冰雪覆盖之地。但是恐蠊生活在接近雪线的岩石下，有时甚至生活在雪线之上。这些原生昆虫没有翅膀，有些甚至没有眼睛。它们以其他动物包括被大风刮上山坡奄奄一息的昆虫为食——在落基山上，蚱蜢在向上迁徙的过程中就会碰到这种情况。位于蒙大拿州的"蚱蜢冰河"中，堆积着几百万只蚱蜢的尸体，位于最深处的尸体被认为已经有几百年的历史了。

» 山地哺乳动物

与昆虫不同，哺乳动物是热血动物，因此不管天气多冷，它们都能保持活跃的状态。

但是相比昆虫而言，哺乳动物对氧气的要求更高，所以在空气稀薄地方生活时，这就是个问题。为了应付这种情况，生活在高山上的动物通常都长有较大的肺部、心脏，血液中含有更多的载氧细胞。生活在南美洲的野骆马，一生都是在海拔 5 000 米的高处过的——在这个高度，空气很稀薄，机动车引擎都很难发动，飞机需要特别长的助跑距离才能起飞。但是，野骆马却有其特殊的适应能力，可以在陡峭的山坡上迅速攀爬，绝不气喘吁吁。

雪豹是来自中亚地区的一种外形十分漂亮的掠食者，在树线海拔之上仍然可以自由奔跑和捕猎，那里的海拔通常已经达到了 5 500 米，甚至更高。但是生活地海拔最高的当属牦牛。牦牛是一种食草动物，与生活在农场里的牛是近亲。牦牛生活在喜马拉雅山山坡上，那里的气候干燥，风力很猛。夏季，它们迁徙到海拔

□ 探索与发现

物种档案

高山旱獭

旱獭属于地鼠类动物，生活在开阔的草地和高山牧场上。在西欧地区，仅生活着一种旱獭，被称为高山旱獭。体重在4.5千克左右，是生活在树上的普通松鼠的10倍多。其身体肥硕，腿部较短，步伐摇摆。高山旱獭常常直直地坐在自己的洞穴口，相互之间通过一种尖锐的叫声传递信息。

6 100米左右的高处。在喜马拉雅地区，牦牛通常被作为家畜饲养，因为它们被用于产奶和运输。而野生牦牛的数量则已经越来越少了。

» 隐退在冬季

雪豹全年都可以找到食物，但是对于食草动物而言，冬季的生活很艰难，野骆马、牦牛，以及在地面进食的鸟类比如松鸡等，此时都迁徙到海拔较低的地方。即便如此，食物还是很匮乏，饥饿时时威胁着它们的生命。为了解决这个问题，很多小型哺乳动物选择了另一种方法：它们躲藏到了地下的洞穴中进行冬眠，直至第二年春天的到来。

冬眠高手要数啮齿类动物，它们有些能够睡很长一段时期——旱獭可以冬眠整整8个月，而有些地鼠甚至可以冬眠得更久。科学家们对生活在北美洲的犹因它地鼠进行了研究，发现其一年当中，活跃的时期只有12周，整个冬季和秋季以及春季大部分时间，其都处于睡眠状态。到了夏季，地鼠几乎一刻不停地进食，因为它们需要存储大量的身体脂肪，以帮助它们度过漫长的睡眠期。

» 大型食腐动物

与哺乳动物相比，鸟类在山与山之间行进就要方便多了。大雁曾被看到飞过了喜马拉雅山的最高峰，而雷达测试显示有些鸟类甚至飞得更高。1973年，一架飞机在11 000米的高空撞上了一只秃鹫——这也是鸟类飞行的最高纪录。鸟类之所以能够在这样的高空飞行，是因为它们的肺部能够非常有效地收集空气中的氧气，而它们的羽毛则可以帮助它们抵御寒冷。

很多鸟类在迁徙的时候会飞越高山，而有些则直接以高山为家，秃鹫便是其一，因为它们需要开阔的空间来寻找食物。世界上最大的秃鹫是安第斯秃鹫，其翼展可以达到3米之宽。它们顺着强劲的上升气流沿着山脊滑翔，可以长达好几个小时。秃鹫的巢筑在偏僻的悬崖上，其一生都是在同一个巢中生活。鸟巢由于溅满了白色的鸟粪而比秃鹫本身更为显眼。

在非洲、亚洲和欧洲南部的高山上，生活着另一种秃鹫，它们有着自己独特的一套进食方式。在将猎物剥食干净之后，这种胡兀鹫就会挑其中较大一些的骨头，将之从高空向岩石丢去，砸开后便吸食其中的骨髓。

↗ 带羽的食腐者聚集在悬崖边上，分享着美食。位于图片中心的即为胡兀鹫，是食用骨髓的专家。

» 鸟类中的登山高手

生活在山上的鸟类也有在地面上寻找食物的，红嘴山鸦便常常钻进山上的草地上寻找昆虫和蠕虫，而鸫鹛则在岩缝间跳进跳出，寻找生活在岩石下的蜘蛛。但是在阿尔卑斯山和喜马拉雅山上，旋壁雀则更像真正的登山高手，这种小小的灰色鸟类有着异常锋利的爪子，像铁钩一样紧紧地抓在岩石上。此外，它们把尾巴用做支柱，在陡峭的岩壁和岩突上攀爬，寻找任何食物的迹象。与人类登山运动员不同，旋壁雀不用担心会掉下去——它们可以随时放弃攀爬而飞到空中。

» 生活在地下

在人类学会建造房屋之前，他们通常选择洞穴作为栖身之所。在法国的一个洞穴里，从留下的脚印显示，冰河时代的人类至少到达过地下2 000米的深处。当时的人类通过燃烧动物脂肪来照明,但是究竟他们为什么要到如此深的地下,就不得而知了。而动物的穴居历史则比人类要悠久多了。跟我们人类不同的是,它们可以在完全漆黑的环境中前行。其中,声音是它们常用的赖以生存的手段。

蝙蝠利用声音来捕捉昆虫以及找到前行的方向。美国得克萨斯州圣安东尼附近的一个洞穴群中,每天晚上都有5 000万只蝙蝠倾巢而出,等到在空中饱食昆虫之后,它们又飞回去喂养自己的幼仔。神奇的是,即便有那么多只蝙蝠在同时行动,它们各自的回声系统还是能够准确地运行。这些蝙蝠不仅要避免撞到穴壁上,还要避免相互碰撞。

在南美洲北部地区、特立尼达岛和巴拿马,大怪鸱也采用了几乎相同的一套技能,它们以含油量很高的果实为食,在地下500米左右的岩石层上筑巢。大怪鸱的视力很好,但是一旦它们进入洞穴中后,便依靠判断回声来找到自己雏鸟的所在。

» 全天候的穴居者

蝙蝠和大怪鸱只有部分时间在洞穴中度过,而有些动物则是在地下终其一生的。对于它们而言,黑暗只是小事一桩,寻找食物才是真正重要的大事。洞穴中是没有植物生长的,因此,这些全天候的穴居者需要依靠来自洞穴外的食物生存。

这些食物主要是一些残余物和尸骸。首先

↗ 大部分果蝠都栖息在树上,但是这些非洲果蝠却喜欢生活在岩石缝和洞穴中。每天晚上,它们集体出行,飞出25千米之远,寻找食物。

当然是蝙蝠的粪便,经过几百年的积累,可以堆到脚踝。这类营养丰富的废弃物是一种被称为跳虫的原生动物以及穴居的千足虫和蟋蟀的宝藏。时不时地,死去的蝙蝠也会掉到排泄物堆里,正好增加了蛋白质成分。而当这些动物前来进食的时候,蜘蛛和盲蜘蛛则慢慢靠近,伺机捕捉一些食腐动物。

在很多洞穴中,流水也会带来一些外部世界的食物碎片。这种食物养活了完全不同的一类穴居动物,包括洞穴鱼类、山洞蝾螈和洞穴虾类。它们中很多都长着小小的眼睛,有些甚至完全没有视力,但是它们却对周围的动静非常敏感,特别是那些可以将它们带向美食的气味。

■ 海 洋

海水占据了地球3/4的表面,但是由于海洋很深,因此实际上地球上95%以上的生命空间都是海洋。大约在40亿年前,海洋中出现了最初的生命形式。现在,海洋仍然是世界上绝大多数生物的栖息地。

海洋是如此广袤,从热带的阳光浅滩到极地深海,数以亿计的居民聚居于大洋之中。海洋中也有山脉、峡谷、平原,甚至是沙漠——大面积的空白水域,由于水中缺乏营养物质而导致浮游生物难以生存。不像陆地上的生物,海洋生物并不需要面对气温的突然变化,或者是旱灾、火灾等自然灾害。然而,生活在海洋中也不安全,不管这些生物如何小心翼翼地保护自己抑或是快速移动,捕食者总是会伺机而动。

» 海面上的生命

如果海水像空气一样透明,大海仍然会混沌不清。海洋的表面看起来像一层薄雾,高高悬浮在海床之上。在大洋中的有些部分,"雾"会比较薄,还有一些水域则完全像冬日的浓雾。

这层神秘的"雾"确实是存在的,不过海水的存在使得肉眼难以发现。薄雾的"作者"就是浮游动物——小型和微型浮游生物。其中最大的族群就是单细胞海藻,它们就像植物一样,通过阳光收集能量。漂流在在这些海藻中间的是单细胞原生动物和从新孵化的鱼苗到蟹虾等的形形色色的浮游生物,它们是中型动物的食物,后者又是大型动物的食物,一环一环紧紧相扣。

对于浮游动物而言，食物是极其重要的，不管它们有多小，它们总是其他生物的盘中餐。

» 来自空中的攻击

浮游生物中最为繁忙的一群主要集中在海面附近，那里有海藻所需的充足的阳光。这也是浮游动物聚居的地方，因为这里是它们的最佳觅食地点。不过，海洋表面是一个危险的地方，尤其是对于那些体型较大，容易被从空中发现的生物更是如此。浮游动物就好比是海洋中的昆虫，许多鸟类依靠它们为生。

燕鸥头朝下冲向水中，捕捉较大的猎物。这种技术同样也被塘鹅和鲣鸟所使用。信天翁从空中直扑下来，捕捉处于浪尖上的鱼类——幸亏它们具有这种"空中加油"的能力，所以能够在空中持续飞行好几天。世界上最小的海洋鸟类叫作海燕，它们的进食方式则完全不同。它们会在水面上拍打自己的脚，看起来就像是在海面上行走一样。虽然它们比乌鸦还小，但是它们有时能够飞到离开陆地几千千米以外的地方。

» 伪装术

当哥伦布到达美洲的时候，他成为了第一个穿越西大西洋马尾藻海的人。与其他海洋不同的是，这个海洋是个平静的大漩涡，以其漂浮的海草著称。在哥伦布时代，这里就被披上了神秘的面纱，人们认为船到这里就有可能被困住，然后沉没。

事实上，马尾藻海并没有那么危险，相反，这是开阔的海洋中少数几处可以为动物提供藏身之所的地方之一。有一种土生土长的鱼类叫作"海草鱼"，在这些漂浮的海草中可以隐蔽得非常完美，这种鱼只有大拇指大小，它们一动不动地潜伏在水草中，直至猎物出现。

此时，海草鱼的嘴巴可以在不到1/5秒的时间内张大，将不幸的猎物吸入嘴中。穿过这片海洋，根本没有这样的藏身之所，动物们就只能各显神通地来保护自己。最常见的方法便是反阴蔽，这是一种在开阔的海域中通过调节两种不同的颜色来进行隐藏的伪装术。利用反阴蔽术的鱼类通常背部颜色较深，当从水面上看时，这种深色就与水色相模糊在一起；而腹部颜色较浅，当从水下看时，这种浅色与来自水面上的光线相混合，从而起到了完美的隐蔽作用。海豚以及一些大型的鲸类也采用类似的伪装术。

» 鱼 群

在开阔的水域中，聚集在一起是另一种避免攻击的方法，因为这样一来，捕食者就很难确定进攻的目标了。世界上一半以上的鱼类在幼年的时候都是成群生活在一起的，而1/4左右的鱼类则是一生都是成群生活的。在一个鱼群中，每条鱼都能非常准确地找到游动的方向。就像是接受了神秘的指令一样，它们会齐刷刷地转弯和改变方向。当遇到攻击时，它们会自动让出一条通道，避开追捕。鱼群之所以能够作出这样的反应，是因为鱼的身体内长有压力感应器，被称为"侧线"，即使不用眼睛看，每条鱼也可以判断出它们邻居的行动方向。这样一来，它们也就可以以基本相同的方式行动了。在极端紧急的情况下，鱼类也会采用极端的逃命方法，比如跳出水面，这是甩掉捕食者的好方法。飞鱼通过张开鱼鳍，可以在水面上跳出300米远，其他鱼类也可以在捕食者逼近的时候跳出相对较短的距离。海洋中的一大危险鱼类是颌针鱼，这种鱼长约1.5米，长有长钉形的嘴部，据说曾经撞入船体刺伤过人类。

» 滤食者

有时候聚集在一起也会出事故，并且将鱼群带进陷阱中。驼背鲸捕食就利用了鱼群的特

↗ 海草鱼潜伏在一堆漂浮的海草中，其他动物很难发现其存在。它的身体上有突出的肉质，看上去就像是一片片的水草。

生物栖息地

↗ 颌针鱼的身体非常纤细，嘴部的突出非常尖细。它们的内部器官都纵向排布，以配合其细长的身形。

性。它们首先绕着鱼群呼出大量气泡组成气泡帘，受惊的鱼群越发收拢。此时，驼背鲸就突然从下往上将这个鱼群一口吞下，成千上万条鱼瞬间就成了驼背鲸的腹中之物。

驼背鲸的捕食方法比较有技巧性，它们的大多数亲戚，包括蓝鲸在内则以更小的猎物为目标。这些鲸鱼也被称为长须鲸，在它们的喉部有着很深的凹槽，当鲸鱼张开嘴巴时，凹槽也随之伸展开，几吨重的海水因而得以进入。它们再合上嘴巴，海水就通过它们上颚的鲸须滤出。随着海水被排出，留下的就是所有的浮游生物了。这些是世界上最大的滤食者的例子。这种方法相当高效，鲸也因此成了地球上体型最为庞大的哺乳动物。

鲸是比较著名的例子，实际中还存在着许多采用这种方式捕食的体型要小得多的生物，数量最多的就是樽海鞘，它们看起来就像是两端没有底的透明小桶。从一端进水后，经过滤化，再从另一端排出海水——这种"排气式"方式就像是一个喷气式引擎一般，推动樽海鞘向前运动。樽海鞘的过滤方式十分高效，它们能够收集海水中的细菌和其他微生物食物。樽海鞘是相当成功的一种生物，在世界上的某些海域，这种肉眼难以发现的生物可以组成数百千米宽的樽海鞘群。

» 绿洲和沙漠

几百年来，渔民们一直就知道海洋生物的分布并不是均匀的，一些上好的捕鱼地点主要集中在大陆架上。大陆架上的浅水水域从岸边开始，可以延伸很长一段距离。在这些地方，渔网可以到达底部，在海床及其上方的鱼类都能被捕获。大陆架是鱼类重要的繁殖场所，但是许多都已经受到了人类捕鱼活动的负面影响，比如，纽芬兰岛大渔场曾经是世界上最好的鳕鱼捕获地，然而，在几十年的过度捕捞之后，现在这片海域已经难觅鳕鱼踪影。没有人知道鳕鱼群是否或者何时才会再回来。

其他一些重要的渔场主要在洋流涌向洋面的海域。在那里，涌起的洋流将海底富有营养的海水带至海面。这些营养成了浮游生物的养料，从而为鱼虾带来了大量食物。西北非沿岸就有这样的海域，秘鲁沿岸的渔场资源则更为丰厚。然而，世界上也存在一些鱼类稀少的地域，它们就是海洋中的沙漠地带，在这些海域的海水中营养物质缺乏，浮游生物因而很难生长。远离海岸的热带水域就有这样的海洋沙漠——没有浮游生物，水中的鱼就很少，上方的天空也很少会有鸟飞过。除了极地冰盖之外，这些海洋沙漠是世界上最为空荡的地方。

» 大洋深处

在洋面和海底之间是大量的海水和令人难以置信的巨大空间——1立方千米的海洋中的海水足以填满50万个奥运泳池，而地球上总共有10亿立方千米的海水。随着深入大洋，阳光迅速消退，在250米以下，大洋完全是漆黑一片，难以区分方位，也没有固体表面可以依托，我们很难想象在这片黑暗中隐藏着什么。洋底海水的压力巨大，水温极低，有时虽然有比较温

↗ 樽海鞘是海洋中相当常见的一种动物。由于它们是透明的，一般很少会被注意到。这些樽海鞘正挤成一串前行。

167

暖的洋流存在，但在周遭大环境之下，海底几乎是静止不动的。不过在这黑暗巨穴中，还是有着生命的痕迹。

在深海中，许多动物利用光亮来引诱它们的猎物。鮟鱇鱼的嘴巴前面晃动着一根闪亮的诱饵，颚下是一根发光的"胡须"，它们是裸鳖鱼的远亲。它们的嘴巴和裸鳖鱼一样，是暗门状的，可以将食物出其不意地囊括入嘴。蝰鱼也有发光的诱饵和发光器官，位于其身体的两侧，有些光亮是一直持续不断的，有些则是一闪一闪的。在受到威胁的情况下，有些深海鱼会喷出一些发光液体，这种吓人的把戏可以帮助它们脱离险境。

除了捕食以外，这些鱼还利用光来吸引异性。通常雌雄鱼的发光模式是不同的，这样可以帮助它们区别彼此。在深海中，还回响着许多奇奇怪怪的声音，这其中大部分都是由形形色色的鱼类发出的，目的就在于在黑暗中寻找伙伴。

»永久的伴侣

在广袤的深海中，鱼类是难以承担错失一餐的风险的。所以，它们的巨嘴和像气球一样可以收缩的胃就帮了很大的忙，许多鱼可以将和它们一样大小的鱼吃掉。这样，它们就几个星期不用进食了。对于海洋生物学家来说，这些深海的食肉鱼就像是活的收集器一样，有些在它们的胃中发现的物种，在海洋中从来没有被人类发现过。

在深海中，找到合适的伴侣比找到食物要困难得多。所以当雌鱼和雄鱼相遇时，它们不会浪费这个机会共结连理。深海的鮟鱇鱼就进化出一套独特的方式来确保这种机会不会浪费：雄鮟鱇鱼的体型要远远小于雌鮟鱇鱼，而且雄鮟鱇鱼本身无法捕猎，因此它们很难独自长时间生存。雄鮟鱇鱼会寻找雌鮟鱇鱼，通过它的颚与雌鮟鱇鱼相连，两条鱼的血管会连接在一起，这就意味着雄要依靠雌鮟鱇鱼才能活下去。

雄鮟鱇鱼终生都会依附于雌鮟鱇鱼，当雌鮟鱇鱼产卵时就使得鱼卵受精。

»深潜者

许多深海鱼开始时是生活在浮游生物中的，当它们长大时再潜回到深海中去，但是大海中确实有这么一些动物一天要潜到黑暗的深海中好几次，它们就是大海中的深潜者，全部都是需要呼吸空气的哺乳动物。

科学家们运用卫星发射机发现，海象至少可以潜入1 300米深的海水中，它们可以屏住呼吸超过1个小时。海象以乌贼和深海鱼类为食，它们具体如何捕食还不是很清楚。抹香鲸潜得更深，它们会在2 000米的深海中捕食，但食物匮乏时，它们会潜至3 000米。抹香鲸可以不呼吸达2个小时，对于需要到海面来呼吸的动物而言，这真是一种奇迹。

尽管专家们知道抹香鲸以何为食物，但是究竟它们如何潜水或者如何发现猎物却还不为人所知。要回答这些问题，抹香鲸的鲸蜡也许可以提供一些线索。抹香鲸的头部就像一个大水库一样，充满了蜡状的液体，还有一些可以携带水或者空气的通道。有些科学家认为它们的头部就像是可调节的潜水艇的沉浮箱，因为鲸油在温度下降时会收缩并变成固体。根据这一理论，抹香鲸在需要下潜时，就使鲸油温度下降，反之则加温。但并不是所有的人都认同这一观点。

一些鲸类研究专家则认为，鲸脑器官其实是一种"声音集中装置"，可以帮助鲸在黑暗中"看到"猎物的所在。

»神秘的巨人

从来没有人看到过抹香鲸猎食的场景，科学家也只是找到一些它们猎物的迹象。抹香鲸的皮肤上总有环形的瘢痕，在它们的胃中发现了铁钳形的喙。这些喙都是大型乌贼的残骸，因为这个部位实在是太坚韧了，根本不能被消化掉。环形的伤痕是由乌贼在作最后的挣扎时由其吸盘留下的。

↗这头在海面游荡的抹香鲸已经准备好又一次的深潜了。它可以潜水达1个小时以上，而每次到海面呼吸只要5分钟时间即可。

巨型乌贼总是带着神秘的色彩，因为科学家迄今为止没有真正发现过一只活着的巨型乌贼。虽然常常有关于它们袭击船只的报道，但是人类对于其的认识几乎都来自被网捕到的或者被冲刷上海岸的死去的乌贼。大西洋巨型乌贼可以长达 17 米，它们一直被认为是体型最大的无脊椎动物。但是 2003 年，在南极洲海岸边发现的一只乌贼被认为属于体型更大的另一个乌贼种类——在完全长成后，这种无脊椎动物可以长到 25 米，甚至更长。

» 生活在深处

直到 19 世纪中期，生物学家都认为深海环境根本不适合生物的生活，那里的寒冷、黑暗，还有巨大的压力，使得人类认为不可能有生物可以生活在那里。但是在 1871 年，一艘被称为"挑战"号的船只在几千米深的水域中发现了动物，这也就打破了旧的观念。在大约一个世纪之后的 1960 年，两个船员驾驶深海潜艇"得里雅斯特"号到达了马里亚纳海沟底部。在这里——海洋的最深处，海平面下 11 000 米处——他们发现了活的动物。在海洋深处，没有阳光就意味着海藻不能生长，没有海藻，也就没有了"自产"的食物。但是，这里的生物以从海洋上层沉淀下来的动物残骸为食。偶尔，也会有一顿丰厚的美餐自行来到海底。比如说，一头鲸的尸体即是一场盛宴了，而肉质腐败的气味吸引了大量食腐动物，其中包括一种深海甲壳类动物如一只大型的木虱，以及盲鳗。说其是鱼类，盲鳗其实更像蛇类，其嘴巴没有颚部。这些动物捡拾残骸上的肉质，直至剩下骨头。

» 以沉积物为生

这种盛宴是很少遇到的，大多数生活在海床上的动物以完全不同的食物为生，它们食用来自尸体的碎片，这些碎片就像雪片一样沉淀到海底。这些碎片大部分来自浮游生物的残骸，包括小型贝壳等，它们可能比盐粒还小，从阳光普照的海面沉淀到漆黑的海底可能需要几个星期的时间。

一些深海蠕虫利用其扇形的触须收集这种食物，而海蛇尾则利用它们纤细的触手——海星的这些深海亲属非常普遍，在有些地方，可能出现数百万海蛇尾覆盖在海底的场面。玻璃海绵则有着自己一套完全不同的技巧——它们把海水吸入自己的身体，筛选其中的食物，

物种档案

端足甲壳动物

端足甲壳动物在外形上很像虾类，生活在多种环境中，包括海滩和深海海床上。这类动物的体长一般在 15 厘米左右，图中这种是体长最长的种类之一。它之所以特殊，是因为它是游泳高手，生活在开阔的海域中。这种动物有着大大的、朝上的眼睛，可能是以樽海鞘等软体动物为食。繁殖后，它们会将后代一直带在身边，直至后代可以独立生活为止。

然后将水排出。当沉淀物最终到达海底的时候，另一群动物也随之而来了，它们穴居在沉淀物之中，同时以之为食。生活在几千米深的海底，这些食腐动物和循环专家成为了世界上生活在最深处的动物。

» 黑暗中的热量

深海中的温度只有 4℃，仅比极地海域的温度高出几度。但是在一些地方，地下水被来自海底火山的热量所加热，在这里，水温可以高达 360℃，而正是高压防止了海水的汽化。这些高温泉眼被称为"热液孔"。最早的一个热液孔被发现于 1977 年，此后，越来越多的热液孔被相继发现了。

热液孔附近的水中含有溶化在其中的矿物质，这使得热液孔看上去像个烟囱口。随着水的喷出，其中的矿物质堆积下来，可以形成 10 米高的"烟囱"。但是热液孔最重要的特性隐藏在其下的岩石中，其中生活着大量的生物——巨型管虫成群地纠缠生活在一起，蛤则紧紧地吸附在海床上，其中还没着白蟹和龙虾，这些动物食用那些以矿物质为生的细菌。如果明天太阳停止了照耀，地球上的大部分生命就会终止，但是热液孔边的生命则可以继续——就像它们在这几百万年来所过的生活一样。

■ 珊瑚礁

珊瑚礁是海洋中野生动物最集中的栖息

地。在彩色的珊瑚、深深的缝隙和幽暗的洞穴中，居住着占地球上 1/3 的种类的鱼和许多其他动物。

就像陆地上的森林一样，珊瑚礁也是完全由生物构成的。珊瑚礁是由收集海水中白垩质的软体动物——珊瑚虫建立起来的。珊瑚虫利用白垩构建它们杯状的骨骼，可以保护它们并使它们成型。珊瑚虫的骨骼十分坚硬，即使是活体死亡很久之后，骨骼依然会存在。随着骨骼的堆积，就形成了露出海面的岩石状物体或者暗礁。现存的珊瑚礁是几千年来堆积而成的，它们是生物建造的最大的物体，有些珊瑚礁在太空中都清晰可见。

》珊瑚虫如何生活

从护目镜下观察，珊瑚礁是海浪下一道奇妙而交错繁复的风景。有些珊瑚礁以精致的折叠状或者片状散开，另外一些看起来更像是凸起的鹿角或者是大脑表面的沟回。在明亮的日光下，整个珊瑚礁会反射色彩，许多在其间游弋的鱼也十分鲜活，让人仿佛置身梦幻世界。

这片绚烂的世界是珊瑚虫的杰作。珊瑚虫是单个的珊瑚动物，成体总是固定在一处。每个都有一个短而中空的身体，顶端的小嘴周围是一串叮当作响的触角。进食时，珊瑚虫伸出触角，拦截流经的一切可食物体。构成珊瑚礁的珊瑚虫并不仅仅通过捕食生活，它们也会利用阳光，这要感谢生活在珊瑚虫上那几百万微型海藻——海藻通过光合作用获得能量，珊瑚虫为这些海藻提供栖息之地以换取部分能量。珊瑚虫并非唯一的珊瑚动物，港口藻、一种巨蛤、海葵和扁虫都生活在这里。

大多数珊瑚虫在夜晚进食，它们的海藻则在白天工作，这是一种非常有序的安排，不过只存在于温暖、干净和清澈的海域，这就是为什么大多数珊瑚礁都位于热带，因为那里水温永远在 18℃ 之上。在浑浊的海域，则很少有珊瑚礁的存在。

》暗礁的形状

在使用木船的年代，暗礁是航行的主要威胁。如果船撞到暗礁，很有可能船体就会被撞裂，所以人们在海图中会仔细标明它们的位置。科学家们发现主要有三种暗礁，第一种称为裙礁，紧靠海岸延伸。裙礁很容易观察到，它们通常离海岸很近。第二种叫作堡礁，与海岸平行，但常常更深入海洋。澳大利亚的大堡礁就是典型代表，实际上那是几个连续的堡礁，在离岸处连绵 250 千米。第三种暗礁十分不同，它们不是开放性蔓延，而呈环状，中间是一个泻湖。这种暗礁被叫作环礁，它们是在古代下沉到海中的火山口上形成的。世界上绝大多数环礁都位于印度洋和太平洋中，包括世界上最狭长、海拔最低和最偏远的岛屿。有些则非常大——马绍尔群岛中的夸贾林环礁装下整个伦敦还绰绰有余。

》珊瑚的形状

由于珊瑚虫和它的海藻需要食物和阳光，它们就像皮肤一样生长在暗礁的表面。有些珊瑚虫是单独生活的，还有一些则是成群居住的，形状也是五花八门。鹿角珊瑚是生长速度最快

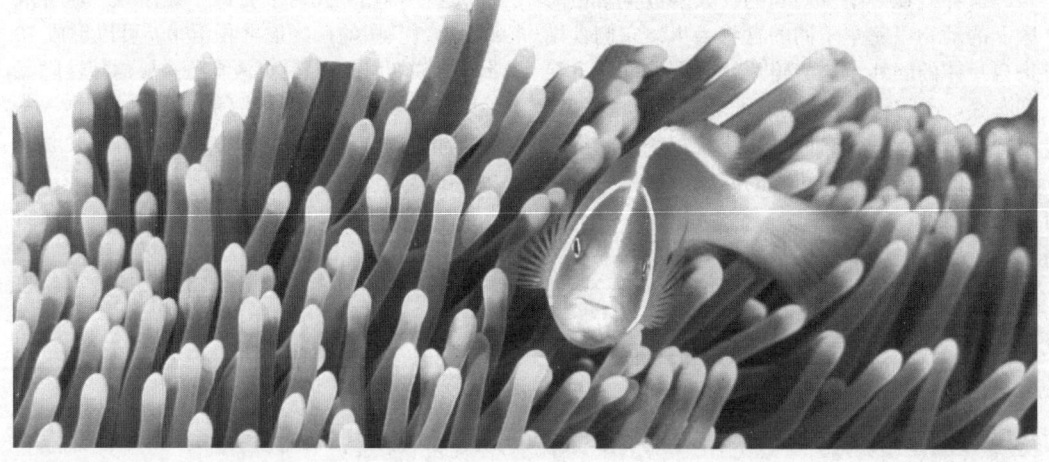
这条小丑鱼躲在海葵触角的保护之下，海葵的触角有着毒刺，但是小丑鱼却不会触动它们。

生物栖息地

的一种，它们那长而尖的分支一年内可以长到15厘米。这种形状适合采集食物、收集阳光，但是它也有一个缺点：分支很容易被暴风雨折断。因此，鹿角珊瑚只能在暗礁中部生长，这里水比较浅且相对平静。

虽然手指状的珊瑚并不易碎，但脑状珊瑚才是所有珊瑚中最为坚硬的，这些像结实的圆屋顶的珊瑚生长速度要比其他珊瑚缓慢得多，不过在两三百年之后，它们能长得比一辆轿车还大。脑状珊瑚生长在暗礁的靠海的那一边和潟湖中间，后者中的古代脑状珊瑚看起来就像是海床沙子中间突出的一块大圆石。

» 珊瑚如何繁殖

珊瑚群落在单个的珊瑚虫于暗礁表面安家后，就开始了它们的成长历程，随着珊瑚虫的生长，它们会分裂，产生许多自体的复制体。这些复制体再分裂，就形成了一整个单独生活而又连在一起的珊瑚虫群落，如果触碰一个珊瑚虫，它的邻居也会感受到。珊瑚虫之间联系密切，每个群体都是基因克隆而得，这就是说它们是完全一致的，就像是一堆双胞胎。

每年的一些夜晚（通常是满月时），成熟的珊瑚虫群体会开始大量繁殖，有些排出大量珊瑚卵和精子细胞，有的则产出发育中的卵——这些卵在释放出之前已经受精。这种繁殖过程带来了许多珊瑚虫幼体，称为浮浪幼体，它们会在空旷的大海中漂流。几天或者几周之后，这些浮浪幼体就会沉到暗礁表面并搜寻可以安家

↗ 鹿角珊瑚生长速度很快，杂乱无章、长而尖的分支将其他珊瑚遮蔽在其下。这些分支十分脆弱，在退潮时如果被人踩到很容易就会断裂。

物种档案

脑状珊瑚

因其类似人大脑的外形而得名。这种大珊瑚可以长到2米宽，它们的生长方式十分不同。其上的珊瑚虫有着各自的嘴，但都有双排的触须，在珊瑚表面摇摆。晚上，触须会伸展开以觅食。

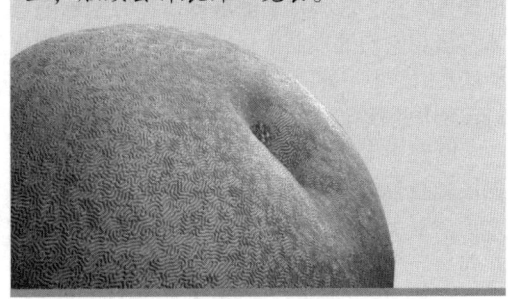

的地方。如果成功的话，浮浪幼体就会变成珊瑚虫，一个新的群体也就形成了。

» 藏身暗礁中

和空旷的海床相比，珊瑚礁中充满了可以躲藏的地方，这也是许多动物把珊瑚礁作为它们的家的原因。小鱼在珊瑚附近游弋，一有风吹草动就快速躲入洞穴或者缝隙之中；螳螂虾埋伏在珊瑚缝隙中；章鱼在白天隐藏在珊瑚礁中，到了夜晚才开始外出觅食。珊瑚礁中的洞穴总是供不应求，所以有"家"的小动物总是要小心翼翼，因为有可能它们回家时，家已经是别人的了。

有些富于进攻性的暗礁捕食者会游到空旷水域冒险，但是这种情况很少发生。通常，它们会躲在自己的巢穴中，伺机进攻过路者。这些暗礁伏兵就是海鳗——一种蛇状动物，配有十几颗锋利的牙齿和有力的颚。海鳗有超过200个的种类，其中最大的一种长达3.5米以上，有人类的大腿那么粗。海鳗的颜色通常十分鲜艳，皮肤饱满，眼睛突出，它们一直张着嘴以获取氧气，这种习惯让它们看起来更加凶狠。

» 刮擦表面

并非所有的暗礁动物都是如此硕大和危险，珊瑚礁中还生活着数千种小动物，它们以那些在珊瑚表面生活的生物为食，比如海藻、海绵、海葵、海鞘和苔藓虫等。许多这类动物都是固定在一处不能离开的。

海蛞蝓专门以这类动物为食。海蛞蝓缓慢地在暗礁表面爬行,用它们成排的微型牙齿嚼碎食物。和生活在陆地上的软体动物相比,海蛞蝓的色彩十分鲜艳,很容易就可以发现。尽管如此,很少有动物会进攻海蛞蝓,因为它们有着十分独特而且有效的自卫系统——它们偷来的海葵的毒刺。当海蛞蝓吃掉海葵时,它会将海葵的绝大部分都消化掉,但对于毒刺细胞则毫发不伤。这些毒刺细胞就通过海蛞蝓的身体移居到它们的皮肤中。一旦到位后,毒刺就会像在旧居中一样,开始保护它们的新主人了。

暗礁中的伙伴

暗礁中生活着那么多形形色色的动物,因此,有些会结成伙伴以提高生存机会就不足为奇了。对于一种叫作虾虎鱼的小鱼来说,组队是找到一个家的好方法。这些鱼常会在由生活在珊瑚沙中的"盲虾"挖掘的巢穴中安家。当盲虾尽职地维护巢穴时,虾虎鱼就会帮忙望风,以警告盲虾任何可能出现的危险。

小丑鱼的伙伴关系则更为特别,它们生活在世界上最大的海葵的毒刺触角中间,这些触角可以杀死任何靠近的鱼类,但是穿梭在其间的小丑鱼却不会受到伤害。原因是小丑鱼全身包裹着一层黏液,可以防止海葵触角直接碰到它们的身体。小丑鱼离海葵从来不会超过几厘米。对于小丑鱼而言,这种好处是显而易见的,但是对于海葵具体有什么好处并不清楚。小丑鱼可能被当作诱饵,吸引其他动物靠近,或者

↗ 这条斑点珊瑚石斑正张开大嘴让一条"清洁员鱼"工作。在珊瑚礁中,颜色亮丽的虾也会提供清洁服务。

小丑鱼帮助海葵清洁。但也有科学家认为小丑鱼对于海葵而言,没有任何好处。

"清洁员"和它们"客户"之间的伙伴关系就比较容易理解了。鱼类很容易就会遇到寄生虫滋生的情况,但是它们自己无法清除这些东西,于是,它们会请"清洁员鱼"或者"清洁员虾"来完成这项工作。在客户鱼耐心地等待时,"清洁员鱼"就会游遍鱼身,吃掉所有的寄生虫和受损的鱼鳞。在整个清扫结束之际,客户鱼常常会张开它们的嘴巴,这样"清洁员鱼"就可以将嘴巴也一并打扫。对于暗礁鱼类来说,"清洁员鱼"看起来是十分重要的,当科学家暂时将一片暗礁中的"清洁员鱼"清除时,许多客户鱼也离开了那片海域。

↘ 在红海的温暖水域中,珊瑚从阳光中吸收能量。珊瑚中因为含有一种被称为"类胡萝卜素"的色素而呈现出绚丽的颜色,这种色素在植物中经常可以找到。纯类胡萝卜素通常是橘黄色、黄色或者红色的,但是珊瑚可以将之与其他物质调和出吸引人的蓝色、紫色和蓝紫色。很多珊瑚还能发出荧光,也就是说在紫外线下可以看到其闪出明亮的颜色。

科学探索

◻ 探索与发现

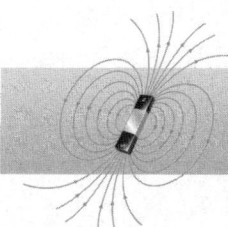

物理学与化学

■ 固体、液体和气体

物质的存在形态称为物态,自然界中的物质几乎都是以固态、液态或气态的形式存在着。例如岩石是固态的,水是液态的,氧气则是气态的。一种物质得到或者失去一定能量后便会从一种形态转变为另一种形态。例如对水进行加热,水获得的热量使水分子运动加速,当水分子具有足够的动能时,液态的水就会变成气态的水。

»岩石、空气和水

固体、液体和气体遍布世界各个角落。陆地由固态物质构成,如岩石和土壤;海洋和江河由液态的水构成;空气则是由很多种不同的气体所组成的。这些物质基本上是稳定不变的,但是它们的状态会随着温度和压力的变化而变化。

»固体

大多数的物质都是由分子构成的。分子是一种微小的粒子,仅仅用人眼很难看到。分子有规则地紧密结合在一起,形成具有一定强度和形状的固体,固体中所有的分子都在各自固定的位置上不停地振动。固体的温度越高,分子就振动得越快。当温度足够高时分子由于振动过于剧烈而不能再保持在原来的固定位置,于是固体融(熔)化成液体,比如冰变成水就是如此。

↗物质状态变化所需的温度随物质种类的不同而不同。例如,纯净的冰融化时所需的温度比加入柠檬汁后的冰融化所需的温度要高。

»液体

与固体不同,液体自身没有固定的形状。

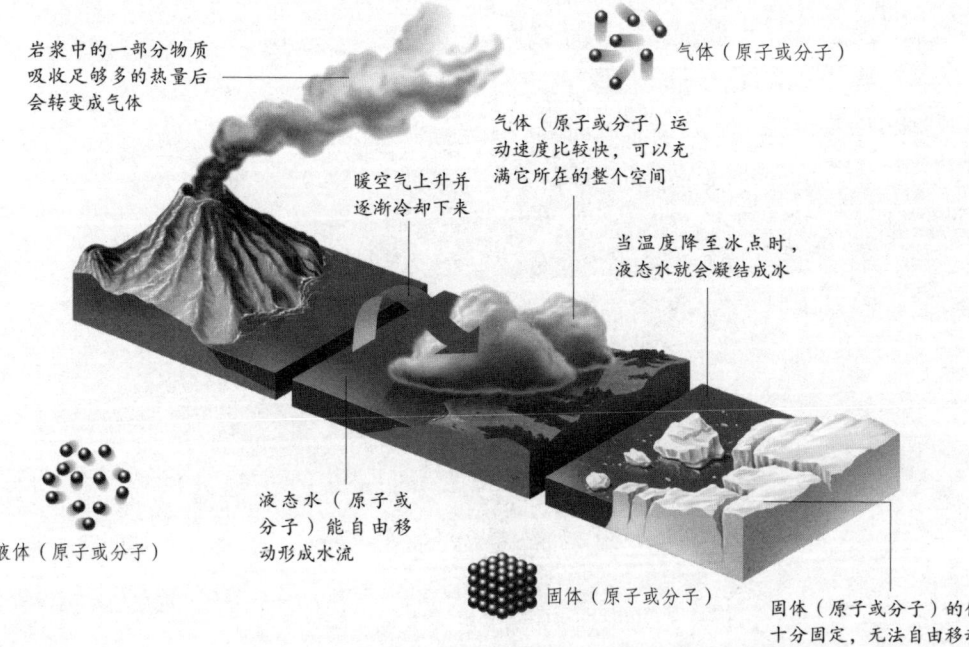

岩浆中的一部分物质吸收足够多的热量后会转变成气体

气体(原子或分子)

气体(原子或分子)运动速度比较快,可以充满它所在的整个空间

暖空气上升并逐渐冷却下来

当温度降至冰点时,液态水就会凝结成冰

液体(原子或分子)

液态水(原子或分子)能自由移动形成水流

固体(原子或分子)

固体(原子或分子)的位置十分固定,无法自由移动

174

物理学与化学

↗ 和其他液体一样，无论把水倒入什么容器中它都能和容器保持一样的形状。

★ 我们所说的绝对零度，也就是-273℃，在此温度下，构成物质的所有分子和原子均停止运动。

★ 物态除了固态、液态和气态这3种形态外，还存在一种不太常见的形态，即等离子态，等离子态有些类似于充满了带电粒子的气态。

以水为例，你可以把水注入任何形状的容器中。一部分液体分子聚集在一起形成一个分子团，但是由于分子团内分子间的相互作用力不是特别大，这使得分子团具有流动性，分子团之间就像干燥的沙砾一样相互滑动，因此液体能向各个方向自由快速地流动。

» 熔点和沸点

熔点是指晶体物质由固态转化为液态所需的温度。沸点是指晶体物质由液态转化为气态时所能达到的最高温度，不过很多液体在达到沸点之前就会蒸发（转化为气态）了。不管是水还是铁，每种物质（这里所说的物质均指晶体物质，非晶体物质如玻璃、石蜡、塑料等没有熔点可言）都有自己的熔点和沸点，例如冰的熔点是0℃，沸点是100℃。就如同水蒸气能凝结成水、水能结冰一样，当气体被冷却到一定程度时会凝结成液体，当液体被冷却到一定程度时会凝固成固体。

» 气 体

跟液体类似，气体也没有一定的形状和强度。但与液体不同的是，气体还没有固定的体积（即物质所占的空间），因此气体可以迅速地充满任意一个容器。同样地，气体也可以被压缩到一个非常小的空间里。

飞艇可以飘浮在空中是因为飞艇里面的气体（如氢气或氦气）比外面的空气要轻。

■ 微观世界

宇宙间的万物都是由各种物质组成的，所有的物体，包括最坚硬的岩石，其内部也并非很充实，其中有很多空隙。所有的物质都是由分子、原子以及这些粒子之间的空隙组成的。原子本身以及原子之间的空隙非常细微，只能用功能非常强大的显微镜才可以观察到。20亿个原子全部加起来，也不过像本文中的句号一般大小。但即使是原子，其内部也不是实心的，它们更像是由亚原子微粒星罗密布排列在一起形成的能量云。

» 原 子

原子的中心是1个原子核（致密的粒子团），这个核由两种粒子组成：质子和中子。原子核外有电子在不停地绕核旋转，电子的体积要比质子和中子小得多。各种亚原子粒子仅仅是能量的浓缩集合，只可能在特定的位置出现。质子带1个单位正电荷，电子带1个单位负电荷，中子不带电。

» 原子配对

原子与原子相互结合在一起形成分子。分子是保持物质化学性质的最小粒子。例如，人们生存所不可或缺的氧气，其分子是由2个氧原子结合在一起形成的；人类生存所必需的水，其分子是由2个氢原子和1个氧原子结合在一起形成的。

» 晶 体

自然界中大部分的固体物质都可以形成晶体。晶体的硬度大，表面有光泽，并且具有规则的几何外形。每种晶体都是由规则的原子晶格或者分子晶格组成的。糖块和盐都是晶体，

↗ 飞艇可以漂浮在空中是因为飞艇里面的气体（如氢气或氦气）比外面的空气要轻。

□ 探索与发现

↗ 钻石是目前所知自然界中最硬的物质，其内部排列是一种由碳原子紧密结合而形成的规则的立方体结构。

★ 原子内部是十分空旷的，原子核与离其最近的电子间的距离大约是原子核直径的5 000倍。如果原子核直径为1厘米，那么离其最近的电子也在距其50米外的地方。

★ 质子都带有正电荷，所以质子之间通常会互相排斥。但在原子内部有一种被称为核力的强作用力，这种核力能够把质子结合在一起，使原子核免于分裂。

当然还包括大部分宝石，像钻石和翡翠也都是晶体。很多岩石以及金属也是由晶体组成的，但是由于这种晶体太小，我们肉眼几乎看不到。

» 形形色色的原子

在自然界中存在的100多种基本化学元素都是由原子构成的，每种原子的原子核里都有一定数目的质子。铀原子核中含有92个质子，铀是在自然界中分布非常广泛的一种元素。在每个原子中，质子的数目与电子的数目通常是相等的，电子以圆形轨道的运行方式分布在原子核的周围。原子间的相互作用方式（即原子的化学性质）取决于原子核的核外电子数。

■ 化学元素与周期表

自然界中所有的物质最终都可以被分解为已知的最简单的物质，即化学元素。例如金、碳和氧等。由于每种元素都是由各自的原子所组成的，因此它们都具有独一无二的物理和化学性质。所有具有相同质子数的原子都属于同一种元素，这是与不同元素的原子相区别的标志。

» 元素排列

某种元素原子的核内质子数，即为此元素的原子序数。元素的种类繁多，你可以从最轻的元素氢（原子序数是1）一直排到最重的元素铹（原子序数是103）。俄国化学家门捷列夫为此制定了化学元素周期表。表中同一纵行的元素称为一个族，原子序数从上向下增加很快，同族元素具有相似的物理和化学性质；同一横行的元素称为一个周期，原子序数从左到右依次增加1，元素的活泼性以及与其他元素结合的能力依次减弱，这是由总电子数以及最外层电子数决定的。最活泼的元素位于元素周期表的左侧，最不活泼的元素位于右侧。

» 惰性气体

第八族的元素位于化学元素周期表的最右侧，这是一个非常特殊的族。由于这些元素的原子最外层一般不会失去电子，所以通常称它们为第八族元素或者零族元素。由于原子的最外层有8个电子，这些原子没有必要再与其他原子共用电子，因此它们的化学性质极其稳定。同时这些原子形成的气体也不与其他物质反应，所以也被称为惰性气体。惰性气体中氩气和氖气之所以可以用来填充灯泡就是因为它们的化学性质极其稳定，不会与灯泡中极其细小的灯

由质子和中子组成的原子核
含有电子的球壳
电子的运动轨迹
电子

● 灰色：中子
● 红色：质子
● 蓝色：电子

↗ 原子的中心是原子核，原子核由质子及相同数目的中子组成，质子和中子依靠一种强大的作用力结合在一起，核能便是从这种结合力转化而来的。

物理学与化学

↗ 电流流经灯泡时灯丝会发热发光，充入灯泡里面的氩气可以保护灯丝不被烧坏。

丝反应，损坏灯丝。同理，氖气也可以用来充填灯泡做成氖灯。

» 化合物

由单一元素构成的单质在世界上是很少见的，大部分物质都是由2种或2种以上的元素组成的化合物。化合物不仅仅是几种元素的简单混合，当多种元素结合起来形成新物质时，新物质的化学性质会发生全新的变化。例如，将钠放入水中时，钠会发出"嗞嗞"的声音，

↗ 当鸡蛋、黄油以及糖等食物混合到一起进行烹饪时，热量使不同的物质结合在一起生成一种新的物质。

反应剧烈；氯气是一种比空气重的黄绿色剧毒气体，而钠和氯气反应会生成氯化钠，也就是人们日常用到的食盐。

■ 化学原料及制品

我们生活的宇宙中存在的物质，仅已知的就达数百万种——而且还有更多的物质不为人知。至今已经发现的化学元素只有100多种，但正是它们组成了丰富多彩的大千世界。由不同元素的原子组成的纯净物质称为化合物，而像木头、空气以及岩石等许多自然界中的物质，则是由2种或2种以上的化合物混合而成的。自然界中的金属也大都以化合物的形式存在。纯水是由氢元素和氧元素所组成的化合物，而自来水和江河水则是纯水与其他各类物质混合而形成的混合溶液。很多物质当与水混合后会生成酸或碱性溶液。

» 金 属

在化学元素周期表中，有3/4的元素是金属，例如金、铁等。大部分的金属富有金属光泽，硬度较大，被敲打时会发出清脆的响声。不少金属强韧且富有延展性，不管是锤打还是模具浇铸都可以很容易地使金属成形，人们用这种神奇的材料制造出形形色色的物品，小到汤匙，大到汽车、太空船等。金属原子之间以坚固的晶格结构相互结合在一起，晶格中的金属原子彼此共用电子。像接力棒在选手手中快速地传递一样，电和热也会在自由运动的电子间迅速传导，正因为如此，金属才成为电和热的良导体。

» 地球上的盐

食盐只是众多盐类中的一种，地球表面岩石中所含的矿物质大部分都是盐类。盐是由许多晶体组成的一种特殊固体，呈现各种不同的形状。从热带地区的海水中可以晒制出盐分，很多海水都具有相当高的含盐量。把海水灌到池子里并予以加热，当水全部蒸发完后剩下的就是盐了。酸和碱反应会生成盐。例如：氢氧化钠与盐酸反应会生成氯化钠即食盐。大部分的盐类都溶于水，这对生物具有重要的意义，人体内的盐分可以维持水分平衡，并且使神经元保持健康状态。

» 酸性化合物

某些物质溶解于水中会生成带有氢离子的化合物，这种化合物被称为酸性化合物。像柠

□ 探索与发现

↗ 跟酸相对的是碱。苛性钠是一种强碱，它具有很强的腐蚀性，使用时应该穿戴防护服和手套。苏打粉是一种弱碱，味苦。

柠汁这种喝起来酸酸的饮料属于弱酸。硫酸是一种强酸，具有很强的腐蚀性，能够腐蚀衣服、灼伤皮肤，还能溶解金属。所有的酸，不管是强酸还是弱酸，都带有氢离子。酸性物质溶于水后，水里的氢原子会失去一个电子形成氢离子。正是这个氢离子使化合物呈现酸味并且具有腐蚀性。

》合 金

在自然界中，纯金属是相当罕见的。大部分的金属都以矿石的形式存在，因此必须用高温加热或者其他方法才能把金属提炼出来。即便如此，冶炼得到的金属中仍然含有部分杂质。在金属冶炼的过程中有时会特意加入某些杂质，以使金属的某种特性得到改善，例如增强耐腐蚀性或者提高强度等。在炼铁时掺入碳会生成无比坚韧的合金——钢，把铬加入钢材中进行冶炼则会生成不锈钢。

■ 碳制化学品

碳是一种很特殊的元素。钻石是已知的自然界中最硬的物质，实际上它就是由碳元素构成的；煤以及铅笔芯里的石墨也是由碳元素构成的。碳原子的结构特点决定了它很容易与其他物质化合形成化合物。从属于无机物的石灰石到有机物的柴油，目前已知含碳的化合物有100多万种。碳原子的最外层有4个电子，形成化合物时既可以得到新的电子，也可以失去原有的外层电子。这就意味着碳可以与其他任何物质结合生成各种各样的产品，例如油基颜料、降落伞等等。

》碳

碳的同素异形体有4种：金刚石、石墨、

↙ 铝镁合金的强度大、耐腐蚀性好，因而能抵御恶劣的天气变化和环境污染等，适用于汽车零部件制造或建筑材料等方面。

★ 大部分塑料制品都由乙烯制成，而乙烯则是从石油中分离出来的。

★ 天然的钻石形成于数十亿年以前的地表深处。

178

炭黑或木炭，以及一种叫作富勒烯的特殊人造结构形态。石墨还可以被拉长成为碳纤维。

» 有机化学

碳原子不仅有与其他元素的原子形成化合物的能力，还可以相互结合构成复杂的链状和环状物质。生命存在的基础正是这些复杂的碳链和碳环分子。例如：蛋白质是构成生命的物质基础之一，所有的蛋白质都是碳的化合物。人们之所以在化学学科中建立有机化学这一分支学科，其目的就是为了对繁多的含碳物质加以系统研究。

» 塑料王国

塑料是一种十分奇妙的材料，小到饮料瓶，大到汽车，它几乎可以被制成任何物品。塑料质地轻盈，易于塑形，塑料制品既可以做得如丝绸一样柔软，也可以做得如钢铁一样坚硬。塑料完全是人造的产物，生产塑料实质上是把碳化物（主要是碳氢化合物）的分子组合成很长的聚合分子链。聚合物中的链多以杂链为主，有的塑料制品中，聚合链彼此间像意大利通心粉一样纠缠在一起，使得塑料制品强度大韧性好。这样的材料很适合制造降落伞，因为降落伞需要足够大的强度来承受人体的重量以及很好的韧性在空中滑行。将聚合物紧密结合在一起制成硬塑料，可以用在窗户框架上。

△ 这个弓形降落伞的工作原理是：降落伞因受到强大的空气阻力而张大成图中的弓形，从而能够降低跳伞者在重力作用下的坠落速度。

» 碳循环

在地球形成之初，大部分的碳原子就已经存在并且在动物、植物和空气之间不断循环，人们称之为碳循环。植物的茎和叶的大部分是由一种叫作纤维素的天然材料构成的。和塑料一样，纤维素也是长链的碳分子聚合物，植物利用太阳光、水和空气中的二氧化碳，通过光合作用合成葡萄糖，再由葡萄糖分子组合成各种聚合分子链。动物吃掉植物后，植物体内的碳便转移到动物体内并为其所用了。

■ 电和磁

电能的用处极其广泛，不管是日常生活所必需的热量和光，还是驱动电脑工作所用的微弱脉冲信号，无不来自电能。电和磁是密切相关的，磁力是磁体间的一种不可见力。变化的电场产生磁场，而切割磁力线也会产生电场。电和磁在转化过程中产生的力，我们称之为电磁力。

» 发 电

当磁体和金属线圈彼此接近并做相互运动时，线圈中会产生感应电流，这是由于磁力驱动线圈中的自由电子定向运动而形成的。电厂就是根据这个原理发电的。以水流或者喷射的水蒸气为动力，推动线圈旋转切割磁力线，线圈中就有电流产生。通过电线，电被输送到我

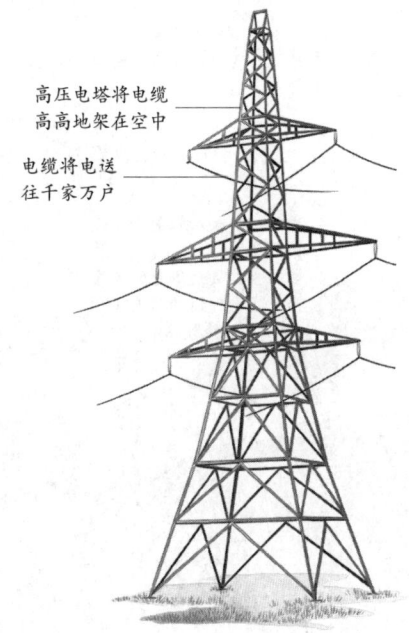

高压电塔将电缆高高地架在空中

电缆将电送往千家万户

△ 发电厂发出的电通过配电网被输送到每家每户。高压电塔将电缆高高架在空中，高压电可以在电缆中安全地传输。

们的家庭、学校或者工厂里。配电线路可分为地上的架空线路和地下电缆2种。

» 静 电

电是由电子运动产生的。电子是一种带电粒子，如果物体得到电子它就带负电，相反如果失去电子就会带正电。当两种不同的物体相

□ 探索与发现

互摩擦，电子会发生转移，从而使得两个物体都带电：得到电子的带负电，失去电子的带正电。因为此时电荷在带电物体上是静止的，不能移动，所以被称作静电。

» 电　流

能自由导电的物体被称为导体。如铜和金等金属就是电的良导体，可以用做导线连接电路。因为这类金属导体里有很多自由电子，可以在电线中自由运动。闭合电路中大量电子的定向移动形成电流。电池组可以提供驱动电子在闭合电路里定向移动时所需的能量，所产生的电流方向恒定不变，因而被称为直流电（DC）。

» 磁　力

磁铁是种特殊的金属（通常是铁），能吸引带有磁性的物质（如铁和钢）。磁铁周围都存在着磁场，磁体通过磁场对外物产生作用。靠近磁体两端（也称为磁极）的地方磁场最强，越远离磁极磁场就越弱。磁极两端的磁场方向相

↗ 只要磁场周围含有铁，如铁钉或者螺丝钉等物质，它们都会受到磁场的作用。

反，一端为北极，一端为南极。异性磁极相互吸引，同性磁极相互排斥。也就是说北极与南极相互吸引，而北极与北极或南极与南极则相互排斥。

» 电磁铁

当电流流过导线时，在导线周围会产生磁场。如果在线圈中插入铁芯，磁场强度会进一步加大，人们将这种"电磁体"称为电磁铁。与一般条形磁铁不同，电磁铁可以用开关来控制，比如当电流断开时，电磁铁中的磁场就会消失。

■ 电磁辐射

可见光、电波信号、微波炉中的微波、火中的热辐射以及医院中用到的 X 射线都是电磁

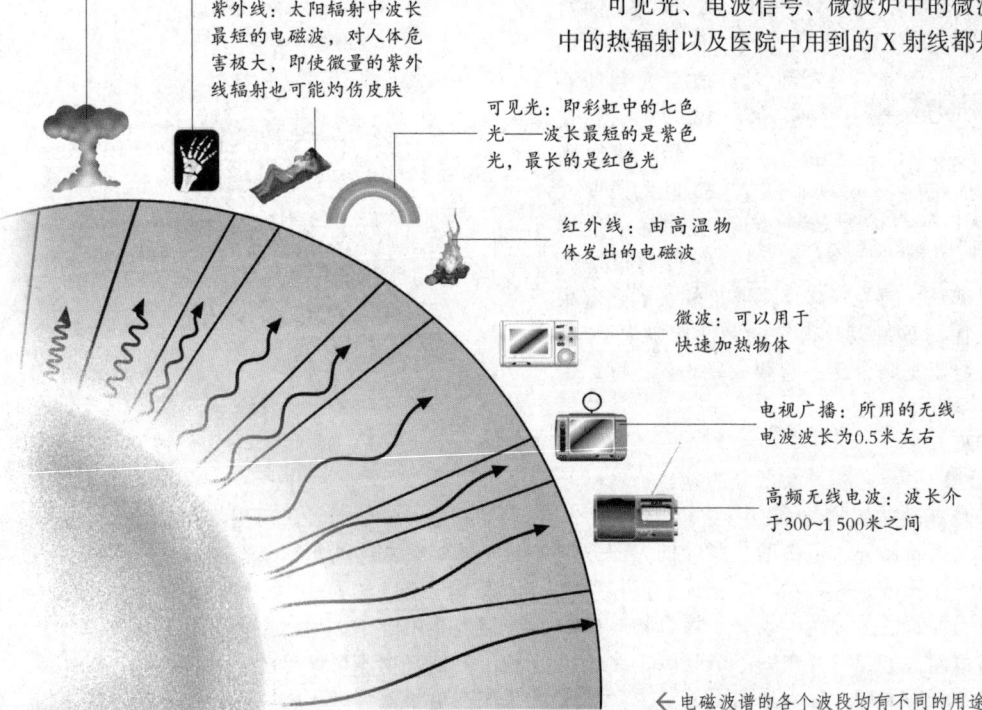

γ射线：对人体有极大危害，是一种高能射线，可以穿透固体，被用于制造核弹

x射线：比γ射线的波长要长，可以透过除了骨头外的大部分身体组织

紫外线：太阳辐射中波长最短的电磁波，对人体危害极大，即使微量的紫外线辐射也可能灼伤皮肤

可见光：即彩虹中的七色光——波长最短的是紫色光，最长的是红色光

红外线：由高温物体发出的电磁波

微波：可以用于快速加热物体

电视广播：所用的无线电波波长为0.5米左右

高频无线电波：波长介于300~1 500米之间

← 电磁波谱的各个波段均有不同的用途。

辐射。由于这些辐射既是电又是磁，所以被称为电磁波。电磁波沿直线传播，传播速度与光速相同。在真空中，电磁波的传播速度为每秒30万千米。以这样的速度，电磁波仅需1/10秒就可以环地球一周。不同种类的电磁波其波长也各不相同。

» **能量波**

电子发射出的电磁波能覆盖很大的频率范围。我们平时用肉眼看见的光叫作可见光，它在电磁波谱中只占很窄的一段频率范围。在电磁波谱的一端是无线电波和微波，由于其波长太长，所以人类是看不见的；另一端是紫外线和X射线，它们则是由于波长太短，人类也无法看到。

» **太阳**

到达地球的大部分辐射都来自太阳，太阳不断向外辐射着巨大的能量。太阳辐射中的一部分是波，如可见光和X射线。幸运的是，地球的大气层只让人类所需的可见光和热通过，而把对人类有害的辐射如紫外线和X射线屏蔽掉。

★ 太阳光可以透过玻璃，而红外线却不能。温室大棚之所以能保温，是因为太阳光能透过玻璃直接照进温室，加热室内空气，而温室内产生的热辐射却不能通过玻璃向外散发。

★ 我们目前所使用的包括石油、煤炭和木料在内的几乎所有燃料，都是植物将来自太阳的电磁辐射转化而来的。

» **辐射的危害**

有些电磁辐射是很危险的。即使是来自太阳的低能辐射也会引发各种有害的疾病，如过长时间的太阳浴就容易导致皮肤癌。不过，最主要的危害其实来自于X射线、γ射线等高能的短波辐射。这些射线可以使生物组织细胞产生电离，从而破坏生物组织，影响身体正常的生理机能，因此从事X射线检查的医学工作人员在操作这类设备时要躲在屏幕后面并严加防护。

» **热像仪**

热的物体会向外辐射电磁波，人们虽然无法用肉眼看到这些辐射波，但是通过热像仪可

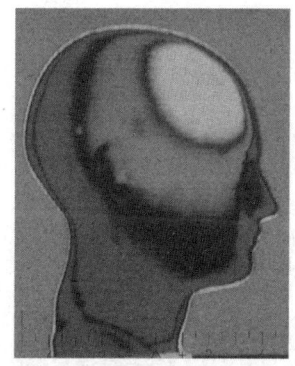

↗ 热像仪能根据人体内的温区变化规律来诊断疾病，如上图黄色的区域是热区，有可能是病变部位，蓝色区域是体内较冷的部位。

以检测到这种波的存在，并且可以为其拍照。在照片里，最明亮的地方是物体温度最高的部分，最黑暗的地方是物体温度最低的部分。即使是在全黑的地方热像仪也可以正常工作，因为它们不需要光就能成像。热像仪能清晰显示出人体不同部位的温度变化情况，医生可以据此诊断疾病。该仪器还可以用于监测野生动物晚上的生活习性。

» **"宇宙电波"**

电磁波的传播与声波不同，声波的传播需要一定的介质，而电磁波却不需要任何介质，即使在真空中也可以传播。这使得我们晚上可以看见遥远的星星——星星上的光需要穿越真空才能到达我们这里。我们还可以通过卫星，利用电磁波与太空中的宇航员取得联系。

力与运动

力分为推力和拉力，它可以改变物体的形状和原来的运动状态。有些力只有在物体相互接触时才可以表现出来，例如踢足球时的力。而另外一些力在物体之间有一定距离时才能表现出来，例如引力和磁力。力总是成对出现的，两个大小相等，方向相反，沿同一直线相互作用的物体间的力，我们称之为作用力与反作用力。当你推墙时，墙同时也会推你，否则你的手会穿透墙壁。自然界中力的主要类型为：重力、电磁力以及核力和强核力。

» **自由落体**

牛顿发现，物体在下落时总是落向地面而非"落"向空中，经过研究，他提出了著名的"万有引力定律"。该理论的提出出乎所有人的意料：物体下落是由于重力的作用引起的，而重力则是由于地球吸引而使物体受到的力。宇宙中的物体都会受到重力的作用，不管物体多么微小，都竭力给其他物体施加这一引力。这种引力的大小取决于物质的质量，质量越大的物体受到

的重力也越大。物体若被分成几个部分,这种引力就会变小。

» 过山车

过山车没有发动机。在重力的作用下过山车获得一个初始速度,开始自高处下滑,速度变得越来越大,当到达斜坡的最底部时速度最大,这个速度足以使车体冲上第二个斜坡。物体这种保持原来运动状态的性质被称为惯性。

↗ 炮弹需要火药施加的强大的作用力才能得到它所需要的加速度。

↗ 跳伞运动员张开降落伞时,由于受到空气阻力的影响,他们得以缓慢降落。

» 功、力和负荷

功、力和负荷在物理中是很重要的概念,尤其是与那些移动物体的机械联系的时候显得尤为重要。负荷是指移动物体的质量,以千克来衡量;力是指移动物体时所施加的作用,用牛顿来衡量;功描述的是力使负荷沿力的方向发生的位移。在公制单位中,功的单位是焦耳,1焦耳是指作用在物体上的1牛顿的力持续1米的位移产生的能量。1焦耳等于1牛顿·米。

冰上舞者为了调整舞伴的位置而对其提升做功

在举起舞伴时消耗自身能量

冰上舞者在提升舞伴时,会受到其重力的影响

↗ 冰上舞者能够举起舞伴是提升力克服了重力的结果。

» 质量和加速度

17世纪,英国科学家艾萨克·牛顿发现宇宙中力做功的形式都是一样的,效果也都可以预见到,力会使物体的速度改变。改变的程度取决于力的大小和物体的质量。力越大,加速度相应地就会越大。对质量大的物体必须施加更大的力才能产生相同的加速度。

» 牛顿三大运动定律

17世纪末期,艾萨克·牛顿通过总结力和运动的关系得出三大定律:

第一定律:力只会改变物体的运动状态(改变速度大小或者方向)。

第二定律:加速度与力的大小成正比,与物体的质量成反比。

第三定律:两个物体之间的作用力与反作用力在同一直线上,大小相等,方向相反。

这三大定律是研究经典力学的基础,不管是踢出的足球还是飞行的太空船都可以用这三大定律来解释。

■ 功和能

能是物质做功的能力。能不仅指太阳发射出的可见光,也不仅仅指来自于火中的热量。它包括发生在宇宙中任何地点的任何活动,不管是小草生长还是星球爆炸都属于能的范畴,物质的能量蕴藏在它们的原子和分子之中。能有很多种形式,可以从一种形式转化成另一种形式。

» 动 能

运动的物体所具有的能称为动能。物体的质量越大、运动的速度越大,所具有的动能也

> ★ 能既不能被创造，也不能被消灭，只能从一个物体转移到另一个物体。因此不管宇宙中的物质以什么形式存在，其能的总量是不变的。
>
> ★ 英国科学家詹姆斯·焦耳是最早认识到做功会产生热以及热是能的一种形式的科学家之一。有一次他发现瀑布底部的水比顶部的热，从而通过实验证明下落的水的势能或动能部分转化成了热能。

就越大。运动员从起跑线上开始起跑时，是把肌肉中的化学能转化成动能，转化的速度越快，他们起跑的速度也就越快。在比赛结束时，动能停止转换，空气的阻力以及鞋与地面的摩擦力使他们停下来。

» 势 能

物体由于处于一定位置而具有的能，称为势能。势能是一种蓄能。起重机吊起地面上的物体时需要克服重力做功，物体的势能就会增加。

» 能量转换

燃料燃烧使水变成水蒸气，水蒸气通过一个具有特殊形状的大烟囱排放出去。水蒸气的动能带动汽轮机旋转发电，这样动能就转换为供人们使用的电能了。

» 波

所有的波，包括水波、电磁波都具有能量。当波撞击其他物体时，能量会部分或全部丧失。当把鹅卵石扔入水中时，水面的振动就会形成波。当光波射入人的眼睛后，视网膜（可见光的敏感区域）会感知到这种能量，人眼就能看到东西了。红外线照射到物体上时能量会转变为热量。当无线电波传到收音机天线上时，无线电波的能量会转变成电流，收音机再把电流转变成声音信号。

■ 热 能

热能，又叫内能或者物质内的蓄能。热能是能的一种形式，当两个物体温度不同时，热能会从一个物体传递到另外一个物体。人们可以通过做功或者热传递的方式增加物体的内能。用打气筒给自行车打气时，会感到筒身发热，这是由于每次按下打气筒手柄时，里面的气体被压缩的缘故。压缩空气所做的功使空气获得更多的能，空气分子和原子运动加快。能从一种形式转化为另一种形式时，总有一部分会变为热能，这部分热能会散失到环境中去。这就是为什么电脑、电视机以及其他机器在工作时通常都会发热的缘故。

» 热胀冷缩

物体被加热时，其中的分子运动越来越快，分子间距离的增加导致物体膨胀；当物体被冷却时，其中的分子运动变慢，分子间的距离减小导致物体收缩。有些固体热胀冷缩的现象并不明显，例如，对钢棒而言，温度每升高1℃其长度只增加0.0001%，但是当热量足够大时，这种膨胀的力量也会引发严重的后果，会使铁轨扭曲、桥梁断裂等。

» 冰箱的工作原理

热量总是从高温物体自发地向低温物体传递，但是通过压缩机的作用可以使热量反方向传递，即从低温物体传向高温物体。冰箱中食物的热量传递给管内的特殊液体，液体吸收热

↗ 冰箱是一个热管，把热量从低温物体传到高温物体，与自发的热量传递方向相反。

□ 探索与发现

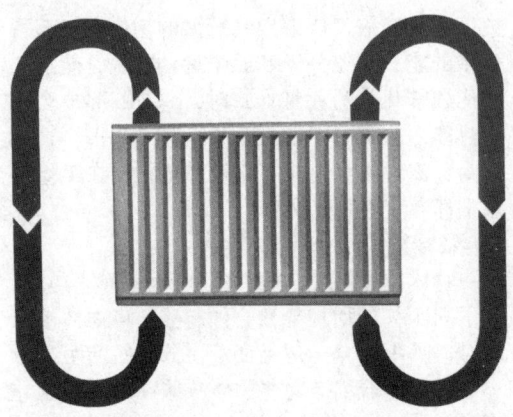

↗ 冷空气被暖气片加热成热空气，热空气上升与屋内的冷空气形成对流，冷空气又循环到暖气片附近被加热成热空气。

★ 温度是以度来计量的，摄氏温标和华氏温标是用来计量温度的最常见的单位。摄氏温标是这样规定的：把冰水混合物的温度定为0℃，把沸水的温度定为100℃。华氏温标下水的冰点是32°F，沸点是212°F。

★ 热气球升空是因为充入气球中的空气比外部的空气温度高，而温度高的空气要比温度低的空气轻，所以气球里面的气体向上升，热气球就飞起来了。

量蒸发（由液体变为气体），汽化后的特殊液体被压回箱外的冷凝器散热，再重新变为液体，液体再进入冰箱内吸收食物的热量、蒸发，以此循环往复。

» 热传递

热传递有3种形式：传导、对流和辐射。传导是热量从一个原子到另一个原子的传递过程。热物体中的原子之间运动比较快并且相互碰撞，这种碰撞使它将热量传递给与它邻近的原子，邻近的原子再把热量传递给其他原子，如此传递下去。对流是流体（气体、液体）中热传递的主要方式，当流体被加热时，其分子运动加速，分子之间的碰撞更加频繁，这就使得热流体变得比周围的冷流体要轻，于是热流体便向上流动，从而形成对流。热辐射是以不可见的红外线传递热量的。

» 阻止热量散失

有些情况下阻止热量在某个空间的流动和散失是非常重要的。冬天给建筑物供暖时，热量有从室内散失到周围环境中以达到相同温度的趋势。玻璃的导热速度要比墙壁和屋顶的导热速度快得多，因而有很大一部分热量都从窗户散失到外界。为了阻止这部分热量的散失，很多建筑物都使用双层玻璃窗，双层玻璃窗装有两层玻璃，中间有不易传热的空气作为隔层，这样就大大减少了热量的散失。

■ 光

光是人的眼睛所能观察到的唯一一种电磁辐射。平时我们都处在光的环境中，但实际上只有很少的物体可以发光。太阳是光的主要来源，星星、蜡烛、电灯以及某些小昆虫如萤火虫也可以发光。但是我们能看到的客观世界中的其他景象，则是由于眼睛接收了物体反射的光。

» 影子的形成

光是沿直线传播的。不同的物体允许透过的光的程度是不同的，当光照射在不透明的物体上时，就会在物体背面形成影子。不透明物体可以产生2种类型的影子，完全没有光线照射到的区域形成的影子是本影，如果有一部分光照射到的区域，形成的半明半暗的影子就是半影。

» 透明体、半透明体和不透明体

当光照射到物体上时，可能会穿过物体，也可能被反射，甚至被吸收。光照射到透明的玻璃杯上，会穿过整个玻璃杯，这样的物体称

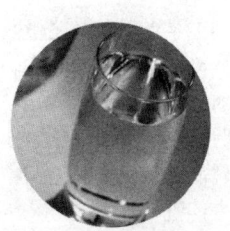

↗ 干净的玻璃杯是透明体。　↗ 紫砂玻璃是半透明体。

↗ 瓷器是不透明体。　↗ 并不是所有发光的物体都会释放出热量。萤火虫是通过体内的某种物质发生化学反应之后发出冷光来吸引异性的。

物理学与化学

为透明体。能够透光但不能透视的物体称为半透明体，如毛玻璃。既不透光又不透视的物体称为不透明体。

» 反射和折射

当光照射到物体表面上时，会有一部分光反射回来。光线投射到大部分物体表面上时都是向各个方向反射的，而光线投射到镜子以及其他光滑表面时都发生镜面反射，会呈现出清晰的光源或者镜像。当光以一定角度斜穿过像水一样的透明物体时，光线会发生弯曲，就如同光线变短了一样，这就是光的折射。这也就是为什么我们所看到的游泳池要比实际游泳池浅、插入水中的吸管看起来弯曲的原因。

» 光的传播

光是宇宙中传播速度最快的物质。光在真空中的传播速度约为每秒30万千米。光从地球到达太阳仅仅需要8分钟的时间。光在空气中的传播速度比真空中略低，在水中也会更小一些，但是速度仍然是很惊人的。光以波的形式传播，但是这种光波的振幅很小，并不像池塘里的波纹一样。光是以光子的形式存在的，光子是一份一份的，每一份都有其波长。光子是类似电子的粒子，由于很小，质量近乎为零。

» 光的颜色

人们平时所看到的不同的颜色，实际上是不同波长的光发出的。白光即太阳光，是一种复合光，由多种单色光混合而成。刚刚下完雨后，空气中悬浮着许多小水珠，阳光照射到这些小水珠上，就会发生折射和反射现象，由于太阳的可见光的波长都不一样，当它们照射到空中这些小水珠上时，各色光被小水珠折射的情况也不同，因此就被分解成七色光而形成彩虹，波长最长的红光和波长最短的紫光分别位于彩虹的两端。

■ 声 音

人类听到的所有声音，不管是小孩的哭声还是机器的轰鸣声，都是由物体的振动产生的。有些振动是可以看到的，例如拨弄吉他发出声音时的振动。通常振动是看不见的，但可以肯定的是，只要发声，振动就一定存在，因为声源的振动也会推动它周围的空气向四周移动。空气流动时彼此会产生摩擦，生成的波就会向各个方向传递，当声波传到人周围时，人耳中的感知部分会对这种振动作出反应，人就会听到声音了。

» 回声和音响效果

当你在一个宽敞的礼堂里面大声呼喊时，会听到声音在整个空间里回荡。这是因为你的声音被坚硬的墙壁来回反射的缘故。每个光滑、坚硬的障碍物如墙壁等都可以反射声音，但只

↓ 管弦乐队停止演奏后，音乐声仍然会在大厅里回响2秒钟左右，这段时间被称为混响时间。

有在障碍物与人以及障碍物与发声体之间有足够的间距时，人耳才能听到回声。声音的反射会影响到你所听到的声音的质量。音乐厅的设计需要细心周到，剧场内部墙壁表面的构造对舞台上音乐家和管弦乐队的表演效果具有重要的影响。

»声 波

从声源发出的声波可以传向各个方向。声音可以在液体如水中传播，也可以在很多坚硬的固体中传播。由于真空中不存在声音传播所需要的介质，所以声音不能在真空中传播。

»音强和音调

声音可以柔和也可以高亢，音调可高可低，这主要是由声音的能量和频率决定的。大且高

↗ 鲸和海豚可以发出高音调的尖叫声，声波碰到海底和周围的鱼或者岩石时会产生回声，鲸和海豚就是通过回声来辨别物体的位置，从而找到食物的。

的能量波使耳膜振动幅度变大，人就会感到很响的声音；反之低能量波使耳膜振动的幅度变小，人会听到较轻微的声音。声强是以贝尔或者是贝尔的 1/10 即分贝为单位的。声音的音调是由发声体的振动频率（振动频率是指发声体每秒钟的振动次数）决定的。频率越大，音调越高。每一秒内波的振动次数叫作频率，量度单位是赫兹（Hz）。

★ 超音速喷气机的飞行速度比声音在空气中的传播速度快，它的速度以马赫数的形式给出。马赫数是指飞机的飞行速度与当地大气的音速之比。例如1马赫是指当地音速，2马赫表示飞机的速度为当地音速的2倍。

★ 很多声音都是由不同频率的振动混杂在一起的，有的高有的低。吉他和小提琴即使在弹奏同一个音符时发出的声音也不相同，因为他们分别是由不同的振动混合起来的。

»声音的传播速度

声音在空气里传播是需要时间的。在雷雨天，为什么我们总是先看到闪电，后听到雷声呢？这是因为光的传播速度要比声音的传播速度快得多。声音在温暖的空气中的传播速度要比在冷空气中的传播速度稍微大一些。在 0℃ 的空气中，空气每秒钟只能传播 331 米；在 21℃ 的中温天气里，每秒钟可以传播 343 米；而在 40℃ 的热空气中，传播速度可以达到每秒钟 354 米。声音在液体中的传播速度是空气中传播速度的 4 倍，而在坚硬的固体如木材和钢材中的传播速度可能还要更快一些。

■ 空气与水

空气与水是世界上最重要的两种物质。没有这两种物质，地球上就不会有生命。空气不仅提供生物呼吸所必需的氧气，同时也为生物提供了可以自由活动的生活空间。大气层像是包裹着地球的一层棉被，能够吸收来自太空的对人体有害的辐射，并且对生命生存所需要的稳定环境也有帮助。

»生态系统

植物和动物在生态系统中互相联系、互相影响。地球是太阳系中唯一一颗有大量水的行星，地球表面的 3/4 是海洋。同时地球的大气层也是独一无二的，它比玻璃更加透明，并且富含生物生存所依赖的气体——氧气。

»什么是水？什么是空气？

水是由 2 个氢原子与 1 个氧原子相结合而形成的化合物，是一种无色、无味的液体。空气是由多种气体混合而成的混合物，而不是通过化学变化生成的化合物。空气中的氮气大约

↘ 空气是一种混合气体，包裹在地球的周围。地球是太阳系中唯一一颗有空气存在的行星。

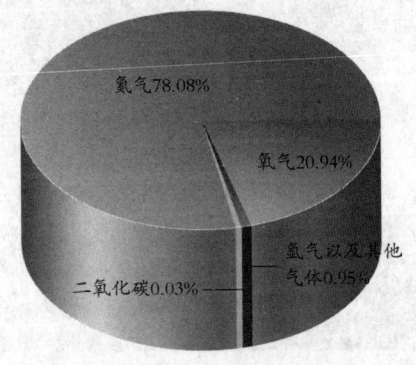

氮气 78.08%
氧气 20.94%
二氧化碳 0.03%
氢气以及其他气体 0.95%

占 3/4（78% 左右），剩余的大部分是氧气（21% 左右）。还有 1% 由二氧化碳、水蒸气以及其他微量气体如氖、氦、氩等组成。

» 水的构成

在自然界中，水是唯一一种固、液、气 3 种状态都存在的物质。水分子是由 2 个氢原子与 1 个氧原子结合在一起而形成的，每个氢原子因失去 1 个电子而带 1 个单位的正电荷，而每个氧原子则因得到 2 个电子而带 2 个单位的负电荷，两种带电离子之间互相吸引，紧紧地结合在一起形成水分子。

» 溶液

水具有溶解其他物质形成溶液的特性。把物质放入液体中，如果物质只是漂浮或悬浮在液体中，或者沉入液体底部，并没有被溶解，那么这种混合物不是溶液。一种物质的原子、分子或离子高度分散到液体里形成的均匀、稳定的混合物才称为溶液。把咖啡加入水中时就会有溶解现象发生。被溶解的物质叫溶质，溶解物质的液体就叫溶剂。

■ 时 间

在钟表发明之前，人类是利用地球的运转规律（通过观看天空中的太阳、月亮和星星的运动情况）来计时的，现在则可以通过钟表表针的变化情况来确定时间。目前人们研制的原子钟是一种极精密的计时器，准确度极高。但是仍有一些科学家和哲学家认为原子钟不能与真实时间完全吻合。科学家们认为时间也是一维（如同长度和宽度一样），可以上下、前后、左右移动，因而把时间定义为除长度、宽度、高度三维空间外的第四维。但是时间不会倒流：一根蜡烛不会越烧越长，人也不可能越活越年轻。

» 原子时间

正如吉他一样，原子和分子也会以一定的音调和频率振动。原子钟是利用原子固定周期的振荡或摆动来维持时间的精度的。这种特殊的钟，大都安置在特殊实验室里，通常是利用铯–133 原子为材料。1967 年，把 1 秒钟定义为"铯–133 原子两个基态能级的转换所经过的 9

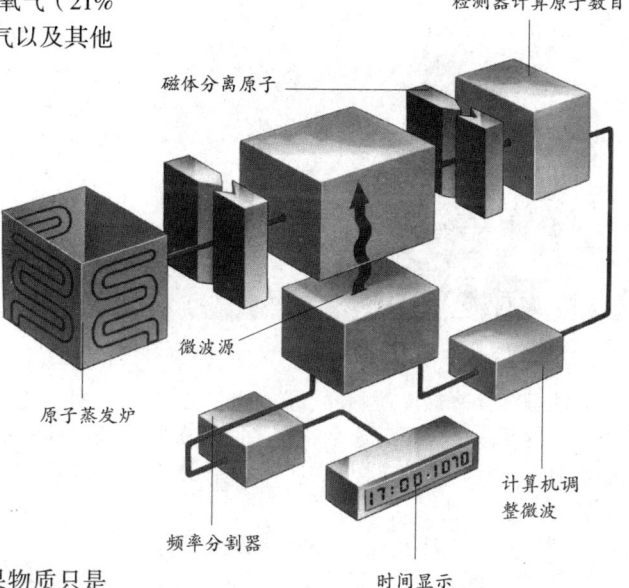

↗ 原子时间是以原子吸收了多少电磁波为标准衡量的。

192 631 770 个辐射周期"的时间。原子钟也用于设置国际标准时间，称为国际协调时间，又称世界标准时间，简称 UTC，由美国标准技术研究院负责设置。

» 自然界的计时仪器

在有太阳光照射的时段，人们可以通过日晷的投影来确定时间，但是晚上或者没有太阳的状况下，由于没有标杆投影，日晷就无法工作了。古代人们发明了很多不依赖日光计时的方法。蜡烛可以稳定地燃烧，因此可以利用燃烧时蜡烛的长度来计算时间，即蜡烛计时法。水或者沙子可以很稳定地从一个容器流到另一个容器里面，这也可以作为测量时间的依据。17 世纪时，伟大的意大利科学家伽利略发现一定长度的摆（在线或者杆的底端有一重物）在摆动时具有等时性。正是这个发现使得获得准确时间成为可能，把钟摆的一端与表针连在一起，钟表盘就可以显示时间了。

■ 绝对零度的神奇世界

随着热能的本质问题得到解释，并被带入与电能和化学能交叉重合的学科之中，关于物质状态在什么时候才能被称为寒冷的问题不断地被提了出来。开尔文勋爵提出了绝对零度的概念（大约 –470° F 或者 –273° C），即任何事

□探索与发现

▲ 开尔文勋爵

物都无法继续变冷的温度临界点。此外,他还作出如下的预测:在接近这个如此之低的临界点温度时,所有物质的电阻性将会提高,最终几乎丧失所有的能量。

日渐兴起的热能和热力学的研究,把开尔文的这个猜想置于备受质疑的境地。运动似乎不仅仅只会产生热量,而且也会以类似的方式对液体和气体物质产生影响。荷兰物理学家约翰尼斯·迪德里克·范·德·瓦耳斯(1837~1923年)通过实验证明,液体和气体的分子状态不仅依赖于温度,而且也依赖于气压和体积。随着温度的下降,能够产生热量的分子运动会逐渐减慢下来。

1877年,物理学家成功地把氧气冷却到90K。在这个温度点,气体可以被液化。19世纪和20世纪之交,氢气也被成功地液化,其温度点大约为20K;1908年,荷兰物理学家海克·卡末林·昂尼斯成功地对氦气进行液化,温度点为4.2K。与此同时,卡末林·昂尼斯发现了一个与开尔文的猜想完全相反的事实,即在这些温度点的物质几乎失去了所有的电阻,从而成为我们今天所谓的超导体。其他物质则失去了黏滞性,从而成为我们今天所知道的超流体。比如,在2.19K的温度点,氦液体可以流向玻璃杯的一边,从而越过杯顶,也可以顺利地通过极为细小的裂缝。

为什么这种状态被称为"超导电性"呢?20世纪50年代晚期,美国的3位物理学家约翰·巴丁、约翰·施里弗和利昂·库珀认为,在非常低的温度下,原子会按照与众不同的几何序列进行排列,而电子(原子的主要组成元素)则形成了能够平等地发射和吸收能量的成对模式,从而没有任何事物能够破坏它们的运动。比如,在2.19K的状态下,原子都具有同样的动量。这有点像把参加赛跑的人都放到一起,也就是说,如果任何一个人跑动起来,那么其他人也会跟着动起来。热的传导速度如此之快,以至于其在通过物质时会形成一个波形。如果任何磁场接近一个超导体,超导体会在物质的最外层产生漩涡状的电流,并对这个磁场进行排斥。超导物质实际上能够使磁场漂浮在空中,这个物理属性被用来支撑飘浮于轨道之上的列车,从而使它们能够在没有轮子和轨道摩擦力的情况下向前移动。超导电性也激发了另外一个技术竞赛,那就是制造出能够在高温下获得超导电性的物质材料。如果这些物质材料被开发出来,那么超导现象就可以应用于各种日常设备和机器。

■ **亚原子粒子**

到1920年,科学家已经知道每一个原子都是由原子核和电子组成,且带正电的原子核被带负电的电子云所包围。原子并不是"基本粒子"——构成物质的最基本的材料,不可再拆分成更小的微粒。不久,科学家们不断地发现了比原子更小的粒子,使人们对微观世界的认识更加深入。

新西兰裔英国物理学家欧内斯特·卢瑟福(1871~1937年)用α粒子(氦核)轰击氮原子时,发现氢核被释放出来,也就是说,氮核中必定含有氢原子核。1920年,卢瑟福建议将释放出的氢原子核命名为"质子"(源自希腊语中的"protos",意思是"第一")。质子的质量是电子的1 836.12倍。原子绝大部分的质量都被原子核占据。同年,卢瑟福提出了比氢原子质量大得多的原子核还包含了不带电荷的微粒。

自1919年起,卢瑟福一直担任剑桥大学的物理教授和卡文迪许实验室的主

▲ 安装在卡文迪许实验室的一台电压放大器,在1937年,它作为菲利浦百万伏加速器的部件,其百万伏电场用于加速粒子。

188

任。卢瑟福研究的重点仍然是用 α 粒子(氦核)轰击不同种类的原子核。1925 年，英国物理学家帕特里克·布莱克特(1897～1974 年)在卢瑟福的指导下，将云室——1911 年苏格兰物理学家威尔森(1869～1959 年)发明——改进为一种能记录原子的瓦解的装置。但是 α 粒子所具有的能量还不足以将质量较大的原子核轰击成碎片，因此，对质量较大的原子核需要用能量更强的粒子轰击。1932 年，英国物理学家约翰·考克劳夫特(1897～1967 年)和爱尔兰物理学家欧内斯特·沃尔顿(1903～1995 年)在卡文迪许实验室建造了世界上第一台粒子加速器，利用电磁铁产生的强大磁场加速质子，然后直接轰击目标。

20 世纪 20 年代，德国物理学家瓦尔特·波特(1891～1957 年)在柏林领导一个科学家小组进行了一系列的科学实验，他们用 α 粒子轰击几种较轻元素的原子核，这些元素包括铍、硼和锂。1930 年，他们发现轰击原子核时会产生高能穿透辐射，起初，这些科学家认为这是一种 γ 射线辐射，但是这种辐射的穿透力比任何见过的 γ 射线辐射都要强。

1932 年，法国物理学家约里奥·居里夫妇——伊伦·约里奥·居里(1897～1956 年)和弗雷德瑞克·约里奥·居里(1900～1958 年)——发现用 α 粒子轰击石蜡或其他类似的碳氢化合物(由氢和碳元素组成)时，会发射出能量很高的质子。对这一现象的进一步研究使科学家对波特观察到的所谓 γ 射线推论产生了越来越多的质疑。英国物理学家詹姆斯·查德威克(1891～1974 年)在卡文迪许实验室证实了轰击原子核所产生的射线不可能是 γ 射线，他还指出该辐射所含的粒子的质量与质子质量一样，但是不带电荷。查德威克认为这种新粒子是被束缚在一个电子(氢原子)内的质子，当

1920 年 命名质子
1925 年 1911 年发明的云室得到了进一步的发展
1932 年 发现了第一种反物质粒子，证实了中子的存在
1934 年 中微子被确定并命名
1937 年 发现 μ 子

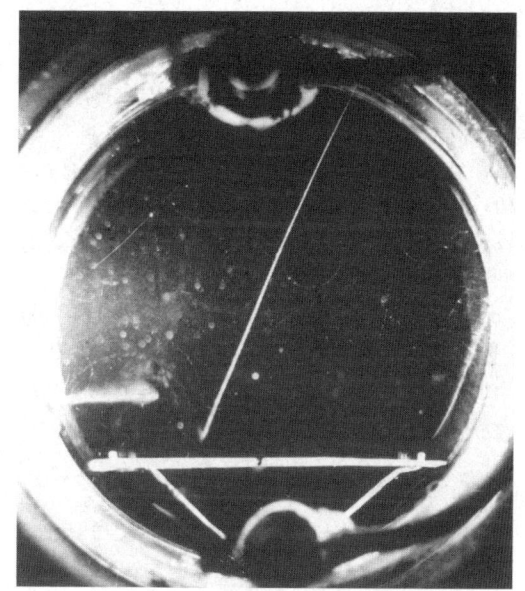

↗一个云室包含水和酒精的一种蒸汽化混合物，当带电粒子从中穿过时，该混合物会浓缩。混合液滴的一道踪迹路径会产生标示着粒子运动的轨迹。这张摄于 1937 年的照片显示了一个 α 粒子(氦核)的运动轨迹。

他用 α 粒子轰击已知原子量的硼原子时，就能计算出这种粒子的质量——该粒子为 1.008 7 原子质量单位，略大于质子(1.007 276 质量单位)。因为该粒子不带电荷，所以被称为中子。在原子核内，中子很稳定，但到了原子核外，中子会衰变成一个质子、一个电子，以及一个反中微子。质子和中子构成了原子核，一起被称作核子。

沃尔夫冈·泡利(1900～1958 年)是 20 世纪最伟大的物理学家之一，1930 年，泡利对 β 射线进行研究——由不稳定的原子发射的电子流，这些电子看起来失去了一些能量，但是没有人能找出电子失去能量的原因，这与基础的物理定律之一——能量不能凭空创造和失去——是矛盾的。为了解开这个谜团，泡利提出 β 辐射还包含了一种以前不为人知的粒子，具有在静止时既不带电也没有质量的特性。意大利物理学家恩里克·费米(1901～1954 年)在 1934 年证实了这种粒子的存在，并把它叫作中微子。

英国理论物理学家保罗·狄拉克(1902～1984 年)对量子电动力学的发展作出了重要的贡献。19 世纪 20 年代后期，理论物理学家对电子的研究非常感兴趣，狄拉克对德国物

理学家沃纳·海森堡(1901～1976年)对电子作出的描述很不满意,于是提出了自己关于电子的表述——狄拉克方程,并提出电子有带上正电荷的可能性。1932年,美国物理学家卡尔·安德森(1805～1991年)发现了这种粒子的存在。1933年,帕特里克·布莱克特也独立地发现了该种粒子。后来,这种粒子被称为正电子。正电子是第一种被发现的反物质粒子。

1937年,安德森与研究生塞恩·尼德梅耶(1907～1988年)合作发现了μ子——与电子相似的极不稳定的粒子,但质量是电子的200多倍。

■ 原子核裂变

20世纪早期,物理学家们一直致力于研究当原子受到亚原子粒子轰击后将会发生什么样的变化。一系列的实验使科学家认识到,在某些情况下,这种轰击能在核反应堆中通过原子核裂变释放出大量的能量,并可以用来发电。到2005年1月,已有439座可控原子核反应堆分布在世界各地,核电量已占总发电量的16%。

1932年,英国物理学家约翰·考克劳夫特和爱尔兰物理学家欧内斯特·沃尔顿开始在英国剑桥大学的粒子加速器中进行高能质子实验。1934年,法国物理学家伊伦·约里奥·居里和弗雷德瑞克·约里奥·居里发现质子轰击有时会产生靶原子的放射性同位素。两年后,意大利裔美国物理学家恩里科·费米在罗马发现用中子——1932年由英国物理学家查德威克发现——在撞击原子时,比质子更有效。

中子轰击通常会通过中子吸收产生更重的原子。但是,当费米轰击一些重元素——尤其是铀原子时,他发现会有更轻的原子核产生。1939年,德国物理学家奥托·哈恩和弗里兹·斯特拉斯曼确定铀轰击后的产物是只有原来一半质量的铀元素,他们由此证实了铀原子核已被打破,原子核裂变已经发生了。

同一年,瑞典斯德哥尔摩大学的奥地利女物理学家赖斯·梅特纳(1878～1968年)和她远在丹麦哥本哈根大学(当时与丹麦物理学家玻尔一起工作)的侄子奥托·弗瑞士(1904～1979年)共同解释了原子核裂变问题——铀原子核吸收了一个中子后发生剧烈摆动,然后分裂成两部分并释放出能量。哈恩和斯特拉斯曼后来发现,除了产生大量能量之外,铀原子核裂变释放的中子会引发其他铀原子核裂变,由此引起的可能的链式反应将会释放出异常巨大的能量。这一结论后来被约里奥·居里夫妇和利奥·西拉德通过实验证明了。西拉德(1898～1964年)是匈牙利裔美国物理学家,当时和恩里科·费米一起研究可控核裂变反应,后来进入纽约哥伦比亚大学工作。

铀会自然产生3种同位素,并且总是占相同的比例:铀-238(238U)占99.28%,铀-235占0.71%,铀-234占0.006%。玻尔经过计算得出铀-235(235U)比其他两种同位素更易发生核裂变。这就意味着必须用一种方法分离出铀-235(235U)同位素,这种方法就是如今所知的"铀浓缩"技术。玻尔还指出,如果中子被减慢,核裂变效应会更显著。西拉德和恩里科·费米建议用一种"减速剂",如重水或石墨物质围绕铀,用来减缓中子速度。

1939年第二次世界大战爆发前两天,玻尔和美国理论物理学家约翰·惠勒发表了一篇描述整个核裂变过程的论文。同样在1939年,法国物理学家弗朗西斯·佩兰提出,通过确保释放出足够多的中子撞击其他的铀核维持一个链式反应,就需要确定铀的"临界质量"。佩兰还认为,可以通过添加一种吸收中子(非减慢中子)的物质的方式来控制裂变的反应率。在英国工作的德裔物理学家鲁道夫·佩尔斯(1907～1995

↗ 图为1942年,科学家在芝加哥大学观察原子核反应堆中的可控裂变链反应情况。因为辐射的原因,无法拍下当时的情景照,这是一位画家描绘的当初的情景。

物理学与化学

这是考克劳夫特1932年在剑桥大学卡文迪许实验室粒子加速器（与沃尔顿共同建造）旁的照片。为了表彰他们的杰出研究，1951年考克劳夫特和沃尔顿一起获得了诺贝尔物理学奖。

年）进一步发展了这些观点。1942年，恩里科·费米在芝加哥大学设计了世界上第一座原子核反应堆，12月2日开始运作。1951年，美国在爱达荷州瀑布附近的国家工程实验室建立了一座实验性增殖反应堆，并成为首座发电的核反应堆。

科学家已经意识到持续的核裂变反应可用于制造拥有巨大能量的炸弹。研制这种原子弹的工作已经在英国和美国悄然进行。1942年8月，这两个计划合并成著名的曼哈顿计划。1945年7月16日美国研制的第一颗原子弹在新墨西哥州试爆成功。

1940年，前苏联科学家也已认识到核裂变原理并认识到链式反应的可能性。直到1942年，前苏联一项由核物理学家伊格尔·库恰托夫领导的原子弹制造计划才正式启动。1948年，前苏联第一座核反应堆开始运行，1949年8月，前苏联第一颗原子弹试爆成功。

■ 量子力学

早在20世纪20年代，美国化学家莱纳斯·鲍林已经发现，正如原子没有固定的结构一样，在化学合成物质中，原子的结合也存在于一种结构形式和另外一种结构形式之间的中间状态，这种现象被称为"共振"。1929年，鲍林终于制定出了一些规则，而通过这些规则，我们可以了解化学键中电子之间的相互关系。凭借着这些研究成果，鲍林也能够更好地了解它们所组成的各种化合物的属性。

最值得称道的，是鲍林所具有的把理论化学和实践化学结合到一起的独特能力，以及他对于化学键既稳定又多变的双重属性的透彻理解。这也促使他进一步考察和研究镰刀型细胞贫血病，并最终发现这种疾病源自于血色素分子的一个变种。他的论文《镰刀型细胞血红蛋白：一种分子疾病》极大地激发了人们研究疾病基因的兴趣。

鲍林曾经尝试构建一个DNA（脱氧核糖核酸）的分子结构模型。1953年，他和晶体学专家罗伯特·柯瑞共同发表了带有3条螺旋扭链的三维DNA的模型图以及相关的理论。1954年，鲍林由于在化学键课题上的研究成果而获得了当年的诺贝尔奖。1963年，因为在裁减军备方面所进行的不懈努力，他再度获得了诺贝尔奖——诺贝尔和平奖。假如鲍林的DNA分子螺旋扭链中只有2条，那么他很有可能获得第

1932年 考克劳夫特和沃尔顿建造了粒子加速器
1934年 约里奥·居里夫妇通过核轰击发现了放射性同位素
1936年 费米利用中子轰击各种原子核
1939年 哈恩和斯特拉斯曼鉴定出铀核裂变的产物
1942年 建成第一座原子核反应堆
1945年 第一颗原子弹爆炸成功
1951年 核反应堆发电

↗ 开启所有秘密的钥匙
两次获得诺贝尔奖的美国化学家莱纳斯·鲍林用一个木制的模型展示了蛋白质分子的复杂结构。

↗ 核裂变
由核裂变所产生的中子帮助研究者进一步探索物质和生命科学的奥秘。

3座诺贝尔奖杯。但是,这座诺贝尔奖杯却落入了佛朗西斯·克里克和詹姆斯·沃森的怀抱,原因在于他们最终发现了双链(而不是3链)螺旋才是DNA分子的结构模式。

美国物理学家理查德·费曼是另外一位被量子物理学所深深吸引的科学研究者。量子物理学的不可预测性似乎激发了他与生俱来的独立思考能力。在对量子力学的数学难题进行研究之后,费曼勾画出了存在于电磁辐射之中的各种亚原子作用力的相互关系,以及在原子的不确定结构之中,光子如何与电子以及恰好与它们相反的、带有正电荷的粒子(即正电子)发生互动关系。此外,费曼还阐释了作用力的兑换过程以及粒子的碰撞现象,他所用的就是后来被称为"费曼图"的图像手段。由于在量子电动力学领域所取得的具有地震效应的研究成果,费曼获得了诺贝尔物理学奖。

同时,理查德·费曼和物理学家默里·盖尔曼成功地描述出了在放射性衰变过程中,各种作用力的发生和作用机制。

这种被称为"弱相互作用力"的现象的发现,使我们可以窥探到理论上属于原子结构中最小的粒子,即费密子、玻色子、W粒子和Z粒子。由于这些粒子经常只会作出非常缓慢的反应,因此它们能够在极为炽热和压力极高的环境下引发大规模的反应。

这两位物理学家发现,这些粒子就位于核聚变的核心位置。费曼用他那令人惊叹的天赋把自己塑造成一个故事演说家,他运用逻辑缜密的描述并以深入浅出的话语对高深物理研究娓娓道来,从而成功地吸引了科学家和公众的眼球。

英国物理学家史蒂芬·霍金致力于把量子物理学与爱因斯坦的广义相对论结合起来进行研究。霍金把这两个概念联系到了一起,首先所针对的是亚原子的科学领域,其次则针对具有庞大质量的物体,并且以这种智力整合方法对诸如宇宙的产生方式、强大到足以使光无法逃脱的黑洞之类的深不可测的难题进行探究。霍金对黑洞作出了这样的描述:一个原先具有几十亿吨重量的物质最后被压缩成只有单个光子体积大小的微粒。在这种状态下,粒子都会遵循量子理论的原理进行运作,也就是说,粒子会释放出辐射,然后逐渐消散,直到消失。

后来,霍金与来自欧洲粒子物理研究所的托马斯·赫尔泰格作出了一个异常大胆的假设。

物理学与化学

虽然我们不知道任何一个粒子在特定时刻的确切去向和位置，然而，如果早期宇宙的粒子遵循量子理论，那么宇宙本身必然也是量子理论的产物。如果事实果真如此，那么正如赫尔泰格所说的那样："宇宙并不仅仅只有一种历史，而是存在着各种可能的历史，而且每一种历史都存在着属于其自身的高度可能性。"

当古代先人们抬头仰望天空的时候，他们总会对物质和能量充满了各种疑问。如今，即便有了广义相对论这一能够自圆其说的理论和量子力学高深莫测的原理，我们依然迷失在一个颇为熟悉的问号中。

1937年 发现锝元素
1939年 发现钫元素
1940年 发现砹、镎、钚元素
1944年 发现锔、镅元素
1945年 发现钷元素
1982年 发现鿏元素
1984年 发现𨭆元素

■ 新化学元素

直到1937年，在铀元素之前，在元素周期表中只有四个空缺的元素位置。这四个空缺的元素原子序数为43、61、85和87。于是化学家和物理学家开始利用粒子加速器——如美国科学家欧内斯特·劳伦斯(1901～1958年)在1932年发明的粒子回旋加速器——进行新元素的探测。

起初，科学家利用粒子加速器作为"原子对撞机"，将元素分成更小的组成部分。例如，在1937年，美国科学家在加利福尼亚利用粒子回旋加速器用氘核轰击金属钼原子。氘核是氘(重氢)原子的原子核，质量是中子的2倍，是质量最大的亚原子粒子。他们把轰击后的钼原子样品交给意大利巴勒莫大学的两位意裔美国

△ 西博格手持装有钚元素样品的烟盒。1974年，西博格成为第一位以自己的名字命名新元素(镭)的科学家。

物理学家艾米利奥·塞格雷(1905～1989年)和卡尔·皮埃尔(1886～1948年)进行分析。两位科学家发现，样品中包含有一种新的放射性元素，也就是空缺的43号元素。起初，他们

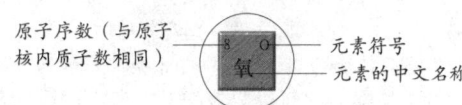

↘ 化学元素周期表

所有已知的元素都在元素周期表中排列出来。该元素周期表是根据元素的特性和质量进行排列的。最轻的元素位于左上方，而最重的元素位于右下方。不同的颜色代表不同类型的元素。例如，所有惰性气体都显示为青绿色(右边第1列)，这一列的每一种元素都是极为稳定的，这意味着它们极难和其他元素发生反应。

□ 探索与发现

↗ 回旋粒子加速器是最早的粒子加速器之一。由回旋粒子加速器截面图（右上）可以看到，两个 D 形中空磁铁放置在一个真空室内，在 D 形中空磁铁中加高压电，加速从两磁铁间的间隙处穿过的带电粒子，并使它们从中心附近的粒子源沿螺旋形轨道向外射出，能量可达几十兆电子伏，可以"击碎"原子。上图中是1932年由劳伦斯和同事在加利福尼亚伯克利大学实验室一起建造的直径 1.5 米的回旋粒子加速器。

将之命名为"锝"，后来将之更名为"锝"（源自希腊词"technetos"，意为"人工制造"）。

两年以后，也就是1939年，法国化学家玛格丽特·波里（1909～1975年）分析了锕同位素——锕-227的放射衰变产物，结果发现了另一种新的放射性元素，也就是空缺的第87号元素。起初她将其命名为锕-K，但为了纪念她的祖国，后来又更名为"钫"。

在1940年，塞格雷和他的同事在用 α 粒子（氦核）轰击铋原子时有了再一次的新发现，1947 年，他们将新发现的非放射性元素称为"砹"，该名称源自希腊语"astatos"，意为"不稳定"。后来其他科学家发现了天然产生的质量更大的砹同位素，但是砹的同位素仍是地球上最少的天然产生的元素。直到 1945 年，化学元素周期表中最后一个空缺的元素，即 61 号元素，才被美国化学家雅各布·马里奥（1918～2005年）及同事在用中子轰击钕原子时发现。1949 年，他们将之命名为"钷"，该名称源自希腊神话中的盗火者普罗米修斯的名字。粒子轰击原子不仅能够"击碎"原子，而且能够将轰击产生的碎片重组成新的原子。这个现象在 1940 年发生了两次。第一次是由美国物理化学学家埃德温·麦克米伦（1907～1991年）和菲利浦·艾贝尔森（1913～2004年）利用慢中子轰击铀-238 得到了镎元素（名称源自海王星的英文单词），在元素周期表中，镎元素紧随铀元素之后。在加利福尼亚大学伯克利工厂实验室，格伦·西博格（1912～1999年）和麦克米伦领导的一个研究小组用氘核轰击铀-238 得到了钚元素，该名称源自冥王星的英文单词，在周期表中紧随镎元素之后。

镎和钚元素属于最先发现的超铀元素（比铀元素的原子序数大），在接下来的几年中，其他的超铀元素也很快相继产生，如锔元素(1944年)、镅元素(1944年)、锫元素(1949年)、锎元素(1950年)等。1974年得到的第 106 号元素以西博格的名字命名为"𨭎"。1982年，德国物理学家安布斯特（1931年～）和他的研究小组在达姆施塔特重离子研究所用铁-58 原子核轰击铋-209 发现了第 109 号元素。1997 年，他们将之命名为䥑，以纪念奥地利裔瑞典物理学家莉泽·迈特纳（1878～1968 年）——最早将原子分裂开的科学家之一。1984 年，该研究小组用铁-58 原子核轰击铅-208 又得到了第 108 号元素——𬭳。俄国科学家在莫斯科市郊外的杜布纳利用同样的方法也得到了元素。一年后，即 1985 年，一个俄-美联合研究小组在杜布纳用硫-34 轰击铀-238 时得到了𬭳的一种不同的同位素。元素是以德国达姆施塔特所在的黑森州命名的。

到现在为止，元素周期表中总共有 116 种化学元素，至少在目前，元素周期表中的元素没有继续增加。科学家只是制得了最重元素的少量原子，即使更重元素在理论上可能存在，但 120 号元素后面的任何元素都极不稳定，而且存在的时间十分短暂。

天文学

■ 太 空

太空是指地球大气层以外的宇宙空间。夜晚抬头仰望天空,太空中似乎布满了星星。然而那些星星彼此之间的距离却是远得难以想象,相隔的空间里除了宇宙尘埃以外几乎什么都没有。太空是一个广袤空旷的空间——"太空"这个名称就是因此而来的。没有人知道太空究竟有多大,很多天体因为太远而无法被观测到。但是利用现代的观测技术,天文学家能观测到的宇宙空间将越来越大。

★ 因为光从太空中遥远的天体传播到地球需要花费很长的时间,所以我们现在看到的星星并不是它们现在的样子,而是若干年前光从这些星球上发出时它们的样子。比如我们现在看到的亮星天津四其实是它在1 800年以前的样子,当时地球上正处于古罗马时代。

★ 现在,当我们抬头仰望仙女座星云时,按照科学家的观点,我们看到的只是它在200万年以前的样子,那时候在非洲大陆上才刚刚出现类人猿。

» 宇宙的大小

人类所能观测到的宇宙仅仅是整个宇宙空间中极小的一部分。借助强大的天文望远镜,人类能够观测到130亿光年外的恒星和被称作类星体的星系所发出来的强烈而明亮的光。所以,如果遥远的类星体是平均分布在宇宙空间的话,那么宇宙的直径就应该有260亿光年。通过望远镜,你有可能观测到几千甚至几百万光年以外的某些恒星发出的光。

» 用光作标尺

光是宇宙中跑得最快的,其传播速度将近每秒30万千米。天文学家用了很多方法来衡量宇宙中星体之间的距离。他们用光年取代千米

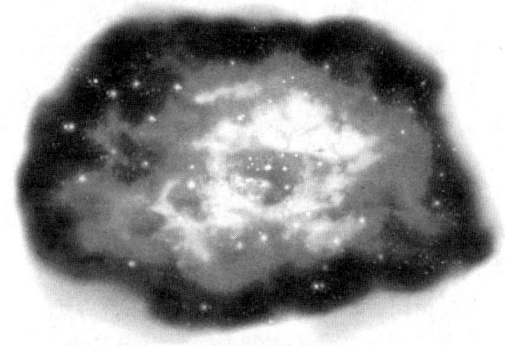

↗ 星云会被附近恒星辐射出的能量所加热,因此有的星云看上去是红色的。

作为衡量星体间距离的单位。1光年就是光在1年中走过的距离——大约9.5万亿千米。天文学家有时候也用秒差距作为距离单位。1秒差距相当于3.26光年。

» 星 云

在一个晴朗的夜晚,通过大功率的望远镜,你可能会在恒星之间发现一些暗淡模糊的光斑。其中一部分是遥远星系发出的光,有一部分是宇宙中巨大的"云系",人们称之为星云。星云是大片的宇宙尘埃和气体的混合体。著名的蟹状星云是由一颗巨大的恒星在公元1054年爆炸

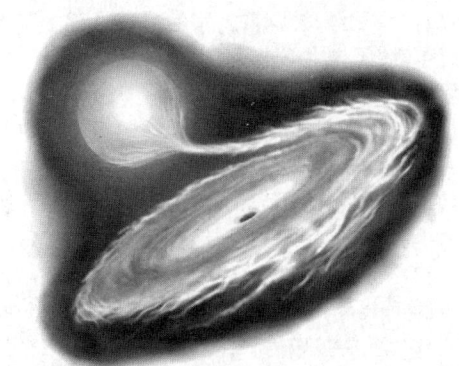

↗ 由于黑洞强大引力的作用,恒星上的气体不断被吸引过来,并形成一个旋涡——吸积盘——围绕着黑洞。

后残余的碎片所形成的。在引力的作用下，星云中的宇宙尘埃和气体凝聚到了一起，于是某些恒星就从中诞生了。

» 终极之洞——黑洞

光是宇宙中跑得最快的，在20世纪最惊人的宇宙发现之一就是黑洞的存在得到了证实。黑洞是宇宙中引力极为强大的一个点，它巨大的引力能够吞噬宇宙中的一切——甚至连光也不例外。因为连光也无法逃脱黑洞的吸引，所以我们是无法看到黑洞的。当一颗恒星的生命最终结束，恒星在自身引力的作用下坍缩，星体内的物质在抛向宇宙前被紧紧地压缩到一起，以至于组成恒星的所有物质最后全部被压缩成一个极微小的点——奇点，于是形成了黑洞。

■ 皎洁的月球

在我们看来夜空中最大、最明亮的天体就要属月球了，它就像一个小太阳一样照耀着夜晚的大地。月球本身不会发光，它只是一颗巨大而冰冷的星球而已，完全是靠反射太阳光才会在夜空中显得明亮。月球是地球在宇宙中的好伙伴，两者相距38.4万千米。月球绕地球运行一周大约需要一个月。它在绕地球公转的同时也在自转，由于月球的公转周期与自转周期完全相同，所以月球始终都以同一面朝着地球，在地球上永远不可能看到月球的背面。

» 月球漫步

当1969年宇航员登上月球的时候，他们发现月球上满是悬崖峭壁和宽广的平原，很多地方完全被白色的细小灰尘所覆盖。这些月尘是许多年之前月球表面在陨石的撞击下碎裂而形成的。由于月球上没有大气、没有风、没有雨雪，所以月尘不会四处飘散，宇航员在月球上留下的脚印就可能按原样保存百万年以上。

» 月相变化

从地球上只能看见月球明亮的半边，也就是月球的阳面。在月球绕地球公转的过程中，从地球上观察月球阳面的角度也随之不同，因此看上去月球似乎在不断地变化形状。在每个月月初，也就是新月的时候，月球处于太阳和地球的正中间，从地球上只能看到的月球阳面只有弯弯的一道娥眉。在随后的2星期中，月球一点一点地显露出来，直至最后皓月当空，此时月球离太阳最远，月球阳面全部可见。在

↗ 月球上的环形山大多由陨石撞击而成，月球表面坑坑洼洼地布满了古老的环形山。

接下去的2星期中，月球的可见部分又一点一点地隐没到黑暗之中，慢慢又变成一个月牙形，称作残月。

» 月海和环形山

月球表面遍布着大片的阴暗区域，人们一度以为这是月球上的海洋，所以称之为月海。现在，科学家已经弄清楚这些其实是在月球早期演化过程中，由火山喷发出来的岩浆所形成的广阔而干燥的平原。月球表面坑坑洼洼地布满环形山，其中大部分环形山的形成还要追溯到月球的演化初期。巨大的陨石自太空撞向月球，冲击月面，于是形成了大大小小的环形山。

» 登 月

月球是除地球以外人类造访过的唯一天体。美国宇航员尼尔·阿姆斯特朗和巴兹·奥尔德林是最早在月球表面漫步的人。1969年7月20

↗ 在"阿波罗12"号登月任务中的艾伦·比恩

日,他们在"阿波罗11"号载人登月任务中成功地登陆月球表面。第一位进入太空的女性则是前苏联宇航员瓦连金娜·捷列什科娃。

★ 太阳表面每6平方厘米的亮度相当于150万根最明亮的蜡烛同时燃烧所释放出的光亮。
★ 太阳的直径是地球的100倍。

■ 巨大的火球

和夜空中其他恒星一样,太阳也是一颗恒星。实际上,太阳是一颗中等大小的恒星,它的寿命约有100亿年,目前正处于壮年期。太阳距离地球约1.5亿千米,是宇宙中离地球最近的恒星。和其他恒星一样,太阳内部的温度高得难以想象。太阳内部巨大的压力使得其温度高达1 500万摄氏度。如此巨大的热量将太阳表面变成了狂躁的炼狱,它是如此炽热,以至于传播了1.5亿千米到达地球后,仍带给地球光和热。

»太阳的内部

太阳基本上是由2种气体构成的:其中3/4是氢气,剩下1/4是氦气。太阳内部反应生成的能量要经过1000万年的时间,穿过包括发光发热的光球层、到处充满火焰的色球层和像冕状火焰光圈的日冕等数层太阳大气层才能到达太阳表面。

所谓的日全食。如果还能见到太阳的一部分,那就是所谓的日偏食。

»太阳光

太阳向四面八方放射出大量的光和热。虽然其中只有一小部分到达地球,但却足以提供这颗行星所需的几乎全部能量。如果没有太阳,地球上将是一片冰冷的黑暗,比最黑的黑夜还要黑,比南极洲还要冷。虽然部分太阳射线具有极强的危害性,但是地球外覆盖的大气层和地磁场却能保护人类免受太阳辐射的危害。

»炽热的表面

太阳的表面十分灼热。从太阳内部喷发出来的热量在晦暗的表面形成一个个光亮的斑点。太阳表面剧烈燃烧的氢吐出的巨大的火舌被称作日珥,弧状的日珥可长达9.6万千米。偶尔会有巨大的能量从太阳表面喷薄而出,持续数分钟左右,被称作太阳耀斑。太阳黑子则是相对温度较低的、在太阳赤道附近缓慢舞动的黑暗的斑点。

■ 行星的运行

在宇宙中,地球并不孤单。包括地球在内,一共有8颗行星在围绕着太阳运转。八大行星在太阳引力的牵引之下,沿着椭圆的轨道,以同一个方向绕太阳公转。许多行星都有自己的卫星。在行星的运行轨道之间还有许多大大小

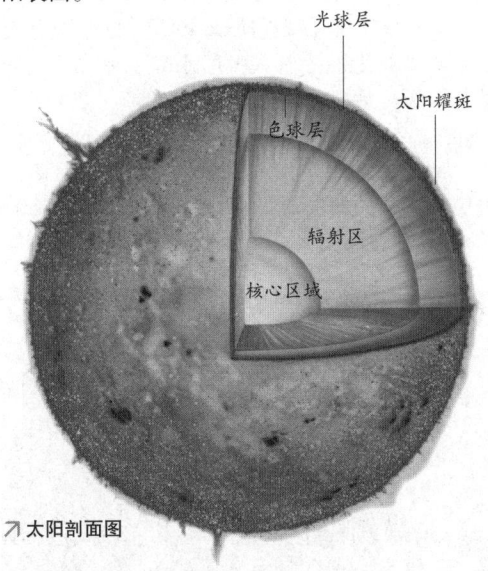

↗ 太阳剖面图

»日 食

尽管地日距离是地月距离的400倍,但是天空中的太阳看起来和月球差不多大。在月球绕地球公转的过程中,月球有时候会运行到地球和太阳的中间。这时候,月球就会完全挡住太阳的光芒,在地球上投下一片阴影。这就是

↗ 八大行星与矮行星冥王星绕太阳运转示意图

(注:关于矮行星冥王星和厄里斯的相关描述,请参照2006年8月24日国际天文学联合会大会决议的决议文草案。)

□ 探索与发现

小的石块，称之为小行星。太阳、八大行星和各自的卫星，加上矮行星和其他诸多的小行星，以及难以计数的彗星组成一个大家庭——太阳系。

» 太阳系

太阳系八大行星绕太阳公转的轨道都在同一平面上，而矮行星冥王星和厄里斯的轨道则与这个平面相交成一夹角。离太阳越远的行星绕太阳公转的周期也越长。离太阳最近的水星其公转周期只有88天，金星是225天，地球是365天，遥远的海王星公转周期是165年，而矮行星冥王星绕太阳一周则几乎需要250年。

» 太阳系的诞生

通过测量陨石（从宇宙中坠落到地球上的石块）的年龄，科学家们计算出太阳系的年龄大约已经46亿岁了。在太阳系最初形成的时候，它只是旋涡状的一团宇宙尘埃和各种气体，随着旋涡越转越快，周围的物质开始在引力的作用下被拉向中心，聚集到一起。最后，中心致密的物质团形成了太阳，周围远端的尘埃渐渐聚成团状，形成现在的八大行星。

↗ 太阳系诞生于旋涡状旋转的气体和宇宙尘埃。

» 行星探测

直到将近200年以前，人们都还一直以为太阳系中只有六大行星：水星、火星、金星、土星、木星和地球。因为能用肉眼观察到的行星只有这6颗。随着强力天文望远镜的出现，剩下的2颗行星也先后被人们所发现：首先是天王星（1781年发现），然后是海王星（1846年发现）。至于矮行星冥王星则是在1930年被发现的。现在，无人宇宙探测器已经造访了所有的八大行星，并且还在火星和金星上成功实现了着陆。

» 遥远的行星

科学家们估计，银河系中大约有300亿颗恒星拥有自己的行星，这些行星就像八大行星一样，绕着各自的"太阳"运转。目前，天文学家们正在努力寻找这些"系外行星"。它们距离地球太过遥远，无法用望远镜直接观测到。不过由于它们的引力会对各自的"太阳"产生扰动，所以还是可以被探测到的。天文学家已经发现了大约100颗左右的"系外行星"，其中大部分的体积都和木星一样庞大。天文学家们希望有一天也能找到和地球一样大小的行星。

■ 岩石构成的行星

最靠近太阳的4颗行星依次为：水星、金星、地球和火星。相比于木星等其他离太阳较远的行星来说，这4颗行星的体积都比较小，被称为类地行星。和其他较远的大行星不同，类地行星基本都由岩石构成，有坚硬的表面可供宇宙飞船或探测器在其表面着陆。实际上，宇宙探测器已经在金星和火星这2颗离地球最近的行星上成功实现着陆。所有的类地行星都被一层大气层包裹着——尽管水星的大气层几乎不存在，但在其他方面它们却各不相同。最重要的一点就是地球上有大量的水和生命存在，当然每一颗行星都有各自的特点。

» 地 球

地球是太阳系由内向外第3颗行星，距离太阳大约1.5亿千米。地球有时也被叫作"金凤

↗ 透过大气层，能够很清楚地看到地球上的大陆和海洋。

花"行星。这个名字来源于童话故事"金凤花姑娘"。故事里的金凤花姑娘选择了一碗"不冷不热"刚刚好的粥来喝,而地球离太阳不远不近,既不会太灼热,也不会太寒冷。它也是唯一一颗表面有大量水的行星。两大条件结合到一起,使得地球格外适合生命繁衍。

» 水 星

水星是八大行星中距离太阳最近的一颗,和太阳的距离通常只有 580 万千米左右。水星没有大气层的保护,所以朝向太阳的一面温度会飙升至 425℃,而背向太阳的一面温度则会骤降至 -180℃。水星离太阳非常之近,以至于它绕行太阳一周只需 88 天(地球需要 365 天)。但是水星的自转却很缓慢,一个周期为 58 个地球日。所以水星上的一年只有不到 2 天的时间。

» 金 星

金星的体积和地球差不多。金星的直径大约是 12 000 千米,质量约是地球的 4/5。金星与地球的相似点也就仅此而已。金星厚厚的大气层中充满了二氧化碳气体和硫酸云层。它厚厚的大气层能积聚太阳的辐射热量,所以金星表面温度可高达 470℃,就像一个灼热的大沙漠。金星是太阳系中温度最高的行星。

» 火 星

火星是唯一一颗有着和地球类似的白昼温度和大气层的行星,只不过火星大气层中主要气体是二氧化碳。火星也是除了地球之外,唯一一颗表面上有水的行星,只不过这些水是以冰帽的形式呈冰冻的固体状态存在的。火星表面的大部分是沙漠,没有海洋,也没有任何生命的迹象,有的只是富含铁质的红色岩石和砂尘,火星也因此被称为"红色的行星"。当 1997 年"火星探路者"计划中的"旅行者"号探测车在火星登陆时,上述一切想象再次得到了证实。尽管火星看上去似乎是一个毫无生命迹象的世界,但是科学家们依然希望宇宙探测器能够在火星表面以下发现微生物活动的痕迹。

← 在火星上登陆的"旅行者"号探测车

■ 庞大的气体星球

在火星轨道以外的是太阳系中 4 颗最大的行星:木星、土星、天王星和海王星。木星和土星体积格外庞大。木星的质量相当于其他七大行星质量总和的 2 倍,体积是地球的 1 300 倍!土星的体积也差不多大。除此之外,这些巨大的行星基本由气体所组成,而非岩石。只有行星中央小小的核心是由岩石所构成的。由于自身巨大的引力作用,所以气体会被急剧地压缩,直至变成液体甚至固体。

» 木 星

木星是太阳系中体积最大的行星——直径超过 14 万千米,绕太阳一周大约需要 12 年的时间。尽管木星的体积极其庞大,但是它的自

↗ 木星及其表面左下角清晰可见的大红斑

转速度却是太阳系中最快的。事实上,木星的自转周期只有不到 10 小时,这也意味着木星表面以将近每小时 4.5 万千米的速度旋转着。木星的表面覆盖着含有大量氨冰的多彩云层,同时在飓风、闪电和雷雨云的猛烈卷挟之下汇入风暴带。其中有一个叫作大红斑的大风暴,直径

★ 海王星上的风速可高达每小时 2 000 千米。
★ 土星和木星的核心是由岩石组成的,其温度是太阳表面温度的 2 倍。

约有4万千米,已经肆虐了至少300年。木星有一轮暗淡的光环和共计16颗卫星。

» 土 星

土星是太阳系中的第二大行星,这个气体星球像是一颗巨大的乳白色糖果,直径超过12万千米。土星上也有光环。在土星的中央,一轮轮的光圈组成了壮观的土星光环。土星光环由大大小小难以计数的岩石和冰块所组成。尽管土星光环的厚度几乎只相当于一幢房子的高度,但它却相当宽广,向太空延伸出去的距离超过17万千米。

» 天王星

天王星距离太阳相当遥远,以至于它的表面冷得难以想象。天王星云层顶端的温度只有 –210℃!在这样的严寒中,甚至连天王星大气中的主要成分甲烷也凝结为液体。天王星和海王星所呈现的奇异蓝色便是由大气中的甲烷引起的。

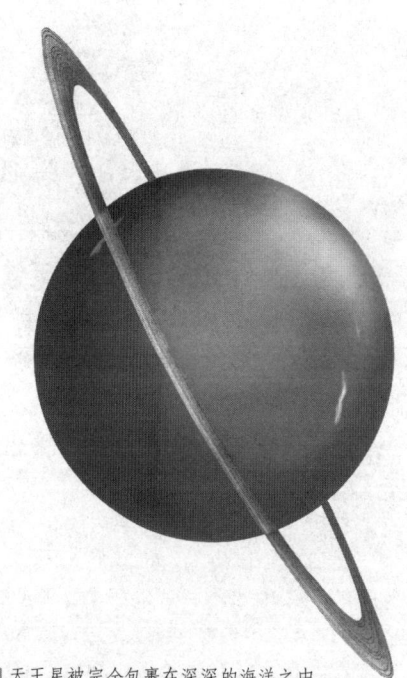

↗ 天王星被完全包裹在深深的海洋之中。

» 海王星

海王星是太阳系中距离太阳最远的行星,也是太阳系中体积第四大的行星。和天王星一样,海王星也被包裹在深深的液态甲烷的海洋之中,因而整个星球呈现出美丽的深蓝色。海王星与太阳的距离十分遥远,它需要约165年的时间才能绕行太阳一周。自从1846年人们发现海王星以来,它甚至还没有完整地绕太阳一圈。

和土星以及天王星一样,海王星也有自己的光环。

■ 炽热的恒星

和太阳一样,恒星也是由炽热气体组成的巨大的星球,这些炽热气体的温度高得令人难以想象。恒星会发光是因为它们在释放能量。在每个闪闪发光的恒星深处,巨大的压力使氢原子相互挤压产生核聚变,所释放的能量相当于一颗大型氢弹所释放能量的数百万倍。这些核聚变使恒星中心的温度升得非常高,以至于表面都发出白热的光。一颗恒星能够持续发光,不断送出光、热、电磁波和其他多种辐射,直到最终氢气耗尽为止。

» 燃烧的恒星

恒星产生能的方式与氢弹相同,但是它们很少会发生爆炸。中等大小的恒星能够稳定燃烧数百万年,因为推动气体向外膨胀的热能与吸引气体向内的重力存在着一种平衡。当核燃料燃尽后,这种平衡被打破,恒星才会发生坍缩。当然,在某些情况下也会爆炸。

» 恒星的寿命

漫漫宇宙中,每天都有恒星突然出现或慢慢消失。最初恒星是气体和尘埃构成的巨大云块,物质聚集在一起形成一大块云称为分子云,

↗ 恒星诞生于由宇宙尘埃和气体所构成的宇宙云中。

每个分子云都包含有蒸发的气体小液滴或者"胚",这便是恒星的雏形。在黑黑的分子云里面,"星胚"受到自身重力而被挤压,温度逐渐升高。当一个星胚达到足够高的温度时(至少是1 000万℃),开始产生聚变,它就变成了一颗恒星。类似太阳大小的中等恒星可以燃烧100亿年。

» 双子星

许多恒星都是成对出现的,人们称之为双星。真正的双星是在彼此的引力作用下靠在一起,就像一对共舞的舞者一样相互绕行的两颗恒星。有时候,一颗恒星运行到另一颗的前方,就会发生恒星间的掩食现象。从地球上看,有时候两颗恒星同处于一条直线上,因此尽管它们根本不挨着,但是看上去还是很像一对双星。天文学上将此现象称为"视觉双星"。

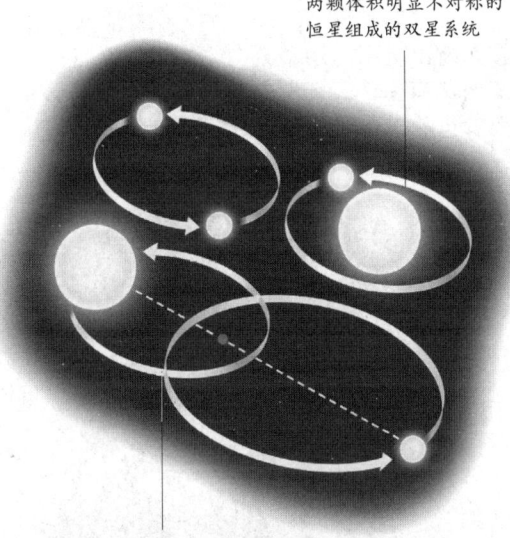

两颗体积明显不对称的恒星组成的双星系统

在真正的双星系统中,两颗恒星绕着共同的引力中心运转

↗ 由两颗相似大小的恒星所组成的双星系统。两颗恒星有可能靠得很近,也有可能相隔数百万千米。

最热的恒星	
恒星	温度
蓝色恒星	超过40 000℃
蓝白色恒星	11 000℃
白色恒星	7 500℃
黄色恒星	6 000℃
橙色恒星	5 000℃

» 最亮的恒星

恒星发出光的颜色与它们的温度有关:蓝色的恒星温度最高,红色的恒星温度最低。天文学家用数字或者"星等"为恒星的亮度划分等级。最亮的恒星有最低的星等,甚至有可能是负数。一些恒星看起来比其他星星要亮,这是因为它们离地球更近,所以天文学家使用"相对星等"的概念,指恒星与其他星相比的亮度,和"绝对星等"指恒星的绝对亮度。

■ 星 系

恒星在宇宙空间中并非完全平均分布。相反,许多恒星都扎堆聚集在一起,组成各个星系,星系间则是广袤无垠、完全真空的宇宙空间。在夜空中,只有3个星系用肉眼能够看见,但当用大功率的天文望远镜观察它们时,就会发现这些平日里看上去模模糊糊的团状物其实是由数十亿颗恒星所组成的。尽管大部分星系离地球十分遥远,无法被观测到,但是天文学家们估计宇宙中星系的总数应该在1 000亿个左右。一个像银河系这样普通的星系,其直径在10万光年左右,其中的恒星数量就约有1 000亿颗。

» 银河系

在一个晴朗的夜晚,天空中没有月亮,如果你远离城市明亮的灯光,你就有可能看到一条横贯整个天空、灰暗朦胧的白色带子,那就是人们所说的银河系。用双筒望远镜就能清楚地看到,银河系其实是由无数颗星星组成的——实际上,银河系是由超过1 000亿颗恒星所构成的巨大星系。在我们看来,银河是一条窄窄的白色带子,这是因为我们是从银河系的侧面来观察的。如果我们能够从正上方俯视整个银河系,那么银河系就像一个巨大的凯瑟琳车轮,车轮的中央凸出,其中满是年代久远的恒星。

» 椭圆星系

最大的星系是由大约1万亿颗恒星组成的椭圆星系。这些椭圆星系可能在很久很久以前就已经形成了,或许是在100亿年之前,也就是整个宇宙刚刚诞生的时候。在宇宙中很少有单独出现的椭圆星系,基本上是许多椭圆星系聚集在一起,组成星系团。

» 旋涡星系

许多星系与银河系一样,都属于旋涡星系,

□ 探索与发现

↗ 椭圆星系团中可能包含上千个类似的椭圆星系。

有大量的恒星聚集在星系的中央区域。旋涡星系在不停地旋转着，因而呈螺旋形。在星系的旋臂上有数以十亿计的恒星以惊人的速度随着整个星系旋转着。因为我们被地球的引力吸收着，所以感觉不到星系的任何运动，但是我们的太阳确实正在以将近每小时1 000万千米的速度飞速地旋转着。

» 不规则星系

大约有1/10的星系根本没有明显的形状。有的天文学家认为这些不规则星系是由两个星系相互碰撞之后剩下的星系残片构成的。

■ 宇宙大爆炸

宇宙不是一开始就存在的。科学家们认为宇宙诞生于130亿～150亿年前的"宇宙大爆炸"。而大爆炸前一刻的宇宙只是一个灼热的小球，里面包含着现在宇宙中的一切。然后，随着有史以来最大、最剧烈的一场爆炸，宇宙诞生了！电磁力、万有引力等基本作用力也随着大爆炸分离出来。这场爆炸相当猛烈，以至于到现在为止，宇宙中的所有物质还在不断地向外疾驰。

» "宇宙大爆炸"理论

1. 最初，宇宙只是一个比原子还小的灼热小球，它的温度比现在任何恒星的温度都要高。随着一声爆炸，宇宙诞生了。然后它开始急速膨胀，其膨胀的速度远远超过光速，在最初的几微秒里就膨胀到了一个星系的大小。

2. 随着宇宙继续膨胀，它的温度开始下降，于是能量和物质的小颗粒——每一个都比原子还要小——开始形成一种浓稠的、像汤一样的物质。

3. 在大约3分钟的时候，小颗粒在引力的作用下开始聚集到一起。原子相互结合形成氢气和氦气等气体，而"物质浓汤"则开始变得稀薄和澄清。在大爆炸3分钟以后，现在我们周围的所有物质开始慢慢形成。

4. 随着时间推移，新生的宇宙不断地膨胀变大，宇宙中的气体逐渐聚成星云。在数百万年以后，恒星和星体开始在星云中诞生。

» "宇宙膨胀说"

天文学家们通过观察星系在宇宙中的运动方式，提出了"宇宙大爆炸"理论，并且计算出大爆炸发生的时间。他们还发现，宇宙中所有的星系正在逐渐远离地球而去。如果这是真的，那么说明宇宙正在不断膨胀之中。而如果现在的宇宙仍在不断膨胀，那么肯定在某一时刻，宇宙的体积曾经非常之小——这就是所谓的"宇宙膨胀说"。

» 红 移

通过观测星系的颜色，天文学家们能够判断出星系的运动方向。如果星系正在远离地球而去，那么光的波长就会被拉长，光的颜色看上去就会偏红。星系远离的速度越

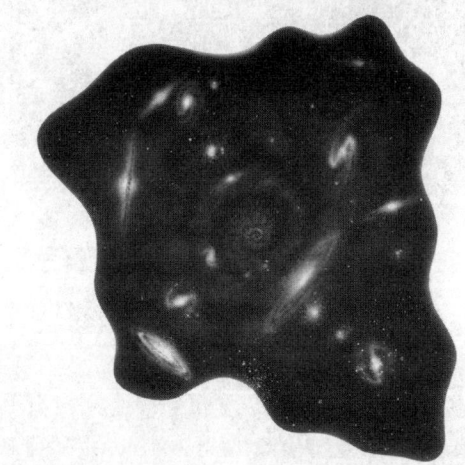

↗ 浩淼的宇宙

↗ 红移现象显示遥远的星系正急速地远离我们。

快，光波就会被拉得越长，颜色就越红。这就是所谓的红移现象。

■ 改变世界的望远镜

最早的透镜主要被用做放大镜，它们是凸透镜，即两面向外凸出的透镜，可以产生近处物体放大的像。但是科学家与天文学家需要有远处物体放大的像，而望远镜则恰好满足了这一需求。

荷兰籍德裔眼镜制造商汉斯·李伯希于1608年制造了首架望远镜，之后将这一发明卖给荷兰政府用于军事。但是因为他人也宣称是望远镜的发明者，所以荷兰政府并未授予李伯希望远镜发明的专利权。李伯希发明望远镜的消息传到意大利科学家伽利略的耳中，他也立刻自制了一台望远镜用来观测星空，并利用它发现了太阳黑子、月球陨石坑、4颗木星的卫星等。

↗ 图为牛顿式反射望远镜。1663年，苏格兰数学家詹姆斯·格里高利设计了首架反射式天文望远镜。1668年，牛顿根据自己的设计，建造了区别于格里高利的反射式天文望远镜，该望远镜具有目镜结构，内含一块直径3.3厘米的反射镜，能够将物体放大40倍。

另一位同时代的天文学家——德国人约翰尼斯·开普勒正确揭示了这类望远镜的工作原理：物体光线经过凸透镜后产生放大的虚像，继而由凹透镜将其聚焦，从而达到放大远处物体的效果。同时开普勒建议使用两个凸透镜，以获得更大的放大倍数。1611年德国天文学家克里斯托弗·施内尔采纳了开普勒的设计，制造出放大倍率更高的天文望远镜。由于两个凸透镜的存在，使得该望远镜的成像为上下颠倒的，因而在此后几个世纪里，月球表面图中的"北极"总是显示在月球的底部。

当时的望远镜透镜存在诸多缺点，比如"色差"，它使图像边缘镶上了各种色彩，严重影响了观察精度。1655年，荷兰科学家克里斯蒂安·惠更斯发现经过抛光与打磨等工序后的透镜能在一定程度上减弱色差。使用此类改进型天文望远镜，他首次观测到了土星环。

直到1758年，英国眼镜与天文仪器制造商约翰·多朗德发明消色差天文望远镜，才最终解决了色差问题。他重新发现了1733年由英国业余天文爱好者切斯特·霍尔首次使用过的制作消色差透镜的方法，这种至今仍在使用的方法包括了拥有两个分离部件结合在一起的一组复合透镜。复合透镜的第二个部件由冕玻璃制成，能够修正由第一个部件（由燧石玻璃制成）引起的色差。其工作原理是这两类玻璃以不同的方式轻微地弯曲光线。

另一种避免出现色差的方法就是使用微曲率长焦距（从主镜或物镜到焦点的长度）透镜，但使用这一方法制造的望远镜很大，常常超过10米。1650年，波兰业余天文爱好者约翰纳斯·赫维留斯建造了一台长达45米的望远镜，又称高空望远镜，这类望远镜有一个大型支架系统，在观测时，则利用滑轮与绳索系统移动镜筒，观测目标。

由于平面镜不会引起色差，因此使用拥有平面镜而不是透镜的反射式天文望远镜观测天体能够获得更好的成像效果。1663年，苏格兰数学家、发明家詹姆斯·格里高利在设计望远镜时意识到这一特点，于是他使用一块小的曲面副镜将光线反射回去，穿过主镜中的一个孔进入一块目镜。

后来，英国科学家罗伯特·胡克改进了这一设计。而另一些类似的反射式望远镜则分别由牛顿于1668年，以及由法国牧师劳伦·卡塞

1608年	首台折射式望远镜被发明
1655年	惠更斯式折射透镜被发明
1663年	格里高利式反射望远镜被发明
1668年	牛顿式反射望远镜被发明
1672年	卡塞格伦式反射望远镜被发明
1758年	多朗德式消色差望远镜被发明

□探索与发现

↗ 图中为1789年由英籍德裔天文学家威廉·赫歇尔设计建造的巨型望远镜。该望远镜的焦距超过12米。

格伦于1672年设计建造。当时的卡塞格伦式反射式望远镜设计仍存在缺陷,直至1740年才由苏格兰光学仪器制造商詹姆士·肖特最终完善。1857年,法国物理学家里昂·傅科特采用镀银玻璃以制造曲面反射镜,这一设计不但制作工艺简单,而且如果意外破损,还可再次镀银,极大地改进了望远镜的制造工艺。与制造大型透镜相比,制造大型反射镜容易得多,因此,天文望远镜也开始变得越来越庞大,同时性能也越来越优良。

当今,世界上最大的折射式天文望远镜座落于美国芝加哥附近的耶基斯天文台,该天文望远镜的透镜直径达1米,于1897年建造完成。而建于1948年的大型黑尔式反射式望远镜则位于美国加利福尼亚州西南部帕洛马山山顶,该望远镜的反射镜直径达5米。由于工艺上的原因,更为大型的天文望远镜不再采用单一反射镜的结构,取而代之的是由一系列较小的六边形镜片组成蜂窝状反射镜组结构,同时采用电脑控制,调整该镜片组镜片位置达到最好的反射与聚焦效果。位于美国夏威夷群岛的凯克天文台拥有两台世界上最大的反射式天文望远镜,它们各自由36块直径10米的六边形反射镜组成。

■ 行星探测器

几个世纪以来,伴随着地球围绕太阳旋转的行星一直蒙着一层神秘的面纱,最多也只能从天文望远镜中看到这些行星模糊的轮廓。进入太空时代,天文学家终于迎来了新的契机:人类可以发射各种仪器到其他行星上,并向地

↙ 这是一幅艺术家想象的画面:"伽利略"号轨道探测器正在接近土星,它距土星的卫星艾奥的表面只有965千米。艾奥环绕木星的运动受到木星火山活动的影响。

天文学

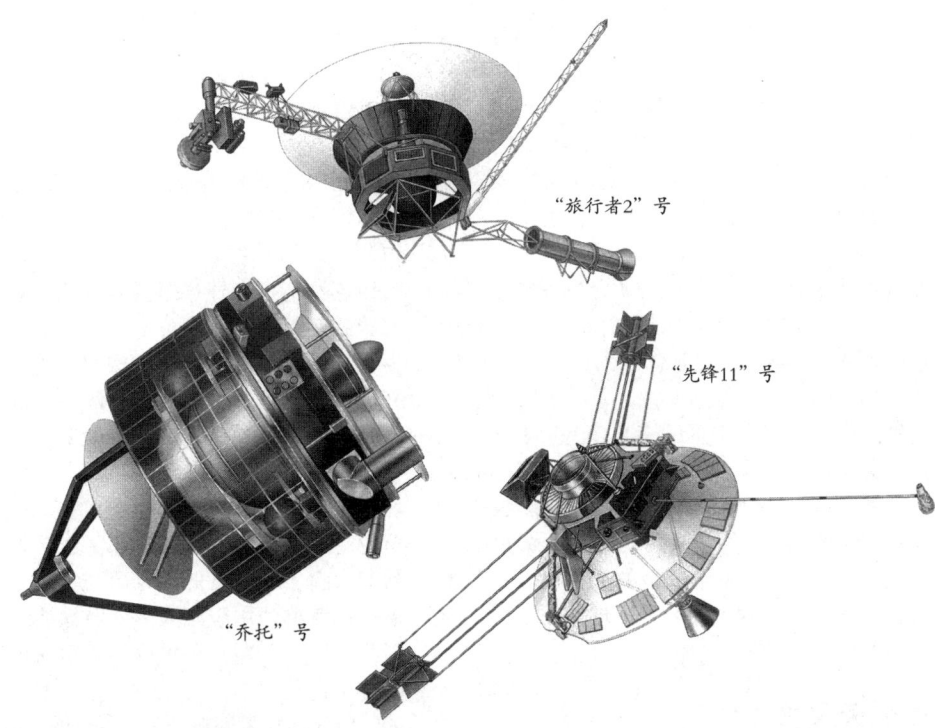

"旅行者2"号

"先锋11"号

"乔托"号

↗ 1985年7月欧洲太空局用"阿里亚娜1"号火箭将空间飞行器"乔托"号送入太空,并于1986年3月到哈雷彗星内核附近。接着,在1992年,它又与周期彗星格利格·斯科耶勒鲁普彗星相遇。"旅行者2"号在1981年掠过土星并"访问"了太阳系外层的四颗行星。"先锋11"号在1979年也到达过土星。

球反馈相关数据。

20世纪60年代,前苏联和美国都向火星和金星发射了无人驾驶探测器,这也是登陆其他行星的第一次尝试。美国太空总署在1962年发射的"水手2"号探测卫星飞过金星,首先取得成功。接着,1967年,前苏联"金星4"号空间探测器飞抵金星,在坠毁前向地球发回了一些关于金星大气层的数据。尽管发回的数据比较混乱,但是"金星4"号表明空间探测器摄影技术已经开始走向成熟。"金星7"号探测器于1970年安全着陆于金星,并且成为第一个从其他行星表面向地球传送数据的空间探测器。5年后,"金星9"号探测器进入环绕金星的轨道,然后向金星发射了一台登陆车,向地球发回了金星岩石质表面的照片。"金星15"号和"金星16"号绘制了金星表面的雷达探测地图。1985年,前苏联双子太空船"维加1"号和"维加2"号向金星投放了装在气球上的探测仪,探测仪缓缓穿过金星大气层降落到金星表面。

就在前苏联关注金星探测的同时,美国太空总署则更关注火星以及更外层的行星的探测。

"水手4"号于1964年、"水手6"号和"水手7"号于1969年分别拍下了火星表面的照片。1971年,"水手9"号探测器环绕火星轨道运行,利用电视摄像机拍摄了关于火星表面景观的细节照片并拍摄了火星的两颗卫星——火卫1和火卫2。火星表面类似贫瘠的红石岩沙漠。1974年,前苏联的"火星5"号进入火星轨道运行了几天,并在电视摄像机损坏之前向地球发回了图像。美国太空总署的"海盗任务"雄心勃勃,"海盗1"号和"海盗2"号在1976年飞抵火星。这两艘探测器均由绕火星运行的轨道飞行器和能够软着陆于火星表面并分析其土壤的登陆车组成。

美国太空总署发射的"先锋10"号探测器是首个飞出太阳系的探测器,1973年,它掠过木星。1973年发射的"先锋11"号探测器在1979年实现了绕土星环的运行。两个探测器都发回了关于木星和土星奇观的照片。1977年,美国发射的"旅行者1"号和"旅行者2"号也把木星和土星作为探测对象,1979年,它们到达木星。"旅行者1"号在1980年到达土星;一年后,"旅行者2"号掠过土星并于1986年"访

205

问"了天王星,接着在 1989 年飞抵海王星,发现了围绕海王星的一个环状系统和 6 颗卫星。

不久,美国太空总署在 1989 年利用"亚特兰蒂斯"号宇宙飞船发射了包括"麦哲伦"号在内的多个行星探测器。"麦哲伦"号探测器于 1990 年进入绕金星轨道,"伽利略"号则在 1995 年拍摄了关于木星的照片。来自"麦哲伦"号探测器的数据表明,金星表面遍布陨石坑和火山喷发后的熔岩流平原。但"麦哲伦"号在 1994 年与美国太空总署失去了无线电联系。"伽利略"号是第一个绕木星运行的空间探测器,并探测了木星的多个卫星。1992 年,美国发射的"火星观察者"号在即将抵达火星时没能进入轨道,并在 1993 年与地球失去了联系。但在 1997 年,"火星探路者"号成功登陆了火星,并放出一台小型的火星漫游车,拍摄了 1.65 万张照片,同时向地球发回了火星的地质数据。

■ 航天飞机

航天飞机的发展过程是一段喜与悲共存的历史。在这段历史中,既包括美国太空总署取得的举世瞩目的成就,也包括两次最惨痛的灾难事故。

1972 年 1 月,美国正式把包含研制航天飞机的空间运输系统列入计划。美国太空总署想建造一种运载火箭,利用它既可以完成航天任务,还可以自己返回地球上的发射基地。火箭只能使用一次,代价昂贵,而具备上述特点的航天飞机却可以重复使用。科学家起初认为航天飞机一年可以执行 50 次任务,但实际上每年只能重复使用 8 次。

航天飞机主要由三部分组成:外形像飞机的轨道飞行器机身长 37.2 米,装有 3 台以液氧和液氢为燃料的主引擎。巨大的外挂燃料箱内装有补给燃料。两台长 45 米的固体燃料火箭推进器连接在外挂燃料箱两侧。航天飞机的前段是航天员座舱,分上、中、下三层。上层为主舱,可容纳 7 人;中层为中舱,也是供航天员工作和休息的地方,有卧室、洗浴室、厨房、健身房兼贮物室;下层为底舱,是设置冷气管道、风扇、水泵、油泵和存放废弃物等的地方。航天飞机的货舱长 18 米,最大有效载荷可达 27.6 吨,是放置人造地球卫星、探测器和大型实验设备的地方。与货舱相连的还有遥控机械臂,用于施放、回收人造地球卫星和探测器等航天器,还可以作为宇航员太空行走的"阶梯"。

航天飞机发射升空后,所有的五枚火箭(安装在轨道飞行器上的三枚火箭以及两枚固体燃料火箭推进器)全部点燃。两分钟后,外置的两枚火箭推进器脱离机身并借助降落伞落入大海,回收修复后还可以重复利用 20 次。当轨道飞行器进入地球轨道 6 分钟后,机组航天员将外挂的燃料箱抛离机身,燃料箱重新进入地球大气层后烧毁。在任务完成返航阶段,机组航天员将机动火箭点燃使航天飞机减速,然后航天飞机在海拔高度 120 千米处重新进入地球大气层,距离发射基地 8 000 千米远——发射基地通常是肯尼迪航天中心。轨道飞行器经历滑翔减速,与大气摩擦产生的热量使机翼上的耐热片以及机身迅速达到红热状态。航天飞机经历整个降落减速过程后,在其着陆阶段,减速降落伞使航天飞机进一步减速,速度约为 320 千米/小时。

美国太空总署已经建造了六架航天飞机。他们利用第一架航天飞机,即 1977 年的"企业"号,做大气层滑翔测试,但从来没发射入太空。1981 年,"哥伦比亚"号成为第一架进入地球轨道飞行的航天飞机,接下来就是 1983 年的"挑战者"号、1984 年的"发现"号和 1985 年的"亚特兰蒂斯"号航天飞机。1986 年 1 月,美国"挑战者"号航天飞机在第 10 次发射升空后,因助

↗ 航天飞机进入地球轨道后,以 28 160 千米/小时的速度历时 90 分钟环绕地球一周。

天文学

↗ "挑战者"号航天飞机由波音747运输机从德来顿飞行研究中心运送到佛罗里达州的肯尼迪航天中心，准备它的第一次发射任务。"挑战者"号航天飞机在1981年实现了首次太空飞行。截至2005年，"挑战者"号共执行了114次飞行任务。

推火箭发生事故而爆炸，舱内7名宇航员（包括一名女教师）全部遇难，使全世界对征服太空的艰巨性有了一个明确的认识。美国太空总署建造了"奋进"号取代了"挑战者"号航天飞机，并在1992年成功发射。2003年2月，载有7名宇航员的美国"哥伦比亚"号航天飞机返回地球时，在着陆前16分钟时发生了意外，航天飞机解体坠毁。事故调查委员会指出哥伦比亚号航天飞机升空80秒后，一块从外挂油箱脱落的泡沫损伤了左翼，并最终酿成大祸。经过缜密的修理之后，"发现"号航天飞机于2005年又发射升空。14天后，它返回地球基地，由于天气的原因没能降落到肯尼迪航天中心，而是降落在了爱德华空军基地。

■ 哈勃太空望远镜

自从1610年伽利略第一次用自制的望远镜观测月球以来，天文学家就发现地球的大气层限制了观测的范围和清晰度。于是，他们选择在空气稀薄又纯净的高山顶建造天文观测台。1990年，美国太空总署向太空发射了天文望远镜，天文观测因此不再受大气的干扰。

哈勃太空望远镜以美国天文学家埃德温·哈勃（1889～1953年）的名字命名，以纪念哈勃在50多年的天文学研究中的重要贡献。哈勃太空望远镜由美国国会于1977年提出建造，1985年建造完成，并于1990年4月由"发现"号航天飞机运载升空。该项目耗资30亿美元。哈勃太空望远镜沿着一个距地面607千米近乎圆形的轨道在地球上空飞行。在望远镜工作期间，可以通过航天飞机上的航天员进行维修或更换部件，必要时也可以用航天飞机将望远镜载回地面大修，然后再送回轨道。

哈勃太空望远镜为铝制圆柱形，长13米，直径为4.3米，两块长12米的太阳能板为望远镜提供电能。两支高增益的天线将信号发送给位于美国戈达德太空飞行中心的地面控制中心。望远镜的光学部分是整个仪器的心脏，它采用卡塞格伦式反射系统，由两个双曲面反射镜组成，一个是口径2.4米的主镜，另一个是装在主镜前约4.5米处的副镜，口径0.3米。投射到主镜上的光线首先反射到副镜上，然后再由副镜射向主镜的中心孔，穿过中心孔到达主镜的焦面上形成高质量的图像，供各种科学仪器进行精密处理，得出来的数据通过中继卫星系统发回地面。这些经"智能折叠"的光通路尽管只有6.4米，但所观测到的效果和具有57.6米长光通路的望远镜观测到的效果是相等的。另外，望远镜上安装了5台不同种类的检测器。

由于在制造过程中人为原因造成的主镜光学系统的球差，哈勃望远镜所拍摄的第一张照片效果很差，所以不得不在1993年12月进行了规模浩大的修复工作。"奋进"号航天飞机上

↗ 在第二次服务任务（1999年）中哈勃太空望远镜从"发现"号的货舱中升起，被送回原来的作业轨道。

1977年 美国国会提议建造哈勃太空望远镜

1990年 "发现"号航天飞机将哈勃太空望远镜送入地球轨道

1993年 "奋进"号上的宇航员修正了望远镜的光学系统

1997年 完成第一次服务任务；安装新设备

1999年 完成第二次服务任务；安装新陀螺仪

2002年 "哥伦比亚"号上的宇航员升级哈勃太空望远镜

的宇航员用空间望远镜轴向光学修正辅助设备取代了哈勃望远镜上的高速光度计。成功的修复使哈勃太空望远镜性能达到甚至超过了原先设计的目标，观测结果显示，它的分辨率比地面的大型望远镜高出50倍。

1994年7月，苏梅克－列维9号彗星碎片与木星相撞，这被哈勃太空望远镜拍摄下来并发回了十分壮观的照片。望远镜上装配的光谱仪收集了有关木星大气组成的新数据。到1995年底，哈勃太空望远镜已经可以拍摄（10天可曝光）到宇宙空间中距离地球十分遥远的天体，比如距离120亿光年的昏暗星系。因为地球年龄只有大约45亿年，这意味着所拍摄到的这些遥远的天体是在地球形成之前的样子。

1997年，"发现"号航天飞机宇航员为哈勃太空望远镜修复了一些"心脏"部位的绝热系统，并安装了一些新设备。1999年12月为哈勃望远镜更换了陀螺仪和新的计算机——安装了6个陀螺仪和一台比原来的处理速度快20倍的计算机，还安装了第三代仪器——高级普查摄像仪，提高哈勃望远镜在紫外－光学－近红外的灵敏度和成像的性能。1998年，哈勃天文望远镜在金牛座星系中直接拍摄到了一颗太阳系外行星沿一颗恒星轨道运行；2000年，它所携带的仪器在另外一个与木星大小相仿的太阳系外行星的大气层里检测到了钠元素。

天文学家正在计划建造价值20亿美元的新一代空间望远镜，届时将有口径8米的设备把可见光与红外光天文观测技术联合在一起。这台天文望远镜将会在距地球150万千米的高空轨道上作业。

■ 行星际旅行

人类的太空探索之旅始于半个世纪之前。自从1957年前苏联发射了第一颗人造地球卫星"人造地球卫星1"号之后，人类已经将几百颗航天器送入了太空。随着宇宙飞船相继造访太阳系的几大天体，人类所能探测的宇宙空间越来越大，范围也越来越广。1969年，美国的"阿波罗11"号在月球上成功登陆。1976年"海盗1"号探测器登陆火星。1973年"先驱者10"号探测器抵达木星。于1977发射的"旅行者1"号和"旅行者2"号探测器已经飞越冥王星的轨道，但总的说来还没有飞出太阳系的范围。

» 航天飞机

早期的载人宇宙飞船只能被使用一次，在返回地球时只是用一个小小的飞行舱装载宇航员。现在，宇航员乘坐航天飞机进入太空轨道。航天飞机能像普通飞机一样多次重复地起飞和降落。前苏联的航天飞机是一艘名为"暴风雪"的一次性飞行器，而美国的航天飞机则是人们熟知的"轨道穿梭机"。

» 宇宙探测器

尽管目前为止人类仅登上过月球，但是宇

↗ 在发射架上等待发射的航天飞机

↗ 绕木星轨道飞行的"伽利略"号探测器

宙探测器却已经造访了太阳系的八大行星。美国宇航局的"伽利略"号探测计划可算是其中最为成功的探测计划之一了。"伽利略"号不仅环绕木星飞行，还于1995年12月成功下降进入木星大气层，拍摄并传回有关木星及其卫星的许多令人震惊的图片资料。

» 发射火箭

要使宇宙飞船能达到足够的速度以摆脱地球的引力作用进入太空，需要强大的火箭提供推动力。宇宙飞船一旦进入太空，就不再需要火箭的推动了。将宇宙飞船送入太空的任务是由一系列火箭或者是数级火箭共同完成的，一旦任务完成，推进燃料耗尽，各级火箭就相继从本体分离、脱落。

» 在太空生存

空间站是一类停留在太空中的宇宙飞船，它们沿着轨道不断绕地球运行。空间站为宇航员、科学家以及偶尔的太空游客们提供了一个太空的家。在一系列的宇航任务中，空间站被一点一点地建造起来。目前运行的空间站——国际空间站是有史以来最大的空间站，它长达108米，所提供的生存空间足以容纳2架巨大的喷气式飞机。

■ 未来的恒星际飞船

在太阳系以外，地球最近的邻居是半人马座的阿尔法星系。该星系距离地球40万亿千米，如果利用现在人类所能达到的最高速度，飞船需要1万年才能抵达，并且还要为飞船装载足够的推进剂。光速是宇宙中目前所知的最快速度，只要4年多便可抵达半人马阿尔法星系。如果想同《星际旅行》中的"美国精神"号一样，在恒星系之间往来自如，飞船的速度就必须突破光速，为此，科学家们作了许多大胆的设想。

» 反物质引擎

《星际旅行》使得反物质引擎变得知名，剧中人用扭曲推进器来推进"企业"号宇宙飞船，以使其超光速飞行。反物质的确存在，并且当其与物质发生碰撞时，会释放出巨大的能量，也许有一天物质—反物质引擎会被用来推进太空飞船，但它不会以超光速飞行。

» 负质量

扭曲推进需要负质量来使太空船后方的宇宙膨胀，与此同时，以等量的正质量使宇宙飞船前方的宇宙收缩，量子物理学提出负质量可能存在，但目前人们还没能证实。如果该理论得到证实，那么人类的交通运输将会发生翻天覆地的变化。

↗ "企业"号宇宙飞船想象图

□ 探索与发现

科技发明与交通通信

■ 机械的力量

机械能够改变力的大小或方向，通过机械，我们能够轻而易举地完成一些徒手很难完成或根本无法完成的任务。机械多种多样，简单的如门把手，复杂的如太空飞船。机械可以划分为6种基本类型：斜面、楔、杠杆、螺旋体、滑轮以及轮轴。所有的机械，包括那些最复杂的机械，都是基于力和位移的关系原理而工作的。

» 杠杆的工作原理

一根能够绕着支点（中心枢轴）转动的硬棒构成一个杠杆。如果我们在杠杆的一端施力，就可以移动杠杆另一端的负载。支点离负载端越近，就越省力。杠杆主要分为3类：第一类杠杆的支点在中间，例如跷跷板；第二类杠杆，例如手推车，其支点在一端，施力点（推力）在另一端，而负载在中间；第三类杠杆，例如锤子，施力点在负载端和支点（把手）之间。

» 轮子的力量

如果我们徒手将重物运到山上，将是一件很费力的事情；但是如果我们先将重物装在手推车中，再将它推到山顶上，则轻松很多。轮子减小了重物与地面之间的摩擦力（阻力），因而能够省力。沿着斜坡推物体比较容易，这是因为斜面使得物体以倾斜的角度上升或下降，而不是垂直上下。

» 举重装置

滑轮是提升重物的最好装置。将绳子或链条缠绕在一根硬棒上，就构成了一个最简单的滑轮。然而，在一般情况下，一套滑轮装置中会有几个滑轮，每个滑轮的边缘都有凹槽，绳子从凹槽里穿过，将这些滑轮连接起来。单滑轮系统只有一个滑轮，仅能改变作用力的方向，不过对人们来说这已足够，因为向下拉物体总比向上提物体容易。如果绳子从几个滑轮中缠绕而过，负载的重力就平均分配到各段绳子上，每段绳子承受的作用力大大减小。滑轮组由多套滑轮构成，通过滑轮组，我们就能够以较小的力拉动较重的物体。

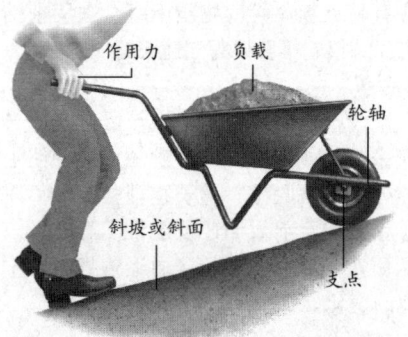

↗ 图中包含有3个简单的机械：手推车（杠杆）、轮轴、斜坡（斜面）。

★ 人类大约在200万年前开始使用杠杆，他们在石斧上捆上柄，以便能轻松地劈开物体。

★ 世界上最大的起重机由日本武藏公司生产，能够举起3 000吨的重物。

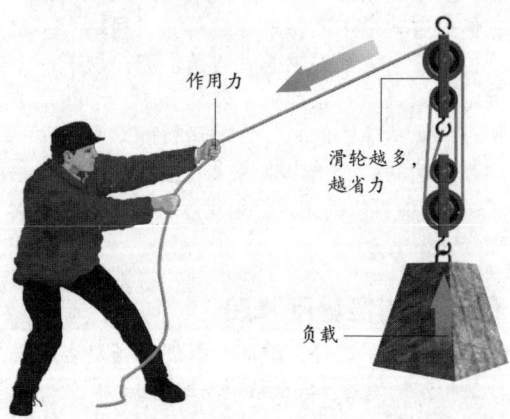

↗ 通过增加距离来减小作用力，人们利用一套简单的滑轮装置就能够拉动很重的物体。

科技发明与交通通信

» 传动装置

钟表及汽车等设备上能够转动的部分都有传动装置。传动装置可以改变引擎产生的机械力,从而调整设备运动的方向和速度。传动装置通常由2个相互咬合、同步旋转的齿轮构成。当大齿轮带动小齿轮转动时,需要的力较小,转速较快;当小齿轮带动大齿轮转动时,需要的力较大,转速较慢。

» 简单的机械

两个斜面背靠背地放在一起构成一个楔。我们用楔,例如斧头,来劈开物体。螺丝钉实际上就是缠绕着一根小硬棒的楔,它可以将旋转力转化为缓慢而稳定的推进力。

» 电梯

自动扶梯,即电梯,利用滑轮的力量上下运输乘客。电梯上的滑轮装置就像自行车上的链条一样,两端各包裹着一个边缘有嵌齿的滑轮,通过滑轮的转动带动电梯的移动。电梯不断循环运动:当电梯上的某一点到达最顶端时,立即反向向下运动,直至最底端,随后再向上运动。每一时刻,电梯上总有一半的部分在向下运动,其势能转化为动能,推动另一半向上运动。因此,电梯自身的运动并不消耗任何能量,驱动马达只提供运送乘客的能量。

■ 工程建筑

在过去,大多数大型建筑物,如教堂等,都是由石头建成,而整个建筑物的强度取决于厚厚的墙壁。如今的大型建筑物如摩天大楼等,内部都有一套由钢筋大梁、横梁以及混凝土柱子构成的骨架系统,其底端由重型机械(如打桩机)深深地打入地下,而这些建筑物的强度就由这套骨架系统决定。骨架系统支撑着屋顶、墙壁及地面,因此如果墙壁不需要承担任何额外压力的话,它们甚至可以由玻璃制成。隧道及拱形建筑与上述建筑物的类型不同,它们的强度由弯曲的墙壁和拱门决定。

» 摩天大楼

摩天大楼是一种令人惊叹的建筑物,通常高约几百米,直插云霄。为了能够支撑起如此庞大的身躯,摩天大楼的根基(建筑物地面之

↗ 螺丝锥是一种旋转的楔。

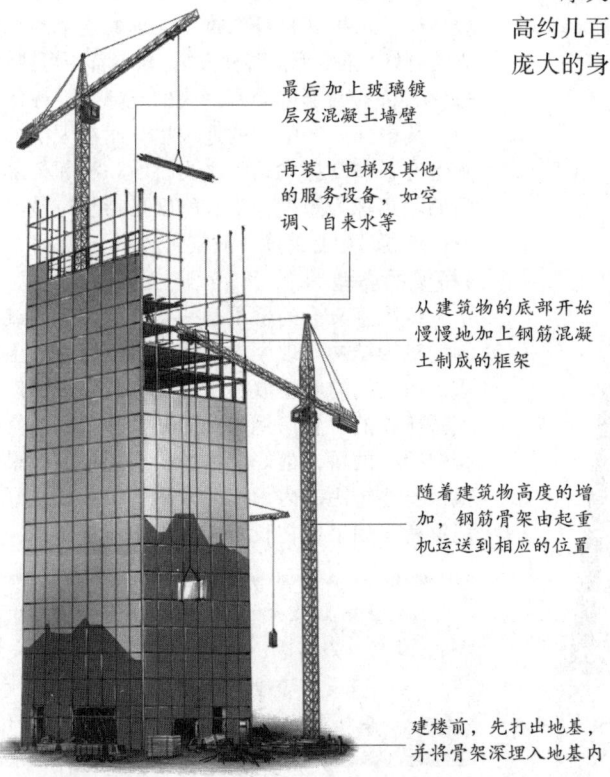

最后加上玻璃镀层及混凝土墙壁

再装上电梯及其他的服务设备,如空调、自来水等

从建筑物的底部开始慢慢地加上钢筋混凝土制成的框架

随着建筑物高度的增加,钢筋骨架由起重机运送到相应的位置

建楼前,先打出地基,并将骨架深埋入地基内

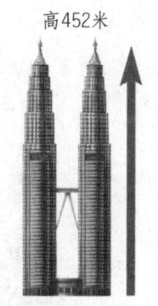

高452米

↗ 双子塔
(吉隆坡,马来西亚)

高300米

↗ 埃菲尔铁塔
(巴黎,法国)

下的部分）必须足够牢固。它们一般由大量的钢筋混凝土或钢柱构成，并深深地埋在地下，而大楼的墙壁和地面则附着在由钢筋大梁、横梁构成的骨架上。当一座摩天大楼的高度超过40层时，强风从大楼边缘刮过时产生的推力比大楼自身的重力还要大。因此，建筑师不仅要确保大楼水平方向上足够结实，而且垂直方向上也必须牢固。

» 打桩机

那些建在松软地面上的建筑物或桥梁都由桩子支撑着。桩子一般由钢筋或混凝土制成，并经打桩机深深地打入地下。打桩机的工作部分是个重锤，称之为打桩锤。工作时，打桩锤沿着打桩机的直杆部分升至半空中，接着重重地落下，撞击竖立在地面上的柱子，将它们打入地下。1847年，苏格兰工程师詹姆斯·雷史密斯发明了一种蒸汽打桩机，其打桩锤重约7吨，每分钟能打桩80次。当今打桩机的重锤上升过程都由压缩气体驱动，而其下降过程则由电脑精确控制。

» 拱门的修筑过程

拱门通常是在一些楔形的大石块（拱石）上添加石头或砖头修建而成。在修筑拱门的过程中，最初由一些与拱门形状相同的木制框架支撑着整个建筑物。修建到一定程度后，再移走那些木制框架，由拱门两侧抵着拱顶石产生的压力支撑起整个建筑物。

» 隧道的修筑

地表浅层的隧道可通过"先挖再填"的方法来修筑。这就是说，先在地上挖出一条巨大的长长的渠道，再将顶部填封起来，这就形成一个隧道，但深层隧道必须采用钻孔的方法修筑。若隧道要从坚硬的岩石中穿过，必须先用炸药将岩层炸开；若隧道要从比较松软的岩层或泥土中穿过，必须先用一种强有力的挖掘工具，即地盾，挖出一条通道。地盾的形状似大鼓，前端有一个圆盘状的挖掘机。随着地盾不断向前推进，那些挖出来的泥土或岩屑从其尾部排出。隧道内有圆环状的钢筋及混凝土支架，以防止其坍塌。

■ 桥 梁

桥梁是一种重要的交通运输通道，有了它，人和车辆等就可以轻易地穿越河流、公路、铁道及峡谷。安全起见，桥梁必须足够结实、牢固，因为它们不仅要承担那些从上面通过的负载，还要承担其自身的重量。解决这个问题的方法有好几种，无论哪种方法，桥台都不可或缺。每座大桥的两端都会有巨大的支撑物，称作桥台，其根部埋在坚硬的地层里，而在大桥的中间也有一些支撑物，称之为桥墩。相邻桥墩之间的距离称为跨度，中心跨度是指水位最深地方的跨度。中心跨度一般较大。

» 桥梁的类型

传统意义上的桥梁是一些简单的木制或石制的拱形结构。现今的大桥都由钢筋混凝土建成，而它们的类型取决于其最大载重量，以及大桥所在的位置。例如，如果要在水面上修建跨度很大的桥，最好选择吊桥或缆桥；如果希望桥身在短距离内承担非常重的负载，最好选用梁桥；如果要在长距离内承担重型负载，最

拱顶石位于拱门的上部，它能平衡顶部两侧的压强，从而维持整个建筑物的稳定

砖块或石砌部分的边缘支撑起整个拱门，防止它在上部建筑物重力的作用下坍塌

↗ 位于美国密苏里州的圣路易斯拱门高约192米，是世界上最大的独立拱门。

★ 世界上最大的活动桥位于美国密歇根州，其开口距离达102米。

★ 卢浦大桥是世界上最长的钢筋拱桥，它全长550米，位于中国上海。

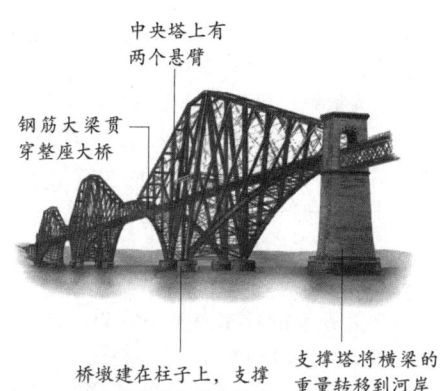

↗ 悬臂桥结构示意图

好选用悬臂桥。

» **悬臂桥**

悬臂桥的桥身分成长而坚固的几段，每段的中央塔两侧各有一个结实的钢筋大梁，两个大梁相互作用，使这段桥身达到平衡状态。因此悬臂桥的每一段都可看成是一座独立的小悬臂桥，与其他桥段不发生力的作用。中央塔支撑着大梁，因而不需要额外增加支撑柱。

» **移动的桥**

如果河流或运河两岸与水面的高度差很小，为了确保船舶从桥下经过时不至于撞上桥身，一个有效的方法是把桥移开。活动桥的中部能够断开并向上翘起，让船从下面通过；旋桥则固定在中央桥墩上，当河上有大型船舶经过时，由液体驱动桥身向两侧旋转，使轮船顺利通过。

» **桥梁的修建过程**

修建桥梁的第一步是修筑桥台和桥墩。为了能在水中立起桥墩，应首先在河床上修建一个和桥墩形状相同的钢筋模板。将模板内的水抽净，再在模板内修建桥墩，最后将模板移走。桥墩位于2个桥台之间。

» **吊 桥**

如果要跨越非常宽阔的河道，吊桥是最好的选择，其跨度通常达到1 200米。道路或铁路桥面靠钢缆吊在半空，钢缆牢牢地悬挂在桥塔之间，其两端由混凝土固定在桥两头。为了防止桥面在风中摇摆得过于厉害，通常将它们固定在一个框架内。垂直钢缆支撑着桥面的重量，并将这些重量通过桥塔转移到桥两端的混凝土上，从而减轻了桥面的应力。

■ 铁路运输

对于火车来说，单是一辆货车一次就能运输20万吨铁矿石，而客车通常有很多节车厢，一次能运输几千名旅客。火车车轮是钢制的，边缘凸出，恰好沿着铁轨内侧高速运行。铁轨非常坚固，能够承担极大的重量，因而火车的运输量要比公路车辆的运输量大得多。但是，并非所有的铁路运输工具都在铁轨上运行——单轨列车在铁轨下运行，而磁悬浮列车则悬浮在铁轨上方运行。因为火车的运行速度极快，那些控制它们的转换器和信号必须足够准确，以保证火车的安全运行。

» **单轨列车**

单轨铁路使用的轨道只有一条，其路轨一般以钢筋混凝土制成，而列车要么悬挂在轨道之下运行，要么跨坐在路轨之上。当列车在路

↘ 单轨铁路能够架设在城市街道之上，从而不必再修建地下隧道。

轨上行驶时，车轮会在路轨的上面及两旁转动，推动列车前进，并维持车身平衡。单轨列车已有100多年的历史，最早的单轨铁路于1901年建在德国的伍珀塔尔。现今，东京和西雅图都有单轨列车系统。

»交通信号

交通信号提示列车工作人员铁道上是否存在着危险。线路值班员通过关闭某一路段来阻止列车进入已经被其他列车占据的铁轨。欧洲和日本的一些铁路段已经安放了高级列车保护装置（ATP），在这些铁轨上运行的火车能够接收相关铁轨的信息，并通知驾驶员应该以怎样的速度行进；如果驾驶员未能及时作出反应，火车就会自动减速。美国正在开发高级列车控制系统（ATCS），这套系统将依赖卫星及其他一些高科技通讯设备实现相应的功能。

↗ 铁道信号灯的规则：红色代表停止或有危险，黄色代表警告，绿色代表一切安全。

»磁悬浮列车

两个同名磁极靠近时会互相排斥。磁悬浮列车正是利用这种同极磁体间的斥力，使列车悬浮在铁轨之上运行。铁轨上使用的电磁铁的磁性极强，能将整个列车托起，使其悬浮在距离铁轨几厘米的空中。该系统完全消除了列车与地面的摩擦，因而磁悬浮列车能够以每小时480千米甚至更快的速度平稳而安静地运行。人们正计划修建从加利福尼亚的阿纳翰通往拉斯维加斯，以及从日本东京通往大阪的高速磁悬浮铁路线。但是鉴于磁悬浮系统的修筑费用极高，而可靠性又不是很好，因而目前仅用于短程、低速的铁路系统，例如中国上海就有专门开往浦东机场的磁悬浮列车。

»铁路旁轨

列车驾驶员无法自由操纵列车行进的方向，因而有时候，列车必须改行其他铁轨才能改变行进的方向。铁路上有一些岔口，此处原来的铁轨经道岔尖轨分支出2条新的铁轨，各自通往新的方向。这2条新的铁轨称为铁路旁轨。

当火车行至此处时，由先前的轨道平稳地滑向新的轨道，就能改变行车的方向。2个道岔尖轨的一端为枢轴，另一端的下方有一个滑行器，滑行器由电磁铁驱动着缓慢滑动，使道岔尖轨的另一端滑向原铁轨，火车从而能够平稳地从原来的行进方向过渡到新的行进方向。

■ 公路运输

当今世界上的汽车总量正在以2辆/秒的速度不断增加。机动车辆多种多样，从自带行李箱的豪华客车，到能够翻山越岭的四轮越野车，再到速度极快的摩托车，都属于机动车。虽然机动车的外形各不相同，但是它们的生产过程却大致一样。它们都需要有刹车系统，都由引擎或电动机驱动，都有一套传动装置来控制引擎产生的驱动力。

»刹车系统

要想停住一辆正快速行驶的汽车，必须有足够强大的刹车系统。当司机踩下刹车踏板后，制动液经细细的管道冲进各车轮上的钢瓶，液体的强压力将车轮上一种特殊的垫子——制动垫压向制动圆盘，这一过程中产生的摩擦力迫使车轮转速降低，最终停止转动。许多汽车内都配置了ABS（防抱死制动系统），它通过电脑瞬间自动控制刹车过程，从而有效预防通常刹

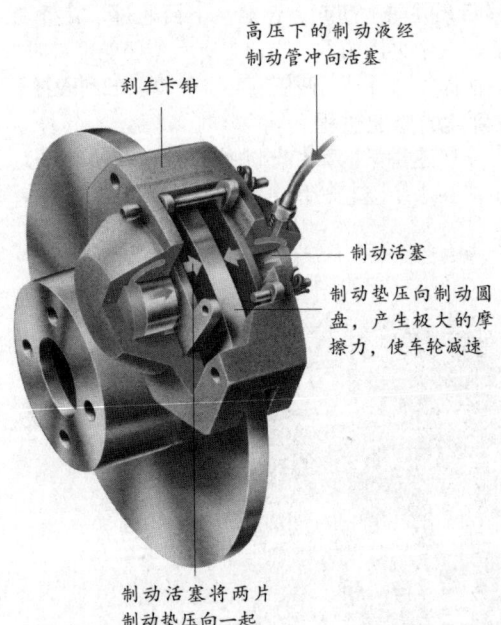

↗ 刹车系统示意图

科技发明与交通通信

* 1994年全球共制造了4 997万辆机动车，其中包括3 600万辆汽车。
* 1908年的福特T型车是世界上第一款销量超过100万辆的汽车。

车造成的车轮被锁及刹车中断。

» 传动装置

　　汽车引擎只能在一定的速度范围内高速运转，而车轮的转速却可以随时改变，因此大多数汽车引擎和车轮之间都有一套传动装置，能改变引擎和车轮之间的连接情况，使匀速转动的引擎能够驱动车轮以不断变化的速度行进。将引擎调到低档，以增加其驱动力，从而使较小转速的引擎能够驱动重型车辆行进。在汽车加速或爬坡时，司机通常将引擎打到较低档来增加其推动力。对于那些有自动传动装置的汽车，系统会自动选取右边的档位为最低档。

↗ 简单的嵌齿结构完全改变了传动装置的旋转方向。

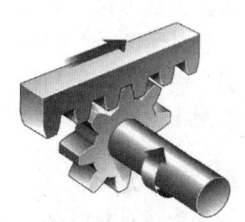
↗ 齿轮齿条装置将旋转运动转化为滑动。

↗ 伞齿轮以适当的正角改变原来旋转的方向。

↗ 涡轮以适当的角度将原来齿轮的旋转运动转变为一种更缓慢、更强有力的转动。

» 转弯时车身要倾斜

　　正如汽车司机所做的一样，骑摩托车的人转弯时也会将车的前轮向内拐，不仅如此，他们还会尽量倾斜车身，将整个车子和人的重量都集中在车轮的边缘。如果他们不这样做，而是保持着车身与地面的垂直，摩托车高速前进时产生的动量有使车保持直线行进的趋势，这样车和人都会被重重地甩向曲线之外，这是极为危险的。因此，骑摩托车的人总是倾斜车身以抵消转弯时产生的强大的离心力。

» 汽油发动机

　　汽油发动机的作用是将气缸内汽油和空气的混合物燃烧产生的化学能转化为机械能。火花塞产生的电火花引燃气缸内的混合物，其体积急剧增大，这一过程产生极大的压力，推动活塞沿气缸向下运动，带动曲轴转动，进一步通过变速箱引起车轮的转动。4个气缸（其中有2~3个气缸引擎）分时工作，构成引擎的4个冲程，即1个周期。

水上运输

　　一些轻的物体，如木头，其密度比水小，因此能够漂浮在水面上。轮船通常由钢铁等很重的材料制成，却依然能够漂浮着，这是因为船体内部通常都是空的，被空气所占据，船体的重量等于其排开的水的重量，因而船身能够漂浮在水面上。水上运输系统的方式多种多样。帆船依靠风的推力前进；水翼船的船身连有类似翅膀的结构，当船前行时有助于减小阻力使整个船身浮出水面；潜水艇在压舱箱装满水后，就能够潜入水下运行。

» 动力和阻力

　　大多数轮船上都配有水下螺旋推进器，推进器上的桨叶不断缓慢转动，推动船体前进。这套推进系统的功能非常强大，是轮船前进的动力源，而水的阻力使船速降低，构成阻力源。一些小汽艇上没有这种推进系统，而是在其尾部配有高速喷水装置，使汽艇能够以更快的速度前行。

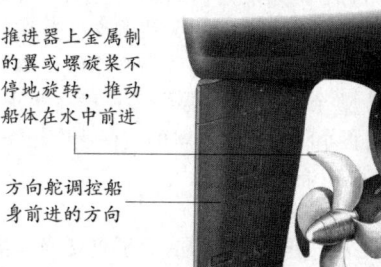

推进器上金属制的翼或螺旋桨不停地旋转，推动船体在水中前进

方向舵调控船身前进的方向

↗ 轮船上的推进系统示意图

215

□探索与发现

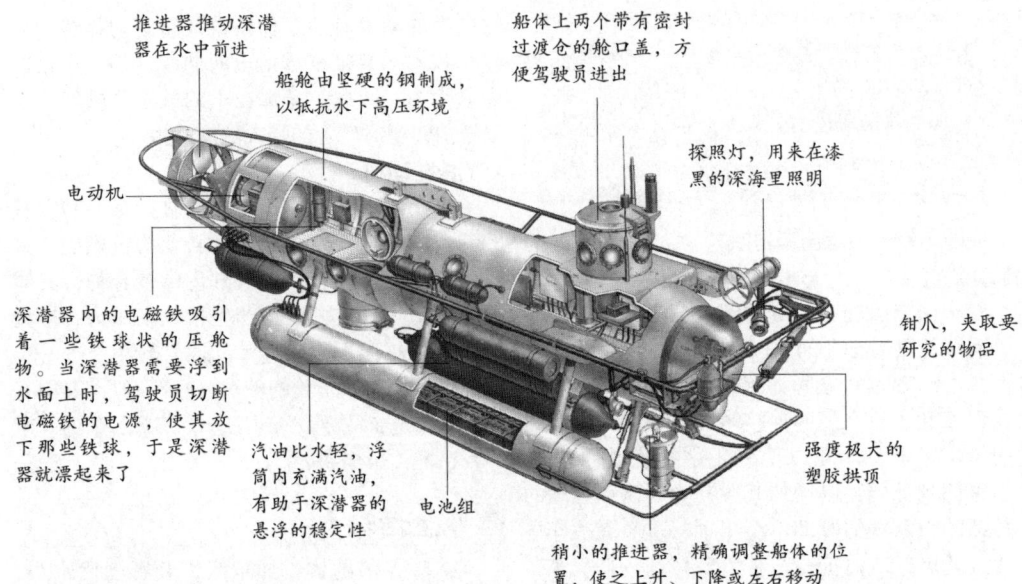

↗ 深潜器最早出现于20世纪六七十年代，如今的深潜器体积更小，技术也更先进，但是工作原理却大致相同。

» 轮船是如何漂浮起来的

　　轮船下水后，将水推向两旁，而这些水由于惯性会反冲回来，形成一种向上的冲力。推出去的水越多，反冲力就越大。船体内部是空的，使得相同体积的船体的密度要小于水，船体不断下沉直到所受的浮力与重力平衡，于是轮船就漂浮在水面上。

» 水下设备

　　深潜器主要用于一些深海探测工作，如海底科学研究、海洋事故调查等。水下遥控作业载具（ROVS）指一些智能仪器，操作人员通过照相机及虚拟现实系统控制这些智能仪器。深潜器能够改变自身的浮力，在水下自由升降，以便进行工作。

» 水上飞行器

　　水的阻力会减缓船速，而水翼艇则有效地解决了这一难题。水翼艇的翼片由支柱连在船身下。这些翼片不停地旋转以抬升船体，如同机翼一样。整个船体只有翼片部分浸在水下，受到的阻力很小，因而水翼艇的航行速度极快，可达90千米／小时。

» 帆船的工作原理

　　海上帆船凭借风力前行。除了直接逆风前进外，帆船几乎可以朝着任何方向前进，因为事实上并不仅仅是海风的推力使船体前进，而且还有其吸力。当风吹过帆形成的曲面时，风速加快，但是压强却下降，这样就产生一种吸力，正如飞机的机翼一样。然而，帆与船体的角度必须保持绝对精确。通常，帆船开始航行时，船员会不断地转动帆，直至它与船体的角度合适为止，接着用绳子将帆固定起来。

■ 空中运输

　　飞机是最快的交通运输工具，它能在几个小时内完成陆上、水上交通要花几天时间才能完成的行程。现在大多数飞机都由喷气式发动机驱动。这种发动机的功率很大，能够驱动某些军用飞机以3倍以上的音速，即3 000千米／小时的速度飞行。直升机的水平旋翼不停地转动，使机体能在空中盘旋。并非所有的空中运输工具都需要发动机，例如热气球，它们依靠热空气上升或下降。

» 机翼的工作原理

　　飞机飞行时，空气从机翼上、下表面流过，这种气流能够将机身抬起。由于机翼的上表面呈弧形，当空气流经机翼的上表面时，速度增加，压强减小，从而产生一种推进力。当空气流经机翼下表面时，速度减小，体积缩小，压力增大，从而产生一种升力。这种升力的大小取决于机翼的角度和形状，以及飞机飞行的速度。

» 直升机的飞行原理

　　直升机能够垂直起飞并长时间地在空中盘

旋,这些功能还要归功于其巨大的动叶片。所谓动叶片是指机身顶部长长的、薄薄的、像机翼一样的装置,它们高速旋转,切割周围的空气,从而产生强大的升力,使机体上升。同时,动叶片也可以看做是巨大的螺旋推进器,能够改变飞机飞行时的位置,使之前进或后退。

» 喷气机的工作原理

涡轮喷气机是最简单的喷气机,它们从尾部喷射出一种热气流,从而推动机体前行。这种类型的发动机主要应用于超音速客机,如协和式飞机,以及一些高速军用喷气机。大多数客机都采用具有消音功能的、成本更低的涡轮风扇式发动机。这种发动机能够综合利用热气流和多叶旋转风扇产生的气流,以较低的速度生成较大的推力。

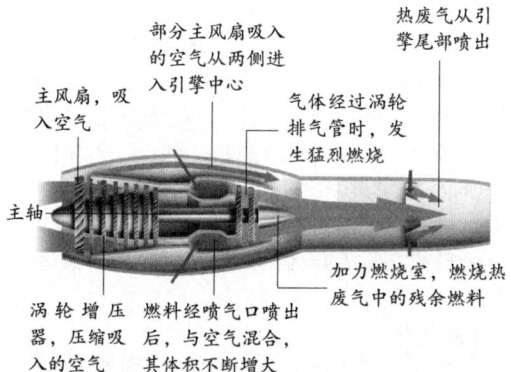

↗ 在典型的涡轮喷气飞机中,气体从发动机尾部高速喷出,速度超过1 600千米/小时。

» 热气球

热气球主要由球囊、吊篮和加热装置组成。球囊很大,采用极轻的材料制成。由于热空气的质量和密度要小于冷空气,加热装置产生的热空气进入球囊后,使球囊不断上升,带动与之相连的加热装置、吊篮及吊篮中的乘客也向上升。当球囊中的空气渐渐变凉,热气球也会慢慢下沉。为使热气球的高度不变,气球驾驶员必须不断点燃加热装置,以保持球囊中空气的温度。

球囊的顶部都会有天窗,而球囊下驾驶员伸手够得着的地方有根绳子,绳子与天窗相连。驾驶员拉动绳子,打开天窗,使热空气从球囊中流出去,这样气球就能迅速下降了。

» 军用飞机

当今,几乎所有的军用飞机都采用喷气式发动机驱动。喷气式发动机能够产生强大的推进力,因此这些飞机的机翼比那些采用螺旋桨驱动的飞机的机翼要小,飞行时受到的阻力也小。飞机的航行方向由操纵台面控制。操纵台面是指机翼、横尾翼和直尾翼上的活动翼面。

■ 计算机

不管是在家里,还是在工作单位,计算机(又称电脑)已经完全融入我们的生活。我们可以用计算机来完成许多事情:从做家庭作业到发射宇宙飞船。在过去的几年里,计算机储存和处理数据的能力大大提高。计算机技术的不断进步导致虚拟现实技术,即人工环境的产生和发展,该技术可用于娱乐和商业。

» 我们看到的一切都是真的吗

虚拟现实系统(VR)将那些与真实事物极其相似的数据信号(信息)传输到我们的感觉器官,使人脑产生错觉,即认为我们所看到或感觉到的事物都是真实存在的。我们可以利用电脑或自主机器人系统勘探某些情况,如深海事故;或者编写一些程序,使其展现出特定的虚构环境,如网球比赛。当我们戴上一种特殊的头盔后,就能看到并听到电脑所模拟的一切。

» 计算机的软、硬件

计算机的组成结构称为硬件,而诸如键盘、

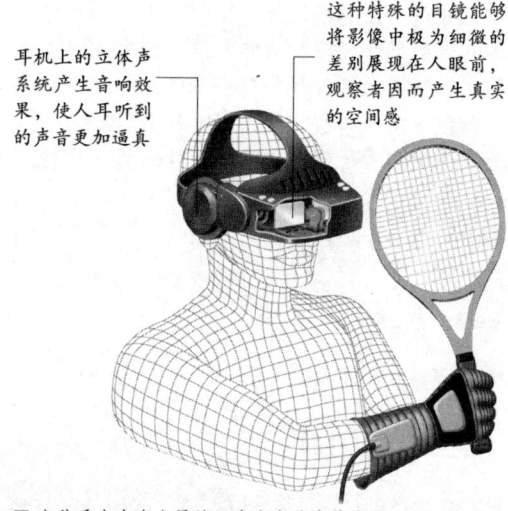

↗ 这种手套内有大量的压力和弯曲度传感器,它们感受手腕、手掌及手指处的运动状况,并将这些信息通过数据线传送到与之相连的计算机上。电脑分析这些运动信息,并判断运动员是否在正确的方向和位置上击"球"(事实上这个球是虚拟的,它仅能通过头盔上的目镜观察到)。

□探索与发现

* 2005年,世界上功能最强大的计算机是日本制造的地球模拟器,用于预报地震信息。

* 2007年,IBM公司制造了一台世界上最大的计算机,取名为"蓝色基因",专用于人类基因的研究。

显示器、鼠标、打印机、扫描仪及CD刻录仪之类的设备没有封装在主机内,称为外围设备。各种指令或程序指示计算机完成相应的任务,称为软件。软件包是指具有特定功能的,用来完成特定任务的一个或一组程序,简单的如文档和图像扫描,复杂的如算法和特技效果等。

》0/1序列

电子线路仅有"开"和"关"2种状态,因而计算机采用二进制系统来存储和处理数据信息。这种系统将所有的数据转化为一串0/1编码的序列,即开/关序列。例如,十进制数5的二进制编码为0101,或关—开—关—开。序列中的每一个0或者1称为一个二进制位或"bit",8位(bit)组成一个字节(byte),字节是数据的基本存储单元。计算机内的电子线路就是采用这种方式来储存和处理数据信息的。

■ 通讯工具

通过长途通讯设备,我们几乎能同世界各地的人谈话和交流。诸如电话、传真和电子邮件之类的通讯工具是一对一式的,即一个发射者对应一个接收者;广播和电视节目经无线电波发送出去后,能被数以百万计的听众或观众接收,即一对多式的;而有线电视和因特网广播则综合了前两者的特征,既能以一对一的方式工作,又能以一对多的方式工作。表面看来,这些通讯方式各不相同,但是它们的工作原理却大致一样。

》信号的传输

所有的长途通讯系统至少由3部分组成:发送器,如电话;通信连接装置,如天线或卫星;接收器(目的地),如电子邮件地址或接收方电话号码。发射方发出的信息可以通过电缆或光缆以无线电波的形式进行传输,直至到达目的地。

》固话线路

电话能够将声音转换成电信号。当我们对着话筒讲话时,声波能引起话筒内微小麦克风的振动,从而产生强度不断变化的电流。电流的强度与声强大小成正比,并经过电话线传送至接收方的听筒上。在接收方,变化的电信号触发听筒内的扩音器工作,引起周围空气的振动,从而将电流还原成声波。如今,很多信号以激光脉冲的形式通过一种特殊的玻璃纤维(光缆)进行传输。当然,也有一些信号以无线电波的形式在空中传播,经卫星反射后,到达接收方。

》移动电话

移动电话或手机利用低功率的无线电波来发射信息。在这种移动通讯系统中,全世界被划分为许多小的网络单元,每个单元内都有一个中转站,用来接收和发射信息,从而实现本单元手机与其他单元手机之间的通讯。世界上的中转站非常多,分布也非常广,因而能够允

计算机上存储的数据经调制解调器转换为能够由电话线传输的信号

许多通讯方式,如手机呼叫、电子邮件等都依靠卫星发射或转播

电视和广播信号可以经电缆以无线电波的形式传输,也可以由卫星发送

卫星接收发射方发射的信息,转而传送给地面上的碟形卫星天线,后者再将信息反射给卫星,如此折式的反反复复,完成信息在空中的传输过程

固定电话直接通过一个电缆接口连入电话网,而移动电话则通过无线电波与当地信号塔相联系

各个发射方的信号通过电话局或其他途径发送出去

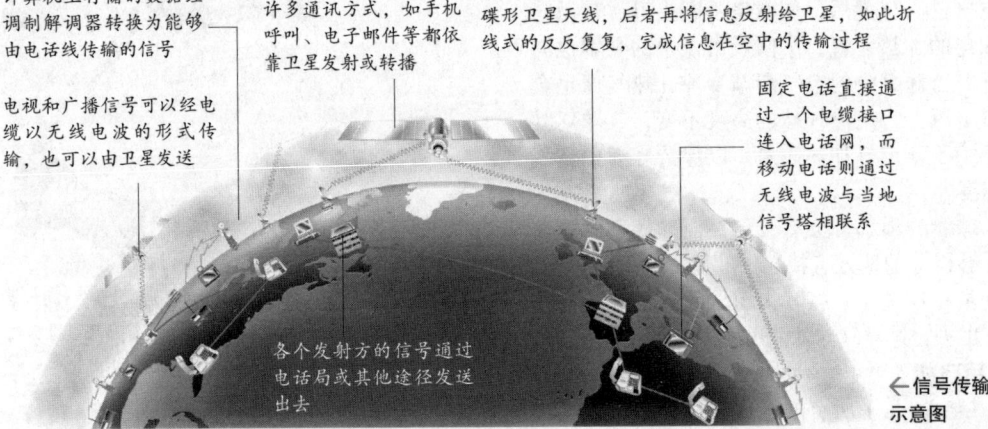

← 信号传输方式示意图

许几百万人同时使用手机通讯。

» 实时信件

Fax（传真）是 Facsimile 的缩写，其意义即为拷贝（copy）。传真机发出一束光线，按一定的顺序对文件进行扫描，文件上方有一排光敏传感器。文件上的空白部分反射光线，相应的传感器为"开"状态；而有内容的部分颜色较暗，呈黑色，不反射光线，相应的传感器为"关"状态。这样就产生了一系列的开/关信息（电信号），并传输至接收方。接收方传真机利用热敏传感器收取传输过来的电信号，并在热敏纸上还原出原文件。较为先进的传真机接收方利用静电将调色粉末吸附在纸上，因而可以直接使用普通白纸。

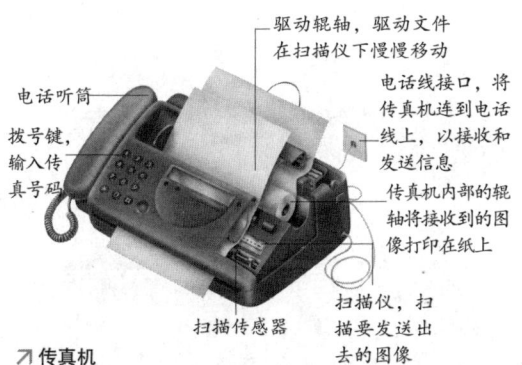

↗ 传真机

» 电子邮件

电子邮件，或称为 E-mail，是当今一种快捷而方便的通讯方式。发信人只需在电脑或者是某些移动电话上敲出信件内容，将它发送至另一个 E-mail 地址即可。电子邮件经调制解调器转换后，通过网线传送到因特网服务提供商（ISP）的中央电脑上。邮件信息就存储在那里，

直到收信人在任何一台电脑上登陆，并打开邮箱查看信件为止。

■ "超级视觉"

人类大约从 17 世纪起就开始使用显微镜和望远镜了：人们用显微镜将那些肉眼不可见的物体放大，以便肉眼观察；而用望远镜来放大那些因距离过远而显得微小或肉眼很难识别的物体。人类利用照相机来准确记录环境信息也有 160 多年的历史了。现今，各种成像技术都得到了极大的发展：我们用显微镜来观察一些极小的微生物甚至原子，并能够得到质量很好的图像；而用望远镜则能观察到宇宙中遥远的星系；照相机拍到的照片的质量也比以前好多了。数字技术的迅速发展，使得我们可以将图片信息扫描到电脑里，并对其做增强处理，甚至即刻通过电子邮件发送到世界各地。

» 拍照过程

相机内的透镜是一种玻璃或塑料质的圆盘，它几乎能聚集景物反射的所有光线，并在相机内形成一个小小的影像。对于大多数相机而言，光线经光圈进入相机后，投影到胶卷上，胶卷的表面有一层光敏感物质颗粒，它们依据入射光的强度产生不同的反应，形成与景物相关的像。相机内有一个平面镜，它将景物反射来的光线向上反射至一个棱镜上，后者再将光线反射到目镜，这样摄影者就能透过相机看到景物了。拍照时，平面镜的位置发生改变，本来被

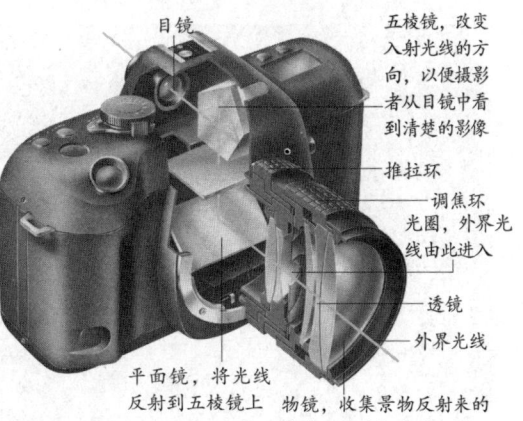

↗ 单镜头反光照相机（SLR）以及一些较为简单的随身相机的原理与近些年出现的数码相机的原理不太相同，后者将景物信息保存在一个微芯片上。

★ 英国的移动电话使用量约为 4 500 万部，而每年仅被丢弃或丢失的就占了其中的 1/3。如果我们将那些丢失的手机一部一部地向上堆起来，总高度将是珠穆朗玛峰的 250 倍。

★ 地球上空约有 5 000 颗卫星，而其中绝大部分为长途通讯卫星。这些通讯卫星有单独的运行轨道，称为静止轨道。当卫星在这种轨道上运行的时候，从地面上看，它们在天空中的位置是不变的。

它遮挡着的胶卷显露出来，接收瞬间的光照，即曝光。

» 望远镜技术

望远镜将远处物体反射来的光线聚集到一小块面积上，再将聚焦后的影像放大，这样观察者就可以轻而易举地看清远处的物体了。折射式望远镜中有2个透镜：较大的是物镜，远处物体反射的光线经过它时，光程弯曲并聚集到一处，形成一个较小的影像；较小的是目镜，它将这种影像放大，以便观察者观察。反射式望远镜中有一个凹面镜和一个平面镜，凹面镜将远处物体反射来的光线聚集到平面镜上，而后者再将这些光线反射入目镜。当今，天文学家利用功能强大的天文望远镜来观察几十亿光年之外的星系，天文望远镜中的透镜能够收集来自这些星系的微弱光线，并将其传输到电脑上，随后科学家们采取一些特殊技术对这些图像进行增强处理，以利于分析。

» 显微镜技术

电子显微镜的原理不同于光学显微镜，它们的功能强大得多。光学显微镜利用棱镜放大物体反射来的光线，电子显微镜则采用电子束照明——在样本(被观察的物体)上发出电子流，并通过监视器将结果（即产生的样本影像）显示出来。透射电子显微镜（TEM）使用的样本切片非常薄，其厚度通常小于0.01毫米，因而电子可以穿过这些切片，在样本的另一边投下影像，并为影像下的检测器所接受。观察过程中，技术人员通常会加入一些化学物质，以部分阻断电子流，使影像更加立体、突出。透射电子显微镜最多能将样本放大100万倍。

» 圆形透镜

玻璃透镜可以制成不同的形状，以不同的方式折射光线。有些透镜是圆盘状的——中间薄，边缘圆且厚，称为凹透镜。当光线经过这类透镜时向外弯曲，因此光线发散。这就是说，当我们透过凹透镜看物体时，看到的物像要比实际物体小。还有一些透镜的表面向外突出——中间厚，边缘薄，称为凸透镜。当光线经过这类透镜时向内弯曲，因此光线会聚。这就是说，当我们透过这类透镜看物体时，看到的物像要比实际物体大。光线经过凸透镜后产生的会聚点称为焦点。

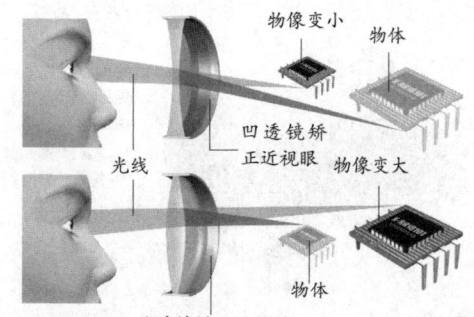

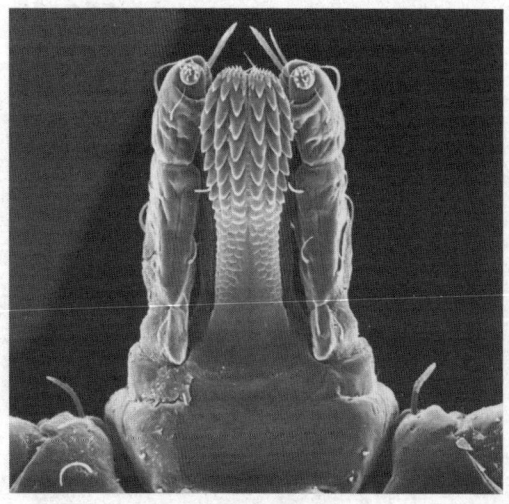

↗ 扫描电子显微镜（SEM）从臭虫身体表面扫过，得到一幅非常清晰、详尽的臭虫体表影像。

■ 声音和影像

电视机将世界各地的图片和声音实时传送到我们家中，这样我们不出家门就能知道并观看世界上正在发生的一些事情，如体育比赛等。不仅如此，我们也可以利用个人便携式摄像机来记录自己的活动情况。我们将这些记录信息保存在录像磁带或磁盘上，以备以后观看；而其他一些记录信息，如音乐和电影，则保存在CD或DVD上，以后可以反复播放。

» 便携式摄像机

数字便携式摄像机上有一个透镜，它将外界景物投影到摄像机内，形成一幅图片，而那些微小的光敏感单元，或称之为像素，则将所成的图片信息保存起来。图片上的亮色区域反射强光，相应的像素单元产生一个短暂的微弱电脉冲；而图片上的暗色区域几乎不反射光线，相应的像素单元不发生反应。图片不断发生变化，像素单元便产生一系列的电脉冲。这些电脉冲被保存在摄像机的存储器中，以便于稍后重放；或者即刻传输给摄像机看片器或电视机显示屏，以便不失真地将摄影信息播放出来。

» 显像管

较为古老的电视机的显示屏实际上是显像管的终端，仿佛一只大灯泡的末端，稍稍向外凸出。屏的内表面附着着许多荧光颗粒，当这些颗粒遇热时，会发出一点一点闪闪的光亮。电视机内显像管的尾部有3个电子枪，它们不断地发射电子流，撞击到屏幕上，对屏幕加热，荧光点发光，从而产生图像。我们从电视里看到的那些图像实际上由成千上万个闪烁的荧光点组成。电视天线接收到的广播信号或其他记录信息控制着电子流撞击屏幕的位置，因而能够产生特定的图像。

» DVD

数字化视频光盘，又称为DVD，能够有效地存储所有格式的数据信息，如音乐、电影以及计算机游戏等。DVD主要由塑胶制成，外表面涂上一层丙烯酸，再喷上铝即可。当DVD存储数据时，刻录机以特定的方式在相对平坦的光盘表面螺旋式地由内而外刻下一圈又一圈的小沟。而当DVD播放时，读盘器发出激光，扫描圆盘的下表面，通过激光的反射读出其中存储的信息：当扫描光线读到相对平坦的区域（"平地"或"凹坑"内部）时，记作数字"1"；而读到凸凹变化处时，记作数字"0"。

■ 大众传媒

媒体多种多样，但它们的主要作用都是与广大人群进行交流，向人们提供一些娱乐、实时新闻或是广告信息。人们最熟悉的媒体当属广播、电视、报纸、杂志、电影及互联网等。印刷机的出现，使得各种信息以纸张的形式传播，从而大大增加了信息的影响范围和传播速度。计算机综合了不同媒体方式的特点，形成所谓的"多媒体"，进而产生了计算机游戏、光盘与光驱、交互式电视以及电脑仿真电影等技术，较之以往的同类技术更为生动、逼真。

» 电子动画

当工作人员以很短的时间间隔连续播放一系列差别微小的静态图片时，会使观众产生画中景物或动物在运动的错觉，这就叫作动画。在过去，这些图片都是由工作人员手工画出来的，极为费力，也浪费了大量的时间。现今，计算机动画的广泛应用加快了绘图速度。因为电脑能够将所有的影片角色以及它们的活动情况以三维图像的形式保存下来，动画制片人只需将这些角色拖到屏幕上的相应位置，就能生成一幅新的画面。

■ 早期发明

人类的发明历程源于250万年前，那些发明能使远古人类的生活变得更加轻松、舒适。然而，直到大约5 000年前人类才发明了文字，因此，有关发明的起源以及人类早期的发明都没能用文字记录下来，而我们只能从考古发现中获取这方面的知识。远古时代的狩猎者和采集者发明了石制工具和武器——人类历史上最早的发明。随后，他们将动物的骨头磨细，制成了针，用来缝制衣服以供取暖。大约在1万年前，人类开始定居生活。他们制造出车轮、犁以及灌溉工具，以从事农业耕作和灌溉；他们又发明了瓶瓶罐罐，用来存储食物；后来，他们制造了一些更好的武器，

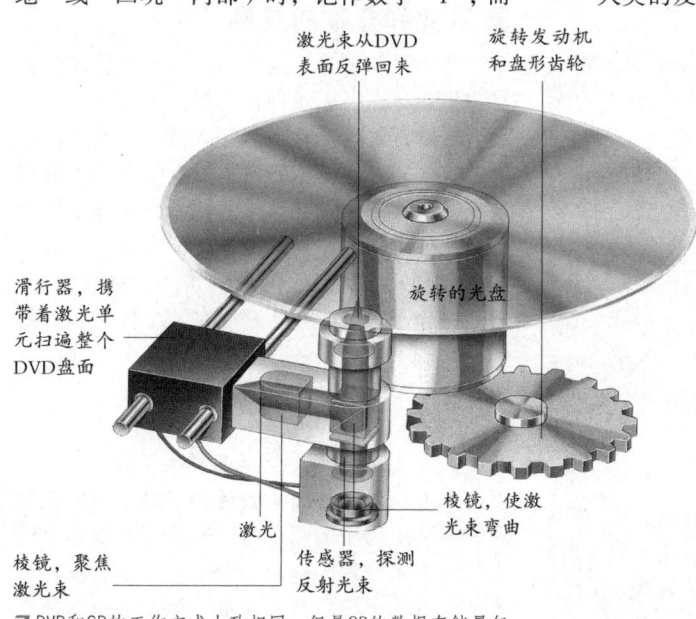

↗ DVD和CD的工作方式大致相同，但是CD的数据存储量仅为DVD的1/7。

□探索与发现

以保护家园。但是，他们没有发明出能够省力的器械，这或许是因为当时所有的劳动都是由奴隶来完成的。

» 犁

从现存的记载来看，犁的起源可以追溯到大约5 500年前，在伊拉克的古乌尔城，人们首次用犁进行耕作。最初的犁由木头制成，其原型是简单的挖沟用的棍子，人们将它稍稍改进，以便挖出能用来播种的沟。犁刃形如楔子，当它向前行进时，在泥土中留下长长的犁沟。大约在2 500年前，人们冶炼出了铁。随后，犁的刃面也被改成铁质的，这种犁操作起来更加有力，犁出的沟道也更深。1785年，英国人罗伯特·兰塞姆发明了世界上第一具全铁质的犁。

↗ 刻在黏土写字板上的楔形文字，写于公元前6世纪。19世纪时，亨利·罗林森成功破译了这些文字。

↗ 犁很沉重，因而耕种过程中，得用马拉住犁的前部，而农民则走在犁的后面，并掌控着犁刃在泥土中行进的方向。

» 文字的发明

通过远古时代人们留下的图画记载，我们能够了解那个时代人类的文明，例如苏美尔人（居住在现今的伊拉克境内）和古埃及人。大约在5 250年前，苏美尔人利用一些图画表示词语，创造了自己民族的语言文字，这是世界上最早出现的可记载的语言。这些图画形状似楔子，被刻在黏土写字板上，被称为楔形文字。古埃及人发明了另一种图画记载形式，即象形文字。

» 抽水设备

阿基米德（公元前287~前212），出生于西西里（后为希腊所占领），古希腊著名的数学家和发明家，发明了水螺杆，即著名的阿基米德螺旋泵。水螺杆是一种机械设备，用于将水从低处抽往高处。现今，中东的某些地区仍用这种设备灌溉农田，而联合收割机上的装粮机也利用了同样的原理。

■ 农业和食物的发展

几个世纪以来，人们一直在不断地改进和发明生产、烹饪以及保存食物的方法，但是农业器械的发展情况却不尽如人意。自从人们发明了犁之后，农业器械再也没有出现过大的改进或发明。18世纪英国的工业革命加速了整个工业化的进程，新的机械不断涌现出来，例如联合收割机就在这一时期问世。食物和饮料，例如糖、茶等也一样，它们在几个世纪以前就已经出现了。但是各种夹饼、油炸土豆片以及泡泡糖等直到19世纪才开始出现。

» 播 种

大约3 000年前，古巴比伦人（现今伊拉克境内）发明了一种简单的播种工具：他们在犁的顶部装上一个容器，将种子放到容器里，就能免去手工播种的麻烦。1660年，泰迪欧·卡尔瓦立发明了第一台条播机：他在手推车的底部装上一个布满小洞的容器，当手推车向前行

★ 古埃及人大约在公元前1450年开始制造玻璃瓶，他们将热的玻璃吹入模具内，制成瓶子的形状。大约公元前10年，古叙利亚人发明了玻璃吹制术（利用空气来对热的玻璃塑形）。

★ 大约8 000年前，约旦国的人们为了修建耶利哥城，将黏土放在太阳下烘烤，从而发明了砖头。大约5 500年前，人们将砖头放在砖窑内烧制，采用这种方法生产出来的砖头硬度更大，并且能够防水。

科技发明与交通通信

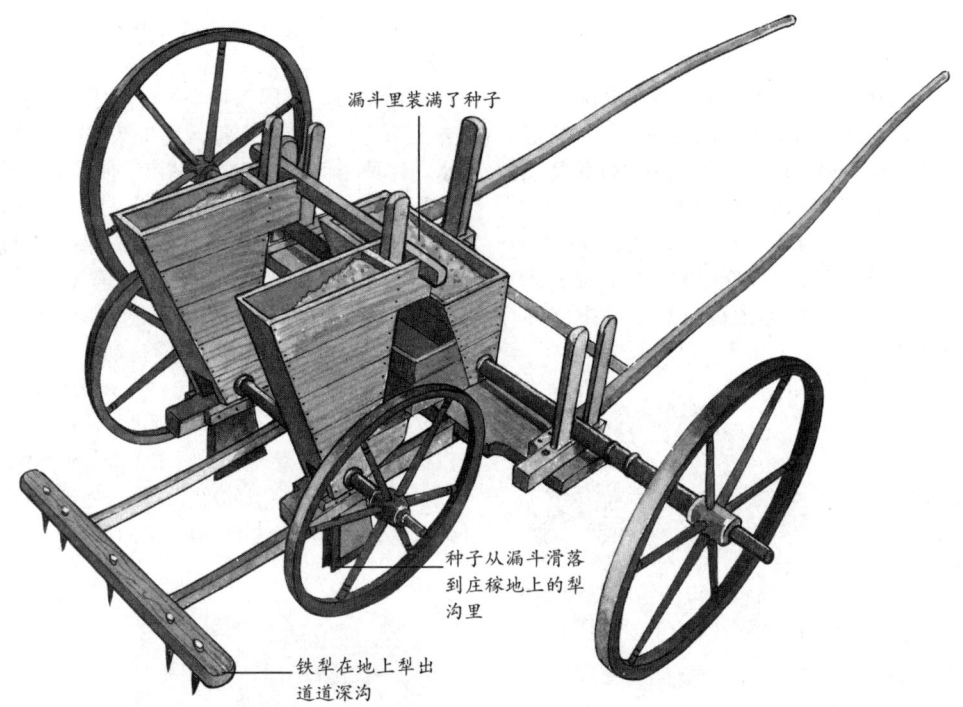

↗ 杰斯如·塔尔发明的条播机播下的种子一行一行整齐地排列着,有利于收割。

进时,车轮的振动使种子从小洞中掉出来,落到地里。1701年,英格兰农场主杰斯如·塔尔发明了一种更高效的播种工具:种子经小洞从漏斗中撒出来后,落在犁沟里。用这种工具播出的种子一行一行的,非常整齐,而且,它们在泥土中的生长空间足够大,因而更容易生根发芽。

》收获庄稼

联合收割机大大提高了收获庄稼的效率,能够在收割农作物的同时,将谷粒从植株上分离下来。1836年,美国人海勒姆·穆尔和约翰·哈斯科尔设计了世界上第一台联合收割机,由马匹拉动提供动力。

》购物车

1936年,美国俄克拉荷马州的斯尔文·戈德曼发明了购物车。戈德曼开了一家杂货店,通过长期的观察,他发现当人们将手提篮装满后,就会停止购物。为了使顾客尽可能多地购买商品,他发明了这种购物车。起初,他以折叠式椅子为基础,在椅脚装上轮子,椅身装上两个篮子:一个在座面上,另一个刚好在轮子上部,这样就做成了世界上第一辆购物车。这种购物车尽管外形简单,但是非常有效。戈德曼的发明很及时,因为那个时候美国刚刚开始修建超市,而他本人也因为这个发明成了百万富翁。

↘ 1961年,世界上第一台机动联合收割机问世,它极大地增加了农作物的收割速度。

★ 1905年,美国11岁的孩子弗兰克·爱普生发明了冰棒。一个很偶然的机会,他将一杯带有搅拌棒的果汁扔在室外,隔了一夜之后,他发现饮料结冰了,这就是最初的冰棒。爱普生起初并不叫它"冰棒",而是称它为"Epsicle"。

★ 发明家们正试图培养出方形的土豆,因为这种土豆更容易装箱,方便运输。

»泡泡糖

泡泡糖是一种黏性很强的胶状物质,用它能够吹出很大的泡泡。1906年,美国人弗兰克·亨利·福里尔发明了泡泡糖,并给它起名为"Blibbe—Blubber"。但是,这种胶状物质的黏性太强了,当吹出的泡泡爆炸后,碎屑落得满脸都是,而且很难刮下来。因此,"Blibber—Blubber"是失败的。1928年,沃尔特·迪莫发明了一种更好的泡泡糖材料,并把它称作"Dubble Bubble"。

»汉堡包

1904年,弗莱彻·戴维斯发明了汉堡包。起初,他只是一名陶制品业的商人,因为在陶制品展览会上表演烹饪,他开始涉足汉堡业。除此之外,他

↗ 1944年,路易斯·巴勒斯特为"干酪汉堡包"申请了专利。巴勒斯特在美国科罗拉多州有一家快餐店,他在汉堡包的顶部放上一块干酪,再烘烤一下,就制成了"干酪汉堡包"。

在得克萨斯州东部还有一家小咖啡店。戴维斯做的汉堡包是那种很典型的汉堡包:他在烤面包片中夹上绞细牛肉,再拌上色拉、芥末和蛋黄酱。

»基因改良

20世纪最具争议的科学发明之一就是食物的基因改良(GM)。所有有机生命体的基因都可以改变,而它们的性状也会随之发生改变。例如,若向农作物中加入抗虫基因,这些作物的抗虫能力将明显增加,或者结出异常硕大的果实。

■ 能源的利用

几千年来,人们一直在寻求各种方法将自然资源转换为人类可以利用的能源,以改进自身的生活。大约在2 000多年前,古希腊人和古罗马人开始利用水磨碾磨谷物和橄榄。蒸汽机和将热能转化为电能的技术发明,改变了整个工业界。如今,煤、石油等燃烧不仅是发电站主要的发电方式,也是大多数交通运输工具的能量来源。但是,这些能源总有一天会被人类消耗完,因此,我们要将目光投向那些自然能量,例如太阳能、风能和水能等,它们都是取之不尽、用之不竭的。

»蒸汽机

1698年,英国人托马斯·萨维瑞发明了世界上第一台实用蒸汽机,用于从煤矿中抽出积水。这种蒸汽机冷却热的蒸汽,使其凝结成水,从而使原蒸汽占据的空间几乎变成了真空(没有空气的空间)。由于内外气压差的存在,煤矿中的积水就被吸了出来。1712年,英国人托马斯·纽科门对萨维瑞的蒸汽机作了改进:蒸汽和真空的交替出现带动活塞做上下往复运动,使得横梁不断摇摆,从而驱动水泵工作。1765年,詹姆斯·瓦特又对纽科门的蒸汽机作了改进:他在之前的蒸汽机上加了一个箱子,专门用于冷却和压缩热蒸汽,将其转变为液态的水。这样,当蒸汽机工作的时候,引擎不会总被加热和冷却。

↗ 詹姆斯·瓦特通过使用齿轮传动装置和连杆,使蒸汽机上的活塞能像车轮一样运动。

»汽 灯

1792年,英国人威廉·默多克发明了一套照明系统。他在一段封闭管道中加热煤,将产生的煤气通过管道输送到各个家庭,并被用来点燃和照明。随后,他又开发了一套能够产生和储存气体的系统。19世纪时,许多城市利用煤气来照明和取暖。1885年,奥地利人卡尔·奥尔发明了汽灯罩:这是一种网状的碳化棉线,加热时会发出明亮的光芒,多用做路灯。

»修建水坝

大约在5 000年前,古埃及人用泥土和石头修建了一座横跨格莱里峡谷的大坝,这是我们迄今为止能够考察到的最古老的水坝。19世纪50年代前后,法国科学家弗朗索瓦·左拉发明了现代拱坝。拱坝的形状很特别,能够抵抗住水流产生的强大推力。对于重力坝而言,因为

它采用质量极大的建筑材料修建而成,所以能够有效地阻断水流。

» 太阳能

地球接收着大量的太阳辐射。光电池(太阳能电池)可以收集这些辐射,并将其转化为电能。19世纪中期,美国科学家皮尔逊、切鹏以及福勒发明了一种由微小的太阳能电池构成的太阳能电池组,从而开辟了光电池的工业化生产之路。太阳能既安全又环保,不会产生任何形式的污染。

↗ 光电池的能量转化率仅为15%,即它只能将接收到的太阳光的15%转化为电能,科学家希望能提高其转化效率。

» 采 油

大约在2 000年前,中国人开始用竹子和青铜管道钻探地下的石油。1844年,英国人罗伯特·波特发明了采用蒸汽引擎的旋转钻机。钻机的采油部分是一段中空的钢管,钢管的一端安装着钻头,工作时,水从钢管内冲下去,而岩石(包括石油)就被提了上来。美国海岸边建有世界上最早的近海油井。

» 电灯泡

在电力被用做照明之前,人们主要依靠石油、煤气灯和蜡烛之类的人造光源来照明。大约在1879年,美国科学家托马斯·爱迪生和约瑟夫·斯旺发明了电灯泡。电灯泡内部几乎真空,气密性良好,因而其使用寿命大大增加。灯丝是一圈细小的、薄薄的、彼此缠绕的导线,位于电灯泡内部,当有电流通过时,灯丝温度急剧升高,发出明亮的光芒。灯丝由金属钨制成,钨的熔点极高,即使在高温状态下灯丝也不会熔化。

■ 电子媒体

收音机、电视机和电脑等电子设备,可以将电信号转化为声音或图像,以便受众收听或收看。这些设备内部的基本组成部分都是一些电子元件,控制着流经电路的电流,使其完成特定的任务。早期的收音机和电视机利用电子管转换微弱的电信号,电子管的体积庞大,耗电量很多。20世纪40年代,美国科学家发明了晶体管。晶体管的工作原理与电子管类似,但是体积更小,工作效率也更高。到了20世纪60年代,人们已能将晶体管和其他电子元件集成在一块边长为5毫米的硅片上。如今,微芯片控制着电脑和其他许多电子设备的工作过程。

» 早期计算机

1823年,英国数学家查尔斯·巴比奇发明了世界上第一台计算机器,即"差分机"。事实证明,差分机的结构太复杂了,以至于几乎无法完整地制造出来。因此,1834年,巴比奇开

↗ 1882年,托马斯爱迪生的工厂生产了10万只电灯泡。到1900年为止,仅美国的电灯泡需求量就超过4500万只。

↗ 机器内部有一个存储器,至多能够存放100个40位的数字;一个中央处理器,用于计算数据。

□ 探索与发现

始设计"分析机":通过穿孔卡片将数据输送至机器内,随后再打印出结果。没有人能将这台分析机完完整整地制造出来,因为它差不多和一辆小火车头一般大小。但是,巴比奇的想法启发了后来的科学家,促使他们去发明第一台计算机。

» 电视机

1897年,德国物理学家卡尔·布朗发明了阴极射线管,它是早期电视机的主要工作部分。电视屏幕的内表面覆有一层特殊的荧光点,射线管射出的电子流撞击到屏幕上,使荧光点发光,从而产生可见的图像。1926年,约翰·贝尔德发明了世界上第一台电视机。彩色电视机内有3束电子流,即红色、绿色和蓝色电子流。电子流使显示屏上的荧光点发光,3种颜色的荧光彼此混合,形成一幅全彩影像。

» 收音机的变革

1895年,意大利发明家古列尔莫·马可尼侯爵成功地实现了信号的无导线传输,这种技术在当时世界上前所未有。马可尼发现,当一段通电环路以每秒几千次的频率改变电流方向时,就能产生一种肉眼不可见的无线电波。1901年,马可尼利用这种技术,将一组无线电信息由英国横跨大西洋传输到了美国。1906年,人们第一次收听到了广播。如今,移动电话也以无线电波的形式传输信息。

» 电脑游戏

1972年,美国计算机程序员诺兰·布什内尔成功开发出了世界上第一套电脑游戏,并将它取名为"Pong",它是一种桌球游戏。一般来说,电脑游戏存储在电脑内部硅片的存储器上,并由中央处理器(CPU)发送控制命令。那些玩

★ 1926年,约翰·贝尔德利用尼普科夫于1884年发明的布满孔洞的旋转片,研制出世界上第一台电视机。

★ 20世纪20年代末,弗拉基米尔·斯福罗金发明了一套电子系统,并将它用于电视机,从而取代了贝尔德采用的系统。

游戏的人通过用户控制界面,如键盘来控制游戏的进程。所有电脑游戏的控制台都采用一种能与电视兼容的视频信号。

» 智能电脑

1975年,美国澳汰尔公司(Altair)生产出了世界上第一台家用电脑,随后,苹果电脑公司于1984年推出了麦金托什(Macintosh)系列微机。20世纪40年代,当人们发明出计算机时,其体积之大,足可以占据整个房间。1946年出产的电子数字积分计算机(ENIAC)内导线长达805千米,每秒钟执行任务10万次,重达30吨。自从1948年晶体管(一种检测电流的电子开关)问世和1957年集成电路发明之后,计算机的体积越来越小。最新的iMacs电脑采用液晶显示屏。

» 动画电影

动画电影通过快速放映一系列的静态卡通或木偶图片,能使观众产生动画的感觉。20世纪初,世界上出现了第一种动画电影。制片人首先将卡通形象画在透明的胶带上,再将它们投影到固定的背景上。

■ 信息交流技术

在人类发明文字之前,人们只能以面对面的方式来交流或传达信息。而世代相传的知识和信息的传达往往是以故事的形式口头讲述的。大约在5 000年前,苏美尔人和古埃及人发明了文字。1 000年前,中国人发明了活字印刷术。大约500年前,欧洲人约翰尼斯·古登堡发明了铸字印刷术。而其他一些交流方式,如盲人点字和莫尔斯电码,则发明于19世纪。如今,电子邮件、电话以及传真机将全世界的人们联系在一起,而因特网的出现,使信息的获取变得尤为便捷。

» 追寻历史的足迹

古埃及人使用象形文字(图形和符号)来记录信息。这种文字一直使用了3 500多年,

↗ 这款游戏叫作"猿人"。它由图像处理器提供文本信息、界面颜色及其他功能,而由一种特殊芯片处理声音信号。

科技发明与交通通信

直到公元 400 年，希腊文成为书面语言为止。1799 年发现的罗塞塔石碑，碑文用希腊文和象形文字刻成，这为解读古埃及象形文字提供了线索。

» 印刷术

在印刷术出现之前，书籍等都采用手抄方式流传和传播。公元 868 年，中国人发明了雕版印刷术。这种印刷术将文字及图画刻在木块、黏土或象牙上，然后在这些模块表面蘸上油墨，这样，当将白纸铺在上面时，字和图画凸出的表面轮廓就印在纸上。后来，毕昇发明了活字印刷术，采用胶泥刻字，每字一印，以火烧硬后制成活字，可循环使用。1436 年，德国人约翰尼斯·古登堡发明了铸字，使铅字的大规模生产过程变得经济而又快捷。1886 年，行型活字铸造机的出现，使机器能够自动地将熔态金属浇铸为成行排列的活字。如今，人们用计算机输入文字，并打印出文本和图像。

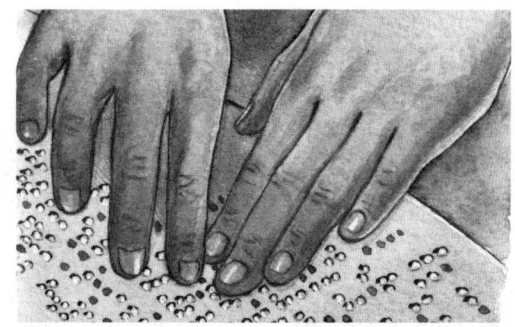

↗ 盲人点字法将 6 种圆点以不同的方式组合在一起，每种方式代表了一个字母，或是较短的单词如 "the"。

↗ 印刷机的出现，使得报纸和书籍能够普及到更多的读者。

» 盲人点字法

1829 年，法国人路易斯·布莱叶发明了盲人点字法：它采用六点编码系统，点字凸出，能够为盲人所读取。路易斯·布莱叶 3 岁时因为偶然事故致使双目失明。后来，他设计了一种用凸出的点阵记录信息的方式，供部队士兵夜间使用。随后，布莱叶简化了这种信息的记录方式，使其能够用指尖轻易地读出。如今，盲人点字法仍在世界范围内广泛使用。

盲人点字法将 6 种圆点以不同的方式组合在一起，每种方式代表了一个字母，或是较短的单词如 "the"。

» 电 话

1876 年，苏格兰出生的美籍科学家亚历山大·格雷厄姆·贝尔发明了电话。贝尔发现了如何将振动的声波转化为与之相应的电信号，并经过导线传输到接收方的原理，进而制成了电话。如今，电话呼叫既能以光脉冲的形式通过光缆传输，也能以电脉冲的形式通过铜质电缆传输。单词 "telephone"（电话）来源于希腊语中的 "长途" 和 "声音" 两个单词的组合。

» 莫尔斯码

1836 年，塞缪尔·莫尔斯和阿尔弗雷德·威尔发明了莫尔斯码。他们通过在导线或电报中不断地接通、断开电流来传输信息。莫尔斯码由 2 种符号组成：较短的（开）是点，而较长的（关）是划。1844 年，人们在美国巴尔的摩和华盛顿两个城市间搭建了世界上第一条电报线路，使得在邮局里通常需要几个星期才能传输的邮件信息即刻就能传输成功。随后的 30 年内，电报技术迅速发展，而电报线路更是遍布全球。如今，海军系统仍在广泛使用莫尔斯码。

» 因特网

因特网出现于 20 世纪 70 年代，是一种由计算机组成的世界范围的网络系统，由美国科学家文顿·塞弗和工程师罗伯特·卡恩开发。因特网通过电话线将本地电脑网连接到一种称之为 "网关" 的特殊的电脑上。同时，塞弗和卡恩也开发出了一种控制因特网的软件。随后，1989 年，英国科学家提姆·李·伯尼发明了万维网，以便与因特网共享信息。在 21 世纪初期，已有 2 500 多万台电脑连接到因特网，而且，这个数字还在不断增加。

□ 探索与发现

人体奥秘

■ 人体基本知识

人类自起源初期，便开始不断地改造世界，观察宇宙。但是归根到底，人类还是对自身的身体结构最为了解。尽管人们已经有了很多奇妙的人体的发现，我们仍然可以发现一些新的、更加详细的人体信息，如人体如何运动，如何消化食物、排放垃圾、控制内环境稳定，如何与细菌和疾病作斗争，保持健康状态等。并且，我们在人类视觉、听觉及大脑的思维和学习能力等方面的研究也有惊人的进展。科学家发现：DNA 携带着人体的遗传信息，它包含有关人体如何成长、发育的所有指令，控制着人体自出生至死亡的所有生命活动过程。

》器官

人体主要由器官、肌肉和骨骼组成。器官由一些紧密联系的组织构成，组织间相互协调，使器官完成应有的功能。细胞是人体最基本的结构和功能单位。人体的主要器官有：肺、肝脏、肾、胃、眼睛、耳朵、心脏、血液、神经以及大脑，它们被人体最大的器官——皮肤包裹着。

》不同的外在，相同的本质

人既有男女老少之分，又有高矮胖瘦之别，如果再考虑到不同的着装和发型，人类的外表真的可以说是千变万化。但是，从本质上，人体结构大致相同：不同的人有着相同的内部组成结构、器官，相同的肌肉和骨骼，而且这些组成元素的工作方式也一样。

》人体内部结构探秘

通过各种各样的医学扫描仪，我们可以深入探测人体内部的精密组织。CT（计算机断层成像）和 MRI（核磁共振成像）扫描仪能展现人体组织的细微结构。而 PET（正电子断层扫描）则显示人体内部，尤其是大脑的不同部分的耗氧量，从而及早发现癌变细胞。

》大家庭

人类是群居动物。虽然有时候我们也希望能独自待上一会儿，但一般来讲，我们都喜欢和其他人，特别是和亲人、朋友在一起，这样大家可以聊聊天、说说话，其乐无穷。然而在当今飞速发展的社会里，迫

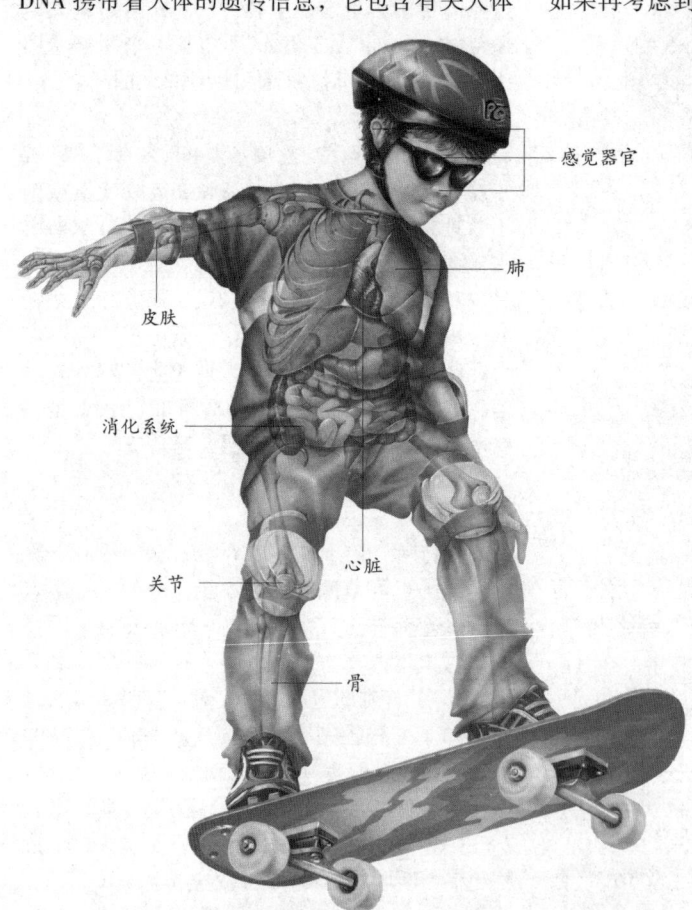

于工作和生活的压力,我们不得不各地奔波,空闲时间越来越少,于是孤独成了许多人的最怕。

人体微观结构

人体由50多兆个极其微小的细胞构成。细胞的直径一般约为0.02毫米。人体内至少有200种不同类型的细胞,它们的大小、形状和功能各不相同:有的起生产作用,有的有物质转运功能,有的传送原材料,有的收集垃圾,还有的抵抗病菌。大多数细胞的生命周期不长,人体内每秒钟大约有5 000万个细胞因能量耗尽而自然死亡。不过人体内还有一种特殊的细胞,即干细胞,它们能够不停地分裂,产生新的细胞,以取代那些死亡的或即将死亡的细胞。

» 细胞和胞内器官

细胞膜在细胞的最外层,包裹着整个细胞,膜内是细胞质。细胞质的形态似果冻,其上漂浮着许多微小的细胞器(细胞中具有特定功能的结构部分)。线粒体的外形很像香肠,它分解葡萄糖,释放其中储藏的化学能量,供给细胞的生命活动需要。核糖体呈球形,它像一个小加工厂,制造出许多新的物质,例如蛋白质,而后者是细胞主要的结构组成部分,即"建筑基石"。

» 细胞的形状

细胞不同,其形状也会不同,细胞的形状总是与特定的功能相适应。例如,血液中的红细胞呈薄圆盘状,有利于与氧气结合。有些白细胞能够改变自身的形状,有利于吞噬细菌。血管内壁细胞相互连接在一起,形成一个平坦光滑的层面,有利于血液的流动。由许多类型相同的细胞聚集在一起形成的结构称为组织。

» 人体指令系统

人类基因组是指那些能够控制人体的各部分如何生长、发育,以及协调各部分工作的指

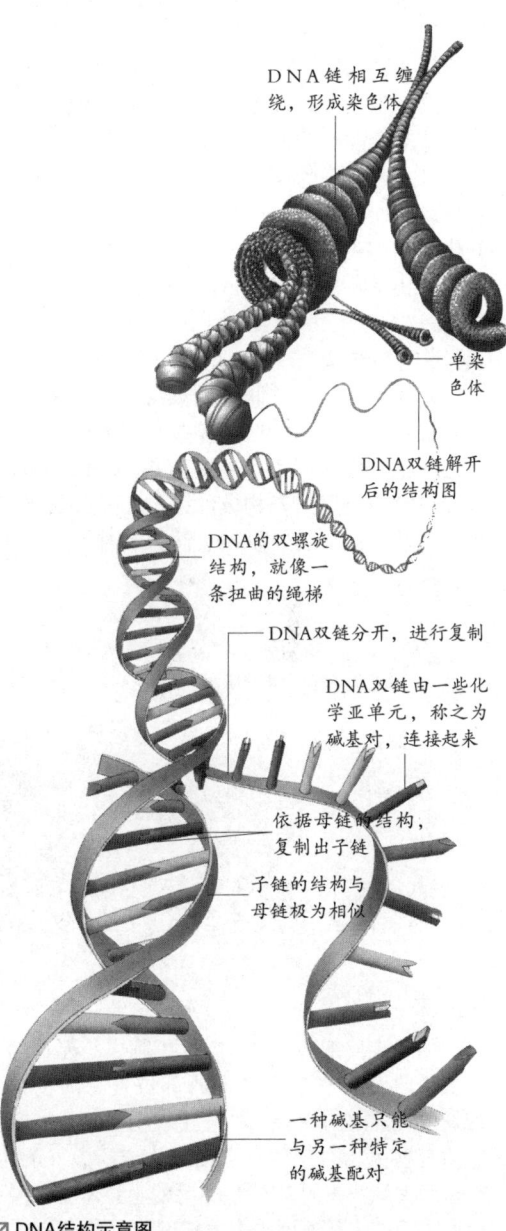

↗ DNA结构示意图

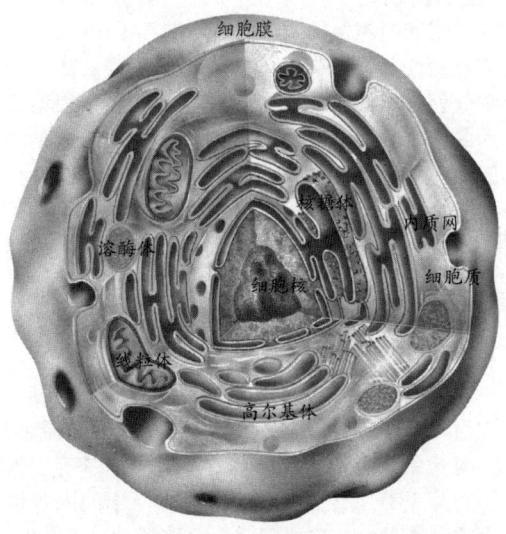

↗ 如图所示,细胞内的结构称为细胞器,即细胞中具有特定功能的结构部分。

□ 探索与发现

令。它们作为一种特殊的化学物质——DNA（脱氧核糖核酸），广泛存在于人体的各个细胞内。DNA呈双螺旋结构，两条DNA链紧紧地缠绕在一起，形成一个稍粗大的结构——染色体。人体每个细胞内都包含有23对染色体，它们包含了人体所有的遗传信息。

■ 皮下组织

我们时常形容一个人的皮肤"泛着健康的光泽"，而实际上，这些表皮细胞可能早已死亡。皮肤表层由一些扁平状的细胞构成，它们坚韧而强壮，且充满了角蛋白。当我们运动、穿衣服、洗澡以及用毛巾擦拭身体时，在我们的表皮上，每分钟都有成百上千的细胞脱落。而在表皮下，有更多的细胞正在不停地分裂、生长，最终死亡。在分裂、生长的过程中，它们逐渐移向皮肤表层，取代那些即将脱落的老细胞，成为新的表皮细胞。皮肤完成一次这种新陈代谢过程大约要花4周时间。

» 皮下组织结构

人体最外层的皮肤称为表皮。表皮基层的细胞快速分裂，不断取代那些从体表脱落的角质化的死亡细胞。表皮下面是真皮。真皮层稍厚，内部含有由胶原蛋白构成的强健而有弹性的纤维，以及毛细血管、发根、汗腺和神经末梢的微小触觉器等。

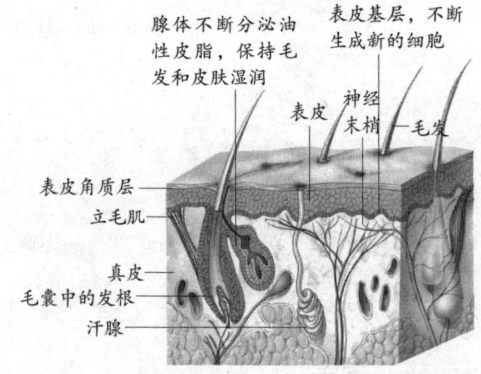

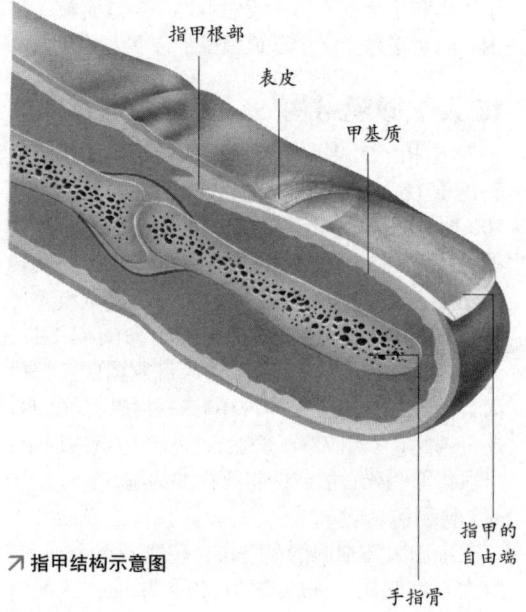

↗ 指甲结构示意图

» 指 甲

指甲结实而坚硬，没有生命，主要由角蛋白构成。指甲上唯一有生命活性的部位是其埋在皮肤里的根部，它不断地生成新的指甲组织，使得整个指甲朝着指尖的方向生长。一般情况下，手指甲平均每月生长2毫米，脚指甲的生长速度稍慢。而在夏季它们的生长速度均会有所提高。指甲为柔软的手指头提供了一个坚硬的"后盾"，能够很好地保护手指，并帮其完成许多相对更为细致的工作。

» 皮肤的功能

皮肤能够保护柔软的人体内部组织和器官，使其免受外界环境的伤害。有了皮肤，体内的水分就不会随意流失，而外界的灰尘、细菌及一些有害物质，如高浓度的化学物质等也无法侵入进来。当人体由于运动导致体温升高时，皮肤上的汗腺会立即分泌出汗液，并排出体外。汗液挥发时带走人体的热量，从而降低人体的温度。

» 毛 发

如同表皮细胞一样，毛发细胞也是死亡的。毛发上唯一具有生命活性的部位是它的根部，即发根。发根生长在毛囊中。毛发的上部是发干，它由一些紧密排列的死亡细胞构成。头发的生长速度大约为每周3毫米，体毛的生长速度稍慢，而眼睫毛的生长速度则大大超过前两者。

■ 人体的骨骼

人体的内部支撑结构由200多块骨骼构成，称为骨架。它们形成人体轮廓，保护内部器官，同时拢紧软组织，如血管、神经和内脏等。单块骨骼十分坚硬，几乎不能弯曲。不同的骨骼之间由活动关节连接起来，这样便减少了磨损，使得整个骨架能够运动自如。骨骼十分结实而

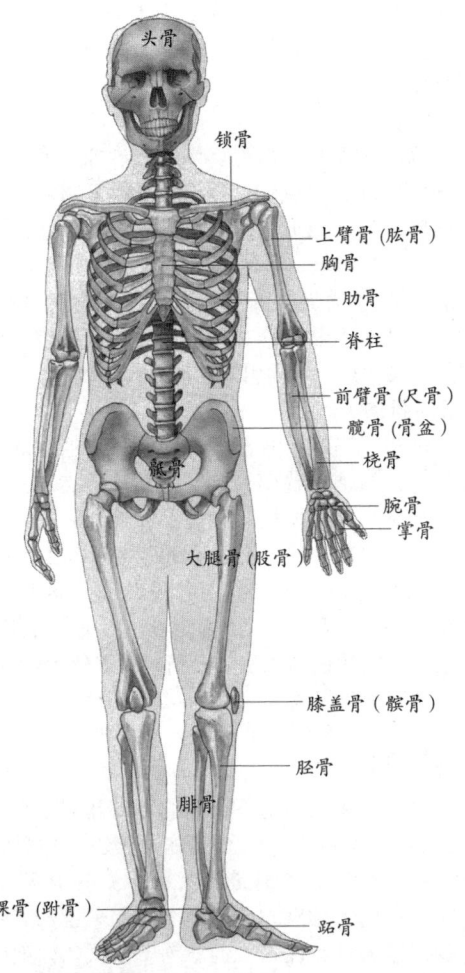

↗ 人体骨骼结构示意图

杯状结构的关节腔中，这种结构使得大腿可以进行各种活动，如向上伸、向下移、左摆、右摆，以及弯曲等。膝关节属铰链型关节，只能前伸和下弯。肘关节也属于铰链型关节，它与腕关节相互配合，使得前臂可以随着手掌的翻转而转动。

» 骨骼的分层

大多数骨骼并不是纯粹的固体骨质，它们由外到内分为3层。外层是坚硬的骨壳，或称之为骨密质，非常结实。稍内些的骨层如海绵般松软，或称之为骨松质，多孔，有利于减轻重量。骨头正中心是骨髓，这是一种柔软似果冻的物质，能制造新的红细胞和白细胞，供给血液的需要。整块骨骼被一张坚硬、像皮肤一样的薄膜包裹着，这层薄膜被称为骨膜。

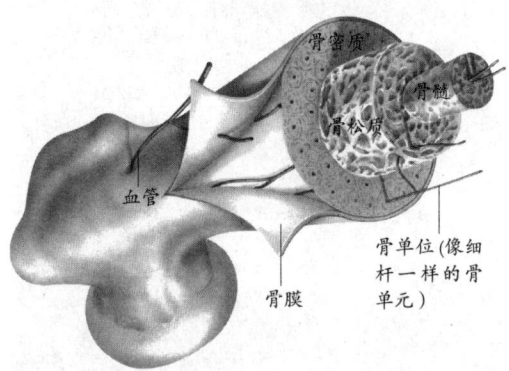

↗ 婴儿的骨骼从出生时便开始生长变硬，直到20岁左右才会逐渐停止。

又轻便，它们由活体组织组成，当由于负荷过重而损伤时，可以轻易地自我修复。

» 骨骼的保护作用

某些骨骼可以对人体的精密部位起到很好的保护作用。例如，头骨保护着大脑和主要感觉器官。在构成头骨的22块骨骼中，除下颚骨之外，其余21块都紧紧地连在一起，这使得头骨异常坚硬。头骨前方有2个碗状凹陷处，称为眼眶，它们保护着眼球。脊柱、肋骨及胸骨形成一个结实的笼状物，将心脏、肺等器官包在里面。

» 关 节

不同的人体关节，其构造也不尽相同，从而有利于进行不同的运动。髋关节属球—窝型关节：大腿骨末端呈球形，伸入骨盆中一个茶

» 关节的结构

骨与骨之间通过关节连接起来。骨的端部包裹着一层透明、柔软的物质，这种物质即软骨。软骨由一种滑液润滑，使关节运动更加平稳。韧带是一种坚韧的带状组织，连接着关节两端的骨骼。腱则是一种粗硬的组织，连接着骨骼和肌肉。

■ 肌肉的力量

人体由650块肌肉组成，它们几乎相当于人体体重的一半。典型的肌肉呈带状，较长，中间粗，两端细，末端连接在骨骼上。但是也有些肌肉呈三角状或薄片状，它们可能同时连接到几块骨骼上，也可能相互连接，或根本不与骨骼相连，如动脉血管中的肌肉层就属于第三种情况。肌肉都有收缩变短的趋势。当肌肉

收缩时,会牵动与它们相连的骨骼,从而引起身体运动。大脑中的运动神经中枢及小脑能够发送神经冲动,控制肌肉的收缩运动。

» 肌肉的运动

因为肌肉细胞只能收缩不能伸展,所以人体内的骨骼肌都是成对活动的,称为对抗性协作。一块肌肉将骨骼拉向一个方向,而位于相对位置的另一块肌肉,则将骨骼拉向另一个方向。这两种拉力相互平衡,使得骨骼最终能够平稳地活动。各个肌肉对之间相互协调,形成一个肌肉群,使骨骼完成各种动作。当我们进行锻炼时,全身肌肉自动形成许多肌肉对,及时完成不同的运动需求。

↗ 当我们打排球时,每条手臂上都有50多块肌肉参与运动。

» 肌肉的分层

皮肤最外层的肌肉层称为外层或表层肌肉。表层肌肉之下通常有一个中间肌肉层,当然,中间肌肉层之下还会有第三层、第四层,甚至更深的肌肉层。并非所有的肌肉运动都会引起相应的人体运动,有些肌肉紧张后能使人体的某个部分保持平衡。例如,当你站着的时候,颈部和后背的肌肉处于紧张状态,使得身体保持直立、平衡。

» 肌纤维

每块肌肉都是由许多细长的、如头发一般粗细的肌纤维组成的。每根肌纤维又由许多更细的肌原纤维组成。肌原纤维可分为更小的部分,称之为肌丝。肌丝依据构成蛋白质的不同,分成2类:肌动蛋白和肌凝蛋白,前者较为纤细,而后者较为粗壮。这2种蛋白质相互缠绕,使得肌纤维变短,从而引起整块肌肉的收缩。

» 面部肌肉

许多肌肉都与骨骼相连,而骨骼的运动如同杠杆,牵动着整个人体骨骼系统的运动。但是在面部,某些肌肉却既彼此相连,同时又与周围的骨骼连接着。嘴巴的两侧各有7块肌肉,它们相互配合使嘴巴完成各种动作,如张嘴、嘴角上翘或抿嘴等。当我们作出一种面部表情,向他人表露我们的想法和心情时,需要50多块肌肉共同参与完成。

■ 呼 吸

在某些紧急情况下,我们可以几天不吃食物,或者一两天不喝水,但是如果几分钟不呼吸,我们就会死亡。空气中含有大量的氧气,它无色、无味,我们无法感知,但是对我们来说却必不可少,因为只有在氧气的参与下,人体内的一些化学反应才能得以进行。例如,从食物中获取的高能量物质——葡萄糖(血糖)的分解过程。葡萄糖的分解几乎为人体所有生命活动提供了能量。人体内专门从事吸入空气,并将其中的氧气传输到血液,以便于参与血液循环的功能部分称为呼吸系统。

» 呼吸系统

呼吸系统由鼻腔、咽、喉、气管、支气管(胸腔中的主要气道)以及肺组成。吸气是指人体将新鲜空气吸至肺内,其中的氧气再扩散或渗入血液的过程;而呼气是指将那些已用过的低含氧量的气体由气道排出体外的过程。肺内的气管经过许多多次分支后,变得极为细小,肉眼不可见。每条细支气管的末端是一群微小的气泡,这些气泡称为肺泡。肺泡被一些微小的交织成网状的血管包裹,这些血管被称为毛细血管。氧气由肺泡扩散,或渗入毛细血管的

★ 肌肉运动消耗的能量由血液中的葡萄糖即血糖供给。

★ 当肌肉处于运动状态时,它需要更多的葡萄糖来维持能量。此时,心跳加快,而通向肌肉的血管也变粗,血流量是安静状态下的3倍。

人体奥秘

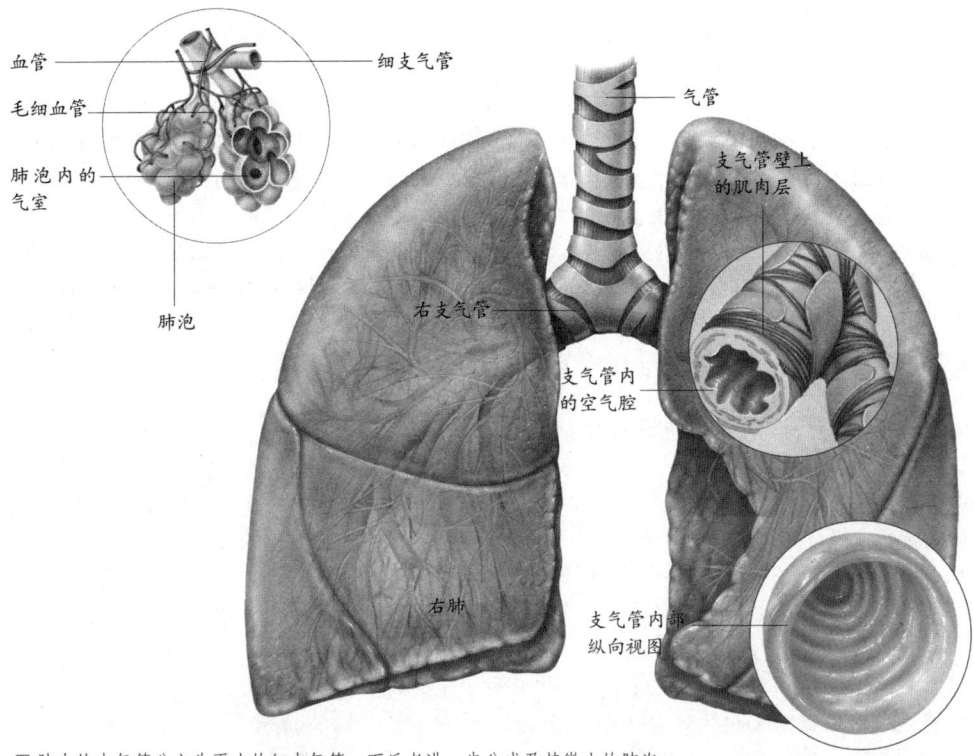

↗ 肺内的支气管分之为更小的细支气管，而后者进一步分成及其微小的肺泡。

血液中，然后由血液循环转运至全身。

» 氧气瓶

太空中没有氧气，因此，宇航员必须自己携带氧气。宇航员背着一个特制的背包，里面有一个主氧气瓶和一个储备氧气瓶，两个瓶里都装满了氧气。主氧气瓶与宇航员的头盔相连。当宇航员戴上头盔的时候，氧气瓶中的氧气充入头盔，宇航员就能呼吸了。氧气瓶中的化学物质与呼出气体中的二氧化碳相互作用，除去其中的碳原子，从而使氧气瓶中的空气保持新鲜。

» 吸气运动

横膈膜位于肺下，呈圆拱状，是人体内主要的呼吸肌。当横膈膜紧张或收缩时，变得较平坦，促使肺扩张以吸入空气。而当横膈膜舒张时，压迫呈扩张状态的肺，使其排出空气，恢复为较小的尺寸。在吸气运动中，肋间肌也会收缩，使前胸抬起，有利于肺的扩张。

» 声 带

在喉的内部，脖子的前部，从气管两侧伸出两个坚硬的脊状物，叫作声带。在通常的呼吸过程中，声带张开形成一个三角形的裂口，以便于空气的流通。当我们讲话时，声带紧闭，只留下窄窄的一条缝，空气通过时引起声带的振动，从而发出声音。

■ 心脏的搏动

血液在血管内围绕着全身不停地流动。血液循环的动力来自于心脏的搏动。心脏分为不同的房室，房室中空，但壁上的肌肉极为强劲有力，这些肌肉通过收缩与放松来推动血液在血管中流动。血液携带着许多对生命至关重要的物质，包括：氧气、供能物质如葡萄糖（血糖）、人体成长所需的营养物和一些原材料，以及相关腺体分泌的用于控制内部生命活动的化学物质如激素等。同时，血液也会带走一些垃圾和

★ 氮气约占空气体积的78%，但它对人体毫无作用，氧气约占21%，纯净的空气中几乎不含有二氧化碳。

★ 当空气被人体吸入，经肺排出体外后，其中二氧化碳的含量升至4%，而氧气的含量则下降到15%。

233

对人体无用的物质,如二氧化碳,并将它们运送至肺部,再由呼吸作用排出体外。

» 循环系统

血液经心脏推出,流进动脉。动脉是一种厚壁血管,它经过一级一级的分支,遍布全身。分支后的动脉越来越细,末端动脉的直径仅为0.01毫米,被称为毛细血管。毛细血管壁非常薄,血液中的氧气及其他物质可直接通过管壁扩散至周围组织中。毛细血管的另一端逐步汇集,形成稍粗大的血管,叫作静脉。血液经静脉流回心脏。一般来说,一滴血从心脏出发,经过动脉、毛细血管、静脉,再流回心脏大约要花1分钟时间,这就是血液循环的过程。

» 心脏的两泵系统

人体内有2条循环路线(体循环和肺循环),因而心脏也由2个泵组成,而不是单泵系统。右心室经肺循环将血液输送至肺内。此处,氧气与血液充分结合,当这些血液从肺部流出时,就变成富含氧气的新鲜血液并流回左心房,再经体循环将这些新鲜血液输送至全身各处,其中的氧气和营养物质为组织、细胞所利用,而使用过的血液再经静脉流回心脏,完成一次循环过程。人体内的血液就这样无止境地循环着。

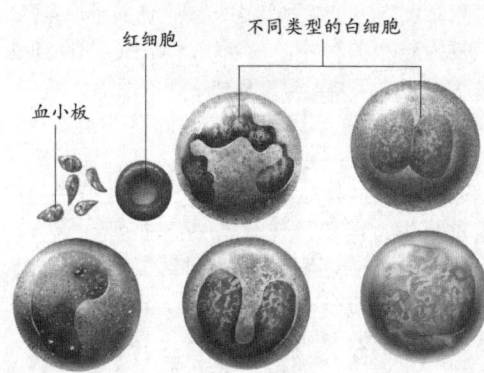

↗ 白细胞主要分为2类:单核细胞和淋巴细胞。前者直接吞噬并消化侵入体内的细菌,而后者则依靠抗体来消灭细菌。

» 血液的成分

血浆是一种似水的液体,占血液总体积的一半,其中溶解了葡萄糖、激素及其他一些物质。血液的另一半由血细胞组成。人体内主要有3种血细胞:红细胞、白细胞、血小板。其中红细胞主要起运输氧气的作用,白细胞有防御功能,而血小板有助于凝血和修补伤口。1立方毫米的血液(相当于针尖大小)中大约有500万个红细胞,8000个白细胞以及35万个血小板。

» 血 管

动脉管壁粗厚而富有弹性,有助于缓解从心脏推出的高速血流对管壁产生的强压冲击。心脏每搏动一次,全身的动脉血管就会膨胀一次。这种膨胀表现为管壁有节奏的跳动,形成脉搏,并且可以在腕关节处清楚地感受到。毛细血管壁仅由单层细胞构成。静脉血流速低、血压低,正因如此,许多静脉血管,尤其是腿部静脉,内部都有瓣膜,以防止血液倒流。

■ 消化与吸收

人类的食物多种多样,包括肉、鱼、面包、大米、面糊以及新鲜的蔬菜和水果等,但是这些食物在人体内被消化的过程却完全相同。食物经由口腔摄入后,进入消化道。消化管道很长,并且彼此缠绕,有利于食物的充分消化。当食

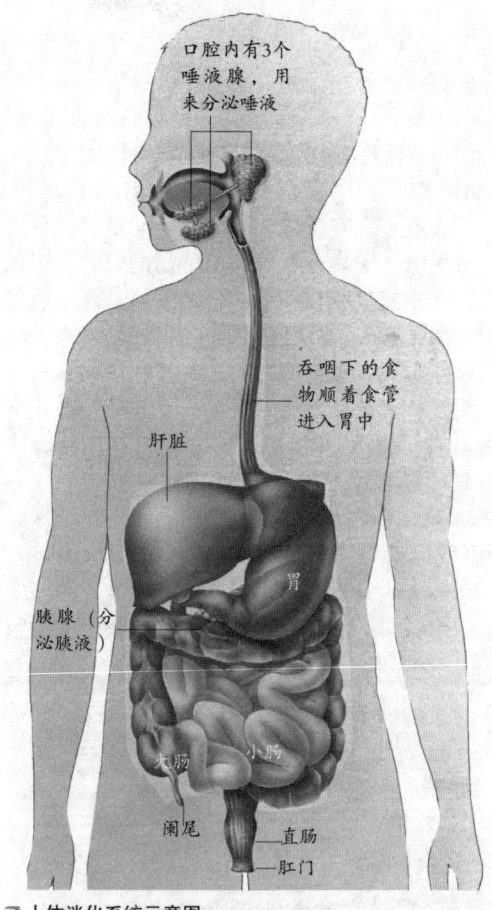

↗ 人体消化系统示意图

物经过消化道时,它们被逐步分解,变成一些更小、更简单的物质,叫作营养物。随后营养物被吸收至血液中。食物这种在人体内的旅程,从消化道的一端(口腔)到另一端(肛门),大约要经过48小时。

» 消化系统

口腔中,食物经咀嚼与唾液充分混合。这种混合体再由吞咽过程,经食道进入胃中,与胃液充分混合。胃液主要含有2种化学物质:胃酸和酶,食物经胃液消化后变成的浆状物称为食糜。食糜流入小肠内,其中的营养物质被吸收至血液中,而那些垃圾物质则储存在直肠中,经肛门排出体外。

» 肝 脏

肝脏不属于消化道,却是消化系统的一部分,接收从小肠来的富含营养的血液。肝脏能分泌一种绿色的液体,叫作胆汁,用于分解食物中的脂肪。胆汁经肝脏分泌出来后,储存在胆囊中。肝脏的左下角,胃的后面,有另一个消化器官,即胰腺。胰腺产生的消化酶进入小肠内,协助消化食物。

» 牙 齿

人类有32颗牙齿,但它们并不是同时长出来的。婴儿出生后不久就有了乳牙,共20颗。当孩子长到6岁左右的时候,乳牙开始脱落,长出恒牙。恒牙共有32颗。牙齿的表面是牙釉质,它是人体内最坚硬的物质。牙釉质之下是稍软的牙本质。牙髓位于牙体中心,由血管和神经构成。

» 小 肠

在小肠内,绝大多数营养物质由小肠上壁吸收,进入血液。小肠内壁折叠成山脊状,叫作褶皱。褶皱的表面并不是平滑的,它继续折叠,形成许多高约1毫米的手指状结构,叫作绒毛。小肠绒毛的表面进一步折叠,形成微绒毛。每个小肠绒毛的表面有成千上万个微绒毛。褶皱、小肠绒毛、微绒毛极大地增加了小肠内壁的面积——是人体表皮面积的20多倍,从而有利于充分吸收营养物质。

■ 人体的排泄

人体内数以千计的化学反应相互协调、配合的过程,叫作新陈代谢。新陈代谢产生的各种垃圾,主要通过2种途径排出体外:消化系统和泌尿系统。消化系统主要排出未完全消化的食物,以及部分新陈代谢产生的废弃物。泌尿系统的主要功能部分是肾。肾脏能滤除血液中的垃圾物、多余的盐和水,并将它们转化为一种液体,即尿液。

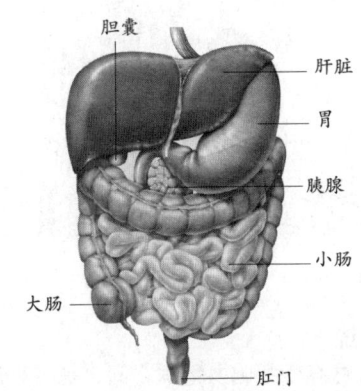

↗ 由口腔摄入的食物,经消化系统作用后,从肛门排出,全程大约48小时。

» 消化和排泄

心脏每次推出的血液大约有1/5被送往两肾。人体每个肾内大约有100万个微小的过滤单元,这些过滤单元叫作肾单位。肾单位滤出血液中的垃圾物质和多余的水分,形成尿液。尿液顺着输尿管向下流入位于人体较低处的膀胱。当膀胱内的尿量达到400毫升时,就会刺激感受器,通过尿道将这些尿液排出体外,从而保证膀胱内有足够的空间来容纳尿液。体内

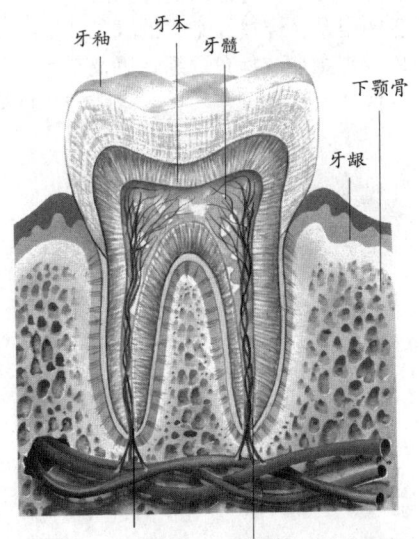

↗ 牙齿内部有许多血管和神经,它们穿过牙髓,进入下颚骨。

的固体垃圾主要包括肠内壁脱落物，以及未完全消化的食物，它们经由肛门排至体外。

» 人体与压力

位于肾脏上方的肾上腺分泌激素，调节水的利用过程以及人体对于压力的反应情况。肾上腺素是人体内主要的应激激素。当肌肉处于紧张状态，或需要大量消耗能量，例如进行体育运动时，肾上腺素的分泌使得心跳加速，肝脏释放更多的葡萄糖，以满足额外能量的需求。流向肌肉的血流量增加，从而使得人体能够完成各种快速运动。

» 激素系统

激素系统，或称之为内分泌系统，是指那些能够分泌激素的腺体。激素随血液流至全身，调控体内的新陈代谢过程。例如，甲状腺位于颈部，分泌甲状腺素，调控细胞的耗能速率。大脑下部有一个豌豆状的腺体，称之为脑垂体，是整个内分泌系统的总指挥官。肾脏的生尿量受抗利尿激素的控制。当人体由于剧烈运动流失大量水分时（排尿或流汗），必须通过饮水来进行补充。

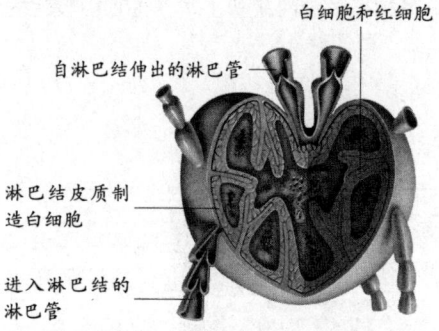

↗ 淋巴结是人体内最主要的白细胞生成器官。

» 淋巴系统

淋巴存在于细胞及组织之间，是一种浅黄色的液体。淋巴液渗入到微细的淋巴管中，淋巴管经会合，逐渐变粗膨大，通向淋巴结。人体新陈代谢产生的废料经由淋巴管收集并运送到淋巴结。淋巴结中的白细胞能够消灭废料中有害的，或是对人体无用的物质，尤其是细菌。淋巴管最终和血管相通，淋巴随之进入血液循环系统。当人体受到感染时，淋巴结肿大，内部充满了液体和白细胞。

■ 视觉与听力

人体通过眼睛和耳朵接收到的外界信息，如图画、噪声、报纸上的字以及其他一些声响，要比通过其他途径接收到的所有信息的总和还要多。人体所有感觉器官的工作原理大致相同：它们感受外界环境的变化或事物的特征，产生极其微小的神经冲动，并经特定的通路将这些神经冲动传送至大脑。例如，眼睛感受不同颜色光线的亮度及强度变化，而耳朵则感受肉眼不可见的振动的声波。

» 眼球结构

眼球的直径约2.5厘米，外层为巩膜，较坚韧。眼球的前部是一层透明的薄膜，即角膜。角膜呈圆拱形，允许光线透过。当透过的光线经过晶状体时，发生折射，从而在视网膜上形成外部世界的清晰影像。在视网膜上，数以亿计的感光细胞将光线信息转化为相应的神经冲动。视网膜上有2种感光细胞：视杆感光细胞和视锥感光细胞。视杆感光细胞又细又长，约有1.25亿个。它们在昏暗环境中工作，对光线的敏感度较高，但是不能辨别颜色。视锥感光细胞又粗又短，约有700万个，它们聚集在眼球后部视网膜上影像的中心位置，在强光条件下工作，可以辨别颜色，对细节的分辨率高。

» 眼睛的颜色

虹膜是由角膜覆盖的一圈肌肉，角膜无色透明，而虹膜是眼球内的有色部分。虹膜的正中心有一个黑洞，叫作瞳孔，光线经瞳孔传至眼球内部。几乎所有的欧美婴儿出生时都有一双蓝色的眼睛，经过几个月的成长，他们眼球的颜色或许会变成棕色、绿色以及灰色，此后便一直保持着这种颜色。孩子眼睛的颜色从父

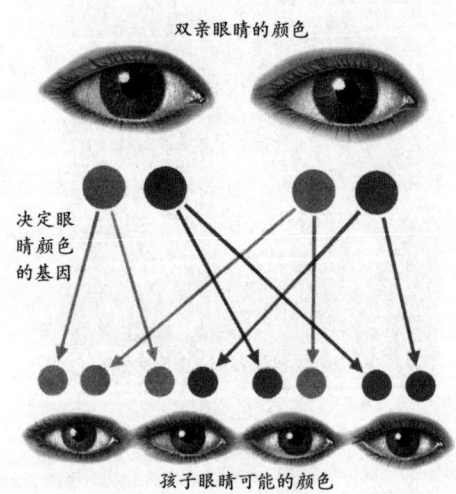

母那里遗传而来。如果父母双方都是蓝色眼睛，那么他们的孩子一定是蓝色眼睛。然而，如果父母双方中有一个，或两个都是棕色眼睛，那么他们孩子的眼睛可能是蓝色的，也可能是棕色的。

» 耳朵的内部构造

外耳道微呈 S 形，一端开口于耳廓，另一端终止于鼓膜。空气中的声波经由外耳道传至鼓膜，引起鼓膜的振动。这种振动经过 3 块听

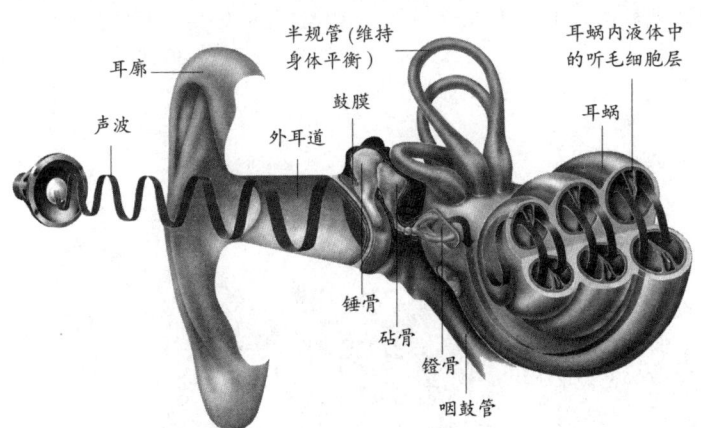

小骨：锤骨、砧骨和镫骨，传至耳蜗内的液体中，产生微小的纹波，为听觉细胞上的听毛所感知，并被转换为相应的神经信号。

» 激光手术

利用激光的单向性和高能性，我们将它精确地射向眼球某个部位，能够治疗相应的眼科疾病。例如，激光产生的热量能够修复眼内受损血管，对晶状体和角膜进行矫形，从而纠正视力。

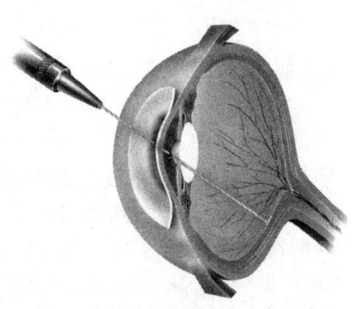

↗ 对视网膜进行激光手术后，我们就不需要再戴眼镜或隐形眼镜了。

» 听小骨

耳朵内的 3 块小骨头，即锤骨、砧骨和镫骨，统称为听小骨，它们是人体内最小的骨骼。外界声波引起听小骨的振动，而听小骨与周围肌肉相连，这样当外界声响非常大时，周围肌肉紧紧牵住听小骨，使它们不至于振动得过于厉害，从而有效地阻止了强声对人耳的伤害。咽鼓管能够控制空气在耳内的进出，进而调节耳内声压。当我们吞咽、打哈欠的时候，咽鼓管会张开。

■ 嗅觉、味觉和触觉

嗅觉和味觉都是化学感受器。它们能感受到某些极小的化学物质微粒——飘浮于空气中的各种气味的气体，或者食物和饮料中的食用香料。当我们进食时，这两种感受器各自独立工作，但是它们会在同一时间向大脑发送信息。触觉的工作情况也大致相同：嘴唇、舌头、牙龈及脸颊能够感受食物的温度、硬度或者浓度。嗅觉、味觉及触觉在大脑内部紧密关联，尤其是在我们进食时，这种相互关系更加明显。我们所感觉到的食物的味道其实是这 3 种感受器共同作用的结果。

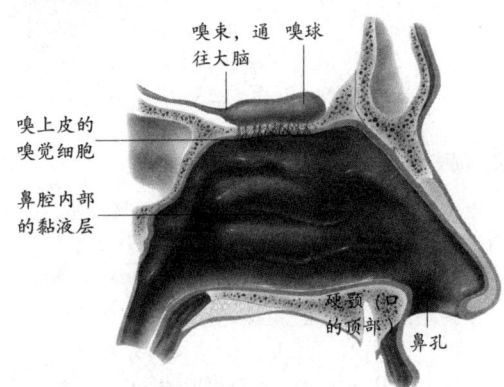

↗ 气体微粒溶解在黏液层中，为嗅觉细胞所感知。嗅觉细胞位于鼻腔顶部，它们将气味信号沿着嗅神经传送至大脑。

» 鼻腔内部结构

嗅觉感受器位于鼻子后上部与头骨交界处的嗅上皮层内，鼻腔两侧都有。每侧的嗅上皮约由几百万个嗅觉细胞组成，而每个嗅觉细胞上又有许多微绒毛，即纤毛。空气中的气体微粒扩散至鼻腔中，落在纤毛上，并为它们所感知。

» 皮肤和触觉

神经纤维位于真皮层之上，其末端是微小的触觉感受器，能够感知一定程度的触摸或压力，还有一些能接收疼痛的感觉及温度的变化。位于指尖处的皮肤，每平方毫米面积上约有 1

237

◇ 探索与发现

万个微触觉感受器。

» 舌头与味觉

在舌头的前部、边缘及根部都有成千上万的味蕾，它们分散在舌头表面，为乳突所分隔开。每个味蕾的直径约0.1毫米，内部含有约25个味觉细胞，而每个味觉细胞上又有许多微绒毛，称作纤毛。纤毛能够感知食物中的化学物质微粒，产生味觉。舌尖部对甜味比较敏感，舌两侧的前部对咸味比较敏感，舌两侧的中部对酸味比较敏感，而舌根部中央区域对苦味比较敏感。

» 嗅觉细胞

嗅细胞在靠近鼻腔的一侧有许多微绒毛即纤毛。外界气味粒子随着空气进入鼻腔，落在这些纤毛上并被感知，从而产生嗅觉。

» 嗅觉及味觉机制

人类至今也不清楚味觉和嗅觉细胞表面上的纤毛是怎样识别那些化学微粒的。或许纤毛表面有许多形状各异的微小凹陷，而某个进入鼻腔或口腔中的化学粒子只能与特定的凹陷相配，正如一把钥匙配一把锁一样。只有当特定的化学粒子与特定的凹陷相配后，才能产生神经信号，并被传送至大脑。

■ 神经系统

人体由许多不同的器官和组织组成，它们必须有条不紊地工作，才能使整个身体保持健康，充满活力。体内控制、协调各部分正常工作的系统称为神经系统。正如计算机网络一样，神经系统不停地发送、接收极小的神经冲动，将信息从人体的一个部位传到另一个部位。神经冲动是一种微弱的电信号，经由导线般的神经传送至全身各处。大脑是神经系统的中枢，掌控着整个神经系统及全身。

人体神经系统主要分为3部分：大脑、脊髓和外周神经。大脑位于头部的顶端，由数以亿计的神经细胞及其他组织构成。

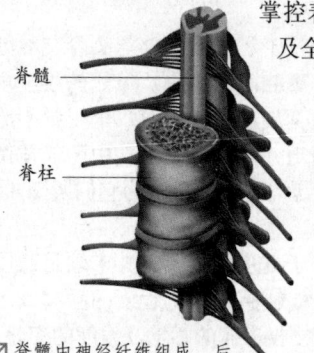

↗ 脊髓由神经纤维组成，后者从脊柱的中心分支出来。

大脑的底部与脊髓相通，后者是人体神经的主要分布点。脊柱由一节一节的脊椎组成，脊椎中空，彼此相连形成一条管道，内部充满了脊髓。外周神经从大脑和脊髓分支出来，遍布全身。

» 神经细胞

人体神经系统由数以亿计的特化细胞构成，称为神经细胞或神经元。每个神经元上都有许多蜘蛛状的分支，叫作树突，专门负责从其他神经元接收信息，并将接收到的信息经由轴突传送至另外一些神经元的树突。肉眼看不见神经纤维，但是有些神经元长达30多厘米，是人体内最长的细胞。

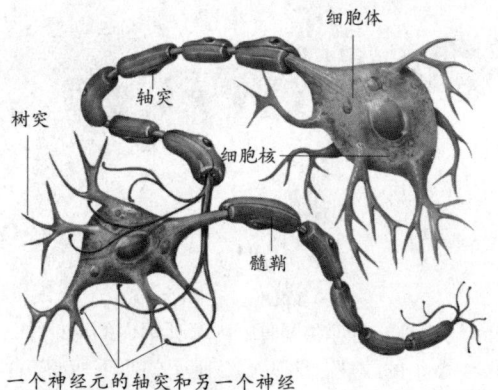

一个神经元的轴突和另一个神经元的树突相连，形成突触结构

↗ 神经元的结构示意图

» 大脑的工作原理

头颅内90%的空间为大脑所占据。大脑表面多褶皱，由左右2个圆拱状结构组成，这种结构称为大脑半球。大脑底部的偏下方是小脑，表面亦多褶皱。小脑能够调节自发肌肉运动，同时维持身体的平衡。大脑的中央部位，如丘脑，与人的意识、记忆及感情活动有关。大脑的最下面是脑干，负责调控人体的自发生命活动，例如呼吸和心跳。

» 神经元的内部结构

神经元的外表面包裹着一层坚硬的有暗灰色光泽的膜，称之为神经外膜。神经元内是一簇一簇的神经纤维，携带着微弱的神经冲动。较为粗大的神经元内一般有成千上万的神经纤维，而那些最细的神经元，就像人类的毛发一样，内部仅有几条神经纤维。同样，神经元内也有极为微小的血管，用于运送养分，同时带走废物。神经冲动的传导速度如此之快，以至于人体感受外界环境的变化并作出反应的整个过程都不到 0.2 秒。

生殖系统

平均每秒钟，世界上就会有 3 个婴儿出生。他们在母体内生长、发育了 9 个多月后，终于降生。人体内繁殖下一代的系统叫作生殖系统，它是人身上唯一一个到出生时还没有完全成熟、不能发挥功效的系统。就平均水平而言，女孩在 11～13 岁完成生殖系统的发育和成熟，男孩则为 14～16 岁，这一阶段称为青春期。生殖过程从两性细胞的结合开始，即来自于母体的卵子与来自于父体的精子相结合。

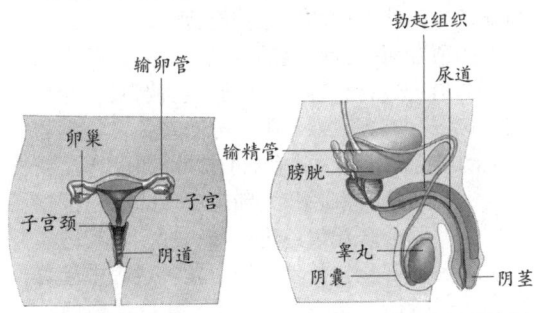

↗ 女性生殖系统　　↗ 男性生殖系统（侧面图）

» 女性生殖系统

卵子相对较大，直径约 0.1 毫米。卵巢是主要的女性性器官，内部有成千上万的卵子。每个月女性体内都有一个卵子成熟，并从输卵管排出，这一过程称为排卵。若卵子在输卵管内遇到精子，便与之结合，完成受精。

» 男性生殖系统

与卵子相比，精子要小得多，其长度仅为 0.05 毫米。睾丸是主要的男性性器官，每天都生成数以百万计的精子。精子的存活期约为 1 个月。如果精子未能及时地通过输精管由阴茎排出体外，它们就会逐渐死亡，并被分解，而新的精子还会不断地生成。

» 受 精

精子和卵子只能在女性排卵期（卵子从卵巢中排出来）的那几天里结合。输卵管内，大量的精子游向卵子，但通常只有一个精子能与卵子结合并受精。卵子和精子各自携带一套遗传基因，其主要成分为 DNA。受精过程中，这两套遗传基因相互结合，形成一套独一无二的组合，这种组合即为新生儿的基因。

» 子宫内发育过程

在子宫内，受精卵一分为二，形成两个子细胞，这 2 个子细胞继续分裂，成为 4 个、8 个，甚至更多个子细胞，并照这样不断地分裂下去。1 周之后，受精卵成为一个由上百个子细胞组成的球状体，在子宫壁上着床，通过血流丰富的子宫内膜，不断吸取母体营养以继续分裂。1 个月之后，受精卵还是没有一个谷粒大，但是胎儿的大脑和心脏却已成形。两个月胎儿的大小还不及一个大拇指，但是其体内的主要器官和组织都已成形。

» 新的生命

子宫内温暖、潮湿而安静，母体的氧气和营养物质能够直接进入胎儿的血液中。分娩过程中，胎儿经挤压和推动，从母体子宫中出来，第一次接触到外界新鲜的空气、光线和声音。婴儿第一次吸入外界空气时通常会哇哇大哭，这绝对是一件好事，因为它通开了婴儿的气管和肺，使之以后能够自由呼吸。当然，若胎儿还在母体子宫内，它们并不需要自己呼吸；但是当婴儿出生后，他们就不得不自己呼吸、吃东西。出生后不久，婴儿从妈妈那儿吃到了第一口奶。随后的几个月里，他们只吃奶水，不需要其他任何东西，因为母体的奶水提供了婴儿最初成长所必需的所有营养。

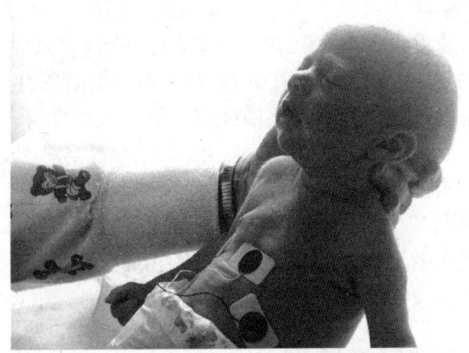

↗ 医生仔细地检查新生儿，确保其健康、正常。

生长与发育

生长与发育是同时进行的。生长是大小的增加，而发育则是指细胞分工完成各自特有的功能。1 岁婴儿完全依靠父母的喂养和保护，但他已经开始学习某些技能，如讲话、行走及与他人交流等。随着年龄的增长，这些技能得到进一步提高，运用起来也变得更加娴熟。此时，

□ 探索与发现

↗ 妈妈和婴儿通过眼神进行交流，这种联系在孩子刚出生时就已经开始了。婴儿对大人的搂抱报以欢快的笑声，因为他有了安全感。这种搂抱也增进了父母与孩子的亲情。

婴幼儿的骨骼生长也较快，模样也在逐渐发生着变化。然后进入一个相对稳定的生长期，直至第一次青春期的出现，男女之间开始出现了明显的区别。

» **老　化**

人从 40 多岁开始老化。其表现是，细胞功能减弱、肌肉力量降低、骨质松脆、感觉迟钝、头发逐渐稀少并变得灰白。最后身体中的一个或多个系统出现功能障碍，并最终停止工作，人便会死亡。

» **青春期**

青春期是生长迅速并出现性征的时期。女孩约在 11 岁，男孩则在 14 岁左右。两者都生出腋毛和阴毛。女孩逐渐变得丰满，乳房发育，臀部变宽，卵巢开始排卵，出现月经。男孩变得肌肉发达、多毛，双肩增宽，声音低沉，睾丸开始产生精子。青春期是成长的一部分，其中还包含心理的变化。这些变化使得一个年轻人更具独立意识，开始被异性吸引。

■ 大脑怎样工作

我们清醒时，人脑从眼睛、耳朵以及触觉、味觉和嗅觉器官接收大量的信息。脑随之对这些信息迅速地进行分类，并运用它们来控制我们的思考和行动。除这种有意识的活动外，脑还在无意识中控制着人体生理系统的正常功能，维持生命的最佳状态。

人脑常常被比作一台复杂的电脑，它发出命令，对信息进行处理和储存，并为我们提供思考所需的信息。与此同时，脑还可以思考下一步行动，发出信号指令，使肌肉收缩，四肢运动，以达成这一行动。我们还可以在同一时间内进行谈话这样复杂的活动。此外，脑对已经发生的事件进行记忆储存，使我们在以后可以回忆起这些事件。脑还执行着许多无意识的活动，诸如保持心脏跳动或监控人体内其他过程。

脑的各个部分有着不同的功能，它们受到脑的统一协调，常常彼此联系。

大脑执行比较高级的脑力活动，诸如学习、记忆和推理。大脑的 4 个区各自执行一项特殊的脑力活动。靠近前额的额叶控制判断、思考和推理。额叶后面的区域控制言语。位于大脑两端的顶叶对所接收到的触觉、温度以及疼痛方面的信息进行处理。颞叶则负责听觉，并且和记忆储存有关。颞叶附近分布着负责味觉和嗅觉的细胞。位于大脑后端的枕叶控制视觉。

大脑的这 4 个区和大脑皮层上的联合区相互作用。联合区对信息进行加工后，将其传递到脑的其他部位，并且在智力发展过程中起着重要的作用。

小脑主要的功能是维持人体平衡，并协调肌肉运动。例如，人的行走离不开小脑的协调。脑干是脑的第三部分，其中有若干个控制中心，它们控制着呼吸、心率、血压和消化，对于维持生命至关重要。此外，它们还控制着人体内的一些反射活动，例如呕吐。脑干还负责清醒和睡眠。

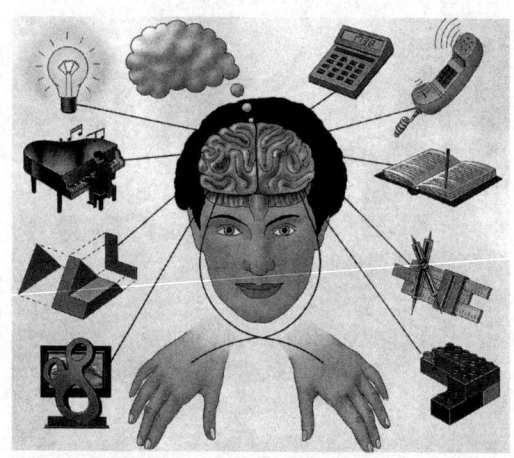

↗ **脑半球的分工**
我们的逻辑思考和创造性活动分别由不同的脑半球控制。脑的左半球控制我们对数字、语言和技术的理解；脑的右半球控制我们对形状、运动和艺术的理解。

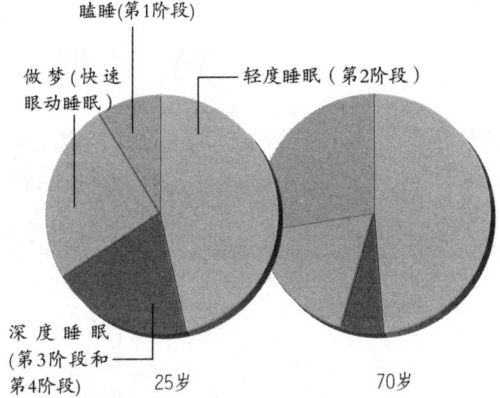

↗ 年龄对睡眠的影响

这两幅图显示了人在25岁和70岁时睡眠模式的区别。人在70岁时的深度睡眠时间（第3阶段和第4阶段）约是25岁时的1/4，而瞌睡或清醒时间（第1阶段）约是25岁时的4倍。老年人做梦的时间也比较短。二者轻度睡眠时间（第2阶段）差别不大。

■ 你睡得好吗

在我们的一生中，有1/3左右的时间是用来睡眠的，正常的睡眠是人类24小时活动周期中不可缺少的一部分。睡眠能使身体得到休息，并且使大脑恢复精力。在睡眠中，人体防御系统有效地进行着细胞和组织的修复，并抵抗疾病。此外，在睡眠中，我们的潜意识十分活跃，大脑活动随之发生相应变化。

人类和其他哺乳动物一样，都有两种睡眠。一种是快速眼动睡眠（夜间做梦时眼球快速而细微地移动，又称眼球速动期），双眼在闭合的眼睑后快速运动，在这段期间人们会做梦，大脑活动最为频繁。另一种睡眠中没有快速眼动，人们夜间的睡眠大部分是这一种，其间也规律性地穿插着短期快速眼动睡眠。在睡眠的不同阶段，脑电波的模式不同，人体内生理过程和肌肉活动也发生相应变化。

目前，我们尚未完全了解睡眠的原因，不过人们普遍认为，睡眠期间活动较少，人体可以得到休息，恢复精力。婴儿和青少年睡眠时间较长，因为这都是身体发育最快的时期。病人的睡眠时间也比较长，人体的修复系统在此期间与疾病作斗争，从而使身体恢复到健康状态。

人们还认为，快速眼动睡眠在大脑学习过程和记忆模式形成过程中起着一定作用。

我们每天的睡眠时间平均为8小时。不同年龄段的人的睡眠时间显著不同；即使年龄相同的人，睡眠时间也有细微差别。新生儿的睡眠时间通常是每天16个小时，甚至更长。1岁左右的孩子睡眠时间是13～14个小时。在5岁到15岁，青少年睡眠时间减少为9～10个小时。老年人的睡眠时间通常不超过6个小时。长期缺乏睡眠会使人迟钝，能力降低，还会影响正常情绪和行为。

压力过大、疾病和不规律的生活都会导致失眠症，失眠症患者不能正常入睡。嗜睡症也是睡眠方面的主要问题，这种患者常常睡眠过度。

■ 你是怎样看到图像的

眼睛的结构很像一部照相机。眼睛前方的虹膜起着照相机里光圈的作用，调节着进入眼的光线的多少。眼睛里的晶状体可以调节物像，使物像聚焦。视网膜就像照相机里的底片，起着捕捉物像的作用。底片只能使用一次，视网膜却可以使用无数次。眼睛里的物像必须经过一定处理后才能形成视觉，这一点也和照相机相似。

人的双眼是视觉器官，对光线最为敏感。每只眼的直径约为2.5厘米。眼睛位于眼眶内，眼眶由骨头组成，是颅骨的一部分。眼睛中分布着丰富的血管和神经。在不同肌肉群的作用下，眼球在眼眶内转动。虹膜的大小和晶状体的形状在肌肉的作用下也会发生改变。

眼球的外壁有3层组织。最外层的巩膜是一层纤维组织。眼睛正前方的一层透明组织叫作角膜。中层包括虹膜、睫状肌和脉络膜。虹膜上分布着色素，决定了眼珠的颜色。虹膜包围着瞳孔，起着光圈的作用，光线由此进入眼球。虹膜内的平滑肌控制着瞳孔的大小，从而调节进入眼的光线的多少。睫状肌的活动可以

盲点

闭上左眼，盯着这个×字。将书拿到一臂距离之外，然后将书拉近眼睛。当书移到一定位置时，你会发现圆点消失了，这是因为圆点聚焦落在了"盲点"上（盲点是视网膜内没有感光细胞分布的部分）。

□ 探索与发现

改变晶状体的形状，使物像聚焦并落在视网膜上。脉络膜中血管丰富，可以为眼球其他部位提供营养。

眼球的最内层叫作视网膜。视网膜上分布着感光细胞，通过视神经和大脑相连。

视网膜上存在两种不同的感光细胞，一种叫柱状细胞，这种细胞细而薄，能够感受暗光的刺激，在夜间起着极为重要的作用。另一种锥状细胞对强光敏感，一端较细，另一端较粗。柱状细胞遍布视网膜；锥状细胞只分布在视网膜内的黄斑上。由于感光细胞的作用，我们能够识别颜色，并且清晰地看到物体。柱状细胞对光线极为敏感，一旦眼睛适应了黑暗，就可以看到8千米之外的烛光。

眼周围的眼眶是颅骨的一部分，对眼睛起保护作用。此外，眉毛、睫毛和眼睑可以减少外力对眼球的冲击，将灰尘和其他有害异物屏蔽在眼睛之外。泪腺所分泌的泪液可以清洗角膜和结膜（眼睑内部），帮助杀灭细菌。

■ 视错觉是怎样产生的

眼球传递给大脑的信息可能会误导我们。有时我们以为看到了某个物体，其实它并不在那里；有些令人费解的信息还会使大脑迷惑。此外，当大脑没有收到关于某个物体或某个图片的足够信息时，也会作出错误的判断。这些

↗ **螺旋陷阱**
观察这个螺旋，你会发现你找不到它的中心。事实上，图中并没有螺旋，只有一系列的圆，但是大脑受到背景图案的误导，错误地将这些圆叠加在一起。

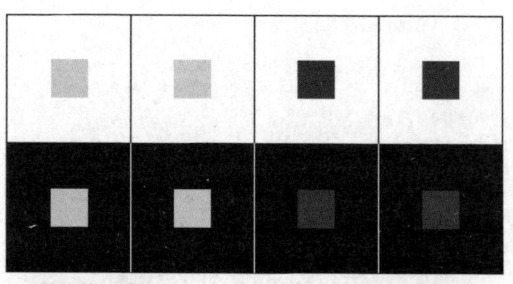

↗ **颜色的作用**
4种颜色不同的正方形分别分布在黑色背景和白色背景中。比较颜色相同的两个正方形，它们的亮度有差别吗？事实上，这两个正方形的亮度是一样的，但是你的大脑受到背景色以及正方形本身颜色的影响，会觉得黑色背景中的那一个正方形亮度高。

情形统称为视错觉。

有些图片会导致视错觉，这种图片很有趣，也很有挑战性。视错觉的产生和大脑处理视觉信息的方式有关，它是有规律可循的。这些图片种类多样，本节列出的2张图片分别以不同的方式为大脑设置了视力陷阱。有趣的是，每个人受视错觉影响的程度不同。

大脑在过去判断的经验中形成定势。例如，我们能从简单的几笔中看出人形，因为大脑中储存有丰富的相关线索会自动填充空白。但是，有时大脑会对视觉信息作出错误的解释。在有些情况下，大脑没有接收到足够的信息，或者受到了其他信息的迷惑和误导，就会产生视错觉。

有些视错觉的产生是由于大脑没有将图像和背景分离开来。另外一些视错觉的产生是因为大脑将若干图像混合在一起，形成了某个不存在的物体的图像。还有一种情况是图片的某一部分对大脑影响很深，以至于大脑对该图片的其他部分作出了错误的判断或解释。

■ 你怎样听到声音

耳朵是听觉器官，空气振动形成声波，然后声波对耳朵中的接收器产生刺激。接收器将神经冲动传递到大脑，形成听觉。耳朵的其他部位起着维持人体平衡的作用。

耳朵是人体重要的感觉器官之一，它和其他感觉器官一同为大脑提供我们周边环境的信息。声音到达双耳的时间不同，这个细微的时间差可以使我们准确地判断声音的来源。耳朵在人际交流过程中的作用尤为重要，因为我们

会引起半规管内淋巴液的振动,形成神经冲动。神经冲动传递到大脑后,大脑作出反应,通过四肢运动来维持平衡。

■ 嗅觉、味觉和触觉面面观

嗅觉、味觉和触觉器官的功能类似于人的眼和耳,它们也是将收集到的周边环境信息传送到大脑,以便大脑作出判断并运用这些信息。此外,触觉还会向人们提示人体内部的状况。人体在受到外界物理刺激时会产生视觉、听觉和触觉,在受到化学刺激的情况下才会产生嗅觉和味觉。目前人们在嗅觉和味觉方面所进行的研究相对较少,所以对二者的功能机制的了解并不透彻。

人类的嗅觉比味觉更敏锐。人类不仅能够分辨上万种不同的气味,还能发觉危险性的气味,从而避开险境;而且嗅觉还在吸引异性方面起着一定作用;人们还通过嗅觉这种能力享受着日常生活中各种令人愉悦的气味。人们的鼻腔顶端分布着对气味敏感的组织,当气体分子接触该组织时,会对此处的数百万个嗅神经末梢产生刺激,随后嗅神经将刺激传送到脑部底端。脑部在接收到该信息后分辨气味,引起嗅觉。

人们通常所说的味道其实是味觉和嗅觉的混合。人们能分辨的基本味道有4种:酸、甜、苦、咸,这4种基本的味道又能混合出多种味道。味蕾是感受味觉的具体细胞,和味蕾相连的神

↗ 钢琴调音

这位调音师运用他的双耳认真倾听每个琴键发出音高的细微差别,他正在用一种特制的工具给钢琴调音。

必须通过耳朵才能听到他人的言语。

耳廓位于耳朵的外围,负责收集声波,声波经由外耳道传入中耳。鼓膜位于外耳道的最内端,是一层组织壁。声波传到鼓膜后,鼓膜开始振动,并将振动传递到中耳。中耳内有3块小听骨,分别叫作锤骨、砧骨和镫骨,它们可将振动扩大约20倍。锤骨的一段和鼓膜相连,另一端和砧骨相连。砧骨末段和镫骨相连;镫骨末段是一层叫作卵圆窗的薄膜。

鼓膜的振动引起中耳小听骨的振动,从而将声波传入内耳。耳蜗位于内耳中,充满着淋巴液。耳蜗上分布着对声波敏感的毛细胞,毛细胞在受到刺激时会将声波转变为神经冲动,听神经将神经冲动传导到大脑,产生听觉。

人耳能听到的声波范围极广,从每秒振动20次到每秒振动2万次。相对比较,狗的听力范围更为广泛,它们能听到的声波范围是每秒振动15次~5万次。

内耳中还有一种器官,叫作半规管。半规管有3根,它们互相垂直。人体和头部的转动

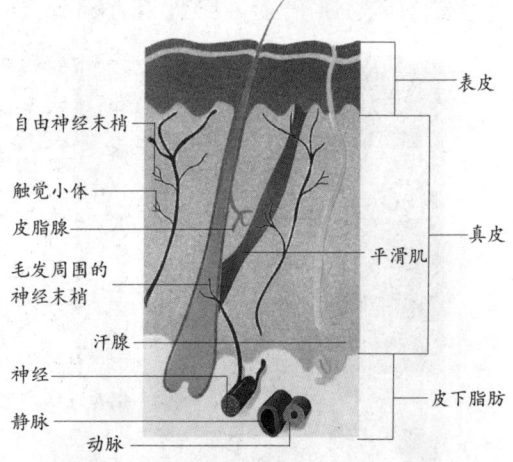

↗ 触觉感受器

真皮位于皮肤下层,真皮中的神经末梢负责收集温度、压力和质地等方面的信息,并且能感知疼痛。人的面部和指尖的触觉最灵敏。

经负责将信号传送到大脑,产生味觉。舌是主要的味觉器官,舌的不同部位可以感受不同的味道。人体的近万个味蕾分布在舌、上颚、咽和喉等部位,食物必须首先溶解在唾液里而后才能产生味觉。味觉对人类的生存具有重要的意义,当食物中含有腐坏物质(酸味)或有毒物质(苦味)时,即使浓度很低,人们也能够发觉。

触觉也是大脑接收周围环境信息的一种途径。人们常常把触觉和令人愉悦的感觉联系在一起。除此之外,触觉还能感受疼痛和冷热程度,这种能力对人类的生存十分重要。皮肤和深层组织中分布着触觉感受器,皮肤接触到的物体会对感受器产生刺激,将信息传送到脊髓。各个触觉感受器外围的保护组织不尽相同,它们在皮下分布的深度也有差别,这两个因素决定了某个神经末梢是否会被轻度抚摸、压力、疼痛、震动和冷热等接触激活。触觉消失很快,所以我们常常感觉不到所穿衣物的重量。大脑还通过触觉了解人体内部环境的状况,例如,人体会通过胃痛告诉大脑消化系统出了问题。

■ 头发中的学问

成语"擢发难数",是形容头发很多的意思。据计算,一个人的头发约有10万~12万根。它每天能长0.4毫米,寿命有2~6年,可以长到1.06米,平均每天脱落30~120根。

头发,是由角质化的上皮细胞成熟后,被角质蛋白所填充形成的一种无生命的角质蛋白纤维,所以理发也不会感到疼痛。它对人来说,不仅可以增添我们的风采,而且是头部的"保护伞",既可挡风,又能保暖,还能散热呢!运动场上运动员经常跑得头上直冒热气,因为体内的余热,也能通过头发散发。由于头发富有弹性,遇到外力的撞击,还可起一定的缓冲作用。

一根头发的直径只有0.05~0.125毫米,但在它的毛囊里也有毛细血管,好让血液为头发送去足够的营养素。因此,人体中的各种微量元素,就与毛囊里的角质蛋白结合在一起,而且比血液里的含量要高10倍。于是,人们把头发看成是与微量元素相接触的"录音带"。只要查查头发,就能鉴别出性别、年龄、人种和居住的环境。如黑发之中含有等量的铜和铁;金发里面含有较多的钛元素;含钼多的头发,往往是红褐色的;要是铜、铁、钴的含量都多的话,头发就成红棕色。据报载,美洲有两位姑娘,因常用流经铜矿区的水,毛囊里的铜元素比常人高出10倍,于是她们的头发都变成绿颜色了。

平时,看到老人的白发,你也许会说,那是一种自然现象,可为什么有些青少年头上也会有白发呢?

据研究,青少年的白发,有的是受遗传因素影响的结果,有的是忧虑过度,或是精神过于紧张的缘故。当供应头发的血管产生痉挛时,因血流不畅,头发得不到足够的营养,就会影响色素的合成,黑发就会变成白发。

头发不仅能反映出人体内微量元素的多少,而且也是健康的"晴雨表"。如测得头发中钴的

▷ **头发的结构**
发干
发根
发囊

▷ **头发的类型**
头发的形状是由发囊的形状决定的。
圆形发囊 —— 直立型头发
椭圆形发囊 —— 波浪型头发
肾形发囊 —— 弯曲型头发

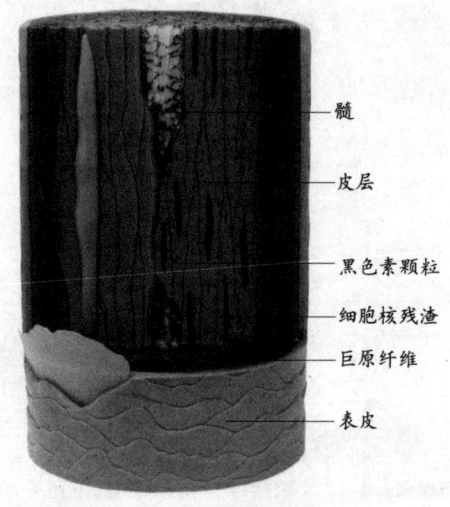

髓
皮层
黑色素颗粒
细胞核残渣
巨原纤维
表皮

↗ **毛发切面示意图**

含量过少，就容易患白内障；要是含钙太少，还会出现心血管系统的疾病。为此，医生通过查看头发中铬的含量可以用来诊断糖尿病，查硒的含量，又可查出克山病来。

头发是一种不透明的角质结构，能长久保存其中的微量元素。

现在，通过对头发的化验，还能预测出青少年学习成才的趋向。据美国马里兰大学的研究，认为头发中含铬量高的学生，其"心领神会"的能力较弱，学文科的成绩就不够理想。如果头发中铜、锌含量较高，智力也会高一些，这是因为铜和锌是多种酶的组成物质；若是含量不足，对蛋白质和酶都会失去催化的活性，不但会阻碍人体的生长和发育，也会影响智力的发展。

■ 一专多能的舌头

舌头，是个一专多能的器官。它不但是我们的味觉器官，而且还具有辅助食物的搅拌、吞咽和发音的作用。

一切美食佳肴，或是难咽的苦药，都逃不出舌头的审查。

舌头是怎样识别甜、酸、苦、咸的呢？让我们先从舌的构造说起吧！舌头是由横纹肌和舌黏膜所组成的。它的前部是舌体，后部为舌根。舌体主要受三叉神经的支配，舌根又为咽神经所支配。在舌面和两侧，有许多突起的小乳头。乳头的四周，有像花蕾似的小体叫"味蕾"，它是味觉的感受器。在每个味蕾上，都有一个小味孔，还有10～12个味细胞，各有一根突起的味毛伸到味孔口，专门用来辨别食物的滋味，进而引起神经的冲动，等传入大脑，人就能知道甜、酸、苦、咸等滋味了。

由于味蕾蛋白成分的差异，使结合的化合物也有所不同，便会出现味蕾感受上的差别。如舌两侧中部的味蕾，喜欢与氢离子亲和，所以对酸味就最敏感；舌缘的味蕾与氯离子的亲和力最强，就对咸味最敏感；舌尖虽能感受甜、咸和酸味，但它格外爱甜味；舌根对苦味最敏感。它们各司其职，又共同协作，才使我们吃到了各自喜爱的美味。在人的一生中，儿童的味蕾约有1万个，45岁后，舌上的细胞会逐渐老化，到老年期，味蕾数量只有儿童期的20%，所以常有茶饭不香的感觉。

平时，学习或工作过于紧张的人，因太疲劳了，味觉就会减退，往往就不想吃东西。发烧的病人，虽能区别酸、苦、咸，却尝不出菜肴的鲜味来。人在愤怒或感到恐怖的时候，由于交感神经受到了抑制，又因胃液分泌量减少，味觉也会变差。当体内缺乏糖质、脂肪和维生素时，人的味觉就要受到影响。在人群中，约有8%的人不知道苦味，这叫"味盲"。

舌苔人人都有，那是舌面小乳头新陈代谢脱落下来的角化上皮，加上一些食物的残渣、唾液和细菌的混合物，成为舌面上一层白而薄的"舌苔"。平时，随着人的说话和吞咽，舌苔就会不断地脱落和更新。

医生很重视舌和舌苔的变化，认为它是"胃病的镜子"，也是一个"外露的内脏"。一般说来，一个健康的人，舌质是淡红色的，不但柔软润泽，又能灵活转动，连舌苔也是薄白、洁净的。一旦舌头转动不灵活，往往与脑溢血和脑肿瘤有密切的关系；若遇舌质淡白又浮肿时，常是贫血、肾炎和内分泌失调的征兆；出现青紫舌，可能是心脏、肝脏出了毛病，或是一种癌症的反映；舌苔厚腻，是消化不良的缘故；黄腻苔，是肺炎、痢疾和胆囊炎的先兆；要是舌头光滑似镜又无苔，那是营养不良的结果。一般说来，当舌苔由白转黄又变黑色，预示病情转重；相反，则是病情好转的征兆。

有人发现舌苔厚，又感饮食无味，常爱刮舌苔。其实，这样做既不能除去病因，且舌苔

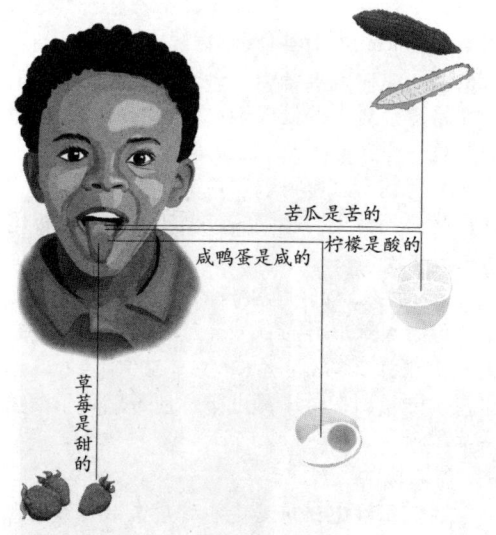

↗ 不同部位的味蕾能分辨不同的滋味。

□ 探索与发现

刮了又会再生,一旦刺破了味蕾,不但舌背要发麻,连味觉也会被破坏。

舌头除了辨别食物的滋味外,还负责测试食物的冷暖,甚至能觉察出鸡肉中的一根鸡毛来呢!

当牙齿在咀嚼食物的时候,舌会自动地帮着食物翻动,掺和能够消化淀粉的唾液,并检查其中是否有硬物,判断能否吞咽。即使在咀嚼已经停止的时候,它仍不停地探来探去,设法清除粘在牙缝里的残渣。也只有依靠舌头后部的拱起,才能将浸泡着唾液的食物送到喉咙里去。

人在说话时,也得依靠舌头的上下移动,才能发出清晰的声音来。

■ 如何塑造优美体形

食物为我们提供生存所需的能量,使人体器官得以维持正常功能;食物还为人体组织提供营养物质,促进生长发育和伤口修复。但是饮食过量则会使人发胖,导致高血压和心脏病。

人体需要摄入多种食物才能维持健康。均衡的饮食应该包括适量的碳水化合物和充分的蛋白质。其中碳水化合物是人体主要的能量来源,蛋白质为细胞生长和修复提供了原料。

维生素是维持人体健康所必需的物质,其中纤维素起着强化消化系统功能的作用,但是大多数饮食都包含过量的脂肪,导致体重超标。由于每个人年龄和日常活动的不同,人们所需食物量也有显著差别。譬如说一个年轻的运动员所需食物量会超过一个活动量很少的老人。

食物中的能量是以焦耳(量词,法定热量单位,简称"焦",1卡 = 4.1 868焦。"卡"是"卡路里"的简称)衡量的。成人平均每天需要摄入6 280焦(1 500卡路里)的能量。10岁以上的儿童和青少年正在迅速地生长发育,他们每天需要摄入8 373 ~ 10 467焦(2 000 ~ 2 500卡路里)的能量,这些能量主要包含在碳水化合物、蛋白质和维生素中。

然而,青少年往往不喜欢规律饮食,而喜欢快餐和速食,这些食品含有大量的糖分、添加剂和脂肪,而蛋白质含量却很低。食用这类食品很容易导致摄入能量超标,如果食用者缺乏规律的锻炼,过多的能量就会转化为脂肪。在日常生活中健康的早餐是非常重要的,诸如果汁、谷类食品和烤面包。如果你喜欢吃零食,那么你最好以水果和坚果代替糖果等高脂肪食品。本页的食物金字塔显示了每日均衡饮食所需摄入的各种食物量。

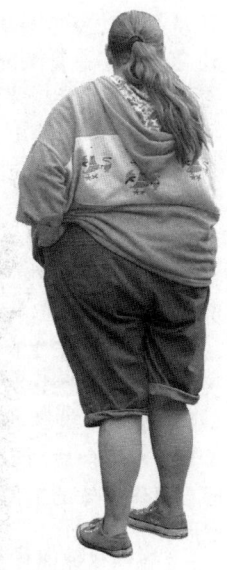

↗ **肥胖**
图中这位女士的腰部和臀部都有过多的脂肪,臀部、膝盖和脚踝都需要分担这些重量,因此这些部位的关节很容易受到损伤。肥胖还会加重心脏负担,导致血压升高。

» 超 重

超重会对人的健康构成潜在的威胁。超重的儿童和青少年在成年后会遇到许多健康问题,而这些问题本来是可以避免的。肥胖人群患背部疾病、关节炎、心脏病、循环不畅和呼吸困难的概率较大。

人们为了减轻体重设计了上百种饮食方案,但是大部分并不奏效。最有效的方法是每天减少摄入2 093 ~ 4 186焦(500 ~ 1 000卡路里)能量,在这个额度下你还可以偶尔享受一些零食。

» 营养不良

我们都在电视屏幕上看到过饥饿儿童的悲惨照片。当人体不能从食物中摄取能量时首先

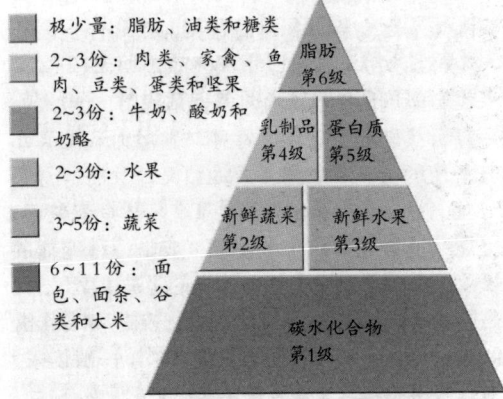

↗ **食物金字塔**
丰富均衡的饮食是保持身体健康的必要条件。这个金字塔标明了各种食物的每日适当摄入量。蛋白质、牛奶、水果和蔬菜均有助于维持人体生理系统的正常功能。

分解脂肪,然后从肌肉中分离出蛋白质。蛋白质缺乏会导致液体潴留,因此营养不良的儿童腹部会出现肿胀。最终心肌衰弱,无力将血液运往全身,导致死亡。

许多人因为受到流行风尚等因素的影响而节食,然而过度节食则可能导致神经性食欲缺乏。这种患者误以为自己超重,拒绝进食。这既是一种生理疾病,又是一种心理疾病,患者可能需要接受治疗才能康复。

■ 威胁健康的因素

我们必须认真照顾自己的身体才能维持生命的最佳状态。许多疾病大都是由不健康的生活方式导致的。饮食失衡、高度紧张、缺乏锻炼以及酒精和烟草的摄入都增加了心脏病等疾病的发生概率,严重者甚至会导致残疾和过早死亡。

缺乏锻炼是威胁健康的首要因素。在青春期后期有些人坚持锻炼,从而得以保持健康的体魄;另外的一些人停止了规律锻炼,导致肌肉和关节逐渐衰弱。锻炼能够提高人体的活力,并且能起到预防疾病的作用。

最新研究表明,吸烟人群中至少有一半死亡较早。人们普遍认为吸烟会增加患肺癌的风险,但是很少人知道肺部以及胆囊等部分的恶性肿瘤也和吸烟有关。香烟中的尼古丁会使血管变窄,尤其是腿部血管,严重者甚至需要进行截肢手术。

滥用毒品等物质虽然会给人带来暂时的愉悦感,但是服用毒品以致中毒和上瘾都会影响

↘ 接种疫苗
这张照片展示了一个婴儿在接种小儿麻痹症、破伤风和百日咳的疫苗的情形。疫苗的使用大大降低了这些疾病的发病概率。

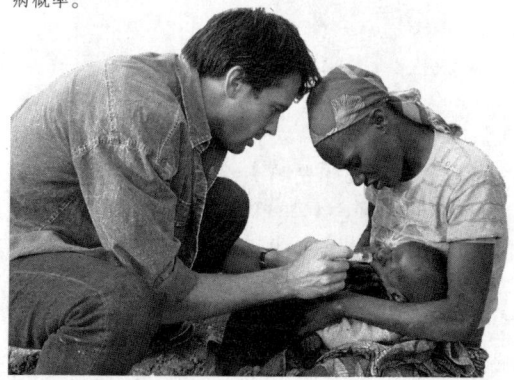

健康,甚至导致死亡。

酒精也是一种有害物质。酒精作为一种麻醉剂,会使人体的许多功能衰退,诸如大脑活动减少,协调能力降低和反射活动减慢。少量饮酒对心脏是有益的,但是过量饮酒则会使血压升高和心肌衰退。酒精中毒会对肝脏造成损害,导致有毒物质在血液中积留,最终引发死亡。

在某些情况下,我们需要特别防范威胁健康的因素。例如在到某些热带国家旅游之前,游客应当接种霍乱、黄热病和伤寒症等疾病的疫苗。此外,游客还应当咨询医师关于饮用水安全等方面的意见,以避免感染痢疾等当地疾病。

发达国家的居民有条件选择健康的饮食,在感染疾病时也能迅速得到治疗。相比之下,不发达国家的居民则没有这么幸运,他们的健康常常受到威胁。不过,随着医学的进步,人类已经通过疫苗接种彻底根除了天花,并大规模降低了麻疹和百日咳的发病率。此外,痢疾的发病人数也大大减少。艾滋病仍然是人类健康的最大威胁,但是性教育的普及正在起到预防艾滋病的作用。

■ 人体的防御战

人们周围遍布着细菌、病毒和其他肉眼看不到的微生物,它们侵入人体之后会进行自我复制和扩散,直到被人体内的防御机制杀死。

空气中充满了各种肉眼看不到的微生物,它们不断地落在我们的皮肤、衣物、食品和其他物品上。大多数微生物是无害的,但是某些微生物会引发感染。感冒和喉咙痛等传染性疾病通常很快就会痊愈,而肺炎等疾病会导致致命的后果。

人体表面存在若干种防御微生物侵袭的机制,其中皮肤的作用最为重要,大多数微生物都无法穿透健康的皮肤。

某些微生物能够穿过人体表面的防御机制进入血液或其他内脏部位,在这种情况下,白细胞成为人体的第一道防线。

白细胞分为3种,其中巨噬细胞和粒细胞能够彻底吞噬微生物。

淋巴细胞是另一种白细胞,这种白细胞通常在骨髓或位于胸腔下方的脾脏中合成。淋巴

□ 探索与发现

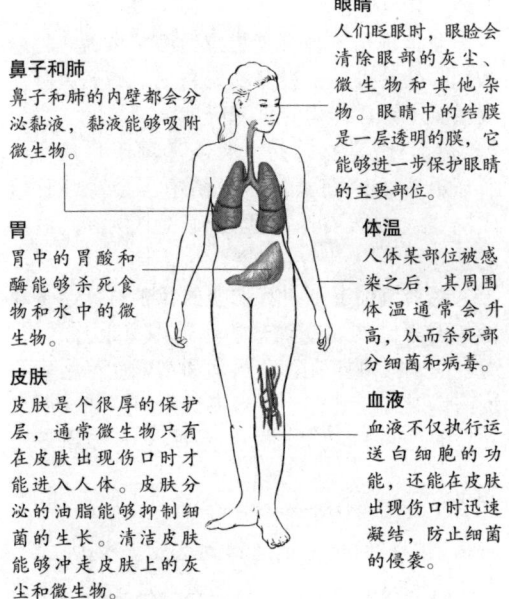

鼻子和肺
鼻子和肺的内壁都会分泌黏液，黏液能够吸附微生物。

胃
胃中的胃酸和酶能够杀死食物和水中的微生物。

皮肤
皮肤是个很厚的保护层，通常微生物只有在皮肤出现伤口时才能进入人体。皮肤分泌的油脂能够抑制细菌的生长。清洁皮肤能够冲走皮肤上的灰尘和微生物。

眼睛
人们眨眼时，眼睑会清除眼部的灰尘、微生物和其他杂物。眼睛中的结膜是一层透明的膜，它能够进一步保护眼睛的主要部位。

体温
人体某部位被感染之后，其周围体温通常会升高，从而杀死部分细菌和病毒。

血液
血液不仅执行运送白细胞的功能，还能在皮肤出现伤口时迅速凝结，防止细菌的侵袭。

↗ **人体防御机制**
皮肤是人体防御机制的重要组成部分。除此之外，防御机制还保护着人体中没有被皮肤覆盖到的部位，使它们免受微生物的侵袭。

细胞能够生成一种蛋白质——抗体，抗体能够像钥匙插入锁孔那样牢固地附着在细菌上，然后破坏或杀死细菌。在这个过程中，白细胞在血液和淋巴液中流动并自行复制。

当人体受到细菌或病毒侵袭时，生理防御机制被激活，向细菌或病毒中注入一种对人体本身无害的有机体达到破坏它们的效果，这种有机体被称为疫苗。疫苗能够使人体产生抗体，所以接种疫苗能够起到免疫的作用。

针对小儿麻痹症、破伤风、百日咳、腮腺炎和麻疹的疫苗接种已经十分普遍，这些措施大大降低了这些疾病的发病率。世界卫生组织进行的大规模疫苗接种项目已经从世界上彻底根除了天花。

在免疫机制杀死细菌之后，免疫过程中形成的抗体仍然停留在人体内，人体从而形成对该种细菌的终生免疫。当这种细菌再次侵入人体时，抗体就会迅速发挥作用。如今所有的婴儿在出生几个月后都要接受一系列疫苗接种，并且在童年期补足后续剂量。

■ 人体的创伤与自我修复

人体具备惊人的自我修复能力。人体在受到淤伤或擦伤之后都会很快愈合，只有在受伤较为严重时才需要采取医疗措施。

人体受伤的部位通常是皮肤、骨骼以及相关的肌腱和韧带。器官受伤的后果较为严重，诸如眼睛、脑部和肝脏等器官。

» **伤 口**

伤口出血最为常见。细胞受损之后，血液中会立即释放一种叫作纤维蛋白原的物质。纤维蛋白原和血液中的血小板结合生成纤维蛋白。

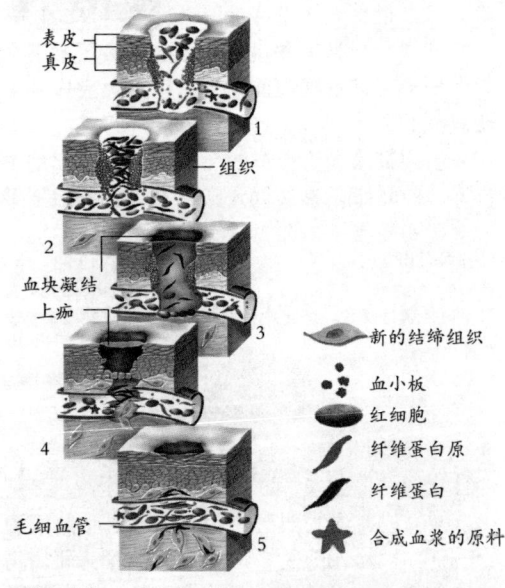

↗ **伤口修复**
此图展现了伤口愈合的过程。首先，血液中的血小板和红细胞与受损细胞中的纤维蛋白原结合，致使血液凝结。在接下来的几天内血块硬化结痂。新细胞形成之后，伤痂自动脱落。

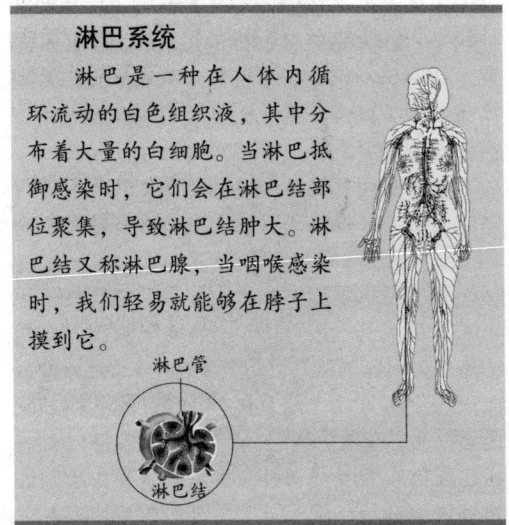

淋巴系统

淋巴是一种在人体内循环流动的白色组织液，其中分布着大量的白细胞。当淋巴抵御感染时，它们会在淋巴结部位聚集，导致淋巴结肿大。淋巴结又称淋巴腺，当咽喉感染时，我们轻易就能够在脖子上摸到它。

纤维蛋白起到覆盖伤口和固定血小板的作用，使血液停止流出。伤口处血液迅速凝结，防止细菌或其他微粒进入人体，然后伤口开始愈合。纤维蛋白在血液凝结处收缩，使伤口边缘聚合并且变硬，于是伤口结痂。在正常皮肤重新生成之后，伤痂自动脱落。

» 输 血

在某些状况下，医生需要采取急救措施防止伤者失血过多，他们通常直接按住伤口。

在急救室中，伤者的伤口被缝合，防止更多出血。如果伤者失血过多，医生便需要将他人的血液通过静脉输入伤者体内，这个过程就是输血。

一般来说，人们的血型分为 A 型、B 型、AB 型和 O 型 4 种。在输血时，需要确保输入伤者体内的血液和他自己的血型相同，否则他血管内的血液会凝结或生成肿块。医院提倡义务献血，保证充足的血库储备，以救治事故受害者。

» 骨 折

医生通常使用石膏或夹板固定骨折处的骨头末端，骨头在不受到压力的情况下就会自行

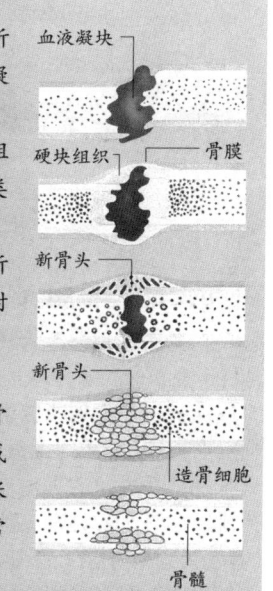

骨头愈合

人体发生骨折后，其周围血液凝结，形成硬块组织。硬块组织是新的骨组织，其外表和骨头类似，但是十分脆弱。硬块组织包裹骨折处，所以骨头在X射线扫描下显得肿大。在造骨细胞作用下，硬块组织转变为骨头。骨头逐渐硬化成形，几周之后，肿胀状况消失。骨折通常在4~6周后愈合。

愈合。另外一种固定方式是借助螺丝钉和胶将金属或塑料支撑物置入伤者体内。如果骨头末端发生错位，医生需要对伤者施行麻醉后将骨头拉回原位。骨折通常几周后就会痊愈。在治疗期间，使用外部支撑物是一种最有效的方法。在胫骨骨折的病例中，医生将钢条嵌入骨折处的上下端，然后在人体外将钢条连接。由于钢条较重，伤者几天之后才能行走。医生将会在伤者骨头彻底痊愈之后拆除钢条。

如果多处骨折，就需要数种不同的固定递质和接骨板一起使用才能解决问题。

» 其他组织和器官的再生

因为肌组织能够生成新的纤维，所以肌肉能够再生。肝脏在疾病或事故中受损之后，肝细胞也能够再生。消化系统器官、泌尿系统器官以及肺的表面修复能力都很强，但是肾脏的修复速度很慢。成熟的脑细胞不能再生，但是脑和脊髓之外的神经细胞都能够再生并重新建立连接。

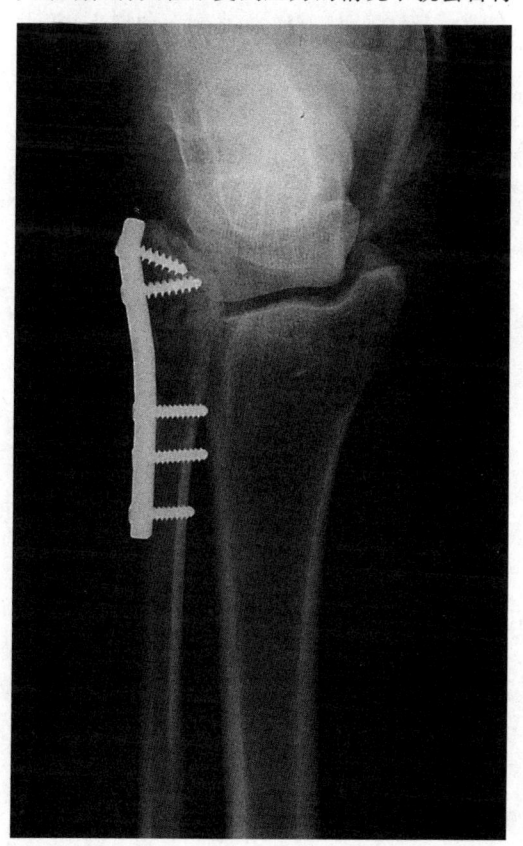

◤ 内部固定

上图是关节骨折的X射线扫描照片。为了使病人的骨头尽快愈合，医生在两块骨头末端固定了一块金属板，并且在骨头上嵌入5个螺丝钉，起到进一步巩固的作用。在接下来的几周内，病人的骨头会重新紧密结合，然后再由医生拆除金属板和螺丝钉。

□ 探索与发现

伟大的科学家

■ 伟大的古希腊人

许多远古人类都研究过自然界的奥秘，但是科学真正的发源地却是在公元前2 500年左右的古希腊。古希腊的思想家最早开始用逻辑的眼光看待这个世界，他们通过理由充分的论据来解释自然现象的发生原理，而不是去寻找一些神秘的精神支配的力量。一些伟大的思想家，例如柏拉图、亚里士多德、苏格拉底、欧几里得、阿基米德等都对他们周围的世界做过细致的观察，并提出一些深刻的见解。他们的研究领域包括自然力量、数学、事物的本质和人体的工作方式等，这些研究奠定了现代科学的基础。

» 古代学者

古希腊人把那些杰出的思想家和学者称作"哲学家"，意指受智慧之神青睐的人，这与现在我们对哲学的定义不同，现今我们认为哲学是指以人类生存为研究对象的思想和理论。古希腊的哲学家往往居住在古雅典城并从事研究工作，其研究对象包罗万象，甚至包括科学和数学。为了赞颂智慧与艺术女神缪斯，人们在古埃及北部的亚历山大城建了一座神庙，神庙内有一座非常著名的图书馆，其中云集着来自世界各地，特别是希腊语国家的众多学者。

↗ 古希腊的某些学者，例如柏拉图和亚里士多德，经常聚在一起阐述不同的见解，由此引发了所谓的"智慧辩论"。

↗ 阿基米德洗澡时发现：他的身体越往澡盆下沉，澡盆中的液面就越往上升。他兴奋地一下子从澡盆中跳出来，光着身子冲到大街上，一边跑一边大叫："Eureka!"希腊语意为"我找到了！"。后来，经过不断总结和概括，他提出了著名的浮力定律。

» 阿基米德

阿基米德（公元前287～前212年），古希腊科学家，居住在西西里（后来被希腊统治）的锡拉库扎城。他是世界上第一位将数学引入自然科学的人，发现了高效杠杆及其他一些机械的工作原理，同时他也是阿基米德螺旋泵的发明者。阿基米德螺旋泵是一种泵水设备，现今仍为某些国家和地区使用，它是阿基米德一生中最伟大的发明之一。此外，阿基米德还提出了著名的浮力定律，认为物体之所以会漂浮在水面上，是因为它们受到水的浮力作用的结果。

» 早期的医药

希波克拉底（公元前460～前379年），古希腊的名医，世称医学之父。在他生活的那个时代，人们普遍认为疾病是由邪恶的灵魂或巫术引起的。希波克拉底则认为，疾病是由自身原因，例如饮食过差或环境中的脏物等引起的。现今，刚开始行医的医生必须宣读誓言，承诺向病人提供最好的服务，这实际上是"希波克拉底誓言"的改进版。

↗ 亚里士多德接受恩培多克勒的四元素（土、气、火、水）物质论学说，并对其加以改进，使其更加完善、更有逻辑性。

» 亚里士多德

亚里士多德（公元前 384 ~ 前 322 年），古希腊著名思想家，研究范围广泛，涉及自然科学、哲学等方方面面。亚里士多德求学于雅典柏拉图学园期间，协助开创了对动植物进行研究的学科，即动物学和植物学。他确立了一套基本的科学研究途径，认为科学家首先应该对实验对象进行仔细观察，记录下观察到的现象，并对观察结果进行分类，最后运用逻辑辩证法来解释这些现象和结果。他在雅典创办了吕克昂学府，并执教了 12 年。亚里士多德之后的 2 000 多年里，他的许多观点仍是欧洲大学教育的必修之课。

» 角度和几何

尽管古埃及人全面掌握了有关角度和三角形的数学知识，并修建出举世闻名的金字塔，但古希腊人却实实在在地创立了世界上第一套几何系统，即有关线段和它们之间交角的研究。欧几里得（公元前 330 ~ 前 275 年），古希腊著名数学家，定居于埃及北部城市亚历山大。他撰写了《几何原本》，书中详细地分析和介绍了几何原理。即使是在今天，数学家们仍将平面几何（点、线、面、体）称为欧几里得几何。

■ 人体解剖师

克劳迪亚斯·盖伦（130 ~ 200 年），古希腊著名医师，他通过对动物用药状况的研究，佐证药物对于人体的作用，并据此记下了一些手稿。在随后的 1 500 年里，盖伦的理论在整个医学界占据着统治地位，医生都是根据这些手稿给病人开药。直到 15、16 世纪，某些医师如安德里亚·维萨里和艺术家如达·芬奇等开始解剖人的尸体，研究人体内部构造，从而打破了盖伦思想的统治地位。维塞利亚斯教授所在的意大利帕多瓦大学最先开始人体解剖。随后，这种人体研究方法迅速传播到欧洲的大多数国家和地区，而后来的威廉·哈维和马尔切罗·马尔皮基对其作出了伟大的创新。

» 解剖师

安德里亚斯·维萨里（1514 ~ 1564 年），佛兰德斯著名医师，他首创对人体结构，即人体组成部分的系统学习与研究。维萨里在意大利帕多瓦大学讲授外科学的同时，发现盖伦所著的解剖学书仅以动物解剖为基础，不能准确地反映人体状况。因此，尽管之前已经有很多人解剖过人体，维萨里仍坚持亲自动手解剖人体。维萨里工作时，他的解剖台前常常围着一大群学生。后来，他将自己的发现写成了一本书——《人体结构》，这是世界上第一本人体解剖学书籍，书中的图解由佛兰德斯艺术家杰·凡·卡尔克绘制。

» 人体解剖图

随着人体解剖图的准确性不断提高，我们对人体解剖的认识也越来越多。意大利艺术家达·芬奇（1452 ~ 1519 年）是世界上第一批优秀的人体解剖学画家之一。达·芬奇多才多艺，对科学的发展作出了极大的贡献。通过人体解剖，达·芬奇绘制出精确的人体结构图，并解释了人体的肌肉、骨骼协调工作的原理，以及婴儿如何在母体子宫内生长、发育。通过人体解剖图，医师们能够随时记录下解剖的每一个过程，并将这些结果传递给学生及其他的研究人员。

↗ 达·芬奇也解剖过尸体，以研究人体内部器官的工作情况。因此，他的人体图最大的特点就是精确。

★ 当威廉·哈维提出血液循环论时，许多人都以为他疯了。而当哈维切切实实地证明了举重者静脉血管中的血流情况时，卡斯帕·霍夫曼医生（1572 ~ 1648 年）不屑地说："没错，我亲眼看到了，但我还是不相信！"

□探索与发现

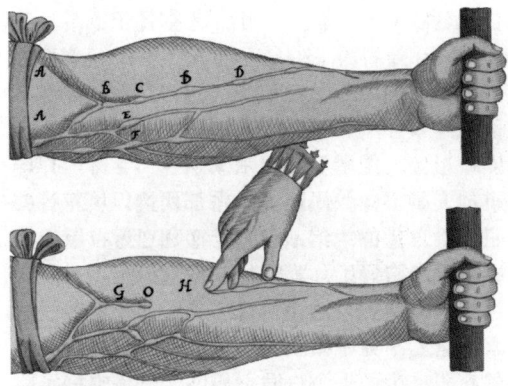

↗ 哈维将人体内的动、静脉分别加上标记，以解释血液的循环流动过程。

» 血液的流动

英国医师威廉·哈维（1578～1657年）是世界上第一位阐明心脏泵血功能的人。之前的医师虽然也知道血液在人体内循环流动，但是他们认为血液的流动和潮水一样，在体内后浪推前浪似地前进。哈维认为血管内有一种瓣膜，它们只允许血液在体内向一个方向连续流动：从心脏出发，经分支动脉流遍全身，最后从静脉流回心脏。但是，哈维并没有发现血液是怎样从动脉血管流到静脉血管中的。

» 终端连接管道

1661年，意大利著名医师马尔切罗·马尔皮基（1628～1694年）发现了动、静脉之间的连接通路。那时候显微镜刚刚发明出来，马尔皮基率先将它用于解剖学研究。透过显微镜，马尔皮基惊讶地发现，动、静脉之间还有一种极为细小的血管连接，这种小血管后来被称为毛细血管，它非常纤细，以至于肉眼根本无法

★ 1593年，伽利略发明出一种奇怪的测量装置：它是一个玻璃制的球状物，内部充有一定量的有色液体，当温度变化时，液面会随之升高或降低。这堪称人类历史上第一支温度计。

★ 埃德温·哈勃（1889～1953年）指出宇宙正在逐渐膨胀，比利时天文学家乔治·勒梅特认为这是因为宇宙最初是一个比针尖还要细小的物质，后来经过一次猛烈的爆炸，变成了现在的样子。这就是著名的"大爆炸理论"。

看到。同时，马尔皮基也用显微镜研究过一些人体器官，例如肺、肾脏、大脑和皮肤。

■ 天文学家

天文学是最古老的自然科学之一，其起源可以追溯到远古时代的猎人，他们仰望着星空，计算哪一个夜晚的月亮最圆，最利于打猎。后来，当人类定居下来，从事农业耕种后，人们又利用天文现象判断季节的开始与结束。古埃及一些著名的学者，例如4 500年前设计出第一座金字塔的伊姆霍特普，因其丰富的天文学知识而闻名于世。因此到古希腊天文学家喜帕恰斯开始研究星空时，天文学已发展成一门古老的学科。

» 早期星象研究

喜帕恰斯（公元前2世纪），古希腊著名的天文学家，居住在罗得斯城。他对于星空的精确观察奠定了之后2 000多年天文学发展的基础。凭着肉眼以及一些自己发明的天文工具，喜帕恰斯绘制出天空中肉眼能够看到的所有星星的位置图，并利用这张图估算出1年的时间长度，误差小于7分钟。同时，他还定义了星等（亮度等级，每颗星星的明亮程度）。他将最明亮的星星——天狼星的亮度等级定义为1级，

↗ 喜帕恰斯不仅绘制出天空中850多颗星星的位置图，而且发明了三角法。三角法用于计算三角形各边的长度和内角的度数。

而将肉眼能够看到的最昏暗的星星的亮度等级定义为6级。现在，天文学家仍在使用这套星体亮度系统。

» 地球不是宇宙的中心

16世纪以前，大多数人都认为地球是宇宙的中心，其他一切天体，如月亮、太阳、行星等都围绕着地球运转。但是波兰天文学家尼古拉斯·哥白尼（1473～1543年）认为某些行星偶然的逆转性运动并不能证明地球就是宇宙的中心。根据长期的观察，哥白尼提出了一个具有革命性的新观点：太阳，而非地球，是宇宙的中心。这个观点太让人震惊了，以至于直到100多年后，才逐渐为人们所接受。

» 遥望宇宙

100多年前，人们都还以为宇宙只比银河系大一点点。1920年，美国天文学家埃德温·哈勃开始研究仙女座星系。天文学家曾经一直以为所谓的仙女座星系其实就是一团气状的物质即星云。但是，通过一架在当时来说非常先进的望远镜，哈勃惊讶地发现，原来它与银河系一样，也布满了星星。随后，天文学家陆续发现了许多其他的星系，渐渐地，人们开始意识到宇宙是巨大的。1927年，哈勃有了另一个惊人的发现——所有的星系都在远离我们而去，也就是说，宇宙实际上一直都在膨胀、变大。

■ 三位伟人

直到17世纪时，人类对于自然界的很多认识都还带有迷信的色彩。后来，历史上相继出现了3位最伟大的科学家，彻底改变了人们对周围世界的认识。他们是：意大利天文学家伽利略——奠定了物质运动观的基础；英国物理学家艾萨克·牛顿——指出所有物体的运动都遵从三大运动定律，并提出了万有引力定律；荷兰人克里斯蒂安·惠更斯——认为光以波的形式传播。

» 牛顿

艾萨克·牛顿（1642～1727年），出生于英国，世界上最伟大的科学家之一。牛顿一生最杰出的贡献在于提出了万有引力定律和三大运动定律，并在他的著作《自然哲学的数学原理》（1687年出版）中对其作了详细的介绍。此外，牛顿还有许多重要的发现，例如指出白光实际上是所有有色光的混合色。他发现当白光透过

↗ 苹果树下的牛顿

一个三棱镜（楔形玻璃）后，就会分解为一系列的七色光谱。同时，牛顿还发明了镜面望远镜，能够有效防止图片边缘的彩色效应。

牛顿之前，没有人知道为什么抛出去的物体最后会落到地面上，或者为什么行星会绕着太阳转。牛顿说，有一天他站在果树下，突然一个苹果从树上掉下来，落在他的附近，他就想，为什么苹果会落在地上呢？苹果的下落绝不是一个简单的过程，而是受到一种看不见的牵引力的作用。经过长期的研究，牛顿终于发现了万有引力。万有引力普遍存在，它总是试图将物体聚集到一起。

» 伽利略

伽利略（1564～1642年）指出，如果不施加外力，物体的运动状态将永远不会改变：运

→ 据说，天主教会听说了伽利略的学说后，感到极度惊恐，他们用严刑威胁伽利略，强迫他否认自己的学说，而伽利略则不停地咕哝着："它一直在运动。"

动着的不会静止下来，或是改变运动速度，而静止着的也不会突然运动起来。他还发现，如果一个物体正在加速运动，那么其速度增加的快慢程度取决于施加外力的大小。伽利略利用当时最新发明的望远镜观察太空，发现木星周围有4个像月亮一样的卫星在绕着它转动，而金星的运动相位和月亮一样。他的发现为哥白尼的学说提供了证据：地球并不是宇宙的中心，它一直在围绕着太阳转动。

» 惠更期

克里斯蒂安·惠更斯（1629 ~ 1695年）出生于一个富裕的荷兰家庭，他对伽利略的发现，即用一个摆动的铅锤，或钟摆控制钟的走时加以改进，制作出了世界上第一座时间精确的摆钟。同伽利略一样，惠更斯也用自己制作的望远镜观察黑暗的星空，并发现土星边缘模糊的云状物质实际上是土星光环。或许惠更斯最杰出的贡献在于光波理论的提出：他认为光以波的形式存在，像波浪一样传播，就像把一块石头丢到水里激起的水波一样。

↗ 惠更斯发明了摆钟，使时间的测量变得非常准确。

■ 进化论的提出

我们习惯性地将世界上现存的一切视为理所当然，但是我们不会想到，如果我们的祖先看到今天的一切，他们一定会惊讶地昏厥过去。例如，大约在350年前，荷兰科学家安东·凡·列文虎克发现，世界上充斥着各种各样微小的肉眼不可见的生命形式。大约在200年前，博物学家发现，一切现存的有机生命物种都不会一成不变，正如达尔文所说的，它们处于不断的进化过程中。大约在250年前，瑞典博物学家卡罗卢斯·林奈创立了物种分类法。

» 大自然的先驱者

人类对于自然界的认知，一部分来自于先前伟大的博物学家的研究成果，一部分来自于其他许许多多勤劳而又默默无闻的人。例如早期懂得如何将野生植物培养成人类能够利用的品种的农民，以及那些仔细研究过动物的生活习性以便随时将它们捕获的猎人。然而直到18、19世纪，自然科学的2个并列分支——动物学和植物学，才开始发展。那时候的博物学家、相关专家以及业余爱好者开始对动植物进行系统的研究，而不是纯粹地从个人兴趣、爱好出发。他们中有些人就近研究自己身边的野生动植物；而其他一些人，例如查尔斯·达尔文等则周游世界，带回那些罕见的物种进行详细的研究。

» 微生物

在显微镜出现之前，人们从没有想过世界上会有独立的肉眼不可见的生命形式存在。17世纪70年代左右，荷兰科学家安东·凡·列文虎克（1632 ~ 1723年）开始对显微镜下的视野着迷。随后的50多年里，他利用自制的单透镜显微镜观察水中的微生物——从原生动物到细菌，并将这些统称为"微生物"。1665年，英国科学家罗伯特·胡克（1635 ~ 1703年）发明了一种新型显微镜，用以观察微小的植物。

» 物种分类系统

在瑞典植物学家卡罗卢斯·林奈（1707 ~ 1778年）之前，不同动植物之间的分类非常混乱。林奈创立了一套对动植物进行分类和命名的系统——"双名制命名法"，即用2个拉丁单词构成生物某一物种的名称。第一个词表示具有共同特性的物种种群，即属名；第二个词表示植物自身的名称，即种名。这样，每种动植物都有自己的名字，并且在名单上有自己的位置。

↗ 大约在200万年前，远古人类将从石头上剥下的薄片制成边缘尖利的工具，用来捕获、分割大型动物，以供食用。

» 生物的进化

直到 1837 年，生物学家们才逐渐意识到许多已经灭绝的物种，例如恐龙等，都曾经在地球上生存过。英国生物学家查尔斯·达尔文（1809～1882 年）在随着"猎兔犬"号皇家海军舰船环游世界，对各地的动植物进行考察之后，提出了著名的"物竞天择"理论。他认为所有的物种在出现时只有微小的差别，其中那些具有相对优势的，例如能与周围的环境相适应的物种，更容易存活，并将这些优势遗传给下一代。达尔文指出，这些优势群体会存活下来并继续进化，而那些劣势群体将逐渐灭绝。1859 年，达尔文将他的理论发现写成了一本书，即《物种起源》。这本书出版之后，立即引起全社会的骚动，因为它与《圣经》上记载的人类的起源相抵触。

↗ 达尔文像

■ 医学家

一开始，人类并不知道什么是疾病，也不知道身体不健康是怎么回事，因此当他们生病时根本无法治疗，许多人就这样病死了。那时人们的平均寿命比现在的要短得多。11 世纪时，波斯医生阿维森纳编写了《医典》，这本书成为随后几个世纪阿拉伯国家通用的医学教材。18 世纪后期，英国医生爱德华·詹纳发现通过接种疫苗（一种小剂量的无伤害力的病菌样本），能够预防某些疾病。19 世纪 60 年代，巴斯德发现细菌是疾病产生的根源，这是医学史上一项重大的发现，为药物的发明打开了大门。

» 消毒液

令英国外科医生约瑟夫·利斯特（1827～1912 年）遗憾的是，许多病人因为术后消毒措施不完善而感染致死。后来他在阅读了巴斯德关于细菌可以在空气中产生的文献后，制造出一种碳酸喷雾器。它能在手术室内喷出碳酸薄雾，杀死空气中的细菌，从而有效降低了病人受感染的概率。

» 波斯人的药物

大约在 1000 多年以前，一些医师开始研究古希腊学者，例如希波克拉底和亚里士多德等留下的成果，以便从中发现新的医学思想。效力于波斯统治者的医生阿维森纳（980～1037 年），一生撰写了 200 多本书籍，内容涉及方方面面，其中就包括《医典》。《医典》成为随后几个世纪里阿拉伯地区通用的医学教材。

↗ 阿维森纳所著的《医典》部分以亚里士多德和盖伦关于人体工作原理的思想为基础，包括了解剖学知识，以及他本人从医期间的所见所闻。

» 微生物与疾病

法国科学家路易斯·巴斯德（1822～1895 年）发现，久置的液体之所以会变酸，是因为液体内有一些微生物。后来，他又发现通过加热能将这些微生物杀死，这个过程就是所谓的"巴斯德消毒法"，即将一种物质，例如牛奶，加热到一定温度，就能将里面的大部分细菌杀死。巴斯德最大的突破在于他发现了细菌和病毒之类的微生物能够将疾病从一个人传染到另一个人。同时，他还演示了疫苗接种的原理：

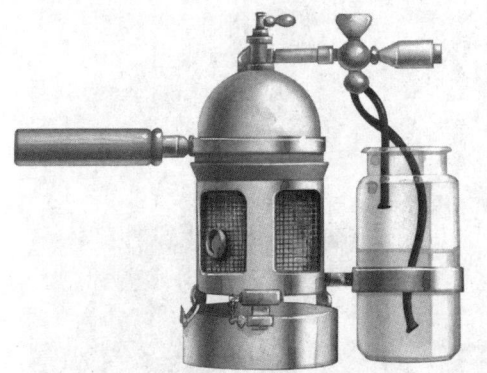
↗ 使用了碳酸液喷雾器之后，利斯特手术室内病人的死亡率从 50% 降到了 5%。

将少量的微生物样本注入人体，能使人体筑起一道抵抗特定疾病的防线。

» 思维和感觉

很少有人能像奥地利心理学家西格蒙德·弗洛伊德（1856～1939年）一样深刻分析自身的思维方式。弗洛伊德认为，人的思维分为2种：一种是有意识的，即自身能够感觉到的；一种是无意识的，即自身不能感觉到的。这2种思维都会影响到我们的行为方式。他同时还指出，人类幼年时期的成长经历对潜意识思维产生了极大的影响，而这些潜意识又会影响到我们成年期的行为。

■ 数学家

数学最初完全用来解决实际问题。例如早期的征税官员，即那些为政府募集资金的人员，在收税过程中需要计算总的税收额，由此，他们发明了算术。古苏美尔人和古埃及人发明了几何学，并运用它修建了金字塔和其他一些建筑物。渐渐地，人们对数学的理论体系产生了浓厚的兴趣，并且历史上许多伟大的数学家专心于研究理论数学问题。但是，与其他科学家相比，这些数学理论家的成果却鲜为人知，因为很少有人能够真正领悟到数学的作用。

» 代 数

代数是数学的一个分支，它用一些英文字母或其他符号代替不同的量值，来解决一些数学问题。阿拉伯数学家阿勒·花剌子密于公元830年前后撰写了一本书，全名为《还原（或移项）和对消的科学》。书中第一次详细地介绍了代数学知识，它也是数学界最著名的书籍之一，而"代数"这一说法即来源于这本书的拉丁文译名。

» 毕达哥拉斯

毕达哥拉斯（公元前582～前497年），古希腊著名数学家，他建立了一个有关三角形各边长相互关系的数学准则，也称为毕达哥拉斯定理。这个定理指出，直角三角形两条直角边的平方和等于斜边的平方。

» 平面镜成像

罗杰·培根（1214～1292年），英国修道士，他发现了许多有关平面镜成像的几何原理和光线透过棱镜时的弯曲角度的知识。同时，培根认为地球是圆的。然而在当时的人们看来，培根的这种观点显得荒谬无比，而他自己也因此进了监狱。

» 阿拉伯学者

虽然古希腊思想家，例如欧几里得等在基础数学方面建树颇多，但是高级数学却主要是

↓ 阿勒·花剌子密在巴格达（今伊拉克境内）的一所数学学校内担任代数学教师，并于813～833年间撰写了一部极具影响力的代数学著作。

★ 1796年，拉普拉斯指出：宇宙中存在着这样一种天体，其引力之大，甚至连光线都无法逃逸。200年后，天文学家证实了这种天体的存在，并称之为黑洞。

★ 笛卡儿认为，人类的精神和肉体是独立存在的。我们的身体及感觉是确实存在的，有形的；而精神与之完全不同，是不确定存在的，无形的。

由阿拉伯的学者们发展的。公元9世纪时，巴格达城（今伊拉克内）转变为一个学习交流中心，而城中的智慧馆更是中心之中心。阿尔·尤里蒂斯向当时的人们介绍了十进制数字；在那里，阿布尔·瓦法引入了正切函数（直角三角形中某个特定的内角）；数学家兼诗人奥马·卡哈亚提出了解决复杂等式的新方法。

》解析几何

法国哲学家、数学家莱恩·笛卡儿（1596～1650年）之所以广为人知，是因为他关于人类存在性的思考及理论。笛卡儿思想的闪光点在于：他认为对任何事物我们都应该先持怀疑的态度，待论证后，再相信它们。并且，他举例证明了他自身

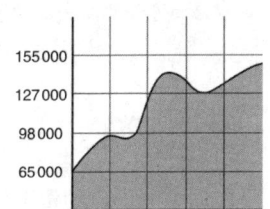

↗ 有了坐标系几何，或称为解析几何之后，科学家通过使用笛卡尔坐标系或图表来绘制统计学变量，以清楚地分析各统计学分量的变化速率。

的存在是因为他无时无刻不在思考。从这一点出发，笛卡儿提出了著名的"我思故我在"的哲学理论。同时，他建立了一个数学分支，即坐标系几何，也叫作解析几何。有了解析几何，科学家和数学家就能通过坐标图上的几条曲线描述统计学规律，从而使他人轻松地理解统计内容。

》警惕地球末日

皮尔·拉普拉斯（1749～1827年），法国数学家、天文学家，他成功计算出行星轨道的相关数学参量以及这些行星产生的引力，这个工作甚至连牛顿都无法完成。1773年，拉普拉斯分析并论述了当两个天体距离很近时，其中一个星球为什么不会因为另一个星球的引力作用而偏离自己的轨道。这个问题当年牛顿曾考虑过，但是他以为这种作用力将导致地球的末日。同时，拉普拉斯首次指出太阳系起源于一个比针尖还要微小的云团。

■ 电学的推动者

如今，人类的生活离不开电，我们无法想象如果没有电，世界将会是什么样子。然而在250年前，人们对电还一无所知。电能是宇宙中一种基本的能量形式，它无处不在。如果用琥珀或玻璃与丝绸互相摩擦，就会发出微弱的火花，人类最初就是通过这种途径认识电的。18世纪50年代前后，本杰明·富兰克林指出，闪电实际上是一种电能。从此，电在人们的眼中不再神秘。随后，科学家纷纷将目光投向电，并陆续发现电的一系列性质。大约在50多年之后，约瑟夫·亨利和迈克尔·法拉第发现了大量生成电能的方法，这预示着电时代的到来。

》放飞风筝

世界上以自然态存在的电能最常见的表现形式莫过于闪电。然而，一直到18世纪中叶，人们才发现闪电的本质。那时候，科学家刚开始知道如果将2种不同材料的物体，例如玻璃和丝绸相互摩擦，就能放出电火花，他们热衷于研究怎样才能让放出的电火花最大。美国政

↗ 为了证明自己的想法，富兰克林在雷电天气里放飞一只风筝。风筝的线由细细的丝绸制成，而在远离风筝的一端绑有一个金属钥匙。当风筝飞上天后，闪电中的电能顺着潮湿的丝绸线往下传输，遇到金属钥匙后，产生一个大大的电火花。富兰克林证实了自己的猜想，幸运的是，他没有遭电击。

治家、科学家本杰明·富兰克林（1706～1790年）当时就想，从本质上来说，闪电是不是也是一种摩擦生电呢？为此，他做了一个实验，证实了闪电确实能够产生电能。这个发现为他以后发明避雷针提供了理论依据。

» 电磁转换

化学电池组（例如伏打发明的电池组）虽然能够产生稳定的电流，但是电量不大。19世纪20年代，科学家发现电和磁之间存在着某种联系。1830年，美国科学家约瑟夫·亨利（1797～1878年）和英国科学家迈克尔·法拉第（1791～1867年）发现移动磁体能够产生变化的电流。此后不久，工程师首次制造出一种通过磁体的运动产生大量电能的机械，奠定了当今各种各样先进的电设备，从电灯泡到电脑等被发明制造的基础。

» 最早的电池

1790年前后，意大利科学家亚历山德罗·伏打（1745～1827年）发现，将特定的化学物质混合在一起，使它们发生化学反应，就能够产生电。伏打将铜片和锌片交替排列，并把它们一起放进入盐水中，就制成了世界上最早的电池。盐水中的各种物质发生化学反应，缓慢地产生稳定的电流，这在人类历史上尚属首次。

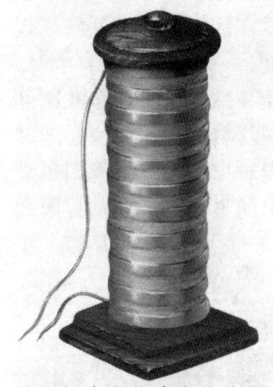

将铜片和锌片交替着排列，使其发生化学反应，就制成了人类历史上最早的电池。

■ 原子专家

19世纪前半叶，人们逐渐认识到万有引力并非宇宙中唯一的肉眼不可见的作用力。不久，科学家发现宇宙中所有的物体都受到一种看不见的电磁力的作用，因而能够对外表现为一个整体。许多优秀的科学家，例如19世纪60年代的詹姆斯·克拉克·麦克斯韦，以及20世纪初期的居里夫妇等指出，这种作用力来源于原子，或原子内部的各种物质微粒。从这个思路出发，科学家逐渐掌握了辐射、核能等相关技术。

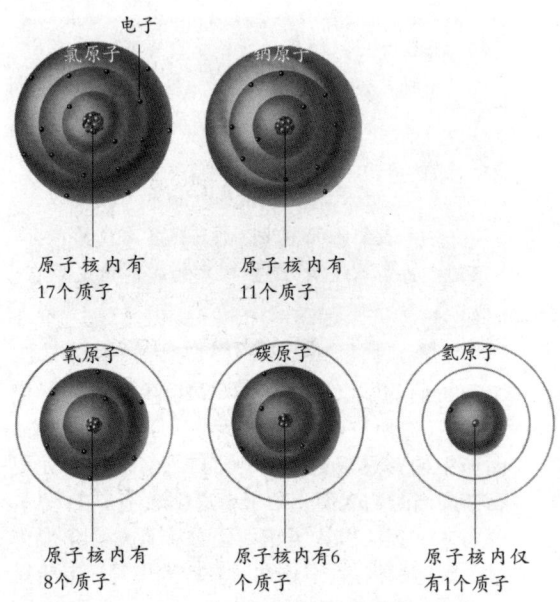

↗ 原子由原子核和核外电子组成。原子核在原子的中心，又由质子和中子组成，质子数和核外电子数相等。电子带有一个单位的负电荷，围绕着原子核运转。质子带有一个单位的正电荷，被束缚在原子核内。

» 卢瑟福和玻尔

直到19世纪末期，科学家才知道物质都是由许许多多微小的不可见的粒子组成的，他们把这些微粒叫作"原子"。19世纪90年代前后，英国物理学家汤姆森（1856～1940年）指出，原子不是最小的物质，电子比原子还要小。随后，新西兰物理学家欧内斯特·卢瑟福（1871～1937年）指出，原子内部大部分空间都是空的，原子中心有一个密度极高的微小的球状物体，他把这个物体叫作"原子核"。此后，卢瑟福与丹麦物理学家尼尔斯·玻尔（1885～1962年）合作，致力于原子的研究。20世纪30年代，他们描绘出一幅原子结构图：原子的正中心是致密的原子核，原子核由质子和中子组成，核外电子围绕着原子核运转。现在，我们都知道原子远比前人想象的要复杂，它可进一步分成许多极为微小的粒子。

» 力　场

19世纪40年代前后，伟大的物理学家迈克尔·法拉第提出"力场"的理念。力场指电流或磁体能够发挥作用的空间区域。大约在20年后，苏格兰年轻的物理学家詹姆斯·克拉克·麦克斯韦（1831～1879年）指出，这种电磁场在空间以不可见的波的形式扩散开去,或称之为"辐射":就像将一块石头丢到水池里,激起的水波由内向外扩散一样。同时,他还指出,这种波以光速传播,进而推知光实际上是一种电磁波。

» X射线

德国科学家威廉·伦琴(1845～1923年)在用电子流进行实验的时候,意外地发现了X光。他注意到,被电子流击中的物体能够发出特殊的光亮,这是因为在电子流使物体发出荧光的过程中产生了X射线。1901年,伦琴获得了诺贝尔物理学奖。

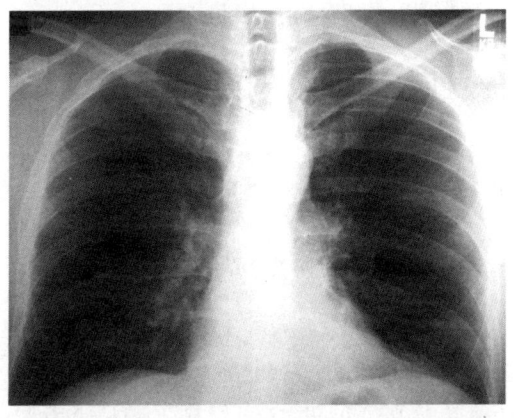

↗ X射线对人类生活产生了极大的影响。医生可以用X射线设备对病人诊断,例如进行肺部疾病的检查等。

» 原子弹

众所周知,将原子核聚集到一起需要消耗巨大的能量,但原子核裂变却能释放出巨大的能量。1939年,科学家成功地使铀原子核裂变,铀核是所有已知元素中核子最大、最容易裂变的原子之一。第二次世界大战期间,美籍意大利人科学家恩里克·费米(1901～1954年)成功地进行了核能链式反应,即通过铀核的裂变引起一系列其他原子的裂变,形成一个链式反应,释放出巨大的原子能。

» 原子辐射

1897年,法国物理学家亨利·贝克勒尔(1852～1908年)指出,最近发现的辐射现象并非全部来自于电能,似乎铀原子附近也存在着辐射。贝克勒尔的研究成果极大地影响了法籍波兰人科学家玛丽·居里夫人,她与丈夫皮埃尔·居里一起实验,终于发现原来这种辐射来自于铀原子核自身。居里夫妇将这种原子辐射称为"自发辐射"。不幸的是,由于长期从事放射性物质的研究,居里夫人最终死于血癌。

■ 量子论与相对论的提出

大约在一个世纪以前,我们对于世界的认识还显得很肤浅,似乎一切事物的发生与结束都理所当然。后来出现的两大科学理论——量子论和相对论表明,世界远不像我们想象的那样简单。量子论指出,事物的原因和结果之间并非是严格的一一对应的关系;而相对论则颠覆了人类传统的时间观念,它指出时间充满了整个宇宙,并且一直在向前行进。虽然这些理论对我们日常生活产生的影响微乎其微,但是它们彻底变革了整个科学界,从对宇宙的宏观研究到对原子的微观研究,无不受到影响。

» 黑 洞

爱因斯坦指出,引力能够压缩两物体间的时空,使这两个物体间的距离更近。如果引力足够强大,它会无限压缩两物体之间的时空,直至这段时空消失为一点。英国物理学家史蒂芬·霍金在他的惊世作品《时间简史》中详细介绍了黑洞的形成过程,他认为黑洞是宇宙中一个极小的点,其引力足以捕捉任何物体,使其难以逃脱,甚至包括光。

↗ 霍金对于黑洞、相对论、宇宙论以及万有引力的研究,为他赢得了无数的科学奖章和荣誉。同时,他的研究工作也为"宇宙大爆炸"理论(认为宇宙最初是一个比针尖还要小的点,经一次猛烈的爆炸后,不断向外扩散)提供了有力的证据。

» 任何事物都是相对的

曾经,人们认为时间在空间中均匀分布,并且只朝着一个方向运动:即从过去流向未来。伟大的物理学家阿尔伯特·爱因斯坦(1879～1955年)指出,时间的运动并不像我们想象的那样。在他的相对论中,爱因斯坦彻底颠覆了先前的时间观念,首次指出时间是相对的。时间不是固定的,它完全取决于我们的测量方式,并且我们只能够以其他物体为参照来测量时间。同时,爱因斯坦也指出,时间并非单方向运动,它是一种尺度,正如长度、

◻ 探索与发现

↗ 通过爱因斯坦质能方程$E=mc^2$，我们能够计算出一个原子中含有的能量，这使得原子弹的研究与发明成为了可能。

宽度和深度一样，可以向前运动，也可以向后运动。

» 量子世界

许多科学家都曾以为光及其他一些辐射光线在空中以连续波的形式传播。19世纪90年代，德国科学家马克斯·普朗克（1858～1947年）观察热物体辐射光线的范围，发现实验结果并不支持先前的光波理论。但是，普朗克注意到，如果将辐射光的能量看成一份一份的，即所谓的"量子"，就能完整地解释实验现象。量子是一种极小的能量单位，当许多量子一起发射时，表现为连续的波；但是当这些量子一份一份地单独发射时，就表现为一个一个的微粒。不久以后，科学家们发现，量子论能够应用于所有的比原子小的粒子，而量子力学也成为一门全新的学科。

↗ 闵可夫斯基运用几何学知识解决数字论、数学物理以及相对论中遇到的难题。

» 四维空间

赫曼·闵可夫斯基（1864～1909年）对爱因斯坦的相对论加以发展，他认为，时间和空间并非独立存在，而是相互联系的。空间是三维的，包括：上面、下面和侧面，而时间是另外一个维数，即第四维。这样，当把时间和空

★ 沃森和克里克在一位叫作罗莎琳德·富兰克林（1910～1958年）的年轻显微镜专家的工作基础上，发现了DNA的双螺旋结构。

★ 一些科学家坚定地认为，就像在电影《侏罗纪公园》中讲述的一样，总有一天，人类能够从古老的化石中复制出恐龙的DNA样本，使这些巨型动物重现在地球上。

间放在一起时，就构成了四维时空。

闵可夫斯基运用几何学知识解决数字论、数学物理以及相对论中遇到的难题。

■ 基因与遗传密码的解密

在过去的几个世纪里，一些伟大的生物学家指出：一切有机生命体都是由不计其数的微小单元，即细胞组成。每个细胞内部都有许多指令，它们不但控制着细胞自身的生命活动过程，而且还参与控制整个动植物体的生命活动。这些指令就是基因。基因隐藏于细胞中的一种化学分子，即DNA（脱氧核糖核酸）内。DNA能够将动植物的性状特征传递给下一代。如今，科学家对DNA的功能了如指掌，他们甚至开始人为地控制或者改变生物体内特定的基因，这就是基因工程。

» 令人惊叹的双螺旋结构

即使是在高倍显微镜下，各个细胞内的DNA分子看起来比一堆乱糟糟的细线粗不了多

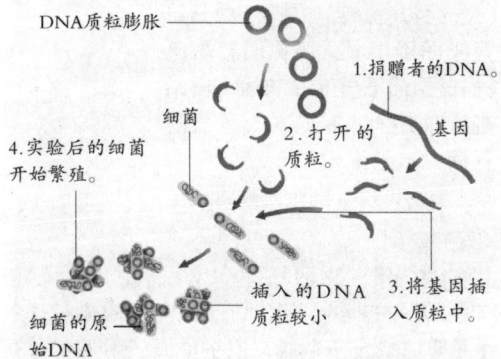

↗ 图中显示了基因拼接的步骤：1.通过限制性酶的作用，将捐赠者DNA上的特定片段分离出来；2.将一种称为质粒的特殊的DNA环打开；3.将从捐赠者DNA分离出来的基因片段插入质粒内，并用DNA连接酶将两个接头处补好，再把这个整体植入细菌体内；4.细菌不断地繁殖。

其他关键人物及其成就			
年代	姓名	国籍	成就
1877 ~ 1955	奥斯瓦德·埃弗里	美籍加拿大人	发现了DNA携带指令信息
1905 ~ 2002	欧文·查戈夫	美籍奥地利人	发现了碱基配对规则
1908 ~ 1997	阿弗雷德·赫尔希	美国	发展了DNA携带指令信息理论

少。实际上，这些乱糟糟的东西是一种双螺旋结构，有点像一条彼此缠绕的绳梯。绳梯上一级一级的台阶是一些特殊指令，指导着细胞内特定蛋白质的合成。在蛋白质的合成过程中，双链结构首先从中间解开螺旋，露出单个碱基。DNA双螺旋结构的发现是20世纪最伟大的科学发现之一。1953年，英国剑桥大学两位年轻的科学家：来自英国的弗朗西斯·克里克和来自美国的詹姆斯·沃森共同发现了这种结构，由此共享1962年诺贝尔生理学或医学奖。

» **DNA重组**

20世纪最伟大的科研项目之一是基因工程，或称基因改良（GM）。1972年，美国生物化学家保罗·伯格发明了如何将一种细菌的DNA链剪下一小段，并把这段剪下的DNA片段插入到另一种细菌DNA链中的技术。这种技术就叫作DNA重组，它使人们可以将一种动植物体内控制某种性状的基因移植到另一种动植物体内，使后者表现出特定的性状。一些生物技术公司利用这种技术将某些有利的性状，例如抗虫害、高产等植入农作物体内。

» **解密遗传编码**

1967年，两位生物化学家：来自美国的马歇尔·尼伦伯格和美籍印度人哈尔·科拉纳破解了遗传密码。他们指出，遗传编码取决于DNA双螺旋结构中4种不同的化学碱基的排列顺序。这些碱基就像字母表中的单个字母，它

↗ 双胞胎姐妹的很多性状都相同，这是因为她们相应基因的编码相同。

们沿着DNA链排列，形成一长串的字母列，我们将这种字母列按照特定的规则划分为一个一个的"句子"，每个句子就叫作基因。基因控制着生物体的某种性状。各基因内的编码是一种指令，能够指挥特定蛋白质的合成。

» **孟德尔的豌豆**

生物体特定的性状如何在上下代之间传递，以及为什么有些性状不会表现出来，而有些性状则能够跨代传递，这些问题一直困扰生物学家，直到被一位名叫格雷戈尔·孟德尔的奥地利修道士解决。孟德尔种了一些豌豆，并分析这些豌豆的形状和颜色。通过记录豌豆的这些性状如何在上下代之间传递，孟德尔创造出一套基因遗传的基本法则，即生物体的不同特性如何在上下代之间传递的法则。

□探索与发现

科学未解之谜

■ 宇宙中真的存在反物质吗

从中学时代我们就知道，世界是由物质组成的。但是，如今科学家提出了"反物质"的概念，对传统观点提出了挑战。那么，反物质是什么？宇宙中是否真的存在反物质呢？

反物质和物质是相对立的。它们是两个不同的概念。众所周知，物质构成了世界，而原子构成了物质，原子核位于原子的中心。原子核由质子和中子组成，带负电荷的电子围绕原子核旋转。原子核里的质子带正电荷，电子与质子所携带的电量相等，但一正一负。质子的质量是电子质量的1 840倍，它们在质量上形成了强烈的不对称性。这引起了科学家的关注。因此，有一些科学家在20世纪初就认为二者相差十分悬殊，因而应该存在另外一种电量相等而符号相反的粒子。如：存在一个同质子质量相等但携带负电荷的粒子和另一个同电子质量相等但携带正电荷的粒子。这就是"反物质"概念的最初观点。

狄拉克是英国物理学家，他根据狭义相对论和量子力学原理，于1928年提出了这样一个设想：在自然界中，存在着带负电的电子，同时还存在着一种与电子一样但能量与电荷都为正的正电子。这种电子可以称为电子的"反粒子"。狄拉克认为，物质和反物质一旦相遇，就会互相吸引，并发生碰撞而"湮灭"，各自的质量也消失了，并释放出大量能量，这些能量以伽玛射线的形式出现。在我们周围的物质世界中不可能有天然的反物质存在的原因就在于此。

狄拉克的这一设想，对科学界震动很大，科学家们认为这种设想极有道理，因而他们极力寻找和制造反物质。

1932年，美国物理学家安德森研究了一种来自遥远太空的宇宙射线。在研究过程中，他意外地发现了一种粒子，这种粒子的质量和电量都与电子完全相同，唯一不同的是在磁场中弯曲时，其方向与电子相反，也就是说它是正电子。这一发现论证了狄拉克的设想，并大大激励了人们的研究热情，他们纷纷投入到寻找反物质粒子的工作中。1955年，在美国的伯克利，钱伯林和西格雷两位科学家利用高能质子同步加速器发现了反质子。西格雷等人于1957年又观察到了反中子。

欧洲一些物理学家于1978年8月，成功地分离了300个反质子达85小时，并成功地储存了这些反质子。1979年，美国新墨西哥州

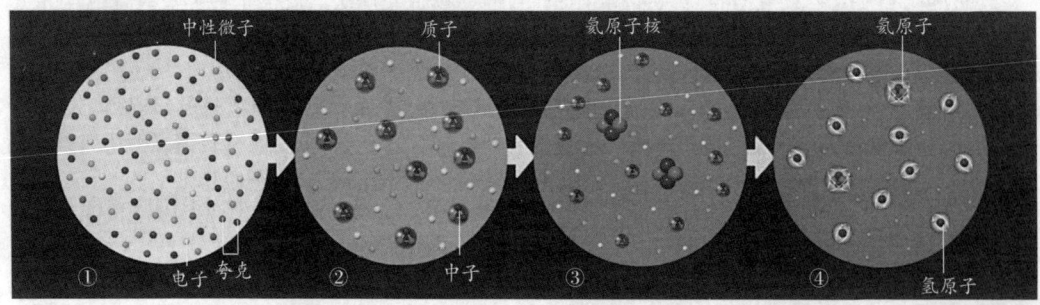

①形成了夸克、电子、中性微子等。　②夸克相互附着，形成质子和中子。　③由质子和中子形成氦原子核。　④质子、氦原子核抓住电子，形成氢原子和氦原子等（宇宙的膨胀）。

↗ 物质的诞生示意图

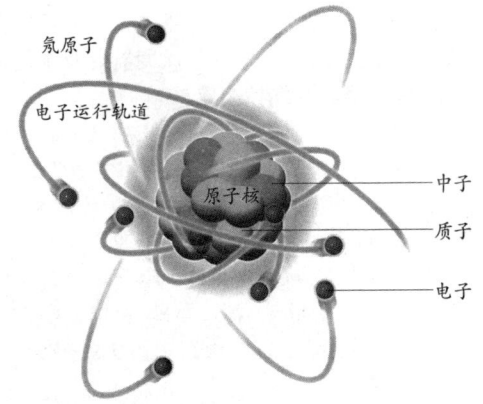

原子和分子模型构造示意图
所有的物质是由原子构成的，而原子则是由质子、中子和电子构成的。质子和中子形成原子核，而电子则围绕原子核不断地旋转。原子与原子经过化学结合则构成了分子。

立大学的科学家进行了一个实验，在实验中，把一个有60层楼高的巨大氦气球，放到高空，气球在离地面35千米的高度上飞行了8个小时，捕获了28个反质子。关于反质子的发现层出不穷，这些发现激发了人们的兴趣。反中子和中子一样都不带电，但它们在磁性上存在差别。中子具有磁性且不断旋转，反中子也不断旋转，但其旋转方向与中子恰恰相反。顺着这个线索，物理学家们继续寻找下去，结果，发现了一大群新奇的粒子。到目前为止，已经发现了300多种基本粒子，这些基本粒子都是正反成对存在的，也就是说，任何粒子都可能存在着反粒子。

这样，用人工的方法把反质子、反中子和正电子组成反物质原子这一设想在理论上是成立的。在实践中人们利用粒子加速器人工制造出由一个反质子和一个反中子组成的反氘核，这个反氘核是人工制造出的第一类反原子核，它是美国布鲁克海文实验室研制成功的。由两个反质子和一个反中子组成的反氦-3核是第二类反原子核。前苏联在塞普霍夫加速器上曾获得5个反氦-3核。而反原子是由正电子与这些反原子核相结合而得到的。1996年1月，欧洲核研究中心宣告德国物理学家奥勒特等利用该中心的设备合成得到第一类人工制造的反原子，即11个反氢原子。由于这一科研成果意义重大，欧洲核研究中心专门开会庆祝反原子的人工合成。物理学家们预言，技术上进一步的改进将会使大量生产反物质原子的设想成为可能。

对于反物质在自然界中究竟有没有的问题，人们观点各异。以往的一些理论认为，在宇宙中，正物质和反物质是对称的、同样多的。虽然，反物质在地球上只能出现在实验室里，且时间短暂，但是在茫茫宇宙中的某些部分却有可能存在一些星系，这些星系由反物质构成。在那些星体上反物质的存在是极其"正常"的，而正物质却很少在那些星体上存在。物质与反物质在电磁性质上相反而其他方面均相同，那么，在宇宙总磁场影响下，它们各自向宇宙的相反方向集中，分别形成星系与反星系。根据这种观点，宇宙应该一分为二，由正物质和反物质两部分构成。可以想象，由反物质构成的星系应该距离我们极其遥远。但是，至今我们也无法获得关于反星系分布的直接证据，因为由反物质组成的星系与正物质组成的星系发出的光谱完全相同，而我们今天的天文观测手段还较落后，没法将它们区分开来。

宇宙中应该存在一个反物质世界，这从理论上讲是行得通的，可事实上并不这么简单。自然的反粒子和反物质在地球上是不存在的。科学家们研究发现，核反应中产生的反粒子被大量正常粒子包围着，所以产生出来没多久就会和相应的正常粒子结合，两者结合后，反粒子便不存在了，它转化成了高能量的光子辐射。可人们至今还没有发现这种光子辐射。在地球上很难找到反物质，因为普通物质无处不在，而反物质一旦遇到它就会湮灭。事实上，反物质仍能以自然形态存在于地球以外的宇宙中。由于反物质发出的光与物质发出的光一样，所以人们无法从恒星发出的光来判断它是物质还是反物质。因此人们推断，完全可能有反物质构成的恒星存在于宇宙中，或者在距别的星球足够远的孤立空间中，甚至在银河系中。自然界是有对称性的，所以，其中必同时存在着由物质组成的星体和由反物质组成的星体。当然，物质和反物质不可能同处在一个星体中，因为二者碰到一起就要湮灭。

到底在宇宙中有没有自然存在的反物质，还有待于科学技术的进一步发展去证实。物理学家们努力搜寻反物质，希望能在宇宙中寻找到它们。

能不能直接观测太阳系以外宇宙中的反物

□探索与发现

↗ 自然界喜欢对称性，在宇宙中完全有可能有反物质构成的恒星，甚至在银河系中，也可能存在由反物质构成的星体。

质呢？可以，但目前只有一个办法，那就是研究宇宙射线。

在地面实验室中很难探测到宇宙射线中的反物质，因为有一个稠密的大气层在地球上空。穿越大气层时，宇宙射线会与大气碰撞而产生次级粒子，这些次级粒子又会与大气粒子碰撞产生更次级的粒子，这样几经反复，地面上测不到原始的宇宙射线，因此也无法确定宇宙射线中反物质存在的情况。为此，人们想方设法把探测器送上大气的最高层，并一直希望能将探测器送到太空。过去，人们多次用高空气球把高能反物质望远镜等探测器送到高空，探测宇宙射线中的正电子与反质子，但收获不大，从未发现过比反质子更重的反原子核。现在，随着航天技术的发展，到太空中去寻找反物质的愿望终于可以实现了。

1998年6月，美国"发现"号航天飞机载着阿尔法磁谱仪，从肯尼迪航天中心发射升空。"发现"号航天飞机的成功发射，标志着探索宇宙反物质的重大科学实验的开始。值得一提的是阿尔法磁谱仪主要由中国科学家参与研制。

阿尔法磁谱仪的英文名字是 Alpha Magnetic Spectrometer，简称 AMS，它主要由上下各两层的闪烁体、永磁体、紧贴永磁体内壁的反符合计数器、内层的六层硅微条探测器以及契伦科夫探测器等各种探测器组成。

在阿尔法磁谱仪中，由铷铁硼材料制成的永磁体是其主体结构，其重量约2千克，高1米、直径1.2米、长0.8米，是一个空心圆柱体，其中的磁场强度为1 400高斯，能长期在太空中稳定工作。根据磁场反应的粒子电荷以及粒子的速度、轨迹、质量等信息，AMS可以推断粒子的正与反。可以说，当今最先进的粒子物理传感器就是 AMS。

航天实验证明，阿尔法磁谱仪经受住了发射升空时的剧烈震动和严酷的太空工作环境的考验，运行状况良好，捕捉到许多带电粒子的踪迹，这些粒子是由次宇宙射线发出的。

人们如此热切地探求反物质，其目的不仅在于要证实理论的正确与否，而更实际的则是在于获取巨大的能量。

任意半吨物质与半吨反物质相遇，则发生"湮灭"，并且会放出能量，这种能量将是燃烧1吨煤所放出的能量的30亿倍。只要用正、反物质各1吨发生"湮灭"，"湮灭"所产生的能量就可以解决全世界1年所需的能量。而且"湮灭"后不留残渣和任何有害气体。因此，反物质是极干净的超级能源，同时更是最理想的宇宙航行能源。据计算，10毫克的反质子只有一粒盐那么大，却可以产生相当于200吨化学液体燃料的推进能量。通过这些能量，可以轻而易举地将巨型航天器送入太空。科学家们设想造一艘头部装一面巨大的凹面反射镜的光子巨船，要使飞船开动时，就将燃料库中的物质和反物质分别有控制地输送到凹面镜前，让它们在凹面镜前适当位置接触、"湮灭"，再转化为极其强烈的伽马射线，即光子流。这种光子流被凹面镜反射出去，产生巨大的反作用力，就像气体从火箭喷口喷出一样，推动飞船前进，实现星际航行。

尽管至今我们仍不能确定宇宙中有反物质，但我们也不能过早予以否定。因为距离我们100多亿光年的天体是人类已观测到的最遥远的天体，但这并不是宇宙的边缘，也许在更遥远的太空中会有反物质存在。也可能确实有反物质存在于我们已经观测到的宇宙中，只是由于某种原因使我们无法看到这些反物质。

■ 地球生命来自何处

地球上有各种各样的自然现象，其中最美丽、最动人的要数生命现象了：小到昆虫，大到体型庞大的鲸；从最简单的单细胞生物，到最复杂、进化程度最高的人类……无一不绽放着生命的艳丽之花。然而，生命是怎样产生的呢？

几千年来，人类一直渴望揭开这个秘密，并为此付出了努力，可直到今天，人们仍没有找到这个问题的答案。生命之谜太神奇了。

科学家们进行了许多艰苦的探索和实验，希望能科学地解释生命的起源，并提出了各种各样的假说和理论。其中"自然发生说"就是最古老的假说之一。

公元前4世纪，亚里士多德就认为从非生命的物质中，生命可以自然地产生出来。按照他的说法，蜜蜂、萤火虫或蠕虫这样的生物可能是由黏液和早晨的露水或粪土的混合物形成的。一直到13世纪，人们还相信亚里士多德的这种观点，认为从树上能长出小羊来。更有趣的是，17世纪的比利时医生范·赫尔蒙特还开了一个药方子，说是照方子中的办法就可以生出小老鼠来。方法很简单，就是把破衬衣用人体汗水浸透，然后和小麦放在一起，塞进一个瓶子里，等到它们发酵以后，小老鼠就会从发酵的破衬衣和小麦中长出来。这个荒谬的方子自然是不会成功的。

1864年，法国化学家巴斯德进行了著名的"曲颈瓶"实验：他把肉煮好捞起来扔掉，只留下煮沸的肉汤，再把肉汤倒入烧瓶里，然后把烧瓶的瓶颈弄成S形，以便通入新鲜空气，同时阻止任何细菌或微生物随空气飘入瓶子里。实验结果表明，即使在这样S形的长颈瓶子里，连最简单的生命——微生物都不会自然发生。这个实验说明了自然发生说的荒谬性，人们只能另寻解释生命产生的途径。

此外，还有一种观点是"宇宙发生说"。这种观点认为生命来源于太空，运载生命种子来到地球的"飞船"就是陨石，陨石通过撞击地球的方式，把生命种子播撒到地球上。由于地球的环境条件适宜生命活动，所以来自宇宙的生命就生存发展起来。

19世纪70年代，霍伊尔、维克拉玛辛等

关于生命起源学说的疑问

并不是所有的科学家都认为生命起源于地球上。英国天文学家霍伊尔认为生命起源于地球的可能性几乎是零。他认为生命起源于宇宙的其他星球上，虽然他并没有解释生命是如何起源的。令人奇怪的是，在宇宙的其他星球上确实发现了比较复杂的有机化学物质。不过，支持这种认为地球是从宇宙其他星球上获取种子的学说的人很少。

↗ 英国天文学家霍伊尔

科学家在遥远的恒星周围的尘粒中发现了一些奇怪的物质，他们猜测这些物质是生命的遗痕。由此，他们作出以下推断：

一颗与太阳相仿的不知名的恒星，其轨道中运行着一颗体积极小的彗星。在这颗微小的彗星体内，有一个只能在显微镜下才能看到的孢子，它就是外星生命的"种子"。孢子正静静地躺着，处于休眠期。过了若干年，恒星的引力突然发生了变化，导致这颗彗星从原轨道上脱离出来，飞向太空。在后来长达1亿多年的时间中，它独自遨游在广漠、寂静而冰冷的宇宙空间里，直到它偶然闯进了太阳系。几颗巨大的气体状行星快速划过它身边，然后，一颗庞大的、夹杂着片片褐色的蓝色星球离它越来越近，这个蓝色的星球就是地球。这颗彗星与无数陨星碎片夹杂在一起，猛烈地撞击在地球上，彗星被撞得碎裂开来。在彗星体内休眠了几亿年的孢子被抛进了地球表面温暖的海洋中。这颗珍贵的生命种子，受到了某种催化作用，在经过了一系列化学反应和生物反应之后，形成了最原始的生命。从此，地球上有了生命。这种生命的原始起源大约发生在33亿年前，地球上从此开始了一个全新的、有生命的时代，从一个无生命的星球变成了有生命的行星，并且越来越美丽。

□ 探索与发现

↗ 意大利物理学家雷迪(1626～1697年)
他是最早用实验证明自然发生说科学性的科学家之一。自然发生说认为生命起源于无生命有机物。

射电天文学和宇宙化学的迅速发展为人类研究生命起源提供了契机。20世纪60年代，科学家们发现在宇宙空间中有大量的有机分子，同时也在那些落入地球的陨石中发现了近20种氨基酸和10多种烃类物质。但是，宇宙发生说只解释了生命是从宇宙空间移居到地球上来的，并没有揭示出生命起源的真正原因。1953年，美国化学家做了一个关于生命起源的实验。从此，没有人再相信维克拉玛辛和霍伊尔等人的假说了。

斯坦利·米勒是美国圣迭戈大学的一位科学家，他于1953年进行了一个有趣的化学实验。他先把氨气、甲烷、氢气和水蒸气等气体，按照"地球原始状态"时的组成比例混合在一起，装入一个玻璃瓶中。然后，他用电流模拟闪电，轰击这些气体。闪电是今天常见的气候现象，同时它也很古老，它在地球最原始时期就存在了。一个星期后，米勒惊喜地发现，在玻璃瓶中出现了一种橘黄色气体，这是以前没有的。米勒对这种气体进行了测定，测出大量氨基酸等有机物质存在于这一气体中。此后，德国的科学家格罗茨和维森霍夫也进行了与米勒相类似的实验，他们先按照"地球原始状态"配置气体，然后用紫外线长时间照射这些气体，结果也得到了氨基酸。

在20世纪60年代，科学家奥罗利用氰化氢等物质，成功地合成了生命物质腺嘌呤，它是核酸的重要组成成分之一。1963年，波兰的佩鲁马等科学家利用紫外线照射，得到了一种在生命体中用于传输能量的重要物质ATP（腺嘌呤核苷三磷酸）。这些实验有力地证明：在一定的能量条件和物质条件下，无机物转化为有机物、简单的有机物转化为复杂的生命物质的进化过程，即使没有生物酶的作用，也完全有可能在地球上实现。

就这样，一种新的学说——化学进化说，开始被越来越多的人接受。

这个学说认为，早期地球的大气中存在着大量有机分子，这些有机分子在漫长的时间里逐渐产生了一种相互关联的结构，这种结构能临时组合在一起。又过了许久，这种分子周围出现一层黏稠状的东西，它能随着外界环境的变化，排放出一部分有机分子，也能接受另一类有机分子。这种复合化的分子被看做是最初的生命形式，它已经具备了最简单的代谢和繁殖功能，形成了生命的基本特性。这种最低级的生命形式结构极其简单，连今天最简单的微生物都比它复杂许多，但它们已经具备了生命的基本特征，能靠自然选择来进化成各种各样的高级生物体。

但是地球生命诞生的奥秘仍没有解开。科学家们发现，在太阳系的8大行星中，木星、土星、海王星和天王星的大气成分主要是氨气、甲烷，而火星、金星等类地行星的大气，则主要是二氧化碳。于是，有人提出了这样的问题：为什么就可以断定"原始状态"时的地球大气中，一定含有甲烷而不是二氧化碳呢？

德国和法国的两位科学家在格陵兰38亿年前形成的古老的石英岩层中，发现了单细胞有机物的内含物。这种细胞外观上呈椭圆形或是丝状体，一般具有鞘。它的内含物由生命物质组成；它的细胞壁和鞘的结构以及繁殖方式，与现代的酵母菌几乎相同。这样的单细胞有机物大约需要5亿年时间才能形成。因此可以推测，生命应该在43亿年前才开始形成。

根据最新的考察结果，人们认识到生命的出现与行星的诞生几乎是在同一时期实现的。

美国科学家经研究发现，在其所含有的能量的作用下，普通的泥土也可以合成氨基酸等生命物质。科学家还发现,地球上凡是有深而大的断裂带的地方总会有许多大型油气藏。这表明在地球内部曾经发生过有机物的大规模合成。

虽然地球生命诞生的奥秘目前仍无法解开,但是我们有理由相信,终有一天人类将解开生命起源之谜。

■ 暗物质之谜

宇宙大爆炸理论认为:宇宙诞生之前,没有时间,没有空间,没有物质,也没有能量。约150亿年前,一个很小的点爆炸了,逐渐膨胀,形成了空间和时间,宇宙随之诞生,并经过膨胀、冷却演化至今,星系、地球、空气、水和生命便在这个不断膨胀的时空里逐渐形成。

最近的天文观测和膨胀宇宙论研究表明,宇宙的密度可能由约70%的暗能、5%的发光和不发光物体、5%的热暗物质和20%的冷暗物质组成。也就是说,宇宙中竟有九成是看不见的暗物质,其中被称作可能是宇宙早期遗留至今的一种看不见的弱相互作用的重粒子——冷暗物质正是支持膨胀宇宙论的关键。

正因为宇宙中的暗能、暗物质至今尚未被发现,所以科学家们给我们留下了一系列关于宇宙中的暗物质问题的谜团。人类共同关心的问题是:宇宙中的暗物质究竟有多少?它们在宇宙中占有多大的比例?目前天文学家还无法确知。只是给出了一些估计的数字:在宇宙的总质量中,重子物质约占2%,也就是说,宇宙中可观测到的各种星际物质、星体、恒星、星团、星云、类星体、星系等的总和只占宇宙总质量的2%,98%的物质还没有直接观测到。在宇宙中非重子物质的暗物质当中,冷暗物质约占70%,热暗物质约占30%。

紧接着,下一个问题又来了:宇宙中存在的大量非重子物质的暗物质组成成分究竟是些什么粒子?它们的形成及运动规律又是怎样的呢?于是寻找暗物质,探求暗物质的性质就成了世界高能物理研究的热点之一,寻找的途径包括在超大型加速器上的实验,还包括在地下、地面和宇宙空间对宇宙线粒子的测量。中国科学院高能物理研究所在寻找暗物质的研究方面在国际上一直处于领先地位。1972年高能所云南高山宇宙线观测站曾观测到一个奇特现象,

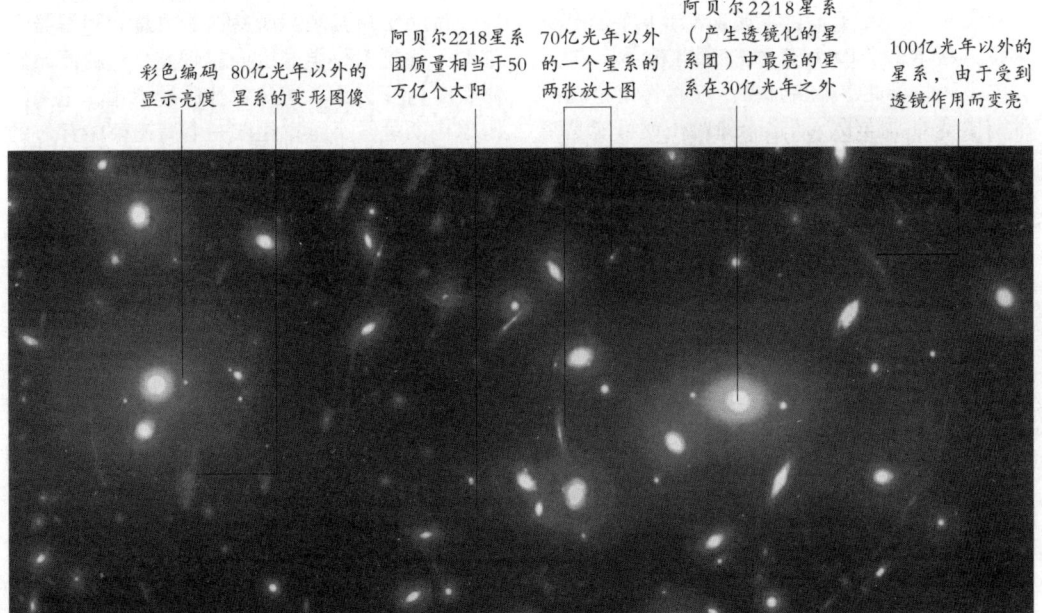

↗ **宇宙幻景**
这张哈勃图像上发光的弧弦就像宇宙蜘蛛网的一缕缕网线。这为暗物质的存在提供了强有力的证据。阿贝尔2218是距地球30亿光年的一个星系团,它相当于一个引力透镜。通过它的来自更遥远星系的光的射线受到其引力的影响,聚集而成为明亮的曲线。聚集光所需的引力要比可见星系提供的引力强10倍,所以这个星团90%的质量必定存在于暗物质上。

□ 探索与发现

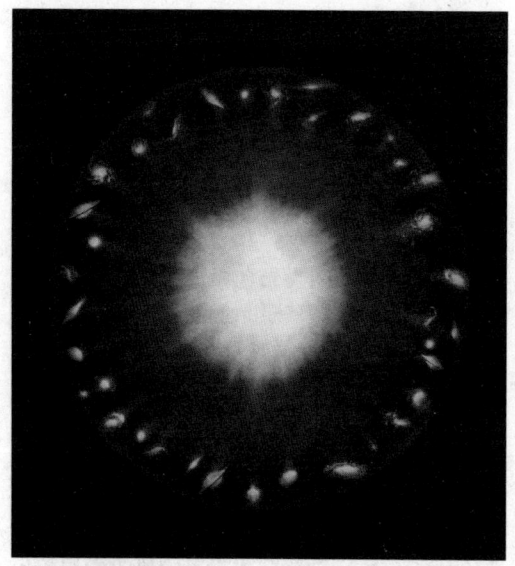

↗ 创世大爆炸示意图
约150亿年前，宇宙经过一次巨大的爆炸，即"创世大爆炸"，开始了它膨胀和变化的过程，而这种膨胀和变化至今仍在继续进行着。经过千百万年之久逐渐形成了星系、恒星以及我们今天所知道的宇宙。

即观察到一个从宇宙射线中来的能量大于3 000亿电子伏特的粒子碰撞石墨中的粒子后，产生了3个带电粒子。分析表明，其中一个是介子，一个是质子，还有一个是能量大于430亿电子伏特、寿命长于0.046纳秒的带电粒子。许多科学家认为若此事能被证实，它将肯定是超出标准模型的新粒子，而这个新粒子就可能是暗物质的粒子。

1979年，科学家发现，在仙女座背景方向的温度比天空其他方向的要高，那里存在着巨大的未知质量。"失踪"的物质哪里去了呢？按照牛顿物理万有引力定律，星系中越往外的行星绕该星系中心的转动速度越慢。太阳系中的行星运转正是这样。但已观测到有许多星系，其外边缘行星比中心附近行星绕转得更快。这说明除看得见的星系或星系团外，还有大量暗物隐藏在其中，它们像晕一样包围着星系和星系团。那么这些像晕一样的东西是由什么物质构成的呢？有人认为是X射线和星系际云，但它们远没有估算的暗物质那么多；也不是年老的恒星，如体积很小的中子星和白矮星，它们行将死亡时会抛出大量物质，但人类却未观测到。英国剑桥大学的物理学家霍金认为有可能是黑洞，还有不少科学家认为是"中微子"，并提出了暗物质的"中微子"模型。但研究这个模型还存在一定的困难，例如，按此模型只有在超星系团周围才有晕，但实际上在星系周围也观测到晕；而且中微子是否有质量，科学实验也未最终确证。

20世纪80年代，美国和前苏联的一些科学家提出了暗物质的"轴子"模型。按照这个模型，混沌伊始（宇宙爆炸后不久有一个混沌不分的时期），宇宙就如一坛重子和轴子混合交融的块汤。后来重子由于辐射能量，慢慢地转移到团块中心去了，结果普通发光物质的核被冷子晕包围，形成了星系似的天体。这个模型简洁美妙，有人用计算机对这种模型进行了模拟演算，最终得到的宇宙演化图像与我们今天观测到的宇宙十分吻合。但这个模型毕竟是假想的产物，它能否成立，还需要更多的实验来验证。

从理论上说，冷暗物质粒子应该具有一种质量很重的中性稳定粒子，它不直接参与电磁相互作用，但可以参与弱相互作用和引力相互作用。这种粒子肯定是超出标准模型的粒子，如果能在实验中直接观测到这种粒子，将是探讨物质微观世界结构和基本规律方面的重大突破。目前中科院高能所参加了由意大利罗马大学牵头的意中科学家组成的研究小组的冷暗物质粒子研究。为了避免各种信号干扰，意大利国家格朗萨索实验室建在一个高速公路穿过的山洞下，岩石厚度有1 000米。中、意科学家研制的100千克低本底碘化钠晶体阵列安装在意大利格朗萨索国家地下实验室，经过8年的实验，已经探测到这种物质粒子偶尔碰撞碘化钠晶体中的原子核时发出的微弱光线，已获得了这种信息的3个年调制变化周期，并据此推算出这种粒子很重，它的质量至少是质子的50倍。实验的初步结果提供了宇宙中可能存在一种重粒子，即冷暗物质粒子的初步证据。

科学家们认为，这种粒子的存在将非常有力地支持暴涨宇宙论和超对称粒子模型，困扰天文学家70多年的谜团就能澄清，粒子物理、天体物理、宇宙学将会有突破性发展。但实验上要确认冷暗物质的存在及特性，尚需进一步的观测数据和可靠证据，我们期待着关于暗物质的一系列谜团早日揭开。

■ 外星人之谜

1950年美国在新墨西哥州回收了几具外星人尸体,这是地球上的人类首次有记载的发现外星人尸体的事件。这年年底,在该州的一个空军基地,降落了一个不明飞行物。两三辆吉普车迅速朝那个不明飞行物驶去,发现那是一个非常典型的圆状飞碟。飞碟里走出一个乘员,上了一个军官的吉普车,接着就开往了该基地的指挥部。这个乘员在指挥部待了约一个小时就回到了飞碟上,不久飞碟垂直起飞离开了地球。这显然是一次面对面的直接接触,但是没有人出来证实这件事。直到1989年11月末,才有一位科学家出来证实此事。这位科学家曾参与外星人的尸体处理工作。他说,有4具外星人的尸体一直保存在俄亥俄州的空军基地里。当时在任的杜鲁门总统曾下令所有相关人员严守这一机密,并同意对外星人的尸体进行研究。

透露这条消息的科学家叫斯通·弗里德曼,当年他直接参加了对外星宇宙飞船残骸及外星人尸体的处理工作。据他讲,这四个外星人个头很小,呈深灰色的皮肤满是皱纹,但头和眼睛都很大。他们的耳朵和鼻子深陷于脸内部,从手肘到手腕的那截手臂特别短。

此后,美国又发现了数具外星人尸体。1953年夏,在美国亚利桑那上空一个飞碟发生了故障,其中一部分碟体陷在沙子里。美国军方派人赶到时,发现里面有5个外星人。这几个人和地球人长得比较像,只是胳膊特长,而且每只手只有4个手指,指间还有蹼,看起来像青蛙的蹼。其中一个还活着,但伤得很重,不久就死了。

另一艘坠毁于1962年的飞碟直径有17米,由一种在地球上找不到的金属制成。在飞碟残骸里发现两个类人的生命体,身体比地球人矮,只有1米左右,但头比地球人的头大,鼻子只有小小的突起,嘴唇很薄,还有一对没有耳廓的小耳朵。

据美国"20世纪不明飞行物研究会"主席巴利先生透露:目前,美国回收并加以冷藏处理的外星人尸体至少有30具,分别放在几个秘密的地方。

外星人的尸体在世界其他许多地方也被发现过。1950年有一个飞碟坠毁在阿根廷荒无人烟的潘帕斯草原。这个飞碟的圆盘高约4米,直径约为10米,座舱高约2米,有舷窗,表面光亮严整。这个飞碟正好被驱车经过的建筑师塔博博士发现了。在强烈的好奇心的驱使下,他停车走近,从圆形物体的舷窗往内看,发现舱内有四张坐椅。其中三张各坐着一个小矮人,他们一动也不动,显然已经死了。这些小矮人长得与地球人差别不大,有鼻子、眼睛和嘴巴,头发呈棕色,长短适中,皮肤黝黑,穿一身铝灰色的服装。只是第四张坐椅空着。

第二天,等到他与朋友们再来看时,地上只留下了一堆灰烬,温度很高,站在旁边也能感觉到。他的一个朋友抓起了一把灰,手立刻就变紫了。后来,塔博博士患上了一种非常怪的疾病,连续发高烧,好几个月不退,皮肤破裂,像老树皮一样,一直无法治愈。

这三个外星人的尸体被人们发现却未能回收到。于是就有人推测,可能第四张坐椅上的那个外星人当时还活着,为了不让自己和飞碟落入地球人之手,就把飞碟和三个外星人的尸体

↓ 出现在美国得克萨斯州某农场上空的不明飞行物

↗ 根据专家的判断,这张拍摄于1967年俄亥俄州村庄上空的照片展示的是一种外星人的交通工具。

□探索与发现

↗ 在1966年3月的一次记者招待会上,美国空军蓝皮书作业组织的顾问海奈克展示了一幅密歇根UFO目击者所绘的草图。美国政府自此开始调查UFO事件。

悉数烧掉了。

前苏联科学家杜朗诺克博士在前南斯拉夫宣布:前苏联一支科学探险考察队于1987年11月在戈壁沙漠中发现了飞碟。当时,它的一部分已埋在沙堆中,直径有22.78米。让人吃惊的是,这次发现的外星人尸体达14具之多,而且都没有腐烂,可能是沙漠中气候干燥的缘故。

设在法国巴黎的"UFO报告真实性科学协会"主席狄盖瓦曾经在喜马拉雅山峰的冰雪中发现一个飞碟残骸和6个外星人的遗体。当时法国政府大力支持他们回收外星人遗体和飞碟残骸的工作,回收工作持续了数月才结束。从回收的外星人遗体看,它们身材矮小,只有1米左右,四肢瘦弱,但头和眼睛都比地球人大很多。他们还收集到许多金属残片,大的有2~3平方米,而这些金属在地球上仍没有发现。

在这一回收过程中,他们还找到了一些动物,如马、牛、狗、鱼,甚至还有一头大象和几百个鸟蛋,这让人感到莫名其妙。由于这些残骸都是被冰雪封冻起来的,因此很难确定其失事的时间,可能是几年前,也可能是在几千年甚至上万年前。

回收飞碟和外星人尸体数量最多的是美国,日本著名作家矢追纯一曾经拜访过一些回收过外星人尸体的科研人员,从而掌握了大量相关资料,写成了《外星人尸体之谜》一书。该书受到世界飞碟研究界的高度重视。在这本书中,他详细叙述了自己在美国调查访问的情况。他认为这些年来美国回收飞碟和外星人尸体的事件有46起之多,现在存放在美国的外星人尸体仍有数十具,被冷冻在地下室的秘密器皿中;美国对外星人的尸体进行过解剖;等等。

外星人真的存在吗?那些尸体又是从何而来的?目前尚未找到答案。

■ 寻找消失的大西洲

公元前4世纪,柏拉图曾在他的两本对话集《蒂迈乌斯篇》、《克里提亚斯篇》中提到一个大西洲的故事。这个故事立即引起了人们的兴趣:世界上真的有大西洲吗?大西洲是一个什么样的陆地呢?

柏拉图在故事中讲道:远在古代,在海的对岸,有一个名叫阿特兰蒂斯的岛屿。它是海神波塞冬赐给长子大西的礼物,后来大西在岛上建国,取名为大西国。于是,阿特兰蒂斯岛变成了大西洲,而大西洋就是大西洲四周的海。

据柏拉图说,大西洲的所在地位于直布罗陀海峡对面的大西洋中部。根据这一说法,大多数大西洲学专家推测,失落的大西洲应该就位于大西洋中部。和其他后来的许多学者一样,美国考古学家康纳利认为亚速尔群岛一定是这片湮灭大陆的唯一的幸存者,它之所以幸存,是因为它是全城的最高峰。但是,尽管考古学家们对亚速尔群岛进行过详细勘探,海洋学家

↗ 大西洲遭地震和洪水想象图

柏拉图的著作中说道,大西洲经过了空前的辉煌后,"大西洲人内心充满了过于膨胀的野心和权力"。大西洲人不再视美德高于金钱,陷入了道德的沉沦。他们派出大量军队去征服雅典和东部,以攫取财富,无休止的奢华终于迎来因果报应。众神之王宙斯对他们发出了令人颤栗的惩罚,"恐怖的地震和洪水一夜之间突然降临,大西洲……被大海吞没,消失了"。

270

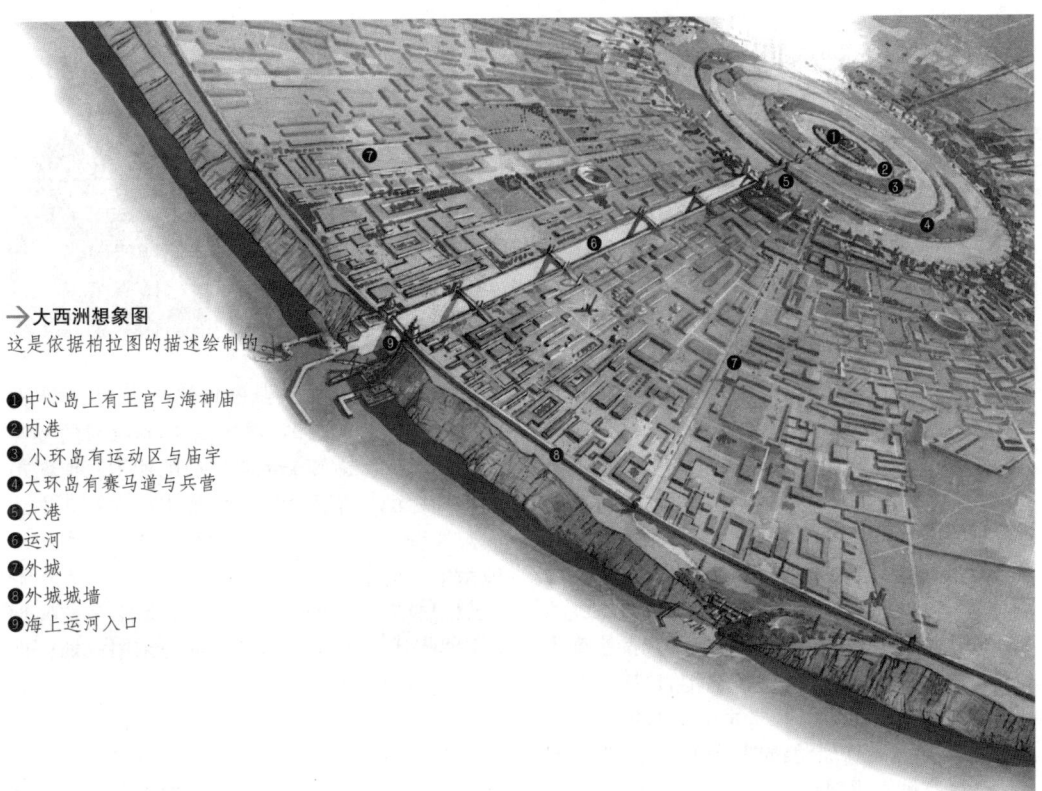

→ 大西洲想象图
这是依据柏拉图的描述绘制的

❶ 中心岛上有王宫与海神庙
❷ 内港
❸ 小环岛有运动区与庙宇
❹ 大环岛有赛马道与兵营
❺ 大港
❻ 运河
❼ 外城
❽ 外城城墙
❾ 海上运河入口

也对毗邻的海床进行了认真勘察，但还是没能找到任何能够证明那里曾经有一个王国或大岛的证据。

柏拉图在书中对大西洲的描述几近完美：大西洲位于副热带，全岛面积大约在40万平方千米左右，人口估计有2 000万。岛的北部有绵延不断的崇山峻岭，是全岛的天然屏障。大西国的鼎盛时期大约在公元前1.2万年左右，当时风调雨顺，国泰民安，因此很快成了文明世界的中心。

对岛国的情况柏拉图是这样描绘的：大西洲的面积大于小亚细亚和利比亚之和。那里物产丰富，人们会冶炼、耕作和建筑。那里道路四通八达，运河交错成网，交通发达，贸易兴盛。他们凭借强大的经济势力四处扩张，他们的船队曾经征服了包括埃及在内的地中海沿岸的大片区域。但盛极必衰，就在此时，大西洲突然间天降灾祸，一场强烈的地震和随之而来的海啸铺天盖地，使整个大西洲遭到了毁灭性的打击。一切曾经代表繁荣的都市、寺院、道路、运河及所有的国民，在顷刻间沉陷海底，不复存在。

柏拉图2 000多年前的描述使人们一直为大西洲的神秘所深深吸引。人们一直在问：大西洲真的存在过吗？如果存在过，那么究竟是什么力量使得大西洲毁于一旦呢？

1882年，依内提乌斯·康纳利写了一本名叫《大西洲：大洪水前的世界》的书。在该书中，他十分肯定地认为大西洲确实存在，而且他还指出，大西洲位于大西洋上，世界文明最早就是在这里发祥的。

通过对欧洲和美洲的动植物以及化石的大量比较，康纳利发现了一个有趣的现象：在大西洋两岸都有骆驼、穴熊、猛犸和麝牛的化石；埃及的金字塔也并非独一无二，在它的对岸，墨西哥、秘鲁也有与之相似的金字塔；西班牙的巴斯克人和南美的玛雅人都有一个大大的鹰钩鼻，而且所使用的松土泥锹也一模一样……所有这些，都不难证明世界上有过这样一个大陆，它将欧洲、美洲和非洲全都联系起来了。

1898年，人们又意外地发现，在亚速尔群岛周围海域有一块海底高地，其大小、形状都与柏拉图笔下的大西洲十分相像。勘探人员将取出的岩石送到科研中心鉴定,结果证明这一带海域在1万年之前确实是一片陆地。

1968年,在巴哈马一带海域的水面下人们发现了规模很大的城墙和金字塔,其中城墙约有1600米长,金字塔约有200米高,底边长达300米。1974年,前苏联的一艘海洋考察船又拍摄了这一带的许多海底照片。从照片上人们可以清晰地看到许多古代建筑的断墙残垣以及从墙缝中长出的海藻。

这一切似乎已经证实了大西洲的真实存在。如果真是这样,大西洲又怎么会突然沉没了呢?

康纳利认为同时发生的火山爆发、地震和洪水泛滥是大西洲毁灭的原因。但是现代物理学家对此提出了质疑,他们认为这一类灾变不可能毁灭整个大洲,更不可能使一片大陆在48小时内毁于无形。而德国物理学家穆克则认为大西洲的毁灭源于火星和木星轨道间的一颗大行星的撞击。但这些都是无法证实的假设。

但也有不少人对大西洲的存在持否定态度。他们指出,如果真如柏拉图所说,大西洲当时已经达到高度文明,并且也已经懂得使用金、银、铜制品,那么为什么考古学家至今找不到这方面的任何证据?另一方面,如果大西洲的确存在,那么必然会有一些商品,诸如陶器、大理石雕刻、戒指和其他装饰品等随着商品贸易流通到邻近地区,可类似的遗物人们一件也没找到。而且根据大陆漂移说,现有的大陆都能巧妙吻合连接成一个完美的整体,这样大西洲似乎又成为多余的了。

地质学家认为大西洋里是不可能存在着沉没的大陆

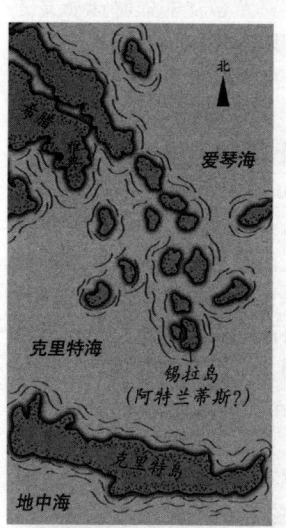

↗ 阿特兰蒂斯推测位置示意图
这里标示的阿特兰蒂斯推测地点是希腊的锡拉岛。根据考古发现的爱琴海青铜器时代(公元前3000~前1500年)文物,与柏拉图有关阿特兰蒂斯的描述,有颇多相似之处。而在公元前1500年左右,锡拉岛火山爆发,被大海吞噬。

→ 康纳利于1882年出版了《大西洲:大洪水前的世界》一书。他研究过大西洋两岸古文明在神话、语言和习俗方面的相似之处,认为在新世界与旧世界之间陆沉的阿特兰蒂斯是两地文化的桥梁。他又把大西洲沉没的时间定在冰河时期末,约公元前8000年,当时冰河融化,海面上升至前所未有的高度。

的。按照地质学说,在1.8亿年至2亿年前,南北美洲与欧洲、亚洲、非洲是连在一起的整块大陆,之后,由于天体引潮力的作用,熔融物质从地壳的一条巨大裂缝中涌出,它不断推动大板块分裂开来。熔岩穿过海底裂缝从炽热的地球中心向上涌出,在这个过程中,熔岩逐渐冷却变成岩石,堆积在两边,新涌上的熔融物质不断堆积,造成岩石沿东西向不断延伸,形成海底平原。由于冷却熔岩不断增长所产生的推力与天体引潮力的共同作用,整块的大陆开始逐渐分裂,裂缝越来越大,最终形成了今天的五大洲。从这种理论出发,那么大西洋里是不可能存在沉没的陆地的。

目前,大西洲之谜仍然没有完全被人类解开,各种各样的争论仍在不断进行,但结果并不重要,人类对未知事物强烈的好奇心和执著顽强的探索精神才是永远闪耀的珍宝。

■ 太阳系地外生命探疑

地球是幸运地拥有生命的唯一天体吗?人类是孤独的吗?在广袤无垠的宇宙中,是否还有同样具有生命的天体?

自从人们知道了地球不是宇宙的中心,就开始猜测有地外文明的存在,也创造出了关于外星生命的神话传说。

随着现代天文学、生物学、无线电技术和航天技术的日益发展,更多的人开始接受这样的观点:宇宙中的天体数目如此庞大,其中不可能没有适合生命生存的另一个天体,不可能没有与我们地球人相似的、有智慧的、能创造自己文明的生物存在;甚至很有可能有些地外生物创造出的文明比我们地球上的人类文明更为先进,更为优秀。对地球外文明的研究早已不是人们所传说的神话故事,而成为一门严肃

↗ 通过登月探测，基本排除了月球存在生命的可能。

的科学。

人类对地外生命的研究由来已久，离地球较近的月球首先进入了人类的视野。早年有人猜想月球很可能是一个空心体，里面居住着外星人。其主要理论依据是因为当年阿波罗登月飞船在月球上登陆的时候，指令舱中的记录仪记录到的持续震荡波长达15分钟，这一结果使科学家感到极为惊异。有学者认为，如果月球是实心体，那么在碰击后产生的震荡波不会回荡这么长时间，至多维持5分钟。由此，便出现了月球可能是空心体的设想。但在仔细研究月岩标本后，科学家发现其中金属含量较高，而且其中的亲氧金属如铁等并没有被氧化。据此有人居然得出了一个大胆的结论，说月球很可能是一个空心体，而且是外星人人工制造的。也有了诸如月球的内部可能是一个奇特的生态系统，也许居住着一些比人类更文明的"月球人"，那里可能是外星生命为了监视地球而设置的一个巨大的航天站等各种奇思妙想。但是这种种设想都被无情的事实推翻了，一切不过是人类依据科学观测所作出的主观猜想，也可以认为是半真半假的神话故事。

而在19世纪30年代，曾出现过一个"月亮骗局"的故事，影响极大，轰动一时。事情的经过是这样的：1835年8月美国新创办了《纽约太阳报》，该报为吸引读者和打开销路、扩大销量，便诚邀英国作家洛克为自己撰稿。当时英国天文学家约翰·赫歇耳正前往非洲南部的开普敦去观测研究南天星空。洛克便选中了这件事，用自己的生花妙笔杜撰出了一个神奇而又引人入胜的月亮的理性生物的故事。他在故事中说，赫歇耳的望远镜在不久以前已能分辨出月球表面有约18英寸，即大小约45厘米的物体。用这样高分辨率的望远镜，他看见了月亮上有鲜花和紫松等树木，也有一个碧波千里的湖泊，还有一些类似野牛、齿鲸等动物的大型动物。他还惊讶地看到了一种长有翅膀并且外貌有些像人的动物。文章这样写道："他们的姿势看上去充满了热情而且很有力度，因此我们推论这种生物是有理性的。"结果许多人对这一重大新闻深信不疑，人们奔走相告，该报一度成为当时最畅销的报纸。

天文学家们很快把这个骗局拆穿了。科学证明，如果要把月面上45厘米大小的物体分辨出来，光学望远镜的口径至少需要570米，这么大的望远镜到今天人们仍没有能力造出来。同时，当时虽然还没有一位天文学家登上月球亲眼目睹月球的样子，但由地面天文观测分析也能推知，月球上没有水，也没有大气，是一个死气沉沉的荒凉世界。

随着科学技术的发展，人类对地外生命的研究也变得更加科学。为了寻找地外生命，科学家们首先研究了地球人的进化过程。他们认为：地球人虽是"万物之灵"，具有很高智慧，但起源也和地球上的动植物一样，是从地球上进化出来的。换言之，地球上的碳、氢、氧、氮等元素，先是发生了长期的化学变化和物理变化，后来又经历了复杂而漫长的生物演化过程，最后才演化出了人类。科学实验也已经证明，人类生命的化学基础是蛋白质和核酸，而蛋白质又是由各种氨基酸构成的，氨基酸则是由复杂的有机分子组成的。在宇宙中，不仅碳、氢、氧、

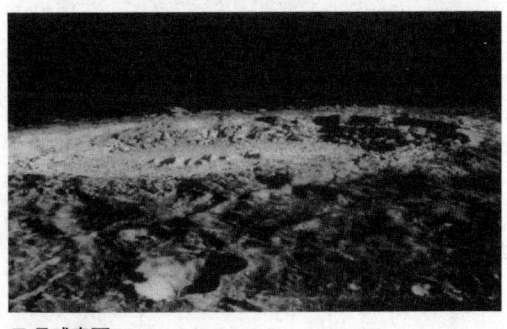

↗ 月球表面

氢等元素广泛存在，而且在温度极低的星际空间也发现了几十种复杂的有机分子，在许多陨石中甚至还找到了十几种重要的氨基酸的存在。这就可以认定，只要地球外的星球环境适于生命体的存在，那么很可能会发生大量的有机体演化。

当然，如果以我们地球生命的形成、演化历史作为标准，还需要很多条件才能从氨基酸逐渐演化成生命。如合适的温度、足够厚的大气层的保护、水的存在、液态的氨或甲烷的存在、足够长时间而且较为稳定的光和热。

在宇宙中，地球只是一个再平凡不过的行星，但对于我们人类来说，它是我们生命的摇篮，是最重要也是最熟悉的天体。地球是如此适合我们人类生活，有充足的水，空气中富含氧气，温度不冷不热，这与它距离太阳的位置等条件有关。譬如水星和金星是离太阳最近的两颗行星，水星的白天热得如火，夜晚却冷得比冰还凉；厚厚的金星大气成分以二氧化碳为主，温室效应很明显，导致环境极为恶劣，任何生物根本就生存不下去。火星在地球轨道以外，虽说距离太阳并不是很远，但比起地球来，不但气候极其寒冷，而且根本没有水，生物在这种情况下也不可能生存下去。土星和木星上没有任何生命存在，这一点十几年前宇宙飞船的空间探测就已证实了。位于太阳系边远空域的两颗大行星是天王星、海王星，科学家们通过空间探测以及各种地面观测知道，它们同样不具备适宜智慧生命生存的环境。到目前为止，所有的太阳系探测结果都表明，太阳系中的行星中只有地球是适于像人类这种智慧生命生存繁衍的星球。

不过一些科学家，尤其是化学家认为，生命可能不需要以碳和水为基础。在高温情况下，生命的化学基础有可能是硅。另一种有理性的生命不一定有物质外壳，其可能是以能的形式存在。

由此看来，太阳系中是否存在有生命的星球，至今仍无定论。不过，随着科学技术日新月异的发展，人类探索太空的足迹将会出现在更多的星球上，到那时这个问题一定会有答案。

■ 金星上的城墟之谜

据人类目前所知，相对于火星来说，金星的自然环境要严酷得多。其表面温度高达500℃，大气中的二氧化碳占到90%成以上，时常降落巨大的具有腐蚀性的酸雨，还经常刮比地球上12级台风还要猛烈的特大热风暴。金星的周围是浓厚的云层，以致20余年(1960～1981年)间从地球上发射的近20个探测器仍未能认清其真面目。

20世纪80年代，美国发射的探测器发回的照片显示金星上有大量城墟。经分析，金星上共有城墟两万座，这些城墟建筑呈"三角锥"形金字塔状。每座城市实际上只是一座巨型金字塔，门窗皆无，可能在地下开设有出入口；这两万座巨型金字塔摆成一个很大的马车轮形状，其圆心处为大城市，呈辐射状的大道连着周围的小城市。

研究者认为，这些金字塔式的城市可以有效地避免白天的高温、夜晚的严寒以及狂风暴雨。

前苏联科学家尼古拉·里宾契诃夫在比利时布鲁塞尔的一个科学研讨会上首次披露了在金星上发现城墟的消息。1989年1月，前苏联发射了一枚探测器。该探测器带有能穿透浓密大气的雷达扫描装备，也发现了金星有两万座城墟这一重大秘密。

刚开始的时候，人们还不敢断定这就是城墟，认为可能是探测器出了问题，也可能是大气层干扰造成的海市蜃楼的幻象。但经过深入研究，人们确信这些是城市的遗迹，并推测是智能生物留下来的。不过，这些智能生物早已绝迹了。

里宾契诃夫博士在会上指出，我们渴望弄清分布在金星表面的城市是谁造的，这些城市是一个伟大的文化遗迹。这位前苏联科学家详细地介绍

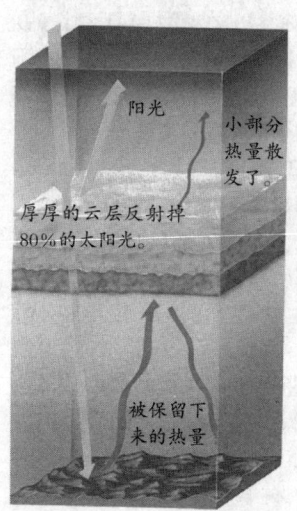

← 金星大气层示意图

金星不是靠太阳最近的行星，却是最热的行星。因为它厚厚的大气层有效地留住了太阳的热量。

科学未解之谜

↗ 金星的构造
金星内部熔融状的铁镍核被岩幔所包围，岩幔外面是岩石壳体。

说："在那些以马车轮的形状建成的城市的中间轮轴部分就是大都会。根据我们推测，那里有一个庞大的呈辐射状的公路网将其周围的一切城市连接起来。"他说："那些城市大多都倒下或即将倒塌，这说明历史已经很悠久了。现在金星上不存在任何生物，这说明那里的生物已绝迹很久了。"

由于金星表面的环境极差，因此不具备派宇航员到那里实地调查的条件。但里宾契诃夫博士强调说，前苏联将努力用无人探险飞船去看清楚那些城市的面貌，无论代价多大，都在所不惜。

而在1988年，前苏联宇宙物理学家阿列克塞·普斯卡夫则宣布：金星上也存在"人面石"，这一点与火星一样。联系到金星上发现的作为警告标志的垂泪的巨型人面建筑——"人面石"，科学家推测，金星与火星是一对难兄难弟，都经历过文明毁灭的悲惨命运。科学家还说，800万年的金星经历过地球现今的演化阶段，应该有智能生物的存在。后来，金星中的大气成分中二氧化碳越来越多，以至于温室效应越来越强烈，进而使得水蒸气散失，也最终使得金星的环境不再适合生物的生存。

迄今为止，人们在月球、金星、火星上都找到了文明活动的遗迹和疑踪，甚至在距离太阳最近的水星的表面也有一些断壁残垣被发现。地球、月球、火星、金星上都存在金字塔式的建筑。人们将这些联系起来后认为，地球并不是太阳系文明的起点，而是其终点。

倒塌的金星城市中，究竟隐藏着什么秘密呢？那个垂泪的人面塑像到底是否经历了金星文明的毁灭呢？由于这实在太令人捉摸不透了，所以只有等待人类未来的实地探测，但愿这一天能尽早到来。

■ 恐龙灭绝之谜

在21世纪的今天，人类可以自然地说，自己是地球的主宰。可是，在遥远的远古时代，在地球上称王称霸的，却是当之无愧的巨无霸——恐龙。通过大量影视媒介的宣传，人们现在对恐龙已经都不陌生了，但是这种庞然大物为什么忽然在地球上销声匿迹了呢？这个问题一直在困扰着科学家们。

恐龙的发现也是近代科技发展的产物。1824年夏天，英国牛津郡的某个采矿厂的工人们发现了一个巨大的尖牙，这颗牙有3厘米的直径、9厘米长！这个东西引起了牛津大学教授巴克兰的注意。他首先断定这是一只动物牙齿的化石，然后他将它和已知的各种动物的牙齿作了比较。在大小上，它介于象牙和虎牙之间，但它比象牙尖锐，又不具备虎牙那种咬断、切开肉类的特点；在形态上，它很像爬行动物的牙，但又似乎比爬行动物的牙齿大得多。巴克兰把它与当时生存于南太平洋岛屿上的巨大蜥蜴作了比较，推断出这个牙的"主人"至少有9米长！他把这种动物称为"巨龙"，意为巨大的爬行动物。这是人类关于恐龙的最早的信息。

无独有偶，1822年，英国一个名叫曼德尔

↗ 图为暮色中正在进食的盐龙，盐龙庞大的身躯使得它们不得不每天花上十几个小时来进餐。盐龙通常高达15米以上，因而无论哪种植物都无法逃避盐龙的嘴。

□ 探索与发现

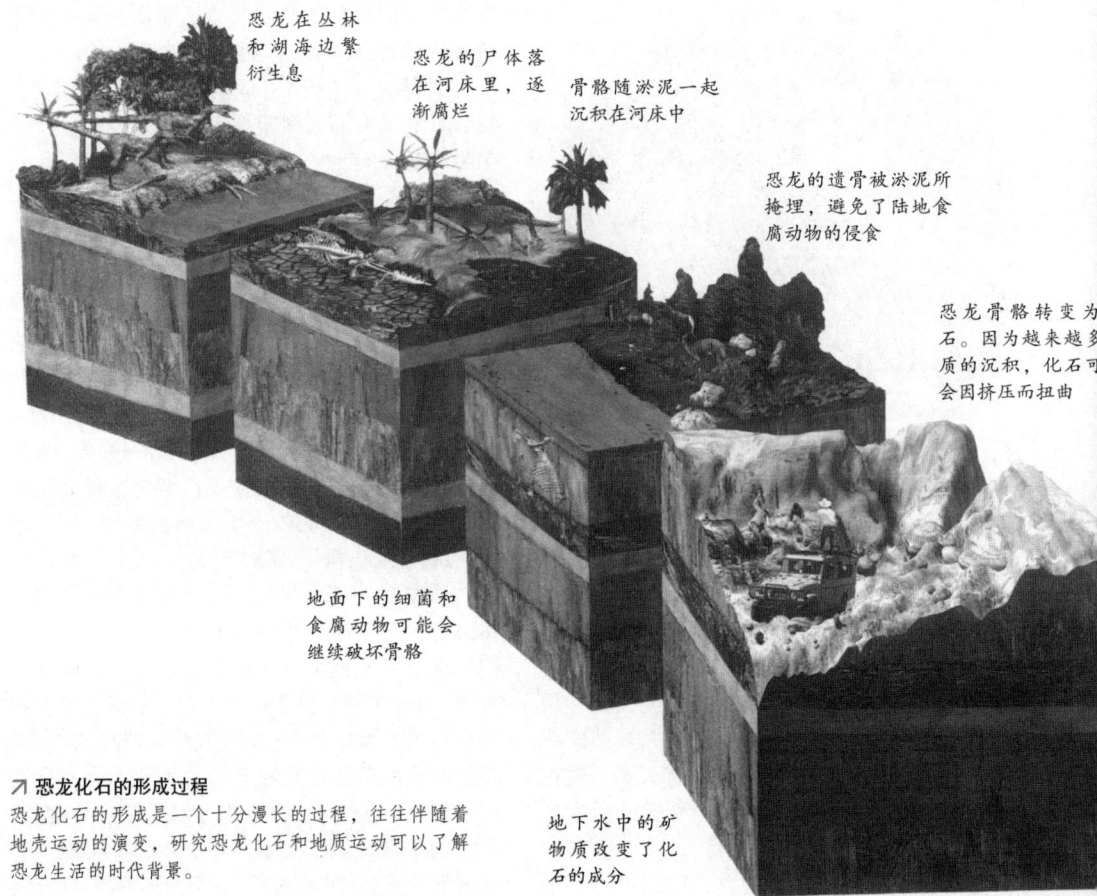

↗ **恐龙化石的形成过程**
恐龙化石的形成是一个十分漫长的过程,往往伴随着地壳运动的演变,研究恐龙化石和地质运动可以了解恐龙生活的时代背景。

的化石爱好者,偶然在路边石缝中发现了一块化石,曼德尔认为它很奇特,便包好交给法国著名古生物学家居维业。但居维业对之没有给予足够的重视,认为它不过是某一种哺乳动物的化石。曼德尔平时对哺乳动物的牙齿颇有研究,居维业的鉴定并没有使他感到满意。于是他决定独自弄清楚这一化石的来历。功夫不负有心人,三年后,他终于鉴定出这一化石属于一种早已灭绝了的古代爬行动物,他将之命名为"禽龙"。巴克兰和曼德尔的成果一经发表,世界上立即兴起了寻找古代动物化石的热潮。于是,在欧洲、亚洲和北美等地,人们又陆续发现了许多奇异的爬行动物化石。它们大多相当庞大,面对这许多巨大的怪兽,英国另一位古生物学家欧文认为其模样也一定是相当可怕的,因而称之为"令人恐怖的蜥蜴",其拉丁文学名为Dinosaur,现代西方文字中基本都用这个词,汉语译为"恐龙"。

现在人们所知的最早的恐龙大约出现于2.3亿年前的三叠纪地层中,最晚的恐龙生活在此期间6 500万年前的白垩纪末期。科学家们认定,这种庞然大物在地球上生存了有1.6亿年之久。现在,关于这种至今人类所知的最大的陆生动物,最使科学家们感到不解甚至震惊的是,在白垩纪末期,即距今6 500万年,所有的恐龙,以及与之亲缘较近的翼龙、鱼龙、蛇颈龙等在较短的时间里突然灭绝,在新生代的地层中至今没有找到任何上述动物的化石。其灭绝之快是如此让人不可思议,人们不禁要问:为什么在地球上繁荣了1.6亿年之久的恐龙突然间走向了末日?到底是什么原因使之灭绝的呢?这就是所谓的"恐龙灭绝之谜"。从恐龙一发现起,古生物学家、地质学家、物理学家以及各方面的学者就一直试图解开这个谜。

最初,一些科学家依据达尔文的进化论,认为导致恐龙最终灭绝的原因是恐龙自身种族的老化，以及在与新兴的哺乳动物的进化竞争中的失败。在几千万年前，正当恐龙称霸于地球时，出现了一种新兴的高等动物——哺乳动物。哺乳动物的体型当然无法与庞大的恐龙相比，可它们却依靠能够隔热和保温的毛皮和脂肪层、高度发达的大脑和非常高的幼仔成活率，成功地在地球环境变化中生存下来。而体型庞大的恐龙在这场残酷的生存竞争中失败了，它们只能退出生存的历史舞台。

还有一些生物学家认为恐龙是由于慢性食物中毒才灭绝的。原来，为了保护自身的生存和繁衍，曾吃下中生代遍布全球的苏铁、辛齿等裸子植物，在自己体内产生了一些有毒的生物碱，如尼古丁、吗啡、番木鳖等。当一些食草恐龙吞入这些植物时，也就相当于吞下了"毒药"。由于食物链的关系，食肉恐龙也间接中毒。就这样，恐龙体内的毒素越积越多。在毒素的侵袭下，恐龙神经变得麻木，直到最后整个种群都消失殆尽。

除此之外，还有氧气过量说、便秘说等，但这些观点都是纯粹从生物角度提出来的，现代科学家们认为，它们都有一个不足之处：生物学意义上的物种灭绝是需要一段极为漫长的时间的，而根据人们目前已经掌握的资料判断，恐龙是在距今大约6 500万年"很短"的一段时期内突然灭绝的。因此，这些生物学假设现在备受冷落。

现在，越来越多的科学家支持是宇宙天体物理变化导致了恐龙灭绝这种观点。1979年，美国加州大学伯克利分校著名物理学家、诺贝尔奖获得者路易斯·阿尔瓦雷兹提出了著名的"小行星撞击说"，为人类探讨恐龙灭绝之谜开辟了一条新的道路。

1983年，美国物理学家理查德·马勒、天文学家马克·戴维斯、古生物学家戴维·罗普和约翰·塞考斯基，以及轨道动力学专家皮埃·哈特等人，根据各自的研究，共同提出了"生物周期性大灭绝假说"，也叫"尼米西斯假说"。他们认为，地球上类似恐龙消失这种"生物大灭绝"是周期性发生的，大约每隔2 600万年会在地球上上演一次。这是因为，银河系中的大多数恒星都属于双星系统，太阳当然也是如此，它有一颗人类从未见过的神秘伴星——"尼米西斯星"。"尼米西斯星"大约每隔2 600

↗ 巨喙翼龙

和所有的翼龙类一样，它的翅膀由延长的第4趾支撑起。趾上的3指相当大且有爪，可以用来攀岩爬壁。翅膀由肌肉、弹性纤维和皮肤构成，最早出现在三叠纪，在侏罗纪末期灭绝。

万~3 000万年，就会从太阳系的外围经过。受其影响，冥王星周围飘荡着的近10亿颗彗星和小行星就会脱离原来的轨道，组成流星雨进入太阳系，其中难免有一两颗不幸撞击或者落在地球上，使一些生物遭到灭顶之灾。

还有一些科学家认为，是太阳系在银河系中的"死亡穿行"引起了恐龙的灭绝。太阳系围绕着银河系的中心旋转，旋转一周得需要2.5亿年时间。由于受从中心释放出的强烈的放射性物质的影响，在银河系的一部分地区便形成了一块"死亡地带"。在距今6 500万年至7 000万年前，太阳系刚好穿行于这个"死亡地带"中，所有的地球生物因此都受到放射性射线的袭击，恐龙也惨遭灭顶之灾。

另外，一些科学家提出，人们根本无法看见的宇宙射线才是引起6 500万年前这场灾难的罪魁祸首。前苏联科学家西科罗夫斯基认为是太阳系附近一颗超新星的爆发导致了恐龙的灭绝。据科学家们计算，刚好距今7 000万年前，就在距太阳系仅32光年的地方，发生了一次非常罕见的超新星爆发。爆发释放出巨大的能量以及许多宇宙射线射向了整个宇宙，包括地球在内的整个太阳系都未能幸免于难。地球的臭氧层和电磁层完全被强烈的辐射摧毁了，地球上所有的生物都陷入了这场"飞来横祸"之中。在宇宙射线的侵蚀下，就连庞大的恐龙都几乎完全丧失了自我防御的能力，只能任凭自己的躯体慢慢坏死，最后，在折磨中痛苦地死去。幸存者只是那些躲在洞穴或地下的小型爬行动物和哺乳动物。

但有人也提出，这场灾难是由地球本身的改变造成的，并非完全来自天外。科学家们发现，地球约每20万年就会发生一次地磁磁极反转的现象。在这个可能长达1万年的过程中，地球上的恐龙因不适应这种情况的变化而逐渐消亡。然而为何至今还有许多大型的动物存在着，这个现象至今不能得到合理的解释。看来，这些观点都无法圆满地解答恐龙灭绝之谜，仍需继续探索。

■ 尼斯湖怪兽到底是什么

1933年8月的一天清晨，英国兽医学者格兰特骑摩托回家，半途上看见一只水怪，长有4.5米到6米，他从车上跳下来观看，只听见水怪鼻中呼呼作声，随即跳入水中不见了。差不多与此同时，一对到这里旅行的约翰·麦凯夫妇和修路的工人也看到了它。这个神秘的怪物在湖中游弋着，弄得湖水哗哗作响。它露出了两个驼峰似的脊背，皮肤呈灰黑色，有点类似大象，满是皱纹。它时而伸出像蛇一样细长的脖子，时而又沉入水中。发现它的人对它的巨大身体特别感到吃惊。根据他们的推算，怪兽大约有15米长，很像早已绝灭了的蛇颈龙一类的动物。

不久格兰特和约翰·麦凯夫妇惊人的奇遇就轰动了英伦三岛，也引起了全世界人们的好奇。人们第一次听说，一个湖里居然还生存着

↗ 安东尼·希尔斯于艾顿父子看到"怪兽"14年后拍摄到的照片。照片中的形象很像他们看到的那个动物。

我们从来不认识的庞然大物！一时间，尼斯湖闻名天下，好奇的英国人、记者、旅游者、生物专家们纷纷云集现场，希望目睹一下这个怪物。有些科学家干脆住在湖边，希望发现它并加以考察。《泰晤士报》则派出记者和聘请来的画家，带着摄影机，举着画板准备为它写出惊人的报道。但是，这个怪兽却像有意捉弄人似的，除了偶尔在什么地方突然露一下脊背，或者伸出它的长颈在湖面晃晃外，便长时间地销声匿迹了。人们给这个怪兽起了个好听的名字——尼西，意即尼斯湖里有趣的怪物。但使记者和画家们失望的是，尼西的具体面貌始终未曾见到。

其实，发现尼斯湖怪兽的并非只是格兰特和约翰·麦凯夫妇以及后来的一些目击者。当人们探访尼斯湖怪兽的来龙去脉之后才发现，尼斯湖怪兽的传说已持续了将近1 500年。在湖中有某种奇怪动物的说法，一直被当地居民作为生活中的神秘事物之一所接受。早在1802年，就有记录在案，一个叫亚历山大·麦克唐的农民就曾经见过"尼西"。当时这只怪兽离他不过四五十米，他看得很清楚，身躯庞大的"尼西"突然露出水面，用短而粗的鳍划水……

1880年初秋，一只在尼斯湖上航行的游艇，突然间被一只有着细长脖子、长着三角形脑袋的黑色怪兽给弄翻了，船上的游客全部丧生……

同一年，有人潜到岸边的湖底，寻找一艘沉船，突然这个人从湖底发出求救信号。当人们把他拖到岸上时，只见他脸色煞白，神情恍惚，一句话也说不上来。事后，过了好几天，他才说出了使他惊恐万状的事。原来在沉船附近，他看到了一个巨大的怪物，趴在湖底的岩石上，看上去活像一只有20米长的怪蛙。

说也奇怪，英国最早的一部叙事诗就和怪兽有关。传说英国盎格鲁—萨克逊时代，有个名叫贝奥伍尔夫的瑞典英雄，他打死了一头巨大的像龙一样的怪兽，保护了人民。这一传说至今仍在斯堪的纳维亚半岛传诵。7世纪末时，英国人将此写入了史诗，书名就以这位英雄的名字命名。被他杀死的像龙的怪兽被描绘得有点像尼西。

人们不禁要问，即使我们接受了报纸上的说法，湖中有可能存在着怪兽，那么一个巨大的动物隐藏在尼斯湖的泥潭水中，其存在的证

↗ 尼斯湖神秘莫测的自然风光
这是一张普通的风景照片，然而系列的怪兽传闻和真伪难辨的照片，使得尼斯湖秀丽的风光变得神秘莫测。

据又是什么呢？

1934年4月，一位英国的外科医生在尼斯湖畔，终于拍摄到了第一张尼斯湖怪兽的照片。这张照片不仅使关心尼西的人欣喜若狂，而且在整个20世纪的大多数时间里，引起了人们对尼西热情地寻觅，并且至今也没有迹象表明这种热情在衰退。这位居住在伦敦哈利街的医学顾问（哈利街是伦敦市最著名医生们的居住街）罗伯特·肯尼斯·威尔逊博士也是一位尼西迷，他经常在尼斯湖畔开车巡视，希望与尼西碰面。4月的一天，他开车到尼斯湖畔的因弗莫里斯顿附近，突然看见湖面游着一个从未见过的动物。尽管离得很远，他还是迅速地举起相机按下了快门，一连拍了4张照片，其中的两张后来保存了下来。这两张中就有那张轰动了世界的尼西影照。照片上呈现了一个长拱形的颈部耸立水面、厚厚的身体浮于湖面的涟漪中的景象，看上去像是一个长脖子、小脑袋的不明动物在湖中游着，湖水因它的游动而向四周扩散着圆弧形的波纹……也因为威尔逊太希望得到一张尼西的照片了，也许尼西发现有人在窥视它，很快就潜下湖去了。

总之，威尔逊只成功地拍摄了几张照片而没有来得及仔细观察怪兽的模样。不久这张照片刊登在英国的《每日邮报》上，立刻引起了人们广泛的兴趣，同时也引来了激烈的争论。一些物种学家说，那张照片上露出水面的不过是潜水的水獭的尾巴放大了尺寸而已，而一些人则争辩，照片上动物的概貌有力地支持了几十个目击者描述的可靠性……直到今天这个争论仍然没有结束。

■ 是否存在"野人"

千百年来，关于"野人"的记载，在许多的历史古籍中都出现过，而且还有许多的人坦言目击过"野人"。"野人"既是古代神话和民间传说的题材，也是自然科学的研究对象，人类揭示了很多的真理，但是"野人"之谜至今仍未揭晓，现有的研究"野人"的状况、材料、证据，让科学家们既不能肯定也不能否定，它仿佛是一个"半睡半醒的梦"。人类持之以恒地探索"野人"的问题，是因为"野人之谜"的揭开将对研究人类的起源具有重要的科学价值。无数考察人员、科学工作者和人民群众，为了披露"野人"的秘密，有组织地或自发地进行了长期而艰苦的努力。

中国是世界上传闻"野人"比较多的国家之一。"野人"在我国流传的历史大约有3000多年。有人考证，在世界上有关"野人"最早的传说，是我国古代的《周书》。《周书》中记载说，

□探索与发现

↗ 这是美国华盛顿州的一名森林巡逻官在执勤时拍摄到的野人照片。当时"它"正在水边玩耍,看到人也很吃惊。但这些照片是否真实,专家们仔细考察后仍无结论。

周成王曾抓到过"野人"。在比《周书》稍晚的《山海经》中,也出现过"野人"的记载。

尽管关于"野人"的记载出现得很早,但是对于"野人"的研究却是近几十年的事。我们所谓的"野人"究竟是怎么来的呢?

在我国明清两代编纂的湖北《房县志》中,多次提到在房县一带有"毛人"出没的传闻。这种"毛人"身材高大,满身是毛,并且经常"食荤","时出啮人鸡犬",《房县志》中所描绘的"毛人"的子孙或许就是现今传疑的"野人"。但是还有的人认为,这种说法是毫无科学性的,他们认为,"野人"是人类远祖腊玛猿或南猿残存下来的后代,也有人认为它是人猿科范围的生物,更有可能是在中国南部地区繁盛的巨猿或褐猿残存的后代。

我国对于野人的考察也进行了多年。在刚刚解放的时候,国家组织了对野人的大规模的考察,虽然历尽千辛万苦,但是却没有得到令人满意的结果。

1959年的5~7月,我国派出的考察队在西藏进行了调查,据说曾获得了一根"雪人"的毛发,长16厘米,经过显微镜的鉴定,认为它和猩猩、棕熊、牦牛的毛发在结构上都不相同,但是也没有办法证明它就是"雪人"的毛发。

1961年,传说在西双版纳的一个筑路工人击毙了"野人",据说这个"野人"身高在1.2~1.3米之间,全身覆盖着黑毛,能够直立行走,手、耳、乳等都和人类相似。但是,经过中科院有关单位的考察没有获得直接的证据。有人认为,传说中的"野人"有可能是生活在原始森林中的长臂猿。

1977年中科院组织考察队对鄂西北、陕南地区进行了为期一年的考察,但是只是获得了一些疑为"野人"的脚印、毛发和粪便,并没有找到关于"野人"真实存在的证据。

在欧洲,关于"野人"的文字记载开始于12世纪,进行形象的描述却开始于13世纪中叶。1820~1843年,英国派驻尼泊尔的驻扎官霍奔森首次在西方的文献中提到"野人"。1953年,英国的约翰·亨特勋爵曾经率领探险队到珠穆朗玛峰地区考察"野人"的踪迹。他确信有"野人"的存在。他在一本关于"野人"的书中写到,"我相信有'耶提',我看到过他们的足迹,听到过'野人'的喊叫声,还吸取过当地有声望的人提供的第一手资料……这些证据迟早会起作用,使那些持怀疑看法的人放弃成见。"

但是,仍然有人对于亨特勋爵确信有"野人"存在的证据——那些印在雪地上的脚印,表示了不同的看法,认为那些脚印不过是印度的朝圣者们留下的。因为这些不穿衣服的苦行僧们在西藏很少见,他们住在高山的洞穴中,依靠瑜伽功来抵御严寒。修炼的地方离住处是很远的,所以,这些僧人留下的脚印,很可能就被登山运动员发现,误认为"野人"的脚印。

随着科学技术的发展,世界各国关于"野人"的研究已经不仅仅是局限于目击者的表述,而是采取了一些科学的手段。1972年,一位加利福尼亚州的记者艾伦·贝利,用录音机录下了

↗ 埃德蒙·希拉里爵士得到的所谓雪人头皮和指骨。很多居住在喜马拉雅山区的农民都说曾经见过雪人,然而科学家在鉴定之后更倾向于羚羊骨头。

↗ 人类学家格洛伐·克朗兹拿着据说是大脚板的42厘米的脚印石膏模型和他自己的30厘米的鞋底作比较。克朗兹从石膏模中推断那只脚的骨骼结构和人类不同——他认为那样的结构才能承受有大脚板那样巨型动物的重量。

一段"沙斯夸之（流传于美国北部的野人）"的叫声。录下来的叫声听起来音域很广，有些像人的声音，又有些像口哨的声音，通过对磁带的研究，从音调的范围和呼叫的长度上看，可以得出这个动物的发音系统比人的发音系统宽广得多的结论。

无独有偶，在1978年的9月，一位妇女开着小车在俄亥俄州西边的一个地方，与3米多高的野人相遇，并且录下了他的声音。他的声音听起来像狗叫，又好像是人在痛苦的时候的叫声，很难听。经过专家的鉴定认为，这种声波的范围属于动物，不是机械声或人声，有可能是一种灵长类动物的叫声。

到目前为止，现有的资料还不能证明"野人"的存在，但是关于"野人"的传说和资料又找不到可以否定的依据，所以，"野人"的存在与否仍然是一个未解之谜。但是我们相信，随着时间的推移，"野人"之谜终究会被人们揭开的。

■ 神秘冰人奥兹之谜

冰人的发现地点在奥兹山谷，因此人们将他称为冰人奥兹。他年约30岁，身上有很多文身，对于当时恶劣的环境来说，他的服装显得较完整。由于他看来较完整，被冻在冰层里，人们一开始以为他刚刚死去，甚至没有想到要咨询考古学家的意见。

结果研究发现奥兹属于青铜时代（公元前3500年~前1000年）。他死时埃及的金字塔还未建好，欧洲人正在尝试车轮的发明。他死后不久被冻结在冰中，当人们发现他时，阿尔卑斯山上的冰雪已经把他制成了木乃伊。他身体上皮肤的孔仍清晰可见，甚至连眼球都保存完好。他身高约为1.59米，身上穿着由羊皮、鹿皮和树皮及草制成的三层服装，戴着帽子和羊皮护腿。他身旁还放置了一把铜制的斧头和一个装有14支箭的箭袋。

研究家们试图利用这些线索发现他以何为生，从何处来，受到什么样的袭击，最后一餐吃了些什么，而死因究竟是什么。奥兹是目前保存最完好的史前人遗体。在奥兹身上不断获得的发现，总会引起广泛的关注，而他的死因则始终是科学家争论的一大焦点。一些科学家认为奥兹在死后不久就被冻结在冰中，所以遗体才能保存得如此完好。他们发现奥兹的结肠里有花粉，由此猜想他死于夏末。最后被秋季的一场突如其来的暴风雪袭击，在寒冷恶劣的天气里变成了冰人。

但奥地利因斯布鲁克大学古人种学家奥格教授的研究使得从前有关奥兹死因的猜测受到了质疑。他通过对冰人结肠内的物质用显微镜分析发现，从奥兹结肠中提取的内容物含有完整的蛇麻草角树的花粉颗粒。这种树在3~6月开花，并且只生长于低海拔的温暖地区。由于花粉在空气中分解得很快，因此可以推断奥

↗ 1991年9月发现冰人时，尸体仍然半裹在冰中，第一次挖掘只挖出了到臀部的上半身，在尸体运到因斯布鲁克法医学院后才弄清他的真实年龄及其重大意义。

□探索与发现

全身披挂的冰人复原图
芦苇或秸秆制的大氅在18世纪欧洲部分地区仍被人们穿用。

兹应该死于春季或初夏。花粉应是在奥兹离开蛇麻草角树后才被吸收,附近最近的蛇麻草角树位于南边的一个山谷,徒步走大约需6个小时。另外,对他的皮肤分析表明,奥兹的躯体在冻成冰人前,曾在水中浸泡了几个星期。奥格教授相信,奥兹在死前8个小时正通往山谷,在那里吃的最后一餐是未发酵的单粒小麦面包、一种草或绿色植物、肉。由于单粒小麦并非天然在欧洲生长,这说明当时农业社会的一些状况。小麦是被研成粉做成面包,而不是做成麦粥。

新的证据还促使研究人员重新思考奥兹是如何陈尸于高山之上的。奥兹的死亡之旅依然显得相当神秘。一些研究人员甚至猜测,他是作为新石器时代的某种献祭被拽到那里的。然而奥格教授的思绪并没有走那么远:"我们可以肯定的是,在奥兹死前的12小时中,他曾在长有蛇麻草角树的山谷底部呆过,他是在一天之内来到他的长眠之地的。"

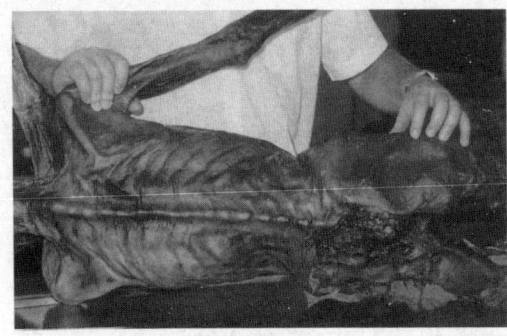

冰人身上的脚踝、膝盖、脚等部位还发现了类似于他后背上的这种文身。X光透视显示这些区域的骨骼都有恶化的迹象。这些文身是由炭粉糅进割开的小口形成的,可能它被认为是一种减轻痛苦的治疗手段。

另外,科学家们还吃惊地在冰人的身上发现了47处文身,其背部和腿部的文身甚至接近于或者就在缓解背疼或腿疼的针灸位置。X射线分析表明奥兹的骨关节炎曾对针灸有过反应。问题是针灸起源于2 000 ~ 3 000年前的中国,冰人的发现说明针灸或类似针灸的治疗法在5 300年前就在远离中国的地方出现。

奥兹的帽子是由熊的皮毛制成的,当时此地较现在有更多的熊出没,人们也许会组成狩猎队猎捕熊。奥兹的鞋引起了研究者的较大兴趣,其具有较佳的保暖性、保护性,在高山上还能防水。其底部较宽且防水,说明是专门用于在雪地行走用的。鞋底用熊皮制成,鞋面则用鹿皮制成。

奥兹身上最令人吃惊的莫过于那把铜斧。因为科学家们一直以为人类在4 000年前才掌握这样的熔炉及成型技术。此外,对奥兹头发的分析显示他参加过冶炼铜的工作。这个冰人令考古学家不得不重新考虑青铜时期的问题。这把铜斧长2英尺,斧把由浆果紫杉木制成。斧的顶部不到4英寸,斧头边略弯。斧头表面的分析表明其含99%的铜、0.22%的砷、0.09%的银。含砷和银说明此种铜来自当地的铜矿。

据意大利考古博物馆的研究人员认为,奥兹是在雪地里睡着了冻死的或是死于雪崩。而有的报道则称,在对冰人经过一种被称作层面X线照相术的技术测试后,科学家发现冰人的左肩下有一枚箭头,在骨骼上还发现箭头射入他身体后留下的痕迹。

研究人员称,奥兹很可能是死于战争,因为他身上武装着斧头、刀和弓箭。箭头进入体内的角度表明他是被人从下方击中的。这柄箭不到1英寸长,穿过他的背部,切断臂上的神经和血管,停在肩膀和肋骨之间。由于箭没有射到任何重要器官,研究人员估计奥兹流了很多血,最后在痛苦中死去。

迄今为止,神秘的冰人不仅因其神秘的死亡留给了科学家发挥想象的巨大空间,还因而留下了无休无止的争论和无穷无尽的探索。攀登科学高峰的道路是无止境的,关于冰人死亡的争论和猜测还会进行下去。但重要的也许不是结果,而是这种在追求真理过程中所感到的快乐。

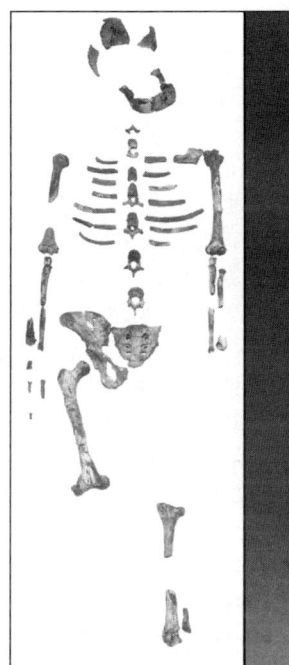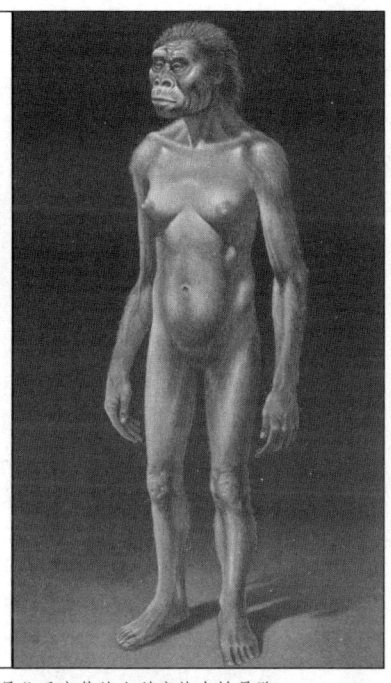

↗ 发现于埃塞俄比亚的这具几乎完整的人科家族女性骨骼（上左图），被确证生活于320万年前。骨盆构造表明她已直立行走，身高1.2米左右，是非洲南方古猿的一种。上右图为她的复原图。

■ 人类起源之谜

你知道我们人类是从哪里来的吗？到目前为止，除了一些美丽的传说和各种未经证实的推测之外，并没有一个真正的答案。它与宇宙的起源、地球的起源并列为三大起源之谜。

关于人类的起源在我国流传着这样的神话故事：盘古开天辟地之后，不知道过了多久，忽然在天地间出现了女娲。女娲在荒凉的天地中无依无伴，十分寂寞，她来到水边，看见自己的倒影，忽发奇想，就照自己的形体用水边的泥巴捏出泥偶，放在地上，迎风一吹便活了，后来女娲给他起名为"人"。

埃及同我国一样也是一个文明古国，而它的人类起源的说法则更为奇特。据《埃及神话》的说法，人类是神呼唤出来的。埃及人认为全能的神"努"在埃及、在世界出现之前就已存在，他创造了天地的一切，他呼唤"泰富那"，就有了雨；呼唤"苏比"，就有了风；呼唤"哈比"，尼罗河就流过非洲大地。他一次次地呼唤，世界便因此丰富起来，最后，他喊出"男人和女人"，转眼间，就出现了许多人，这些人又创建了埃及。造物工作完成，努就将自己变成男人外形，统治大地与人类，成为埃及第一位法老。

日耳曼神话中说日耳曼人的祖先是天神欧丁和其他的神创造的，众神在海边散步时看到沙洲上长了两棵树，其中一棵挺拔雄伟，另一棵风姿绰约，于是砍下两棵树，分别造成男人和女人。欧丁首先赋予其生命，其他的神分别赋予其理智、语言、肤色和血液等。

而在信奉基督教的西方国家里，人们大都相信上帝造人说。《旧约·创世记》中记载：上帝花了5天时间创造了天地万物，到第6天，他说："我要照着我的形体，按照我的样式造人……"于是把地上的尘土捏成人形，将生气吹进人的鼻孔后，造出了男人，取名亚当。上帝见亚当一个人生活得很孤独，就用他的一根肋骨造成一个女人，亚当说："这是我骨中的骨，肉中的肉，就叫他女人吧。"

然而，传说毕竟只是传说，缺乏令人置信的科学依据。因此这个话题依然众说纷纭。

19世纪，达尔文提出了进化论学说，这成

↘ 人类进化模拟图
左起依次为：南猿〉能人〉直立人〉海德堡人〉尼安德特人〉现代人

□探索与发现

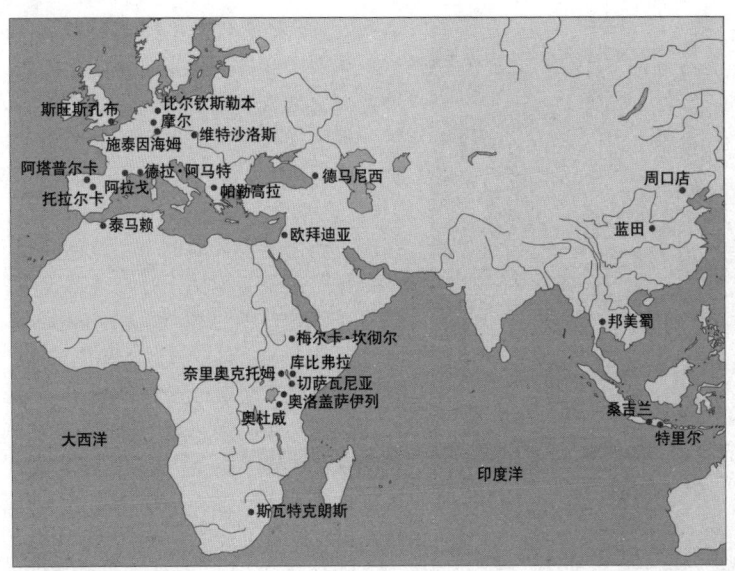

↗ 早期人类分布示意图
直立人被确证为最早属于人类的人种，除非洲以外还散居于亚欧的一些地方。

为19世纪人类探寻自身起源的一个新的线索。

达尔文是19世纪英国学术界破旧立新的大师。他身患痼疾，为探索自然规律，一生孜孜以求。1859年他的《物种起源》一书问世，这本书是他对自己多年在世界各地亲自观察生物界现象的总结，书中阐述了自然选择在物种变化上起的作用，提出了物种的起源和进化的一般规律。

《物种起源》的发表从根本上打击了上帝造人的宗教神话和靠神造论来支持的封建伦理。当时保守势力的反扑顽抗和社会思想界的巨大震动，使一贯注意不越自然科学领域雷池一步的达尔文也兴奋不已。为了用客观事实来揭示人类起源的奥秘，他发愤搜寻各种事实依据，终于在1871年，即《物种起源》出版后12年，又发表了《人类的由来》这本巨著。达尔文认为，物种起源的一般理论也完全适用于人这样一个自然的物种。他不仅证实了人的生物体是从某些结构上比较低级的形态演变进化而来的，而且进一步提出了人类的智力、人类的心理基础等精神文明的特性也是像人体结构的起源那样，由低级向高级逐渐发展。《人类的由来》奠定了人类学研究的基础。

达尔文认为人类起源于古猿。经过一番激烈的学术的和宗教的争论之后，科学界渐渐接受了这个理论。后来的科学家又经过不断探索，在达尔文学说的基础上形成了现代的人类起源说。他们认为，人类是古猿在数百万年的漫长时间里，在大自然的影响下逐渐进化而来的。作为一种学说，进化论有着许多合理的科学内核，然而毕竟是一种假说，也有其缺陷，考古学上的许多发现都无法用进化论的理论解释。例如：

1913年德国的人类学家在坦桑尼亚一个峡谷100万年以前的地层中发现了一具完整的现代人类骨骼。

美国科学家麦斯特则在犹他州羚羊泉的寒武纪沉积岩中发现了一个成人的穿着便鞋踩上去的脚印和一个小孩的赤脚脚印，就在一块三叶虫的化石上面。而三叶虫是2.5亿~5.4亿年前的生物，早已绝迹。经过犹他大学的化学专家们鉴定这的确是人的脚印。

在中国云南富源县三叠纪岩石面上发现有四个人的脚印。据考证，这些脚印是2.35亿年前留下的。

1976年，著名考古学家玛丽·D.利基也曾发现了一组和现代人特征十分类似的脚印。这些脚印印在火山灰沉积岩上，据放射性测定，火山灰沉积岩有340万~380万年的历史，古生物学家证实，其软组织解剖特征明显不同于猿类。

这些考古发现又是怎么回事呢？它们似乎有悖于达尔文的生物进化论中的观点。根据达尔文进化论假说，森林古猿经过千百万年的进化才成为今天的人类，可是科学家至今却无法找到这千百万年的中间过程，也找不到任何猿与人之间的人存在的证据；按照通常的认识，人类大约在距今1万年左右才发展到最原始的状态，有文字记载不过5 000年时间。按照达尔文进化论假说，几亿年前不可能有人类存在，至于高度的人类文明就更是天方夜谭了。

随着时代的发展和科技的进步，科学家们不断提出新观点，对人类起源问题发表自己的看法。

↗ 复原后的史前小屋
发现于乌克兰,它由385块猛犸骨搭成,距今有2万年历史。有了可以躲避灾祸的房子,人类就可以定居下来,过上稳定的社会生活。

1960年,英国人类学教授爱利斯特·哈代爵士提出了一种新的假说,他根据在距今400万~800万年前这一时期的化石资料几乎空白这一事实,认为这一时期内人类祖先不是生活在陆上,而是生活在海中;在人类进化史上存在着几百万年的水生海猿阶段,至今仍能在人类身上找到那一阶段留下的许多"痕迹",如人类的许多解剖生理学的特征在别的陆地灵长目动物身上都找不到,而在海豹、海豚等水生哺乳动物身上却同样存在。例如:所有陆地灵长目动物体表都有浓密的毛发,唯独人类皮肤裸露,这一点与海兽相同;灵长目动物都没有皮下脂肪,而人类却有厚厚的皮下脂肪,这一点又与海兽相同;人类胎儿的胎毛着生位置,明显不同于别的灵长目动物,而与水兽胎儿的胎毛位置相当;人类泪腺分泌泪液、排出盐分的生理现象,在灵长目动物中是绝无仅有的,而海兽却都具有。

哈代爵士查阅了大量史料,指出在400万~800万年前,海水曾淹没了非洲的东部和北部的大片地区。海水分隔了生活在那儿的古猿群,其中的一部分为了适应急剧变化的自然环境,进化成为海猿。几百万年以后,海水退却,已经适应水生生活的海猿重返陆地,又经过几百万年的进化,成为人类。海猿历经沧桑,在水中的生活进化出了向人类方向发展的特征,这些特征为以后的直立行走、解放双手、进行语言交流等重大进化步骤创造了条件。这使得他们在返回陆地上后有了更明显的优势,超越了其他猿类,进化成为地球上最高等的智慧动物。

此外,美国加州圣-克鲁兹大学的生物学家大卫·迪默则认为地球上的生命,或者说生命的早期形态有可能起源于浩瀚宇宙。

国际生物界一致认为:生命的起源在很大程度上依赖于细胞膜的作用。迪默在实验中发现,即使是在寒冷、充满辐射的真空宇宙环境下,细胞膜仍然具有"生命力"。这说明恶劣的宇宙条件并未阻止生命的演化,生命起源于地球以外的浩瀚宇宙也是完全有可能的。

面对这么多假说、矛盾、谜团,人们不禁要问,人类到底是怎样起源的呢?相信一定能解开这个秘密,也许就在明天。

■ 法老陵墓的造访者离奇死亡之谜

1912年4月,世界上最大的游轮——"泰坦尼克"号从英国首航美国,在途中不幸沉到大西洋里。这艘豪华游轮上的游客和工作人员1 500多名遇难或失踪,这是人类历史上最惨重的海难事件。事件引起了各国的广泛关注,许多专家从不同途径寻找造成"泰坦尼克"号沉没的原因。在人们提出了种种猜想仍得不到一致意见的时候,有人想起了船上曾有一具石棺,棺上附有咒语,最后一句是:

"凡是碰到这具石棺的人都不会有好的结果,将沉没于水底。"

难道这只是巧合吗?这具石棺是12年前一群考古学家从埃及的古墓中发掘出来的,后来一位富裕的美国实业家买下了大英博物馆的这

↗ 王陵守护神阿努比斯

□探索与发现

具石棺以及棺中的木乃伊。恰好这时,"泰坦尼克"号要开始其首次航行,这位美国实业家便委托船长将石棺运往美国。

科学家们并不相信真有传说中的咒语存在,更不相信它能改变人的命运,然而后来接二连三的类似事件,让科学家们也一筹莫展。其中最让人不寒而栗的事件莫过于挖掘图坦卡蒙金字塔的考古学家们在很短的时间内接连死去。

英国人卡纳冯勋爵和他的助手霍华德·卡特于1914年来到埃及王陵谷,他们在此处经过锲而不舍的努力挖掘,终于在8年之后,即1922年11月,发现了一座从未被人挖掘过的地下陵墓。这就是图坦卡蒙法老的陵墓,他仅仅活了18岁,但拥有举世罕见的美貌。此墓的富丽豪华程度实在出人意料,人们光清理随葬的奇珍异宝就花了一年的时间。后来人们打开神龛,一睹图坦卡蒙法老的真面目。法老的石棺盖子是用玫瑰色的花岗岩做成的,而整个石棺是用一整块质地细密的淡黄色花岗石凿成的。石棺里是一具镀金木棺,上面雕刻着年幼法老的金像。而最内层竟是用纯金制成的,纯金厚为0.15～0.21英寸,棺材内放着法老的木乃伊。

在图坦卡蒙法老的陵墓中,卡特等人发掘出5 000多件工艺品、家具、衣服和兵器,但接下来这些掘墓者遇到了一连串他们预想不到的怪事。1923年2月,卡纳冯勋爵突患重病死去,死前他曾花巨资支持卡特的发掘工作。他的姐姐在回忆录中写道:"临死之前他在高烧当中连声叫嚷:'我听见他呼吸的声音,我要随他而去了。'"据说当初卡纳冯勋爵正要步入图坦卡蒙陵墓大门的时候,一只蚊虫突然叮咬了他一下,被叮咬的地方逐渐形成为一个肿块,越来越痛,也越来越大。在一次刮胡须时,他的刮胡须刀片竟然刮破了这个肿块,最终导致了败血症。卡纳冯勋爵死后几个月,他同父异母的弟弟奥布里·赫巴德上校——也曾经进过法老的陵墓——后来突患精神分裂症自杀身亡。一位在埃及开罗医院曾经照料过卡纳冯勋爵的护士很快也死去了。

美国铁路大王杰艾·格鲁德也在参观图坦卡蒙王陵之后不久突然死去;南非一位叫威尔夫·尤埃尔的人在参观了图坦卡蒙王陵后从一艘豪华游艇的甲板上跌入河中溺死;亚齐伯尔

特·理德教授全身发高烧并很快死亡,他曾用X光检查图坦卡蒙王的木乃伊;后来,卡纳冯勋爵的妻子伊丽莎白也死于一只不明蚊虫的叮咬。参与王陵发掘工作的人接二连三地死亡,这让人们对图坦卡蒙王陵的咒语谈虎色变。

据说法老公主看中了图坦卡蒙的稀世美貌,因而选他为驸马。在法老死后,图坦卡蒙与老臣阿伊共执国政,但在他18岁时猝死。悲痛欲绝的王后决定以盛大的仪式将其厚葬。还有人说,王后在图坦卡蒙死后不久就不知去向,年

↗ 卡特和他的助手正在包裹图坦卡蒙陵墓守护者的木质雕像,在整个清理过程中,他们使用了超过1英里长的棉絮和32包廉价棉布用于物品的运输,以防受损。从背景可以看到法老巨大石棺外层的木椁。

老的阿伊登基称王。甚至有人说，图坦卡蒙死得不明不白，他死亡的背后隐藏着一个惊人的秘密和莫大的冤屈。多少世纪以来，有关图坦卡蒙陵墓的富丽豪华在全世界传得沸沸扬扬，但许多盗墓者无缘得见。

等到人们真的进入图坦卡蒙的陵墓时，被陵墓的宏大和华丽震惊的同时，也发现了陵墓中的咒语：

谁扰乱了这位法老的安宁，
展翅的死神将降临到他的头上。
我是图坦卡蒙的保卫者，
是我用沙漠之火驱赶那些盗墓贼。

神秘的咒语和莫名其妙的死亡并没有让科学家就此止步，一个叫阿瑟·美斯的教授和一个叫埃普森·霍瓦伊特的博士就没有被吓倒，他们毅然决定与卡特合作发掘王陵谷。但是，就在美斯教授进入安置图坦卡蒙法老的棺柩的房间时，突然全身瘫软，浑身无力，失去了知觉，并很快停止了呼吸。而刚从图坦卡蒙棺柩房出来的霍瓦伊特博士也忽然感到浑身不适，他梦呓般地告诉别人："我已经看过法老的木乃伊，同时也受到了法老的诅咒，我必须从这个世界上消失。"他不久便自杀。

活到65岁才去世的卡特博士是一个例外，他曾经主持过发掘工作。但他最钟爱的小女儿伊布琳·怀特却死于自杀——她曾随父亲一起最早进入图坦卡蒙王陵。她死前写下谜一般的遗书，遗书中称"我再也无法忍受诅咒对我的惩罚了"。这实在让人奇怪。

人们一直以来无法解释为什么发掘金字塔的考古学家接二连三地神秘死亡。尽管很多人认为诅咒之说不可信，但种种从科学角度做出的解释，又实在让人无法信服。

有人认为是陵墓中某种具有放射性物质，然而，这种说法站不住脚，因为参与挖掘工作的埃及工人却能平安无事；还有人认为可能是法老们为了防止后人盗墓，特地在安置棺木的房间的各个角落涂上毒剂；有人认为某些人在发掘王陵时吸入了能引起矽肺病的石粉，可这种现象似乎仅仅在卡特的助手亚博·麦司身上发生。参观者不可能吸入石粉，那么他们又是怎么死的呢？还有人认为木乃伊内存在着能使

人的呼吸系统发炎的曲霉细菌，感染者除了呼吸系统发炎外，还伴随着皮肤上出现红斑，最后因呼吸困难而死亡。可是这不能解释为什么只有少数人死于呼吸困难，而且这种曲霉细菌对参与挖掘陵墓的埃及工人根本不发生作用。

金字塔在过去曾一直被认为是古代埃及法老们为自己建造的陵墓，但目前在许多地方都发现了类似金字塔的方底尖顶的方锥形石砌建筑物的踪迹，如非洲的苏丹，美洲的墨西哥、危地马拉、洪都拉斯和巴西，亚洲的中国，甚至有人声称在百慕大区域的海底、月球以及火星与金星等神秘的地带也有发现。到底是什么人，在什么时间，为了什么目的在如此广大的范围内建造了如此宏大的建筑呢？难道神乎其神的法老咒语也与此有关吗？

■ 人类为何会得癌症

癌症这个词现在频繁出现在人们的嘴边，可谓谈癌色变。它夺去了无数人的生命，已经成为威胁人类健康的最可怕的"杀手"之一。有资料显示，全世界每年因癌症死亡的多达几百万，近年来，儿童患癌率显著增加，这一现象令医学家们大为震惊。癌症如此可怕，不禁令人们疑惑：究竟是什么导致人类会得这种致命的绝症呢？

带着这个疑问，科学家们进行长期的研究，现今已经了解和掌握了一定的规律，并取得了一些临床治疗上的进展，得了癌症，已经不再意味着就是走向死亡了；但是科学家们并未把致癌的真正原因找到，每年仍有大量的人因患

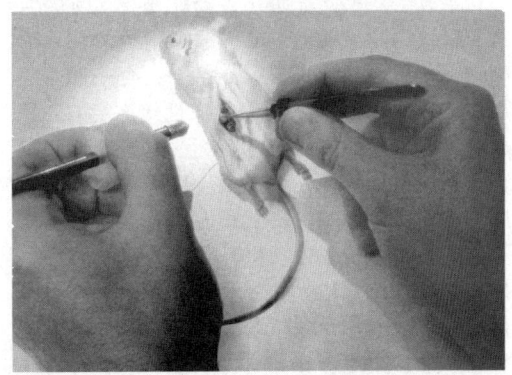

↗ 图为对一只老鼠进行基因注射，通过基因处理使其感染癌症，然后进行癌症治疗实验。在癌症还没有被征服前且基因技术的可靠性仍受到质疑时，以其他哺乳动物作为研究对象也是一种不得已的选择。

□探索与发现

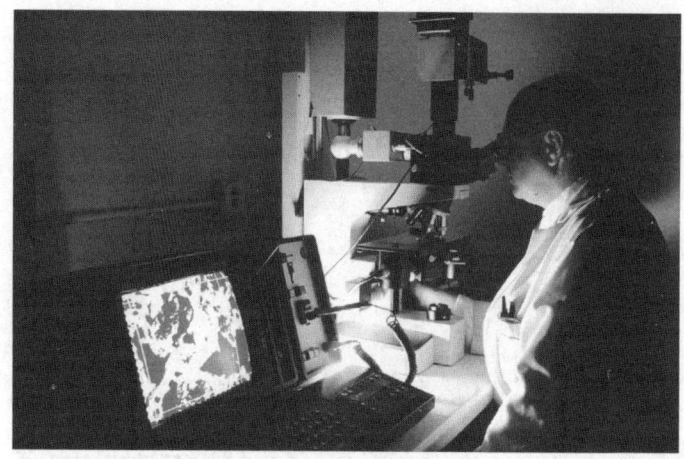

科学家利用基因技术治疗癌症,为人类攻克癌魔指引了方向,由于致癌因素的复杂性,这项工程任重道远。

癌症而死亡。所以说,要想彻底攻克这个难关,并揭开它的秘密,还要有相当长的路程要走。

科学家们首先把注意力放在了寻找致癌物质上。他们研究了患肿瘤的动物,通过研究发现,诱发癌症的主要因素有:一定的化学物质和物理、环境方面的因素。举例来说,许多日本人在广岛的原子弹大爆炸中因核辐射患血癌、长期工作在铀矿的矿工患肺癌的概率大大高于普通人,而且死亡率也相当高。

然而,科学家们在进一步的研究中发现,日常生活中也不乏患癌症的人,那么日常生活用品中自然也含有致癌物质,到底哪些物质含有致癌物呢?经过统计发现,诱发癌症的因素还有煤油、润滑油、香烟中的尼古丁、发霉的苞米花和粮食中的黄曲霉素等等。

还有一些科学家提出,癌症还与遗传因素有关,致癌物可能通过基因突变传给后代。根据一部分医学工作者研究的结果,有一种癌症属于"遗传性癌",它是直接由遗传决定的。进一步的研究之后,医学专家们又发现,那些属于非遗传型的癌症,竟也呈现出明显的遗传倾向。比如,胃癌患者的子女得胃癌症的概率比一般人高出4倍;母亲患乳腺癌,女儿的乳腺癌发生率也比一般人要高。很显然,遗传因素对癌症所起的作用是不容忽视的。相关研究还表明,某些人对癌症具有易感性,主要因为体内某些酶的活性降低,染色体数目异常或畸变。总之,遗传上的缺陷很有可能促发癌症。但遗传因素是怎样促发癌症的,却仍然令医学家们感到费解。

近年来,对有一些医学专家提出,绝大多数癌症与环境因素有关,例如,土壤中镁的含量低的地区,胃癌的发病率就相对较高一些;皮肤癌的发病率和饮用水受砷污染的程度密切相关;饮用水中的碘的含量如果过低,甲状腺癌的发病率就会上升等。可见,环境因素对癌症的发生起着不可忽视的影响。

综上所述,我们看到,诱发癌症的因素很多,但是这些致癌因素之间并没有什么共同点,这到底是为什么呢?经过一系列临床研究实验后,医学家们又发现,同样的致癌因素,并不一定都能诱发癌症。也就是说,所有的致癌因素可能都不过是外在因素,还有可能存在着内在的因素。因此,科学家们又开始了致癌的内在原因的探寻过程,经研究发现,癌组织是由正常组织细胞病变而来,具体来说,人的机体内都存在着克服致癌因素的抑癌因素,在这种抑癌因素的作用下,细胞才会健康发展。如果抑癌因素的作用减少或消失,正常细胞就会发生基因突变,代谢功能紊乱,细胞也因此无限地分裂、增生。一般的说,正常细胞演变成癌细胞,再引发癌症是一个相当漫长的历程,大约需要10年多的时间。同时,科学家们又发现人体基因内存在着癌基因,这是造成正常细胞癌变的关键。其实,人体内不仅存在癌基因,还有抗癌基因。抗癌基因的发现,使人类对癌症的研究有了突飞猛进的进展,是人类最终战胜癌症的前提。科学家们把培养的抗癌基因注入动物体内,并取得了初步成功。如果研究能够再深入一步的话,有望在不远的将来把这种方法应用于人类的癌症治疗上。将这种抗癌基因注入人体后,将可以有效地阻止癌细胞生长。

一部分医学专家在不断研究细胞癌变的过程中还发现,癌细胞的氧含量很低,而蛋白质含量却很高,而且癌细胞的表层组织越深入其裂变能力越差,直至坏死。因此,细胞缺氧可能也是诱发癌症的因素之一。当局部组织受到损坏,并进入窒息状态时,会改变其生存方式,

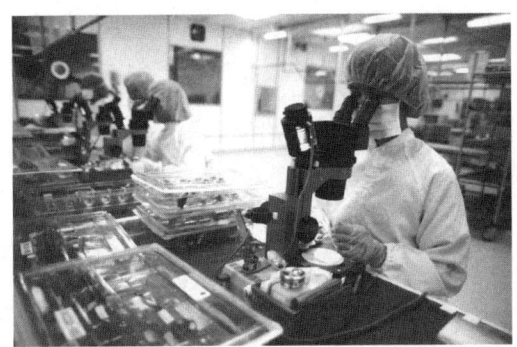

↗ 随着科技的不断发展，也许不久以后人类就能研制出彻底治疗癌症的药物。

癌细胞由此生成。

尽管关于癌症的成因，可以说是林林总总，莫衷一是，但这些都只是具体细节方面的分歧，大体上来说，都有一定的合理成分在其中。但从根本上讲，人们并没有把癌症的病因彻底弄清楚，仍处于推测假说阶段。面对着癌症这个疯狂的病魔的肆虐，医学家们在大多数情况下仍然是束手无策，无能为力。但"魔高一尺，道高一丈"，随着科学的进步，经验的累积，研究的深入，相信终有一天，人类会彻底弄清楚癌症的病因，彻底地降服这个恶魔。那时，癌症就会像伤风感冒打喷嚏一样平常，不再那么可怕。那一天迟早会到来。

■ 艾滋病从何而来

人类在同大自然的斗争中遇到过一个又一个的绝症，从肺结核、麻风到癌症。如今，肺结核、麻风对人类来说早已不再是绝症，在人们把精力集中到解决癌症上的时候，又一种绝症出现了，它就是艾滋病。

自从1978年在美国纽约发现第一例艾滋病人以后截至1999年11月26日，世界卫生组织根据各国官方提供的统计数字表明，全世界已有163个国家和地区报告发现了艾滋病人。据世界卫生组织的专家们估计，全世界已有1 600万人死于艾滋病。对于艾滋病的病因，许多科学家进行了大量的研究，但是至今还没有弄清楚。大多数的科学家认为艾滋病的发病与一种T细胞有关。

1983年5月，法国巴斯德研究所的吕卡·蒙塔尼埃研究组从病患者体内的淋巴结里分离出了艾滋病病毒。这是人类首次发现艾滋病病毒。这种病毒能够附着T细胞的表面进行繁殖，受感染T细胞很快就会停止生长，丧失免疫功能而死亡。而新繁殖的艾滋病病毒又释放到血液中，寻找新的T细胞。这样循环往复的进行导致患者的免疫力下降，最终失去抵抗力。

也有少数的科学家认为，艾滋病并不是仅仅由一种病毒引起的，很可能还有其他的因素在起作用。

1986年上半年，世界卫生组织决定将艾滋病病毒定名为"人体免疫缺损病毒"，英文缩写为HIV。艾滋病即由HIV潜伏性和作用缓慢的病毒引起的疾病，英文缩写为AIDS。中文音译为艾滋病。1988年，世界卫生组织为了唤起世界各国共同对付这种人类历史迄今出现的最厉害的病毒，定每年12月1日为"世界艾滋病日"。

关于艾滋病的来源，说法也是各种各样。起初人们认为艾滋病是由同性恋引起的。因为在美国一些大城市中的同性恋中艾滋病患者居多。可是，经过许多学者的研究后，发现早在古希腊罗马时代，西方国家就已存在同性恋问题，而在东方国家的古代社会里，也同样存在这一问题，如果因同性恋导致艾滋病的产生，那么必定在古代就流行了，为何在当代才传播开呢？从而得出同性恋并非艾滋病起源的结论。

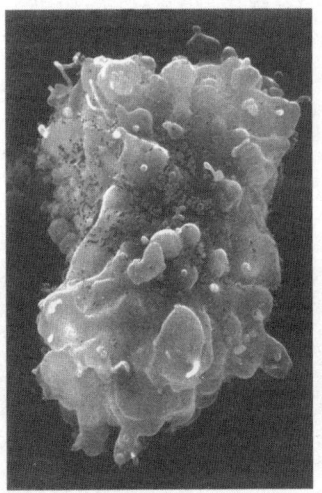

↗ 电子显微镜下，人类免疫缺损病毒（蓝色）正在袭击一个T-4淋巴白细胞。科学家们在20世纪60～70年代发展的细胞生物学基础上，对HIV的研究已取得了很大的进展，然而由于HIV感染的迅速蔓延，医学科学尚不能制止人们患病和防止那些感染了HIV的人们发展成为艾滋病。

甚至有人称艾滋病病毒是美国细菌战研究的产物。他们认为艾滋病是美国生物战研究中心利用遗传工程基因重组的新技术制造出来的新病毒。尽管美国有关方面否认这一说法，但一些人还是将美国与此问题联系起来。

还有两位英国科学家曾提出过"外空传入地球"的假说，认为艾滋病病毒可能早在外空中存在，但因千百年来缺乏传播媒介，所以人类一直没感染上。后来由于一颗彗星撞击了地球，将这种可怕的病毒带到地球来，祸害了人类。这种假说还没有找到可靠的事实依据来证明。

目前，人们又提出了"猴子传给人类"的假说。科学家经过研究后发现，在猴子身上存在与人类艾滋病患者相同的病毒，被发现的猴子生活在非洲。研究者们从血液接触可以感染上艾滋病病毒，以及中非地区高发病率与奇特生活习俗等方面联系起来，假定艾滋病病毒是猴子传染给人类的。根据现有的资料显示，早在美国出现艾滋病之前，中非地区的卢旺达、乍得等国家和地区就流行过艾滋病。有人推测类似艾滋病病毒的东西最早存在于当地的猴群中，由于当地人经常被猴抓伤以及吃猴肉等原因，这种病毒就进入了人体，逐渐演变成了艾滋病毒。据一些专家估计，携带艾滋病病毒者可能高达非洲中部城市人口的10%。

在20世纪80年代，扎伊尔的金沙萨市在对千份血液样本加以检验后，发现其中6%~7%带有艾滋病病毒。赞比亚首都卢萨卡也作过一次广泛的调查，发现18%的输血者带有艾滋病病毒，在赞比亚1987年间便约有

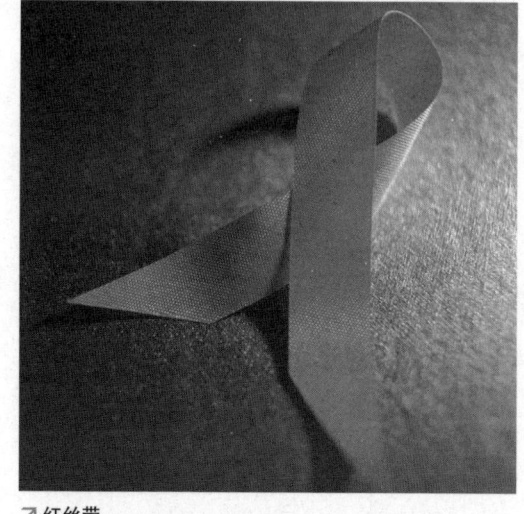
↗ 红丝带
代表了人类与艾滋病抗争的决心和对病患者的关爱。

6 000名儿童接受艾滋病治疗。而非洲某些地区5%的新生婴儿都带有艾滋病病毒，其中一半至2/3的人在两年内会演变成艾滋病。法国一位研究人员偶然了解到中非地区有些居民有以下生活习俗：将公猴血和母猴血分别注入男人和女人的大腿和后背等，以刺激性欲；有些居民还用这种方法治疗不孕症和阳痿等病。许多的专家认为，艾滋病就是这样传染给人类的。但是中非部分居民的奇特生活习俗的历史无疑长于艾滋病流行史。研究者们进而假设：可能在很早以前，猴子就将艾滋病病毒传给人类，但因偶然的原因几度自生自灭。在现代，由于大量欧美人员到过非洲，传染上了这种病毒，并把艾滋病病毒带回欧美，加之性生活混乱和吸毒等流行，所以艾滋病在欧美地区就广泛传播开来。

目前，人类对艾滋病的研究已取得许多重大成就，但它究竟怎么起源，至今各说其是，很多专家认为这种争论还只是一个开始，要想弄清艾滋病的来源仍需要相当长的时间。

↘ 华盛顿广场前举行的悼念艾滋病死难者的活动。截至2003年，全世界感染艾滋病的患者已超过3 000万，几百万人不治而亡。时至今日，艾滋病已成为人类的最重大的医学难关之一。

历史探索

□ 探索与发现

史前人类

■ 工具制造者

或许，最大的史前神话是人种如何开始的。许多科学家认为：现代人类是几百万年前从一种更像类人猿的物种逐渐演变而来的。他们希望找到一个失去的连结点，即在现代人和我们动物祖先之间的半猿半人的这一生物。没有人发现这一中介物种。但是古生物学家已经发现了一群称为早期原始人的遗骸，它们是与人类有许多相似地方的动物。原始人看起来更像类人猿，头脑比现代人小，但是它们用两脚走路，并会使用简单的石头工具。或许我们的祖先就是它们。

没有人曾经看见过一具完整的早期原始人的骨骼。通常，留下的是一部分骨头或者一颗牙齿。科学家努力地从这些稀有的证据中研究原始人。然而，通常他们对一个特定的发现属于哪一个特定的种类以及不同的种类相互之间的关系并没有一致的意见。

在400万年前到80万年前，生活在非洲的最早的原始人被称为更新纪灵长动物（南方古猿）。它们站立并直立行走，但比现代人矮，直立身高在1~1.5米。它们与现代人有相似的外形，但是它们扁平鼻子的脸看起来像类人猿。它们的大脑比现代人小很多，但比今天的黑猩猩和大猩猩要大。

南方古猿可能把绝大多数时间花在地面上。像现代的大猩猩与黑猩猩一样，它们爬到树上以躲避敌人或避雨。它们牙齿的遗骸表明它们主要吃植物和少量的肉类。可能也使用简单的工具。

1964年，古生物学家路易斯·李基宣布发现了一种未知原始人的化石。它比南方古猿

↗ **鹅卵石工具**
早期的原始人把石头凿出缺口以制造简单的有棱角的工具。

↗ **粗壮南方古猿**
矮壮的、像猿人的粗壮南方古猿大部分时间生活在树上，但也不时到地面觅食。像现代的黑猩猩一样，它们以植物为主食。

↗ **露西**
这是目前发现的最完整的生活在超过300万年前的一个人种的骨骼复原图。考古学家们给它取名"露西"。这些骨骼显示它是一个瘦的女性，身高超过1米，体重大约27千克，能够直立行走。纤细的身材与直立的姿势表明它比其他南方古猿更类似人。

→ **南方古猿非洲种的头颅**
尽管南方古猿非洲种比粗壮南方古猿有更为健壮的头颅，但是仍有一个沉重的颚骨。现在还不知道这两个种类之间的关系。

的头脑大,因此李基决定把它放在人属中,是与我们一样的人种。这一化石约为170万年前,是人类最古老的近亲。在其遗迹的附近发现了石器,因此李基给这一化石命名为能人(敏捷的人)。

像现代人一样,能人可能吃一些肉,但没有人知道它们是为食物而打猎还是吃别的动物留下的肉。考古学家在动物骨头附近发现了石器,如由卵石做成的简单的斧子与锤。它们可能过半游牧的生活,为了食物在一地居住一段时间后再到另一地。当他们迁徙时,就把工具留下了。

火的出现

约在160万年前,一些原始人已经掌握了一门全新的技术。他们学会了如何使用火,这极大地改变了他们的生活。突然之间,他们能够烹饪食物,而不是吃生肉与植物。在冬天里,他们能够使得漏风的洞穴与躲藏地变得温暖。热与光还可以被用来防御动物。火的出现意味着他们比更早的原始人过着更为安全舒适的生活。

掌握火的原始人大约1.5米高。与先前的原始人相比,他们的大脑更大,四肢更长,更像现代人类。科学家们把他们称为"直立人"。直立人在其他的方面更为发达。他们制造的工具比以前的原始人更好,他们发明了手斧,这是一种有着两个锋利刃的锐利的石头工具。手斧用来砍肉,因此直立人能够更有效地宰杀动物。这使得他们有着更大的动力发展他们的技术,例如发明诸如切刀这样更小的工具。

与更早的原始人相比,直立人有着更为发达的社会技巧。他们可能已经发展出简单的语言,这使得他们可以相互交谈与协作,意味着他们可以作为一个团体执行任务,如狩猎大型

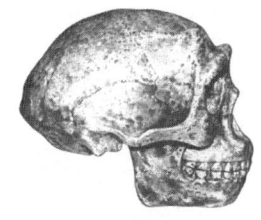

↗ **直立人的头颅**
直立人的头颅比能人的要大要宽,这就使得大脑更大。由于直立人的颚骨向前凸,所以这一人属比现代人类看起来更像猿。

» 能 人

自从路易斯·李基1964年发现了能人的第一个种类后,非洲许多相似的遗址也被发现了,特别是在肯尼亚和坦桑尼亚的有着丰富化石的河床中。尽管不能确认这些生物是不是人类的祖先,但它们确实是我们的近亲。

↗ **强有力的手**
能人的手能紧紧地抓住物品。这一特点再加上其大脑的大小表明这一生物能够制造简单的工具,并有可能会利用树枝与树叶建造简单的庇护所。

↗ **欧杜瓦伊峡谷遗址**
位于东非塞伦格迪平原的欧杜瓦伊峡谷是最重要的人类遗址之一,包括能人在内的几种人属化石就是在这儿发现的。这使得它成为寻找人类起源的一个重要的场所。欧杜瓦伊峡谷遗址包括了从10万年前到200万年前诸多化石的遗址,最古老的化石深埋于最深的岩石中。从粗糙的鹅卵石到石斧,散落的工具就在制造这些工具的生物的尸骨旁边。

↗ **直立人**
穴居的直立人准备在他们的洞前烤肉。在烤肉之前,一人在准备石头工具以切割动物,另一个看护火,两个小孩协助一个大人肢解动物尸体。

□探索与发现

»食物与资源

由于脑容量更大，与先前的人属相比，直立人更善于打猎和发现新的食物种类。他们穿越非洲可能是为了寻找新的食物来源，他们既打猎也采集植物，可能猎杀受伤的动物或者吃其他食肉动物留下的肉。

△ 东图尔卡纳
靠近肯尼亚山脉与河流的东图尔卡纳是150万年前直立人的第一个家园。

← 毛犀牛
直立人尝试吃猎物的肉。他们可能吃像这种毛犀牛的大型动物，集体狩猎并分享猎物。

的动物。在打猎过程中，他们也使用火。一些考古学家认为：他们举着火把把大型动物驱赶到伏击地，这时候一大群人就会一起杀死动物。

火的出现也意味着他们能够在更为寒冷的气候条件下生存下来。这使得直立人比以前的人类走得更远。像能人，它们可能总是处于迁移的状态，搭建暂时的宿营地作为打猎和采集的基地。一些居住地可能是季节性的，在春夏季节，当水果、叶子和坚果丰富时，它们就居住下来。但是直立人走得更远，走出了他们的出生地非洲，作为第一种人属定居在亚洲与欧洲。

■ 原始人的迁徙

约在100万年前，世界上的野生物都在迁移中。许多热带动物开始向北、向南迁徙。逐渐地，它们离开了热带丛林，来到地球上更冷的地方。早期原始人寻找食物比较困难，于是直立人尾随热带动物在更为湿润的地方定居。为此，他们迁徙了很长的距离，从现代的非洲远到现在的爪哇、中国、意大利和希腊。

在欧洲和亚洲，直立人建立了许多可供来年返回的营地。在中国，周口店的洞穴是最著名的定居地之一。原始人在这里待了几十万年（从60万年前到23万年前），考古学家在这块遗址发现了超过40个直立人的遗存物。在洞穴中，考古学家发现了各种工具，包括斧头、刮刀、锥子、尖石和切削工具，绝大多数是石英材料。年代越近的工具，其制作越小越精密。在周口店遗址也发现了火的遗迹。欧洲和东南亚地区

△ 狩猎
一群直立人一起努力在沼泽地中捕杀大象。他们正准备靠近一头大象，用木矛和木棍攻击大象。

的直立人的遗址中也有相似的发现。它们揭示：存在一种人类，他们采集树叶与坚果，同时也足够聪明地猎捕大型的动物。这种人随季节迁

大事记

* 100万年前，直立人在欧杜瓦伊峡谷定居。

* 100万年前，直立人发明了手斧。

* 公元前90万年，直立人出现在爪哇中部。原始人的长距离迁徙表明他们适应了不同的环境。

* 公元前70万年，直立人经由约旦、雅姆克河以及以色列到达吴比迪亚。

* 公元前50万年，直立人在欧洲定居。

* 公元前40万~前23万年，直立人生活在中国北京的周口店。

徙，假如他们不能找到洞穴，他们就用树枝与石头建造简易的躲藏地。他们或许裹着兽皮以在冬天取暖。

有一个令人不解的地方是，许多保留下的直立人头颅的底部被移动过，一些科学家认为底部被移动才会使活着的人能够取出大脑。难道这些人类是最早的吃同类的生物吗？也可能还有其他的原因，例如作为容器盛水。

另一个不解之处是直立人是怎样灭绝的。20万年以后就没有了直立人的遗迹了。人们不清楚他们灭绝是由于他们的食物供应不足，还是疾病或者其他的原始人杀死了他们。

■ 尼安德特人

典型的穴居人通常被描绘为有着大骨头、眉脊发达、面部不明显的矮壮的人种。我们所知的，7万到3.5万年前，生活在欧洲和中东的尼安德特人看上去更像这样。在原始人中，他们是我们最近的亲属，由于有着和我们差不多的脑容量而比较聪明。事实上，由于尼安德特人与我们现代人类如此相似，以至于一些科学家把它们归入我们的种类，属于人类的一个亚种（早期智人尼安德特人）。其他的科学家单独把它们归为一个人种（尼安德特人）。

↗ **穴居的女人**

像这个妇女一样的尼安德特人可能是学会照顾病人与受伤者的第一种原始人。这就延长了那些面临众多早逝情况的个体的生命时间。

尼安德特人用他们的智慧制造工具发展技术。尽管他们的工具仍然是石头做的，但是它们已经专门化了，如凿子、钻孔器。他们通过小心地凿石头制造工具。要制造锋利的、大小合适的薄片，尼安德特人的工具制造者们需要技巧、耐心以及丰富的实践。

有关尼安德特人最令人感兴趣的地方来自于他们的安葬地，从法国的道格纳到伊朗的扎格罗斯山脉，已经发现了好几处。这些遗址显示他们的尸体被仔细地保存在洞穴中，动物的角、骨头等被精心地放在他们的周围，可能是作为安葬仪式的一部分。像这样的遗址使得现代的考古学家相信尼安德特人是第一种发展出

» 古老的文明

与更早的原始人相比，早期直立人可以制造各种工具，尽管大量保存下来的物品是他们的石头工具。他们是熟练的石工，制造锋利的工具用来切肉、砍植物和划兽皮。或许他们也是制木者，用木头来建造简单的房子，以及制造矛与棍等武器。

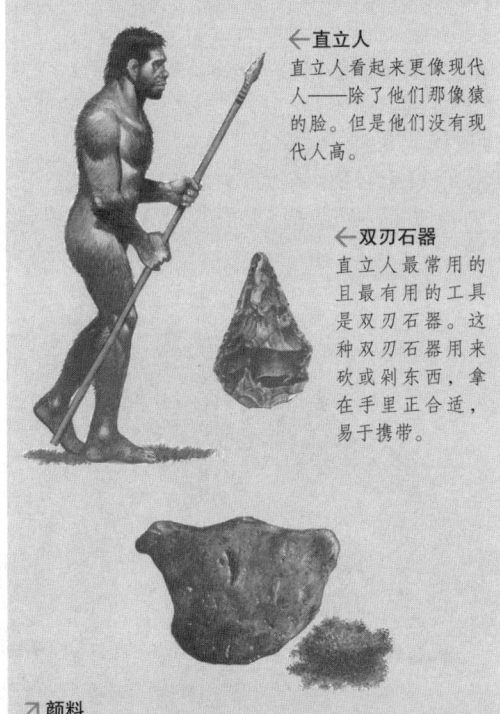

← **直立人**

直立人看起来更像现代人——除了他们那像猿的脸。但是他们没有现代人高。

← **双刃石器**

直立人最常用的且最有用的工具是双刃石器。这种双刃石器用来砍或剁东西，拿在手里正合适，易于携带。

↗ **颜料**

在欧洲波希米亚的比科福，人们发现石头上点缀了红赭色，一种自然土的颜料。这些发现所属的年代是25万年前，这表明人类或许已经在装饰他们自己的身体或他们制造的东西了。他们把赭石和脂肪混在一起作画。

↗ **埋葬**

一群尼安德特人安葬他们一个死去的同类。当哀悼者旁观时，两个尼安德特人把花粉和花仔细地撒在死者的身上和周围。同时放置动物的角，以此为坟墓做记号。像这样的安葬是已知的最早的祭奠仪式。

295

安葬仪式的原始人。安葬地点也为科学家们提供了大量的证据，使得科学家们可以研究出这些人看起来像什么样——从他们矮壮的身躯到他们头和脑的大小。

一些骨骼显示了死者骨头疾病的症状，如关节炎，已经得病好多年了。患有这种疾病的人是不可能出去打猎与采集的，家庭的其他成员必定得照料、抚养他们。由于有智力，尼安德特人可能是最早的护理者，他们照顾那些不能保护自己的亲属。在3.5万年前，尼安德特人灭绝了，原因未知。可能由于疾病或者被生活在同时期的克罗马农人——一种早期智人——灭绝，新的证据表明尼安德特人曾与克罗马农人通婚。

■ 智 人

尼安德特人存在的时候，欧洲人种的成员"早期智人"或智人也在地球上的许多地方生活着。在一些地方，尼安德特人和智人生活得很近，这也意味着尼安德特人不可能是我们的直接祖先。假如他们一起生活，我们就不可能从两个种类演变而来。

早期智人可能从直立人，或从其他我们还没有发现的原始人演变而来。在世界上所有遗迹发现的原始人骨头化石好像都具有直立人与早期智人的特征。尽管大小相似，但是这些原始人在眼睛上面都有眉脊以及平的头颅，而不是呈穹顶状。他们生活在15万~12万年前，被考古学家归类为早期智人。

一些智人在这些"古代"智人骨头之后不

↗ **智人的体型**
早期智人的体型与现代人看起来相似，除了他们身材矮一些。他们直立的身材可以使他们适应两腿行走。

»尼安德特人的生活

在尼安德特人生活的大多数时间中，欧洲与亚洲处于冰川纪。尼安德特人不得不适应严寒，用兽皮做衣服，寻找躲避所。这些生活必需品与他们较大的大脑结合在一起，使得他们更具有发明能力与适应性。

砍斫器

刮削器

↗ **花粉粒**
在显微镜下研究史前的花粉，科学家们发现如桤木、桦树、橡树以及榆树生长在尼安德特人生活的地区。

穿孔器

↗ **尼安德特人的工具**
尼安德特人发明了各种工具用来刮、切、剁、割。这些技巧经过了许多代的发展才完成。

↗ **尼安德特人的墓穴**
在法国圣沙拜尔的一个墓穴中发现的骨架呈弯曲状。这意味着此人患有关节炎。

↗ **处理兽皮**
打猎来的动物不仅仅是肉的来源。大型动物的皮可以取下来，清理干净修理好。然后它们被制成衣服，制成遮盖物，以及简单的包和袋子。

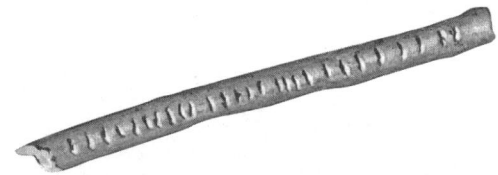

↗ 用于计算的棍
在早期智人的遗迹中，发现有一些有槽口的骨头。这些可能是计算的工具，或是早期书写的形式。它们可能是用来记录个人食物的份额。

» 早期的打猎者

早期智人生活中最重要的事情就是寻找食物。有些人群在草原上捕猎羚羊群。其他的人尾随山羊或野羊到山上，或者到海边捕猎海豹与其他海生物。

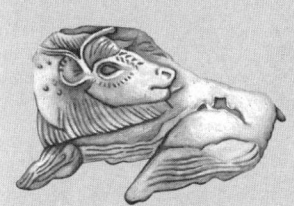

↙ 骨雕
人类是唯一的艺术家，早期的猎人喜欢雕刻他们打猎得来的生物，而动物的骨头就是理想的材料——足可以用来雕刻，而且又有一定硬度。

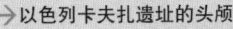
→ 以色列卡夫扎遗址的头颅

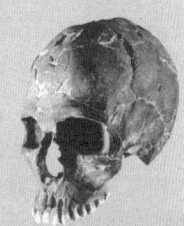

这是令考古学家疑惑不解的几种头颅之一。专家们不能确定这是尼安德特人的，还是智人的。最新的研究表明，这是两种原始人一起生活并杂交的种类，因此像这样的人种具备两者的特征。

久出现。一些专家认为：人类是在非洲的一个地区演变而来，然后逐渐地迁徙到世界各地，被考古学家称为"非洲起源"说。这种学说依赖于对DNA的研究，是对智人身体中包含的基因进行化学分析的结果。

其他的科学家相信现代人是在世界各地分散地演变而来的。例如，在东南亚的人是从爪哇的直立人演变来的。欧洲人是从中东的原始人演变来的，他们是与尼安德特人的混种。

从10万年到9万年前，现代的人类在南部与东部非洲演变出现。从这儿，他们向北迁移，穿过撒哈拉到达中东。几千年前，撒哈拉沙漠比现在潮湿，覆盖着大片的草场，并有食草动物，原始人可以轻易地穿越撒哈拉。到7.5万年前，在东亚出现了现代人类。后来他们到达并在欧洲定居。

人类的祖先穿越大部分地球，他们在不同的环境下定居了，从炎热的非洲草原到严寒的北欧森林。他们努力地适应新的环境，利用当地的资源来制造衣服和住所，发现植物、动物并学会了如何捕鱼。这些早期的人类与其他人种相比更为先进。

↗ 海豹
对生活在海边的北方人来说，海豹等是有价值的猎物。这些动物可以提供肉类、兽皮、骨头（用来制造工具）以及鲸油。

■ 最早的欧洲人

生活在欧洲的最早人类的生活是艰苦的。那时的气候比现在寒冷，食物也难以寻觅，并且在树林中潜伏着危险的野兽。人类通过不断地适应，在制造工具和居所方面不断变得熟练，从而继续生存下来。渐渐地，经过几千年，他们掌握了基本的生存技巧。

早期的欧洲人常被称为克罗马农人，其主要遗址在法国的道格纳。克罗马农人把兽皮制成衣服以保暖。只要可能，他们会在洞穴中躲避，但是自然的居所并不是容易找到的。他们

↗ 火
直立人发现的火是早期智人继承的巨大的技术进步。

□ 探索与发现

»增长的技巧

早期智人的工具和化石显得原始,但是早期人类事实上已经很聪明了。他们利用他们的能力适应不同的环境。在这一时期,人类的语言已开始发展,但不幸的是没有留下记录。

↙ 山羊
这种山羊生活在中东的山地地区,是猎人们打猎时常见的猎物。猎人们会把一群猎物驱赶到一个峡谷,然后尽力捕杀猎物,并共同分享猎物。

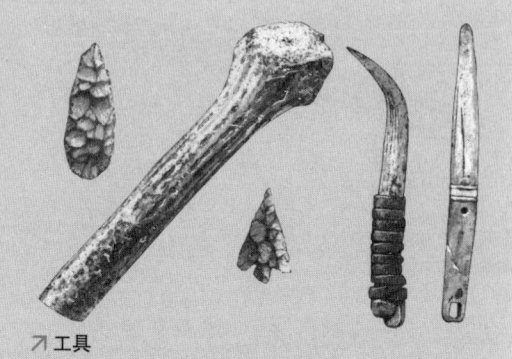

↗ 工具
人类学会了使用几种不同的原料制造工具。假如没有适合的石头,人类就用骨头和鹿角制造刀和骨槌等工具。

学会了如何利用所发现的材料来建造简单的家。树枝提供了简单的框架,上面覆盖草皮或动物皮以避风雨。另一种方法是利用猎杀的猛犸那巨大的骨架制造框架。

克罗马农人是熟练的工具制造者。他们最好的最锋利的工具是用燧石制造的,他们可以把它打造成针头与小刀这样小的工具。小片的石头可以被雕成尖角的针,而鹿角可用来制作诸如锤子之类的工具。

树木是另一种有用的材料。小的石头薄片可以镶嵌在树枝上,做成一个带柄的刀。矛柄也是木头的。树木还有其他用途,诸如制成简单的容器,但是所有的证据都已经随着时间的流逝而消失了。

早期欧洲人最伟大的进展是其艺术,石刻和岩壁画告诉我们许多有关他们日常生活的情况。动物的画案表明他们狩猎猛犸、犀牛、牛和鹿。

大事记

* 公元前3.5万年,尼安德特人灭绝。在欧洲,智人成为唯一的人种。

* 公元前2万年,法国和西班牙制造石器的人发现如何烘焙燧石,使其具有更好的外形。

* 公元前1.6万~前1.2万年,人类在俄罗斯和西伯利亚定居。在美兹里,人们用猛犸骨头修建小屋。

* 公元前6000年,欧洲人发展了细石器制作。

↗ 猎人的营地
早期的打猎者得走很远的路来寻找食物,但是会返回那些在水源地和有躲避所的营地。一个营地可以供同一部落或群体的成员使用上千年。

它们的皮也可能制造人们身上所穿的衣服。女性的雕像表明人们崇拜母性神或生殖能力强的女神。这些足够聪明能够创作艺术和制造工具的早期欧洲人可能也有一个发达的社会组织。尽管他们生活在以家庭为基础的关系中,但是很有可能,这些小的群体在某一时候聚居在一起生活。他们一起生活可能是为了打猎,或者为了纪念一年中某一重要的宗教仪式。

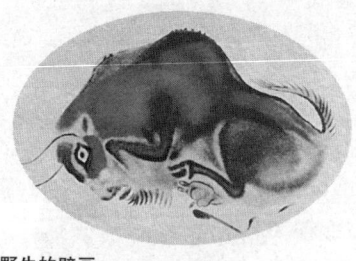

↗ 欧洲野牛的壁画
当人们发现如何利用泥土和矿石中制作染料时,他们就开始画这样的画了。

■ 最早的澳洲人

在冰川期,海平面比现在低很多。把澳洲与其他大陆诸如印度尼西亚的帝汶岛分开的海峡很狭窄。因此,岛上的人乘着简易的竹筏或小船就可以出海捕鱼或捕捞贝类。3.2万年前,一些印度尼西亚人发现自己来到了现在的澳洲海岸。没有人知道他们是有意来到这块大陆,还是在他们捕鱼的时候被风吹来的。他们离开了原来的岛屿,来到这里,成为澳洲大陆第一批定居者。

在澳洲留下的早期定居点遗迹很分散。人们分散在大片土地上,并通过乘船和行走到达了很远的距离。石头工具、钻木取火、贝类残骸、鱼骨头和其他的残留物表明,在3.2万年~2.4万年前,存在着分散的人口。重要的遗迹包括澳洲西部佩思地区附近的莱尔洞穴、北部地区克里兰山附近的石头躲避所,以及澳洲南部的库纳尔达洞穴。

在莱尔,考古学家们发现了用于宗教仪式的东西。它们是几个石片以及一个有着人类牙齿的坑,这些牙齿是被人狠狠打下来的。在库纳尔达洞穴,居民们在石壁上勾画了线条。当地的澳洲人一直到20世纪还进行石雕活动。这些史前时期的发现表明了澳洲本地文明可以追溯到很早以前。

许多早期的澳洲遗迹已经被使用了几千年,对考古学家来说,鉴别真正的古代艺术与现代的赝品是困难的。在普里提加拉,有一个石头躲避所已经被使用了近7 000年了。

3.2万年前,人类已经到达了澳洲东南顶端的塔斯马尼亚岛。他们在那儿一直生存到冰川期的结束,那是最严寒的时期,大陆的许多地方都被草原和冻原覆盖。他们生活在洞穴和石头躲避所中,依靠猎捕当地的动物——主要是袋鼠和沙袋鼠——为生。新的塔斯马尼亚人发展出自己的艺术形态。他们在石墙上作画,工具是一种天然的玻璃。这些玻璃是他们在一个陨石撞击所形成的火山口中发现的。

澳洲土著人很早就发展出一种生活方式,在一些地方,这种生活方式一直保存到现在。数万年来,他们适应了环境的变化,从严寒的冰川期到现在炎热的气候。

↙ **独木舟**
早期的航海者,像那些第一批穿过东南亚到达澳洲的人一样,凿空并打磨木头来制造简易的独木舟。

↗ **制造工具**
早期的澳洲人是熟练的制石器者。他们打凿石头制成工具,这些工具形状适合工作,刃锋利,例如斧子。他们制作的一些工具还被卖到很远的地方。

»分散的人类

为了寻找食物和适合的居住地，早期的澳洲人跨越了很长的距离。当他们定居下来后，他们就稀疏地扩展。居住地发展的过程是缓慢的，扩展到整个澳洲花费了上千年的时间。

↗ **手形图案**
像这样的手形图案可能是把颜料涂在艺术家的手上绘制成的。至少从公元前2.2万年起，在澳洲就开始实践这种艺术形式了。在澳洲南部和东部的洞穴中发现的图画表明了艺术对这一大陆最早人类的重要性。

↙ **项链**
人们佩戴用贝类和动物牙齿做成的项链。这种项链表明佩戴者是一个重要人物。这样的项链在澳洲与亚洲都发现过，表明两个地区生活的是同一种人。

■ 早期的美洲人

最早的美洲人可能来自于亚洲的最北端，现在称为西伯利亚的地方。在冰川期，这两块陆地由大陆桥连接。穿过大陆桥的第一批人类发现自己来到北美最严寒、最荒凉的地方。这里几乎没有植物，他们绝大多数的食物来自打猎和捕鱼。由于西伯利亚的气候与北美相似，因此他们可以适应。一些人向南迁移，希望寻找更温暖的环境和更多的食物。

考古学家们对第一批美洲人何时到达这一问题没有取得一致的意见，比较有力的最早的证据证明是在1.5万～1.2万年前。然而，同一时期，也有许多证据表明在北美中部存在着以打猎为生的人，考古学家称他们为科罗维斯人。他们留下了制作精美的燧石做成的矛头，现在被称为科罗维斯尖状器，这是以这些工具

↗ **西伯利亚的征途**
从西伯利亚穿过大陆桥到达北美是一段漫长艰苦的路途。我们不知道是什么使得人类开始这次征途的，或许冰川期艰苦的生活使得他们希望寻找一个食物更多、环境更温暖更舒适的地方。

被发现的城市命名的。特别在新墨西哥和亚利桑那，在诸如猛犸、北美野牛等大型动物骨头的附近发现了这些工具。科罗维斯人可能猎捕单个的动物，把它们驱赶到沼泽地，以便捕杀。

随着冰川的融化，大型的动物逐渐地灭绝了，现在也不知道其灭绝的原因。由于各种不同的环境——从大的草场到贫瘠的沙漠——在北美的发展，科罗维斯人灭绝了。活着的人类开始学会适应不同的气候，演变成不同的社会，他们的生活方式直到最近的世纪才发生了改变。

在南美，1.2万年前，也存在人类居住的证据。在智利的维娜蒙特的一个洞穴中发现了人类火葬的遗迹。这一遗址还包括两排小屋的遗迹，小屋用动物的皮毛遮盖，以木结构支撑。小屋内有土坑用来煮饭，同时在外面还有大的、

↗ **维娜蒙特**
智利维娜蒙特地区的小屋是用木头做成的，上面覆盖兽皮，这是美洲人修建躲避所最早的证据。

史前人类

» 大迁徙

我们如何知道第一批美洲人是从西伯利亚来的呢？一个线索是早期美洲人制造工具与武器的方法。许多削成碎片的燧石刀刃是由大块的石头而来的。他们沿着骨头的边缘把这些燧石塞入到槽中制成矛头。这种设计的矛头在西伯利亚与北美都有所发现。

↙ 编织物
在秘鲁硅塔罗洞穴中发现的麻线残留物表明，1万年前人类已经会缝衣服了。这些碎片可能是一个包或者相似物体的一部分。

↗ 猛犸牙
这些猛犸牙化石是在南达科他热斯普润猛犸遗址中发现的。它们表明，最早的美洲猎人与他们的亚洲祖先捕杀相同的猎物。

↗ 科罗维斯尖状器
北美猛犸猎人把这些制作精良的尖状器装在木矛上。他们利用几种不同的石头原料来制造这些尖状器。

公用的炉膛。

或许在南美，维娜蒙特地区并非人类最早生活的地方。在巴西的一处石头躲避所，人们发现了一些带着图案的石头，一些科学家认为是约3.2万年前的。并不是所有的专家都赞同这一观点，有人认为是与维娜蒙特石器同年代。假如3.2万年前这一日期正确，他们有可能比在北美的人类定居更早，但是并没有留下其他可为证据的遗迹。

■ 最早的农耕者

猎人与采集者在寻找食物方面都有熟练的技巧。然而，他们的成功依赖于天气、当地的环境和运气。假如气候变得糟糕，或者食物短缺，人们就得忍饥挨饿。约在1.1万年前，生活在中东地区的人们改变了这种情况，他们通过耕作生产自己需要的食物。这是人类发展史上最重要的进步之一。

耕作使得人类可以控制他们的食物供给。他们不需要再在田野中四处寻找食物了。他们能够在一处定居，使得他们建的房子比以前更坚固更舒适。耕作也使得食物供应更加可靠，尽管在荒年，人们仍然不得不再进行一段时间的采集活动。

第一批农耕者生活在地中海的东端（现在的以色列、巴勒斯坦和叙利亚地区），以及底格里斯河北部的高地地区——现在是伊朗和伊拉克的一部分。这一地区比小麦和大麦自然生长

↗ 石堡
杰里科最高的建筑是石堡。没有人知道修建石堡的原因，它可能是一个瞭望塔，或者为某种宗教目的而建。

大事记

* 公元前9000年，叙利亚及附近地区的人们开始种植小麦。

* 公元前9000年，在杰里科地区一个温泉附近发展出一小片的定居地。

* 公元前8000年，在扎格罗斯山脉，人们掌握了放牧技术。

* 公元前7000年，谷物种植遍及从土耳其到"新月沃土"地区、扎格罗斯山脉以及巴勒斯坦的部分地区，并开始广泛地传播。

◻ 探索与发现

↗ 早期的农耕者
开始时，农耕是困难的，甚至比打猎和采集更为艰辛。耕种土地只有石头和木头工具可用。种子得用手撒，收获时得在烈日下用石镰收割。

其气候以及在地图上的形状，这一地区通常被称为"新月沃土"。

"新月沃土"地区的人们采集小麦种子已经有上千年了。他们知道哪种类型的植物长势最健壮并产最好的谷物。到约公元前9000年，他们意识到可以种植这些植物并进行收获。在同时期，他们开始放牧野生的绵羊和山羊。这些动物为人们提供肉的同时也提供了奶与羊毛。在接下来的3 000年中，人类也开始饲养家禽，如猪与牛。

在好年景，农耕为"新月沃土"地区的人们提供了比他们需要的更多的食物。他们把这些剩余的食物储存起来，并进行贸易，换取制造工具的原材料，或者诸如家具、罐之类的产品。

逐渐地，农耕者与手工艺者变得富有了。他们建造了更多更宽敞、并聚集在一起的房子，逐渐地发展成为小的城镇。这些房子是由泥砖建成的，待在里面冬暖夏凉。最早的一个城镇是杰里科，它建在死海北部的一个温泉旁边。城镇周围的地区既适合种庄稼也适合放牧，于是不久以后，杰里科就变得富有了，在这一地区也陆续建立了其他城镇。

随着农耕的扩展，其他地区不久也开始用相同的方法生产食物，从此人类的生活方式发生了变化。

■ 贸易的出现

耕种使得一些人生活富裕、成功。他们可以用剩余的食物交换别人的奢侈品。不久，这就成为一些农耕者的生活方式，在"新月沃土"地区和安纳托利亚（土耳其的亚细亚部分），开始出现贸易城镇。绝大多数早期城镇很久以前就消失了。当泥砖建筑变得破旧不堪时，它们就被推倒。在原来的基础上，人们再建房子。几百年来，这种情况发生多次，于是随着以前房子被取代，城镇的地基水平逐渐地上升。当一座城镇被最终废弃时，废墟与地基的建筑以土墩的形式留下来了。在叙利亚和巴勒斯坦，这种古代的土墩被称为提尔（tell），在土耳其被称为于育克。

↗ 匕首
这把匕首有着长刀刃和蛇形的柄，它可能主要起装饰的作用，而不是实战的武器。

»农耕者的世界

尽管农耕辛苦，然而最早的农业者并没有把他们的时间都花费在田里。在许多地区，他们发展出相当复杂的宗教信仰和仪式。他们创造了新的艺术形式，包括用灰泥做模子的雕刻，以及画着抽象线条和矩形的陶器。他们也开始制造更大的篮子和黏土容器，来装多余的谷物。

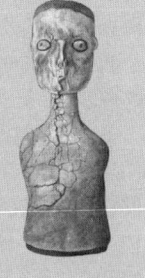

→ 人体雕刻
世界上最早的大规模的人类雕刻出现在约旦的艾尔卡兹尼。人们把石灰泥覆盖在草束框架上，制成人体模型，眼睛用黑笔描绘。没有人知道制造它们的原因。

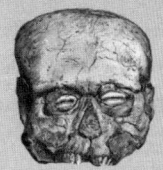

↗ 用灰泥雕刻的头颅
约在公元前6000年，杰里科的宗教仪式中使用了人的头颅。头颅用灰泥覆盖，用来复制人的眼睛、鼻子、嘴和其他面部特征。玛瑙贝被放在眼窝位置，并添加了牙。

→ 带嘴的碗
在塞浦路斯的基罗基蒂亚早期农耕遗迹中，发现了这种带装饰的陶碗。它被埋在一个8岁小孩的墓中，显然这是墓主特别喜欢的物品，因为在埋葬前，它被修过。

史前人类

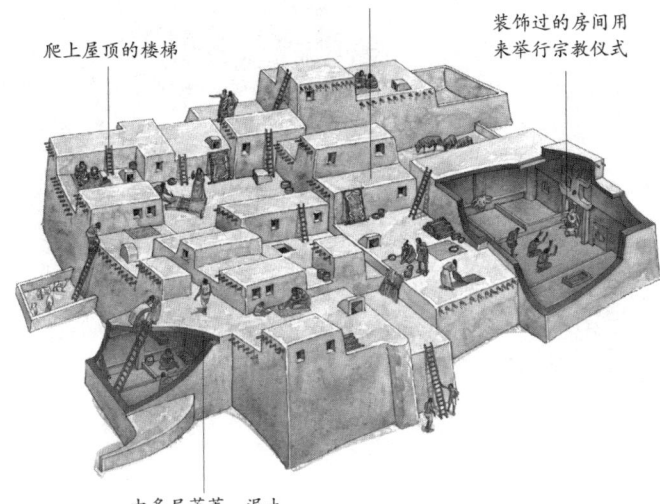

爬上屋顶的楼梯

平坦的屋顶提供了工作的空间以及到旁边房子的路

装饰过的房间用来举行宗教仪式

由多层芦苇、泥土和木料组成的屋顶

↗ **城镇的房子**
卡塔·于育克城的房屋主要是用泥砖建造的。这种材料甚至被用来做家具，如椅子与炉膛。在房子之间很少有庭院，房子建得很紧密。这就使得城市显得紧凑，易于防守，不给敌人或动物留下可潜伏的角落。

早期城镇土墩中，最为著名的一个就是土耳其中部的卡塔·于育克。当考古学家挖掘土墩时，他们发现它隐藏着一个古代城镇，居住着生活在约公元前7000年到公元前6000年的商业居民。城镇的周围是富饶的农耕土地。城镇烧焦的遗迹显示人们种植小麦、大麦、小扁豆和其他作物，同时食用苹果之类的水果，以及杏仁之类的野生坚果。

卡塔·于育克的人们用食物和原材料与别人交换工具。一种深受欢迎的原料是黑曜石，

大事记

＊公元前7000年，杰里科城市规模扩大；宗教仪式中使用石膏和贝壳装饰的头颅。

＊公元前6800年，在地中海东部已广泛地使用陶器。

＊公元前6500年，在诸如杰里科、卡塔·于育克等居住地出现了更为精致的墓地，这表明有一些人已经比其他人更为重要了。

＊公元前5000年，土耳其和地中海东部之间的贸易纽带已经建立。

这是一种火山自然形成的黑色矿石。在这处遗迹中，考古学家发现了一系列用燧石和黑曜石制成的不同的工具与武器。

卡塔·于育克城的房屋是用泥砖建造的。它们呈正方形或矩形，房屋紧挨着。城镇一个令人惊奇的特点是它没有街道。人们从屋顶平台沿着木梯下来，进入屋子。这种建筑方式可能是出于防卫的需要。

许多房子中，至少有一个房间是用来举行宗教仪式的。这些房间或者说神龛，以用石膏做成的公牛头装饰，或装饰真正的牛角。它们也有动物与人体的墙壁画，许多形体是女性的，考古学家也发现超过50个怀孕妇女的小雕像，这表明人们崇拜女性神。

神龛还包括一个土台，可能在某些宗教仪式中被用为祭坛。当卡塔·于育克的居民死去后，他们的尸体露天放置，其肉为秃鹰所食。然后亲属把他们的尸骨取回城，葬在这些祭坛下。

↗ **建房**
泥土可能是中东地区早期商业城镇建房时主要的原料。它能被塑模成砖状，并在太阳下晒干，外面涂上石膏防水。

□ 探索与发现

»土耳其城镇的谜团

尽管考古学家做了许多工作，但是在土耳其中部的卡塔·于育克城仍存在着许多不解之谜。没有人知道在许多房间中的墙壁画的含义。公牛、鸟类、豹和人的形态可能是神。然而，人们不知道这些神象征着什么，或者它们怎样被崇拜。

↗ **公牛画**
这是在卡塔·于育克的一幅壁画。显示了一群人正在引诱一头大公牛的情形。由于公牛与男性神有关，因此它有着宗教的意义。

→ **泥印**
带有抽象样式的椭圆形图章可能是作为印章用的。每个人都有一个不同的印章，用它来表示他或者她的财物，以作为所有权的证据。

← **画着鸟的墙壁画**
这些鸟可能是秃鹰。在一些文化中，人们把死人的尸体露天放置，直到秃鹰吃掉人肉。

■ 欧洲人的定居地

约在公元前 7000 年，农耕文明扩展到欧洲。它从土耳其到达欧洲，然后向西扩展到大西洋海岸。

欧洲大陆的气候和地貌区别很大。在巴尔干，开始了欧洲的畜牧业，那里气候干燥，土地适合绵羊和山羊，以及谷物的生长。在北欧，早期的农民过着一种不同的生活。北欧气候寒冷，土层很厚，许多地方为森林所覆盖。这些地方不适宜放养绵羊和山羊，于是养猪和牧牛就很普遍。人们种植谷物庄稼，但是由于土层厚，

↗ **希腊的房子**
早期希腊农民修建的一间房子，用茅草做成的屋顶呈倾斜形状。室内经常包括一个用泥土做成的容器，用来储藏谷物。这是希腊新耐科米底亚村庄的一间房子。

与南欧地区相比，不易开垦。逐渐地，几百年后，北欧人发展出适应厚土层生长的谷物种类。

北欧的森林有许多用途。它们为猪提供了好饲料，也为人们提供了各种食物。同时也是鹿和野猪的栖息地，人们打猎可以获得食物和皮毛。北欧人不断地打猎采集，来补充他们田地里生产的食物的不足。

丰富的木材也为人们建房提供了材料。中欧以及北欧的农民砍伐树木，制造结实的房子屋顶和墙结构。他们利用劈开的木材建墙，用粗灰泥——泥土和麦秸的混合物——涂抹，以填充缝隙，这有助于抵御风。有倾斜度的屋顶可以泄掉雨雪，而屋顶是

↗ **欧洲的农户**
在德国的朗格维勒，农户们建造长屋用于生活和养动物。他们已经建了墙，正在用草盖屋顶。他们从附近的河流收集芦苇。芦苇做成的屋顶比用草和麦秸做成的屋顶使用时间长。

史前人类

由草做成的。这样的房子超过45米长,被称为长屋。它们是欧洲人最早的大型永久性居住地。除了有用于家庭生活的大房子外,通常他们还有一间储藏室,用来存放粮食和养家畜。有时候,人类和动物一起生活。这显得空间狭小而且有味道,但是这样人们可以确保家畜的安全。

在许多河谷出现了农耕的村庄。人们利用河流与邻近的村庄进行贸易。当他们行走时,他们交换着新的发现和发明。结果,陶器技术和样式提高了,传播开了,有关谷物种植和动物饲养的新想法也被大家分享了。欧洲的人们发展起此后使用了上千年的技术。

❯❯ 农民的手工艺

随着耕种而来的定居生活方式的开始,人们开始发展手工艺技术,最重要的就是制陶。这些早期的农户是熟练的木工,他们制作围栏和各种工具。

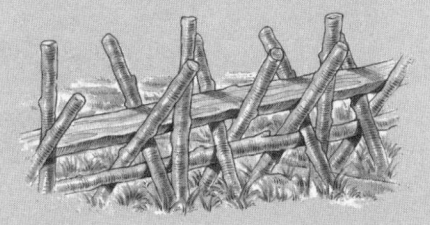
↗ 架起的路
有时候人们在沼泽地附近修建村庄。他们用木柱架起木板,以便能够安全地穿过沼泽。

→ 带装饰的陶器
制陶工人通过在湿泥土上画图案或者简单的面像来装饰陶器。另一种方法是曲线条或点缀斑点,如众所周知的德国邦提克拉米克陶器,意指"有条纹的陶器"。

匈牙利画着面像的陶器
德国邦提克拉米克陶器

← 坐着的人像
这是在匈牙利一个农耕文化遗址发现的陶制人像,一个人拿着镰刀坐着。他可能是庄稼神,也可能是一个平常的农夫。

■ 亚洲的社会

肥沃的土壤以及有用的本地庄稼使得亚洲人开始耕作。这是农业如何在东亚——像印度中部与西北部的高地以及中国黄河流域两岸的地区——开始的原因。这两块地区拥有良好的自然资源和适合农耕的气候。考古学家在这两个地区发现了几处早期农业村庄的遗迹。

印度中部有适合放牧的草木茂盛的丘陵以及适宜种植庄稼的肥沃河床。约在公元前7000年,这儿就开始农耕了。大麦是常见的一种作物,同时农民们在山上放牧牛、山羊和绵羊。在一些地方,人们聚居生活,建立了村庄。美尔冈是最早的村庄之一,它在印度西北的波伦河附近,由一些房屋组合而成。房子是正方形或矩形的,用泥砖涂上灰建成。平的屋顶是用芦苇草修成的,再用木杆支撑。在内部有几个房间。厚的墙与小的窗户使得房间冬暖夏凉。这种样式在接下来的1 000年里一直保持着。

像美尔冈这样的社会继续发展。人们修建储藏室来保存粮食,以备荒年。社会里有一些人可能通过贸易变得富有。他们的坟墓里埋藏着许多珍贵的财产,如珍珠与石灰石。

同时在中国,农业也正在进步。在这里,粟是人们喜爱的庄稼,猪也成为第一种被家养的动物。农民们还种蔬菜,如圆白菜,并收获如李子之类的水果。后来,他们开始种植水稻,

↗ 半坡遗址的农民的棚子
中国的考古学家发现:在中国北部的早期半坡农业社会遗址中,保存着一些房子的遗迹,时间处于约公元前6000年。建筑是椭圆的或者圆形的。在坚固的木头框架上盖上细的树枝条,然后再抹上灰泥,建成光滑的、防水的墙。屋顶上覆盖芦苇,留有一个中央的气孔,以便排出地面生活产生的烟。

305

□探索与发现

大事记

＊公元前6000年，在中国北部地区，粟是农民的主食。

＊公元前5500年，在美索不达米亚，开始种植海枣。

＊公元前5500年，印度的农民生产出自己的小麦品种。

＊公元前5000年，中国长江三角洲的农民种植水稻。

＊公元前3500年，贸易网开始连接中国各地区。

＊公元前3000年，韩国开始种植粟。

■ 美洲的社会

无论是在北部地区捕鱼和海豹，在大平原地区捕猎野牛，或者在南部采集食物，美洲的人们一直遵循这样的食物供应。虽然在不是极端寒冷的环境中庄稼也能生长，但是他们还是随季节迁移，他们习惯了这样奔波的生活。

在美洲中部，气候变化快得令人莫测，烈日后常是暴雨倾盆。这里的人们希望更自主地控制食物供应，于是比其他美洲地区更早地转向了农耕。然而，他们需要好的气候种植庄稼，这可能也是他们崇拜雨神和太阳神的原因。农

这成为东亚地区的主食。水稻在中国南部特别成功，因为在那儿雨水更多。

中国的农民很快知道了土地在耕种一季后需要休耕。他们轮换耕种土地，这就使得土地有了休耕的时间。他们发现经过休耕，土地的肥力得以恢复。约在公元前1100年，他们开始轮流种植粟与大豆。豆类作物给土壤带回了养分，这就意味着休耕不再重要了。

农耕技术在中国逐渐地传播。种植水稻需要的农耕技术从南传到北，在北方发展起更成功的水稻品种。中国也与韩国和日本交流，这两个地区是狩猎与捕鱼社会，农业一直到很久以后才在那儿建立起来。

↗ 小屋和猎人

在北美东部，猎人们经常修建短期使用的躲避所，如这种小屋。他们用木头柱子搭成框架，再加上顶。房子用草覆盖。像这样的小屋易着火，因此灶设在外面。

»成功的农民

成功的农民可以生产出比自己需要的更多的食物，并能够与他们的邻居进行贸易交流，开始拥有诸如项链之类精美的装饰物。当考古学家挖掘出这样的物品时，他们知道这属于一个富有的人。

← 双耳罐

这是一个在中国半坡遗址发现的双耳罐，它的瓶颈细小，这意味着它是用来盛液体的。在两个环形柄之间可以用绳子系起，这就使得它容易提，并可以直立地放在地上。

↙ 陶器的盖子

这个装饰的盖子，有一个人脸形状的旋钮，是在中国西北部的一个农耕村庄——甘肃半山——发现的。它约20厘米宽，为富有的或者社会地位高的人拥有。

→ 仰韶遗址的陶器

约在公元前3000年，中国的农民生产出几种不同的陶器。如这种出土于仰韶遗址的绘画精美的碗。

史前人类

河流交通
在北美河流中,交通工具是简单的木舟。人们可以掏空树木建造一只独木舟。

民们希望雨神和太阳神可以在耕年给他们带来好的气候。

在中美洲,最早种植的庄稼之一是玉米,这是一种自此以后就在美洲的农耕活动中占据重要地位的作物。现代玉米就是由墨西哥类蜀黍培育而来的。

再往北,就是现在的美国西南部,最早的农民试验各种葫芦以及向日葵之类的作物。随着中美洲农民开始更广泛地贸易,他们用自己培育的玉米、大豆和南瓜与北方人交换,这些与当地的作物一起成为北部人们的主要作物,对许多人们来说,这些是他们食物的一个很好补充。

在南美,人们尝试着种植各种庄稼,包括葫芦、南瓜、树薯、马铃薯以及各种豆。在每一个地区,他们选取最好的适应当地环境的作物,并几千年来一直试验、总结着种植的最好方法。农耕发展最快的地区是秘鲁。在安第斯山脉,猎人与采集者开始种植诸如葫芦、大豆之类的庄稼,用来补充他们的食物。他们几千年来一直食用这种混合食物。

在沿海地区,当河流沿着山谷流向大海时,产生了峡谷。在这些峡谷中肥沃的土地上,人们开始种植葫芦与胡椒,后来又种植了玉米。他们还发展起灌溉的技术,把水从河里抽到田里。

与地球上其他地区相比,美洲的动物养殖开始时不普遍,很少有本地的品种容易家养。但是在安第斯山脉,有一个品种——骆驼——是有价值的,它为人们提供毛与奶,还可以当负重的工具。

一些美洲人发展出各种作物以及农耕技术,但是在许多地区,人们仍然广泛地食用野生食物,许多人群一直过着打猎和采集的生活方式。

» 美洲的农民

美洲的气候与环境多种多样,各处都有自己本地的作物品种。对早期的农民而言,挑战来自于挑选适合本地生长的庄稼。通常他们是从所知道的本地品种中挑选,但有时候,如北美南部,棉花这样的引进作物也是成功的例子。

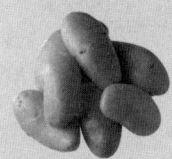

← 马铃薯
在公元前3000~前2500年,安第斯山脉的农民种植马铃薯。在当地还发现了许多其他品种的马铃薯。

→ 泥土制成的图形
在北美许多居住地都发现过这种神秘的雕塑。它们几乎没有留下雕刻的方式,人们也不知道它代表的是男是女。它们用泥制成,点缀着线条与斑点。泥不是用火烤的,而是由于岁月的缘故自然变硬。

← 石头砝码
肯塔基的猎人把这种石头砝码加在掷子器的柄上。这使得矛飞得更快更远,当矛刺中猎物时,显得更有力。

307

□ 探索与发现

■ 打猎与采集

农耕并不是所有的人都采用的生活方式。打猎与采集也能为人们提供稳定的、可靠的食物来源——只要在较小范围内生活着的人不太多。非洲就是这样一块地方：一些人以农耕为生，另一些人继续长时间地以打猎与采集为生。

与现在的气候相比，冰川末期以后的撒哈拉气候显得更为湿润，成为一些非洲人进行农耕试验的场所。岩石壁画显示人们怎样开始放牧牛的，还有其他本地的动物品种，如长颈鹿。

当撒哈拉地区逐渐地成为沙漠时，绝大多数的农业活动向南迁移到了撒哈拉和赤道之间。

大事记

* 公元前9000年，人类迁移到撒哈拉地区，充沛的降雨使得现在的沙漠地区成为草场。
* 公元前7000年，在撒哈拉，非洲人开始制造陶器。
* 公元前6000年，人类开始在撒哈拉地区的一些地方放牧牛。
* 公元前4000年，撒哈拉地区处于最湿润的时候，乍得湖的水面达到了最大面积。
* 公元前3500年，鸵鸟蛋形状的珍珠贝壳在东非作为项链开始流行。

在这里，气候条件允许农民种植洋芋和适合在炎热气候中种植的高粱等谷物。这一地区成为非洲农耕的中心地区。

再向南，那里的人们从事打猎与采集。他们食用许多当地的野生作物，特别是各种棕榈以及羊蹄甲属的灌木。此外，他们发现了其他作物的一些用途。一个很好的例子是圆底的葫芦，它很适合做成容器。

非洲的打猎者与采集者也发展了他们的工具。为了制作小刀，他们使用锋利燧石制的薄刃，并用天然的树脂粘上木头柄。他们也用骨头做成钩钓鱼。对这些原材料的使用表明他们是如何很好地适应周围环境的。

↗ **打猎与采集**
这群猎人与采集者发现了一块食物充裕的地方，他们用树枝建造了一个宿营地，在这里他们将生活几周或者几个月。当两个人在屠宰羚羊时，另一群人正采集蔬菜与煮肉取火用的木材。

» 有用的品种

非洲与澳洲早期的猎人与采集者有许多有关作物的知识。当他们发现一个新品种时，他们会进行试验。这是个危险的过程，因为许多作物有毒。他们逐渐地发现哪些作物可以食用，哪些可以入药。

↙ **葫芦**
葫芦的一些种类很有用。当吃完果肉后，外面的壳可以制成容器。人们用大的制成碗，而小的制成勺与杯子。

↙ **杏仁**

诸如杏仁之类的坚果原产于北非和中东，它们是有营养的食物。在这些坚果生长期，采集者会到森林里寻找它们。它们易于储藏，并有丰富的蛋白质，在肉供应紧张时，它们对猎人来讲十分有用。

→ **雕刻的珍珠贝壳**
在不使用金属的社会中，各种物品都可以成为装饰品。这个装饰品雕刻着抽象的图案，是土著澳洲人用一片珍珠贝壳制成的。

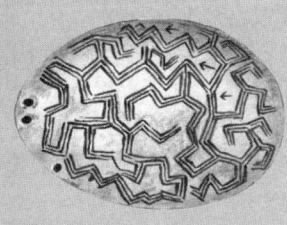

↗ 祖鲁猎人

今天，一些非洲人仍然通过打猎获取食物，当然现在他们的矛头是金属的，而不是早期的石制品。

同样，在澳洲传统的狩猎与采集生活方式继续存在。开始时，人们居住在海边，以鱼，特别是贝类为生。沿着北部与东南部的海岸，可以发现丢弃的被考古学家称为"贝丘"的贝壳遗物。随着时间的推移，当地的澳洲人开始探险河谷，逐渐地向内陆前进。人们发现诸如粟之类的谷物作物可以制成食品。他们还发展了打猎技术，这使得当他们向澳洲炎热干旱的内陆推进时，能够存活下来。

早期的澳洲人行走几里地，与别人交换工具、贝类项链，由此发展出美丽的岩石艺术，这些在今天仍然可以发现。当他们做这些时，他们逐渐发展起反映他们狩猎与采集生活方式的有关祖先的一系列传说，最为重要的是有关黄金时代的传说，这是地球与人类精神产生共鸣的时期。对今天的土著澳洲人来讲，这些传说仍然有着巨大的宗教意义。

■ 铁器时代

青铜是一种有用的金属，但是它不像石头那样坚硬，也不容易找到制作它需要的铜与锡，因此许多人继续使用燧石工具。约在公元前1300年左右，中东地区的冶金工人发现了铁。

在地球的许多地方，铁是常见的金属。只要熔炉内的温度足够高，就容易熔化它。它容易磨快，锻造后会变得更硬。当冶金工人最初开始熔化铁时，他们没有意识到这是一种常见的原材料。由于它的新颖，人们用它来制造地位高的人——如头领——携带的武器。然而不久，人们发现铁是如何有用与常见，便开始大规模地制造铁制工具和武器。

冶铁的技术经过中东，逐渐传播到南欧。铁制武器帮助建立帝国的人们——如赫梯——去征服新的领域。它们还帮助希腊人在地中海地区建立殖民地。在印度，人们很少发现铜，因此铁使得金属技术第一次得到广泛地使用。

在欧洲，铁器改变了人们的生活。它使得生活在西欧的凯尔特人变得好战与强大。他们建立了庞大的堡垒，用土木工事和栅栏保护自己，并使用铁制武器击退敌人。一个村庄就是一个堡垒，这些堡垒也成为军事首领的基地。

↗ 铁制匕首

这柄匕首用铁铸造，并有个青铜鞘，这一不列颠的匕首可能属于首领级的重要人物。它是欧洲社会由战士领导时期的遗物。

↗ 铁匠

为了制造有用的铁，矿石被加热到很高的温度。早期的铁匠建造土窑生火，以使火达到足够的温度。

☐ 探索与发现

↗ **铁器时代的定居地**
当铁器时代的欧洲人建造堡垒时,他们挖很深的沟来保卫自己。从沟里取出的土被运到上面,建成巨大的堤,提供额外的保护。像这样的堡垒范围很大,为人们、房屋与动物提供了足够的空间。

欧洲铁器时代的第一阶段是哈尔施塔特时期,这是由于在奥地利的一个遗址——哈尔施塔特——中发现了许多铁剑而命名的。这里的首领通过贸易以及强迫邻国进贡而变得富有。一些首领甚至还拥有从遥远的希腊与意大利进口而来的货物。

约在公元前5世纪后,凯尔特人开始制造装饰精美的金属产品,这种类型被称为拉坦诺,这是因考古学家在瑞士湖边的拉坦诺首先发现而得名的。

到罗马人在欧洲建立帝国时,凯尔特人仍很强大,他们与罗马军队打仗,并且阻击罗马的入侵。凯尔特人的首领发行自己的货币,建立坚固的堡垒以及在和平时期与罗马人进行贸易。几个世纪以来,拥有铁器的凯尔特人是欧洲最强大的、最令人恐惧的领导者。

■ 文明的诞生

城镇逐渐成为城市,居民们建造了巨大的庙宇和宫殿,发明了书面语言,建立了复杂的社会——在这个社会里面,人们做不同的工作。有农民、手工艺者、祭司以及管理者和君主。这种新的以城市为基础的生活方式被人们称为文明。

随着农民耕种变得更有经验,他们懂得了如何灌溉土地,以把水运到干旱的地区,这使得食物的供给更为便捷。农民们通过耕种以前不易耕作的土地,来增加土地的面积。

同时,美索不达米亚地区的人们开始建造大型的、舒适的泥砖房屋。他们制造精美的有图案的陶器、泥塑、铜器,以

↗ **有图案的陶罐**
从美索不达米亚地区城市发现的陶器品质通常很好,制作细腻、造型好,还有优美的装饰。

» **铁器时代的遗物**
铁器时代保存最完好的一些遗物是青铜做成的东西。铁制工具与武器大量制造,但绝大多数已经腐蚀掉了。而青铜器可以长久保存——尤其被埋在地下时。因此,许多埋在身份高的头领墓中的青铜器保存下来了。

↓ **领针**
铁器时代的人们用领针扣住他们的衣服,领针通常由青铜做成,外表考究。

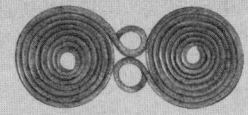

扣针形状的领针   好看的领针

→ **拉坦诺地区的喇叭**
装饰在喇叭口的雕刻旋转纹是凯尔特人拉坦诺地区的样式,这是在铁器时代后期的欧洲发展起来的。这是在爱尔兰河发现的用青铜制造的4个喇叭之一。

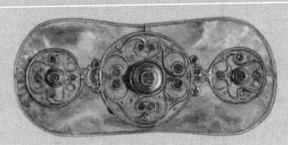

喇叭口的细节

↗ **青铜盾**
在伦敦巴特西发现的一个盾,通过锤炼制造出突出的图案,外加石头与五颜六色的玻璃作为装饰。

310

史前人类

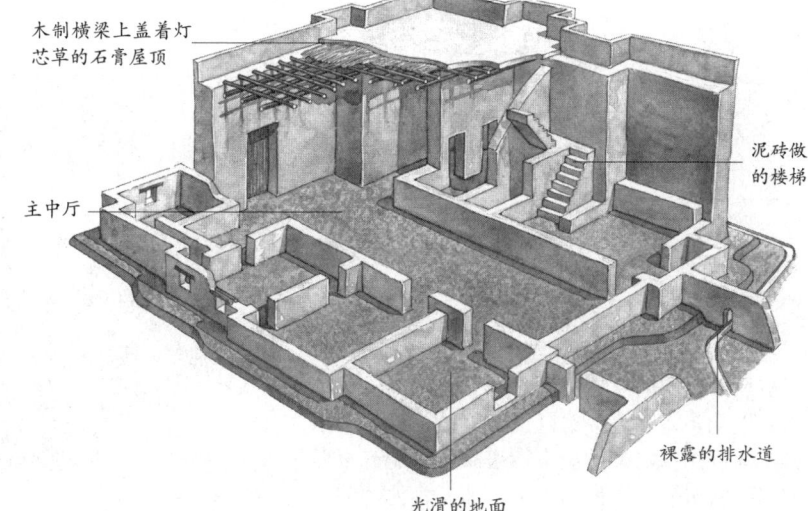

↗ 妇女与婴儿
这个抱着婴儿的妇女的造型是用泥塑造的。它属于奥贝德文化时期，这一时期从公元前5500年一直延续到公元前4000年。这时候，城镇变成了城市，手工艺者的手艺更为熟练，当地的领导者也获得了权力。

↗ 奥贝德文化的房屋
在奥贝德文化时期，房屋变得更大、更复杂——更像现代伊拉克的房屋，它们仍然用泥砖建成，但是有一个巨大的中间大厅、许多小房间、楼梯以及通往外面的排水道。

及镶着绿宝石珠子的项链。其他地区的人们需要这些商品，于是美索不达米亚人与他们的邻居进行贸易，用船沿着河流和波斯湾运输货物。逐渐地，美索不达米亚地区的商人们变得富裕了，他们的城镇变成了城市。伴随着城市成长的是更强有力的复杂的政府。祭司们是最有权力的人，他们建造大型的庙宇，成为文明的另一个标志。然后出现了文字。开始时，它只是一些简单的象征符号，表示谁拥有什么。后来，人们发展出更为复杂的书写体例，用以记录故事与宗教文本。

文字的发展标志着史前社会的结束，这在世界不同地方的不同时间发生。在史前人们的生活中，中东、埃及、印度河流域以及中国的部分地区很早就出现了文明。其他地区——如欧洲、美洲和非洲的大部分地区——依据城市建立的社会在很久后才出现。

例如在西欧，直到罗马人的到来，城市与文字才出现。罗马人在公元前1世纪征服了高卢地区（现在的法国），这比美索不达米亚建立的最早城市晚了3000年。今天，世界上仍有一些地区的人们继续着传统生活方式，就像他们的史前祖先一样适应自己的环境。但是，他们必须受到建立在世界性城市基础上的商业与政府的决定影响。

» 文明的艺术

所谓文明的一个特征就是社会变得更为复杂。换句话说，文明代表更多的社会阶层，有更为强大的统治者，以及穷人与富人之间差异巨大。富人需要从罐到项链之类更好、更奢侈的物品，于是在美索不达米亚，这导致了专门的艺术与手工艺的产生。

← 文字
美索不达米亚的文书员在泥板上刻画写字。这就是楔形文字，名称来源于一个意指楔形物的单词。

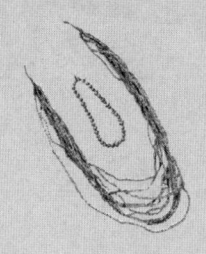

↗ 项链
美索不达米亚的项链在几个分离的细绳中串有上千个珠子，十分精美。

↘ 古庙塔
一个苏美尔古庙塔包括一个由太阳晒干的泥砖组成的有梯的阳台。只有祭司才有权力登上顶部。一个早期典型的庙塔是乌鲁克的白庙，它由防水的砖组成，约建于公元前3000年。

□探索与发现

古代文明史

■ 苏美尔人

世界上最早的城市建立在美索不达米亚，底格里斯河与幼发拉底河之间的土地上。城市里人口众多，熙熙攘攘，忙碌不停。诸如乌尔城与乌鲁克城之类的城市街道狭长，刷得很白的泥砖墙房屋里居住的是手工业者，他们制造陶器和金属品，与阿拉伯半岛和印度的人进行贸易。这一地区的人们制造了世界上最早的带轮子的战车和手推车，并发明了世界上已知最早的书写体系——楔形文字。由于这些原因，美索不达米亚成为"文明的摇篮"。

在美索不达米亚定居的是苏美尔人。他们约在公元前5000年到达这一地区的南部——苏美尔。这里气候炎热干燥，但是农民们学会了从河里取水灌溉田地，他们种植大量的植物，如小麦、大麦、枣椰子和各种蔬菜。

苏美尔最早的城市是乌鲁克城，建在幼发拉底河附近。到公元前3500年，大约有1万人

↗ **耕地**
苏美尔农夫在约公元前4000年发展出牛耕。这比手拉犁更为有效，也意味着他们可以生产出更多的食物。

居住在那儿。城市弯曲的街道环绕着最大的建筑——安鲁神庙，这座神庙供奉的是苏美尔诸神中最重要的神。在这里，巫师们祭祀安鲁神，

» 肥沃的土地

独立的城邦构成了苏美尔文明，但是它们之间仍有相同点。各城邦都使用底格里斯河与幼发拉底河来进行贸易与运输，也都用泥砖建筑。同样，他们依靠肥沃的土地来生产食物。

↙ **琴师**
当人们举行宴会、喝酒与庆祝时，乐师会演奏竖琴、笛子和手鼓，为人们提供娱乐。乌尔城的人们喜欢在家听音乐，也喜欢在重大节日——如新年时——听音乐。

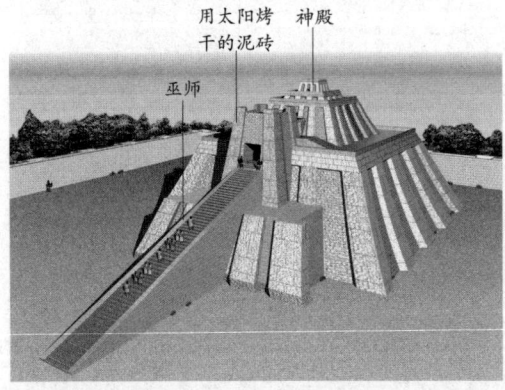

↗ **苏美尔的古庙塔**
包括一个用太阳光烤干的泥砖建成的阳台——阳台是带台阶的。由于苏美尔人扩建庙宇时，他们会在旧的顶上建造新的阳台，有楼梯可以爬上，因此，发展了塔的形状。苏美尔人认为，他们的神住在塔里，只有巫师才可以爬上顶部。古庙塔一个早期的例子是乌鲁克的白色庙宇，它用白色的泥砖建成，修建于约公元前3000年。

↗ **乌尔的象征**
贝壳和宝石上的画显示一队苏美尔农夫在放牧牲畜。在他们的下面，画着运输重物的人。这些画被称为"乌尔的象征"，它们可能装饰的是一件苏美尔乐器。

希望他带来好的气候与丰收。人们知道，如果收成不好，他们就会挨饿，因此他们给庙宇很多的东西，使得巫师们成为城市中最富有的、最有权势的人。

不久，在美索不达米亚又建造了其他城市。它们与乌鲁克城相似，拥有宏伟的庙宇——称为古庙塔，以及泥砖房屋。每个城市都是独立的，有着自己的统治者、巫师和商人。随着城市由于贸易变得富有，它们相互竞争，希望统治全境。

直到约公元前2350年，苏美尔的各个城市还处于独立之中。后来，从苏美尔北部而来的阿卡德人征服了这一地区，使之成为美索不达米亚帝国的一部分。

■ 古巴比伦

约公元前1900年，从叙利亚来的亚摩利人迁移到底格里斯河与幼发拉底河之间的美索不达米亚地区。他们种植大麦、放牧羊群，并且熟练于各种手工艺，从锻造金属到制造香精，从制造皮革到养蜂。

亚摩利人在幼发拉底河边的巴比伦建都。在公元前1700年左右，汉谟拉比国王征服了整个南部美索不达米亚，建立著名的巴比伦王国。被征服的地区包括许多拥有不同文化与法律的人们，于是汉谟拉比决定统一法律，并把法律刻在石碑上，让所有的人看到。

在汉谟拉比的统治之下，巴比伦成为科学与文化的中心。巴比伦的学者们发展出计数体系，这是基于60进位的方法，是现在1小时等于60分钟，以及360°圆的由来。巴比伦的科学家也是有名的天文学家，他们记载了黑暗天空中月亮和星星的运动。

许多邻国的统治者嫉妒巴比伦的强盛，以及巴比伦人通过贸易获得的财富，于是这座城市受到多次攻击。从现在土耳其来的赫梯人先洗劫了巴比伦，然后是从东部山脉来的喀西特人入侵并占领了巴比伦。他们把巴比伦变成了重要的宗教中心，还建造了宏伟的庙宇来供奉

↗ **泥塑狮子**
狮子是王权的常见象征。这个泥塑狮子守卫在一个巴比伦庙宇外面。精美的细节显示了巴比伦人是熟练的雕塑者。

大事记

＊公元前1900年，巴比伦成为亚摩利人主要的城市。

＊公元前1792~前1750年，汉谟拉比统治时期，他是美索不达米亚的征服者和法律制定者。

＊公元前1595~前1155年，喀西特人统治巴比伦城。

＊公元前900年，卡尔迪亚人占领巴比伦并开始重修它。

＊公元前605~前562年，尼布甲尼撒二世统治时期。他修建了著名的空中花园。巴比伦成为近东最先进的城市。

← **伊什塔尔门**
伊什塔尔门用珍贵的蓝宝石装饰，守卫着进入巴比伦城的圣道。

□ 探索与发现

»科学与法律

巴比伦是一座繁荣的城市，它是科学、文化和学术的中心。学者们研究数学、天文以及占星术。他们的思想一直到现在还影响着我们。

←世界地图
一个石制地图显示了当时人们知道陆地为海洋所包围。这幅地图是3000多年前巴比伦的学者制作的，并用楔形文字标注。

←汉谟拉比法典
汉谟拉比的法律刻在一块黑色的玄武岩石上。内容包括货币、财产、家庭以及奴隶的权利。根据这部法律，犯法者会受到相应的惩罚。俗语"以牙还牙，以眼还眼"最初就来自于汉谟拉比法典。

↗装饰的狮子
伊什塔尔门是用像这样的狮子装饰的。门的名字取自于巴比伦的神伊什塔尔。

最高神——马杜克。

约在公元前900年，从波斯湾来的马背民族——卡尔迪亚人入侵巴比伦。他们最伟大的国王尼布甲尼撒二世重建的巴比伦比以前更为宏伟。他修建了大规模的泥砖城墙、雄伟的大门以及七层楼高的古庙塔。他还为自己建造了一座宫殿以及被称为古代世界七大奇迹之一的"空中花园"。巴比伦成为西亚最大的城市。沿河的贸易，以及经由商队领导的向东到伊朗的商路使得它更为富有。辉煌一直持续到它再次被入侵，这次的入侵者是波斯人。

■ 赫梯人

赫梯人来自寒冷多山的安纳托利亚中部地区，他们是在约公元前1600~前1200年间兴盛起来的武力强大的民族。作为一个好战的民族，他们经常与邻国为控制地中海地区的贸易而开战。

赫梯人控制着一块荒芜的地区，他们得寻找土地种植小麦与大麦，饲养牛羊。他们在王国中部的哈图萨斯建造要塞。从这里，他们征集人马，训练成一支强有力的军队。他们是在战争中最早使用骑兵的人之一，并且发展出战车，这是他们最令人敬畏的武器之一。

他们从美索不达米亚北部进攻米坦尼，征服了叙利亚。他们的军队甚至威胁到埃及帝国的安全。赫梯人也使用和平的手段来增加他们的力量，他们

↗空中花园想象图
尼布甲尼撒二世为他的妻子爱美提斯修建了著名的空中花园，目的是让她怀念起她家乡米底的绿色丘陵景色。这是古代著名的奇观之一，但现在没有人亲眼看到过这座花园是什么样子。

↗赫梯囚犯
公元前1170年的埃及瓦片，描绘的是一个赫梯囚犯。

与埃及法老订立条约，这些条约在哈图萨斯众多王室档案的泥板中发现。条约显示，有时候赫梯人向敌人缴纳赎金，以求得敌人退走。

赫梯人拥有强大的陆军，但是防御海岸是困难的。海上入侵者——为人熟知的"海上民族"腓力斯丁人——不断地攻击赫梯人。这与歉收和来自埃及的压力一起，导致了约在公元前1200年赫梯人的衰落。

↗ **士兵或者神？**
没有人知道这个武装的人是普通士兵还是赫梯人的一个神。他肌肉弯曲，被放在城市门口，好像是在震慑入侵者。

■ 亚述人

他们是古代世界最令人恐惧的人之一。亚述军队攻击迅速，洗劫村庄，摧毁城墙，屠杀任何反抗的人。他们带走珍贵的金属、木材、建筑石头——任何只要他们能够使用的东西。他们让囚犯像奴隶一样在底格里斯河沿岸的城市中修建工程，建造奢侈的宫殿、庙宇以及大量的城墙。

亚述人好像永不停息。他们征服了从尼罗河三角洲到古巴比伦城与乌尔的广大地区。他们修建漂亮的城市，如尼尼微、尼姆鲁德以及科撒巴德，它们是当时世界上最富丽堂皇的城市。他们的王宫用描绘着国王胜利与荣耀的浮雕装饰。浮雕保存到现在，向我们显示了亚述国王与他们生活的许多内容，如他们征战的胜利、庆祝胜利的场景、被征服者向他们进贡的东西以及打猎的场景。

亚述人主要的力量是他们的军队，随着帝国的扩张，军队不能够防卫整个帝国领域了。

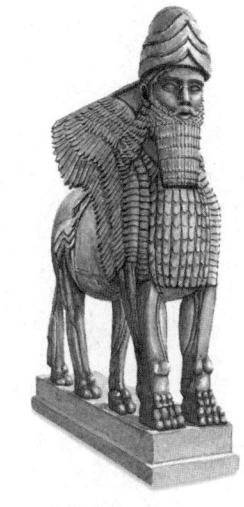

↗ **斯芬克斯**
巨大的斯芬克斯石雕守卫着城门与宫殿。斯芬克斯有牛或者狮子的身子，头是长着长胡须的人头，长胡须就像亚述国王的胡须。亚述人相信这个怪物可以保护他们，驱走邪恶的人。

» 军队

赫梯人与亚述人都有强大的军队，而亚述军队是当时世界上最令人恐惧的军队。亚述人的军队包括步兵与重装甲骑兵，数目巨大，战斗力强。许多士兵是从被征服地区的人中挑选的。

↗ **战车士兵**
赫梯人军事的成功许多来自于他们熟练的战车技术。

← **宫廷生活**
一个石浮雕显示：在尼尼微的亚述王巴尼拔的宫殿里，乐师们在演奏竖琴与长笛。像这样的石浮雕告诉我们许多有关宫廷生活的情况。

有士兵的塔楼　　金属头

→ **攻城槌**
亚述士兵使用令人恐怖的武器，如攻城槌与塔，来突破敌方城市的城墙。当金属头的攻城槌撞击城墙时，在塔上的士兵们就用鹤嘴锄推墙。

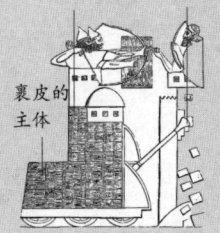

裹皮的主体

↗ **王室打猎**
亚述国王们喜欢打猎，特别是最凶猛的动物——狮子。国王们希望臣民相信，他的力量是上天给的。国王还经常让人把他们展现不可思议的力量与勇敢的情景描绘下来。

□ 探索与发现

大事记

* 公元前1200年，赫梯帝国衰落。
* 公元前883~前859年，尼尼微建城。
* 公元前744~前727年，亚述帝国最为强盛。
* 公元前721~前705年，萨尔贡国王修建亚述首都科撒巴德。
* 公元前664年，亚述征服埃及。
* 公元前612年，尼尼微被破坏。
* 公元前609年，巴比伦人击败亚述军队。

单个被征服的城市不能够打败亚述人，但是当巴比伦人和米底人联合起来后，他们胜利了，强大的亚述帝国很快垮台了。

■ 波斯帝国

他们开始时是作为一个小的民族从巴比伦附近地区兴起的。突然之间，约在公元前549年，波斯人好像无处不在了。在赛勒斯（约公元前559~前530年在位）的领导下，波斯军队从西到东横扫，征服了从现代土耳其到印度边境的广大地区。赛勒斯以及后来的国王们从征服中获得了巨大的财富。他们修建城市和雄伟的宫殿；喝酒就用金银杯子；享用奢侈品。

波斯帝国幅员辽阔，包含了许多不同的人，他们经常反抗波斯的统治。为了维持秩序，波斯的统治者们建立了一支有效的军队。被称为"不死军"的近卫军有1万名士兵，他们训练有素，英勇无比，随时准备去镇压起义。

国王们不仅仅依靠暴力，他们也组建了行政机构来进行统治。他们把全国分为20个行省，每个行省由一名总督管理，总督是王国利益的代表。每个行省都征收赋税以及贡品。由于总督在自己的统治范围内拥有绝对的权力，于是国王派出密探——他们被人们称为"皇帝的耳朵"——来监视总督的行为，使得他们忠于皇帝，把应该上缴的税上缴到中央，而不是私下扣留。波斯人还修建了连接帝国各地的交通网，密探、征税官以及商人可以很容易地在国内旅行。

↗ **波斯士兵**
苏萨宫殿装饰着描绘波斯军队的马赛克。波斯军队的精华部分是1万名被称为"不死军"的士兵，一旦有人死去，就会有人立刻加入，人数恒定。

波斯人的财富不断地增长，国王召集帝国各地的工匠建造城市与宫殿。石工来自于希腊，泥瓦匠来自于巴比伦，金匠来自于埃及。波斯人也进口珍贵的原材料，如黎巴嫩的雪松以及埃塞俄比亚的象牙。

有一些人也击退过波斯人的入侵。从北部来的无畏的马背民族——斯基台人曾经打败过波斯军队，希腊人也击退过

↗ **波斯波利斯城内的宫殿**
在波斯波利斯城内巨大的宫殿。大流士一世和薛西斯一世在波斯波利斯城修建了宏伟的宫殿。沿着巨大的楼梯向上进入宫殿，楼梯是如此宽大，可以供8匹马并排行走。从帝国各地来的人们向坐在高高王位上的国王敬献贡品。

（面对相反方向的公牛在柱子的顶点）
（进入大厅的门）
（浮雕显示捧着贡品的士兵）

》万王之王

赛勒斯国王属于阿黑门内德王朝。他和后来的波斯国王自封为"万王之王"。他们处于巨大的荣耀之中，拥有绝对的权力。在他们之下是贵族、农民、手工业者、农奴以及奴隶。

→ 波斯贵族
站在两个士兵之间的是波斯贵族。大流士一世从贵族家庭中任命行省的管理者以及总督。

→ 银制羊
这是在波斯波利斯城发现的外形为羊的银制装饰品。波斯人喜欢动物，用各种动物形象作为装饰物。

← 大流士一世
大流士一世在公元前522~前486年统治波斯帝国。他是军队的首领，也是个明智的统治者。他在统治期间建造了波斯波利斯，帝国达到了最强盛。

波斯人的两次入侵。希腊人憎恨波斯人，最后从希腊来的著名征服者亚历山大大帝在公元前332年摧毁了波斯帝国。

■ 帕提亚王朝与萨珊王朝

波斯帝国被马其顿的领导者亚历山大征服，帝国不复存在。但是在公元前323年亚历山大死后，波斯人开始重新控制自己的领土。他们再一次建立了大帝国，联合了不同的人——从伊朗的牧羊人到美索不达米亚的农民，都处于被称为"万王之王"的统治者统治下。

亚历山大以及先前阿黑门内德王朝的国王们都向波斯人展示了他们需要一支强大的军队来建立并维持帝国。但是新的帝国领导者——帕提亚王朝（公元前240~226年）与取代帕提亚王朝的更为成功的萨珊王朝（公元226~646年）走得更远。他们重建了社会等级严格的社会：贵族、教士、战士、各级官员以及农民，每个人都知道自己的地位。人们的全部生活——从他们从事

↗ 石头浮雕
萨珊统治者在本国远方行省的悬崖壁上雕刻令人着迷的浮雕，在浮雕上记载他们的功绩。这些浮雕表现的主题是波斯骑兵以及萨珊的军队。

↗ 泰西封城
都城泰西封城建造在底格里斯河边，靠近现在伊拉克的巴格达。在萨珊王朝时期，泰西封城规模很大，可能有几十万居民。萨珊人把城市划分为两个大的部分。一部分安置从罗马帝国抓来的俘虏，另一部分居住着皇帝与其家庭。王室生活在大的、石头建成的带拱顶大厅的宫殿里。

探索与发现

工作的类型到他们选择婚姻的对象,从他们应该缴纳多少税到他们所吃食物的种类,所有都依赖于他们从属的等级。

这一严格的等级体系使得国家统一。"万王之王"的皇帝处于体系的最高层,是统治者。人们会记住他的伟大,因为萨珊的皇帝们把他们的图像画在生产的所有物品上。他们的宫殿与城市用石头浮雕与雕刻装饰,在浮雕与雕塑上面描绘的是皇帝在作战或者在进行打猎与骑马的运动。

最重要的阶层之一是教士,他们是琐罗亚斯德教的领导者。这种信仰约在公元前1000年已经发展起来了,但是是萨珊波斯人把它定为国教的——尽管当时东方宗教与其他文化对其也有影响。

在后期波斯时期,贸易、工业与艺术繁荣起来了。他们在农耕方面取得了进展,并改进了灌溉体系,当地的人口增长了。但是因为过度使用土地,庄稼收成日减,这一地区又一次变得贫穷。

》琐罗亚斯德教

波斯人信奉琐罗亚斯德教。琐罗亚斯德——又称查拉图斯特拉——生活在约公元前1000年,他认为生活是处于善与恶之间的战斗。琐罗亚斯德相信世界中善的来源是"智慧主",阿胡拉·玛兹达是光明与真理之神。在每座波斯神庙里点燃的圣火象征着他的光芒与永恒的善。

↗ 阿胡拉·玛兹达
波斯人的主神是阿胡拉·玛兹达,他是善的源泉。形象是有着翅膀的人形,是拜火教的象征。教士们照管着他的圣火,被称为马吉,源于"魔法(magic)"一词。

→ 神牛
在古代波斯,牛是力量的象征。波斯人也相信:牛是最早被创造出来的动物,当第一头牛被杀死后,世界上其他所有的动物从它的灵魂中产生。

■ 印度河流域文明

约在公元前2500年,在印度河流域平原出现了一个神秘的文明。考古学家们一直不能够破译他们的文字,发现他们的宗教是什么,或者知晓他们的文明为什么消亡。但是我们确实知道印度河流域的人们存在文明,他们耕种印度河边肥沃的土地,利用从河床中取的泥土制造砖,建造了几个大型的城市。

印度河流域文明的绝大部分信息来自于摩亨佐·达罗与哈拉巴这两座伟大城市的遗迹。这两座城市修建在河流洪水冲积平原上。由于河流每年有规律地发洪水,他们在洪水的水平位上面建造巨大的泥砖平台,在这上面修建建筑。

每个城市被分为两个部分。一部分是人们居住的地方。平顶泥砖屋修建在干净笔直的街道与小巷两边。绝大多数的房子有一个院落,一口用来取水的井,甚至还修建了卫生间,污

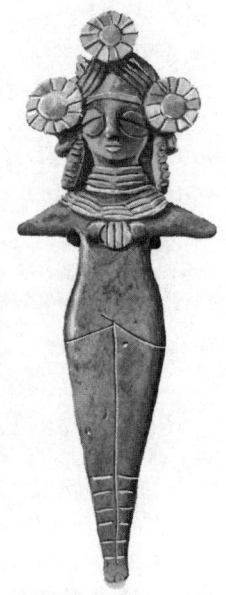

↑ 神像
小泥塑像为一个头上戴着装饰的妇女,它是在摩亨佐·达罗被发现的。这非常像生育或者母神的代表。

↗ 摩亨佐·达罗
摩亨佐·达罗城的街道笔直,转弯呈直角,像现代的美国城市。这座城市好像经过精心设计,这在那个时代非同一般。

古代文明史

»日常生活

从证据看，好像印度河流域的城市生活很丰富。考古学家发现了度量衡的木条，这表明它们是贸易中心。商人与贸易者还包括手工业者可能在街道上聚集。农民也把他们的粮食运到城市卖。

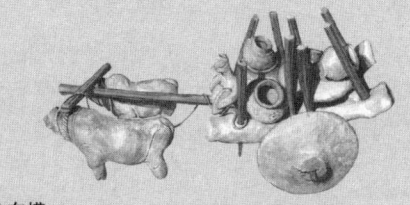

↗ 车模
这样的泥土模型由两头牛拉着，证明印度人使用车轮。他们使用大型的车运载粮食与其他产品。

← 棋盘游戏
考古学家发现的棋盘游戏与动物玩具表明，古印度人喜欢娱乐。

← 泥印
像这样的印章可能属于商人，用于签署文件和财产契约。印纹以动物为特征，包括公牛、羚羊、水牛或者老虎等在这一地区出没的动物。

水排到街道下面的下水道。

城市的另一部分是围墙围起的部分，包括大型建筑如公共浴室、议事厅与大型粮仓——面积相当于一个奥运会游泳池大小。祭司与信徒们在宗教仪式前会利用浴室进行沐浴。在大型粮仓的附近是大的脱粒场地，在这里，农民们打完谷后再卖给城里人。

这个文明延续了约800年，其后逐渐地衰落。房屋倒塌，许多人离开。没有人知道原因，可能是大洪水与不断增长的人口使得农民生产更多的粮食，耗尽了地力，引起了歉收与饥荒。

■ 印度孔雀王朝

印度河流域文明消亡1 000多年后，在印度次大陆上又出现了一个新的辉煌的帝国。它就是众所周知的孔雀帝国，名称来源于其统治家族。在公元前322年至公元前185年间，孔雀帝国的皇帝们给饱经战争之苦的印度带来了和平与佛教，并第一次统一了这一广阔的地区。

印度次大陆地区有着各种各样的人，他们说不同的语言、有着不同的信仰与习俗。到公元前6世纪，单是在印度北部就有16个不同的邦国，绝大多数是在恒河流域边以泥砖城市为中心的邦国。恒河流域的各个城市之间为了肥沃的土地相互征战不断。在公元前4世纪，西北部的一个王国摩揭陀兴起，并打败邻国。它的领导者是一个贵族武士，名叫旃陀罗笈多。

旃陀罗笈多驱赶了希腊入侵者，建立的帝

↗ 圣河
尽管孔雀王朝时期，恒河边没有庙宇，但是对印度教来讲，恒河是神圣的，人们相信在水中洗浴可以洗去罪恶。

大事记

* 公元前327~前325年，亚历山大征服了印度河流域与旁遮普。

* 公元前322年，旃陀罗笈多征服旁遮普，建立了孔雀帝国。

* 公元前303年，旃陀罗笈多征服印度河流域以及阿富汗的一部分。

* 公元前301年，旃陀罗笈多之子宾头沙罗登上王位，并扩张孔雀帝国。

* 公元前269~前232年，阿育王统治时期。佛教成为国教，孔雀帝国开始繁荣。

* 公元前184年，孔雀帝国的最后一个皇帝被杀。

□ 探索与发现

» 宗教

世界上两大宗教——印度教与佛教——都来自于印度。印度教可以追溯到约4000年前。阿育王引入了佛教。到孔雀王朝末期，它是北部印度流传最广泛的宗教。阿育王也派出佛教僧侣到邻国如缅甸，以传播佛教。

←佛像
佛教的创始人是悉达多·乔答摩，是一个印度王子，约出生于公元前563年。

←圆柱
阿育王的圆柱顶部经常装饰一个或几个狮子。用当地文字刻在柱子上的箴言劝告人们要避免暴力、吃素以及尊重别人的信仰。它们也让每个人记住阿育王是如何通过修建道路、养老院以及井来帮助普通人的。

↗《罗摩衍那》微雕
一个印度微雕展示了印度最伟大史诗之一——《罗摩衍那》中的一个场景。

国包括从兴都库什到孟加拉整个北部印度。他的儿子继续了扩张，但是直到他的孙子阿育王统治期间，孔雀王朝才达到其最辉煌的时代。

阿育王开始了更远的扩张，包括征服卡林迦王国，但是他被战争的残酷震惊了。他决定成为一名佛教徒，并希望其他人也追随他，信仰和平。

阿育王派出使者，命令把他的信仰消息让全帝国都知晓。佛教的书籍与名言都被刻在柱子，特别是光滑的悬崖壁上。它们说明他的信仰：每个人都对其他人的幸福有责任。它们也劝导人们要宽容其他信仰，并避免暴力。

阿育王修建医院并颁布新的法律，建造了道路网，连接整个帝国的城镇。耕种取得进展，贸易扩张了。孔雀帝国给印度的许多地区带来了和平与繁荣。然而，这需要阿育王的领导才会保持，当他死后，帝国迅速分崩离析。

■ 古埃及

在5 000年前，一个伟大的文明——埃及——在北非出现。它由权力无所不在的法老统治，古埃及统治这一地区有3 000年，是最为成功的古代文明之一。

埃及文明从那尔迈开始。约在公元前3100年，他统一了上埃及与下埃及两个王国，成为第一个国王（法老）。在王国内，法老是最有权势的人，被认为与神一样。在那尔迈以及其后法老的统治下，埃及逐渐繁荣。为了帮助他们行使权力，法老训练了文官抄写员。这些文官记录并征税，执行王国内日常活动，此时的王国被分为许多地区。商人到邻国如巴勒斯坦、叙利亚以及努比亚进行贸易，不久埃及军队就尾随而至，占领这些地区一段时间。

古埃及的土地是干燥荒凉的，埃及人依靠尼罗河生存。它是这一地区生命的血液，提供

↗图坦卡蒙
图坦卡蒙法老在只有18岁时就死去了。然而，他是最著名的法老，因为考古学家在20世纪20年代发现他的墓穴时，内部的随葬品——包括他金制的面具——仍然保存完好。

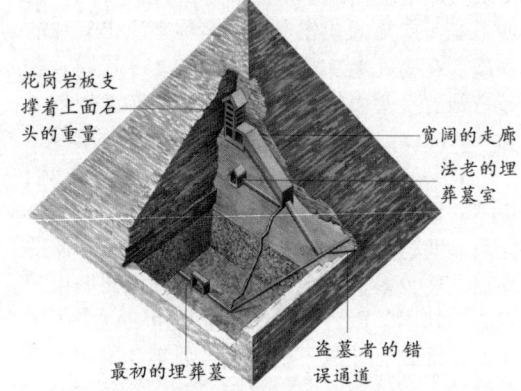

↗金字塔的内部结构
在吉萨的胡夫金字塔是最著名的金字塔。胡夫金字塔高146米，由超过200万块石灰石组成，一些石头重15吨。

古代文明史

↗ 木乃伊

当法老死后，他的尸体被保存起来。内部的器官被去掉，身体用化学药水处理，然后用绷带缠好制成木乃伊。木乃伊被放在一个装饰好的棺材里，然后安置在金字塔坟墓内。

大事记

* 公元前2040~前1786年，中王国时期。

* 公元前1786~前1567年，从叙利亚和巴勒斯坦来的入侵势力到达埃及。

* 公元前1570~前1085年，新王国时期的埃及法老再一次统一埃及，文明繁荣。

* 公元前1083~前333年，帝国瓦解，分为许多独立的城邦。

* 公元前333~前323年，埃及成为亚历山大帝国的一部分。

了所有的东西——土地的肥料、农耕与灌溉的水，以及被称为"三桅帆船"——埃及人的小船——行使的道路，这些小船是世界上最早的航海工具。

每年尼罗河都发一次洪水，肥沃的淤泥为两岸提供了养料。在洪水期间，没有人可以劳作。于是王国所有能够劳动的人都去修筑巨大的建筑工程，如城市以及供奉埃及众神的庙宇。他们也修建巨大的金字塔，这是法老死后的坟墓。金字塔修建在沙漠地区。

在古埃及漫长的3000多年的历史中，都是由法老统治的。从新王国开始的法老都非常有权力，他们扩展帝国的边疆，向西亚派出使者。他们修建雄伟的庙宇，建造巨大的自己的塑像。在大约500年内，新王国时期的埃及文明是世界上最伟大的文明。

埃及人相信他们的法老是神。对他们而言，法老既是鹰神荷鲁斯，也是太阳神阿蒙。这种神化的地位给了法老绝对的权威。他们任命祭司、书记官以及高级官员。他们还控制着军队，

↗ 德尔·埃尔蒙地村

建造法老墓穴的工人生活在德尔·埃尔蒙地村庄，这是一个在沙漠里专门供工人居住的村庄。当他们死后，就被安葬在村子上面悬崖的棺材里。工作时，他们每60人分为一组。有一个监工进行管理，工人每天工作8小时，每工作8到9天后休息，工人们都有报酬。当报酬没有到位时，工人们就会游行。这可能是最早有记录的游行了。

□ 探索与发现

↑ 拉美西斯二世
拉美西斯二世于公元前1304~前1237年在位，他的这尊雕塑竖立在阿布辛贝神庙的前面。这是他建造的表现他的权威的许多纪念物之一。

许多士兵是从被征服地区——从苏丹到叙利亚——征集的。

法老每到一个地方，埃及人就会记录下法老的权威。在庙宇的前面，是巨大的法老石像，并以太阳神为原型。雕塑告诉人们法老神的地位。人们也能够知道法老在巴勒斯坦和努比亚取得的胜利，以及与土耳其的赫梯人之间订立的和约。

最著名的法老来自于新王国。他们包括拉美西斯二世、著名的军事领导人赛梯一世、埃赫那吞——他废除了除太阳神以外所有的神、少年法老图坦卡蒙，以及一个强有力的皇后哈特苏普苏特。

在新王国的辉煌后，埃及经历了多次入侵以及法老的更替。它曾经成为亚历山大帝国的埃及行省，而自公元前30年，女王克里奥帕特拉死后，埃及成为庞大的罗马帝国的一个组成部分。

■ 非洲文明

非洲是面积较大的古代大陆。其北部地区发展出伟大的埃及文明；其南部，在分割非洲大陆的撒哈拉沙漠以南，也出现了其他的文明与王国。许多是熟练地制造金属的文明，他们制造出工具、漂亮的项链和雕刻。他们派出商人进行长途贸易，许多商人驾着骆驼穿过广袤

↗ 大津巴布韦
大津巴布韦巨大椭圆形的石头围墙里是修纳王国的中心。现在石头还在，还有几处建筑的遗迹，可能是统治者的居住地。

» 来 世
古埃及人相信有来世，他们也认为法老是神。当法老死后，他们仍能在阳间复活。由于这种原因，古埃及人制作木乃伊来保护法老的身体。

← 大金字塔
上图的金字塔修建于公元前2560年。最早的平滑外顶至今仍然存在。古埃及差不多动用了1万劳动者修建这座金字塔。

◂ 狮身人面像
在吉萨的狮身人面像象征着王权。它约18米高，55米长，约在公元前2620年用石灰石雕刻而成。

▸ 制造砖
坟墓上的画告诉我们许多古埃及人日常生活的情况。这里，手工艺者用从尼罗河取来的软泥添加麦秆，制造建筑用砖。

古代文明史

↗ 贝宁青铜人像
贝宁——现在的尼日利亚——的手工艺者制造出漂亮的青铜人像，如这个王室妇人头像。

的沙漠，忍受炎热与饥渴，到达红海沿岸以及北非的贸易港口。非洲文明分散得很远很广，但是也有几个主要的中心。加纳、贝宁、马里以及松海是几个在西非不同时期繁荣的小王国。他们都说班图语，是班图人的后裔。班图人是4 000年前在西非兴起的农耕与放牧人。他们向北运过去象牙、乌木、金、铜以及奴隶，带回来如陶器与玻璃器皿等工业制成品。他们学会了怎样冶铁，这可能是从迦太基这样的北非城市的人们那儿学会的。随着对他们货物需求的增加，王国逐渐地繁荣了。

在东非也有众多的贸易王国。最著名的在津巴布韦平原。在这里，修纳人拥有肥沃的土地以及铜与金等丰富的资源。他们的商人到达了非洲的东海岸，在那里，他们与印度甚至中国来的商人进行贸易。更北的地方还有主要进行贸易与制造金属的王国，位于现在的赞比亚和埃塞俄比亚。

非洲这些王国的人们过着与他们环境相适应的生活。他们在肥沃的土地上耕种与放牧，寻找金属矿石的资源。他们的王国持续了很长时间，许多王国一直繁荣，直到欧洲人殖民非洲。

》**最早的文明**

在非洲出现的最早文明是埃及南部的库苏王国，它从公元前500~350年在尼罗河边繁荣。麦罗埃是它的首都，也是重要的冶铁中心。约从公元前500年起，金属冶炼技术向南传播到非洲的其他地区。

↗ 壁画
这是在西非的马里王国——它在1200~1500年期间繁荣——发现的一幅壁画。

↗ 方尖石塔
阿克苏姆的埃塞俄比亚王国与印度和伊斯兰世界进行贸易。其统治者在塔卡加·马瑞姆修建了一座宫殿，还修建了许多方尖石塔，有一些有30米高。而绝大多数的人生活在矮小的茅草屋里。

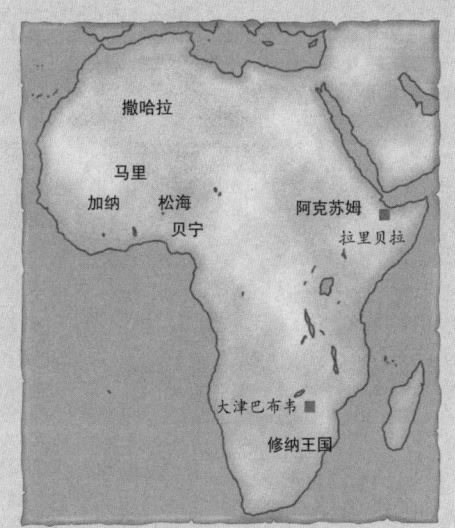

↗ 非洲文明地图
非洲人居住在肥沃的河谷附近，以及有着丰富铁与黄金资源的地方，甚至在荒芜的撒哈拉沙漠地区也有定居者。绿洲与停留地为商人服务，撒哈拉沙漠也为人们提供了盐，这是古代世界最基本的生活必需品之一。

□探索与发现

■ 克里特岛的米诺斯文明

在100年前，英国考古学家阿瑟·埃文斯取得一个意外的发现。他在地中海克里特岛发掘到漂亮的克诺索斯宫殿遗迹。宫殿是巨大的，有几百间房子、庭院以及弯曲的楼梯。这使埃文斯想起了古代希腊迷宫的神话故事，这个迷宫是由传说中的克里特国王米诺斯修建的，于是埃文斯以传奇国王的名字称这处遗迹为米诺斯。

宫殿的遗迹给了我们许多线索，使我们知道更多有关米诺斯人的情况。起初他们来自于希腊本土，后来迁移到克里特，在这里大约经

↗ 日常生活
米诺斯文明的城市人口稠密。许多城市建在海岸边。房屋通常有两三层楼高，被涂上颜色。在岛上生长着橄榄树，橄榄通常被用来炼油与烹饪。

大事记

＊公元前6000年，希腊本土的居民来到克里特。

＊公元前2000年，米诺斯人在克诺索斯修建了宫殿。

＊公元前2000年~前1700年，米诺斯人在玛利阿、费斯图斯以及查克罗斯等地建造了宫殿。米诺斯文明开始繁荣。

＊公元前1900年，克里特人使用陶制轮子。

＊公元前1450年，米诺斯文明由于此前的泰拉火山爆发以及希腊来的入侵者而衰落。

过了1 000年左右，创建了一个繁荣与神奇的文明，这一文明在公元前2000~前1700年达到了顶点。海洋孕育了丰富的鱼类资源和肥沃的土壤，这意味着米诺斯人拥有富有安逸的生活方式。

米诺斯人在克里特岛上修建了许多宫殿，克诺索斯是最大的。建筑包括神龛、宗教象征以及神像。有几间宽敞、装饰精美的房间，可能属于王室。一些小的屋子内满是高坛子，被称为储物罐，它们是用来装油、酒以及其他东西的。可能在克诺索斯生活着一个僧侣阶层，同时克诺索斯也是一个食品与商贸交流中心。

克里特宫殿的墙上是漂亮的图画，许多都

»公牛与米诺陶洛斯

根据希腊神话，克里特岛被米诺斯国王统治着。他是欧罗巴的儿子，而欧罗巴是诸神之一。海神波塞冬给了米诺斯一个神奇的白公牛作为祭祀用。公牛对米诺斯人来讲是神圣的，它们的图案在克诺索斯随处可见。

← 杀死米诺陶洛斯
希腊英雄提修斯杀死了怪物米诺陶洛斯，米诺陶洛斯是一个半人半牛的怪物。根据希腊神话，米诺斯把米诺陶洛斯放在一个迷宫内，每年都要向他敬献年轻的男女。

↗ 跳跃公牛
一幅壁画显示年轻的米诺斯男女跳过公牛的背部。这一大胆的表演可能是宗教仪式的一部分，这种宗教仪式在克诺索斯的街巷中举行。

古代文明史

装东西的坛子
在克诺索斯，考古学家们发现了上百个像这样的陶制储物罐，许多有成年男子那么高。

保存下来。一些画描绘的是自然的风景，其他的一些描绘的是米诺斯人工作、娱乐以及参加宗教仪式的场面。

米诺斯人是很好的船员。他们与许多国家进行贸易，从土耳其进口铜，从埃及进口象牙与黄金，从阿富汗进口天青石。

突然之间，繁荣的文明遭受到一场灾难。宫殿倒塌，并发生了大火。可能是由于发生了地震或者附近的泰拉火山爆发了。米诺斯人重建了他们的宫殿，但是在公元前1450年，再次发生了灾难。从希腊本土来的迈锡尼人入侵，米诺斯文明被摧毁。

■ 迈锡尼文明

约在公元前1600年，一个好战的民族统治着希腊本土，他们就是迈锡尼人，得名于他们在伯罗奔尼撒半岛东北部的最大军事据点迈锡尼。迈锡尼人创造了第一个希腊本土文明。他们生活在小山顶的据点或者坚固的居住地，制造非常好的金属物品，士兵以英勇而闻名。

迈锡尼人可能包括几个不同的部落，每一个部落都有自己的首领和堡垒。迈锡尼是最大的，但是在提林斯和伽拉还有其他部落。他们说早期的希腊语，其巨大的要塞是用大石头建造的。从希腊本土出发，他们远航到爱琴海和地中海。他们的商人向西航行到达西西里，向东航行到达土耳其海岸，在那里他们建造了贸易港口——米利都。他们也到达一些希腊岛屿，与当地人进行贸易或者建立殖民地。最大的征服行动是对希腊最大的岛屿克里特发动的，他们打败了米诺斯人。这次征服使得他们可以使

阿伽门农的金面具
这个漂亮的黄金面具应该属于一个迈锡尼国王。当国王被埋葬后，脸上就戴上面具。考古学家曾经认为这个金面具属于阿伽门农——特洛伊战争中的英雄。

用以前米诺斯商人的贸易路线。

迈锡尼人留下的遗迹现在看起来很荒凉，只有风吹日晒的山壁上光秃秃的石墙。事实上国王与贵族生活豪华，他们在要塞内修建小但是奢华的宫殿。每一个要塞都有供国王、士兵、官员、神职人员、书记官以及手工业者居住的房屋。农民居住在周围的平原与乡村，他们供养国王与其官员，在战争的时候回到要塞躲避。

迈锡尼
迈锡尼人在山顶以及靠近海岸的地方修建他们的大型要塞。农田延伸到内陆平原，高大的城墙环绕着要塞。据说这些墙是由独眼巨人塞克诺斯修建的。在迈锡尼城内是官殿和其他的建筑，而围绕要塞形成了一个城镇。

□ 探索与发现

» 特洛伊战争

古代希腊神话故事给我们讲述了在希腊与特洛伊之间发生的一场战争。特洛伊王子帕里斯与斯巴达王后——也就是斯巴达国王墨涅拉俄斯的妻子——海伦陷入爱河并私奔。墨涅拉俄斯国王、他的兄弟阿伽门农以及大批军队包围特洛伊10年之久，并最终占领了这座城市。历史学家们相信这个神话故事依据的是迈锡尼人发动的一场真实战争。

↗ 迈锡尼战士
迈锡尼战士身穿盔甲，手持锋利的武器。在迈锡尼的社会中，战士是非常重要的。

↘ 特洛伊木马
希腊人用一个木马欺骗特洛伊人。他们假装撤离特洛伊，把木马留在了后面。特洛伊人把木马运回城。藏在木马内的希腊士兵在夜晚出来协助希腊军队占领了特洛伊。

迈锡尼文明一直延续到公元前1200年，一场大火烧毁了迈锡尼要塞。尽管其后迈锡尼文明又延续了100多年，但是他们的势力已经衰落了。

■ 古典希腊

欧洲人统治国家的方式、读的书、看的戏剧，甚至许多运动都有着古典希腊文明的渊源，古典希腊文明在约公元前2500年繁荣。希腊人没有大的帝国，文明包括几个独立的城邦国家。但是他们的艺术、科学、哲学以及生活方式都对后人的生活有着重要的影响。

希腊是一个山地国家。早期希腊人居住在海岸附近或是山脉之间的肥沃平原。逐渐地，这些早期的居住地成为了城邦。希腊人是优秀

↗ 雅典娜神像
雅典娜是雅典的保护神，同时也是智慧女神。雅典人十分尊崇她。

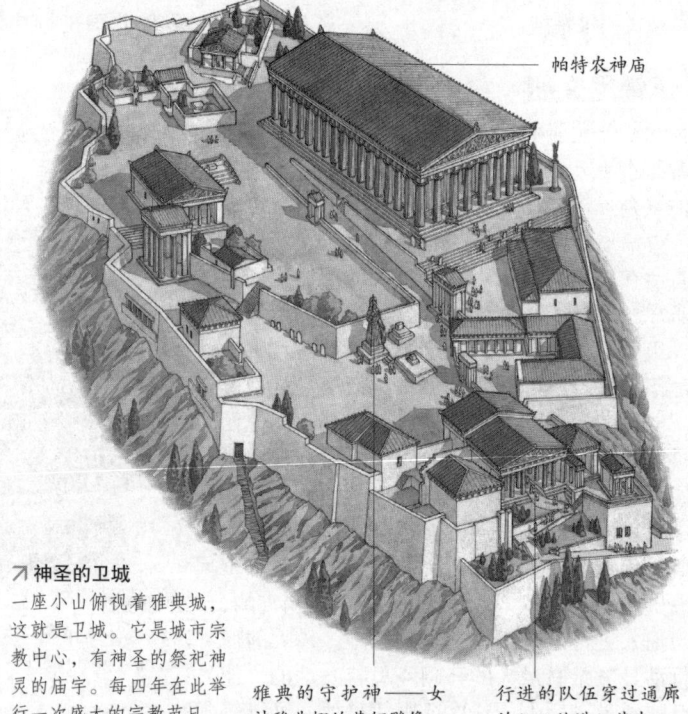

↗ 神圣的卫城
一座小山俯视着雅典城，这就是卫城。它是城市宗教中心，有神圣的祭祀神灵的庙宇。每四年在此举行一次盛大的宗教节日。

雅典的守护神——女神雅典娜的黄铜雕像

行进的队伍穿过通廊的入口处进入其中

帕特农神庙

古代文明史

↗ 维纳斯
阿芙罗狄忒美丽的雕像就是人们熟知的维纳斯。它显示了古希腊人对于理想身材的观念。

的航海者与造船者，当他们航行到意大利以及东地中海与他们的邻居进行贸易时，他们的文明开始逐渐繁荣。他们也在这些地区以及爱琴海沿岸地区建立殖民地。

随着财富的增长，希腊人修建了繁华的城市，最大最富有的是雅典，成为希腊文明的中心。雅典的居民非常喜欢休闲，希腊的戏剧家如索福克勒斯写出了西方剧院内最好的戏剧。他们的音乐家创作出优美的音乐，建筑师们建造出精美的建筑与庙宇。同时希腊人也开始了奥林匹克运动。

在整个古代世界，希腊的教育也是闻名的。

大事记

* 公元前490年，波斯进攻雅典，但在马拉松战役中被希腊人打败。
* 公元前480年，第二次希波战争，波斯人又失败。
* 公元前443～前429年，在伟大的领导者伯里克利的统治下，雅典繁荣。
* 公元前431年，伯罗奔尼撒战争在雅典和斯巴达之间展开。
* 公元前404年，斯巴达人打败了雅典人。

哲学家——或者说思想家——来到雅典讨论从爱的性质到如何治理国家的所有问题。雅典人发展出一种新的统治方式，人民对统治者有发言权。他们把这叫作民主，或者说由人民统治。虽然事实上并不是每一个人都有权投票，但是这确实是现代民主政府的先驱。

雅典存在了好几个世纪，一直到罗马人开始征服地中海世界。这期间雅典与希腊另一个城邦斯巴达进行的战争也削弱了雅典。在公元前404年，斯巴达打败了雅典。

希腊城市的中心是市场。市场是一个中心广场，周围是城市的主要公共建筑——庙宇、法庭、商店与市政大厅。人们来到市场买东西、会见朋友、聆听学者演说或者只是说说闲话。城市市政会议也在市场内举行。

市场的旁边是私人的房屋。房屋被安排在庭院的周围，它有外伸的屋顶以及小的窗户，用以遮挡烈日和冬日的寒冷，家庭生活的大部分在这里进行。

在古代希腊，男女的地位是不平等的。妇女没有投票权，在私人财物和金钱方面的权利也很少。绝大多数妇女的任务就是结婚并养育

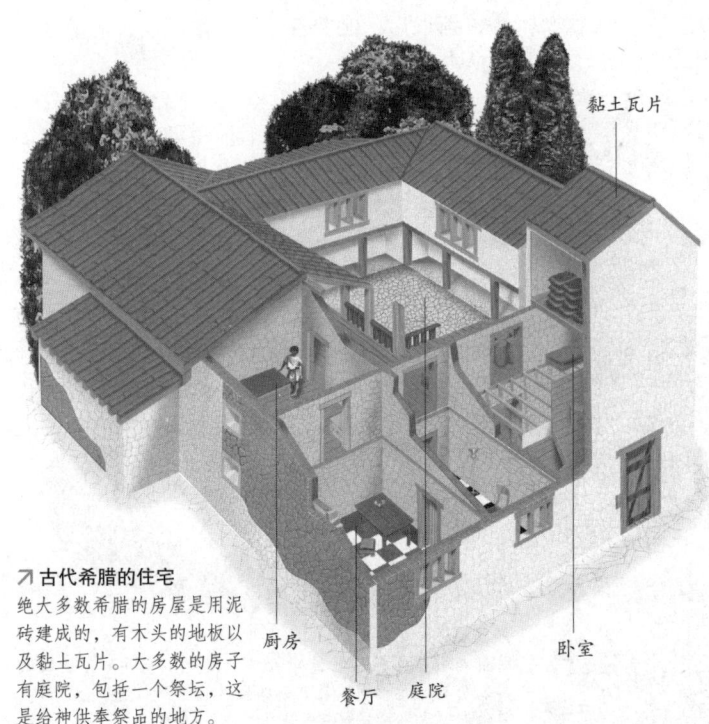

↗ 古代希腊的住宅
绝大多数希腊的房屋是用泥砖建成的，有木头的地板以及黏土瓦片。大多数的房子有庭院，包括一个祭坛，这是给神供奉祭品的地方。

黏土瓦片

厨房　餐厅　庭院　卧室

327

子女。男性享有很大的自由。在绝大多数的希腊房屋中，有一个房间是古希腊男子专用的房间。

男孩与女孩也是区别对待。在城市里，男孩从7~12岁上学。他们学习阅读、写作、音乐、诗歌以及摔跤之类的体育运动。绝大多数的女孩与母亲一起待在家里，学习针线、洗衣做饭，这样的话以后才可以料理家务。

而在特殊的城市斯巴达，生活是不同的。从孩子的幼年起，他们就被要求学习战争中保护自己的技巧以及在军队中生活。所有的男人都得服军役，女孩也得被训练适应艰苦的野外生活。

当希腊人去世后，人们相信死者会到阴间。希腊人认为阴间是一个黑暗的地下世界，周围是冥河。他们埋葬死人时会随葬硬币，用来打点冥府渡神，他将用船把死者摆渡过冥河，到另外一个世界。

希腊化时期

公元前336年，一个叫亚历山大的年轻人成为希腊北部马其顿王国的统治者。在不长的岁月里，他与他训练有素的军队建立了古代世界最大的帝国之一。他们横扫小亚细亚，并到达地中海东部海岸征服了腓尼基以及现在的巴勒斯坦。然后他们又到达埃及，在这

↗ 硬币

这块硬币上画的是亚历山大大帝（公元前356~前323年）的头像，他头上有埃及一个神的角。他的征服活动使他获得了传奇的地位。

里，亚历山大被尊崇为太阳神之子。从这里出发，亚历山大与他的军队又向北征服波斯，此外还到达印度边境的印度河流域。之后亚历山大准备远征阿拉伯半岛，但是由于一次瘟疫，他在33岁时死去。

亚历山大是有史以来最伟大的军事统帅和最强有力的统治者之一。他受过良好的教育，他的老师就是希腊哲学家亚里士多德。同时他也是一个善战的骑兵，拥有无穷的精力。在征服波斯以后，他准备继续进军印度，但是他的军队太疲劳了。

到他去世的时候，亚历山大已经走过了3.2万千米伟大的征服历程。他每到一个地方，都带去了希腊的文化和生活方式，于是希腊文化传播到很广的地区。他修建城市，常以他的名字命名，并留下工人继续修建古典建筑，如庙宇、剧院、房屋，所有的都是按照希腊的风格建造的。在约300年内，希腊风格流行于整个西亚，历史学家们把这段时期称为希腊化时期。

亚历山大死后，他巨大的帝国并没有延续

» 娱 乐

古代希腊人喜欢音乐和艺术，并经常到剧院观赏。体育运动也是重要的，并具有宗教色彩。第一届古代奥运会在公元前776年举行，是为了纪念宙斯，像现在一样，也是每4年举行1次。

← 运动员

这是一个希腊掷铁饼者。当时的奥运会只有男人可以参加，女人甚至不允许观看比赛。不过她们有自己的运动会，是为了纪念女神赫拉。

↗ 圆形剧场

希腊的剧场是大的露天的，有成排的石头座位。这里定期举行戏剧节目，是阿里斯托芬、索福克勒斯以及欧里庇得斯等戏剧家竞争最优秀戏剧家的荣誉之地。

↗ 王冕

随着马其顿军队横扫波斯，他们带走了能够带走的战利品。马其顿人特别欣赏波斯的金属制品，如这个金冕以及其他波斯贵族穿戴的金银饰品。

» 亚历山大

当马其顿的腓力二世被暗杀后，亚历山大得到了希腊最强大的王国。腓力二世去世前正准备进攻波斯，亚历山大继承了他的遗志。

▶ 亚历山大城
卡伊土贝伊城堡在现在的埃及亚历山大市。公元前332年，亚历山大建造了这座城市。他也建造了其他的城市，许多是以他的名字命名的。

→ 布西法尔
亚历山大非常喜欢一匹名叫布西法尔的战马。传说这匹战马非常有野性，只听从亚历山大的命令。

→ 特尔斐的圣谕宣示所
希腊人经常请教圣谕，在重大事件前祈求神灵的启示。腓力二世与亚历山大就经常请示神灵意见。最著名的是特尔斐的圣谕宣示所。

↗ 伊苏斯战役
在公元前333年的伊苏斯战役中，亚历山大率领着一支小股部队打败了人数众多的大流士三世率领的波斯军队。这是一个辉煌的胜利，为亚历山大打开了通向叙利亚与埃及的大门。

下来，他的军事将领们瓜分了帝国。托勒密——著名的克里奥帕特拉女王的祖先——统治埃及；安提可留斯取得希腊语土耳其的大部分；塞琉古——波斯塞琉古王朝的奠基者——控制了从土耳其到印度的广大地区。只有以亚历山大命名的城市还能使人们想起这位马其顿伟大的统治者。

■ 古罗马

2000年前，一个意大利小城镇逐渐地成为整个西方世界最重要的城市，它就是罗马。罗马城修建在台伯河边的小山丘上，到公元前3世纪时候，它已经变得强大了。罗马有着组织完备的政府，令人恐怖的军队，并占据了整个意大利。在接下来的200年里，罗马扩大了它的影响并成为整个帝国的中心。到公元117年，罗马帝国的版图包括从不列颠到北非，从西班牙到巴勒斯坦的广大地区。

帝国的中心是罗马城。城市的中心是市民广场，这是一个由大型公共建筑——如庙宇、浴室以及运动场——所包围的大广场。罗马人继承了古代希腊文明的大部分。他们的许多公共建筑带有希腊风格，也有古典的柱子与大理石的雕塑。

穷人住在楼上相对狭小的阁楼里

手工艺品的制作者在一楼的作坊里制作并售卖他们的物品

一处大门引导着结束买卖的店铺主来到楼梯处，走到楼上的公寓住宅

楼层较低的公寓住宅的房间更加宽敞一些，价格也因此更贵一些

↗ 街道景观
在罗马港口城市奥斯提亚，完好地保存着古罗马时期的房子。从海岸吹来的沙子覆盖了房屋，保护了马赛克地板与墙。这座城市满是铺着地板的楼房，楼房下部是商店与酒馆。

□ 探索与发现

↗ 打猎
在乡村，罗马人带着狗捕猎野猪。打猎为人们增添了乐趣，也为罗马人的餐桌增添了食物。

大事记

* 公元前58~前50年，朱利乌斯·凯撒征服了高卢。

* 公元前44年，凯撒被暗杀。

* 公元前27年，奥古斯都成为第一个罗马皇帝。

* 公元117年，图拉真征服了达西亚（现在的罗马尼亚），帝国的疆域达到最大。

* 公元324年，基督教成为帝国的官方宗教。

* 公元410年，入侵的哥特人征服并破坏了罗马城。

在市民广场外是居住地的街道。城市的土地非常昂贵，贫穷的人供养不起房子，只好租多层楼的单间房间，就像现代的公寓。每幢楼的下面是装满货物的商店以及手工业作坊；在商店的中间是单元住宅的入口。一些房间较大也较贵，而楼层更高的房间更小、更便宜。很少有房间能自己供应水以及好的厨房。

在乡村也是这样，许多普通的罗马人生活在贫困之中，依靠种地并把食物卖给城市人维系生活。在乡村，土地便宜而且多，于是有钱的罗马人在那里为自己修建了宽敞豪华的别墅，这些房子里通常有浴室以及地下的供热系统。

随着罗马影响力的扩展，罗马的政府也发生了变化。以前城市是由国王统治的，但在公元前509年，罗马变成了共和国，由选举出来的执政官统治，元老院辅助执政官。在执政官的统治下，罗马的势力继续增长，到公元前2世纪时，只有北非强大的贸易帝国迦太基可以与罗马相比。在公元前146年，罗马人征服了迦太基。罗马作为共和国，一直延续到公元前27年，在内战后，奥古斯都成为罗马的第一个皇帝。在接下来的500年内，一系列的皇帝统治这个当时西方世界最大的帝国。

罗马的成功有许多原因。帝国有一支强大的有组织的军队。当罗马人征服了一个新地区后，他们也获得

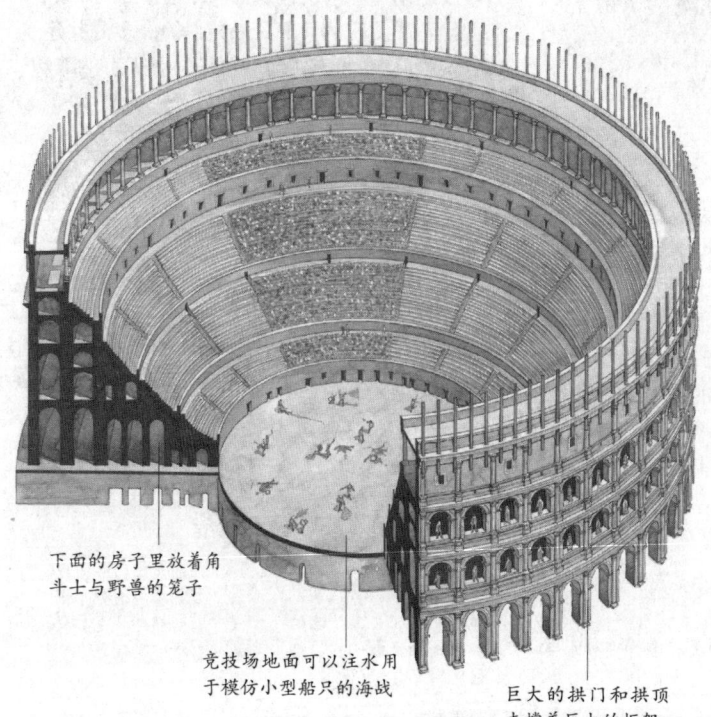

下面的房子里放着角斗士与野兽的笼子

竞技场地面可以注水用于模仿小型船只的海战

巨大的拱门和拱顶支撑着巨大的框架

↗ 罗马椭圆形剧院
罗马的皇帝举行大型的活动来博取罗马人民的欢心。罗马城的椭圆形剧院是最大的。它在公元80年开放，能够容纳5万名观众一起看角斗士的表演。

» 罗马社会

罗马社会分为不同的阶层或者社会集团。在最上面的是将军、统治者、文官以及其他重要的官员；下面是银行家与商人；再下面是手工业者与小商贩；社会的最低层是奴隶。

↙ 在浴室里

罗马城有大型的公共浴室建筑。浴室里有不同温度的不同浴室间。既有冲凉水澡的地方，也有蒸汽按摩的房间。人们到浴室不仅仅是为了洗澡，这里也是会见朋友与社交的地方。

← 船

罗马人利用船进行战争与贸易。奴隶划动两边的桨驱动船前进。

← 尼普顿

罗马人崇拜的神与古希腊人崇拜的一样，但是罗马人给他们起了不同的名字。希腊海神波塞冬在罗马被称为尼普顿。

↗ 母狼育婴青铜雕像

相传，罗穆洛斯与瑞摩斯两兄弟建立了罗马。他们是弃儿，在奄奄一息的时候，是一只母狼喂养了他们。

了战利品。通过这种方式，罗马人获取了各种各样的原材料，包括从中欧来的铁、从西班牙来的金银。随着罗马征服了新的地区，他们也把自己的政府体系、语言和法律传播到被征服地区。

罗马帝国也有许多杰出的工程师，他们修建桥梁、沟渠以及第一个圆顶屋。罗马人发展了混凝土技术。他们修建通向帝国各地长而笔直的道路网络，许多道路现在还在使用。

到公元200年左右，罗马的势力达到了顶点。罗马人似乎可以做任何事情，他们的军队可以征服任何国家。但是最后罗马帝国变得太大了，从中欧开始，边缘地区的人们起来反抗，罗马帝国迅速调动军队镇压，但是镇压起义变得越来越困难，庞大的罗马帝国开始分裂。公元395年，帝国分为了两个部分。

■ 早期中国的王朝

中国的文明是独立于世界上其他的文明而发展起来的。在许多地方，中国的文明比欧洲和西亚的文明更为先进，而那些地方的人们并不知道在中国发生的事情。中国人发明了许多东西，包括冶金与文字，而这些是在没有与其他民族交往的情况下进行的。这使得中国的生活方式与其他文明迥然相异。

建在坚固木头支柱上的房子　牛拉手扶的耕犁　在水田里生长的稻米

↗ 耕作

几千年来，中国人在经常发洪水的黄河流域肥沃的土地上进行耕种。商代的农民种植粟、小麦与水稻。他们也家养牛、猪、狗与羊。

□探索与发现

»信 仰

古代中国人相信精神控制所有的事物。他们也崇拜死去的祖先。孔子是影响中国人信仰的人。另一个是老子（约出生于公元前604年），他是道家的创始人。道家教育人们应与自然、宇宙和大地和谐。

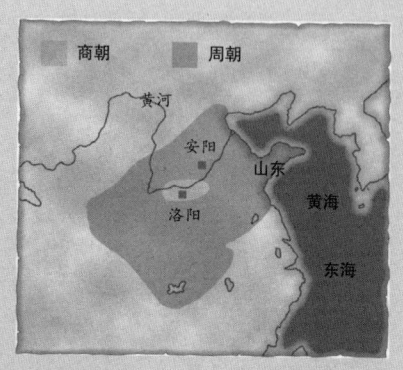

↗ **中国早期的王朝**

这幅地图显示的是商与周朝的疆域。商的发源地是黄河流域，在这里，水从山上流下形成肥沃的平原。他们修建了主要的城市，而安阳是他们的都城。周从更远的北方来，但是也占据了平原地区，他们在洛阳建都。

← **甲骨文**

当一个巫师想问神灵一个问题的时候，他就把问题写在一片动物骨头上。把骨头放在火中直到它裂开，然后再对其解读。甲骨文是中国文字的第一种形式。

↗ **祭祀用的鼎**

这个青铜鼎被用来装宗教祭品。一个古代的神灵以虎的形状出现，站在一个人的上面。

中国历史的时期是以王朝或统治者家族命名的。商朝是很早的王朝，开始于公元前约1600年。许多中国人日常生活的主要特征就是在这一时期发展起来的，如耕种与祖先崇拜。商代的中国也精通于制造青铜器与玉器。他们发展出一种书写方式，这成为直至现在中国仍在使用的书写方式。

中国是一个幅员辽阔的国家，商朝仅仅统治着中国北部。祭司性质的国王是最有权威的，对中国人而言，他们是神一样的人物，能够与天上的祖先交流。

商修建了许多都城，可能由于黄河发洪水而不断地迁移。他们最早修建的都城在二里头，然后在郑州和安阳修建了都城。考古学家在安阳发现了许多木屋、宫殿、库房和街道的遗迹。他们也发现了国王的坟墓，在里面有陶器、青铜器以及玉器，还有近4000件贝壳，这是商代人的货币。在墓穴里还有47具其他人的尸体，可能是统治者的殉葬者。

公元前11世纪，从西北来的周朝取代了商。周统治者带来了铸币，同时周代的手工业者还发现了如何冶铁。他们也发明了弩。周统治中国大约有800年，它让地方的诸侯治理本地。但是诸侯们的相互征战使中国进入了"战国时代"。

■ 早期日本

最后一次冰川期以后的几千年内，日本的居民依靠打猎与采集生存了下来。考古学家称这些早期的日本人为绳纹文化时期的人。他们使用石头与骨头制成的工具。公元前3世纪，一群新的人从亚洲大陆来到日本，他们就是弥生人，是日本最早在灌溉

↗ **陶雕塑**

绳纹文化的陶器显示了他们制造陶雕塑的技巧。

大事记

* 公元前1600~前1046年，中国第一个青铜时代的文明——商朝发展起来。

* 公元前1046~256年，周朝。王国被分为许多的邦国，国王通过当地的诸侯实施统治。

* 公元前481~前221年，战国时代。各地诸侯在广大的范围内相互征战。

* 公元前221年，秦帝国统一中国。

古代文明史

到公元3世纪，一些主要的军事将领获得了统治日本大片地区的权力。这些有势力的家族成为日本文化——大和文明的领导者。他们宣称自己是从太阳神那儿来的，势力迅速扩张到整个日本。他们统率骑兵，并从中国那里复制了政府形式，建立了大法庭和官僚等级。大和人在山顶上修建了保护自己的定居地和大型的墓穴，周围是壕沟围绕，以利于自身的防御。这些墓穴里满是盔甲、珍珠和武器，意味着大和君主巨大的权力与财富。

↗ 栽种水稻
早期的日本人在水田内种植水稻。日本种植水稻的技术可能在公元前500~前300年间由朝鲜半岛传入。

的田地里种植水稻的人。他们也给日本带来了金属工具、家养的动物、纺织的衣服以及砂轮，并且建立了一个定居的农业社会。

弥生人在日本南部的九州岛开始种植水稻。不久，他们的生活种植方式传播到日本主岛本州的大部分地区。弥生时期的农民使用石器工具如收割刀，制造木锄头和木锹。青铜主要用于制造武器以及装饰精美的物品，如铎与镜子。从这些证据，考古学家相信只有富有的或者地位高的日本人，如首领、祭司、武士，才使用金属物品。青铜器用于纪念季节的度过或者在播种、收获季节举行的仪式。

大事记

* 公元250年，产生大和文明。
* 公元350年，大和王朝统治整个日本。
* 公元538年，首批从朝鲜半岛来的佛教徒在日本定居。
* 公元604年，经过一段时间的衰落后，圣德太子增强了帝国的力量，并引入了依据中国模式的新政府组织。
* 公元710年，大和文明结束，都城迁移到奈良。

» 输入的技术

从亚洲大陆来的居民给早期的日本带来了重要的技术，如青铜器与铁器的铸造。他们也带来了制造陶器的砂轮，这样日本人能够制造壶与罐这类的陶器，并且他们还引入了灌溉技术来种植水稻。

← 青铜铎
像这样的铎覆盖着装饰的图案以及人与动物简单的图案。它们是在弥生和大和文明时期制造的。与西方的钟不同，它们没有铃舌，因此必须敲打发声。

↗ 墓穴内的马
当弥生国王去世后，他的臣民在他墓穴的周围安葬成千个陶器，如这匹马。它们的本意是用来保护墓穴。

↗ 捕鲸
这幅画显示的是在巨涛中，日本渔民捕鲸的情形。日本东北部人们的主食是海洋鱼类，鲸是他们食物的重要来源。

□探索与发现

■ 北美的文明

北美早期的文明因为他们的坟墓土墩而著名，一些遗迹一直保存到现在。这些巨大的结构包括成千吨的泥土，需要许多人几个月或者成年地劳动来修建它们。北美文明最著名的是居住在俄亥俄河谷的和普维尔人，以及密西西比河地区土墩的修建者。

和普维尔土墩成群地聚在一起。在和普维尔本地，38个土墩形成0.45平方千米的综合体，绝大多数是圆形或者长方形。它们包括几具尸体以及和普维尔人在墓穴的尸体旁边放置的包括工具、珠子、项链等装饰品的供品与财物。

一些墓穴是用从远方运来的原材料修建的，因为和普维尔人进行远距离的贸易。他们输入佛罗里达的海贝、落基山脉的黑曜石以及伊利诺伊的燧石。同时他们制造烟斗、陶器雕塑以

> **大事记**
>
> *公元前200年，和普维尔文明开始。
> *公元400年，和普维尔文明衰落。
> *公元400~800年，玉米种植扩展到北美的东南部。
> *公元900年，密西西比文明兴起。
> *1050~1250年，密西西比文明的主要中心是卡霍基亚。
> *1250年，权力中心转移到阿拉巴马中西部的芒德维尔地区。

及各种铜装饰品进行对外贸易。

约公元400年后，和普维尔人的贸易网络开始瓦解，文明逐渐地衰落。没有人知道原因。可能是由于人口太多引起食物短缺，而气候开始变得寒冷，也减少了食物供应。

但这时候，在密西西比河地区生活着另一群修建土墩的人们。他们修建了大的城市——卡霍基亚，在卡霍基亚大约有3万人居住。这座城市建在肥沃的冲积平原上，由木头与草屋组成，在中心地区有超过100座土墩。最大的是芒克斯土墩，它有30米高，顶部是一个用草木混合材料修建的庙宇。卡霍基亚可能是当地首领的宗族所在地，其最盛期持续了约200年，即1050~1250年。

↗ **和普维尔人的墓穴**
这是巨大蛇形土墩内部的典型情况。当一个人死后，人们通常在一个神圣的围栏内火化尸体。火化后，他们在上面修建一座土墩。以后，其他的人有时候也会被埋葬在这座土墩内。

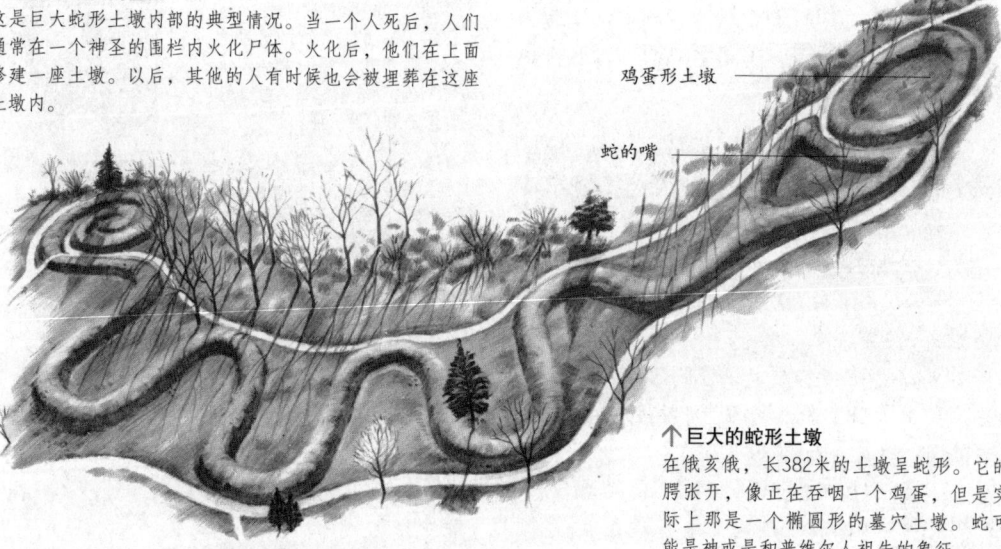

↑ **巨大的蛇形土墩**
在俄亥俄，长382米的土墩呈蛇形。它的腭张开，像正在吞咽一个鸡蛋，但是实际上那是一个椭圆形的墓穴土墩。蛇可能是神或是和普维尔人祖先的象征。

»庄 稼

早期北美文明最重要的庄稼是玉米。它与豆和南瓜一起,从墨西哥来到北美。早期的北美文明依靠的是农业,这使得他们修建了更多的永久定居地。

←房子
房子由木头柱子支撑,上面盖着茅草,这为生活在北美东南部河谷的早期土著美洲人提供了房屋。

←石烟斗
公元前100年,土著的美洲人可能使用这种雕刻的石烟斗来吸烟。在俄亥俄,考古学家发现了这种烟斗。

→面具
从西北太平洋海岸来的土著美洲人夸丘特尔人雕刻这种精美的面具。与在俄亥俄居住的人不同,他们主要以捕鱼为生。

■ 安第斯文明

在南美安第斯山脉地区,行走、建筑以及耕种都比较困难,好像是不适宜定居的地区。但是在公元前12世纪,一群人开始在这些贫瘠的地区修建城市与宗教建筑。我们知道这些人是查文人,他们因主要聚居地在查文·德·万塔尔地区而得名。在他们最繁荣的时期,他们的定居地沿着海岸平原延伸很远。

在莫斯纳河的查文地区,他们修建了大型的带有曲折走廊与房间的庙宇综合性建筑。在这里,他们珍藏他们信奉神的画像,这些神通常是人类与动物——如美洲虎、鹰与蛇——的

»蒂亚瓦纳科

蒂亚瓦纳科文明兴起于的的喀喀湖附近,在这里他们修建了一座特别的城市。在湖边,蒂亚瓦纳科人抽干沼泽的水种植庄稼以养活城市居民。他们与华里人一起,控制了安第斯地区。

←动物形状的罐
蒂亚瓦纳科的制罐人是南美最精巧的。他们按照动物的形状制造了许多罐子。

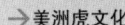

→美洲虎文化
令人敬畏的神灵出现在所有的中美洲文化中。其中美洲虎被赋予特别神圣的含义。

↗太阳门
太阳门屹立在玻利维亚的的的喀喀湖附近的蒂亚瓦纳科庙宇的入口。它是由一整块巨石雕刻而成的。

↗庙宇的墙
在蒂亚瓦纳科,主要的建筑包括大的庙宇,其墙上用石头头像装饰。蒂亚瓦纳科可能也是重要的宗教中心,人口众多。

结合体。考古学家们认为人们来到庙宇是为了向神询问未来的事情,而在密室内的巫师则通过摇由贝壳做成的喇叭进行回答。

查文人强盛了约500年,不久几个本地的文化侵入这一地区。华里人占领了查文人大部分领土,于是一个崇拜太阳的文明在玻利维亚的蒂亚瓦纳科地区兴起。

■ 奥尔梅克人

他们为人们熟知是由于美洲虎。奥尔梅克人来自于墨西哥中部坎佩切湾的一个小地方。像南美的查文人一样,他们也崇拜半人半动物的太阳神。美洲虎是他们最喜爱也是最敬畏的神。

奥尔梅克人是更后的墨西哥文明——如玛雅与托尔特克文明——的祖先。像玛雅人和托尔特克人一样,奥尔梅克人砍伐热带森林种植玉米、南瓜、豆与西红柿。他们也在高山上修建庙宇,在石头上展示自己的信仰。

他们也是好战的人群,但是奥尔梅克人没有利用武力去建立一个大帝国,他们只是以武力保卫他们在中美洲建立的广泛的贸易联系。贸易给他们带来了丰富的原材料,特别是像玄武岩、翡翠与黑曜石之类的矿石。奥尔梅克人的雕塑者使用这些原材料制造大块的雕刻头像以及装饰的浮雕来敬神。

↗ 巨大的头像
考古学家在许多奥尔梅克遗址发现了像这样的巨大的石头头像。它们大约1.5米高,是由一块石头雕刻而成的,它们可能是奥尔梅克统治者的头像。奥尔梅克雕塑者也使用珍贵的材料如翡翠来雕塑人头。

↗ 美洲虎神
在诸如这个罐的所有奥尔梅克人物品上,都出现美洲虎神的画像。

■ 玛雅文明

当19世纪,考古学家在墨西哥偶然发现高大的、用石头建成的金字塔形状的庙宇与大广场时,他们惊呆了。这些建筑属于古代墨西哥人的玛雅文明。玛雅人建造了令人惊奇的城市,他们是学者,发明了自己的书写体系,并精通数学与天文学。但是他们也是一群好战的人,城市之间相互进攻,把罪犯和战俘当作祭品祭祀神灵。

玛雅人于公元前2000年就生活在墨西哥,

↗ 雨神
雨神是众多玛雅神中极其重要的一个,被称为"察"。

大事记

* 公元前1200~前900年,奥尔梅克人统治墨西哥中北部。

* 公元前850~前200年,查文·德·万塔尔文明达到顶峰。

* 公元前200年,许多小的独立的文明在安第斯山谷中发展起来。

* 公元500~1000年,华里和蒂亚瓦纳科文明时期。

↗ 泰可城
泰可城是玛雅文明中最大的一个城市。它的遗迹在现在危地马拉北部的热带雨林中。

» 手工艺与技术

玛雅人是熟练的手工艺者。他们制造出精美的陶器、石头浮雕以及翡翠装饰。他们使用锋利的燧石进行石刻。一些燧石装饰十分精美,并被作为敬神的供品。

← 历法石刻

玛雅人精通天文与数学,发明了历法。一种是像我们现在的日历,一年365天;另一种是一年200天,用于宗教仪式。

→ 玛雅战士

玛雅战士戴着与众不同的头盔,手持木制的矛。玛雅人用植物纤维如棉纺织衣服,并使用植物制造颜色各异的染料。

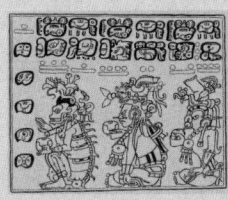

↗ 手卷

玛雅人发展了一系列用来写字的图案,称为象形文字。他们把这些文字雕刻在石板上,并写在用纸、布或者动物皮制成的手卷上。他们是最先发展出象形文字的美洲人。

↗ 战士

奇琴伊察人有一支震震尤卡坦半岛的军队。战争中的战俘常被用作祭祀品供奉神灵。

但是他们的城市在很久后才变得强盛。公元300年后,是历史学家们所称的玛雅文明的古典时期,他们发展出有效的农耕技术,生产玉米、南瓜、豆以及根茎蔬菜以供养不断增长的城市人口。

古典时期,一些玛雅城市已经很大了,可容纳约5万人。他们居住在泥砖房屋中,绝大多数的房屋只有一到两个房间,家具很少,只有薄薄的芦苇垫子以供人们坐,还有厚一点的芦苇床垫。

玛雅主要的城市包括帕伦克、哥邦、泰可以及奇琴伊察。每座城市的中心地区都有金字塔形状的庙宇建筑群。玛雅人不断地重修这些金字塔形状的庙宇,添加更多的土和石头,来使得它们变得更大更高。

玛雅文明延续了几百年的时间,但是由于内战不断,消耗掉了他们的财富与力量。奇琴伊察约在1200年衰落,到16世纪,当西班牙人征服墨西哥时,只有一些小的玛雅城市还存在。

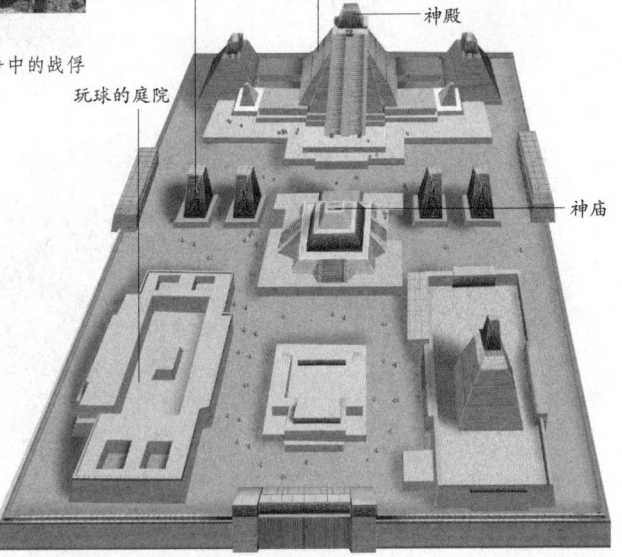

↗ 玛雅城市

玛雅城市的中心是高耸的金字塔形状的庙宇。在庙宇建筑群内包含了特别的庭院,用以进行玛雅人喜爱的游戏。

□ 探索与发现

人类开拓史

■ 埃及人、腓尼基人和希腊人

自从古代以来，人们一直在探索着世界。数千年前，人类最古老的文明诞生于中东地区。商人们为了控制当地所没有的东西的买卖，他们开始同遥远的城市进行贸易，从事黄金、香料和手工艺品的买卖。他们长途跋涉到其他国家的最便捷的方式，就是通过海路。商人们因为没有地图作为参照，因此只能自己寻找最佳路线。不过，他们很快就学会了利用风向和洋流来辅助航行，并且知道什么季节最适合出航。

古埃及人居住在尼罗河沿岸。他们拥有充足的食物和其他使用物

↗ 腓尼基的船只
腓尼基船只短而宽，并且很坚固。它们是用生长在腓尼基山坡上的雪松木制成的。由独桨、独帆驱动船只前进。

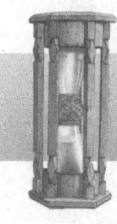

↗ 狒狒
埃及人从蓬特带回了活的狒狒和猎豹以及许多豹皮。

品，因此商人们并不会走得太远。但是商人们还是想寻找新的市场，这就促使着他们到更远的地方去探险。于是，他们开始航行至地中海和红海地区。

公元前 1490 年，埃及女王哈特苏普苏特命令舰队到红海寻找新的领土。于是这支舰队就到了名叫蓬特的地方（即现在的索马里或者是更远的非洲东海岸）。海员们带回了蓬特人的礼物——象牙、乌木、香料和没药树。其他探险则都是在北非内陆进行。

腓尼基人大约是从公元前 1400 年开始到地中海去探险。腓尼基人居住在地中海东端也就是靠近今天黎巴嫩以南地区的一些城市里。他们是熟练的航海家，不久就在整个地区建立了好几个富庶的贸易殖民地。有一支腓尼基舰队甚至代表埃及法老绕行非洲。公元前 500 年，汉诺从腓尼基在北非的一个

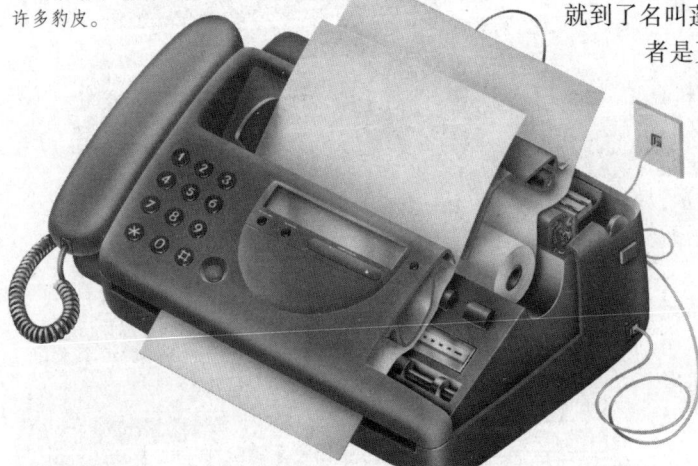

↗ 埃及港口
在埃及，用芦苇制成的浅底船只有一个帆，载着货物和乘客在尼罗河上航行。大约在公元前 2700 年以后，埃及人才开始制造木船，这些木船更加坚固并可以跨海至国外各地。

» 地中海航行

腓尼基人几乎没有什么可耕地,因此在公元前1400年的时候,那里的人们转而通过海洋谋生。他们成为出色的航海家,航行到很远地方去寻找新的市场。他们在北非和西班牙建立了很多殖民地。同时,埃及和希腊人也开始在海上探险。

←腓尼基商人

腓尼基人在整个地中海地区买卖谷物、橄榄油、玻璃器皿、紫色布料、雪松木材及其他商品。他们更喜欢边走边卖。

←骨螺壳

腓尼基人贩卖的最珍贵的一种商品就是紫色布料。用于染布的染料来自于骨螺壳。6000多个骨螺壳被粉碎后可制成450克染料。

→腓尼基的玻璃瓶

腓尼基人擅长制作玻璃制品,例如花瓶和珠宝。他们把沙子和纯碱混合成糊状,然后加上染料在高温下烧制。

城市——迦太基城出发,航行至今天的塞内加尔,航程达4 032千米。其他腓尼基商人曾到达过不列颠,在康沃尔购买过马口铁。

希腊人也曾在整个地中海地区建立过殖民地。腓尼基人是他们的强劲对手,因为腓尼基人垄断了海上贸易。公元前330年,一个名叫皮西亚斯的希腊探险者航行至不列颠,可能也想从事利润丰厚的马口铁贸易。

■ 从欧洲到亚洲

在古代,欧亚之间没有太多的联系。在欧洲,腓尼基人和希腊人所建立的欣欣向荣的贸易帝国是以地中海为中心的。在东亚,中国人有自己的贸易中心。横在两大洲之间的是中亚的沙漠、高山及干旱的高原。

中国人以制作精美的丝织品而享有盛誉。很多不畏艰辛的商人沿着著名的丝绸之路进行长途贩卖,他们带回了从中国商人手里购买的大量蚕丝。据很多资料记载,早在公元前550年,就有中国的丝绸被贩卖到了古希腊的城市雅典。

200年以后,马其顿的国王亚历山大(即赫赫有名的亚历山大大帝)入侵庞大的波斯帝国。波斯帝国的土地一直延伸到中亚地区。许多学者和历史学家跟随亚历山大大帝同行,他们开始在亚历山大征服的广阔地区内探险,并了解到了很多关于那里的情况。

亚历山大死后,他的帝国也跟着土崩瓦解了。但是在接下来的世纪里,欧亚之间的联系却得到了加强。罗马人控制了欧洲,帕提亚人统治了波斯,贵霜帝国在中亚占据了主导地位。公元前221年,中国在秦始皇的统治下首次成为一个统一的国家。这4个帝国控制着丝绸之路的沿线各地。在此后400多年的时间里,东西之间的贸易从未间断过。虽然没有什么罗马商人到达过中国,但是各种商品却在这条丝绸之路上双向流动。穿越印度洋,印度人与埃及人进行着繁荣的海上贸易,再从那里转运到中国。

丝绸之路在联系亚洲各个不同的国家上也起到了重要作用。大约在公元100年,佛教僧侣将佛教从印度带到了中国。中国的探险者们到邻国去游历,这有助于增强这些国家之间的宗教和贸易联系。公元前138年,中国的政府官员张骞进入到中亚地区。公元399年,一个叫法显的中国和尚曾经到过印度和斯里兰卡。然而在公元400年,这些联系被削弱了。这是

大事记

*公元前334年,马其顿的亚历山大征服波斯帝国。

*公元前221年,中国统一。

*公元前138年,张骞出使西域。

*约公元100年,佛教传入中国。

*公元166年,罗马商人到达中国。

*公元220年,中国进入三国时期。

*公元399年,法显从中国到印度和斯里兰卡去研究佛教。

□ 探索与发现

↗ 丝绸之路示意图
丝绸之路的起点为中国当时的首都西安，向西经过中国的北部和中亚到达位于亚洲西南部底格里斯河沿岸的城市——泰西封，继续向西延伸至地中海。它不是单单的一条路线，而是由一系列的路线组成。通过这些路线，商人们可以避免遭劫。

由于中国发生了混战，游牧民族入侵中原，横行于丝绸之路上。到公元450年，东西方之间的联系被彻底切断。

▶ 由西到东

中国与欧洲之间的主要贸易路线就是著名的丝绸之路，得名于中国的丝绸被商人们沿着这条线路带回到欧洲。作为交换，中国得到了金银、棉花和各种水果及其他产品。

↗ 用来驮运的牲畜
驴子、马匹和双峰驼均用于丝绸之路。它们驮着商人及其物品前行。

← 亚历山大大帝
公元前336年，亚历山大成为马其顿的国王，当时他只有20岁。到他死之前的这13年时间里，他通过征服建立了一个地跨亚得里亚海至印度河口之间的大帝国。

■ 维京人的掳掠

似乎没有人知道维京人究竟来自何处。他们从挪威和丹麦出发，突然间成为令人生畏的一股势力，他们控制了从大西洋至黑海之间的广阔的北海地区，吓坏了那些曾与之遭遇过的大陆国家。在基督教僧侣所保存下来的记载中可以看到，他们被描绘为无情的斗士，到处抢劫和杀戮当地居民，没有几个城镇能够成功地将这些凶残的入侵者赶走。

↗ 维京的海员
许多维京人都把家安在没有什么道路的山地上。他们驾驶着他们的船进入海湾和远海。

»维京人的生活

维京人共分为3个等级：奴隶，大部分工作都是由他们来做的；自由人和贵族，这两种人是统治者。贵族必须遵守由公共会议讨论制定的各项规章制度，公共会议是由当地的自由人召开的一种集会。但是大约在1050年的时候，实力强大的各个国王统治了维京各地，公共会议逐渐变得不再重要。

→莱弗·埃里克松

居住在格陵兰地区的维京人听说在他们的西部有一块长满树木的平地。公元992年，莱弗·埃里克松开始向西寻找可能是巴芬岛的地方。然后他向南经过加拿大东部的拉布拉多和纽芬兰，来到一个叫文兰的地方，意思是"长葡萄的土地"，因为他在此发现了很多灌木丛和野生的浆果。

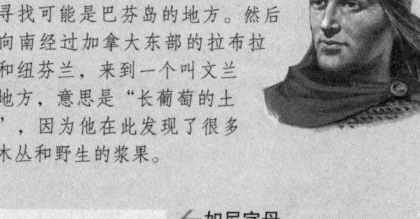

←服饰

维京人的衣服是由直立式织机纺出来的羊毛或是亚麻材料制成的。妇女们穿长裙加短衫。男人的典型服饰则是穿长裤、衬衫、一件短衫，再外加一件外衣。

→如尼字母

维京人在如尼字母的基础上创造了一种字母体系，即如尼文，这些字母通常被刻在木头或是石块上。日历、账目甚至是求爱信息都刻在如尼文里。

↗胸针

用青铜、白银和黄金制成的奢侈的装饰品。扣子、胸针用来使衣服穿起来更显得得体一些。

"维京"这个名字意即"来自小溪的人"，他们来自于北欧斯堪的纳维亚的海峡和低地地带。尽管维京人以残忍著称，但他们是一个富有天赋的民族。他们擅长造船、航海，是杰出的工程师和手工艺者。他们的神话和传说源远流长，他们还制订出了这个民族赖以安身立命的公平法则。

大约在公元790年，几支维京人开始离开他们的故乡，驾驶着船只驶向公海。没有人能够确切地说清他们这样做的原因。一些历史学家认为，是因为这个国家的人口过剩才促使那些不能从他们的父辈那里继承到什么财产的青年男子离开家乡，或是因为气候变冷而导致歉收，迫使人们去寻求新的食物来源。

从挪威和丹麦来的维京人曾经渡过北海去袭击不列颠、爱尔兰和法国北部。他们冒险渡过北大西洋，到达爱尔兰、格陵兰岛和美洲东海岸。然而，来自瑞典的维京人主要是想与那些国家进行贸易而不是要征服它们。他们向东航行，渡过波罗的海，顺着俄罗斯各条河流顺流而下直至黑海和地中海，甚至到达了位于现在伊拉克境内底格里斯河附近的巴格达城。起初，维京人掳掠他们所经之地的土地并带回了战利品，但是他们最终在诸如爱尔兰的都柏林和乌克兰的基辅等地建立了贸易站点。不久他们便开始与当地人通婚并定居下来，一些人皈依了基督教。就这样，维京人掳掠的时代结束了。

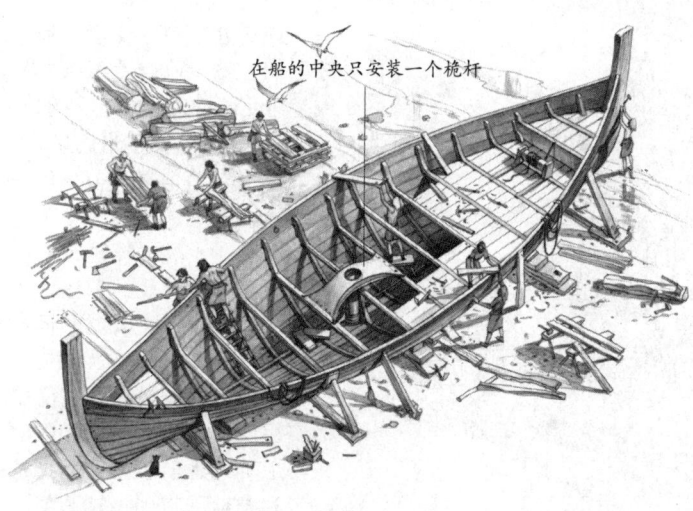

在船的中央只安装一个桅杆

↗船舶制造

维京人的船是用当地的木材制成的。质地结实的橡木被用作龙骨和横梁，质地较轻的桦树木板和松树木板被用来制作船帮。

■ 波利尼西亚人

直到大约3 000年前，南太平洋诸岛上才开始有人居住。波利尼西亚人首先来到这里定居，但是我们对他们的情况知之甚少。历史学家们认为，他们最初来自于亚洲或是美洲。

2 000年后，波利尼西亚人逐渐地扩散到整个南太平洋的广大地区。他们向北航行到夏威夷，向东航行至复活节岛，最终向南到达了新西兰。他们或许是历史上最伟大的探险家和航海家，当16世纪欧洲人首次到达这个地区时，他们十分惊讶。欧洲人几乎不敢相信，他们认为非常"野蛮"的民族竟然拥有如此发达的技术。

虽然在广阔的太平洋上散布着很多岛屿，但是它们只占这个地区总面积的很小一部分，而且这些岛屿之间相距数百千米。尽管波利尼西亚人没有任何地图和其他现代的航海装备，但是他们还是凭借着坚固的小船成功地在整个太平洋地区探险。他们跟随迁徙的鸟群、通过观察风向和波型的变化等方式发现了各个岛屿，直至最后几乎每个岛上都有人居住为止。

波利尼西亚人利用太阳、月亮、星星的方位作为航海的辅助手段，并逐渐积累起了很多知识，例如每个岛屿的方位、它们是如何被发现的以及将来又如何能够再次找到它们等等。

他们赋予每个岛屿以最高星辰，海员们知道，当这颗星星直接照在他们的船上的时候，他们就与该岛处于同一纬度。利用太阳的方位，他们就可以向东或是向西航行直达陆地。例如，天狼星是塔希提岛的最高星辰。

所有这些信息都被一代一代地传承下来，他们用椰子纤维拧成的绳子绑上棕榈枝制成了航海图。棕榈枝的架构代表着里程，绑在这些枝上的椰子壳指示着这些岛屿所处的方位。波利尼西亚人凭借着这些简单而实用的航海图在辽阔无际的大海上准确地航行。他们把殖民者和补给品带到了这些新发现的岛屿上，把鱼和其他物品带了回去。

大事记

* 公元前1000年，波利尼西亚人开始在汤加和萨摩亚定居。
* 公元前150年，殖民者离开萨摩亚去往马克萨斯群岛。
* 公元400年，波利尼西亚人到达东部的复活节岛和北部的夏威夷群岛。
* 1000年，毛利人定居于新西兰。
* 1000~1600年，巨型雕像在复活节岛建成。
* 1947年，托尔·海尔达尔的"康提基"号远征队从秘鲁向南太平洋进发。

↗ 佩勒神像
波利尼西亚人为死去的祖先制作出像这样的雕像，因为他们认为祖先的灵魂已经化成神像。

↗ 波利尼西亚人的船
波利尼西亚人的独木舟长达30米。它们是由两个或是一个船壳以及一根舷外斜木组成的。船帆是用椰子树叶紧密地缝合在一起制成的。

葡萄牙人的探索

葡萄牙位于西欧一隅,濒临大西洋。葡萄牙人依靠海洋来维持生计。传统上,他们靠着打鱼和沿大西洋向北与法国和英国进行贸易为生。但是到了15世纪,他们把注意力转向南方——非洲。

葡萄牙人去非洲探险主要有两个原因。目标之一是使摩尔人皈依基督教,另外,他们还想寻找黄金和其他财富。为达此目的,他们需要有比在近海岸航行所用的敞舱船更好的船只。于是,他们发明了能够抵抗海上大风大浪的轻快帆船。

轻快帆船使葡萄牙人的冒险事业的目的地一次比一次远。但是,远征基本上都是沿着非洲海岸进行的,他们在岸边竖起一块刻有基督教十字架的石柱来表明他们的功绩。到1441年,他们已到达了位于现在毛里塔尼亚境内的白角。

↗ **巨大的雕像**
1000~1600年,复活节岛上的居民在岛上共树立了600个这样的巨大雕像。没有人知道这些雕像究竟代表着什么,也不知道这些岛民是如何成功地将这些巨型雕像搬运到这里并树立起来的。

↗ **达·伽马**
1498年5月,葡萄牙航海家瓦斯科·达·伽马(1460~1524年)是第一个从海上到达印度的欧洲人。

» 亚洲人还是美洲人?

一些历史学家认为,尽管波利尼西亚人最初来自于东南亚,但波利尼西亚文化与秘鲁文化却有很多相似之处。来自挪威的现代探险家托尔·海尔达尔用行动证明,波利尼西亚人可能来自于南美洲。他做了一只像早期殖民者所用的那样的木筏,从秘鲁航行到了太平洋岛屿。

← **"康提基"号**
托尔·海尔达尔的木筏根据秘鲁的太阳神而取名为"康提基"号。这个木筏长13.7米,宽5.5米,用轻木以及竹子做成。

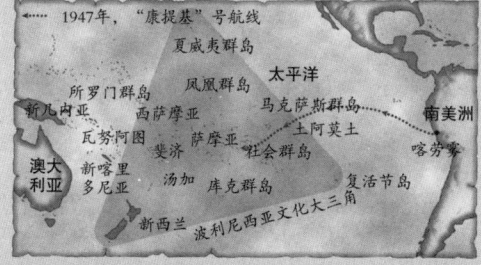

↗ **托尔·海尔达尔的远航**
1947年,"康提基"号从秘鲁出发。它利用风向和洋流向西航行。在航行了101天,共计走了6 900千米之后,托尔·海尔达尔来到了南太平洋上的土阿莫土群岛。

↗ **轻快帆船**
小巧而坚固的轻快帆船的发明,使葡萄牙人能够远离海岸附近的水域,从而可以进入公海进行探险。一艘轻快帆船大约有20米长,一次能搭载25人。

□ 探索与发现

» 航 海

第一批水手沿着海岸从一个里程碑航行到另一个里程碑。不过他们一旦远离陆地，就不能如此了！葡萄牙的水手们学着利用太阳和星星的方位来测算他们所到之处的位置。在指南针、星盘、象限仪、沙漏以及夜间测时仪的帮助下，他们可以越来越准确地航行很远的距离。

← "航海家"亨利王子
亨利王子（1394~1460年）是葡萄牙国王亨利一世的儿子。他对大海非常感兴趣，并且赞助过许多次远洋探险。他创建了一所专门教授航海、天文学以及制图技术的学校来培养船长和舵手。

← 夜间测时仪
根据太阳方位报时的老方法，在夜间是不起作用的，16世纪50年代发明的夜间测时仪解决了这一问题。利用与北极星并排的两颗星星进行测量，可以在10分钟内报出时间。

 沙漏
水手们用沙漏来报时。沙漏里边的沙子需要30分钟的时间到达沙漏的底部，然后再将它倒转过来。为了测算船的行进速度，他们就在船的旁边系上一根打了结的绳子浮在水上，然后由此计算出水流经过每个绳结的时间。

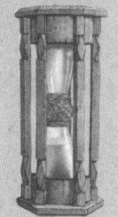

到1475年，他们绕过西非并沿着黄金海岸（加纳）和喀麦隆的海岸线航行。

到此时为止，葡萄牙人向南航行还另有原因。1453年，奥斯曼土耳其人已经占领了基督教城市君士坦丁堡，并封锁了通往中国去的丝绸之路。君士坦丁堡是亚洲的门户，陆路不通后，欧洲人必须寻找新的航路才能获得东方财富。1482年，迪亚哥·考是第一个穿过赤道的欧洲人。在1485~1486年的第二次航行中，他向南航行至纳米比亚沙漠。他认为，非洲海岸是没有尽头的，并不存在绕行非洲到达亚洲的航线。但是1487~1488年，当巴托洛梅乌·迪亚士从风暴频仍的好望角进入到印度洋时，证明了迪亚哥·考是错误的。迪亚士是第一个进入这一水域的葡萄牙探险者。虽然他还想继续探险，但他那些已经筋疲力竭的船员迫使他不得不返航。10年后，瓦斯科·达·伽马实现了葡萄牙人的这一梦想。他带领一支由4条船组成的舰队绕过非洲角，航行过东海岸之后，向印度洋进发。1498年5月，他到达了位于印度南部的、繁忙的卡里卡特贸易港。至此，他已经发现了通往亚洲的一条新航线。

■ 哥伦布的航行

几个世纪以来，欧洲人一直认为，世界上只有3个大洲——欧洲、非洲和亚洲。他们认为，世界的其余部分都为海洋所覆盖。

通往亚洲的传统路线过去一直是沿着丝绸之路穿行大陆。15世纪，葡萄牙人发现了一条到达那里的海路，绕过非洲海岸，向东向南航行。那时一个名叫克里斯托弗·哥伦布的意大利人提出，通过向西航行穿过伟大的大西洋，最终有可能到达亚洲。

哥伦布把一生都献给了寻找通往遍地黄金的亚洲的海路事业上。起初，人们认为这是个

↗ 哥伦布
克里斯托弗·哥伦布（1451~1506年）出生于意大利的热那亚港口。他是根据旅行者守护神圣克里斯托弗的名字来命名的。他发现了古巴和巴哈马。

大事记

* 1492~1493年，哥伦布到西印度群岛进行第一次远航，并发现了巴哈马、古巴和西班牙岛。

* 1493~1496年，他在第二次远航中游遍了整个西印度群岛，并在西班牙岛上建立了几个定居点，还在牙买加进行探险。

* 1498~1500年，在第三次远航中，他在特立尼达与南美洲之间航行，这是欧洲人第一次在南美洲登陆。

* 1502~1504年，在第四次远航中，他沿着中美洲的海岸航行。

》新大陆

哥伦布所访问的大陆令他很失望,因为他没有发现传说中那些带有城墙的城市、传奇般富庶的中国以及期待已久的日本。然而,他依旧坚信,他已经航行到了亚洲,并且他始终未意识到他所发现的大陆乃是欧洲人以前并不知晓的另外一个大洲。

→美洲土著

居住在西印度群岛上的阿拉瓦克人以水果和浆果为生。他们住在用棕榈枝叶建成的房子里。大多数人平时什么衣服也不穿,只在一些典礼上穿衣服。

←费迪南德和伊莎贝拉

1469年,当阿拉贡的费迪南德和卡斯蒂利亚的伊莎贝拉结婚时,自罗马帝国以来,西班牙首次成为了一个统一的国家。伊莎贝拉赞助了哥伦布的首次航行。

←烟草

在古巴,哥伦布看到阿拉瓦克人把烟草的干叶子卷成一个管状的东西,然后用火点着来吸食。吸烟很快就成为全欧洲人的一个时髦的消遣。图中的烟草叶正在棚里等待晾干。

愚蠢之举,因而哥伦布得不到任何资助。但是1492年,西班牙女王伊莎贝拉同意赞助他代表西班牙进行远航。1492年8月,他带领3条船起航。36天后,他们在现在的巴哈马群岛登陆。之后继续向东南航行,他在1493年3月成功返航之前还经过了古巴和伊斯帕尼奥拉岛(即今天的海地)。

哥伦布认为,他已经发现了通往亚洲的新航线。虽然他对新大陆并不是黄金遍地而备感失望,但是在有生之年他一直对他在第一次航行的发现确信不疑,并多次远征。

哥伦布曾经4次向西穿越大西洋航行,他在所经过的岛屿上建立了多个西班牙殖民地,并宣称那里是西班牙的领地。直到1506年他去世时为止,他仍然相信他曾经到过印度,尽管他没能发现证据。因为他向西航行,他所遇见的那些新岛屿现在被称为西印度群岛。

不过,没有几个人接受他的看法。1502年,亚美利哥·韦斯普奇从沿着南美东海岸的航行中回到了欧洲。他确信,这些岛屿并不属于亚洲,而是属于欧洲人所不知道的那个大洲的一部分。他称之为姆恩杜斯·诺乌斯——新大陆。1507年,德国的地理学家马丁·瓦尔德泽米勒把新大陆重新命名为美洲,正是为了纪念亚美利哥·韦斯普奇。事实上哥伦布所发现的东西要远远比通往亚洲的航线更为重要。在他偶然发现了美洲大陆之后的不长时间,美洲和欧洲的历史被完全改写了。

■ 征服新大陆

在哥伦布那次具有历史性意义的航行之后的几年里,一批西班牙探险者相继在中南美洲登陆。他们是为了寻宝而来。

瓦斯科·德·巴尔博亚(1475~1517年)就是其中的一位探险者。他是一位住在伊斯帕尼奥拉岛(海地)的殖民者,为了逃债,也为了寻找黄金,1513年9月,他来到这个岛。27天后他向西航行穿越大海,成为第一个看到太

↗"圣玛利亚"号

哥伦布的旗舰叫作"圣玛利亚"号,这是一艘有着三个桅杆和一面方形帆组成的载货船,能够容纳40个人。另外两艘小一点的船分别叫"尼娜"号和"品塔"号。

☐ 探索与发现

平洋东海岸的欧洲人。

1518年11月，又一支远征队离开古巴圣地亚哥的西班牙殖民地驶往墨西哥。此前的几支远征队曾经报告说，那里有高大的庙宇和大量黄金。11艘船载着780个人，由曾经到过西印度群岛寻宝的西班牙律师赫尔南·科尔特斯率领。科尔特斯沿着墨西哥海岸线航行了数月，袭击当地城镇，由此获得了很多财物和知识，然后进入特诺奇蒂特兰的首府阿兹特克。

虽然阿兹特克人是一个多才多艺的民族，但是他们却不能与西班牙人匹敌。阿兹特克人没有火药，美洲人对于马匹也一无所知。科尔特斯在获得了与阿兹特克人为敌的人的帮助后，进入阿兹特克城并俘虏了它的统治者蒙特祖玛。1521年8月，科尔特斯仅仅用四五百人就攻克了特诺奇蒂特兰城。伟大的阿兹特克帝国由此变成了新兴的西班牙的一个行省。

不久谣言便在当时南美洲的另一个富庶的帝国——印加帝国——内传播开来。1530年，

➚ 献祭刀

阿兹特克人是技艺精湛的手工艺人。他们用镶嵌有宝石和许多贝壳以及绿松石的木头做成了带有手柄的献祭刀。他们把它作为礼物送给了赫尔南·科尔特斯。

弗朗西斯·皮萨罗只用168个士兵便征服了这个富庶的帝国。皮萨罗所发现的印加帝国因为内战以及瘟疫（可能是天花）而被削弱，西班牙士兵又一次征服了他们的敌人。到1532年为止，庞大的印加帝国被打败，它所储备的大量黄金和白银处于西班牙人的控制之下。

科尔特斯、皮萨罗及其他冒险家都是"康魁维斯特德"，亦即西班牙的征服者。"康魁维斯特德"不仅野蛮，而且通常也不诚实。他们到处搜刮财富并说服他们所遇到的每个人都要皈依基督教。他们的征服纵深于整个中南美洲，从墨西哥到智利。在哥伦布完成远征之后的50年内，美洲已沦为欧洲人的殖民地。

»印加人

印加人是来自秘鲁的一个山地部落。在欧洲人到来前的300年的时间里，他们控制了整个安第斯山脉地区。到1500年为止，他们的帝国领土跨度超过4000千米。虽然他们还没有使用带有轮子的运输工具，但他们却建造了巨大的公路网络和数座巨大的石城。他们似乎没有文字，所以他们不会读也不会写。尽管如此，他们的文明程度仍可堪与欧洲的任何一个地区相媲美。印加人最终被皮萨罗的小部队所征服。

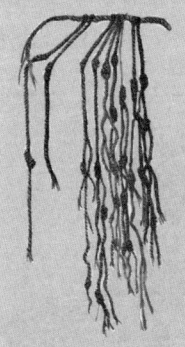

← 奇普

奇普上保留了大量有关税收、人口数字及其他统计数字的资料。一个奇普实际上就是一系列长短不同、颜色各异的绳结。每个绳子的长度、颜色、存放的位置以及结绳的方式，都代表着不同的信息。

→ 金质美洲驼

美洲驼因为它们的肉可以食用，驼毛也可供使用，并且还能够作为运输工具用来驮运东西，所以备受珍惜。印加人把它们用黄金铸成塑像，以表明它们的重要性。

➚ 攻占特诺奇蒂特兰城

阿兹特克的首都拥有人口20万，比西班牙任何城市的人口都多，然而，科尔特斯和他的400个士兵利用权谋和欺诈便占领了该城。

■ 环游世界

欧洲人着迷于亚洲遍地是宝的传说。游历者和商人谈论着印度、中国和日本的财宝以及这些国家海岸线上分布着的富饶的香料群岛。整个16世纪，航海者们从事着史诗般的航行去寻找能够获取这些财富的新航线。

↗ 费尔南多·麦哲伦
麦哲伦（1480~1521年），是一位葡萄牙航海家，因与葡萄牙国王发生争执而于1514年离开葡萄牙，效力于西班牙王室。他的周游世界的舰队所悬挂的旗帜就是西班牙的国旗。

在葡萄牙人远航到印度以及哥伦布发现美洲之后，西班牙和葡萄牙于1494年签署了《托得西拉斯条约》。其中规定将来两国共同瓜分未发现的大陆。他们在地图上划了一条经线，同意这条线以西属于西班牙，这条线以东的一切均属于葡萄牙。就这样，南美洲被这条线一分为二。

正像哥伦布曾经尝试过的那样，西班牙探险者们仍旧想发现向西通往亚洲的新航线。哥伦布在向西航行的过程中发现了美洲，尽管他认为那就是亚洲。他的继任者们不得不再去发现一条能够绕过美洲的路线，以便能够到达亚洲。1519年，费尔南多·麦哲伦带着5条船和260名船员从西班牙出发，去寻找通往富饶的香料群岛（即现在印度尼西亚的摩鹿加群岛）的路线。1520年，他穿过位于南美洲南端的海峡而进入太平洋，继续向西北航行，并于1521年到达了菲律宾群岛。

麦哲伦从未到达过香料群岛，因为他在发生于1521年4月的一场冲突中丧生。但是其中的一艘船还是设法到达了那里。"维多利亚"号由胡安·塞瓦斯蒂安·德·埃尔卡诺率领。当这些船员到达香料群岛后，他们满载着香料穿越印度洋返航。

在寻找通往香料群岛的西行过程中，麦哲伦及其海员在不经意间成了进行海上环游世界的第一批人。其他人也接踵而至。弗兰西斯·德雷克（1543~1596年）是英国的一位远洋航海家和海盗，曾经成功地袭击过西班牙船只。1577年，他驶向太平洋，当他经过西班牙的船只时就洗劫他们的财宝和黄金。在香料群岛，他购买了6吨贵重的丁香。当他返回英国时，这些财物的价值相当于现在的1亿英镑。

↗ "金雌鹿"号
弗兰西斯·德雷克的旗舰"金雌鹿"号，开始叫"鹈鹕"号。它有三根桅杆，是这支舰队中最大的一条船。

》私掠船和海盗船

满载财宝驶往西班牙的宝船，很快就被西班牙的主要敌人——英国和法国的船只盯上。战争期间，两国默许他们的船只（私掠船）攻击西班牙的船只来获取战利品。然而，私掠船在和平时期也经常出击。非法的海盗船也加入到这个行列中来。西班牙便认为，每个攻击他船只的人都是海盗。

→ 海盗
逃跑的奴隶和罪犯往往成为海盗。当船员们遭到海盗船的攻击时，他们经常加入海盗的行列，希望分得财富。

↗ 达布隆
西班牙人在美洲采掘宝贵的金银。他们把其中的一些铸成金币运回西班牙。金子被铸成达布隆，银子则为金子的1/8。

□ 探索与发现

■ 进入加拿大

大约在1494年,有一位名叫约翰·凯彼特的商人来到英国。他也想像哥伦布那样,向西航行穿越大西洋去寻找通往东亚的香料群岛的航线。然而,他建议沿着更高的纬度航行,认为这样可以缩短航程。凯彼特需要找人赞助他的航行,在遭到西班牙和葡萄牙两国的拒绝后,他向英国国王亨利七世说了他的想法。亨利曾经拒绝过赞助哥伦布,但此时,他已经知道新世界的富庶,便支持凯彼特以便能够从任何的新发现中获利。

1497年5月,凯彼特从布里斯托登上"马修"号出海。一个月后,他们在加拿大东海岸的纽芬兰登陆,他宣称该地属于英国所有。尽管他没有发现亚洲,也没有找到财富,但是他发现了尚未被西班牙占据的富庶的渔场和土地。

法国也开始对这些新陆地进行探险。1534年,雅克·卡提尔(1491~1557年)从圣马洛起航。像凯彼特一样,他也努力寻找向北到达亚洲的新航线。他绕航到圣劳伦斯河河口,并于次年逆流而上到达了现在的蒙特利尔。他们与住在休伦的印第安人建立了良好的关系,休伦人告诉他关于西边距离圣劳伦斯较远的萨格内王国的富庶。1541年,卡提尔打算寻找萨格内王国。但是他并没有找到,因为萨格内王国是一个虚

↗ **蒙特利尔**
1535年,卡提尔沿着圣劳伦斯河逆流而上,他最远到达过位于侯奇莱加的、装有木墙的赫彻拉嘎的休伦村。卡提尔爬上了村后面名为利尔的山(皇室山),也就是现在的蒙特利尔。

构出来的地方。休伦人编造出关于令人神往的、充满财宝的国度来让他们的法国客人高兴!

毛皮商人和渔民沿着卡提尔的路线到达了圣劳伦斯。但是直到下个世纪,法国人才放弃寻找通往亚洲的新航线并开始在加拿大定居。

用于战略用途的瞭望平台

用于快速射击的大炮

横跨圣劳伦斯河的桥梁

← **魁北克木制城堡**
1608年,当尚普兰到达加拿大时,他在一座小山上建造了一个木制的城堡,从这里瞭望圣劳伦斯河。当地的美洲人称该地为柯白克,也就是今天著名的魁北克城。

»土著美洲人

许多美洲土著部落居住在圣劳伦斯河流域的树林里和平原上。16世纪早期，5个主要的部落——摩和克、奥奈达、奥农达加、瑟内萨和卡尤加——组成了易洛魁联盟来抵御该地区其他有实力的部落。

←休伦人

休伦人欢迎法国人来到北美，与他们进行毛皮及其他贸易，另外还给他们当向导和参赞。他们还在法国人的帮助下与易洛魁联盟作战。

↗头皮

不同的部落之间经常发生残酷的战争。勇敢者在战斗所中获得的最重要的战利品就是对方的头皮。头皮连同头发一起被剥下来，悬挂在木架上炫耀。

←毛皮贸易

加拿大的河流与森林中生活着很多野生动物，为人们提供穿的毛皮和可供食用的食物。欧洲人猎杀动物获取毛皮，尤其是海豹、旱獭和海狸的毛皮。

塞缪尔·德·尚普兰（1567~1635年）在北美东海岸探险并向内陆航行至大湖区。1608年，他发现了魁北克，在此建立法国人在北美的第一块永久性殖民地。这个大陆正在向欧洲的殖民者敞开胸怀。

■ 向美洲进军

在哥伦布登上西印度群岛的200年后，欧洲人对于西印度群岛以北广袤的美洲大陆的知识仍然少得可怜。西班牙人在佛罗里达和墨西哥湾探险，英国人在东海岸建立了一些殖民地，法国人则沿着圣劳伦斯河逆流而上，并在加拿大进行殖民。但是位于二者之间的广袤的土地仍然处于神秘状态。

1541年，西班牙的赫尔南多·德·索托开始在佛罗里达探险，并成为第一个着眼于密西西比河南岸广大区域的欧洲人。不幸的是，他不久就去世了，西班牙人没有能够继续探险。一个多世纪以后，在密西西比河以北的几百千米处，路易斯·朱略特（1645~1700年）和法国的耶稣会传教士雅克·玛库特（1637~1675年）发现了一条由密西西比河通往大湖区的航线。他们在这条河上向南探险，直至阿肯色。另一个法国人罗伯特·德·拉萨勒（1643~1687年）成为第一个顺着密西西比河而下直至位于墨西哥湾的河口的欧洲人。他宣布密西西比河流域的土地归法国所有，并以法王路易十四的名字将之命名为路易斯安那。

↗杰斐逊

1803年，美国总统托马斯·杰斐逊从法国手中购得路易斯安那，路易斯安那比当时美国领土的两倍还要多。

一个多世纪以后，欧洲人在北美的影响发生了巨大变化。尽管西班牙人仍旧控制着佛罗里达和墨西哥，但是英国人已经取代了法国在加拿大的统治。最为重要的是，英国殖民者起来反抗他们的母国并建立一个从大西

↗冲过急流

刘易斯和克拉克利用小船在危险重重的密苏里河、哥伦比亚河和黄石河上航行。

□ 探索与发现

洋沿岸至密西西比河东岸的独立的国家——美国。西部——路易斯安那——仍旧属于法国，但是1803年，法国将其卖给了美国。

美国总统托马斯·杰斐逊想发现比他所购买的更为广阔的土地。1804年，他派了两个人去探险。分别是他的私人秘书梅里韦瑟·刘易斯（1774~1809年）和前陆军军官威廉·克拉克（1770~1838年）。通过两年的探险，他们从圣路易斯沿着密西西比河逆流而上，翻过落基山脉，沿着哥伦比亚河直至太平洋沿岸，然后他们渡过黄石河返回圣路易斯。

探险的成功使美国政府相信，路易斯安那适于居住。在一代人的时间之内，殖民者渡过密西西比河，涌向大平原和太平洋沿岸来开始新的生活。美国横跨美洲大陆的扩张开始了。

■ 穿越太平洋

自从古希腊时代以来，欧洲人一直认为在世界的另一边还有大陆存在。他们推断，因为在北半球有一个欧亚大陆，那么在南半球必定存在着一个相似的大陆来使这个世界得以平衡。唯一的问题就是尚没有人成功地发现这个南部大陆究竟位于何处。

↗ 艾贝尔·塔斯曼
艾贝尔·塔斯曼在两次航行中绘制了南部海洋上很多未经勘察的陆地的地图。

受雇于东印度公司这一贸易组织的许多海员，在他们的航行中偶然遇到了一块尚未被发现的陆地。1605年，威廉·詹茨（1570~1629年）从新几内亚出发向南航行，发现了澳大利亚的北端。1615年，德克·哈托（1580~1630年）到印度尼西亚游历，向东航行了很远的距离并在澳大利亚西部登陆。他们报告说，这个新大陆实在是贫穷而不值得考虑，因此荷兰东印度公司并未采取进一步的行动，因为它只对贸易感兴趣而无心于探险。

1642年，东印度公司改变策略，开始寻找"隐姓埋名的澳大利亚大陆"或叫"未发现的南部陆地"。1642~1643年，艾贝尔·塔斯曼（1603~1659年）绕着印度洋和太平洋环游了一大圈，而没有发现一块南部土地，尽管他发现了后来以其名字命名的塔斯马尼亚岛和新西兰。

» 新大陆

西班牙人是第一批从他们位于墨西哥的帝国出发往北到北美洲去探险的欧洲人。当赫尔南多·德·索托（1500~1542年）于1541年成为第一个看见密西西比河的欧洲人的时候，潘弗洛·德·纳瓦埃斯（1470~1528年）正在墨西哥湾探险。他们是最早向这个辽阔的新大陆进发的人。

↘ 卡伯萨·德·巴卡

阿尔瓦·努涅斯·卡伯萨·德·巴卡（1490~1556年）与纳瓦埃斯一起在墨西哥湾航行。1528年，虽然这支舰队在得克萨斯失事，但是卡伯萨·德·巴卡却被雅基族部落的人救起。德·巴卡跟他们在一起生活了5年后，他开始徒步走过得克萨斯，渡过大河进入墨西哥，于1536年安全到达墨西哥城。

← 密西西比河
汹涌的密西西比河从北美向南注入墨西哥湾。朱略特和玛库特所发现的密西西比河北部河段使美洲进一步对欧洲的探险者和殖民者开放。

↗ 荷兰东印度公司贸易港
1602年，荷兰在东印度群岛设立公司管理贸易活动。他们在印度建立了很多像本图所示的贸易港，很快控制了当地的香料贸易。

南太平洋

尽管麦哲伦和德雷克曾经穿越太平洋，但他们的航线在这些群岛的北面。在接下来的几个世纪中，这些岛屿渐渐被欧洲人发现：阿尔瓦罗·德·曼达那（1541~1595年）到达图瓦卢和所罗门群岛；彼得·奎罗斯（1565~1614年）到达瓦努阿图；塔斯曼看到了斐济和汤加；路易斯·布干维尔（1729~1811年）绘制了这一地区的地图，但是他并没有到达过东澳大利亚，因为大堡礁挡住了他的去路。

← 所罗门群岛
欧洲人在南太平洋上发现的第一个群岛便是新几内亚旁边的所罗门群岛，新几内亚是由曼达那于1568年发现的。在随后20多年的时间里，这里的其他岛屿也慢慢地被到访的欧洲人探索和绘成地图。

→ 大堡礁
绵延200千米长的大堡礁位于澳大利亚东北部海岸。它由数百万微小的海洋动物的遗骨组成，并且是无数水生动物的家园。它挡住了布干维尔以及其他探险者登陆澳大利亚的去路。

1643~1644年，他在詹茨和哈托曾经发现过的澳大利亚海岸线探险。塔斯曼认为，通往新几内亚南部的陆地并不是南部大陆的一部分，但是他并没有发现它是否与新几内亚相连或者它是否是一个岛屿。

令人十分惊奇的是，路易斯·托雷斯（约1570~1613年）早已经证实，新几内亚就是一个岛屿。1607年，他通过现在以他的名字命名的海峡环游新几内亚，证明它是一个岛屿。因此，通往南方澳大利亚的陆地并非与之相连。然而，塔斯曼并未意识到这一发现的重要性，因此关于南部大陆以及上述未命名的大陆之谜尚未解开。

库克船长的旅行

到18世纪为止，欧洲人尚不清楚位于南半球的那块神秘陆地——隐姓埋名的澳大利亚大陆——的形状和大小，他们甚至不能确信这块神秘的新大陆是否真的存在。此时，英国人已经取代了荷兰人而成为世界上主要的贸易国，他们的皇家海军统治着大海。1768年，英国海军向南部海域派遣了一支远征队去寻找南方大陆。詹姆斯·库克是率领这支远征队的理想人选——他是一位航海专家和经验丰富的水手，曾经在商船上度过了10多年的时间。

↗ 库克船长
詹姆斯·库克（1728~1779年）在1755年加入英国皇家海军之前，已经在商船上度过了十多年的时间，并成为了一个经验丰富的航海家和水手。

大事记

* 1567~1569年，曼达那发现所罗门群岛。
* 1602年，荷兰东印度公司成立。
* 1605年，威廉·詹茨在昆士兰探险。
* 1615年，德克·哈托发现西澳大利亚。
* 1642~1643年，塔斯曼发现塔斯马尼亚并看到了新西兰及新几内亚。
* 1643~1644年，塔斯曼绘制了澳大利亚北部海岸的地图。
* 1766~1769年，路易斯·布干维尔周游世界。

↗ 岛屿湾
库克在向新西兰航进的过程中访问过许多优良海港。图中所显示的岛屿湾位于新西兰的北岛。

□ 探索与发现

↗ "奋进"号
库克船长选择了经过改建的运煤船"奋进"号周游世界。这艘船虽然行驶缓慢，但却坚固、宽敞，还能够容纳下94个人及其给养。

1768年8月，库克从英国的普利茅茨出发。1769年4月，他到达了塔希提岛，在那里他和他的船员被那里的温暖气候和美丽的动植物所深深吸引。然后他向西南行进到新西兰，新西兰西海岸曾经被塔斯曼发现过。库克在这里做了一个"8"字形的航行之后，发现新西兰是由两个岛屿组成而非一个岛屿。库克继续向西航行并在现在称之为博塔尼湾的地方登陆，在澳大利亚，他宣称该地为英国所有。然后他沿着海岸线向北航行直至大堡礁，因"奋进"号撞礁搁浅而不得不进行修缮。之后穿过托雷斯海峡，经由印度洋和大西洋返回英国。库克后来向南海海域又做了两次更远的航行。他第二次远航是在1772~1775年向着南极前进，因为他认为南方大陆就在那里。他的最后一次远航是在1776~1779年，向北航行去寻找进入北冰洋的入口。

库克最后惨死于夏威夷海滩上发生的一场混战。但是在他的三次远航中，库克最终证实，澳大利亚和新西兰是两个分开的岛屿，并且也不是南方大陆的一部分。当后来在南极附近发现大陆时，南极洲就被认为是真正"隐姓埋名的澳大利亚大陆"。库克从南部海域带回来的有关科学、植物报告和航海信息同等重要，他使探险开始从冒险转变为科学发现。

■ 穿越澳大利亚

继库克在博塔尼湾登陆之后，欧洲人开始在澳大利亚定居。但是90年后，他们对这个新的国家仍旧知之甚少。第一批移民是从英国派出到福特·杰克逊即今天的悉尼去服刑的罪犯。此后不久便有农民加入到这一行列中来，到陌生的地方以开始新的生活。因为每个人都占有很多土地，因此他们很少有人离开海岸到内陆去冒险。

一些勇敢的探险者却沿着海岸线或是河谷进行深入考察。1828年，查尔斯·斯德特（1795~1869年）发现了达令河，然后沿着默里河到达了大海。1844年，向默里内陆前进。1840~1841年，爱德华·埃尔（1815~1901年）从阿德莱德城出

» 南方海域
库克对所到之处陌生而奇异的景色感到震惊。他发现了许多欧洲人前所未闻的动物和植物，并遇见了许多不同的人。波利尼西亚人大体说来还是很友善的，但是住在新西兰的毛利人则不太平和。

← 袋鼠
库克的船员是第一批看到袋鼠的欧洲人，但他们却不知道它到底是什么动物。最后，他们认为它是"某种鹿"。

← 毛利人的独木舟
毛利人是技术熟练的水手。当库克船长到达新西兰时，他们用装饰复杂、刻有各种花纹并能容纳100个将士的独木舟来欢迎他。

← 金银花
悉尼·帕金森是这次航行中的一个绘图员。他在途中采摘了许多种奇异的植物，金银花就是其中的一种。

发,沿着南部海岸步行,发现了一条通往澳大利亚西部爱伯尼殖民地的路线。但直到19世纪50年代末期为止,殖民者还不知道他们的这个广袤的国家的内陆究竟是个什么样子。有人认为是一个巨大的内陆海,而其他人则担心只是沙漠。1859年,南澳大利亚政府悬赏奖励第一个由南而北穿越澳大利亚大陆的人。

有两支远征队声称要拿这个奖项。第一支由罗伯特·奥哈拉·伯克(1820~1861年)及其年轻的伙伴威廉·威尔斯(1834~1861年)率领,伯克与其说是一个探险家不如说是一个冒险家。这是一支在澳大利亚组织的规模最大、花费最多的远征队。它由15个人组成,并带有马匹和骆驼。他们从墨尔本出发向北到达了卡奔塔利亚湾。但是这支远征队组织不善,伯克和威尔斯在南返的途中死去。

约翰·斯图尔特(1815~1866年)则更为成功。他是一个经验丰富的探险者,他知道如何在人烟稀少的内地生存下来。他从阿德莱德出发,试图穿行大陆,但是受到了土著人的阻挠。他再一次开始,但是又受到了漫长的荆棘灌木丛带的阻挡。1862年7月,他最终到达了达尔文城。斯图尔特证实,澳大利亚内陆实际上就是沙漠。他的旅程开启了向内陆殖民的过程。

» 早期的澳大利亚

土著人早在4万多年前就已经到达这块大陆。他们与世隔绝,依靠狩猎和采集为生,他们捕捉袋鼠和其他动物,采摘野生植物、坚果和浆果为食。当欧洲人开始在这里殖民后,他们被驱赶出自己的家园。

← 现代的土著人
在1788年欧洲人到达这里之后,土著人在他们自己的国家中沦为二等公民。今天澳大利亚内大约有25万土著人。

→ 回飞镖

土著人用向猎物抛回飞镖的方式猎杀野生动物。如果不能命中目标的话,它还会再飞回来。

↗ 乌鲁奴
"乌鲁奴"这个名字意思是"巨大的鹅卵石"。它是位于澳大利亚中部的一块巨大砂岩,有2.4千米长,土著阿兰达人认为它是神圣的。它也叫"埃尔斯岩"。

↗ 骆驼
骆驼是由伯克和威尔斯在远征过程中从印度带过来的。后来证明它们对这里水土不服,大多数最终都被探险者们杀掉食用。那些得以生存下来的骆驼的后代仍然生活于内地。

■ 深入非洲腹地

欧洲人所知晓的非洲的唯一部分就是其海岸线,很长的海岸线都是荒凉的地方,那里几乎没有什么天然港口,好多地方都是干燥的沙漠或是潮湿的雨林。其中的许多河流经由沼泽三角洲注入大海。欧洲的旅行者很少进入非洲内陆。

18世纪末,欧洲人从在几条大河和广大的撒哈拉沙漠探险开始,

↗ 理查德·伯顿
理查德·伯顿是一个无畏的探险家。1853年,他曾经化装成阿拉伯人的模样访问位于沙特阿拉伯的圣地麦加城。

□ 探索与发现

向非洲内陆挺进。1770年，詹姆斯·布鲁斯（1730~1794年）在现在的埃塞俄比亚的东部发现了塔纳湖。他意识到这是青尼罗河的源头，尼罗河的一条主要支流。在西部，蒙戈·帕克（1771~1806年）于1795年开始对神秘而少为人知的尼日尔河进行探险，该河流经内地，似乎并没有注入大海。他发现，这条河实际上是向东流，而不是人们所一直认为的向西流，然后又向南流至廷巴克图附近。然而，他并不知道在此之后会发生什么，他的独木舟受到土著部落伏击，溺水而亡。

50多年后，人们把注意力转移到了撒哈拉沙漠。1828年，一个名叫雷内·凯烈（1799~1838年）的法国探险家成为第一个探访神秘而令人敬畏的廷巴克图城并且最终生存下来的欧洲人。廷巴克图城是一个与基督教关系十分密切

大事记

* 1768~1783年，詹姆斯·布鲁斯寻找尼罗河的源头。
* 1795~1806年，蒙戈·帕克在尼日尔河探险。
* 1827~1828年，雷内·凯烈成为第一个访问廷巴克图城的欧洲人。
* 1844~1845年，海因里希·巴尔特穿越撒哈拉沙漠旅行。
* 1857~1858年，理查德·伯顿和约翰·斯皮克到东非的各大湖探险。
* 1858~1863年，约翰·斯皮克在尼罗河考察并最终发现了它的源头。

↗ 廷巴克图城
14世纪，廷巴克图城成为横贯撒哈拉沙漠的一个繁荣的贸易城市。几个世纪之后，这里以财富和学识而闻名，虽然当时没有欧洲人造访此地。

的城市，凯烈非常失望地发现，那里所拥有的只是泥房子而非富庶的建筑物。当他返回法国时，没有什么人相信他的话。然而他的说法后来得到了德国探险者海因里希·巴尔特（1821~1865年）的证实。巴尔特在19世纪50年代代表英国政府对这个地区进行了探险。

1857年，两个勇敢的英国探险者理查德·伯顿（1821~1890年）及其朋友约翰·斯皮克（1827~1864年）解决了非洲的一大谜题——尼罗河的源头问题。他们对东非的各大湖都进行了探险。伯顿病倒后，斯皮克独自继续探险，经过两次尝试，他发现，尼罗河源头是从维多利亚湖（是斯皮克以当政的英国女王的名字命名的）北端流出来的雷彭瀑布。于是，非洲内陆逐渐褪去了其神秘的光环。

» 奴隶贸易

第一批黑人奴隶是由阿拉伯人在1000多年前用船运出非洲的。当地统治者通过把从敌对部落抓来的人变为奴隶而致富。1482年，葡萄牙人建立贸易站，向新大陆输出奴隶。其他国家也加入到这一行列中来。1701~1810年间，共有700多万非洲人被贩卖到美洲。19世纪早期，欧洲废除了奴隶贸易，但阿拉伯人继续从事奴隶贸易，直到1873年赞比亚最大的奴隶市场关门为止。

← 抓捕奴隶
在西非，拥有武装的奴隶贩子抓捕年轻的非洲人，并把他们带到奴隶站点准备运走。

↗ 奴隶的生活
奴隶在新大陆的种植园中每周工作6天，每天要劳动很长时间。如果奴隶想逃跑，他就被戴上一个重重的带有长钉子的铁领，这使得他很难再次逃跑。

■ 利文斯顿和斯坦利

是大卫·利文斯顿(1813~1873年)而非别人,改变了非洲。他开始是一名传教士和医生,到非洲去感化当地人让其皈依基督教,并且通过医疗和教育来改善他们的生活。然而利文斯顿对其所看到的一切都感到好奇,并且开始到处旅行。他记录下了三大本厚厚的资料,共计75万字,这使得他和他的旅行闻名于世界。但是今天的一些人认为,他的旅行并不是什么好事,因为他为欧洲的殖民者和非洲的剥削者铺平了道路,提供了便利。

利文斯顿出生于苏格兰,并于1841年到达了位于好望角的开普敦。从那里出发,他到喀拉哈里沙漠边缘的库鲁曼的传教点。他在这里遇到了他未来的妻子玛丽并且建立了家庭。他们虽然在那里一起建立了很多传教点,但是利文斯顿很快就发现,这样做他得不到很好的休息,于是他就把妻子和孩子送回了英国,以便他能独自在这里继续进行探险。

↗ **狮子的攻击**
1844年,利文斯顿受到了一头狮子的攻击,狮子咬伤了他的左肩。尽管后来的他的伤口痊愈,但是他的左臂再也没有能够恢复到从前的样子。

↗ **"利文斯顿博士,我行吗?"**
1871年3月,亨利·斯坦利从赞比亚出发去寻找利文斯顿。斯坦利是一个冒险家,他也许是受到名誉与财富的驱使才这样做的。8个月后他收到当地人的来信说,利文斯顿前不久已经返回坦噶尼喀湖岸上的乌吉吉村。于是斯坦利马上去看望患病的利文斯顿,11月10日,他说了句已成名言的话:"利文斯顿博士,我行吗?""当然。"利文斯顿回答。

»非洲内陆

发现尼罗河源头的约翰·斯皮克,把非洲描绘成是一个扣过来的一个汤盘,周围是一圈平地,然后中间是突然凸起的中央高原。内地流出的河流经常形成湍流和瀑布,探险者们只能驾着船只绕过它们。野生动物和当地充满敌意的居民也增添了许多麻烦。

← **维多利亚瀑布**
1855年11月7日,利文斯顿在赞比亚河上发现了一处巨大的瀑布。当地人把它所形成的水雾叫作莫西奥图尼亚,或叫"雷鸣之烟"。利文斯顿用英国维多利亚女王的名字重新给它命名,这是他给他所发现的东西命名的唯一一个英文名称。

↘ **祖鲁妇女**
非洲南部的祖鲁人是一个好战的民族。19世纪早期,在他们的领袖恰卡的领导下,他们在这个地区建立了一个强大的国家。至今,仍有700多万祖鲁人生活在南非地区。

1851年,他发现了赞比亚河,此前欧洲人并不知道它。从1852年到1856年,他成为第一个由东而西穿越非洲大陆的欧洲人,他探测出了赞比亚河的长度,然后考察了赞比亚河的东岸,1865年他开始寻找尼罗河的源头。一段时间内,人们没有听到他的任何信息。《纽约先驱报》,这是美国人办的一份报纸,派遣出生于威尔士的记者亨利·斯坦利前去寻找他。斯坦利设法寻觅利文斯顿的行踪达8个月之久,斯坦利两次来到非洲,一次是在大湖区探险,循着非洲最后一条不为人知的大河——刚果河(现称扎伊尔河)顺流而下。第二次是为在刚果的比利时国王工作,他前去营救英国的赤道总督艾米·帕沙,帕沙陷入土著人部落的包围。斯坦利的中非之行帮助英国和比利时建立了殖民地,到1904年他去世时为止,几乎整个非洲都已落入欧洲人的统治之下。

□ 探索与发现

■ 探索北极

1881年，轮船"雅耐特"号在西伯利亚海岸沉没。3年后，残骸出现在距离格陵兰海岸4800千米远的地方，这恰好是北冰洋的另一端。这一非常事件引起了极大的混乱，因为每个人都知道，北冰洋中存在着厚厚的冰盖。船骸是怎么漂到这么远的地方的呢？它又是如何通过那些浮冰的呢？

挪威探险家弗里德约夫·南森（1861~1930年）决定找出其中的原因。他推算，船骸只能靠着巨大的洋流的冲击力量推动其向前漂流，是洋流推动着船骸在浮冰中移动。南森为此设计了一条名为"弗拉姆"号的船，他驾驶着它进入浮冰水面，让洋流推动它前行，就像"雅耐特"号当初被推动一样。他断定，洋流会把他带到北冰洋中的北极点附近。在3年的时间里，"弗拉姆"号在浮冰中从西伯利亚漂流到了格陵兰岛东侧的斯匹次卑尔根群岛。尽管南森没能到达北极点，但是他确确实实地证明了北极点底下没有陆地，而只是一个大冰块而已。

↗ 雪橇犬

雪橇犬身上长着两层厚厚的毛，这可以帮助其抵御北极的极度严寒和冰雪环境。它们被驯化后，可以在冰上拉着装满设备的爬犁前进。

↗ 罗伯特·皮瑞

美国探险家罗伯特·皮瑞曾经8次到北极探险。1909年，他最终到达了目标北极点。

南森并不是第一个探索北极的探险者。1861~1871年之间，美国人查尔斯·霍尔（1821~1871年）曾经3次尝试徒步旅行，并且死在了最后一次的旅途中。但是正是南森的航行大大激发了各国对北极的兴趣，掀起了到达北极点的一个竞赛。1897年，瑞典工程师所罗门·安德雷试图乘坐气球飞抵北极点，但是他在斯匹次卑尔根群岛起飞后不久就失事身亡。罗伯特·皮瑞（1856~1920年）则更为成功。他是美国的一位探险家，1886年开始第一次造访北极的尝试。在后来的22年中，他把生命献给了北极探险事业。他一次又一次地探访北极，每次都离他的目标北极点越来越近。1908年，

↙ "弗拉姆"号

弗里德约夫·南森需要一条坚固的船来实现他的计划。"弗拉姆"号被特别设计成与北冰洋的冰冻结在一起，以便使它能随着洋流在北冰洋中一起漂浮而免受损坏。南森希望这个冰船能够朝着北极方向漂浮。虽然这只船恰好穿越北冰洋，但是它并没有像南森所设想的那样靠近北极点。

冰山和冻结的重叠浮冰块堆积在"弗拉姆"号探险船的两边

船身建造得能够顶得住冰层的巨大压力

北极是什么样子？

北极位于北冰洋之中，它终年为浮冰所覆盖。这些冰漂浮在洋流之上，经常碰撞并被撞成10米甚或更高的冰山。

← 海豹皮帽

第一次到北极探险的欧洲旅行者穿的是多层的羊毛衣物，这无法抵御北极的寒冷。后来，他们学会了身穿因纽特式的用动物毛皮做成的衣服，例如这个海豹皮帽。

↗ 北极的补给

飞机在向北极运送物资的过程中发挥了重要作用。1926年，美国探险家理查德·伯德和弗洛伊德·贝内特乘坐飞机抵达北极点。

→ 肉糜压缩饼

到北极进行长期探险的理想食物就是肉糜压缩饼。它是用烘干的碎肉加上炼油一起制成的。其中含有丰富的热量并可以安全存放好几年的时间。

他从格陵兰岛的西海岸出发，并在埃尔斯米尔岛的哥伦比亚海角建立了大本营。他的"六强队"从那里出发，疯狂冲刺，并于1909年4月到达了北极点，然后他们匆忙地返回大本营。世界的极点被征服了。

不过有人怀疑，皮瑞是否是真的到达过北极点，因为他在一天的时间内走了112千米的往返路程。现在，大多数人都认为皮瑞并没有真正到达北极点。

到达南极的竞赛

1909年，罗伯特·皮瑞成功地到达北极之后，所有的人开始把目光开始转向南极。因为南极是世界上最后一块尚未被征服的地方，所以深深地吸引着众多的探险者。

但这是一个令人生畏的地方，不像北极，南极为陆地覆盖。辽阔而寒冷的南极大陆是世界上最冷的地方，分布着许多山脉和冰川，这使得旅行变得极其困难。此外，南极大陆被浮冰和冰山包围着，这些浮冰和冰山一直延伸到南海。有两个人打算征服这个冰天雪地的荒野。第一个人是英国的探险家罗伯特·斯科特，他于1901~1904年造访这一地区，并认为自己将是这一地区的征服者。正当斯科特紧锣密鼓地准备带领南极探险队出征而名声大噪之时，另一个探险家挪威的罗尔德·阿蒙森也加入到这一竞争行列中来。他对外保密他的计划，以防止斯科特加紧准备的步伐。阿蒙森也是一个经验丰富的极地探险者，而且他的准备和装备要远远好于斯科特。

这两支探险队都于1911年1月到达了南极洲，并且分别在罗斯冰架的两侧过冬。然而，阿蒙森要比斯科特早两周离开那里，并向南极

↗ 企鹅

南极是各种企鹅的故乡。虽然企鹅不能飞，但是它可以用翅膀游泳。

大事记

* 1840年，詹姆斯·威尔克斯和朱莉斯·迪蒙·杜尔维到南极海岸线考察。

* 1841年，英国的詹姆斯·罗斯到罗斯海及其巨大的冰架去探险。

* 1901~1904年，斯科特到南极海岸及罗斯冰架探险。

* 1908年，欧内斯特·沙克尔顿到达了距离南极点180千米处。

* 1911年，罗尔德·阿蒙森到达南极点。

* 1912年，斯科特到达南极点，但是他的探险队在回程中丧生。

□ 探索与发现

»斯科特的旅程

1910年，罗伯特·斯科特登上前往南极洲的"特拉诺瓦"号轮船。他在埃文斯角过冬之后，于1911年11月开始向南极进发。斯科特和他的对手阿蒙森不一样，虽然他也用矮种马和狗拖拉爬犁，但是矮种马都被冻死了。结果他的5支队伍行进速度缓慢，当他们于1912年1月17日到达南极时，却心灰意冷地发现，阿蒙森已经打败了他们。而且这5支人马都死在了归途上。

→ 罗伯特·斯科特
海军军官罗伯特·斯科特（1869~1912年）于1901年开始带领一支科学考察队远征南极。在1910~1912年的那次不幸的南极探险中，他终究实现了这一世界奇想。

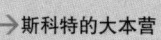
→ 斯科特的大本营
斯科特在罗斯冰架东侧的埃文斯角建立了大本营。他和队员们一起在这里度过了1911年的冬天，规划他们去往南极的路线，研究地图并撰写书信和报告。

↗ 穿越冰雪大陆之战
阿蒙森和他的伙伴们配有能够抵御寒冷的良好装备，而且他们都擅长滑雪。他们利用雪橇犬来拉爬犁。当食物和其他供给品用光之后，爬犁就会变轻，他们就会把这些不再有用的狗打死吃掉，这样可以减少探险队对食物的需求。结果，阿蒙森和他的队员比斯科特的探险队行进速度更快。

前进了110千米。他已做好充分准备，在沿途的驿站中备好了食物。他的"五强队"进展迅速，登上了陡峭的阿克塞尔·海伯格冰川之后到达了南极周围的高地。他们于1911年12月4日到达南极。斯科特虽然于11月1日即已开始行动，但是由于更为恶劣的天气而放慢了进程，他们最终于1912年1月17日才到达了南极，比阿蒙森落后了一个月。

阿蒙森的探险技术和装备确保了他的所有队伍得以安全返回。但是斯科特及其探险队则是全军覆没。阿蒙森的队伍每18千米就设置一个供应站，配备食物及其他救援物资。前往南极的竞赛结束了，虽然阿蒙森赢得了胜利，但斯科特的悲惨探险结局同样备受瞩目。

■ 从海洋、山峰到天空

随着1911年南极大陆被征服，探险的时代结束了。这个世界上所有主要的未被发现的地方现在都已经被探险过了。但是1903年，一种新的交通工具问世。奥维尔·莱特和兄弟威尔伯·莱特坐着他们自己建造的称为"飞鸟"的飞机飞过北卡罗莱纳。由发动机做引擎的飞机为探索和发现创造了新的机会。在20世纪的最初30年中，人类创造了一系列的飞行壮举。

1909年，路易斯·布雷里奥首次飞越英吉利海峡。不过，穿越北大西洋从纽芬兰到爱尔

↗ 乘气球周游世界
1999年，布莱恩·詹姆斯和伯特伦·皮卡德成为世界上第一个乘着"布雷特灵卫星3"号气球不间断地环球飞行的人。二人从瑞士起飞，利用喷气流冲上大气层向东滑翔周游世界。

↗ 艾米·杰克逊

1930年,英国女飞行员艾米·杰克逊(1903~1941年)用了17天,只身从英国飞抵澳大利亚。此前她只学习了两年的飞行技术。艾米成为第一个只身飞越大西洋的女性,她还曾经只身从印度飞往日本。

兰并且中间不做任何休息的飞行则是10年之后的事情了。这是由约翰·阿尔科克和阿瑟·布朗第一个完成的。1927年,查尔斯·林白独自飞越大西洋,而艾米·杰克逊则是第一位单独进行飞行的女性,1930年,她从英国只身飞往澳大利亚。这些和其他那些具有历史意义的飞行开辟了商业用途的飞行,各航空公司在世界的各主要城市之间开辟了定期的航班。人们再也不用像以前那样为了去更远的地方旅行而在海上浪费好几个月的时间了。

越来越多的人想到其他的地方去亲自探索这个世界。出境旅行的增长导致了探险的实质发生了变化。现在的探险者是飞上天空,乘坐着飞机来观察陆地,通过空中侦察来绘制各种详尽的地图。对于那些依然徒步探险的人而言,现在可以用空运来提供供给和增援,以及空运伤员以便获得医疗救助。这使得探险者所面临的自然危险比以前大大减少了,他们探险的重点从探险本身转移到了科学探索。例如今天的科学考察队在南极考察全球变暖的影响,或者在太平洋上考察气候变迁的影响。他们运用极其复杂的科学设备和技术,并且还有一支救援队伍,随时待命使之瞬间飞离危险境地。

■ 飞入太空

1957年10月4日,前苏联将一个并不比浮水气球大多少的铝制球体送入太空。它的直径有58厘米粗,尾部有4根天线,每96分钟绕地球一圈。这就是世界上第一颗人造卫星"斯

↗ 月球上的生活

当宇航员登上月球之后,他们就住在登月舱中。当他们准备离开时,登月舱被发射出去并将之与轨道上的宇宙飞船连在一起。

» 高低之间

虽然地球表面近3/4的部分为海洋覆盖,但是我们对海平面以下的情况仍旧知之甚少。潜水艇的发明使得探险者可以更为仔细地研究海洋。另一个极端是处于地球表面最高处的地方,也同样吸引着众多的探险者。

← 雅克·库斯托

世界上最著名的海洋探险家之一——雅克·库斯托(1910~1997年),于1943年发明了水下呼吸器,它是一个与面罩相连的储气罐,可以帮助潜水员在水下呼吸。

← "里雅斯特"号

"里雅斯特"号深潜艇是为了抵抗海底高压而设计的。1960年,雅克·皮卡德潜入水下11千米,进入位于西太平洋的马里亚纳海沟,由此创下了保持至今的世界纪录。

→ 潜水钟

1690年,埃德蒙·哈雷发明了潜水钟。它利用重力把水密桶沉入海底。同时放下充满空气的桶,并将其与潜水钟相连接,以此来为坐在潜水钟里的人提供空气。

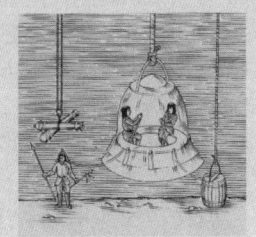

□ 探索与发现

»太空竞赛

1957年，前苏联发射了世界上第一颗人造卫星，由此开始持续到1969年，美苏两国一直进行太空竞赛。美国担心前苏联会把太空作为军事目标来利用，并且想证明美国世界上的首要超级大国。这一竞赛一直持续到美国把人送上月球。

←尤里·加加林
第一个进入太空的人是前苏联宇航员尤里·加加林（1934~1968年）。1961年4月12日，他乘坐"东方1"号环绕地球轨道运行，在太空中飞行了108分钟后返回地球。加加林由此成为英雄，并且被授予了许多国家级的荣誉。

←太空中的狗
进入太空的第一个生物是一条名叫莱卡的狗。1957年11月，人造卫星"斯普特尼克2"号将莱卡送入太空，并且在太空轨道中停留了两天的时间。其他生物，诸如猴子和水母也被送上过太空。

→太空食品
预包装食品尤其是方便食品被用于执行太空任务。它们需要加热或是用水泡方可食用。宇航员们很少能吃到新鲜食品，因为它们不易贮藏。

↗发射场
火箭需要巨大的能量，使之能够被举起并离开发射平台。一旦进入太空，宇宙飞船或是卫星就可以自行运转而不再需要火箭了，这时候火箭就会脱离宇宙飞船或是卫星而坠落下来。

的每个行星都进行了考察。大量的天气、通讯和侦测卫星围绕着地球轨道运转。现在每周至少有两颗新的卫星被发射升空。轨道望远镜发回了有关远方星辰的详细信息，永久性的太空站可以让宇航员在太空中生活几个月的时间。渐渐地，一张更为完善的太阳系以及它在宇宙的重要地位的图片正在绘制当中，并且每年都有很多新的发现。

普特尼克1"号。由此开启了一直延续至今的激烈的太空探索与发现的时期。

现代火箭技术已经有可能使人造卫星穿过地球大气层进入太空。一旦进入太空，飞上月球去考察太阳系中距离我们最近的行星邻居就变得更为容易。科学家想为地球上那些最古老问题找到答案——在宇宙的其他地方是否有生命存在？地球及宇宙本身是怎样以及何时形成的？他们还想探索距离我们最近的行星并想知道有关它们的更多东西。

技术与好奇心二者相结合，最终把人类送上了月球，而无人驾驶的宇宙飞船对太阳系中

大事记

* 1957年，前苏联将第一颗卫星"斯普特尼克1"号送入太空。

* 1960年，美国首次发射了天气、航海和通讯卫星。

* 1961年，前苏联的尤里·加加林是第一个进入太空的人。

* 1966年，前苏联"月球11"号宇宙飞船登上月球。

* 1969年，美国人内尔·阿姆斯特朗成为第一个在月球上漫步的人。

* 1970年，前苏联将"沙留特1"号发射升空，这是世界上建立的第一个宇宙空间站。

* 1981年，"哥伦比亚"号航天飞机发射升空。

* 1983年，"先驱者10"号太空探测器飞离太阳系。

科学发展史

■ 数学的发明

人类很可能在很久很久以前就学会了计数。事实上，即使是小动物也有基本的数字感。例如，鸟儿通常都知道它有几个小宝宝。然而，直到大约 1 万年前，原始狩猎者开始了定居的农耕生活，人类开始用大的数字来思考，人类第一次开始需要准确的计数。他们需要计算在市场上卖了多少只羊，买了多少袋麦子，等等。所以，在中东的古文明中，譬如苏美尔文明，出现了最初的农庄和城镇及最初的数字。

人类可能最初是用手指头数数，这种方法操作便利，在今天依然被采纳，但是手指头并不能帮你记数，所以人们开始通过将石头、贝壳或陶制圆盘等依次堆放在一起制成了第一个计数装置。大约在 6 000 年前，苏美尔人在黏土制的书写板上画符号，一个符号表示计算的一个数字。很快，巴比伦人学会了用不同的符号表示更大的数字。这一体系是我们现代数字系统的基础，除了用不同的标志表示更大的数字之外，我们简单地用符号代表从 0~9 的数字，并且把这些符号放在不同的位置以表示更大的数字。

↗ 苏美尔会计师

苏美尔的会计师可能在 6 000 年前就写下了最初的数字。为了记下支出和税收，他们在软黏土板上划下符号，待黏土板干了之后就保存下了永久的记录。

早期的文明同样发展了数学的技能。首先，有算数的存在，这是一种计数的艺术——通过加、减、乘、除。算数是所有的数学的技能中最古老的，我们知道巴比伦人和苏美尔人在至少 5 000 年前就掌握了这门技能。巴比伦的学生要学习乘和除，他们用算盘帮助计算更复杂的算术题。

算术被发展用于会计，会计是古代文明中力量的钥匙。会计和算术是至关重要的。例如，

大事记

* 公元前 1500 年，巴比伦人发展了数字体系。
* 公元前 530 年，毕达哥拉斯提出了他的三角理论。
* 公元前 300 年，欧几里得写下了他的《几何原本》，这是影响最大的基础数学读物。
* 公元前 300 年，印度人发展了他们自己的数字体系。
* 公元前 220 年，阿基米德发现了测量球的体积的方法。
* 公元前 200 年，阿波罗尼斯分析了锥形物的切面——抛物线和椭圆。

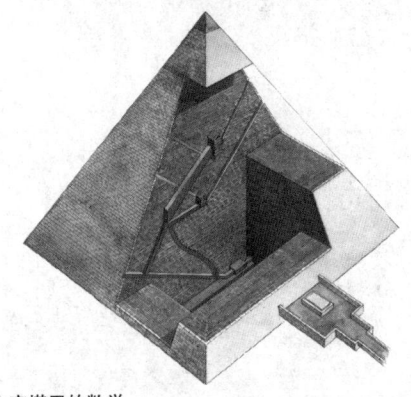

↗ 金字塔里的数学

古埃及伟大的金字塔以它几何的精确性令世人震惊。一次令人惊异的发现向我们揭示了古埃及人建造金字塔的方法。1858 年，英国历史学家亨利·莱因德买了一张在公元前 1650 年左右的由一位古埃及抄写员写下的纸草，又叫《阿美斯纸草书》，这一纸草书显示出古埃及人对三角几何非常精通，这一技术对金字塔的建造至关重要。例如，他们掌握了通过计算影子的长度以得出金字塔的高度的方法。

□ 探索与发现

它帮助算出人们还欠多少税。那些精通算数的人受到了极大的尊重，事实上，他们有威慑的力量，因为当数学家第一次学习做出敏捷的数学计算的时候看起来是很神奇的。古老中国的算数过程是如此机巧和聪慧，以至于在20世纪早期的欧洲杂耍戏院里依然有中国的"读心术"。

另一种技艺是几何，它是关于形状的数学，可能首先是被发明以帮助人们测量他们的土地。在4 000多年前，古埃及人发展了几何以帮助他们建造更完美的金字塔。

■ 观察星空

天文学的发展可以追溯到人类的早期时代，当史前的猎人仰望星空，观察哪个晚上的月光将给他们提供好的狩猎机会的时候，天文学就开始了。当人们在1万年前开始定居、从事农耕生活的时候，天文学帮助农民辨别季节的轮回。实际上，天文学在早期的文明中扮演着至关重要的角色，以至于天文学家常常是高级教士。古

↗ 托勒密

托勒密是伟大的天文学家，在他死后的1500年里，他的著作一直是天文学的权威。

代的许多纪念物都与天文学有很深的联系。例如，英国的斯通亨奇环状列石，在一年中白天最长的夏至和最短的冬至时，与升起的太阳对齐；埃及的伟大金字塔的轴指向猎户星座。

当古希腊罗德岛的天文学家喜帕恰斯（公元前170~前127年）开始研究天空时，天文学已经是一门古老的艺术。喜帕恰斯是一位天才的观察家，但是他的许多工作都建立在古巴比伦人记录的基础上，这些记录是亚历山大大帝从波斯帝国的废墟中挽救回来的。即使如此，他的成就也是惊人的。他是第一位伟大的天文学家，为以后大约2 000年的天文学奠定了基础。

公元前134年，喜帕恰斯发现了一颗新星，

»伟大的几何学家

最初的几何学家多为古希腊人，例如毕达哥拉斯、欧多克索，特别是生活在大约公元前330年到公元前275年的欧几里得。几何实际上是一个希腊词汇，表示"土地测量"。欧几里得的著作《几何原本》是学习几何的最佳著作，在上千年中一直是基础读本，即使在今天，数学家仍然沿用欧几里得对平面几何的表达——点、线、面。

↗ 毕达哥拉斯
萨摩斯岛的毕达哥拉斯是人类最早的伟大数学家之一。他认为数字是生活的完美基础。他的著名理论是关于直角三角的定理。他指出：直角三角形两个直角边的平方之和等于第三条边的平方，这就是著名的毕达哥拉斯定理。

→ 三角形檐壁
古希腊人对完美的几何形状非常着迷，这反映在他们优雅的神殿里。这些典雅的建筑是运用几何原理的最早建筑之一，当时，几何不仅用于神庙等建筑，也是工程学的基础。实际上，我们的许多几何学知识都是在古希腊几何学的基础上建立起来的。

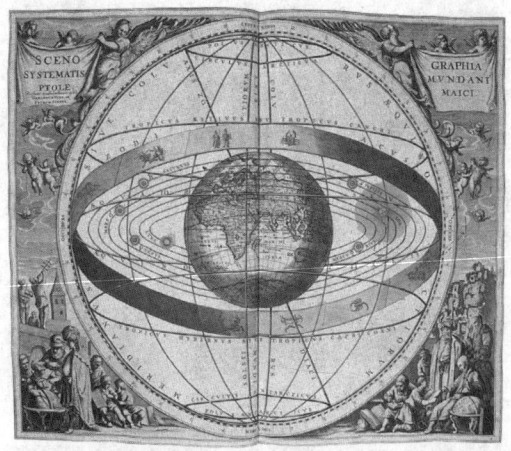

↗ 托勒密的地图
早期的欧洲地图基于托勒密所说的地理学，正是由于托勒密低估了地球的实际大小，导致哥伦布为了寻找亚洲而横渡大西洋，结果发现了美洲。

》星 座

为了在夜空中定位，古巴比伦和古埃及的天文学家寻找恒星组成的图案，或者叫星座。他们用神话中的角色给星座命名，在群星图上，你可以看到根据星星所处的位置画的星座图，似乎星星们是巨大的画书的一部分。

在星座中，星星之间是没有实际联系的，他们仅仅是看上去离得比较近。但是这一体系是如此地有效，以至于目前的天文学家依然沿用它，并且还新增加了一些星座。每一个古老的文明都有自己的对星座的称谓，而我们今天惯用的称谓是来自希腊神话，不过不是希腊写法，而用罗马的拉丁字母书写，例如，Cygnus 表示天鹅座，Ursa Major 表示大熊座。

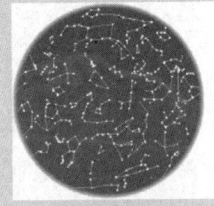

↗ **北半球的星空**
直到今天，在北半球的星空总共命名了88个星座，或者说是星群。在天空中还有其他的星星，星座只是把最亮的星星组合在了一起。

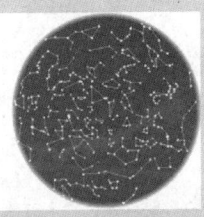

↗ **南半球的星空**
从南半球观测到的星座和北半球是不一样的。实际上，古希腊人根本不知道南十字星座的存在。

↗ **黏土板**
许多最早的天文学记录是巴比伦人留下的，他们把记录刻在如上的黏土板上。

在这一发现的激励下，他开始给当时已知的850颗星星分类，这一分类被托勒密完善，直到16世纪仍然被使用。

喜帕恰斯根据星星的亮度，给每个星星分配了从1~6的等级，最亮的是天狼星，称为一等星，最暗的称为六等星。虽然星星亮度等级后来被重新定义，但亮度等级的概念直到今天对天文学家依然是至关重要的。

喜帕恰斯能非常精确地测量天空中的事物，他对太空中的运动作出了一些令人惊讶的精确计算。例如，他计算了一年的长度，而且只有7分钟的误差，他同样发现在昼夜平分点（3月21日和9月21日）时，星星的相对位置会缓慢地转动，旋转周期为26 000年。

令人遗憾的是，喜帕恰斯的著作并没有保存下来，我们仅仅是通过托勒密的包括《天文学大成》在内的4本书中有关古希腊天文学的成就中了解到喜帕恰斯的工作，而托勒密的著作直到16世纪依然是西方和阿拉伯世界天文学的里程碑式的著作。

■ 罗马的工程学家

古罗马并没有如古希腊那样多的名垂青史的思想家，但是他们有许多聪明的、讲究实效的科学家，古罗马人是古代世界中最伟大的工程学家和建筑师。他们的桥梁、道路以及大广场是智慧的奇葩，其中有的在2 000多年后的今天还依然伫立在大地上。其中的一些，例如给罗马供水的8条沟渠直到今天还在使用中，并且如刚刚建立时一样良好运转着。很难想象一些现代的结构能够支撑这么长的时间。

古罗马的许多工程都跟他们的军事征服有关系，工程学家随军建造道路桥梁。良好的工程学知识是一位官员的必备技能。罗马人一旦征服了一块新的领地，军队的首要任务之一是

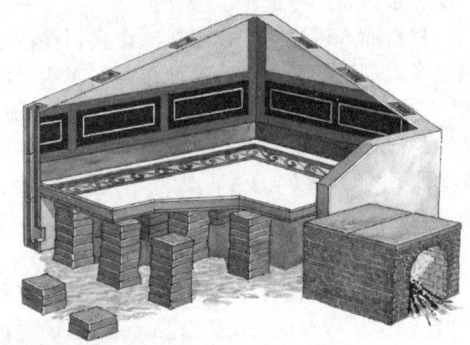

↗ **地下加热**
我们倾向于认为中央加热的方法是现代发明的，但是许多古罗马的房屋在地板下面有一个坑式装置，从旁边炉子的热砖块传过来的暖风穿过这一空间，可以保持地板的温暖以及房间的舒适。

□探索与发现

» 古罗马的道路

没有任何一项古罗马的工程建筑成就能够与他们的道路体系相比较。古罗马人在公元前334年开始建造道路,此后,帝国迎来了一个道路建设的高峰期,他们铺设了8.5万千米以上的道路,包括著名的穿过意大利的长达660千米的亚壁古道。

当时,大部分道路都是很简陋的、颠簸不平的泥土路,冬天会因为泥泞而无法通行。相反,古罗马人建造的是平滑的、有坚硬表面的道路,如笔直的箭一样穿过沼泽、湖泊、山谷和山坡。有了这些路,他们的士兵能以令人惊奇的速度在整个帝国以内任意穿梭。

↗ 古罗马的道路

甚至到了今天,世界上很多地方的路在恶劣的天气下仍可能变得无法通行,但是古罗马人建造的路一年四季都能通行。他们在河道上建立了坚固的石桥,他们把道路建立在地面的高处以便于能够抵挡洪水对于堤坝的冲击。他们甚至在路中嵌入凹槽,以便于污水的排泄。

依照标准的计划规划城市,为军队建造一条道路并提供干净的水源。

古罗马人从古希腊人和伊特鲁里亚人那里继承了构造的技艺,不仅将古希腊人的技术发展到了一个新的水平,还增加了许多他们自己的特点。古罗马工程学的至关重要的一点是拱门。拱形结构是建设桥梁的一个简单但是很绝妙的方法。独立的拱门在倒塌之前需要承受巨大的重力。但是当拱门连在一起时,压力就减轻了,建筑起来也更经济,所以拱形建筑一般都很结实。

另一个罗马建筑的特点是水泥。古罗马人大规模地生产砖块,他们的桥梁和建筑是最早的砖块结构。开始的时候,这些结构是由沙、石灰和水结合在一起的。公元前2世纪,一种新的材料加入进来了:在现在的意大利普特欧里镇旁边发现的火山砂,这种材料现在叫火山灰,它能难以置信地将灰泥变成坚硬的水泥,即使是泡在水里也非常坚硬。普特欧里的灰泥既坚硬又便宜,以至于罗马人开始只生产水泥,并废弃了对砖块的应用。甚至,他们在其中加石料,形成更为坚固的混凝土。

有了拱形结构和普特欧里的灰泥,古罗马人可以建造大规模的桥梁和沟渠,例如法国尼姆附近的著名的加尔桥以及西班牙780米长的塞哥维亚长渠。这些桥梁存在了大约2000年的事实证明了它们的负重性和耐用度。

■ 关于太阳和地球

直到16世纪,几乎每个人都确信地球是宇宙的中心,月亮、太阳、行星、恒星都在围绕着地球转,但是一位波兰的天文学家哥白尼开始思考:天空中行星的路径有些奇怪。

在大多数的时间里,行星都沿着一个平滑的曲线运动,但是每一个都偶尔会在空中有些小的

↗ 哥白尼

天文学家哥白尼花了他生命的大部分时间在德意志的弗罗恩堡大教堂学习古老的天文典籍,他的理论震惊了世人。

大事记

* 公元前300年,古希腊天文学家阿利斯塔克提出地球围绕太阳旋转。

* 1543年,哥白尼提出地球围绕太阳转。

* 1550年,开普勒意识到行星的轨道是椭圆形的。

* 1610年,通过望远镜,伽利略看见了月亮上的山,并且发现了木星的4颗卫星。

* 1665年,牛顿运用地心引力的理论解释了行星是如何运动的。

* 1781年,赫瑟尔发现了天王星。

科学发展史

太阳系仪

人们一旦确信地球仅仅是太阳系中的一颗围绕太阳转的行星,就开始着迷于这个系统的运动方式。1710年,苏格兰的一位叫作乔治·格雷厄姆的钟表匠为他的资助人奥若瑞四等伯爵制作了一个展示行星运行方式的仪表,后来太阳系仪就非常普遍了。

倒退,古代的天文学家,包括托勒密,解释这是由于宇宙中的任何物体都受到精致的本轮或者是各自旋转的影响。这一精致体系并没有阻碍哥白尼的探索。例如,他注意到星星有时候看起来伸手可得有时候却遥不可及,"为什么会这样",他问道。

于是哥白尼产生了一个简单但是很智慧的想法:如果地球不是宇宙的中心,而仅仅是围绕太阳而运转的行星中的一个会怎样?这样的话,行星的奇怪的运转和星星们的不同距离的问题都得到了解决。他把他的发现写在了一本叫作《天体运行论》的著作中,该书在1543年他去世时出版。

历史上没有任何一个观念如此彻底地改变了我们对我们身处其中的宇宙的看法。首先,仅仅一小部分天文学家注意到了哥白尼的学说,毕竟,人们被错误的观念影响太久了。17世纪早期,著名的意大利科学家伽利略使用一种新的叫望远镜的装置仰望星空,伽利略从望远镜中看到的东西证明了哥白尼的观念——它并不只是一个有趣的理论,而是真实的存在。

伽利略观察到的两件事证明了他的观点。其一是他看见有4颗卫星在围绕木星转,这证明了地球并不是宇宙的中心;其二,他看见金星就像我们的月亮似的,金星所处的阶段显示它一定是在围绕太阳转,而不是地球。

当时天主教的教义是基于地球是宇宙的中心的观点,当伽利略在其出版的著作《星空信使》中披露他的发现的时候,他被罗马教皇宣布为异端。他被宗教裁判所威胁,被迫否认自己的观点,承认地球是中心。1979年罗马教皇代表罗马教廷公开承认,300多年前对伽利略的迫害是严重的错误,伽利略蒙受的冤案终于得到平反。

哥白尼的天体图

哥白尼的天体图不再把地球当成宇宙的中心,而只给了我们一个"半中心",或者是以太阳为中心。当然,我们现在知道了即使太阳也不是宇宙的中心,而仅仅是上亿的星星中的一颗。

》伽利略的望远镜

伽利略并没有发明望远镜,但他是最早用它来观测夜晚的星空的人。望远镜的使用遭到了巨大的歧视和怀疑。一个教授说他拒绝花时间在这个愚蠢的装置上,"以观察只有伽利略观察到的东西,并且,它让人头疼",另一些人说"这都是骗局"。

当兴奋的伽利略试图在博洛尼亚向教授们展示他通过望远镜观察到的木星的4个卫星的时候,所有的"最优秀的人们和最高贵的医生们"坚持说"这个装置在说谎",数学教授、神父卡维乌斯说他也可以展示木星的卫星,如果他有时间在透镜上把它们画下来的话。

木星的卫星

1610年1月,伽利略通过他的望远镜观察木星,发现了木星的4颗小卫星。当时大部分的人们认为宇宙中的星星都在围着地球转。图中是太阳系中的围着木星的4颗小卫星,目前木星已知的卫星有16颗,伽利略发现的那4颗被称为伽利略卫星。

365

□探索与发现

■ 对力和运动的认识

17世纪是第一个真正的科学的世纪,天才如伽利略、哈根斯、波义耳、牛顿、莱布尼茨和列文虎克都作出了巨大的贡献。在所有这些成就中,可能没有一个能与对力和运动的理解的重要性相媲美。

古希腊哲学已经知道了"静力学",当物体开始运动的时候,就成了"动力学",人们就开始困惑了。例如,他们可以看见犁在动是因为牛在拉它,箭能飞是因为弓的力量,但是他们想知道,箭在离开了弓之后是如何还能在空中保持飞行的——如果没有东西在后面一直推它的话。古希腊哲学家亚里士多德根据他的直觉宣称:肯定有一种力在保持物体的运动——正如你的自行车在你不踩脚踏板的时候会减缓直到停下来。

但是直觉也会出错的,伽利略和牛顿意识到了这一点。在一系列的实验过后——最著名的就是斜坡滚球试验——伽利略意识到你并不需要力就能使物体运动。相反的道理也是成立的。假如没有外力减缓,物体会保持匀速运动,这就是为什么箭能穿过空中。箭会坠落到地上是因为空气阻力把箭的速度减缓到足够低,从而地球引力能将箭拉下

△ 艾萨克·牛顿
牛顿(1642~1727年)在运动三大定律中揭示了力与运动之间的关系。他意识到他所称为地心引力的力导致了物体的下落以及行星围绕太阳转。

到地面,这就是惯性的观念。伽利略意识到以不变的速度运动的物体与丝毫不动的物体之间没有真正的区别——它们都没有受到力的影响。但是为了使物体快一点或者是慢一点,或者开始运动,是需要力的。

进一步的试验将伽利略引向了第二个至关重要的发现。如果一个物体运动加快,其加速度的大小取决于促进它运动的力的大小和它自己的质量。一个大的力使一个物体的加速度更快,一个小的力使它的加速度稍慢。

伽利略的观点给对力和运动的理解带来了飞跃。1642年,在他去世的这一年,另一位伟大的科学天才牛顿诞生了。牛顿将这些观念综合起来,奠定了动力学科学的基础。在他于1687年出版的科学巨著《自然哲学的数学原理》中,牛顿建立了三大定律,解释了所有运动类型。

前两大定律是伽利略对于惯性和加速度的伟大洞见。牛顿的第三大定律显示:当一个力作用于或被作用于一个物体的时候,它必须在相反的方向以同样的力被作用于或作用于另一

△ 伽利略和比萨斜塔
伽利略察觉到地心引力以同样的力加速物体的下落,换句话说,不管物体的质量如何,它们下落的速度都是一样的。传说他通过在意大利的比萨斜塔上落下两个质量不同的物体来证明了自己的说法,这两个物体将同时坠地。

△ 失重
在一个围绕地球旋转的宇宙飞船里,全体人员都漂浮起来而失重了。你可能会认为地心引力并没有如牛顿所说的起了作用。事实是地心引力仍然作为一个力存在的,但是围绕地球转的宇宙飞船的速度是如此快以至于地心引力的影响被忽略了。

366

牛顿和地心引力

直到 1665 年的一天,牛顿在果园里思索问题之前,没有人知道为什么行星要围绕地球转,也不知道为什么物体要向地面坠落。但一个苹果坠落到地上的时候,牛顿想:苹果不是简单地落下,而是被地球上的一个看不见的力往下拉。从这一简单但是卓绝的观念中,牛顿发展了他的地心引力的理论:一个宇宙的力试图将所有物体拉在一起。没有地心引力,宇宙将是分裂的。

牛顿揭示出任何地方的地心引力都是相同的,而两个物体之间的拉力取决于他们的质量以及相互之间的距离。

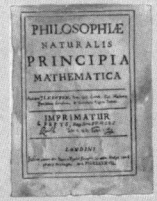

← 牛顿的伟大著作

牛顿的《自然哲学的数学原理》,在这本书里,它揭示了运动的定律,成为史上最有影响力的科学著作之一。

→ 气压计

1644年,伽利略的一个学生托里切利揭示出空气并不是什么都没有,而是由物质组成的。

在一个著名的实验中,托里切利展示空气中有许多的物质以至于能托起管子中的液体水银柱。在这个实验中,托里切利制作了第一个气压计——测量气压的装置,不久以后,他意识到气压计可以用于预测天气。

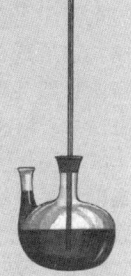

个物体。牛顿的三大定律给科学家们提供了对于力和运动之间关系以清晰的理解,也提供了数学分析的方法。同牛顿的地心引力的发现一起,这些定律看起来揭示了宇宙中的每一个运动,不管它们是大是小——从跳蚤的跳跃到行星的运动。

■ 对原子与物质的认识

由于牛顿和伽利略的杰出贡献,17 世纪的科学家们知道了物体是如何以及为什么运动。但是他们对于物质是由什么组成的却知之甚少。在 2000 多年以前,古希腊哲学家认为所有的存在都是由四大元素组成的,它们是:土、水、气以及火。在中世纪,炼金术士通过将物质加热与混合,以观察它们如何从一种形态变化到另一种形态。他们发现了新的物质,例如硝酸和硫酸,但仍然坚信物质是由四大元素组成的。

第一位对这一观念提出怀疑的波兰化学家波义耳(1627~1691 年),他对所有的物体都进行了实验。在他的著作《怀疑的化学家》中,波义耳认为一切的物质都是由一系列的基本物质组成的,或者叫"元素",而这些基本元素又是由"基本微粒"组成的细小结合体。波义耳相信世上所有的物质都是由这些微粒以不同的方式组成的。

炼金术士相信一种物质可以转化为另外一种物质,这就是为什么他们寻找"哲学家的石头"的原因:一种物质可以将一般的金属变成黄金。如果波义耳关于物质的理论是正确的,炼金术士就错了,物质可以用不同的方式组成在一起,

↗ 约瑟夫·普里斯特利

英国科学家约瑟夫·普里斯特利(1733~1804年)发现了后来被称为氧气的物质,这是我们的呼吸、物质的燃烧都需要的物质。

大事记

* 1756年,约瑟夫·布莱克推导出空气中二氧化碳的存在。

* 1774年,约瑟夫·普里斯特利发现了很多新的气体,包括氨气。

* 1784年,亨利·卡文迪什揭示出水是氢氧化物。

* 1789年,拉瓦锡写下了第一个元素表,并推翻了燃素论。

* 1808年,道尔顿提出了他关于化学元素的原子理论。

* 1818年,贝采里乌斯发表了第一个关于元素的原子质量表。

□ 探索与发现

但是不能发生实质性的改变。两种观点在整个18世纪都争论不止。

争论的焦点是燃烧。炼金术士争论说，如果你看到木材燃烧之后变成了灰烬，或者一块金属生了锈，很明显，物质已经改变了。一个叫作施塔尔的化学家在18世纪早期提出，在任何一个可燃烧的物质里都蕴藏着一种叫作燃素的东西，当燃烧发生的时候它会在空气中熔解掉。如果这是正确的，任何一个已经燃烧了的物体必然会因为失去了燃素而变得比燃烧之前更轻了，是这样的吗？

法国化学家安东尼·拉瓦锡（1743~1794年）意识到平息这一争论的方法是在燃烧之前和之后精确地量出物质的质量。在一个设计精良的实验里，拉瓦锡在一个密封的罐子里燃烧了一块锡，而锡在燃烧之后竟然变得更重了——这与燃素说发生了冲突——但是空气却变得更轻了。所以总的来说质量并没有改变，物质只是改变了存在地点而已。同样可清楚得到是，锡并没有失去什么东西（例如燃素），而是从空气中得到了一些东西。拉瓦锡后来意识到这种东西就是氧气，这也很快被英国的化学家约瑟夫·普里斯特利发现了。

拉瓦锡的实验是我们对于物质的理解的转折点，有三个理由可以这样说，其一，它将精确的科学方法带入了化学领域；其二，它摒弃了燃素说并揭示出燃烧是一个包括氧气在内的过程；其三，它揭示出物质即使是在燃烧的时候也不会改变。所以拉瓦锡证实了波义耳的关于元素的学说。事实上，拉瓦锡列出了第一张真正的元素表，被后人尊称为"化学之父"。

》道尔顿和原子论

所有的物质都是由叫作原子的微小颗粒组成的，这一观念最初是由古希腊的哲学家德谟克利特在公元前5世纪的时候提出的。随后，在17世纪，这种观念受到了波义耳的挑战。英国化学家道尔顿提出了第一个真正的原子理论并证明了它。通过对比不同化合物的不同样本里元素的相对质量，道尔顿可以得出每一个元素的原子的确切质量。

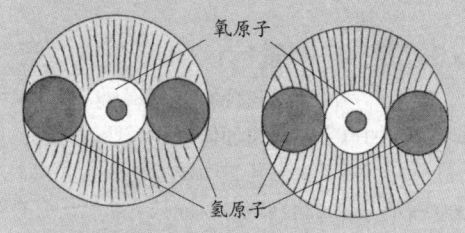

↗ **道尔顿的原子模型**

道尔顿的理论揭示出当一种元素的原子与另外一种元素的原子结合在一起的时候，化合物就产生了。道尔顿相信：当氧原子与氢原子结合后，水就产生了。后来，意大利的物理学家阿伏伽德罗揭示出是两个氢原子，而不是一个，与一个氧原子结合产生了水。

↗ **拉瓦锡在实验室里**

拉瓦锡的精确称重的实验揭示出：古希腊人四大基本元素中的气元素实际上只是不同气体的结合体，主要是氧气和氮气的混合体。他同时还指出，四大基本元素中的水也只是氧与氢的结合物。

← **道尔顿**

1808年，道尔顿出版了他的第一列元素表，附带有他对于不同的原子的质量的估计。

■ 工厂和熔炉

直到 1750 年，大部分人们都生活在乡村，圈养动物，种植物。接下来，英国发生了两次伟大的革命，并永久地改变了世界的面貌。一次是农业革命，它让贫穷的农民离开了他们的土地；另一次是工业革命，它让棉花的手工作坊让位给大的工厂。离开土地的人们到大工厂去工作，第一批大工业城市建立起来了。

这些革命随着欧洲在世界的殖民和贸易而加快了。殖民地是巨大的新的商品市场，例如衣服和餐具。在过去，人们通过手工慢慢地制造物品，现在，企业家们意识到他们可以通过迅速和廉价地为新市场大规模地提供商品而牟利。他们开始用机器生产以加快商品的生产速度，生产更多的商品，并且减少工人的数量。

纺织业得到了最早的发展。传统上，纱线是由一个脚踩的轮子将例如棉花这样的纤维纺在一起的，布料是由手工操作的织布机织成的。到了 1733 年，约翰·凯伊发明了一种叫飞梭的机器。约翰的机器织布的速度是如此快，以至于纺织工人提供不了充足的纱线。在 1764 年，兰开夏郡的纺织工人詹姆士·哈格里夫斯发明了珍妮纺纱机，这种机器能同时纺 8 锭纱。这是一种家庭用机器。但是 1766 年理查德·阿克莱特的水力纺纱机带来了重大的突破。1771 年，阿克莱特在英格兰德比郡克朗福德的一个磨坊里安装了一系列水力纺纱机，成为世界上第一座大工厂。

> **大事记**
>
> * 1713 年，达比用焦炭炼铁。
> * 1722 年，纽科门改进了蒸汽发动机。
> * 1733 年，约翰·凯伊发明了一种叫飞梭的织布机。
> * 1764 年，詹姆士·哈格里夫斯发明了珍妮纺纱机。
> * 1766 年，理查德·阿克莱特发明了用水力驱动的纺纱机。
> * 1782 年，瓦特发明了廉价的蒸汽发动机以驱动机器。

早期的工厂都使用水作为动力，但是能否改用蒸汽驱动呢？蒸汽的动力更大，并且可以不用必须将工厂建在河道旁边了。1698 年，托马斯发明了从矿井里抽水的蒸汽发动机，由纽科门发展的改进版于 18 世纪 20 年代在许多矿井得到了广泛的使用。但是纽科门的发动机的运用成本很高，直到 18 世纪 80 年代，瓦特发明了较便宜的蒸汽发动机。它可以在任何地方运转，蒸汽发动机迅速地在各工厂得到普及。

蒸汽发动机的成功依赖于锻造金属的机器工具，例如威尔金森于 1775 年发明的钻孔器。也依赖于铁和煤，煤能产生热量，并且能冶炼铁，而过去，铁都是用木炭冶炼的。到了 1713 年，达比发现了如何炼焦炭。很快，大量的铁就被冶炼出来了。大规模的蒸汽机、源源不断的铁

↓ **工业化的城镇**

工业革命产生的新城镇，例如伯明翰和利兹，同之前的任何一座城市都大不一样。嘈杂、冒烟的工厂耸现在整齐排列的未加装饰的小砖房子中，这些未装饰的房子就是成千上万的工人的家。19世纪40年代，铁轨时代的到来使这幅图画更完善了。

□探索与发现

》**水路时代的来临**

传统的马车和手推车不能胜任运输新的工厂的商品,在几十年间,上万千米的大规模的运河就在欧洲建成了。这些运河是人类曾建造过的最大的、也是最复杂的运河。

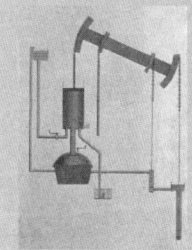

←**纽科门的发动机**
纽科门于1712年发明的发动机是第一台投入使用的蒸汽发动机。蒸汽推动活塞上下移动以从矿井抽水。

↗**塞文运河**
伟大的运河修建始于1761年,布林德利开始从曼切斯特建设布里奇沃特运河,很快,大乌兹运河将默西河和特伦特河连接了起来,塞文运河将西蒙斯河和布里斯托尔港连接了起来。伯明翰地区周围开始成为英国运河体系的枢纽。

和煤的结合,使安静的乡村生活很快就被大城市和嘈杂的工厂代替了。

■ 蒸汽动力

数万年以来,人类都是靠风力、水力或者仅仅是纯粹的体力产生动力。随着18世纪工业革命的到来,蒸汽动力的出现给人类带来了大量能控制的、可靠的动力。

运用蒸汽作为动力的意识可以追溯到公元1世纪,古希腊有一位来自埃及的叫作希罗的人,他提出用蒸汽喷出时的力量转动一个像罐子一样容器。然而,直到18世纪以前,对蒸汽力量的实际运用都还没有真正出现。

许多早期的蒸汽动力工程,包括瓦特所建立的,都是固定的,它们为工厂的机器和矿井的水泵提供动力。到了1769年,一个叫作尼古拉斯·约瑟夫·卡格诺特(1725~1804年)的法国军队工程师建造了一辆由蒸汽单独驱动的巨大三轮车。

用蒸汽动力来驱动交通工具的问题在于蒸汽发动机太重了,虽然对于船舶来说,这点重量不算什么。1783年,法国贵族儒弗莱·达万建造的一艘大型蒸汽船在法国里昂附近的塞纳河下水,15分钟后,船发出了撞击的重击声,这艘船只下过一次水。1787年,美国发明家约翰·费奇制造了第一艘成功的蒸汽船,在船的每一边都有蒸汽驱动船桨。1790年,费奇在特拉华河开创了世界上第一例蒸汽船运输服务。1802年,苏格兰的蒸汽动力先驱威廉·赛明顿(1763~1831年)建造了一个蒸汽拉物机,它的功能十分强大,以至于能拉动70吨重的货物。

蒸汽船真的实现了。1807年,美国的工程师罗伯特·富尔顿(1765~1815年)成功地建造了世界上第一艘载人蒸汽船。他利用纽约东部

↗**"大东方"号**
1819年,纽约制造了有蒸汽动力装置的"萨凡纳"号,成为第一艘横渡大西洋的蒸汽船。1837年,随着"大西方"号的下水,轮船定时运送乘客的时代到来了。"大西方"号是英国工程师伊桑巴德·金德姆·布鲁内尔建造的三艘巨轮之一,于1858年下水。布鲁内尔的另一艘巨轮"大东方"号是19世纪下水的最大的船,有211米长,重约1.9万吨。

的哈得逊河,将从奥尔巴尼到纽约的 240 千米路程所花费时间缩短到了一天以内,而乘帆船却需要花费 4 天时间。

早在 3 年之前的 1804 年,英国康沃尔郡的工程师理查德·特莱威狄指出,大的蒸汽动力,也就是人们所说的"火车",可以在铁轨上更轻松地运行,这一年,他在威尔士的彭达伦铁厂试验了世界上第一辆铁轨上的蒸汽火车。虽然使用铁轨并没有马上解决问题,因为特莱威狄的火车与浇铸的铁轨还不太契合,但是这种理念的成功是很明显的。浇铸的铁轨很快就被锻造的铁轨代替了,随后的钢铁轨的运用使铁轨的承载能力得到加强。15 年内,蒸汽火车在全英国范围内的短途铁轨上随处可见。蒸汽运输的时代到来了。

»第一条客用铁轨

第一辆蒸汽火车用于在矿井周围运输煤。1825 年 9 月 27 日,一对父子,乔治和罗伯特·斯蒂芬森在英格兰北部驾驶了一辆从达林顿到斯托克顿的载人火车,有 450 个人参与了这次行程。火车行驶 13 千米长的路程仅仅用了 30 分钟,铁路的时代到来了。

↗ 从利物浦到曼彻斯特
利物浦和曼彻斯特之间的铁路于 1830 年 9 月 15 日投入运行,这是第一条真正的客用铁路。在投入运行的这一天,也造成了史上第一例客运火车事故:有两个人被压死在火车轮下。

↗ 火箭式发动机
斯蒂芬森著名的火箭式发动机是一个圆筒,在它的驱动下,轮子基本上能够与地平线保持一致,这一发明是如此实用,以至于很轻易地就夺得了 1829 年首届火车速度试验赛冠军。

■ 陆上交通工具的发明

汽车的故事开始于 1862 年夏天,一位叫作埃特尼·勒努瓦的法国人驾着他自造的带着小发动机的四轮车穿过了巴黎附近的温森斯森林,但是,勒努瓦的车并不是第一辆动力车。中国宫廷里的一位叫作南怀仁的耶稣会士在 1672 年就曾经建造了一辆。1769 年,尼古拉斯·克格纳特也建造了一辆,在下一个 100 年,涌现了更多,其中包括格尼爵士著名的蒸汽车。问题是所有这些交通工具都是由蒸汽驱动的,它们不仅非常笨重,而且造价昂贵。

勒努瓦的突破在于装配了一个燃烧气体的圆柱体内燃机作为发动机,勒努瓦的内燃发动机非常轻巧,因为它既不需要一槽水,也不需要一舱煤。他将他的发动机安装在一辆老的马车上,以便于它能通过围绕在车轴上的链子驱动车轮。接着,另一位法国人德罗夏改进了勒努瓦的设置,他运用活塞在点火之前压缩气体,做成了四驱的发动机。直到现在,大多数的轿车依然安装的是这种四驱的发动机。

几年之后,一位叫马尔古斯的澳大利亚人用汽油作为内燃机的燃料,他的秘密在于发明了一种小巧灵便的叫作汽化器的装置,能将汽油转化为气体。1873 年,马尔古斯建造了在今天看来是最老的世界上第一辆由汽油驱动的汽车,它的轮子像手推车的,但却是钢铁制作的,加上它的发动机,它看起来更像是汽车,而不

↗ T 型福特车
早期的汽车只是有钱人家的玩具。大规模生产汽车始于 1908 年,亨利·福特制造了 T 型福特车,这种车是世界上第一批大规模生产的汽车。通过在流水线上生产标准的零件,使汽车的成本大为下降,那些仅仅是只买得起一匹马或四轮马车的人也能很轻松地负担一辆车的价钱。5 年之内,25 万个美国人拥有了这款 T 型福特车。

□ 探索与发现

»汽车的历史

自从奔驰车于1888年投入大规模生产开始，汽车经历了一个逐步改进的过程。早期的汽车制成像四轮马车的样子，专门提供给富人。福特的T型车显示出机器大生产才是未来的发展道路。到了20世纪30年代，汽车的大生产意味着普通百姓也能买得起汽车，但是富人依然拥有四轮马车式的外形美观的车。超初，汽车的设计更多地依靠不断的实践和经验，而今天，汽车设计主要是依靠计算机。

←1886年的戴姆勒牌汽车

戈特利布·戴姆勒是汽车界的先驱，同奔驰不同，戴姆勒将发动机直接安装在马车上。同大多数最初的汽车一样，它的轮辐是木制的。

↗大众的甲壳虫

史上销售最多的汽车——大众的甲壳虫，制造于20世纪40年代的德国，被称为"人民的车"。

↗迈凯轮赛车

迈凯轮赛车是被设计为性能最优的车，1989年5月投放市场。速度最高可达每小时370千米。

↗举着旗帜的人

在一系列的事故之后，早期的汽车被看作是具有高危险性的机器，从1865年开始，英国的"红旗帜"表示任何一辆行驶的汽车的速度都不可超过一个举着红旗帜的人。直到1896年，这一规定才被取消，汽车的时速限制提高到了19千米。而在纽约，这一规定直到1901年才被取消。

是马车。

虽然已经有了这些改进，汽油驱动的汽车依然还处在实验阶段，许多人相信汽车的未来取决于对蒸汽发动机的尝试。事实上，1906年突破陆地速度的不是汽油驱动的汽车，而是由蒸汽驱动的车，速度高到每小时206千米。汽油发动机的突破来自于19世纪80年代的德国工程师卡尔·本茨和他的妻子贝瑞塔，他们发明了三轮汽车。1888年，奔驰成为第一辆出售给公众的汽车。这是一个如此大的成功，10年之内，奔驰公司在曼海姆工厂的年产量达到600辆。汽车的时代到来了。

■ 飞离地面

多少年以来，人们仰望天空，期待有一天能像鸟儿那样飞翔。在古希腊有一个传说：有一个叫作代达罗斯的发明家，他用羽毛给自己做了两翼，飞上了天空。很久以后，一些人开始相信他们可以模仿鸟类扇动的翅膀。在中世纪，许多不计后果的先驱者们把自己绑在翅膀上，从悬崖或者高塔上放飞自己，但结果只是重重地摔在了地上。

15世纪，意大利的天才艺术家和思想家达·芬奇设计了一个有脚踏翅膀的飞行机器，他称其为"扑翼飞机"，但是从没有真正地制造出来，也从未试飞过，因为它真的是太重了。人们偶尔确实能飞起来，3 000年前的古代中国，军队能将哨兵放到巨大的风筝上升到高空。

1783年，两个人乘坐由蒙戈尔费埃兄弟制造的巨大纸气球升到了巴黎的高空。气球中充满了热空气，它能飞起来是因为热空气的密度低于冷空气。风筝和气球都受风的支配，然而，许多

←奥维尔·莱特

奥维尔·莱特自己操控自己的飞机，他是世界上第一架能控制的飞机的飞行员，是莱特兄弟中年纪较小的一个。他于1871年出生于美国俄亥俄州西南部城市代顿，死于1948年。

科学发展史

↗ **莱特兄弟的第一个飞行器**
莱特兄弟能成功的一个秘密是他们发明了一种方法以阻止飞机左右摇晃——这被证明是许多早期的飞机失败的原因。他们的飞行器有金属线能将两翼向左或向右拉,这意味着它能在空中保持平衡。

发明家依然相信未来的飞行器应该取决于翅膀。

有翼飞行器的伟大先驱者是英国工程师乔治·凯雷（1773~1857年）爵士。在用风筝做了一系列的实验之后,凯雷得出结论:翅膀推动飞行是因为当它弯曲的时候,它推动的空气会产生向下的压力,以减缓在空中的阻力。所有现代的飞行器都是建立在凯雷于1804年设计的像风筝模型的滑翔机的基础之上的,有向上的前翼和固定的尾部。1853年,当他80岁高龄的时候,制造了一架滑翔机,传说这架滑翔机载着他受到惊吓的马车夫在空中飞了几百米。

凯雷之后,众多实验者都在尝试滑翔机。直到19世纪90年代,一位叫奥托·利林塔尔的勇敢的德国人制造了一系列易碎的滑翔机,非常像我们今天的悬挂式滑翔机。他成功地成为了第一个能控制滑翔机的人。

有了滑翔机,人们终于可以利用翅膀飞行了,但是不能飞太久。要稳定飞行需要的是发动机。早在1845年,两个英国人,威廉·汉森和约翰·斯特林费洛就制造了一个由蒸汽动力驱动的飞机模型,它可以成功地做实验飞行。但蒸汽发动机不是太脆弱就是太重,汽油发动机的发明是这方面的突破。即使安装上了汽油发动机,单个翅膀也不能胜任飞行的任务,所以试验者增加了越来越多的翅膀。

于是,在1903年12月的一个寒冷的星期二,美国的奇蒂华城,莱特兄弟制造的、由汽油驱动的、两翼的飞机冲入了云霄。它飞了40米并且安全降落,它是世界上第一辆能控制的、有动力的、稳定的飞行器。

» **飞速发展**

当威尔伯·莱特于1908年带着他们的飞机到法国的时候,莱特兄弟无疑是欧洲的飞行先驱,但是不久以后,飞机的制造取得了飞速的发展。1909年7月25日,路易斯·布雷里奥飞越了英吉利海峡。自1914年开始的第一次世界大战的军需为飞机带来了飞速的发展,当战争在1918年结束的时候,飞机已经很安全可靠了,第一批常规的客机线路也形成了。

← **最初的悬挂式滑翔机**
19世纪90年代,莱特兄弟在飞行中控制飞行器的观念被奥托·利林塔尔的先驱式的技艺,例如悬挂式滑翔机超越了。但是很不幸的是,利林塔尔在1896年的一次飞行事故中丧生。

→ **1917年的复翼飞机**
第一次世界大战中的战斗机是比较脆弱的机器,由织物延伸在木质结构上,它们通常都是复翼飞机,因为单翼实在是太易碎了。

← **大型喷气式客机**
大型飞机始于1952年的第一架喷气式客机,"彗星4"号。现在,每年有为数众多的人乘坐大型喷气式客机,例如波音747。这些飞机可以飞到云层之外,所以旅途非常平稳舒适。

□ 探索与发现

1864年，苏格兰杰出的科学家詹姆斯·克拉克·麦克斯韦指出，光是由电和磁之间发生作用产生的一种波。他同时预言："光是电磁放射线中的一种。"科学家们在不断地探索。1888年，德国物理学家亨利希·赫兹制造了一个电路圈，将大量的电火花传到两个金属球之间的缺口处。如果麦克斯韦是正确的，火花将会放出电磁波。但是它们并不能像灯光那样能够被肉眼观察到，所以赫兹制作了另一个电圈以代替前面的一个。新的实验中，电圈产生了电磁波，在赫兹看来就像穿过另一处缺口处的小火花。通过移动电圈，赫兹计算出了电磁波的长度，它们被证明比光线的波更长。现在，我们把这种电磁波叫无线电波。

大约在同时，一些人在做放电电子管的实验。在100多年或者更长的时间里，科学家们已经知道，如果将电极放在一个电子管里，并在电极之间击出火花，电子管就会发出奇怪的光和热。放电电子管需要一个接近完美的真空环境，电极之间的火花使电子管发出了耀眼的光。有时候甚至电子管的玻璃也会发光。这种光线被称为"阴极光"，因为它看起来是来自于负极，也就是阴极。但如果管子是真空的，火花是如何从一个电极传到另一个电极的呢？1897年，汤姆生指出，火花是通过原子中的一小部分传导的，他称这个原子中的一小部分为电子。科学家们第一次意识到原子包含有更小的、附属于原子的粒子。

▲ **实验室里的居里夫妇**
居里夫妇跻身于最伟大的实验者之列。他们卓绝的远见以及勤奋和耐心，不仅使他们发现了放射能——原子中的放射性——的实质，并且还证明了它。

1895年，电子管的放电帮助伦琴发现了另外一种射线。伦琴发现，一些从电子管里发射出来的光线在穿过一些厚的卡片的时候，会有一种荧光物质的光线透过。虽然卡片可以阻碍光线的传播，但是它不能阻碍这种新的神秘光线，他将这种光线命名为"X射线"。几周之后，他拍了一张将X射线照到他妻子的脚上的照片，从而得到了她的脚骨的图片。

同一年，法国科学家彭加勒在思索：为什么电子管的玻璃会像火花一样的发光。或许射线不仅能通过电发光，也能通过其他物质发光。很快，安东尼·贝克雷尔通过将含铀的盐放在漆黑的抽屉里证实了这一点。几周之后，有一个来自于铜的完美的图像呈现在了纸上，但是并没有光或者电帮助形成这个图像，那么，这个图像究竟来自于什么地方呢？

居里夫妇很快发现了放射物是来自于其中含有的一部分的铀。他们意识到放射物来自于铀原子自身，并且将这种原子的放射物叫作"放射能"。事实上，不仅仅是铀，许多其他的元素也有放射功能，包括居里夫妇发现的镭和钋。自从这一关键性的发现之后，射线在现实生活中得到了广泛的使用。但是它们也有危险，居里夫人自己就因为长时间暴露在辐射中而死于癌症。

大事记

* 1864年，詹姆斯·克拉克·麦克斯韦说光是电磁射线中的一种。

* 1888年，亨利希·赫兹发现了无线电波。

* 1895年，伦琴发现了X射线。

* 1897年，汤姆生发现了电子。

* 1897年，安东尼·贝克雷尔发现了放射能。

* 1898年，居里夫妇发现了放射性元素镭和钋。

* 1898~1900年，卢瑟福发现了放射能是由 α，β 以及 γ 三种放射线组成的。

科学发展史

» 电视机的晶体管

阴极射线管的发现并不逊色于电子和放射能。许多电视和电脑屏幕都安装有阴极射线管。正是汤姆生对电子的光束的发现，才使电视和电脑屏幕看起来是在发光。

↙ 贝尔德的电视机试验
约翰·洛奇·贝尔德（1888~1946年）是苏格兰发明家，他使电视机成为了现实。贝尔德在1926年制作出首帧电视画面。1928年，贝尔德通过电话线将电视信号从伦敦传到格拉斯哥。

↙ 贝尔德的旋流片
现代的电视机通过在一个阴极射线管里来回地扫描电子的光线成像。而贝尔德的结构却完全是机械的，通过快速旋转一个有孔的片子成像。这个孔使光线照到胶卷的不同部分以形成不同的感光电子单元。

↗ 棱镜和光谱
17世纪，牛顿揭示出日光是由光谱组成的，或者是橙色，或者是其他不同的颜色。我们现在知道了日光是众多电磁射线的光谱中的一种。输送电视信号的无线电波也是这种光谱中的一种。

■ 大宇宙概念

直到20世纪早期，天文学家依然认为宇宙比我们的银河系大不了多少。宇宙是由成万上亿的星星组成的，他们能通过当时最尖端的望远镜看见它们，最大限度的预测也不过将宇宙视为不到若干千光年的距离。通过望远镜，他们可以看到一些盘旋型的模糊光线，但是这些被认为是一些太空物体的云层，根据希腊语的"云"它们被称为螺旋星云。

1918年，一位叫作哈洛·沙普里的美国天文学家得到了一个惊人的发现。沙普里在洛杉矶的威尔逊山观察站工作，他通过观察站的望远镜研究叫球状簇的圆球形星簇。他对于为什么这些星簇都集中在太空的另一端疑惑不解，于是他提出地球并不处在我们所认为的宇宙中心的星系里，而是很明显地处于边缘。他还意识到如果这是正确的，那么宇宙就比人们所设想的要大得多，或许有10万光年的距离。

我们并不是宇宙的中心，而是边缘，并且宇宙是巨大的，这些发现如同哥白尼发现地球并不是太阳系的中心一样神奇。当沙普里发表他的观念的时候，一个新的、功能更强大的望远镜被安装在了威尔逊山观察站，它使一位叫哈勃的年轻天文学家得到了更惊人的发现。

↗ 哈勃
哈勃（1889~1953年）是一个不同寻常的人。在转向天文学之前，他曾在芝加哥大学和哈佛大学接受过法学方面的训练，并担当过职业拳击手。

用这台新的望远镜，哈勃开始观测螺旋星云——现在我们叫它仙女座星系。他可以看见，它不仅仅是光斑的模糊组合，而包含有许多的星星。在这些星星中，他可以看见一组叫造父变星的特殊的星星，这些星星是如此闪亮，以至于我们可以用它作为太空中距离的参照物。造父变星"告诉"哈勃，仙女座星系离地球有上百万光年，远离银河的边缘。

↗ 仙女座星系
仙女座星系是离银河系最近的星系，也是唯一用肉眼能看见的星系。但是当哈勃对造父变星进行研究时，发现即使这一最近的星系也离我们有200万光年以上。那些只能通过高倍望远镜才能观察到的其他的星系，则离我们有数十亿光年。

375

很快，人们就明白了许多模糊星簇是其他星系的星星，虽然很遥远。突然之间，宇宙变得比人们想象的大得多了。1927 年，哈勃得到了更惊人的发现。当他研究 18 个星系的光的时候，他注意到来自于每个星系的光都有些稍有不同的红色调。他意识到是由于这些星系离我们太遥远了以至于光波被分散，从而变红了。很明显，星系离我们越远，它看起来就以越快的速度远离我们，哈勃认为这是因为宇宙在膨胀。

所以，仅仅 10 年时间，曾经被认为只有几千光年距离的宇宙被揭示出实际上有数亿光年，并且还在以惊人的速度扩大。今天的天文学家可以观察到距地球 130 亿光年的星系。

》大爆炸

哈勃对于宇宙变得越来越大的发现得出了一个关于宇宙历史的惊人的结论。如果如哈勃所说的宇宙在扩大，那么它必然曾经也小过。事实上，所有的证据都表明它曾经非常非常小，可能就是一个原子那么大。然后宇宙经历了一次无法想象的巨大爆炸——称为"大爆炸"，这一爆炸威力如此大，以至于直到今天，星系都还在往外运动。

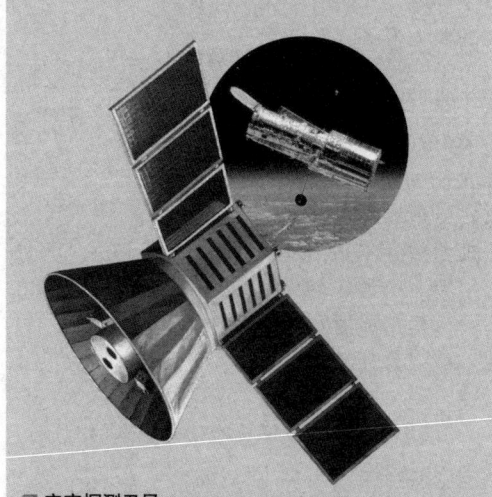

↗ 宇宙探测卫星

大爆炸理论看起来为宇宙的膨胀提供了很好的解释，但是直到 1992 年，也几乎没有证据能证明它。1992 年，微波背景探测卫星带回了一组宇宙的照片，照片显示，宇宙微波背景辐射在不同方向上存在着微弱的温度涨落，这被解释为大爆炸的结果，因此，这些照片证明了大爆炸理论的正确性。

■ 核能的利用

史上没有任何一种科学发现有比核能量的发现更令世人感到惊恐的。核能是宇宙中任何一个原子核所具有的能量。核能并不仅仅是制造核武器的能量，也是保持宇宙中的每一个星球运动的能量。直到 20 世纪来临之际，这一巨大的能量依然是无法想象的。科学家们知道物质是由原子组成的，但是他们认为原子同台球桌上的球一样是无生命的。

爱因斯坦在他发表于 1905 年的狭义相对论中提出了一个伟大的创见。他提出能量和物质是同一事物的不同侧面，在宇宙长河中不停地变换。他的著名等式 $E=MC^2$ 给了这一交换一个定量分析。E 代表能量，M 代表物质的质量或重量，C 代表光的速度，而光速这个数字非常大。一些科学家相信，如果一个微小原子的质量可以变为能量，那么那将是很大的力量。

同时，像波尔这样的一批科学家开始研究原子，发现它们并不仅仅是一个圆球。首先，他们发现原子中还有更微小的电子，它们围绕着包含了质子的原子核运行。到了 1932 年，詹姆斯·查德威克发现了原子核中的第二种物质：中子。

意大利原子科学家恩里科·费米试图用中子轰击铀原子的原子核。他发现不同的原子又形成了，并猜测是中子与铀原子结合而产生了一种未知元素的更大原子，他将这种元素称为元素 93，但是费米错了。1939 年，德国科学家奥托·哈恩和斯特拉斯曼重复了费米的实验，发现那并不是新的元素，而是更令人惊讶的东西，以至于奥托·哈恩都不敢相信。另一位物理学家莉泽·迈特纳向世人公布了费米、

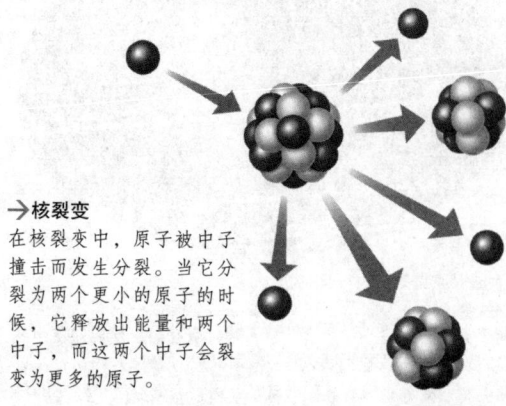

→ 核裂变

在核裂变中，原子被中子撞击而发生分裂。当它分裂为两个更小的原子的时候，它释放出能量和两个中子，而这两个中子会裂变为更多的原子。

科学发展史

» 曼哈顿计划

投到日本的广岛和长崎的原子弹是由一个秘密计划制作的,这个计划叫曼哈顿计划,由美国新墨西哥州洛阿拉摩斯的一个团队执行。1945年7月16日,洛阿拉摩斯团队在沙漠上爆炸了首颗原子弹。

这个团队通过两种途径得到裂变的关键物质(钚-239和铀-235)。一种是将管子两端的结块打碎混在一起的"瘦子"系统,一种为"胖子"系统,即在球状裂变物质周围包装上爆炸物质,然后混合在一起。广岛的原子弹为铀-235的"瘦子"系统,长崎原子弹为钚-239"胖子"系统。

←罗伯特·奥本海默

奥本海默(1904~1967年)领导了洛阿拉摩斯团队,但是他后来反对研发氢弹。氢弹是比原子弹的威力更强的武器,它不是基于原子的裂变,而是氢原子的聚合。

↘遭原子弹袭击的长崎

投在广岛和长崎的原子弹的威力是如此大,以至于人们再也没有将原子弹应用于战争。爆炸造成了极大的破坏,有10万人死于非命,即使活下来的人也终生受到核辐射的困扰。

奥托·哈恩和斯特拉斯曼三人的实验成果——他们将铀原子分裂成了两个,这种对原子的分裂就叫裂变。

铀原子分裂的时候,它不仅会释放许多能量,还能分裂出两个中子。如果这两个中子裂变为两个新的原子,这些原子将反过来分裂出更多的中子,然后再分裂,如此往复,会产生什么后果?科学家们很快意识到这将产生原子裂变的连锁反应。当许许多多的原子发生裂变的时候,这样的链式反应将会释放巨大的能量。

一般情况下,铀不会产生链式反应,因为只有一部分叫作铀-235的铀原子能很容易发生裂变,而大部分的铀原子都是不容易裂变的铀-238。为了制造原子弹或者获取核能,需要

大事记

* 1911年,卢瑟福指出原子有原子核,由电子包围。

* 1919年,卢瑟福发现了质子。

* 1932年,查德威克发现了中子。

* 1939年,奥托·哈恩和斯特拉斯曼分裂了一个铀原子。

* 1942年,费密所领导的团队成功完成第一例原子核裂变链式反应。

* 1945年7月16日,奥本海默领导的团队实现了史上首例原子弹爆炸。

* 1945年8月,美国空军在广岛和长崎分别投下原子弹。

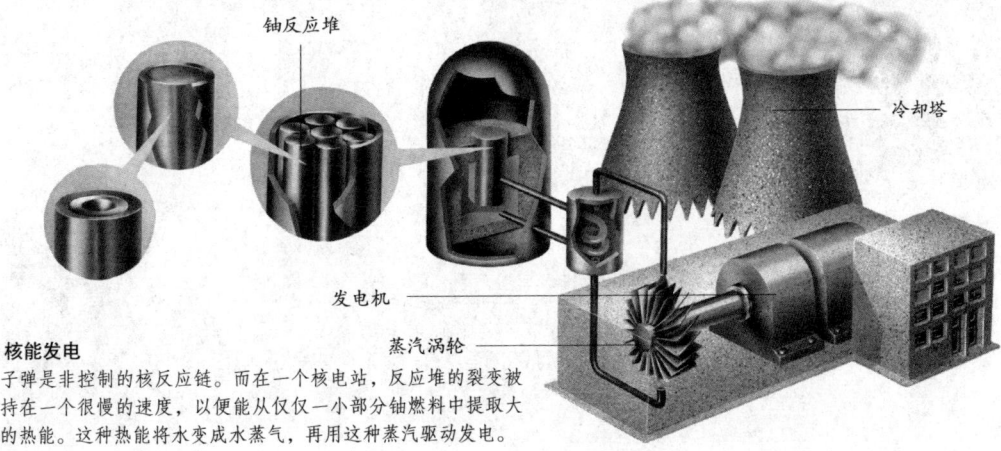

↗核能发电

原子弹是非控制的核反应链。而在一个核电站,反应堆的裂变被保持在一个很慢的速度,以便能从仅仅一小部分铀燃料中提取大量的热能。这种热能将水变成水蒸气,再用这种蒸汽驱动发电。

□ 探索与发现

将大量的铀-235储存在一个小的空间里以保持链式反应，这叫作临界物质。

在第二次世界大战中，德国和美国的科学家们疯狂地向临界物质努力，他们都想成为原子弹的首造者。美国人意识到另一种原子钚-239可以代替铀-235。1942年12月2日下午3时45分，一个由费米领导的芝加哥团队用钚-239第一次实现了链式反应的裂变。1945年8月，美国在日本的广岛和长崎分别投下了原子弹。

■ 生命计划

任何生物，人、动物和植物都是由数不清的细胞组成的。在每一个细胞里，有一个著名的生物分子叫作DNA，它是生命的基础。人类身体细胞中的DNA分子不仅支配细胞们如何保持人体的生存，并且带着制造下一个生命的所有分子结构信息。DNA结构由詹姆斯·沃森和弗朗西斯·克里克发现于1953年，是20世纪最重大的科学突破之一。他们的发现对人类生命的影响是非常巨大的。

DNA（脱氧核糖核酸）最初是由一位瑞士学生米歇尔于1869年发现的。他在显微镜下观察一条旧绷带上的脓，看见了脓细胞细胞核里面的小纽结结构。他的指导老师厄恩斯特·霍珀·塞勒分析了这些细胞核里的纽结并发现它们是酸性的，所以称它为核酸。当时，没有人知道它的重要性。

76年之后的1945年，美国细菌学家奥斯瓦德·艾弗里在研究流行性感冒的细菌的时候发现DNA可以将无害的细菌变成有害的细菌，就像它们生成了有害细菌的结构一样。1952年，阿尔弗烈德·赫尔希和玛莎·蔡斯指出这正是DNA在起作用。DNA的重要性第一次变得非常清楚了，科学家竞相致力于对DNA的工作原理的研究。发现DNA长长的、复杂的分子链是关

↗ 维持生命

不仅是人类，世界上所有的生物在其每一个细胞中都包含有DNA分子。不管这个生物是熊还是鲑鱼，这一不同寻常的分子都会使细胞保持生物体的一致性，也是产生下一个熊或是鲑鱼的绝对母本。

» 生命的化学机理

对生命的化学机理的研究，例如对DNA的研究，叫作有机化学，或者是生物化学。它同样可以被称为碳化学，因为很显然，所有的生命都包括碳原子。有无数的碳化合物的存在，因为碳原子能与其他原子形成链接。这些化合物中的一些，例如蛋白质和氨基酸，相对而言更加重要。

← 尼古丁分子

许多有机化合物都是由一个圆形的、或是六角形的6个碳原子组成。这是一个来自于已经干枯的烟草叶的尼古丁化合物模型。它可以作为杀虫剂使用，也是香烟中让人们成瘾的物质。

→ 蛋白质

蛋白质是所有生物细胞的基本物质。它们来自于叫作氨基酸的物质的不同组合，所有这些氨基酸在每个细胞中都存在。为了制造蛋白质，DNA必须为细胞提供结构以制成正确的氨基酸化合物。

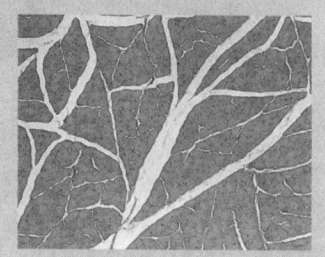

科学发展史

键的突破口。1952年，伦敦皇家学院的一位年轻女士罗莎琳德·富兰克林通过X射线给DNA照了一张照片，但是并没有指出它的结构。而此时年轻的美国人沃森和英国人弗朗西斯·克里克正在剑桥大学的卡文迪什实验室工作。当他们看见了罗莎琳德·富兰克林的照片的时候，他们突然意识到DNA分子是一个双螺旋形，就像缠绕在螺旋上的一个绳梯。

↗ DNA分子

DNA是人类已知的最大分子，是糖分子重量的5亿倍。它非常薄，但是很长，如果把它们拉直的话总共有40厘米长。DNA分子通常是缠绕在一起的，由两条相互缠绕的薄薄的像绳子一样的东西组成，即"双螺旋"结构。

这一伟大的发现之后，细菌学家们开始在显微镜下将DNA分成一小部分一小部分的，然后再把它们组合起来，以研究DNA所含有的细胞结构信息。研究集中在组成了这一螺旋结构的4种基本物质上：鸟嘌呤、胞核嘧啶、腺嘌呤、胸腺嘧啶。欧文·切格拉夫发现它们在一定的方式下才会组合在一起：鸟嘌呤只与胞核嘧啶组合，而腺嘌呤也只与胸腺嘧啶组合。

很快，人们就发现了DNA结构的关键在于内部的基本物质的排列顺序。就像计算机的位数的排列一样，这些基本物质的排列顺序就是一个代码。这些基本物质就像拼音字母一样，而他们组成的"句子"就是基因。每一个基因里含有的代码就是组成特殊蛋白质的细胞结构，而蛋白质是生命的基本组成单位。基因代码的最后完成是在1967年，由美国生物化学家马歇尔·尼伦伯格和印裔美国人柯拉纳完成，这一贡献为他们赢得了诺贝尔奖。

■ 处理器的力量

人类很早就开始进行计算活动，生活在亚洲的人们开始用算盘做计算。算盘的结构非常简单，但是一位训练有素的算盘高手可以以非常快的速度做复杂的计算。在17世纪，法国数学家帕斯卡用齿轮和刻度盘制作了加法计算机器。

第一台真正的计算机是一台"分析机"，由英国人查尔斯·巴比奇和诗人拜伦的女儿艾

↗ 屏幕和键盘

我们对电脑的键盘和与电视屏幕相类似的屏幕是如此熟悉，以至于我们认为它们是理所当然存在的。不过平面电视屏幕已经发展得很薄，可以把它挂在墙上了，所以有一天声控体系的发展也会使键盘变得多余。

达·洛芙莱斯于19世纪30年代设计。这种机器用卡片打孔的方式控制活塞杆和齿轮的运动，以做出复杂的运算。

以后的100年里，人们用打卡控制活塞杆和齿轮的方法制造了更快和更灵巧的运算机器。不过这些都仅仅是加法运算的机器，而不能做出我们期待计算机所能做的复杂运算，并且机械装置的体积和噪声都很大。1944年，霍华德·艾

大事记

* 1642年，帕斯卡发明了第一台加法计算器。

* 1835年，查尔斯·巴比奇开始制造他的可编程的分析机。

* 1847年，乔治·布尔提出了计算机逻辑的基础。

* 1930年，范内瓦·布什制造了一个机械计算机。

* 1937年，约翰·阿塔纳索夫制造了一台数字电子计算机。

* 1939年，艾肯制造了电子管计算机。

* 1948年，约翰·巴丁、威廉·肖克利和沃尔特·布莱登发明了晶体管。

* 1958年，杰克·基尔比发明了硅片。

探索与发现

» 晶体管

20世纪40年代，电视机和其他电子装置用的都是电子管，这是一种体积庞大、不易散热的外表像灯泡一样的装置，用于调节电流。约翰·巴丁和他的同事们发明了一种可以代替电子管的更小的、由半导体物质组成的固体块，在此基础上发展起来的集成电路和芯片是我们现代电子技术的基础。

← 巴丁和他的同事们
晶体管是由贝尔实验室的3位科学家于1948年发明的，他们是约翰·巴丁、威廉·肖克利和沃尔特·布莱登。

→ 一台电脑的组件
在一台电脑里有许多集成线路块。一些是电脑的记忆线路块，叫只读存储器，是由集成电路组成的。电脑还有随机存储器，它们用于随时记下新的资料数据。数据也可以记在可移动的硬盘上。
每一台电脑的中心是中央处理器（CPU），它执行只读存储器的指令，处理数据，并把这些已经处理过的数据发送给随机存储器中正确的地方。

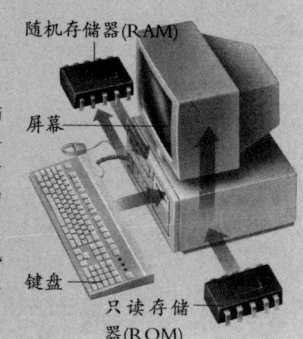

肯和IBM制造了一个运用打卡技术的基础计算机，长达15米以上，且计算能力还不敌今天的小计算器。计算机继续向前发展，电子技术取代了机械。电子技术是许多现代技术的核心，从CD机到火箭控制系统。科学家们用电子传输信息，在每个电子设备中有许多小的电子线路，它们不停地开关以指挥电子设备工作。与墙上的电灯开关不同的是，电子开关是自动工作的。

第一个电子设备叫电子管，是1904年发明的。它看起来像是一个电灯泡，主要用于收音机和电视机。1939年，美国物理学家约翰·阿塔纳索夫在爱荷华大学制作了一个电子管的计算机。不久之后，在第二次世界大战之间，一位叫艾伦·图灵的英国数学家发明了一个巨大的电子管计算机，起名为"巨人"，以破译德国的"谜团"密码。图灵还发明了电子计算的许多基本规则。电子管被用于20世纪50年代的第一批投入市场的计算机，叫作第一代计算机。然而，电子管太大了，并且工作起来很烫，总是出问题。

重大的突破来自于用晶体管代替电子管。晶体管同电子管一样，都是转换器，但是晶体管是用特殊的半导体材料例如硅和锗制成的。晶体管用这些材料插入导体制成，这样体积就小了很多，并且功能更强了。

有了晶体管，计算机就进入了20世纪50年代的第二代和20世纪60年代的第三代，但是它们依然体积庞大并且很昂贵。1958年，美国人杰克·基尔比将两个晶体管的连接处放在了一个10毫米长的晶体硅中，做成了世界上第一个集成电路，即微芯片。

很快，微芯片变得越来越小，而电子集成线路却变得越来越复杂了，并且科学家还找到了将许多集成线路压缩在一张集成线路板上的方法。现在，从简单的电子鼓，到数百万晶体管同时运转的高速复杂的微型处理器，微芯片的应用非常广泛。

有了集成电路板，计算机的体积就可以缩小了，不过散热还是一个有待解决的问题。第一台基于微型处理器的电脑是1974年由英特尔制造的，由此将计算机带入了第四代和第五代。从那以后，计算机开始了性能和速度的高速发展。今天的计算机是如此小巧和便宜，以至于许多国家的一般家庭都用上了高速运转的计算机。

↗ 微芯片
微型处理器是将成千上万个小晶体管连在电路上，然后把它们放在一个小的硅片上而制成的。一个芯片的最大部分不是线路板，而是它两边的齿槽。

医学发展史

■ 最早的医学

人类早期的遗留物证明了他们医学技术的水平。其中最令人惊讶的是带有光洁的孔洞的头盖骨。制作这些孔的过程叫作穿孔。这些孔可能是被用于将疾病从身体中祛除出去。钻了孔的头盖骨在欧洲和南美洲都有发现。值得注意的是,其中的一些头盖骨显示出打了孔的骨头的边缘已经缝合了,所以病人在手术之后还存活了不短的时间。有的甚至还显示一个头盖骨上在不同的时间被打上了不同的孔。

草药很可能也是在人类最早期就被采用了。我们现在依然可以在黑猩猩中看到它们的使用。黑猩猩经常咀嚼并非它们的日常食物的草药,可能是为了吸取这些草药的药性。在远古人的墓穴遗迹中发现草药是很常见的,并且,在现代人的远古亲戚——穴居人——的墓穴里也发现了草药。

虽然史前时代的人们一定经受了许多疾病,但是他们可能并没有经历后来的由传染病引起的疾病的迅速蔓延。他们群居在相对狭小的世界里,人口少,所以并没有足够多的人导致病菌的迅速传染。

↗ **头盖骨上的洞**
这一头盖骨大约是公元前2000年的,出土于古巴勒斯坦的杰里科。它有3个很明显的孔,以及一个已经愈合了的孔。这些孔是圆的,说明它们是由钻孔器钻出来的。在另一些发掘出的头盖骨中,有一些正方形的孔,它们是用刀切割出来的。

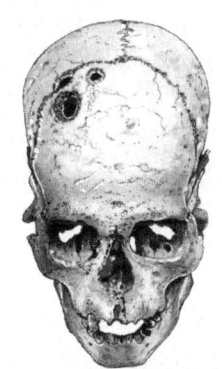

到了公元前3000年,人们开始住在较大的城市里,例如巴比伦城。在古代的文献里有许多记载,说明传染病出现了。到了大约公元前1700年,巴比伦的医生必须要遵循一定的律法,这些律法被写在巴比伦法典上。其中之一是宰杀动物观察它们的器官,以预言一个病人是否会死去。

古埃及人留下了大量的疗程和药材的详细记载。古埃及的医生在治疗特殊的疾病方面已经有了不小的成就。其中最著名的是伊姆贺特普,他同时也是一位高级祭司、一位建筑师和一位占星家。埃及人相信是某种精神侵入到了身体里从而引起了疾病,他们用外科手术将头

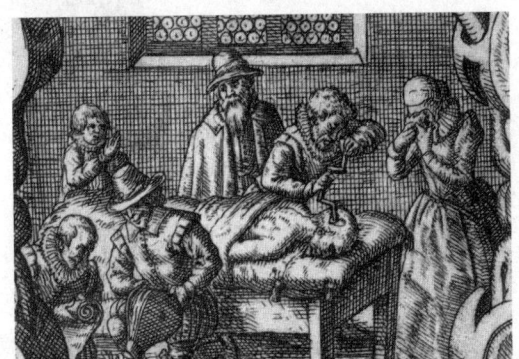

↗ **钻孔的经过**
这幅16世纪的图片显示:一个医生正在给他的病人钻孔。在古代世界,人们在头盖骨上钻孔以释放头脑中的某些幽灵。钻孔是非常危险的,因为它会使细菌入侵人的大脑,许多病人因此而死去。

大事记

* 公元前5000年,在法国发现的头盖骨是人类头盖骨的钻孔技术的最早证据。

* 约公元前2686~前2613年,古埃及伟大的医生伊姆贺特普的生卒年。

* 公元前1792~前1750年,巴比伦的汉谟拉比法典写成。

* 公元前1550年,古医书《埃伯斯》在古埃及写成。

* 公元前650年,美索不达米亚的碑刻描绘了草药的治疗作用。

》美索不达米亚和埃及的医学

目前保留下来的最古老的医书是古埃及的《埃伯斯》纸草卷古医书。它能追溯到公元前1550年。这一古医书卷长20米以上，描述了许多疾病和治疗方法，包括700多种药物和800多种疗法，甚至有被鳄鱼咬伤的治疗方法的记载。《埃伯斯》的重点是治疗各种疾病的药方，包括药名、服药的剂量和服用的方法。它同样还介绍了护身符和符咒。虽然这一古医书上介绍的药的效果并不太好，但是其中有些药在我们今天依然很常见，包括鸦片和大麻。

←第一位医生
伊姆贺特普是生活在4500年前的古埃及人，是一位祭司。他留下了许多详细的对疾病及其治疗的描述。在他死后，他被人们像神灵一样供奉了起来。

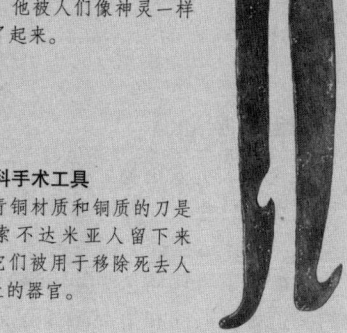

→外科手术工具
这些青铜材质和铜质的刀是古美索不达米亚人留下来的。它们被用于移除死去人们身上的器官。

骨打开，并缝合伤口。然而，他们对人体的内部解剖不感兴趣。这很令人惊讶，尤其他们还要通过将人体内脏掏空以制作木乃伊。古埃及的大部分医学都使用草药治病。

■ 印度传统医学

成书于公元前1200~前900年之间的《吠陀》是印度的系列经书，其故事的年代可能更加久远。在《吠陀》所记载的有关宗教故事的章节中，也有对于身体结构和包括水肿、肿瘤在内的疾病的详细治疗处方。《吠陀》中介绍的治疗方法包括草药治疗和祈祷以及驱除病魔的特殊仪式。

直到公元前1000年，《吠陀》的医学实践一直在进行着。

公元前1000年之后，一个新的医学校在印度出现了，依然是以《吠陀》为基础，但是从其他的体系中，吸取了一些新观念，这就被叫作"生命医学"。它的原理被写在两本影响深远的书中，这两本书就是罗迦编写的《罗迦集》和妙闻的《妙闻集》。两人都认为由于欲望能扰乱人体平衡，因此只能适度满足。印度人认为身体是由3种物质或元素组成的，它们是空气、唾液和胆汁。健康的人必须保持3种物质的平衡。这3种物质相互作用，从而产生血、肉、脂肪、骨头和骨髓、乳糜、精液等。印度传统医疗方法包括恢复这几种物质在身体中的平衡，使用了祈祷、草药、食物，甚至外科手术的混合办法。

印度医生在诊断病情上很有技巧，当他们还是学徒时，就得背诵《吠陀》上的段落，这样在诊断病人时，就会想起经上相应的诗文，这些诗文能帮助医生作出正确的诊断，并提供

↗如莲打坐
冥想和锻炼是印度医学中的重要部分。如莲打坐是瑜伽的冥想中的一个动作，瑜伽能帮助身体达到精神的宁静和平衡的作用。

↗火神
阿格尼是印度神话中的火神，当人们发烧的时候就向他祈祷。

医学发展史

合适的治疗方法。他们有大量的草药可以选择，比如用动物肢体或矿物质制成的药。使用的药物包括大象的粪便和尿、孔雀和鳄鱼所下的蛋等。部分由于宗教的原因，卫生对于外科医生显得很重要，医生强调经常清洁牙齿和清洗身体的重要性。

印度的外科医生技巧熟练，他们的工作包括去除肿瘤和白内障、修复断裂的骨头、缝合伤口、接生和截肢等，他们甚至能移除膀胱里的结石。印度人可能在公元前800年就能进行的外科手术，欧洲人在19世纪才能达到相同的水平。

》印度的外科手术

印度外科医生发明了最初的外科整形手术。他们能够重塑经常是因为受到了惩罚而被割掉的鼻子。他们将身体其他部分的皮肤移植到受伤害的地方，从而实现了皮肤移植。羽毛管子被放在病人的鼻孔内以帮助病人呼吸，直到他们的伤口愈合为止。西方的外科医生对这些技艺甚感惊讶。一系列的关于这种技术的书籍于1794年在欧洲出版以后，欧洲人也学会了这些技艺，并把它们叫作"印度方法"。

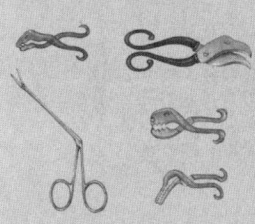

外科手术的工具
印度医生们发明了许多复杂的外科技术。他们利用一些如图所示的钢制工具展开手术，这些工具可以追溯到1100年前，钢不会生锈，这就使手术更加卫生。

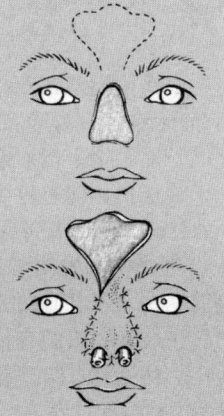

→ **重塑鼻子**
印度的古代医学已经发展到了能够进行外科整形的水平。他们知道在鼻子的整形中如何修补邻近的皮肤。这需要维持血液的供应，防止经过整形的鼻子发生塌陷。

■ 中医

中医已经发展了几千年，并且几乎没有受到任何外界医学体系的影响。《黄帝内经》是一本古老的医学著作，根据传说，它是在4 000多年前由黄帝写成的。这本书更像是在公元前200年左右的作品，它奠定了自那以后的中国传统医学的基础。

↗ **阴阳**
阴阳的象征符号。阴阳代表的对立秩序，在中医中有很重要的作用。阴代表的品质比如说是黑暗，那么它的对立面阳代表的品质就是光明。中医试图在其中找到平衡。

中医是基于阴和阳的观念的基础之上的。这两个观念截然不同并相互矛盾。阴代表的是例如女性、黑暗和潮湿，阳代表阴的对立观念，例如力量、光明和干燥。在《黄帝内经》中，阴和阳被认为是能够控制身体的调和的，它们被看做是就像一个国家的统治者和管理者一样。而这个"国家"又被看做是有12条小的河流，它们被分成更小的经脉，承载着血液和"气"。

这些经脉将人体的器官彼此连接起来。例如，肾与耳朵相连，肺连着鼻子，鼻子连着心脏，心脏连着舌头。当这些经脉按顺序工作正常的

↗ **黄帝**
黄帝，他的生卒年是约公元前2698~前2598年，传说是他写下了中国传统医学巨著《黄帝内经》，这本书奠定了中医的基础。

383

□ 探索与发现

» 保持平衡

如果一个人病了，保持"气"和身体的其他元素的均衡是很重要的。人们通过锻炼、冥想、食物或者其他的方法达到这一点。许多中药都是用被认为是具有特殊疗效的物质组成的。

← 医生和病人

传统的中国医学包括医生和病人之间的长谈。医生要治疗的是整个的身体，而不仅仅是某种疾病。

→ 气道

针灸用的针被插入皮肤下面的经脉的各个穴位上。而这些穴位离需要治疗的地方可能还很远。

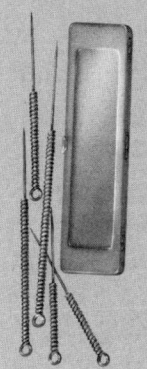

← 针灸用的针

针灸专用的针很长。它们可以插入身体2.5厘米以下，然后转动针头以使体内的气血通畅。现代的针灸师通常用针向体内导入一小股电流。

时候，人体就是健康的。在各个经脉相连接的联结点会影响"气"的流转。

由于融入了从印度传来的佛教，中国的宗教不鼓励对人体进行切割手术。因此，医学的主要基础假设是"气"对人体产生的影响。治疗方法通常包括针灸，一种特别的针被插入百个穴位点中的一些，由此"气"就通畅了，身体就会恢复健康。有些时候，晒干的草药果实也用于在这些穴位上点燃，同样也是为了促进血液循环。针灸已经有4 500年的历史了，至今仍然是中国传统医学的重要组成部分，西方也采纳了这种方法，特别是用于止痛和戒毒。

大事记

* 约公元前2700年，传说中的神农氏发现了中药。
* 公元前2698～前2598年，传说中的黄帝的生卒年，他是中医的奠基者。
* 公元前200年左右，《黄帝内经》著成。
* 公元280年，王叔和写下了12卷的《脉经》，这是一本关于脉搏的书。
* 1601年，杨继州写了10卷的著作《针灸大成》。
* 17世纪，首部描述中医的书在西方出现。

↗ 神农氏

这个传说中的帝王生活在大约公元前2700年，人们认为是他发现了中草药。他区分了365种草药，他对后人的贡献在大约2 000年前的《本草经》中记录了下来。

中医主要使用草药治病。今天，许多的草药都已经同西医结合了起来，例如蓖麻油、樟脑、大风子油等用来治疗麻风病，含铁质的药物有助于治疗贫血症等等。人参是众所周知的中药中的补药，用于巩固身体，防治疾病。

古代中国发明了种痘的方法来防治天花。他们从一个长了天花的人体上摘取一定的脓，把它注入健康人的身体，这会使天花的发病非常轻，以免大面积传染。欧洲人直到18世纪才发明了种痘的技术。

■ 古希腊医学

古希腊著名医生阿斯克勒庇俄斯生活在大约公元前12世纪。根据神话传说,由于他是如此地善于给人治病以至于他最后变成了一个神。病人前往他的阿克勒帕神庙里,并在这个神庙里睡觉,因为他们相信当夜晚来临的时候阿斯克勒庇俄斯就会来给他们治病。食物和沐浴也被认为是治疗的一部分,但是最主要的治疗方式还是祈祷和神奇的仪式。然而,从公元前4世纪开始,古希腊的哲学家们开始寻找更具有实践意义的疾病治疗方法。

由于亚历山大大帝的征服活动,古希腊同中东和亚洲的交往很频繁。可能从印度传入了《吠陀》的信仰,这也就解释了为什么古希腊的哲学家开始相信宇宙是由4种元素组成的:气、土、火、水。这也同时导致了他们认为身体也是由4种元素组成的观念。

西方的医学之父希波克拉底也认为人体是由4种元素构成的。希波克拉底在大约公元前460年的时候出生于科斯岛,人们对他的生平了解很少,即使是现存的他署名的医书也是由别人写成的。希波克拉底认为疾病是由自然原因引起的。他强调诊断的重要性,并鼓励医生写下所有他们知道的疾病的发展过程。他认为身体能自发地康复,并且能通过饮食、锻炼和休息加速康复的过程,这些有助于恢复体液平衡。假如病情没有起色,可以通过放血或者让病人出汗的方法去除部分的体液。这些方法通常都是有效的,虽然他们所依据的理论是错误的。这也是为什么关于体液的理论和希波克拉底的治疗方法能够在西方医学中存在到19世纪的原因。

↗ **医学之父**
希波克拉底是最伟大的古希腊医生,他的影响一直持续到了今天。据说他写下了超过70本的有关医学的书。希波克拉底概括出了医生应对病人和社会所担当的责任,到今天依然是医生们所追求的目标。

》治 病

希波克拉底和他的医生伙伴们相信他们的工作就是帮助身体的自我康复。虽然鸦片可以用于缓解疼痛,但是他们很少使用。外科手术没有被广泛应用,虽然古希腊人留下了关于头部钻孔技术的详细记载,为了缓解与头骨摩擦所产生的热量,此书甚至建议外科医生不时地将手术刀和钻孔器浸到冷水里。希波克拉底的著作中记载的治疗肩膀脱臼的方法直到今天还在使用,被称为希波克拉底法。

← **曼德拉草**
曼德拉草的根被认为是很有魔力的,因为它看起来就像人的身体,而实际上它的毒性很大。

→ **医生**
古希腊医生四处云游,在旅途中碰到他的病人。他们在检查病人和正确诊断疾病方面很有经验,但是他们只有有限的治疗方法。

← **放血**
生产于公元前470年的古希腊陶瓶描绘了医生准备给病人放血,这些血将被搜集到他们的罐子里。

↗ **四体液学说**
这是一幅中世纪的插图,揭示了四体液的学说。古希腊的哲学家认为身体是由4种元素组成的:血、黏液、黄胆汁和黑胆汁。它们之间必须保持平衡。

□探索与发现

■ 古罗马的医学

在亚历山大里亚建立的著名的医学校即使在罗马攻克了希腊之后依然是医学教育的中心地。出生在卑斯尼亚（今天的土耳其）的阿斯克雷庇阿德（公元前124~前40年）将古希腊的医学观念带到了罗马。不过他不相信自然的愈合能力，也不相信体液导致了疾病的发生。他重新开始了更传统的疗法，例如敷药膏、按摩、合理的膳食以及呼吸大量的新鲜空气。他也是第一位研习精神病的人。他给人们的建议包括音乐、工作、运动以及适量的酒以使人们睡个好觉。

罗马雇用了大量的希腊医生。即使如此，一些人仍然用草药或者是符咒等给自己治病。科尼利厄斯·塞尔萨斯是一位罗马贵族，他在大约公元前25年写下了详细的医学史。医生们一直到15世纪都还在运用塞尔萨斯的这本书。书中描述了关于眼疾、耳疾、疝气、膀胱结石以及其他一系列常见疾病的治疗。到了公元1~2世纪，许多希腊医生都来到了罗马。克劳迪亚斯·盖仑于公元162年来到了罗马，并先后给5位罗马皇帝做过医师。他的影响是如此地深远，以至于在他去世后的1 500年里，人们对他的医学著作都推崇备至。

在当时，解剖尸体是不被容许的，所以盖仑通过对猴子和其他动物的解剖学会了解剖学。也因此，他的许多观点后来都被证明是错误的。盖仑提出，当心脏跳动的时候血液会退潮或者涨潮，但是他从未意识到血液是全身流动的。他写下了至少350种医学作品，其中的一些还描述了非常复杂的手术。盖仑的工作是如此出

↗ 塞尔萨斯

在大约公元前25年，罗马贵族塞尔萨斯写下了他庞大的百科全书，其中的一卷是医学，记录了所有当时知道的希腊和罗马的医学现状。

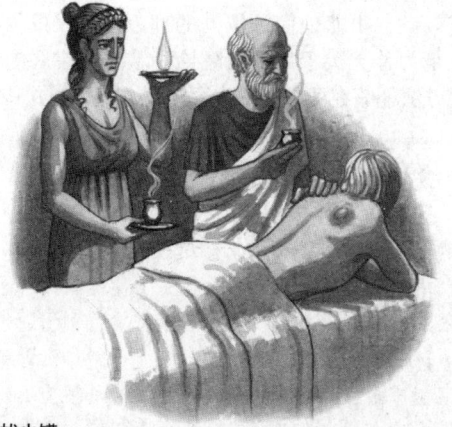

↗ 拔火罐

古希腊人和罗马人通过拔火罐将体内脏腑的体液吸出来。一截软麻布被点燃，放入一个杯子中，然后再把这个正在燃烧的杯子压在病人的皮肤、绽开的伤口或者是外科手术后留下的切口上。当杯中的氧气用尽的时候，杯子内部就成了真空，这就产生了能够将"邪恶的体液"吸收出来的力量。

» 从格斗中学习

根据盖仑的说法，许多疾病都是由于体液中的一种——血液的过多而引起的。这些过剩的血液会在身体的某些地方腐烂，所以应该通过放血把它们去除掉。有时候病人甚至会被放血放到他们昏厥过去为止。如同盖仑的其他理论一样，放血的理论直到19世纪以前一直被坚持使用，导致了很多不必要的死亡。

↗ 古罗马的格斗者

在前往罗马之前，盖仑是罗马格斗者的医师。为了治疗这些职业的格斗者，他必须具有丰富的解剖学和外科学的知识。

→ 战场上的医生

罗马的军队首次使用了随军医生。他们建立了战地医院以便于及时抢救伤员。

← 外科手术钩

罗马的外科医生用青铜做的钩子梳理缠绕的组织。他们把血管和肌肉组织分开以使医生的视线更清晰。

医学发展史

色,以至于在若干世纪里都没人能超过他,即使他的错误,也在16世纪之前被人们广为接受并且毫无察觉。

希腊的影响是罗马医学进步的主要原因。罗马在公共医疗方面有很大的发展,新鲜的空气被导入城市,公共浴室也广为建立。罗马有很好的卫生和垃圾倒放体系。他们建立了诊所和医院,并且还有军医专门为战争中负伤的将士处理伤口。

■ 瘟疫和传染病的威胁

公元540年,一种令人恐怖的疾病袭击了欧洲。这种疾病被称为"贾斯廷鼠疫",它是以当时拜占廷皇帝贾斯廷的名字命名的。许许多多的人丧生,贾斯廷的帝国险些就此被摧毁。14世纪,这种病又在欧洲出现了,这一次它的名字叫黑死病。1348~1351年之间,这种疾病杀死了大约2 000万人。

这种瘟疫在1347年到达了君士坦丁堡,是由在蒙古骑兵的进攻下往西逃的亚洲商人带来的,而他们是从他们最初居住的草原上感染了瘟疫。虽然人容易染上这种病,但是黑鼠更容易感染上它。受到感染的老鼠被跳蚤咬了之后,受感染的血液就传到了跳蚤身上,然后跳蚤再把这些病菌传染给了人。

染病的人颈部、腋窝、腹股沟会发生肿胀,皮肤会流血,对于那些感染上该病的患者来说,痛苦死去几乎是无法避免的,没有任何治愈的可能。尸体堆成了一座座山,医生们束手无策。即使是把这些染上病的人隔离开来也无济于事,

↗ **死神的胜利**
彼得·勃鲁盖尔的这幅作品绘于1562年。这些噩梦似的死尸展现了瘟疫给人们带来的恐惧。这幅画的名字来源于当时人们的一个普遍的信仰:黑死病代表了魔鬼的胜利。

》黑死病

黑死病的死亡率是如此之高,以至于它改变了整个欧洲社会的结构。在主人的土地上劳作的封建农奴制被摧毁了,土地上没有足够的劳动力。通常情况是,整个村庄都被摧毁了。富裕的人们将逃离城市作为逃避黑死病的方法,但是老鼠也跟他们一同逃亡,所以疾病依然无法得到抑制。

→ **城镇喊话员**
在黑死病最肆虐的时候,"将死去的人区分出来"是城镇喊话员最常说的话。这是迅速传送信息的唯一方法,因为当时很多人并不识字。陌生人通常被禁止进入还没有受到感染的区域。

← **迅速地埋葬**
人们因为瘟疫而大面积死亡,只有富裕的人才会埋入如图所示的私人墓穴。大部分尸体都被埋入了大型的公共墓地,它们叫作瘟疫坑。

→ **死神的房子**
瘟疫的牺牲者住过的房子或者门都有红色交叉线做标记。有的房子被封闭了,即使里面还有依然活着的健康人。

因为老鼠在到处逃窜。只有当所有的老鼠都死光了之后,这一瘟疫才会慢慢地停歇下来。然而,瘟疫还是会时不时地再次发生。19世纪,瘟疫又有了一次大的爆发,即使在今天,瘟疫有时也在折磨着我们。

黑死病并不是在中世纪袭击了欧洲的唯一瘟疫。麻风病也十分常见,虽然这种疾病并不是十分容易传染,但人们对麻风病人感到很害

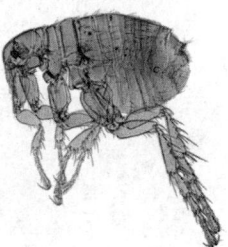

→ **跳蚤**
黑死病是由跳蚤传播开来的,这些跳蚤咬过已经染上病菌的老鼠,然后传播给人类。在14世纪和15世纪的欧洲,老鼠在城镇里大量滋生。

□探索与发现

↗ 瘟疫的受害者
这幅画出现在15世纪的托根伯格《圣经》上。它很清晰地展现了肿胀已经快要覆盖满瘟疫受害者的身体。

经掌握了非常复杂的外科技术，可以对眼睛，甚至是肠进行手术。然而，在中世纪的欧洲，这些技术基本上都消失了，大多数欧洲的医学院是不教授怎样进行外科手术的。作为最后的保存方法，这一领域留给了理发匠或者其他的并没有经过专门训练的人们。

文艺复兴时期，人们试图提高外科学方面的技艺。兼职做外科医生的理发师于1540年在伦敦成立了他们自己的行会，以便于给从事外科手术的人提供指导。然而，许多病人依然因为卫生条件差，容易感染而死去了。

1547年，法国医生昂布鲁瓦兹·帕雷抛弃

怕，并把他们当作是被社会遗弃的人。霍乱和伤寒症也时有发生。霍乱尤其令人害怕，因为它导致了被感染的人大量死亡，并且人们并不知道它是由什么引起的。事实上，它是由下水道的污水和河道里的下水道垃圾引起的，人们会染上这种疾病是因为病菌感染了饮用水和食物。

药物对这些传染病无能为力，所以当瘟疫爆发的时候，陷入恐惧的人们能做的只有祈祷。

■ 外科的兴起

外科可能是最古老的医学技艺了，即使只是按住通往伤口的血管以防止血液的流失也是一种外科技艺。史前的骨骼向我们揭示，某些骨骼接受过正骨法的矫正。一些古代的文明已

↗ 手术展示
这幅照片拍摄于1898年，地点是纽约的贝尔维尤医院。外科手术的从业者和医学院的学生在观看手术示范，以便于学到最新的手术技术。

» 早期的手术

手术在公元前2000多年前的美索不达米亚和公元前100年的印度就已经存在了。印度的手术技术很发达，并且还留下了如何去除病人的白内障的十分详细的记载。然而，在古代中国，任何对身体的手术都是不被鼓励的，医生几乎不给病人做手术。古希腊人和罗马人对手术的发展作出了大贡献。他们的技术传播到了阿拉伯世界，最终又传回了欧洲。

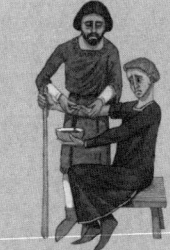

← 给病人放血
放血是最早的也是最常用的外科手术之一。后来的很长一段时间里，这种手术是由理发师兼职执行的。放血被用于几乎所有的疾病，病人常常已经是奄奄一息了，放血会使他们更加虚弱并最终死去。

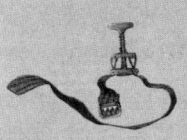

↙ 止血带
止血带用于切断手术之后的止血。带子将手术切口的上部紧紧地缠起来，然后旋紧带子，这样血液就被阻滞，从而不会造成伤口流血不止。

↙ 锯脚
切断手术是非常残忍的手术。手术过程必须迅速，以免病人因为极度痛苦或者是流血过多而死亡。这幅图作于1618年，在图中，医生已经将火红的烙铁放在火堆里加热，以便于手术过后用于止血。

388

医学发展史

大事记

* 公元7世纪，《阿闼婆吠陀》中记录了120种以上的铁质手术器材。
* 1728~1793年，约翰·亨特的生卒年。他给外科学的教学方法和实践带来了革命。
* 1793年，法国的军医多米尼克建立了首例救护服务。
* 1809年，美国人艾弗雷·麦克道尔成为妇科学的先驱，他从一个妇女的卵巢上摘下了肿瘤。
* 1902年，弗雷德里克·特勒弗斯给威尔士王子切除了阑尾。

了传统的用难以忍受的火红的烙铁治疗伤口的方法。他发现可以通过给血管打结而阻止伤口血液的流出，这种方法不仅减少了病人的痛苦而且死亡率也降下来了。又过了两个世纪，一些更好的治疗伤口的方法才被人们发现。

到了18世纪，随着解剖学的不断发展，去除病人的肿瘤或是发生了病变的骨头成了很正常的手术。为了最大限度地减轻病人的痛苦，切断手术一般都是在5分钟之内完成的。病人服用鸦片或大麻作为镇静剂，医生的助手们帮助医生将病人固定住。然而，一些病人依然会死于卫生措施的缺乏造成的感染。

18世纪60年代，英国医生约翰·亨特将外科手术从理发师的业余爱好变成了建立在科学的基础之上的职业。他四处演讲，著书立说，并且搜集了大量的医学标本。约翰·亨特是一位专业的解剖学家，当大量的医院建立起来的时候，产生了所有者不明的尸体，这些尸体被送到医学院去，供学生们进行解剖实验使用。

一旦痛苦和感染可以受到控制，手术的风险就降低了很多，对于较小的疾病进行手术也是很常见的了。阑尾在16世纪就被医生们意识到，但是切除阑尾被看做是非常危险的手术。到了1902年，弗雷德里克·特勒弗斯在威尔士王子被加冕为国王爱德华八世之前切除了他已经脓肿的阑尾，这为弗雷德里克·特勒弗斯赢得了爵士的头衔。从这以后，割除阑尾成了非常常见的手术。

■ 远离细菌，远离痛苦

↗ 斯密尔维斯

斯密尔维斯意识到卫生状况不好造成了许多病人的死亡，所以他坚持要求严格的洗涤。他的行为被认为是粗暴无礼的，于是他被迫离开了他在维也纳的医院。

早期的手术是非常危险的。当时还没有卫生的观念，外科医生穿着他们平常的衣服，上面溅上了斑斑血迹。他们使用连续用过多次的器械，而没有想到要对它进行清洗。生孩子又发高烧的妇女是非常危险的，手术杀死了许多正在分娩的妇女。一位医生斯密尔维斯意识到刚做过人体解剖就来进行手术的医学学生更容易造成病人的感染。他还发现如果学生们并没有去过停尸房，那么感染就不怎么会发生。由此，斯密尔维斯坚持要求他的医院保持良好的卫生。这一措施实行后，死亡率骤降。由于受到许多医学同僚强烈反对，斯密尔维斯最后不得不放弃他在维也纳的实践。

此时，没有人意识到是微生物导致了疾病的传播。直到19世纪60年代，路易斯·巴斯德发现了细菌的感染。英国的外科医生约瑟夫·利斯特作出了更进一步的贡献。他注意到了大量的人因为骨折而死亡。约瑟夫·利斯特注意到如果骨折没有穿透皮肤，那么感染就几乎不会发生。如果骨折使骨头穿透了皮肤而暴露在空气中，那么感染是常有的事，并且容易造成截肢或者死亡。

当约瑟夫·利斯特同时发现了路易斯·巴

→ 约翰·亨特

约翰·亨特，1728年出生于英格兰，他对于现代外科学的发展作出了重要贡献。他改变了人们对于手术的观念，把它看成是正确医学原理下的必要步骤。他搜集的大量的医学标本今天都收藏在格拉斯哥的亨特博物馆。

□探索与发现

»消灭痛苦

麻醉剂已经有很长的历史了。古希腊人用药物减轻痛苦。到了19世纪,鸦片作为止痛剂得到了广泛的使用,酒精也用于使病人放松心情。乙醚和一氧化二氮(笑气)是最早的现代麻醉剂,它们几乎是同时被发明的,并且都是通过吸入的方法使病人麻醉。此后不久,氯仿的作用被发现了。在最初的一些反对声过后,这3种麻醉剂得到了广泛接受和运用。

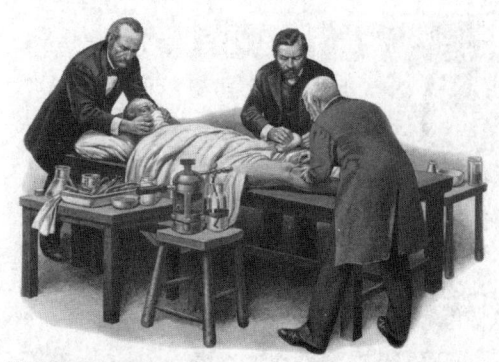

↗ 手术刀下

从19世纪60年代开始,手术都是在有灭菌措施的情况下进行的。使用石碳酸喷雾为房间消毒,手术不仅更加安全,而且更加舒适了。麻醉剂的运用可以使病人在没有知觉的情况下接受手术。

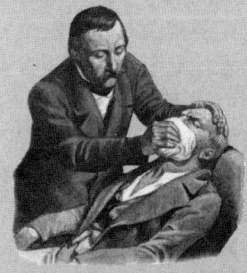

← 威廉·莫顿

莫顿是一位美国牙医,他把乙醚作为麻醉剂使用。在1846年,他帮助一位医生麻醉了一位病人。

→ 第一位牺牲者

1848年,汉娜·格雷纳成了氯仿中毒死亡的第一人。她当时只是做一个割除脚趾甲的小手术。

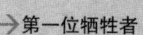

← 氯仿套

用布料做的套子放在氯仿和乙醚中浸泡,然后再把这些套子严实地套在病人的嘴巴和鼻子处,病人就通过这样的方式呼吸到了麻醉剂。

斯德的成果的时候,他意识到并不是空气造成了病人的感染,而是细菌感染了伤口。约瑟夫·利斯特曾经听说石碳酸可以用于杀死下水道里的细菌,所以他试着在伤口上喷上一些石碳酸,结果是令人惊讶的。在他的首批11位病人中,只有一位死去了。人们最初对这一发现持抵制的态度,但是一旦人们开始接受,这就成了对病人的例行程序。灭菌法比让细菌先侵蚀了伤口再想办法治疗更加有效。为了灭菌,外科医生们努力让伤口远离病菌,他们给手术器具消毒,自己戴上头套,穿上长袍。

大约与发明灭菌法的同一时期,几位医生发现了可以通过麻醉剂减轻病人的痛苦。1846年,美国牙科医生威廉·莫顿向人们指出如何使用乙醚减轻病人的痛苦,而约翰·沃伦也在对一氧化二氮(笑气)进行试验。对一氧化二氮的使用当时还是一个新鲜的事物,吸入这种空气容易导致人轻微的麻醉。氯仿是另外一种麻醉剂,维多利亚女王生下雷奥博王子的时候,约翰·斯诺医生给女王使用了麻醉剂,表明麻醉剂的使用更加广泛。

大事记

* 1800年,戴维宣称一氧化二氮可以导致人失去知觉。
* 1831年,氯仿被发现。
* 1844年,贺瑞斯·韦尔斯用一氧化二氮麻醉病人。
* 1846年,威廉·莫顿用乙醚麻醉病人。
* 1847年,斯密尔维斯要求他的医生同事们手术前洗手。
* 1865年,约瑟夫·利斯特用他的喷雾装置在手术过程中消毒。
* 1884年,可卡因被作为麻醉、止痛药品。
* 1886年,采用灭菌法的手术开始了。

■ 疫苗的出现

关于接种疫苗的故事在很大程度上也就是关于天花的故事。这种病毒性疾病在欧洲杀死了许多人或损伤了他们的容貌,在美洲殖民地,它甚至摧毁了印加文明和阿兹特克文明。

1717年,英国驻君士坦丁堡大使的妻子玛莉·维特雷·蒙塔古女士指出土耳其人有传统的方法能治疗天花。他们从已经感染了天花的人的身上取下一块脓并把它植入到另一个人的皮肤下面。这个被植入了脓的人即使长了天花,病情也会非常轻,并且不会留下疤痕。更加重要的是,这个人从此以后对一些感染似乎有免疫力了。蒙塔古女士还很大胆地将这种方法用在了她儿子身上。很快,这种方法就在欧洲广为传播了。

下一个发展是英国人詹纳做出的。他听说在挤奶厂工作的妇女从牛那里染上了牛痘之后就不会生天花了,而牛痘却是一种更为温和的疾病。1796年,詹纳给当地的一个孩子注射了牛痘病毒,6个星期之后,他又给这个孩子注射了天花病毒。在今天,他会因为这种行为而进监狱,但是很幸运,这个孩子活过来了,这种方法被广为传播。人们到了20世纪70年代才完全消灭了这种疾病,天花是被人类主动消灭的第一种病菌。

免疫是通过人类自身的防御系统阻挡微生物的侵袭,而不管这种微生物是细菌、病毒还是动物的寄生虫。这在某种程度上反映了古希腊人的观点,他们相信人体可以自行康复。

人类的免疫体统运用了血液里的白细胞,它们通过表面的蛋白质的样式来识别人体自身的体细胞。当白细胞遇到了侵袭的微生物的时候,它们就攻击这些陌生的微生物。白细胞产

↗ 詹纳

这个雕像是为了纪念詹纳在詹姆斯·费尔普斯身上试验的第一次种牛痘。这保护了这个小男孩免受天花的袭击。

↗ 接种牛痘

詹纳的发现的价值被人们广为传播之后,人们蜂拥前往接种牛痘,以免受天花的侵袭。当时画的这幅漫画揭示了被接种牛痘后,一些人内心存在的不安:牛开始从他们的身体里长出来。

» 保护人类

流行性感冒病毒或者是艾滋病病毒的变异非常快,所以它们表面的蛋白质的形态也经常变化。这意味着人体对其很难产生有效的免疫。其他疾病例如小儿麻痹症和麻疹就不容易发生改变,所以种痘能够有效地杜绝这些疾病。

← 小儿麻痹症的受害者

1921年,富兰克林·罗斯福成了小儿麻痹症的受害者。当时,这种病还叫"婴儿瘫痪症",虽然它是在罗斯福40岁的时候袭击了他。这种疾病导致他的腿瘸了,但是他不屈不挠,最后成了美国的总统。

→ 路易斯·巴斯德

路易斯·巴斯德在兔子的大脑里培植出了狂犬病的疫苗。再将其头部和脊髓烘干长达两个星期,这样这种病毒就变得非常弱以至于可以注入到人体中,使人体既产生了抗体又不至于会染上狂犬病。

← 疫苗枪

在大的注射疫苗计划中,这种枪经常被使用,它在高压下将疫苗射击到人的身体里,而不需要用针头。这种枪现在已经被单剂量的一次性注射器代替了。

□ 探索与发现

生叫作抗体的物质来摧毁这些微生物，而其他的白细胞就将还残留的微生物吃掉。细菌就被以这种方式消灭掉了，下一次，这种微生物细菌再侵袭人体的时候，白细胞就"认识"它们上次用于消灭这种微生物的抗体了，它们飞速产生了大批的抗体以至于病菌根本不可能形成。

接种疫苗是以同样的原理建立起免疫功能。疫苗所含有的微生物只能产生非常微小的疾病，它常常带有的是已经死去的微生物或者是微生物的一部分，这足以让身体产生抗体了。只要身体受到了同疫苗里的同样种类的微生物的攻击，抗体就能够保护身体免受攻击。

■ 抗生素的发明

接种疫苗可以避免许多疾病的发生，几乎没有什么疾病是对付不了的。第一种被消灭了的疾病是痢疾，人们可以用从南美洲的金鸡纳树上提取出来的奎宁对付它。水银曾经被用于治疗梅毒，但是它的毒性非常强。一种新的叫作撒尔佛散（治疗梅毒特效剂）的合成物在1910年由保罗·埃利希研制成功。1932年，德国科学家多马克研制出了偶氮磺胺，这种红色的合成物可以治疗感染引起的链球菌细菌病，例如脑膜炎。

从偶氮磺胺中又发展出了一系列的抗菌药，它们被称为硫胺类药剂，能阻止细菌的繁殖。这给身体的免疫防御系统足够的时间产生出抗体以破坏细菌。硫胺类药剂并不总是有效的，并且有时会带来副作用。同时，它们对有的病

↗ 亚力山大·弗莱明

弗莱明对青霉素的发现是非常偶然的，当时他并没有意识到他的发现的重大作用。10年之后，弗罗理和柴恩才开始探索大规模生产青霉素的方法。

菌毫无作用，但由它开始，对新的药物的研发从未停止过。

亚力山大·弗莱明是一位研究人类自身产生的自然抗菌物质的科学家，他的主要兴趣在于研究眼泪中的溶解酵素，溶解酵素能保护眼睛的表面免受外界病菌的攻击。弗莱明也在研究葡萄球菌，这是一种引起疖子的病菌。1928年，当弗莱明休假两周后回到实验室时，发现葡萄球菌培养皿中长出了一团青绿色霉菌。在用显微镜观察这只培养皿时，弗莱明发现，霉菌周围的葡萄球菌菌落已被溶解。这意味着霉菌的某种分泌物能抑制葡萄球菌。弗莱明对这种霉菌的鉴定表明，它们有很强的抗菌作用，这种霉菌被叫作青霉素。他当时并没有意识到青霉素的巨大作用，但是，10年后，牛津大学主持病理研究工作的澳大利亚病理学家弗罗理仔细阅读了弗莱明关于青霉素的论文，对这种能杀灭多种病菌的物质产生了浓厚的兴趣，德国生物化学家柴恩是他最主要和得力的助手。他们进行了一系列的实验，发现青霉素对许多病菌都有很强的杀灭作用。

提炼工作繁重而艰难，经过共同努力，他们终于制成了以玉米汁为培养基，在24℃的温度下进行生产的设备。青霉素从而很快开始了

大事记

＊1928年，亚力山大·弗莱明无意中发现了青霉素。

＊1935年，多马克制成了偶氮磺胺。

＊1939年，霍华德·弗罗理和柴恩找到了大量生产青霉素的方法。

＊1943年，塞尔曼·瓦克斯曼发现了第一种治疗肺结核的药链霉素。

＊1945年，弗莱明、弗罗理和柴恩三人，因在青霉素发现和利用方面作出的杰出贡献，共同获得了诺贝尔生理学或医学奖金。

医学发展史

在临床上的广泛应用，一些传染病的死亡率大大下降，无数生命得到了拯救。青霉素的唯一缺点就是它不能杀死所有病菌。

人们今天依然还在世界范围内寻找能产生新的抗生素的物质，包括探寻深海和热带雨林。当科学家们发现了一种自然的抗生素之后，他们就研究这种物质杀灭哪些种类的细菌，据此再造出合成物。

许多抗生素都通过破坏细胞的细胞壁达到杀灭细菌的作用的，没有了细胞壁，细菌就会死去。抗生素不会对人体细胞有害，因为人体细胞没有严格意义上的细胞壁。

■ 重塑身体

假肢是指人造的身体的某一部分，假牙就是假肢的一种。假肢已经有上千年的历史了，由于现代的塑料技术的发展，人们已经很难分辨出假肢同真实身体之间的差别了。

假肢在20世纪取得了巨大的发展。义肢变得越来越轻巧并且看起来同真的肢体很像，它们现在能跟神经系统相连，所以可以像真的肢体那样动。

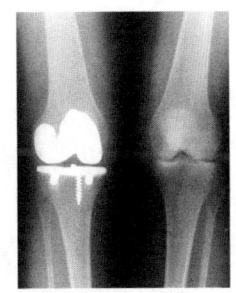

↗ **人造关节**
通常是因为关节炎，人体的许多关节在进入老年之后都老化了。这一X光图片显示，有一只膝盖安装了由塑料和钢铁制成的人造关节。许多其他关节也可以通过这种方法替换。

当肢体的骨头被摔坏了的时候，夹板和石膏可以帮助人们固定住这些骨头直到骨头愈合。如果骨头粉碎得非常厉害，金属板就被旋在骨头上以更大程度地给予骨头以支持。有时候骨头就被其他的一些物质所代替了，例如珊瑚。新的骨头细胞在珊瑚里繁殖，并且用新长出来的骨头代替珊瑚的位置。

由于疾病而损伤了的心脏瓣膜也可以用一个人工的瓣膜代替。如果心脏自然的起搏器出了状况，更小的人工起搏器可以代替它，这种装置能迫使心脏作出有规律的跳动。

器官移植是另一种重塑身体的方法。皮肤

» 生命挽救者

抗生素被用于各种病菌感染。它们也被用于家畜和家禽，以保护它们免受疾病的侵袭并使它们长得更快。由于长期接触抗生素，一些细菌对抗生素产生了抗体。现在，医生们试图只使用小剂量的抗生素，以免细菌形成抗体。

↗ **第二次世界大战**
当战争爆发的时候，英国和美国政府意识到很快将有很多负伤的人受到感染的袭击，他们投入了大量的钱财资助研发如何大批生产青霉素。

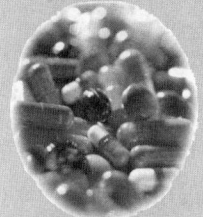

← **抗生素**
大多数的抗生素成品都是粉状的，装在可食用的胶囊内。然而，一些抗生素会因为唾液使药性受到破坏，所以它们只能用于注射。

→ **塞尔曼·瓦克斯曼**
这位美国科学家在1941年发明了"抗生素"这个词。青霉素被发现之后，瓦克斯曼努力发现更多的抗生素。1943年，他发现了链霉素，这是第一种治疗肺结核的药，他也因此而获得了诺贝尔奖。

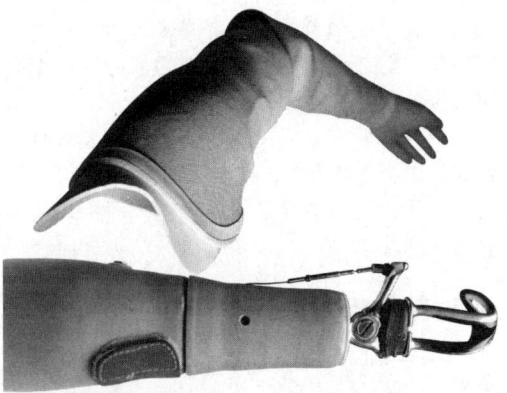

↗ **义肢**
人造手臂可以进行有限的活动。钩子或者手指可以被安装到留存下来的手部肌肉上。新的研究主要关注使义肢在人体神经的支配下能有更多的活动性。

393

》早期的义肢

第一例义肢可能是树枝。树枝可以给腿受了伤的人做拐杖。随着外科学的发展，截肢成了很平常的手术，虽然有许多人因为截肢后受到了感染而死去。活下来的人被安装上木头做的假腿或者假手，有时候也安装上钢铁做的钩子以代替手。

◁ 古罗马人的假牙

假牙早在古埃及时期就已经出现，古罗马人用黄金做了牙床以使钢铁或者象牙做的假牙能被固定住。古罗马的牙医们也会用不同的处方制作各种牙膏以保持人们牙齿的健康。

←接鼻

18世纪，西方的医生们很惊讶地发现印度的外科医生掌握了复杂的嫁接手术技术。本图的这个被割断的鼻子被嫁接上了，并且上面也被植上了皮肤。西方的医生们迅速从印度人那儿学会了这项技术。

→木腿

这个海盗真是太不幸了：他不仅丢了一只手，还没了一条腿。由于被安装上了木制假腿和带钩的假手，他可以自己照顾自己。然而，木制的义肢非常不牢靠并且还不舒适，今天，人们已经发明出了更轻巧的塑料制义肢。

植皮手术是器官移植中的一种，输血也是一种。输血在17世纪就已经开始施行了，只是当进入了有关血液的知识更加丰富的19世纪的时候，输血才变得更加安全了。

做器官移植比较困难，因为免疫系统会迅速地袭击这个"外来的"器官。需要非常强效的药物用于防止排异反应，这也是在输血的过程中接受者和输出者的血型需要吻合的原因。

另一个困难就是寻找可行的器官。每个人都有两个肾和肺，所以有时候捐献者可以将他的一个肾或者肺捐献给另外一个病人。其他的器官，例如肝脏和心脏，必须从一个刚发生突发悲剧的健康人身上移到病人身上。首例心脏移植手术发生在1967年，从这以后，成千上万的人接受了捐赠者的心脏，许多人活了很长一段时间，但是他们需要在将来的生命中一直服用抗排异反应药物。

现代的研究主要关注如何通过病人自身的组织长出全新的器官，这样就不会相互排斥了。另一个研究的可能性是异向移植，即将动物器官移植给人体。

■ 对精神疾病的治疗

经历了长时间的被忽视之后，专门针对精神病人的医院终于在15世纪时成立了，这些医院主要是为了将精神病人同正常社会隔离开来。伦敦皇家伯利恒医院就是最早的精神病院之一，从1403年开始接收住在家里的病人。这些患者的生活条件很差，大多数都被用铁链子栓起来。人们甚至被鼓励前往参观，将参观这些病人看做一种娱乐形式，这在整个欧洲都很常见。

第一次真正的改善发生在18世纪末19世纪初。菲利浦·皮诺尔是一位精神病学家，他废除了比塞特精神病院男病人和萨伯里精神病院里女病人的锁链。皮诺尔的学生伊斯奎洛尔提出了让病人和他们的医生生活在一个共同体里的设想。病人们不再被看做是疯子般的畜生，而是被看做需要被帮助的独立个人。这种治疗方法有时候给一些病人带来了很大的改善，他们又可以重回社会了。

↗ 紧身衣

在那些可使很暴躁的精神病人安静下来的药物没有被研制出来之前，人们使用这种紧身衣束缚不安静的病人。

↗ 疯人院

伯利恒医院在早期被叫作疯人院。这里关了很多精神病人，他们戴着锁链，经常受到打骂。

大事记

* 1793年，菲利浦·皮诺尔让精神病人们摆脱了锁链。
* 1856~1939年，弗洛伊德的生卒年，他是心理分析的先驱。
* 1943年，迷幻药的偶然被发现激起了科学家们对药物治疗精神疾病的兴趣。这导致了一系列药物的开发，例如治疗焦虑和精神分裂的药物。
* 20世纪五六十年代，电休克疗法被广泛地用于治疗严重的抑郁症。
* 20世纪90年代，百忧解及其相关药物被用于治疗抑郁症。

并不是所有的治疗方法都是很人性的。许多著名的精神病医生依然将病人锁起来，打他们，或者把他们投到冰冷的水里，这被当成是震惊疗法的一种形式。然而，在大多数的精神病院里，病人的生活状况都得到了极大的改善。

到了19世纪中期，萨伯里精神病院的另一位医生夏尔科对他的病人进行了独特的观察研究。他非常详细地描绘病人们所处的状况，并且将催眠术作为治疗方法中的一种。到了19世纪末，德国医生埃米尔·克雷佩林开始对那些严重的精神疾病进行分类总结，他首次详尽地描述了精神分裂症。

从19世纪80年代开始，弗洛伊德发展了心理分析，弗洛伊德的理论是要向人们揭示一个病人的问题是由他此前的经历所引起的。卡尔·荣格将弗洛伊德的理论又向前推进了一步，弗洛伊德和荣格的探索病人此前的历史的心理分析治疗法今天依然在使用。

治疗精神疾病的另一大的发展是使用药物。人们认为精神疾病是由于人脑发生了化学变异引起的，药物可以帮助纠正人脑的化学变异，从而使人脑正常化。然而，药物的使用带来了一系列新的问题，包括对药物的依赖。对精神疾病的更好的治疗方式的研究依然还在进行中。

现代医疗新技术的出现

从20世纪60年代以来，医学技术的发展比早期医生们梦想中的速度还要快。举例来说，能够形成一道细细的强光光束的激光产生了。它可以当作解剖刀来使用，不让患者感受到任何痛苦就能切除生理上的某个组织。激光光束能够非常精确地运动，这就意味着它能够被用于切除肿瘤，还能够对眼睛，甚至对大脑内部进行精密的手术，而且不会对健康的组织产生任何伤害。

通过使用药物通常能够取得缓解或者消除疼痛的作用，但是有的时候，一些技术被用于减少病人对这些镇痛药物的依赖。一些针刺疗法能够成功地控制疼痛，这引发了一个实验——将微弱的电流作用于神经，以控制疼痛感。这一实验

»现代形式的治疗

今天的精神疾病治疗方法同传统的治疗观念有很大的不同。精神病医生仔细地对待那些可能是引发精神疾病的感情问题，他们同病人交谈，以使病人对自己的状况有一个很好的了解。

←艺术疗法
现代的精神病诊所鼓励病人通过画画的方式表达自我。这对那些不愿意开口讲话的病人非常有帮助，因为他们无法用语言完整地表达自己。

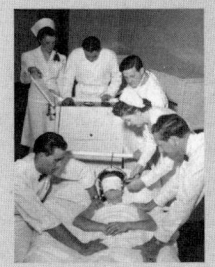

←电休克疗法
电休克疗法（ECT）在20世纪五六十年代被广泛地用于严重的抑郁症的治疗。医生让强电流通过病人的脑部，这会导致病人惊厥。有时病人可以摆脱抑郁，然而，这种疗法有时也会导致病人的失忆。所以，这种疗法现在成了最后的保留治疗方法。

→心理医生的椅子
当病人被心理医生询问的时候，病人的放松是非常重要的，这就是为什么许多心理诊所的椅子都很舒适的原因。例如这把为病人准备的像沙发一样的椅子。

□ 探索与发现

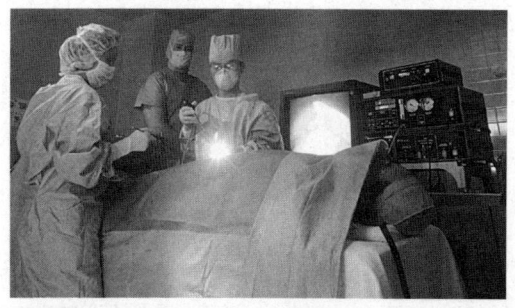

↗ 锁眼手术

一些现代的手术都是通过一个小洞眼在病人身上施行的。一个小的探针会插入这个小洞眼里面，这样可以将病人体内的情况发送到一个大屏幕上，如此一来，外科医生就能够清楚地看到患者的状态。

取得了成功，而且现在这种神经电刺激疗法已经成为一种减缓慢性疼痛非常常见的方法。

那些忍受着极度痛苦的患者，比如患有晚期癌症的病人，需要连续不断的止痛药物。这需要用针扎入受到病毒影响的部位才能够达到止痛效果。

那些早产儿总是处于危险之中，因为他们的肺没有得到良好的发育。用来帮助这些羸弱婴儿的最早技术，就是将早产儿保育器加热，以让他们保持暖和。今天，即使是一个重量只有一千克的羸弱婴儿，也能够在专门的保育室中安然存活下来。电脑监控着婴儿血液里的氧气含量、他的体温和呼吸状况。同样的，生命维持系统能够让人们在受到破坏性的脑部损伤以后仍然能够活着，而在以前，这种损伤一定会要了人的命。处于昏迷之中的人们能够借助

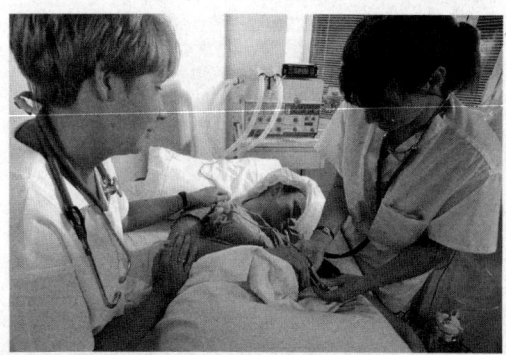

↗ 生命维持器

生命维持器能够执行人体器官中的许多重要功能。在一次事故中受到严重伤害的人借助生命维持器能够得到很好的照料。这样就为他们的身体自行愈合康复提供了时间上的保障。有的时候，受到严重头部伤害的人借助生命维持器依然能够活许多年。

生命维持系统继续活好几年，尽管经过这段时间之后，很少有人能够完全康复。

电击会致命，但是心脏除颤器（电复律机）却是这样一种装置——在心脏病发作之后，该装置会给心脏有力的冲击和震动，以让心脏重新开始跳动。在现代医院中，心脏除颤器（电复律机）已经成了一种基本急救设备的组成部分。

肾透析是一种医学方法，可以用来排除双肾不能正常工作者血液中的废弃物，而如果这些废弃物不清理出来，继续累积，这些人会因此而迅速地中毒，但是一个星期进行几次透析，他们就能够过上相对正常的生活。尽管对于他们来说，进行肾移植是他们完全康复的唯一机会。

》最新的技术

伴随着越来越多有效药物的产生，技术获得了日新月异的发展。有的时候，一些简单的装置就能够拯救一个患者的生命。然而，某些技术则极其复杂，比如，在生命维持系统中应用的计算机监控设备。许许多多的现代技术，比如锁眼手术，其治愈时间加快，大大减少了患者必须住院康复的时间。

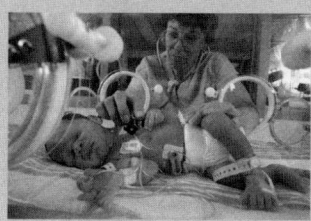

↗ 生命的机会

以前，那些小小的早产婴儿很可能会夭折。但是今天，他们能够在专门的育婴室中存活下来。他们呼吸的是经过过滤的暖空气，而且他们所有的身体功能都处于监控之中。有的时候，医务人员会给他们用一些特殊的药物来改善和提高他们的肺部功能。

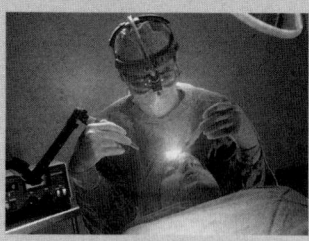

↗ 高科技眼部手术

激光能够应用于眼部手术，而且没有必要将这一精妙而脆弱的器官切开。激光能够穿过瞳孔，灼烧一系列细小的点，这样就能够将发生移位的视网膜连接到正确的位置。

武器与战争史

■ 进攻与防御

武器的使用如人类历史一般久远。很多早期的武器，例如矛、弓等，来源于打猎工具，但最古老且最有用的武器可能就是刀跟短剑，在欧洲发现的最早的例子是一把约在公元前1800年的斯堪的纳维亚的燧石短剑。短剑曾经由石头、骨头、木材、金属和塑料制成，来源于古代短剑的刺刀今天已经用于武装士兵。

武器与战争随着人类文明的进步而不断发展。当石器时代的人们走出石洞或简单的庇护所时，他们组成部落，结成村庄。接着青铜开始取代石头和燧石，铁又代替了青铜，成为工具的主要材料。人们开始获得有价值的财产，如食品原料、动物、农业装备、衣服和烹饪器具等，甚至吸引人的珍贵装饰品。也就从这时开始，人们制造武器，不仅仅作为打猎的工具，而且用于自卫以及攻击他人。以前牧人用于驱

↗ 骑兵交战
内燃机发明以前，动物（一般是马）被用来运输军队、武器以及物资。中世纪的骑士穿着厚重的装甲，以至于只能借助于起重机械才能上马。

赶牛的牧马，被用来武装骑兵，以让军队的移动更快、更远。自此以后，骑兵的偷袭、埋伏，以及游牧民族的迁徙成为战争的一部分。

为了减小死亡和受伤的概率，人们开始使用由坚硬兽皮、木头或者金属加强过的木头制成的盾和装甲。这些原先为了抵挡石头抛击的古代装备，成了现代警察手中塑料盾的原型。古代骑兵的胸甲也演化成士兵们身穿的防弹衣。

偷夺食品和领地纠纷引起的袭击，导致了防御工事的建造。为了控制野生动物和家禽而修建的篱笆和壕沟，对防御偷袭同样有效。木材虽然取材方便且容易加工，但容易遭受火攻，而且会随时间腐烂。比较而言，石头与泥砖更加坚固和耐用。今天，虽然防御工事不再是高耸的城堡，但我们仍然在使用沙袋

↗ 火枪手
10世纪，中国发明了火药。大约1300年，阿拉伯人发明了第一支火枪。从15世纪起，步枪在欧洲发展起来，并逐渐被改进以用于战争。

↗ 装甲武士
图中日本武士身穿竹子制成的装甲。今天的装甲是由塑料或者尼龙做成的。

397

☐ 探索与发现

» 早期武器

公元前1万~前5000年,西班牙洞穴壁画描绘了人类如何在战斗中佩戴弓。

公元前3500年,苏美尔人由贝壳和珍贵石头组成的皇家图画,描画了人们是如何武装弓、斧子和矛的。

公元前2500年,第一个设防的城市——乌尔建成。

公元前1680年,喜克索斯人把马拉战车引进埃及。

公元前1800年,燧石短剑出现于瑞典。

公元前1600年,瑞典与希腊出现青铜武器。

公元前1469年,第一条战争记录,发生在迦南人与埃及人之间。

公元前1000年,亚述人用铁造兵器。

公元前500年,孙武写下第一本军事理论书。

↑ 亚述的攻击塔

墙、战壕和碉堡。

古代兵器的性能取决于人和动物的力量,而沉重的盾和装甲降低了机动性。直到19世纪末,随着内燃机的发明,战争发生了巨大的变化。

■ 棍棒、钉头锤和铁锤

人类最早的武器是棍棒、钉头锤和铁锤,这些简单武器拿在手里,不能分解,也不可能会出故障。棍棒是最古老的武器,最早的棍棒是从地上捡到的石头块,史前人类既当它为工具,又用它做武器。棍棒可以用来捣碎种子,以获得食物,也可以作为武器,去捕杀猎物或者与敌人搏斗。在南非,大约公元前6000年的一幅壁画,刻画了两个身带树枝的人,这些树枝看起来像是棍棒。人们用既长且重的骨头,

↗ 铁锤与钉头锤
虽然中世纪的骑士装备复杂,但他们仍然用简单的武器战斗。图中可以看到钉头锤和铁锤的使用。

也用取自树木、灌木的长木条作为棍棒。

当人类能提取青铜、铁、钢之后,他们开始用这些金属来制造更强力的武器。利用这些金属,把棍棒头部加重,增加一些尖锐的钉子,就变成了钉头锤。它能在战斗中击穿敌人的盾牌和装甲,也能用于马背上士兵的白刃战。现在的美国,黑檀木和银制成的钉头锤,被当作礼仪物品,摆放在客厅里。在英国,女王在特殊场合手握的权杖,也是一种钉头锤。

战锤很像普通木匠的锤子,但只有一个爪子,是一种锥形的鹤嘴锄。战锤的手柄有1米来长,士兵能在马上抡起去攻击敌人,也能用那尖锐的爪子,去刺破敌人的头盔。这种对敌人头部的打击很有效,足以瞬时致命。

连枷早先用于农民打谷,后来发展成棍棒和钉头锤的混合体。一根厚铁棍两端安装有1

↗ 圣萨尔瓦多的溃败
意大利文艺复兴艺术家乌切洛的艺术画中描绘了挥舞着钉头锤和铁锤的装甲骑兵。

》肉搏战中的简单武器

早期，棍棒等击打类武器作为人类身体的延伸，在肉搏战中替代了脚和拳头。棍棒可以由多余的木头做成。后来金属的使用，再加上头部部分的增重，使得击打类武器在战斗中更加有效。

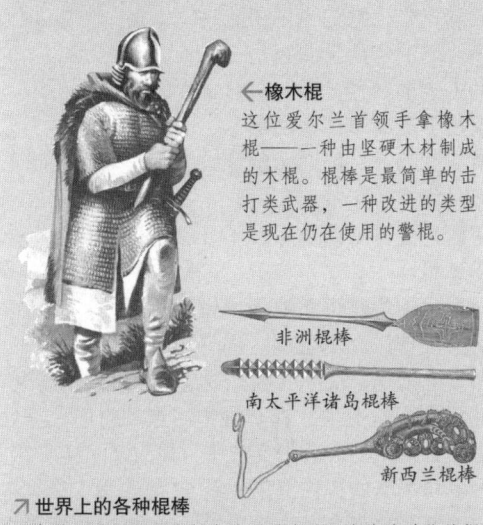

←橡木棍
这位爱尔兰首领手拿橡木棍——一种由坚硬木材制成的木棍。棍棒是最简单的击打类武器，一种改进的类型是现在仍在使用的警棍。

非洲棍棒

南太平洋诸岛棍棒

新西兰棍棒

↗世界上的各种棍棒
由木材、骨头或石头制成的，具有礼仪和战斗功能的棍棒在世界范围内都能找到。一些棍棒集合了两种材料，如木头把手可以用石头增加重量；另一种方法就是把熔化了的铅注入棍棒头部的孔中；皮条也可以缚在把手上，以利于掌控。

↗躲藏
弩兵躲藏在他的防护盾后面。

→死亡之星
骑兵正准备给敌人致命一击。当铁链末端的长钉铁球撕开空气时，带出点点火花，看起来如同早晨闪烁的星星。晨星的名字正来源于此。

牙卡斯特林的公元前1万~前5000年间的古代洞穴壁画描绘了人们使用弓进行战斗。公元前2000~前1500年的弓已经在丹麦被发现，而埃及也找到了大约公元前1400年的弓。

弓不只用于战争，也用于打猎。许多熟练的猎手同时也是士兵。经验丰富的射手可以在马上或者战车上精确地射击。

16世纪，英格兰的亨利八世颁布命令，年轻人在周日早上的教堂礼拜后，必须练习射击。许多弓是由黄桑木制成。

与法国的3次战役是英格兰和威尔士长弓的胜利，它们是：1346年8月26日的克雷西战役，1356年9月19日的波瓦第尔战役和1415年8月25日的阿金库尔战役。通过持续的箭雨，英格兰和威尔士射手能把法国的骑兵拒于255米之外。当骑兵和战马摔倒在地时，引起其他兵士的混乱，从而进一步让自己暴露于长弓箭攻击之下。

当步枪和来复枪刚发明时，熟练射手手中

至3段的铁链，而这些铁链末端各装有长钉。当连枷使用起来时，这些铁链能同时击中敌人不同的部位。

■ 弹弓、弓、弩

弹弓，和长弓、弩一样，是远距离武器。这让士兵能攻击他身体接触范围以外的敌人。早期的海战使用了弹弓。在多西特的梅登城堡中发现了大量的弹丸，这里曾是公元44年，凯尔特防卫兵与罗马军队激战的地方。

弓是世界上最古老的武器之一。在西班

↗瞄准
一位弩兵正做瞄准动作。他用右手操作扳机，扳机就是用钩子钩住弓弦的装置。

□ 探索与发现

的长弓射击依然精准。一直到 1861~1865 年间的美国内战时，火枪才开始变得更加有效。相对弓来说，训练士兵使用步枪是比较容易的，因此许多部队开始大量采用步枪。

一些军队采用弩兵。弩就是附在木头或金属托柄上的短弓。弓弦用手或者机械装置拉满，然后通过钩子和扳机结构拉住。短箭放到射槽里，并与弓弦对齐。弩兵仅需瞄准和掰动扳机。对弩的最早描述出现在中国军事家孙子的一本书中，即写于约公元前 500 年的《孙子兵法》。1139 年，由于弩的可怕杀伤力，教皇英诺森二世尝试禁止对基督教徒使用弩。1199 年，英格兰的理查德一世死于弩箭伤口造成的坏疽。

■ 剑、马刀、弯刀

作为世界上最古老的武器品种之一，剑现在是阅兵仪式中的一种军衔符号。剑形状的工具曾用于农业劳动和伐树。跟其他工具一样，它们也用于战争。尼泊尔的反曲刀是一种古老的兵器，至今仍然服役于英国军队中的廓尔喀族军团。它的弯曲的宽刀身很适合于砍杀，同时它也是近身搏斗的一种不错兵器。

↗ 宽刀
一位亚洲战士，配备有弓和宽刀。刀的重量集中在刀尖附近，很适合于砍击。

早期的剑更多地使用切的动作，而不是刺。许多世纪以来，欧洲的剑，剑身短直，边沿锋利，且剑身不断变细，直至成为一点。它们一开始是用青铜做的，后来变成铁，最后又采用了钢。古罗马军队的钢铁短剑大概 50 厘米长，像一把长的宽剑身短剑。古罗马斗士使用这些短剑在竞技场中格斗。

》远距离武器

弩和长弓让普通步兵能够长距离与敌人交战。这意味着骑兵和步兵可能被杀死时还没来得及使用自己的刀子、斧子和长矛。长弓和弩都能穿透装甲，也就是说他们能击落全副装甲的骑兵。

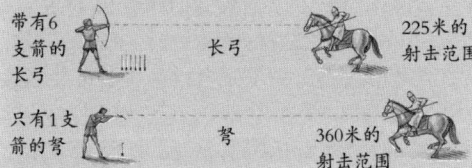

↗ 射击范围
专业长弓手能在1分钟内精准地射出6支射程大约225米的箭，如果射击精度要求不太高，则能射出12支。另一方面，熟练的弩箭手的射程可达360米，但射击频率比较低，1分钟只能射出1支箭。

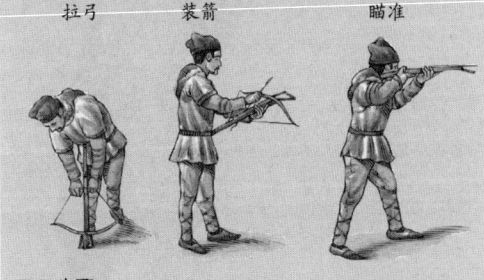

↗ 三步骤
给弩装上箭矢的时间远比瞄准和射击长得多。弩从上箭到射击的过程有3个步骤：首先是拉弓，就是把弓弦拉满并锁住；然后是放箭进入槽道；最后就是瞄准和射击。即使有机械装置的帮助，弩最多也只能在1分钟内射出4支箭。

↗ 双手剑
图为近身搏斗的中世纪武士。其中一个使用双手剑。

武器与战争史

» 剑

剑曾经用青铜、石头，甚至木头制成，今天已经改由钢铁制作。虽然剑已经不再使用于战争，但在多种文化里，剑仍然是军队中权力与地位的象征。击剑技巧因剑身设计而异。日本人更喜欢砍击，而轻巧而细长的剑却适合于刺击。

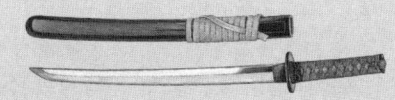

↗ **日本武士武器**
日本传统武士使用单刃短刀和不同长度的刀。传统的长刀称为武士刀。

← **刀术**
15世纪的日本武士。日本武士同时装备两把刀，并戴着与众不同的头盔。

↗ **东方的刀**
有弯曲刀口的刀来自于中东和印度。单手使用时，它们比西方剑更加轻便。发生战争时，西方的士兵碰见了东方的弯刀，这些弯曲的刀称为马刀或者弯刀。这把上品马刀是在威尼斯设计的。这些马刀在骑兵中很流行，因为它们能用于对付步兵和其他骑兵。

中世纪的剑长一些，大约80~90厘米长，有十字形手柄和锥形剑身。长剑可以用于刺击敌人，但大部分士兵用来砍击对方。步兵和骑兵都可以使用剑。身体够强壮的人可以使用双手剑，双手剑剑身既宽且长，士兵用双手持剑搏击。16世纪中的苏格兰首领使用了一种长的、双刀刃的双手剑，称为双刃大砍刀。

后来，骑士们发现了中东的炼剑技术，从而改进了西方的剑的设计。中东的士兵使用一种弯刀，这些弯刀刀身长且窄，刀锋锋利。

剑柄前面的防护用于保护斗士的手。大约1600年，威尼斯的炼剑家制造出一种称为"篮子手柄"的新式护手，这种弯曲的、凿孔的护手能保护整只手。它的基本设计仍然沿用在许多现代礼仪性质的剑上。

骑兵冲锋时，剑指前方，直接刺向敌人，但一旦近身战斗，长剑又变得难以使用，没有足够的空间来施展。因此马刀发展成为一种骑兵武器，刀身短且弯，可以砍杀和刺击。刀起落之间都能切击敌人。

文艺复兴时期的欧洲，贵族和官员们把武器当作流行饰物。轻巧而细长且有精巧防护的双刃长剑最受欢迎，这种时尚大约从1530年一直持续到1780年。

■ 古代火器的使用

西方最早的火器大约制造于15世纪。它们看起来像小型的加农炮，小得可以让步行和骑马的士兵随身携带。那时的火器看起来如同现代海面上发紧急求救信号的手持式发光工具。它们在手柄上安装有枪管。

到了15世纪末16世纪初，标准的火器大约1.5米长，具备了枪管、枪托和枪柄。枪托支撑着枪管，枪柄在开火时，会被搁在开枪者肩膀的弯曲处。

火绳钩枪是一种比较大的火器，经常安放

大事记

* 公元前1300年，青铜剑应用于战争。
* 公元前650~前500年间，铁剑得到使用。
* 10世纪，维京人使用双刃剑在欧洲到处抢劫。
* 14世纪，土耳其弯刀装备于骑兵。
* 16世纪，轻巧而细长的剑得到使用。
* 17世纪，威尼斯的具有篮子手柄的剑在欧洲广泛使用。
* 1850年，反曲刀应用于尼泊尔军队。

↗ **火绳枪**
火绳枪在欧洲使用到18世纪，而在印度部分地区一直使用到20世纪。

401

□探索与发现

»手 枪

改进的金属工艺和设计，使得手枪更加可靠、轻便。很长时间里，步兵和骑兵战术不断改变，以适应这些火器，而武器仍然由工匠手工制造。拿破仑战争以后，步枪和手枪开始大批量地制造。

↘膛线

膛线是枪管里的一种凹槽系统，能让子弹高速旋转地射出枪管，从而提高枪的命中精度。膛线武器在19世纪初还是比较少见的，而现代枪支基本都使用了膛线技术。

←带膛线的枪管内部

←高速旋转出枪管的子弹

←火药筒
黑色火药一般储藏在火药筒里，以确保干燥。许多火药筒是由中空的动物角做成的，这些角有一个管口，能按定量倒出火药。

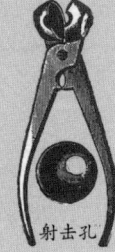
模具

←手工制作
步枪射击用的铅球很容易用简单模具做出来。一旦熔化的铅变硬，模具的手柄就会自动松开，弹药就做好了。通过这种办法，士兵能在需要时自制弹药。

射击孔

在三脚架上使用。它需要两个人操作，一个瞄准，另一个把点燃的烛心放进通风孔。负责搬运这些沉重武器的士兵，渴望工匠能把它们变得轻便、简易。火绳枪就是第一个改进，它能通过点燃一段浸泡过硝石化合物的导火线来开火，这样就延长了火药的点火时间。这些导火线被缠绕成称为"大毒蛇"的曲杆。装满火药的浅底盘有一条细管伸入到枪管里头。操作火绳枪时，士兵先点燃导火线，打开浅底盘的弹簧接触盖，然后拉动扳机，使导火线掉进火药中，从而点燃爆炸。

火绳枪对于需要一只手捏住缰绳的骑兵来说，不是一件实用的武器。因此人们发明了轮枪，它工作起来有点像老式的香烟点火器。一拉动扳机，火药浅底盘就打开盖子，接着金属轮就摩擦一块黄铁矿，然后产生一串火花。马背上的士兵能在马鞍里或者在马靴的开口处放上两三支短管的手枪。燧发枪是后来发明的火器。它们用燧火石和钢铁来产生火花。燧发枪一直使用到19世纪中期。训练过的士兵能用无膛线燧发枪每20秒射击一次，但射程超过80米后，射击就不是很准确了。

■战 马

马匹让军队具备了快速运动的能力，它们能拉马车和攻城武器，也能运载战利品和财产。战场上，马给侦察员和通讯员提供脚力，帮助指挥作战的将军们传递信息。跟重骑兵并肩作战的高头大马，在战场上是无法抵挡的。

最早在战争中使用马的是大约公元前800年的亚述人，他们用马组成骑兵队，也用来拉战车和打猎。罗马人从欧洲、中东和非洲的原种马中，繁育出用于赛跑、打猎、冲锋和驾车的各种马。

发明于中国的带有马镫的马鞍在公元2世纪传到了欧洲，从此永远地改变了马的驾驭方法。马鞍让骑马更加容易。一位罗马步兵一天能步行30千米，骑上马后，他的行程能增加一倍。

马匹让人群能到离家更远的地方。13世纪的蒙古铁骑从中亚出发到达越南、中东和欧洲。

骑兵分轻骑兵和重骑兵，他们的区别在于基础装备和马匹的大小。许多古代军队都既有

↗马背上的火器
轮枪很适合马背上的士兵使用，因为他们需要腾出一只手来驾驭马。

武器与战争史

↗ **小规模冲突**
波斯轻骑兵部队携带圆盾、长枪和钉头锤,正进行一场运动战。

轻骑兵也有重骑兵。大概 2/3 的蒙古骑手是轻骑兵,他们骑着小型的快马,头戴保护性的头盔,携带弓和箭。重骑兵骑大型的壮马,身穿锁链甲或重的皮革衣服,配备有长枪。

中世纪欧洲的军队只有步兵和重骑兵。为了驮载全副武装的重骑兵,马必须足够大和强壮。16 世纪以前,欧洲军队注重发展重骑兵,法国人称呼它们为宪兵,德国人称之为"黑骑士"。直到 17 世纪,在和土耳其军队的战斗中,欧洲人才明白轻骑兵的重大好处,开始建立自己的轻骑兵队伍。匈牙利的骑兵就穿着土耳其风格的制服。

重骑兵穿戴胸甲和头盔,骑着大马,携带着一管手枪和一把重马刀。轻骑兵不穿装甲,骑速度很快的战马,骑手能携带两管,甚至三管手枪和一把轻剑。

》战争中的马

马用于战争已有许多个世纪。它们能拉动战车,运载枪炮,也能用于坐骑。马强壮且快速,但能被远距离武器拦截。

← **重型骑兵**
中世纪战争中身着盔甲的德国骑士。这些盔甲保护了马和骑手。

→ **没有马鞍的战士**
在罗马与迦太基的战争中,这种快速的、轻武装的努米底亚骑兵对汉尼拔的胜利起着重要作用。他们骑马不用马鞍。

图鲁格马战

重骑兵   轻骑兵

↗ **蒙古战术**
蒙古军队使用轻、重骑兵和许多不同的战术。图为一种称为图鲁格马的战术。重骑兵率先冲锋并击垮敌人的防线,同时他们也保护了身后的轻骑兵部队。当敌军方阵被击破时,轻骑兵迅速穿过或绕过重骑兵方队去攻击敌人。

↗ **冲锋**
冲锋时,战马戴着头盔,头盔上的长钉就像骑手的长枪一样直刺向前方敌人。

403

□ 探索与发现

■ 城堡与防御工事

世界上有许多史前和古代防御工事的例子。工事的建造者一般都利用自然特征,譬如山冈、悬崖峭壁和大河、湖泊、沼泽,来提高它们的坚固性。当这些自然特征不存在时,人们就创造它们,挖壕沟、筑堤墙、竖塔楼。有时,城堡的建造者利用了早期的基地。比如,11世纪20年代,在汉普郡的珀切斯特,亨利一世在早期罗马的撒克逊方形堡垒基础上,建造了土台与外墙城堡。

罗马方形堡垒的轮廓在欧洲随处可见,这些堡垒被称作 castra,这是城堡 (castle) 这个词的由来。堡垒是军团士兵在敌方领土上建立起来的防御基地。有时这些临时基地永久地保留下来。粮食、军队生活必需品等可以存放在堡垒中,而轻装的军团士兵可以在敌方领土上巡逻。

在1066年的黑斯廷斯战役中打败哈罗德国王后,诺曼底人建立了不少土台与外墙城堡作为基地,以在英国掌控权力。

↗ **苏格兰城堡**
苏格兰的卡尔拉沃克城堡就是一个优秀的带护城河的城堡。在圆塔上头,石砖墙的开口就是垛口,用来保护塔中的士兵,让他们在攻击敌人时免受伤害。绕城墙的护城河提供了更多的保护。这种城堡很坚固。

中世纪的城堡作为贵族们的基地,有大量的驻军防守。在城堡周围,发展出了一些城镇,如果整个社会变得富有,他们还可以在外围建造更坚固的城墙。对于城堡主人和城镇中的居民来说,随着时间和财富的积累,提高城堡的防御能力,可以在战乱年代里有些安全的保障。

■ 火药来临

固态的火药一经燃烧很快变成气体。如果比较松散的话,火药只会产生光和白烟,声音

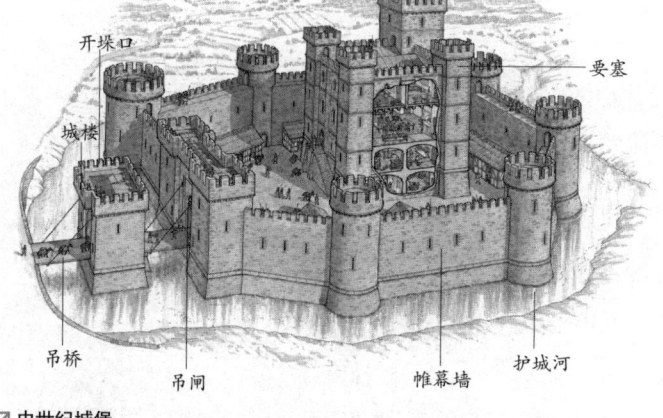

↗ **中世纪城堡**
典型的城堡有开垛口的城墙,这就让防御的士兵能通过开垛口射击敌人。

（标注：开垛口、城楼、要塞、吊桥、吊闸、帷幕墙、护城河）

» 从泥土到石头的各种城堡

早期的防御工事是由泥土建造的,而中东地区使用了泥砖和石头。罗马人是欧洲第一个建造防御工事的民族。1066年,诺曼底人征服英国后,建造了许多堡垒,这些堡垒成为中世纪许多大城堡的基础。

⇐ **石头城堡**
后来的城堡是由石头建成的。中心的要塞被帷幕墙围绕着保护起来免受攻击。

⇐ **土台与外墙城堡**
这些简单的木质城堡是由诺曼底人建造的。土台上面由主人家庭和佣人居住,而外墙内圈养家禽和储藏食品。

⇐ **诺曼底塔**
诺曼底人建造了石头方塔,来取代木质堡垒。最著名的例子的伦敦的白塔。

也不大。假如是在封闭状态下，则声音和爆炸威力增强。由此产生的能量能推动管子里头的物体，也能炸毁建筑物。欧洲第一次在战争中使用火药的是1346年的克雷西战役的英国人。据说爱德华国王有3~5支火炮，形状像瓮或大瓶子。早期的武器发射石头或者类似于弩弓箭的东西。

↗ 有掩体的加农炮
早期的加农炮形状就像啤酒桶似的，安装在木制载体上。

加农炮的设计在300年里没有什么大的改变。火药被倒进炮口里头，然后用撞槌压紧，再用炮塞把压紧的火药挡住，接着把炮弹从炮口放进去。将一些松散的火药倒进点火孔，这是在加农炮封闭的一端的一个小孔，然后用导火线点燃，这是一段用硝酸钠浸泡过的绳索，它会缓慢燃烧。接下来的爆炸将炮弹推出炮口，它能飞出200~700米远，视加农炮和炮弹的大小而定。到19世纪60年代时，5.5千克的加农炮弹用1.1千克的弹药能发射1 500米远。

1453年的4~5月，土耳其人第九次围攻君士坦丁堡，加农炮第一次展现了它的威力。那时的君士坦丁堡是东罗马帝国的首都，处于君士坦丁十一世的统治下，而土耳其领导人是穆罕默德二世。一个叫作尔本的匈牙利的工匠为土耳其人制造了一管很长的青铜炮，有8米长，能发射660千克的攻击的石头1 600米远。由于装火药比较费时，所以火炮一天只能射击几次。经过12天的猛烈轰炸后，土耳其人终于摧毁了城市城墙。君士坦丁堡于1453年5月29日陷落。

》炸 药

14世纪，火药在欧洲第一次被用于战争。自11世纪起，中国就开始使用它来点燃战场上的火箭。它能比绳索、反重力和弹性物质提供更大的力量，但会产生浓烟。

← 手持的大炮
手持的大炮在1364年开始使用，是向今天我们所了解的手枪演变的第一步。炮手不得不用一把分叉的枪来支撑沉重的炮身，以让它保持稳定。

→ 双发射
这些加农炮安放在同一个架子上，这样能快速地接连对同一城墙或者城门进行射击，如同双筒武器。

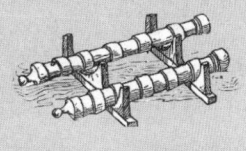

↗ 手持的迫击炮
这是16世纪的一种高抛发射物到敌军方队的短筒武器。

↗ 蛇炮
艺术家杜勒的这幅画描绘了一种称为大毒蛇的大炮，因为它看起来像一条蛇。许多早期浇铸的大炮形状都像蛇。

↗ 英格兰火炮
一位炮手拉起了掩体，而另一位正准备点燃火炮发射石弹。

☐ 探索与发现

■ 海上战争

古代的地中海文明自认为在世界中处于中心的地位，它的名字意思就是在世界的中央。许多国家的食品和贸易依赖于地中海，因此谁控制了地中海，谁就掌控了环地中海国家。地中海几乎没有潮汐，因此船只无法利用涨潮时出海，也不会因退潮而搁浅。地中海变成了战场的一部分，战争方式和所用武器与陆地上的战斗并无二致。海战的关键是运输，具有可靠动力的快船通常能赢得战争。希腊、罗马、波斯和迦太基都发展了能快速将军队运送到战场其他地方的战船。为了阻拦对方，他们改造了陆地的武器以适应海战，例如抓钩、攻城塔和投石器。

强大的海上力量是陆地战争的有效辅助。古代海上统帅发展的战术今天仍然适用。雅典人在萨拉米斯战役中的战术是如此地成功，以至于军校把它写进教材。1571年，基督教联盟和土耳其在勒庞多湾发生了海战，这是大型划船最后一次在战争中使用。基督教联盟收缴了130艘大型划船，并摧毁了至少80艘。这次战争结束了土耳其对地中海的统治。

在更大的海洋、浪潮和更极端的天气里，需要不同种类的船和航行技巧。在大西洋和太平洋有海岸线的国家，需要建造那种在退潮时能在浅水区登陆的船。在大西洋上巡游的维京人，他们的成功归功于他们的长船，这种船能

↘ **工作中的桨**
战船上有三层的划桨奴隶。为了划船更加有效，他们必须动作一致，所以他们使用敲鼓来统一节奏，显然顶上的一排是鼓手最好的位置。

> **大事记**
>
> * 公元前480年，萨拉米斯战役。希腊人打败波斯人。
> * 公元前31年，阿克兴角战役。屋大维在罗马内战中战胜安东尼。
> * 1340年，作为百年战争的一部分的斯路伊战役。海上成为了战场。
> * 1571年，勒庞多湾战役，土耳其大败。
> * 1588年，英国打败西班牙舰队。

在各种地方登陆。

海船被用来运输军队到陆地战场或者入侵国家。在公元800~1066年，维京人、撒克逊人、丹麦人和挪威人都通过大海入侵英国。十字军东征期间，骑士们通过海上从欧洲到达中东。此外，船只也被用来帮助围攻海边城市。

↗ **桨的力量**
世界上存在各种类型的战船设计。这是只有一排桨的希腊大型划船。

海上力量

许多战船依赖奴隶划桨来工作。一些船备有帆,能在风向合适时利用帆航行。

⬅ 薛西斯

这位波斯国王在公元前486年掌权后,发动了对雅典及其同盟的各种陆战和海战,但最终他被打败。

↗ 萨拉米斯战役形势图

这次经典的海战发生在公元前480年,双方是西米斯托克利领导的雅典人和薛西斯带领的波斯人。

■ 战争游戏

1700年至今,战争作战方式的变化已经超出了人们的想象。燧发滑膛枪被自动机枪取代,战马被装甲坦克和攻击直升机取代。在最近的100年间,这种变化尤为迅速。第一次世界大战更多的还是白刃战,但是海湾战争中的大多数战役都要依赖导弹和飞机了。

蒸汽动力、汽油发动机的发明和引进,意味着士兵们不必再依靠易于疲劳和易于损伤的动物运输了,风力船舶已经被即使逆流速度也很快的蒸汽轮船替代了。

那些中世纪骑士的铠甲现在也找到了新的用途,成为轮船、汽车和飞机的防护工具。人们还发明了更轻、更牢固,甚至可以防火的材料。

↗ 移动

大规模的军队和军事装备灵活快速的移动是每次战役胜利的关键因素。

↗ 步枪

步枪自19世纪首次问世后,就在战争中起到了至关重要的作用。

这些新型材料最初是为水手制作救生衣,后来逐渐被用于消防和应急服务。

第一次世界大战之前,人们对于科学充满了乐观主义精神。他们相信技术进步必将更加保证生命安全、健康和舒适。在某种意义上,这是对的,可是科学同样用于战争。大规模杀伤性武器已经成为一个现实。两次世界大战导致了毁灭性武器(原子弹、化学武器、生物武器)的发展,不过同时也刺激了医学技术的改进。

20世纪40年代,涡轮喷气式飞机的迅速发展取代了活塞发动式飞机。这种新型飞机不仅飞行高度较高,而且装备更加精良。

无线通讯在19世纪末出现的时候还只是实验室里的一项试验,然而100多年以后,它却成为一种至关重要的战争装备。两次世界大战不仅证明了通讯技术的重要性,而且也证明了科学家发展这项技术正是为了满足军队的需要。

□ 探索与发现

» 手枪和炮

1784年，发明榴霰弹。
1807年，福塞斯获得击发枪专利。
1835年，勒福舍获得销发弹药筒专利。
1835年，柯尔特获得转轮手枪（或左轮手枪）专利。
1883年，马克沁获得全自动机枪专利。
1901年，英国发明10磅炮。
1914～1918年，第一次世界大战开始使用远程炮。
1934年，首次使用通用机枪。
1939～1945年，第二次世界大战发展了半自动步枪，使用了无后坐力炮、火箭炮和反坦克炮。
1947年，卡拉什尼科夫设计出AK47突击步枪。
1957年，意大利M56型105毫米驮载榴弹炮首次问世。

↑ 格特林机枪

第二次世界大战之前，直升机已经非常普遍了，到了1945年，美国和英国的工程师们又设计出了许多新型的、更具威力的螺旋式直升机。20世纪末，直升机已经成为一种救生工具，从海上打捞士兵或者拯救着火建筑物中的幸存者。

许多国家的军队不再是一支寻求作战的部队了，他们已经成为和平的捍卫者，致力于制止残酷战争的爆发。高速通讯技术保证了军队随时可以向其国家领导人汇报世界各地发生的情况。

■ 手枪和步枪的使用

在大多数国家里，你几乎每天都可以见到手枪，因为警察经常携带它们。在惊险电影和美国西部片中，英雄们和一些恶棍也常常携带手枪。你可能见到过许多手枪，可是你知道它们的发射原理是什么吗？

手枪一般分为两种——转轮手枪和自动手枪。转轮手枪装有一个6发子弹的圆形弹仓，自动手枪是一种新式手枪，带有一个安装枪栓的分离弹夹，可以装入14发子弹。步枪分为手动、半自动和自动步枪，带有一个容纳5～30发子弹的弹膛。自动枪支都是在弹膛里自动装填子弹，所以扣动扳机时，子弹可以连续发射。

↑ 航空
空中军事力量的发展已经成为现代战争中最重要的变化之一，制空权无论对于现代作战技术还是确保军事胜利，都是必不可少的关键因素。与以前相比，现代飞机更具致命性，不仅速度快、航程远，而且机载武器更具杀伤力。

大事记

*1807年，福塞斯博士获得击发枪专利。
*1812年，波利获得第一把后膛枪专利。
*1835年，勒福舍获得销发弹药筒专利。
*1835年，柯尔特获得转轮手枪专利。
*1849年，米涅步枪取代滑膛步枪。
*1886年，法国首次采用小口径无烟子弹。
*1888年，英国开始使用李·梅特福手动连发枪。
*1939～1945年，自动步枪得到发展。

武器与战争史

争中使用的都是11.4毫米柯尔特1911型自动手枪，重1.11千克，7发子弹。1935年，比利时9毫米勃朗宁强力手枪制造成功，装弹后重1.01千克，有效射程达50~70米，两排13发子弹——这一特点被后来的设计者效仿。英军在第一次世界大战期间和第二次世界大战的大多数时间里使用的都是口径7.7毫米李·恩菲尔德短步枪。德国口径7.92毫米98K短卡宾步枪射击精度极高，带有5发子弹。美国加兰德M1步枪和M1卡宾枪是第二次世界大战期间流行的自动步枪，易于操作，性能可靠。

1945年以后，有两种枪支在军事冲突中占据着主导地位——美国的重3.18千克、口径5.56毫米的阿玛利特M16步枪和前苏联设计的4.30千克、7.62毫米的AK47步枪，都属于全自动发射步枪，每分钟分别发射700发和600发子弹。

↗ 埃菲尔德L85A1式步枪
这是英军中流行的步枪，重3.8千克，长785毫米，全自动发射，口径5.56毫米，每分钟可以发射700发子弹。在波斯湾、科索沃和北爱尔兰地区都曾使用过。

最著名的转轮手枪是19世纪在美国首先使用的"六发枪"（或称六响子），它能够快速连续地发射6发子弹。在第一次世界大战和第二次世界大战中，英军使用了口径11.6毫米的韦伯利VI型转轮手枪和口径9.6毫米的恩菲尔德N2MI型步枪。

德军通常使用易于上膛的鲁格手枪。它是以柏林卢德维西·列维兵工厂的设计师乔治·鲁格的名字命名的，重850克，8发子弹，口径9毫米。

美军在两次世界大战、朝鲜战争及越南战

>> 士兵的武器

步枪和手枪通常是步兵使用的两种武器，因为它们轻便、精确、快速。骑兵、炮兵和后勤部队比如工程兵也常常携带这些武器，不过他们是为了自卫而不是主动攻击。步枪和手枪子弹同样要求武器材料供应不断改进。

↗ 李·恩菲尔德短步枪
这种短小精悍的手动步枪只有1.132米长，重3.96千克，10发子弹。英军1907~1943年间使用过。主要由英国、印度和澳大利亚制造，制造了300多万支。

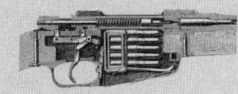
→ 手动枪支
毛瑟枪有5发子弹，通过扣动枪栓装填到后膛。

↗ M16步枪
M16步枪现在广泛使用于世界各地。美军在越南战争中首次使用它，在当时具有革命性，因为它的发射口径只有5.56毫米。它由塑料和合金制成，重量只有3.18千克。

↗ 美军步枪
美国内战之前，美军使用口径14.7毫米步枪。子弹通过膛线旋转，因而更为精确，保证发射后笔直飞行，上面的刺刀用于短距离搏斗。

→ 自动枪支
美国柯尔特1911A1式手枪是一种自动手枪。它的子弹安装在枪把的弹仓内。

□ 探索与发现

■ 加农炮和迫击炮

16~19 世纪，欧洲和北美之间的战争是炮火纷飞的战争，炮兵们操纵着各自的大炮，不停地轰炸对方。

加农炮从炮口（前端）装填炮弹，然后发射。这种炮的大规模发展伴随着 1858 年步枪枪管的引入。步枪枪管可以使炮弹在飞行中旋转，大大提高精确度。从后面装填炮弹的后膛炮出现于 1870 年前后。借助发射反弹力的后坐力机械装置出现于 1888 年。

迫击炮属于以高弧度弹道发射炮弹的前膛炮。现代迫击炮的历史可以追溯到第一次世界大战期间英国斯托克斯迫击炮。

现代炮的种类从第二次世界大战期间的德国巨型列车攻击炮，比如轰炸过塞瓦斯托波尔和列宁格勒（今天的圣彼得堡）的口径 800 毫米 K(E) 古斯塔夫巨炮，一直发展到日本 70 毫米 92 型微型军用炮。K(E) 古斯塔夫巨炮发射的炮弹达 4 800 千克，射程 47 千米。日本微型炮只需要 5 个人，发射炮弹重 3.7 千克，射程 1.373 千米。

第二次世界大战中的迫击炮还包括轰炸过塞瓦斯托波尔和华沙的德国 600 毫米巨型卡尔炮。其发射炮弹重量达 1576 千克，最大射程 6.675 千米，配有 18 名炮组人员。尽管它安装在履带底座上，可是移动速度仍异常缓慢，每小时仅仅移动 10 千米。二战中还有一种口径 51 毫米小型英国迫击炮，重达 4.1 千克，炮弹重量 1.02 千克，最大射程 0.456 千米，配有两名炮组人员。

↗ 自行火炮
美国 155 毫米 M109 型自行火炮。履带底座使它们在战场上的移动更加灵活。

未来的炮可能包括新材料制造的、口径 155 毫米的轻型榴弹炮。它的炮弹可以被控制，能够改变飞行路线。

》大 炮

在能够投放炸弹的轰炸机出现之前，大炮常常用于轰炸敌人的防御工事，保卫自己的要塞和首都等重要地方。口径越大，炮弹就越大，炮的威力就越大，因此大型炮弹具有很强的破坏性。

← 美军后膛榴弹炮
这种进攻型榴弹炮安装在可转动的底座上，而且带有升降装置。

→ 列车炮
美国内战以后，列车开始运送重炮和迫击炮。世界上最大的炮是第二次世界大战中的德国炮。

↗ 高速加农炮
这种加农炮安装在舰艇上，用于沿海近距离防御。19 世纪末开始服役，后来改进了后坐力机械装置，使得发射炮弹时可以保持炮身的稳定。炮兵起初配有防护甲，后来躲进了炮塔里。

← 现代迫击炮
一个士兵正在给英国 81 毫米迫击炮装填榴弹。左边的士兵跪着准备第二颗炮弹以确保炮弹能够连续快速发射。

地雷和防御

美国内战以后,地雷成为防御工事的组成部分,构筑了许多防御区和障碍物。但是今天,在一些国家它们却成了一个问题,它们一直由陷入内战的敌对派别所控制,给无辜平民造成了很大伤害。

第一枚地雷出现于1861~1865年美国内战期间,那时的地雷是较为粗糙的防御武器。在这次战争中,首次构筑了战壕防御工事。

军事要塞的设计随着火药的变化而不断发生变化。现在它们已经不再是直上直下的,而是由里向外,通常建有防爆营房和炮台。17世纪末以后,法国军事工程师塞巴斯蒂安·沃邦逐渐成为颇有影响力的人物。他设计了巨大的星型要塞,更有效地发挥了炮的威力,同时他还创造了要塞围攻技术。

混凝土在20世纪出现不久就被用于构筑防御工事。在布尔战争(1899~1902年)中,带刺铁丝网开始被广泛应用。第一次世界大战期间,西线的防御工事完全是由混凝土、铁丝网和波纹铁皮构筑而成的,从瑞士一直延伸到英吉利海峡。一战末期,德国生产出第一批标准

大事记

* 1861~1865年,美国内战,在里士满附近发生战壕战。
* 1874年,铁丝网出现。
* 1899~1902年,布尔战争:首次大规模使用铁丝网。
* 1904~1905年,日俄战争。
* 1914~1918年,第一次世界大战:凡尔登要塞战役。
* 20世纪30年代,构筑马其诺防线和西墙防线。
* 1942~1944年,构筑大西洋长城。

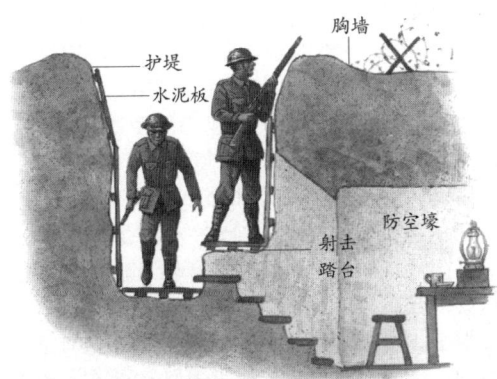

↗ 第一次世界大战中的战壕
战壕挖得很深,士兵们可以在地下平面上行走。当士兵需要射击的时候,他们就爬上射击踏台。为了防止战壕塌陷,还需要用水泥板等材料加固。

↗ 反坦克地雷
意大利塑制反坦克地雷能够摧毁卡车,毁坏坦克和装甲车。

» 防御工事

构筑土木工事在拿破仑战争中已经出现了,可是挖掘战壕和地下掩体却是在美国内战中才开始的。胜利者要建造许多海岸要塞以保护重要的港口。第一次世界大战爆发后,大炮的改进及大量机枪的涌现迫使步兵们转入了地下。诸如钢梁、混凝土等材料的采用使得现代的防御工事变得异常坚固。

→ 反坦克障碍
美国士兵站在被称为"龙牙"的混凝土反坦克障碍中间。这些障碍物是二战期间的德国为了保护"第三帝国"的西部边境而建造的。

↓ 地道
越南战争中,越南共产党人挖掘了许多地道作为隐身处,以躲避炸弹和炮火的轰炸。

□探索与发现

炮弹制造的反坦克地雷,当坦克辗过时即刻发生爆炸。

第二次世界大战期间出现了两种地雷——反坦克地雷和反步兵地雷。反坦克地雷主要用于摧毁卡车以及炸坏坦克履带和轮子从而阻止坦克前进。德国特勒反坦克地雷装有6千克高爆炸药。1945年以后,普遍使用的则是俄罗斯和以色列反坦克地雷。反步兵地雷可以杀死或杀伤士兵和平民。现代地雷主要由塑料制造而成,几乎不可能被探测到,工程师们只能在雷区炸开一条道路,尽管扫雷和挖雷技术有了很大发展。

第二次世界大战期间,混凝土防线主要有德国构筑的"大西洋长城"以及法国构筑的长达320千米的马其诺防线。然而,坦克和飞机的使用很快就使得这种战略防御过时了。

■ 坦克的出现

当第一批坦克笨重地穿越硝烟弥漫的泥泞战场到达第一次世界大战中德国的战壕前时,惊恐的德军还以为见到了来自阴间的怪物。

第一辆坦克的设计者是第一次世界大战期间的克罗尼·安奈斯特·斯温顿。他把履带式汽油动力霍尔特(Holt)牵引车加以改进,安装上装甲保护板、野战炮和机枪。这种车辆起初被称为"陆地轮船"。当它们被藏在帆布罩下面从英国运抵法国的时候,才开始被称之为"坦克",可是好奇的士兵们把它们称为巨大的"水上坦克"。从那以后,"坦克"这一名称才固定下来。这些巨大的装甲车辆先后在1917年法国的坎布雷战场和1918年的亚眠战场使用过。

两次世界大战之间,坦克的设计发生了变化。新的坦克改进了悬架和无线通讯装置,主要火力配备了旋转炮塔。第二次世界大战期间,作战技术进一步发展,开始借助坦克的移动和火力掩护,快速地向前推进,从侧翼包围攻击移动缓慢的敌人。第二次世界大战期间,坦克的

↗ 巴顿坦克
美国M48巴顿坦克装有一个红外线探照灯和90毫米口径炮。

重量和火力都大大提高和增强了。前苏联IS-3坦克重达45吨,装有122毫米口径的大炮。

战后坦克设计的变化主要包括改进发动机、悬架、装甲、发射控制系统和武器。美国M-60坦克和英国设计的"百人队长"坦克都曾在亚洲和中东服役过。前苏联T-54/55坦克在20世纪50~60年代曾被许多国家使用。

20世纪80年代发展起来的新型装甲主要包括反坦克导弹攻击时的外部爆炸系统,以及可以起特殊保护作用的由坚硬材料制成的锁合式装甲板。发射控制系统主要由装载计算机构成,一旦目标锁定,就能够自动调节准确高度、炮管的角度以及炮弹类型。发射系统连接在瞄准器上,可以使坦克兵昼夜看到敌车的加热曲线图。新型武器主要包括引爆炮弹和制导导弹,这种新型炮弹是用极其坚硬的材料制造的,主要用于穿透敌人坦克的装甲。

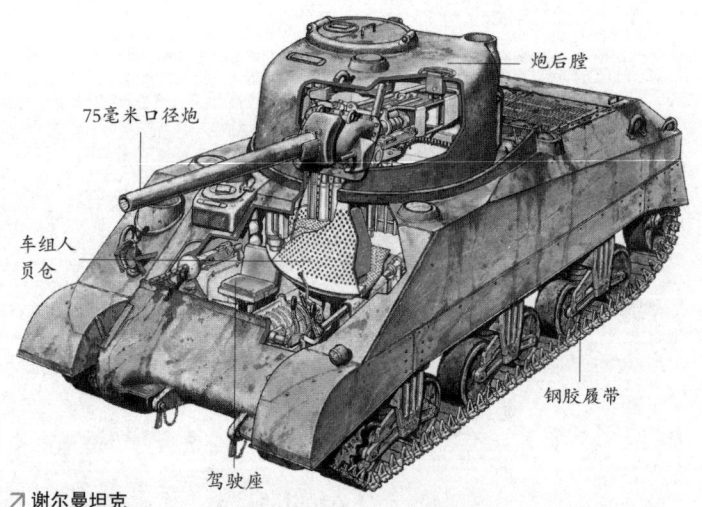

↗ 谢尔曼坦克
M-4中型坦克(谢尔曼坦克)是以制造量巨大取胜的坦克。到第二次世界大战末,美国11个军工厂每月制造2 000辆这种坦克。截至1946年,M-4中型坦克的数量已经达到了4万多辆。

武器与战争史

» 经典坦克

1916年后，坦克在所有重大陆地战争中都扮演了主要角色。第二次世界大战中，许多坦克如前苏联T-34型坦克和德国T1系列坦克都因设计精良而名声显赫。其他坦克比如谢尔曼型坦克由于制造量很大，同样造成了巨大的影响。第二次世界大战以后，坦克的设计仍然在不断改进，现代坦克都装有供坦克兵操控的多功能电子自动系统。

↗ 瑞典CV90坦克

这种坦克重26吨，配有3名车组人员和8名士兵。

← 挑战者II型坦克

20世纪80~90年代的英国挑战者坦克配有4名车组人员，重达62吨。

← 美国谢尔曼坦克

谢尔曼坦克重30.16吨，射程16千米，配有5名车组人员。

■ 反坦克武器的发明

反坦克手需要旧式大猎物猎手那样的沉着冷静的气质和胆量。当敌人坦克边射击边冲过来的时候，反坦克手必须耐心等到敌人进入炮弹射程之内，然后瞄准坦克最脆弱之处攻击。

随着坦克在第一次世界大战西线战场的出现，作战者开始想出各种办法用反坦克武器阻止和摧毁它们。

大多数军队通常使用野战炮兵来攻击早期坦克。英国和前苏联军队在第二次世界大战初期使用过反坦克步枪，可是不久就被新型厚装甲武器所取代了。

↗ 反坦克步兵

反坦克武器可以是一组武器，如口径为106毫米M40型无后坐力步枪、陶式反坦克导弹、米兰式反坦克导弹等，也可能是单人发射武器，比如M72和RPG-7型反坦克导弹。

大事记

* 1942年，"巴祖卡"火箭筒在美国问世。

* 1943年，德国PaK43/44型反坦克炮开始服役。

* 1956年，法国发明诺尔SS—10式线导导弹。

* 1972年，欧洲导弹公司米兰反坦克导弹问世。

* 1973年，埃及在西奈半岛使用塞格制导导弹。

* 1979年，瑞典发明比尔反坦克导弹。

真正的反坦克炮是20世纪20~30年代出现的，它可以高速发射高硬度炮弹。早期反坦克炮口径一般在37~57毫米之间。随着第二次世界大战的推进，反坦克炮变得越来越大，德国曾经使用88毫米口径反飞机炮作为非常有效的反坦克炮，前苏联甚至使用过口径100毫米的巨炮。

反坦克武器的主要变革伴随锥形炸药和短程火箭的发展而来。锥形炸药能够穿透传统的装甲，而不产生火箭炮那样的后坐力。锥形炸药和火箭炮结合在一起的武器是美国口径60毫米M1型火箭筒。它有一个绰号"巴祖卡"，这是美国喜剧演员鲍勃·伯恩斯使用过的一种乐器的名字。

战争末期，德国已经设计出了反坦克制导

413

□探索与发现

武器，这指的是德国X-7反坦克导弹。X-7导弹射程达1千米，重10千克，通过缠绕在发射装置线轴的光线传送的信号来锁定目标。据说这种导弹可以穿透200毫米厚的装甲。

大多数现代反坦克制导武器都是光线制导，因为这种系统比较可靠，不容易被敌人干扰。随着装甲的改进，弹头设计也在不断变化，现在的弹头一般由两到三个可以连续引爆的锥形炸药构成。1979年瑞典生产出了"比尔"反坦克导弹，它向坦克较薄的顶部装甲发射锥形炸药射流，可以在坦克顶端发生爆炸。"串联弹头"和"顶部攻击"两种设计预示着21世纪反坦克武器技术的发展方向。

》穿透性

大多数步兵的反坦克武器装有锥形炸药弹头，在铜质弹头外面包裹着一层锥形炸药。一旦弹头爆炸，爆炸能量会继续向前推进，产生一股灼热的金属流和气流，然后前面的金属弹头熔化开一条穿透坦克装甲的通道。

◁卡尔·古斯塔夫反坦克火箭筒
加拿大士兵使用的是瑞典"卡尔·古斯塔夫"84毫米口径无后坐力反坦克武器，可以发射杀伤力很大的炮弹。

↗比尔反坦克导弹
瑞典革命性的比尔导弹的发射装置装有热成像探测器，可以探测到坦克和战车发动机产生的热量，从而锁定打击目标。但这种技术只作为军队的夜视装置，在夜间执行侦察任务时使用。

→轻型反坦克武器（LAW）
M72轻型反坦克武器指的是重3.45千克的望远镜式火箭筒。其有效射程为220米。美军在越南战争中首次使用，后来英国在1982年的马岛战争中也曾经使用过。

■ 战时侦察

假如你想象一下下棋或玩另一种棋盘战术游戏时，只能偶尔看一下棋盘，或者只被告知对手的布局，那么你仍然是一无所知。下棋者希望看到游戏是如何进展的，也许还希望看到对手的表情，以便根据这些信息采取相应对策。

在战争中，侦察更像是观察棋盘和游戏对手。它是一种战术方法，需要了解敌人的位置、动向或计划，弄清楚作战地形和天气状况。

在过去几个世纪里，侦察工作都是由大部队前面的轻骑兵巡逻小队完成的，使用的专门装备只有望远镜和一对双目镜。一旦发现敌人，他们就骑马尽快地把敌情传递回来。

19世纪末，踏板自行车非常流行，因为自行车队悄无声息，快速灵活。然而，随着内燃机和小型可靠无线通讯技术的发展，侦察技术发生了急剧变化。

装甲车和摩托车是第一次世界大战中出现的。到了1939~1943年，德国士兵开始更加有效地利用它们，建造了装甲侦察车。通过向前推进，它们能够发现无防御的桥梁、雷区的安全地带和敌人防御工事中的弱点。这些有价值的信息通过无线通讯迅速反馈回来，大部队随后开始向前推进。

侦察工作同样可以由离开车辆的步兵巡逻队、甚至潜水员和小型潜艇完成。1944年诺曼底登陆之前的几个月里，许多潜水小组就到达过法国北部海岸。他们游到岸边，检查每个滩头的坡度和防御情况，弄清楚海滩是沙土、砂

↗特别空勤队吉普车
特别空勤队在北非战争中使用美国制造的装有威格士K型机枪的吉普车。

》现代电视图像

对于陆地、海洋和天空的侦察一般使用远程传感器收集有关敌人的作战计划和军事力量等信息。一旦收集到这些信息，接下来最重要的一步就是把它们汇总在一起，评估它们的价值。评估结果要尽快地传递给指挥官和指挥所，以便充分利用它们。

通讯天线　动态画面演示屏　发射车辆　控制中心

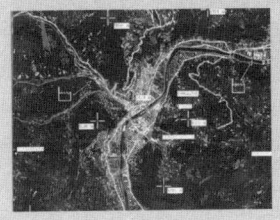

← 照片

照片是很有用的，因为它们拍摄迅速，易于处理。把地图上找到的信息和精确的照片结合在一起，就可以把特殊的信息套印在上面。

↗ 无人驾驶飞机

现代无人驾驶飞机沿着搜寻曲线飞越预定地区上空时，可以发回即时动态画面和传感器信息。如果遥控者"看到"某种感兴趣的情况，无人驾驶飞机还可以降低飞机高度或使用更为高效的传感器。

石还是泥土，因为对于登陆部队来说，这些都是非常重要的。

1982年马岛战争中，英国特别舟艇队队员和特别空勤队队员也登陆到岛上，侦察阿根廷军队的位置，帮助指挥官绘出了守卫部队的性质和力量分布图。1990~1991年海湾战争期间，英国特别空勤队进驻伊拉克，负责报告地形状况。他们希望的地形是对于坦克和装甲车较为有利的砾石沙漠。

侦察情报的收集同样可以通过特殊侦察机拍摄的航空照片和雷达图像完成。最先进的侦察情报收集技术是由遥控运载工具实施的。它们通常是一些装有照相机的小型飞机，照相机可以把拍摄到的地形图像传送到操纵遥控运载工具的基地。它们可以提供有关敌人的动向、位置等信息。

↗ 空中侦察

在很久以前的普法战争期间，当从热气球上首次拍摄照片时，空中侦察就开始了。甚至现在，人们仍然使用人工驾驶飞机收集照片情报。

■ 战时通讯

足球比赛这种注重快速移动的游戏中，了解、传递对手战术和阵形位置信息的不同就意味着胜利和失败之间结果的不同。在成千上万士兵的生命处于危险之中的战争中，这类通讯尤为重要。轮船、飞机和其他许多部队组织都需要报告各自的位置，以利于指挥官更好地制定作战方案。

在过去几百年里，信息传递都是通过步兵和骑兵使用口头或书信派遣等方式。如果发现敌情，山顶灯塔也会点亮。1805年10月21日，英国在特拉法尔加战役的胜利中，信号旗起到了关键作用。19世纪，在天气晴朗的印度和北非地区，人们往往把一种称为日光发射信号器的设备用作反光镜来发射摩尔斯密码信号。

摩尔斯密码同样被信号灯所使用，这种通讯方式在海洋中特别有效。美国内战中首次使用的电报使得摩尔斯密码的传送距离大大增加了。

19世纪80年代，电话被广泛运用，布尔战争和日俄战争（1904~1905年）中都使用过

↗ 人造卫星

人造卫星上安装的现代照相机能够拍摄非常清晰的图像，而且能够拍摄到世界任何一个地方。

□探索与发现

↗ 野战电话
现代野战无线电台又轻又可靠，还装有一个安全系统，没有正确的装备根本无法破解其信息密码。

电话。第一次世界大战中，野战电话发展起来，铺设的电话电缆能够使指挥部和炮兵部队迅速取得联系。

第一台无线电台非常笨重，需要用货车和马队运输。1915年，一名观测员曾经在土耳其达达尼尔海峡上空飞行的热气球上使用无线电台。两次世界大战之间，无线电台变得很小，已经能够安装在背包里。

大多数军用无线电的特高频率（VHF）范围在30兆赫~200兆赫之间，高频（HF）范围在3兆赫~30兆赫之间。接收者把无线电台调到正确的频率上就可以收听到无线对话，这样信息

密码就被传送了。然而，即使信息被译成密码，密码的发射仍然可能受到强信号的干扰。确保安全避免干扰的发射技术被称为"突发传输"。这种技术使得准备传输的信息可以在几秒内发射到另一处的显示屏上。20世纪80年代设计的无线电能够在任意时间间隔内改变频率。如果接受台正确调整频率，就可以接受到这种"跳频"，无线对话就可以不受干扰地完成了。

最先进的无线通讯技术是人造卫星通讯。它们既可以接受无线信号，也可以作为中转，把来自远处的无线信号可靠地传送到更远的地方。

》密码和信号

信号发射系统最初使用旗帜、灯光，甚至烟雾，它可以实现超出人们声音范围之外的通讯交流。电报、电话和无线电进一步加大了通讯交流距离。然而，敌人窃听的危险使得信号不得不采用密码发射。

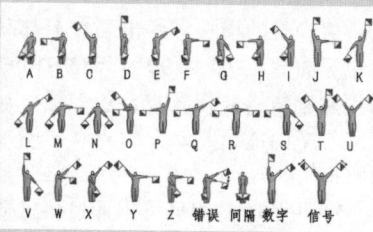

↗ 旗语
无线电台发明以前，英国陆军和皇家海军使用这种旗语信号发射系统。它的优点在于旗帜不是被可中断的电子系统操纵。

↗ 摩尔斯密码
这种"点划相间"密码是美国科学家塞缪尔·摩尔斯于1850年发明的，它在电报发射系统中起着关键作用。它的首次军事使用是在克里米亚战争中。

↗ 隐藏无线电
图为美军士兵隐藏在装备背包里的无线电台。

← 日光镜
一个英国士兵使用日光信号镜联系在头顶盘旋的直升机。这是一种无声但有效的通讯工具。

20世纪的战列舰

第一次世界大战期间的1916年日德兰海战是英国皇家海军主力舰和德国海军之间进行的具有决定意义的战役。

两次世界大战之间，许多国家都试图减少主力舰吨位，缩减舰队规模，然而德国和日本却在秘密建造战舰，到第二次世界大战爆发前夕，他们已经拥有了威力巨大的现代化战舰。德国把战舰视为攻击盟军商船的高效武器，因而德国战舰，比如重达50 153吨的"俾斯麦"号战列舰就成为英国皇家海军的打击目标。1941年5月27日，在英国皇家海军"乔治五世国王"号战列舰和"罗德尼"号战列舰炮弹的连续重击下，"俾斯麦"号被击沉了。

航空母舰和潜艇的发展使得主力舰变得极易受到攻击。日本重达64 170吨的"大和"号战列舰和"武藏"号战列舰是当时世界上最大最重的有护航舰队保护的战列舰，配有9门457毫米口径舰炮和12门152毫米口径舰炮，可载2 500名舰组人员和6架侦察机。然而，它们分别在1945年4月7日和1945年10月24日，被鱼雷和美国航空母舰上的俯冲轰炸机击沉。在此之前，曾经与"俾斯麦"号战斗过的英国皇家海军"威尔士王子"号战列舰于1941年12月10日同样被日本飞机击沉。

战列舰能够发射巨型炮弹，在实施两栖登陆作战之前可以有效地轰击敌人的海岸防御工事。第二次世界大战中，诺曼底登陆和太平洋战场上美国海军的登陆战役都使用过战列舰。

今天主力舰的名称已经被航空母舰和弹道导弹核动力潜艇取代了。美国海军现在拥有世界上规模最大的弹道导弹核动力潜艇舰队。

1992年3月，美国海军正式淘汰了世界上最后一艘战列舰——美国海军"密苏里"号战列舰。这艘重达45 000吨，配有9门406毫米口径

大事记

* 1914~1918年，第一次世界大战。
* 1914年11月1日，克罗内尔海战。
* 1914年12月8日，福克兰岛海战。
* 1916年5月31日，日德兰海战。
* 1939年12月13日，普拉特河战役。
* 1941年5月27日，"俾斯麦"号战列舰被击沉。
* 1944年6月6日，诺曼底登陆。
* 1945年4月7日，"大和"号战列舰被击沉。

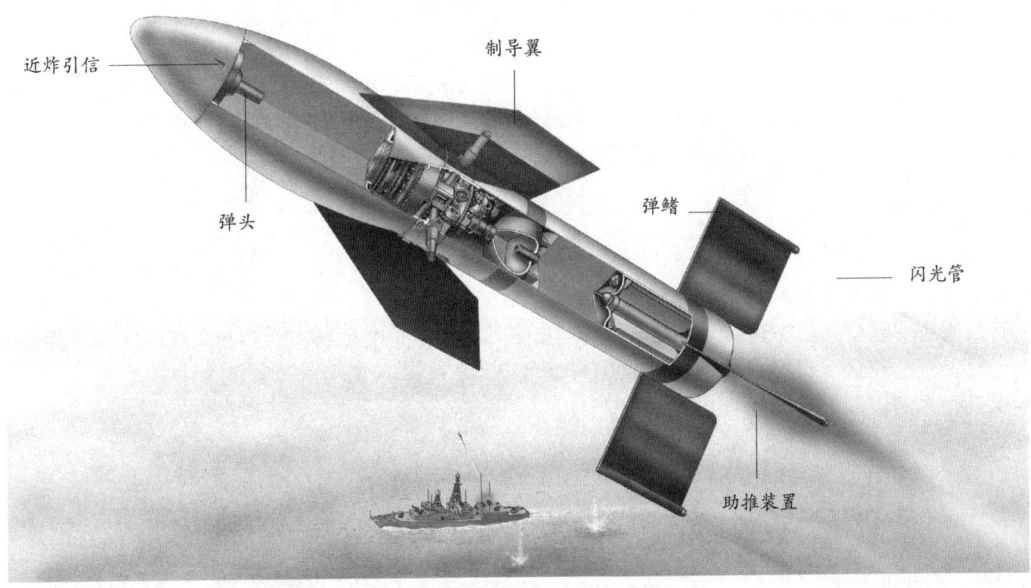

↗ **海猫反舰导弹**
海猫反舰导弹可以由直升机、固定翼飞机和小型高速攻击艇发射。海猫导弹具有很强的击毁舰船的能力。

□ 探索与发现

» 主力舰

主力舰是构成海军舰队的大型战舰。最初是重要的战列舰，今天的水面舰队和特遣舰队的主力舰已经变成了航空母舰。航空母舰和潜艇都是核动力舰艇，可以自由地停泊在海上，而且能够远程航行。

↗ 船舷

装有406毫米口径炮的一艘密苏里级战列舰。这种炮的最大射程达41.6千米，炮弹重850千克。美国海军是最后一支使用战列舰的部队。

← 旗舰

主力舰是20世纪一支伟大海军的核心。和平时期，这些巨型舰出航是为了访问那些希望加强交流联系的国家的港口。战争期间，主力舰就成为指挥战斗舰队的旗舰。

↗ 挂满旗

这些蒸汽动力装甲战舰都挂满了作为装饰标志的信号旗。现代战舰的外型更具流线型。

↗ 夜间齐射

一艘美国战列舰在夜间齐射炮弹。

舰炮的战列舰1944年下水，先后在第二次世界大战和朝鲜战争中服役。最后一次服役是在1991年的海湾战争中，炮击科威特的伊拉克阵地。

■ 小型战舰

1878年，当第一艘鱼雷艇下水时，在欧洲和北美的高级海军将领中间引起了很大震动和惊奇。这是一艘航速19海里/小时，头部装有一个鱼雷管的英国制轻型舟艇。这种简洁的鱼雷艇具有大型舰船的速度和攻击力，能够击沉或重创它们。

日本曾在1895年夜间偷袭中国威海卫军港和1904年2月8日袭击旅顺口的战役中使用过鱼雷艇，后来在日俄战争中，日军的鱼雷艇再次显示出巨大的威力。

第一次世界大战中，英国皇家海军在狭窄的英吉利海峡部署了沿岸摩托艇和摩托发射艇。

第二次世界大战中，德国设计出了摩托鱼雷艇S-Boot，德文Schnellboot的缩写，意思是"快艇"。驾驶员们把它称之为Eilboot(E-boot)，意思也是"快艇"。当时德国制造了多种级别的鱼雷艇，其中大多数鱼雷艇采用的是三轴戴姆斯－奔驰型和MAN型柴油发动机。最大航速39~42海里/小时，航程350千米。

尽管第二次世界大战中的武器装备发生了很大变化，但是在大多数战役中，舰艇上安装使用的仍然是2门20毫米口径高射炮和2门533毫米口径鱼雷管。从1944年以后，舰艇防御性装备相继升级到1门40毫米和3门20毫米高射炮，以及1门37毫米和5门20毫米高

↗ 巡航

桅杆上装有雷达和无线电天线的美国巡航舰正在巡航。

武器与战争史

↗ 巡航导弹
一艘舰艇正发射"鱼叉式"巡航导弹。

射炮。较大的舰艇配有6颗或8颗水雷,取代了反复装填的鱼雷。

战争期间,后来的美国总统约翰·F.肯尼迪命令美国海军在太平洋战争上使用巡逻鱼雷艇。这种舰艇采用的是汽油发动机,最大航速达到40海里/小时。

第二次世界大战以后,地对地导弹发展起来,进一步增强了小型舟艇的攻击能力。战后前苏联"黄蜂"级导弹艇的航速达到了39海里/小时,装有4门SS-N-2A型"冥河"导弹。前苏联建造了将近300艘"黄蜂"级导弹艇,用于装备遍布全世界的20支海军部队。

巡逻艇是特遣小分队实施登陆最为理想的工具。这些攻击艇常常悄无声息地进行两栖攻击。在和平时期,巡逻艇同样有广泛用途,用来完成搜寻救援任务、渔业巡逻以及对抗海盗的劫掠。

■ 潜艇的出现

第一次潜艇攻击是美国内战期间,由半潜式蒸汽动力舰艇"大卫"号完成的。它用竿式鱼雷击伤了南部联邦铁甲舰。没有人想到这种粗糙的水下舰艇会成为世界上声名显赫的最精致的超级武器的先驱者。

电动机和石油燃料动力机使得真正的潜艇变成了现实。1886年,西班牙的伊萨克·佩拉尔制造了第一艘电动艇。第二年,俄国人建造了装有4门炮弹的鱼雷艇。1895年,约翰·霍兰在美国制造出流线型"潜水者"号潜艇,水

↗ "轰炸机"
导弹核动力艇被英国皇家海军称为"轰炸机"。它的导弹安装在尾鳍发射管或指挥塔中。

»特型舰艇

反舰导弹和鱼雷赋予了小型舰艇很强的攻击力,成为移动缓慢的大型军舰的非常危险的敌人。现代材料和不断改进的发动机使这些舰艇具有类似于竞赛快艇一样的功能,可以快速地接近行动迟缓的大型舰艇,发射导弹,击退它们。

← 演习
"威里夫尔"号英国航空试飞艇在评估演习中发射"海鸥"反舰导弹。带有9千克弹头、重达145千克的"海鸥"导弹最初是作为空投反舰导弹设计的,然而它却大大提高了小型舰艇的攻击能力。

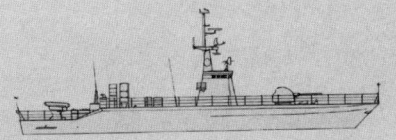

↗ 萨埃塔导弹艇
一艘意大利萨埃塔级小型导弹艇可载33名船员,最大航速40海里/小时,装填炮弹后重400吨。

↗ 斯比卡鱼雷攻击艇
瑞典斯比卡II级鱼雷攻击艇可载27名船员,最大航速40.5海里/小时,装填炮弹后重230吨。

419

□ 探索与发现

»反潜潜艇

现代潜艇分为两种：装有核导弹的核动力潜艇和反潜潜艇或核动力攻击艇。后者不仅可以攻击水面舰艇，同样可以非常有效地攻击导弹核动力潜艇。第二次世界大战中，盟军潜艇就使用了鱼雷攻击水面航行的德国U型潜艇。现代核动力攻击艇还可以使用声波定位仪测定敌舰艇方位，然后发射精确的制导鱼雷重创或击沉潜艇。

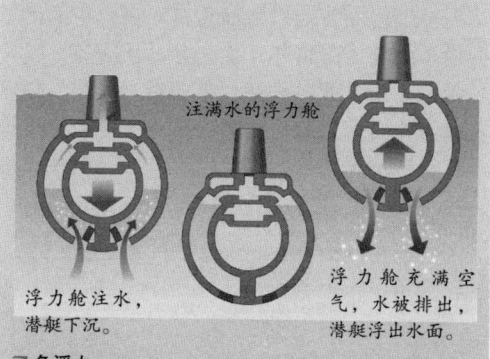

↗ 负浮力
水进入浮力舱，增加了潜艇重量，潜艇就开始下沉。空气进入浮力舱，水被排出，重量减轻，潜艇就开始上升。

第一次世界大战中，德国U型潜艇证明，水下潜艇成了攻击商船和对敌舰实施战术打击的战略武器。1914年8月8日，U-15潜艇向英国皇家海军"君主"号战列舰发射了一枚鱼雷，尽管没有击中目标，这却是历史上首次发射自导鱼雷从水下攻击敌人。

第二次世界大战中，德国更加致力于潜艇建造和水下攻击，利用密集式U型艇"狼群"战术，不断袭击北大西洋的英国护航舰队。盟军通过破解德军潜艇的传输密码，利用经过改进的侦察系统和武器，对U型潜艇群进行了有力的反击。在太平洋战场，美国海军也不断利用威力更大的潜艇武器攻击日本商船和海军舰艇。

第二次世界大战以后，核动力使潜艇发生了彻底的改变。现在从理论上讲，核潜艇能够无限期地潜在水下。美国海军"鹦鹉螺"号潜艇是世界上第一艘核动力潜艇，1954年开始服役，潜水深度达到200米以下。1959年，装备水下发射"北极星"核导弹的美国海军"乔治·华盛顿"号核潜艇的下水标志着世界上最可怕的武器诞生了。

1982年5月2日，英国皇家海军"征服者"号潜艇在福克兰群岛海域用鱼雷击沉了阿根廷"贝尔格拉诺将军"号重型巡洋舰。尽管现在可以使用高效的反舰追踪系统，然而由于其行动的隐蔽性，潜艇仍然是威力巨大的超级武器。

■ 航空母舰的研制

早期飞机是极易受到攻击的低动率飞机。1911年，当美国飞行员尤金·埃利驾驶飞机从一艘美国海军巡洋舰的甲板上成功起飞的时候，飞机仍然是一种危险的运输工具。两个月以后，勇敢的埃利同样成功地驾驶飞机降落到一艘舰

↗ 核动力艇
核动力艇最早由美国发明制造，是历史上威力最大的舰艇，配有水下发射的洲际核导弹。

船上。此时的埃利实际上已经成为第一名航空母舰飞行员,尽管那个时候航空母舰还没有被人们设计出来。

1913年,装有短距离飞行甲板和3架飞机的英国皇家海军"竞技神"号航空母舰成为航空母舰的先驱,1914年,一艘U型潜艇击沉了它。1919年建成的其后继者却成为真正的航空母舰。第一次世界大战中,英国使用航空母舰成功地使飞机在海上完成了低空飞行。

两次世界大战之间,航空母舰的设计和能力得到迅速发展。1938年服役的英国皇家海军"皇家方舟"号航空母舰已经具备了当时最先进的航空母舰的特征:阻止飞机靠近的飞机制动索、网型防撞栏、导航员、飞机弹射器等等。1939年,德国已经拥有了10艘航空母舰,1941年,日本的航空母舰数量已经达到了11艘,美国达到3艘。到第二次世界大战结束时,美国

> **大事记**
>
> *1911年,尤金·埃利驾驶飞机从战舰上成功起飞。
>
> *1913年,英国皇家海军"竞技神"号航空母舰开始服役。
>
> *1940年11月11日,英国皇家海军航空部队战机攻击塔兰托的意大利舰队。
>
> *1941年12月7日,日本航空母舰飞机攻击珍珠港美国海军。
>
> *1942年5月,航空母舰在珊瑚岛海战中投入战斗。
>
> *1942年6月4~7日,中途岛海战。
>
> *1961年,美国海军"企业"号航空母舰成为第一艘核动力航空母舰。

↘ 装载能力
美国海军"小鹰"号航空母舰常规装载将近6000名舰员、50架飞机,包括F-14雄猫战斗机和F-18大黄蜂战斗机,以及直升机。

的航空母舰已经超过了100艘。

1940年的塔兰托战役中,意大利海军遭到了来自英国皇家海军"光辉"号航空母舰上21艘"剑鱼"飞机的攻击,3艘战列舰受到了重创。1941年12月7日,日本偷袭珍珠港被认为是模拟了塔兰托战役。日本出动了360架装有鱼雷和炸弹的轰炸机,击沉和摧毁了美国8艘战列舰、3艘巡洋舰和一些其他飞机。停泊在海上的美国海军航空母舰舰队遂成为新的太平洋舰队的核心。

1942年5月,美国海军在珊瑚海与日军发生了激烈的战斗,这完全是一场飞机攻击战舰

» 大型和小型

20世纪,航空母舰已经从简易的"平顶房子"发展到"海上城市"。比如美国海军"尼米兹"号航空母舰装载6 000多名舰员、50架飞机和直升机,而第一次世界大战期间的第一艘航空母舰英国皇家海军"竞技神"号仅配有3架飞机。"竞技神"号被德国U型潜艇击沉,直至今天,航空母舰也极易受到潜艇的攻击。

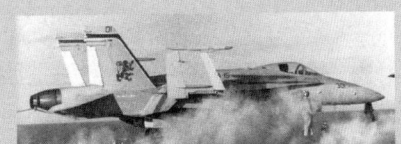

↗ 起飞
这架大黄蜂战斗机正在起飞。

← 大与小
一艘巨型美国航空母舰成了小型拖船的海港。

← 防撞网
一架大黄蜂战斗机撞在了防撞网上。

□ 探索与发现

↗ **垂直起降战斗机**
1982年马岛战争中，一艘英国皇家海军鹞式战斗机正在起飞。

的海战。1942年6月的中途岛战役是又一次海空立体战。这两次战役使日本的10艘航空母舰损失了6艘，美国8艘航空母舰损失了4艘。

1945年以后，航空母舰的设计有了进一步改进，舰上增添了直升机，这使得航空母舰不仅可以攻击敌人的潜艇，也可以轰炸敌人坚固的海岸阵地。上翘角飞行甲板使得一些飞机着舰时，另一些飞机能够同时起飞。1961年，美国海军"企业"号航空母舰建成，它重达75 700吨，装载100架飞机，是当时最大的航空母舰。这艘航空母舰的核动力足以绕地球航行20周。

1967年，英国决定淘汰六翼飞机，而使用垂直短距起降的鹞式战斗机。上翘角滑跃式甲板非常适合鹞式战斗机起降，因而后来意大利和西班牙先后采用了这种装有鹞式战斗机的相对低廉的航空母舰。20世纪70年代，前苏联开始建造装载雅克－36MP"铁匠"垂直短距起降战斗机和直升机的航空母舰。

在朝鲜战争、1956年苏伊士运河战争、越南战争、马岛战争和1990~1991年海湾战争中，都曾经使用了航空母舰。

■ 喷气式战斗机

20世纪30年代，喷气式飞机与火星人、月球火箭一样，还只是科幻漫画的特征。可是第二次世界大战以前，英国和德国已经致力于这个领域的研究了。1939年德国研制出了第一架喷气式飞机——He-178型喷气式机，随后在

1941年英国研制出了格罗斯特"流星"喷气式飞机。这两架飞机从未在战斗中相遇，可是当英国皇家海军航空部队"流星"喷气战斗机在空中追逐并击落德国V-1型飞弹的时候，科学幻想终于变成了现实。

世界上最早的可操控喷气式战斗机是1944年5月批量制造的德国Me-262"燕式"战斗机，不过最初它们被作为轰炸机使用，直到1944年底才作为战斗机服役。其最大时速869千米，装备有4门30毫米口径加农炮和24枚50毫米R4M火箭。1945年，Me-262型战斗机遭到了美国航空部队轰炸机的重创。盟军格罗斯特"流星"战斗机的最大时速为660千米，配有4门20毫米加农炮。

朝鲜战争期间，美国空军F-86"佩刀"战斗机、F-80"流星"战斗机、美国海军陆战队F9F"黑豹"战斗机与中国米格－15型战斗机进行的交战是喷气式飞机之间的第一次战斗。

20世纪50年代以后，喷气式战斗机被广泛用于世界大多数地区的空战以及对地面目标实施轰炸。在越南战争、印巴冲突、阿以战争、两伊战争、海湾战争中，美制战机与苏式飞机都进行了激烈的战斗。1982年马岛之战，英国鹞式战斗机与美式和法式战机发生了交战。阿富汗战争中，前苏联喷气式战机对地面目标实施了猛烈轰炸。

世界上功能最齐全的喷气式飞机是越南战争和中东战争中使用的前苏联米格－21型战斗机和美国麦克唐纳·道格拉斯F-4"豹式"战斗机。

在许多喷气式战斗机中，AIM-9"响尾蛇"热导空空导弹都是至关重要的武器装备。AIM-9型热导导弹从大自然获取了灵感。响尾蛇利用头部特殊传感器探测猎物身体的热度来锁定目

↗ **飞行中的"战隼"战斗机**
美国F-16"战隼"战斗机由通用动力公司制造，在14个国家服役。"穿上"鲜艳夺目的"服装"后，由美国空军"雷鸟"飞行表演队进行飞行表演。

》新型战机

第二次世界大战结束后不久,喷气式战斗机的设计制造就得到了进一步改进。尽管响尾蛇导弹在空战中被战斗机广泛使用,可是30毫米口径加农炮仍然是攻击地面目标的非常有效的武器。

↗ "豹"战斗机

第二次世界大战以后制造的F-4"豹"战斗机数量超过了西方任何种类的战斗机。

↗ F-86"佩刀"喷气式战斗机

1953年5月18日,美国女飞行员杰奎伦·科克伦驾驶"佩刀"战斗机完成了超音速飞行,创造了新的记录。

↗ 英国"鹰"战斗机

英国BAe"鹰"战斗机是多功能战斗机,可以作为试飞机使用。

↗ 美国"鹰"战斗机

一架配有导弹的美国空军部队麦克唐纳·道格拉斯F-15"鹰"多功能战斗机在调整空中加油位置。

标,而AIM-9型"响尾蛇"导弹则能够从"猎物"发动机消耗的热量中探测到目标。

■ 早期轰炸机

飞机作为一个向敌人阵地投掷炸弹的平台的潜力在1911年初就已经被人们意识到了。在这一年爆发的意土战争中,第一次使用飞机投放了炸弹。

第一次世界大战中,轰炸机最初是作为侦察机出现的,尽管飞行员不断从空中向敌人阵地投掷手榴弹。后来轰炸机从这种小型的单引擎双人飞机逐渐发展成诸如英国汉德利·佩奇0/400型这样的轰炸机。英国制造了大约550架双引擎轰炸机,30~40架飞机组成一个空军中队,对德国军事和工业设施进行了猛烈轰炸。

德国哥塔GIV型和GV型轰炸机在第一次世界大战中同样对伦敦和英国南部的攻击目标进行了猛烈轰炸。这些轰炸机的装弹量一般在300~500千克之间,配有3名机组人员,航速可以达到175千米/小时,航程600千米。

两次世界大战之间,人们十分恐惧装载毒气弹的轰炸机会袭击大城市,造成巨大的人员伤亡。第一次世界大战以后,德国为发动第二次世界大战秘密重新组建了空军部队,性能良好的亨克尔He-111型和道尼尔Do17型客机被重新改装了引擎,变成了轰炸机。He-111型轰炸机装弹量达到了2 500千克,Do17轰炸机装弹量达到了1 000千克。容克Ju87轰炸机发展成臭名昭著的斯图卡俯冲轰炸机,Ju88型轰炸机则被改装成重型武装战斗机。

盟军轰炸机的尺寸、航程、装弹量也不断增长。1939年,威克尔·惠灵顿轰炸机的装弹量为3 000千克。到1945年,阿夫罗·兰开斯特轰炸机的装弹量已经达到6 350千克,航程达

↗ 汉德利·佩奇0/400型轰炸机

英国皇家空军汉德利·佩奇0/400型轰炸机配有3名机组人员,最大装弹量900千克,装有5挺口径7.7毫米"刘易斯"机枪。

□ 探索与发现

↙ B-17飞行堡垒
B-17轰炸机装弹量能够达到8 000千克，时速503千米。到第二次世界大战结束时，已经有4 700多架B-17轰炸机在美国空军前线服役。

到2 670千米；美国空军波音B-17轰炸机的最大装弹量为8 000千克，航程达到5 310千米；康绍里德B-24"解放者"号轰炸机的装弹量为3 600千克，航速为483千米/小时。

战略轰炸机的支持者认为，这些战略轰炸机是盟军取得第二次世界大战胜利的主要力量。然而，尽管战略轰炸具有不可忽视的重要性，历史证明，只有地面部队进入敌人领土并占领它，胜利才能够得以保证。

» 世界大战中的轰炸机

在两次世界大战期间，轰炸机的装弹量和航程得到急剧增长。第二次世界大战初期，德国He-111轰炸机的装弹量为2 500千克，时速420千米，到战争结束时，四引擎阿夫罗·兰开斯特轰炸机的装弹量达到了6 350千克，时速达到462千米，航程达到2 575千米。

↗ B-25 "米切尔" 轰炸机
一架由翁特F-4U "海盗"号舰载飞机护航的美国米切尔中型轰炸机。米切尔系列轰炸机最大装弹量1 400千克，其中有些型号现在在美国已经恢复制造。

↗ 兰开斯特轰炸机
英国皇家空军阿夫罗·兰开斯特轰炸机从1942年开始服役，很快就成了轰炸德国的主力。到1944年，已经有了40个兰开斯特轰炸机中队。

■ 直升机的使用

在直升飞机场，人们每天都可以看到直升机不停地起飞降落的一片嘈杂景象。许多人认为直升机是在二战以后才出现的。事实上，保罗·考钮发明的第一架自由飞行的纵列式双旋翼直升机于1907年11月13日就试飞成功了。1909~1910年，俄国人伊高·西科斯基同样制造了两架直升机。

直升机是在第二次世界大战结束时开始使用的。在朝鲜战争和越南战争中，美国和法国先后使用了直升机从战场上撤退伤员。这一时期应用

↗ "阿帕奇"
美军"阿帕奇"攻击直升机配有2名机员，最大时速达到365千米。

武器与战争史

↗ **军队移动**
一架"黑鹰"直升机的舱门正在打开让步兵快速下机。

大事记

* 1500年，莱奥纳多·达·芬奇构思出直升机框架。

* 1907年9月29日，直升机首次载人升空。

* 1914~1918年，奥匈帝国在第一次世界大战中使用直升机。

* 1942年，美国西科斯基R-4直升机成为第一架军用直升机。

* 1963年，美国207型"索士"侦察机成为第一架真正的攻击直升机。

* 1991年2月24日，300架直升机在海湾战争中实施了空战史上规模最大的一次空袭。

最广泛的直升机是西科斯基H-19直升机和贝尔H-13"索士"直升机。1956年11月5日，英国皇家海军第一次实施了直升机空降攻击。法国在1954~1962年的安哥拉战争中使用了直升机运输部队。这些直升机都装备有反坦克导弹和机枪。

陷入越南战争泥潭的美国军队曾经使用直升机来执行攻击、撤退伤员、运输和联络任务等。在执行空降作战任务时，16架绰号"光头"的运输直升机曾经由9架绰号"炮艇"攻击直升机护航。这些"炮艇"直升机配有48枚火箭和机枪。被称为"休伊"的贝尔H-1直升机成为越南战场上的主要直升机。1958年以后，共计制造了大约9 440架"休伊"直升机。贝尔AH-1"眼镜蛇"武装直升机是第一架专用攻击直升机，也是第一架反坦克导弹直升机。波音CH-47"切努克"双旋翼直升机一般可以装载22~50名空降兵。到越南战争结束时，美国损失了将近5000架直升机。

前苏联主要使用"眼镜蛇"武装直升机和被北约称之为"雌鹿"的由前苏联发明设计的米-24攻击直升机。在1979~1989年的阿富汗战争中，前苏联使用了它们。在直升机家族中，前苏联还研制了米-26"光环"直升机，其装载量达到20吨，曾经用于1986年切尔诺贝利核电站爆炸后核反应堆的铅板和混凝土的拆卸工作。

美军在1991年海湾战争中使用了美国西科斯基H-60"黑鹰"运输直升机和麦克唐纳·道格拉斯H-64"阿帕奇"攻击直升机。

» **垂直飞行**
直升机在战争中可以运输军队、伤员和物资，也可以救援被击落的飞行员，攻击水面舰艇、潜艇和地面目标。有些甚至可以进行空对空作战。

↗ **运输直升机**
波音伏托尔CH-47"切努克"运输直升机配有2名机员，可以运载44名空降兵。

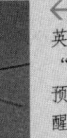
← **救援**
英国皇家海军GKN韦斯特兰"海王"直升机装有飞机预警雷达系统，可及时提醒水面舰艇防御敌人导弹和战舰，还能打捞、营救海中的人员。

→ **"鱼鹰"**
美国贝尔波音"鱼鹰"侧旋翼直升机可以运载24名武装战斗人员或9 070千克货物。美国海军陆战队是它热情的拥护者，它可以迅速把士兵从近海上运送到滩头。